하워드 가드너 심리학 총서 1

지능이란 무엇인가

Frames of Mind
by Howard Gardner

First published in the United States by Basic Books,
a member of the Perseus Books Group

하워드 가드너 심리학 총서

— 지능 편 —

지능이란 무엇인가

Frames of Mind

하워드 가드너 지음 | 김동일 옮김

사회평론

지능은 하나의 혹은 여러 문화적 환경 안에서
가치 있는 문제를 해결하거나 무엇인가를 생산해내는 능력이다.
이러한 정의는 능력의 근원이나 그것을 '검사하는' 적절한 수단에 대해
어떤 것도 말하지 않는다.

◈ 차례

◈

발간 30주년 기념 서문*

이 책을 발간한 이래로, 나는 다중지능 이론을 위한 아이디어를 처음에 어떻게 얻었는지에 대한 질문을 자주 받았다. 아마도 가장 솔직한 대답은 '나도 모른다'일 것이다. 하지만 이런 대답은 솔직히 나 스스로도 만족스럽지 않다. 하여 지난 과정을 되돌아보면서, 나의 다중지능 이론에 직접적으로 혹은 간접적으로 반영된 몇 가지 요인들을 설명하고자 한다.

젊었을 때 나는 피아니스트였고 동시에 여러 예술 분야에 심취해 있었다. 1960년대 중반에는 발달심리학과 인지심리학을 공부하기 시작했는데, 그때 난 주요 교재들이 과학적 사고의 수많은 논의 측면에서 예술에 대해 어떠한 언급도 하고 있지 않다는 사실에 큰 충격을 받았다. 초기 목표는 학문으로서의 심리학에 예술을 위한 자리를 마련하는 것이었다. 나는 지금까지도 그에 대한 노력

* 본 서문은 이 책의 이전 판 서문을 대체한다.

을 계속하고 있다! 1967년, 예술 분야에 대한 지속적인 관심으로 '프로젝트 제로Project Zero'의 초기 멤버가 되었다. 프로젝트 제로는 하버드 교육대학원의 연구팀이며 저명한 예술철학자 넬슨 굿맨Nelson Goodman에 의해 시작되었다. 28년 동안 나는 프로젝트 제로의 공동 연구자였으며, 프로젝트 제로가 새로운 지도력하에 계속 번창해나가고 있음을 기쁘게 생각한다.

박사과정 논문이 끝나갈 즈음, 저명한 행동과학자 노먼 게슈윈드Norman Geschwind의 글을 처음 접하게 되었다.[1] 나는 뇌졸중, 종양, 부상, 다른 외상성 뇌 손상으로 고통받는 일반인 혹은 영재에게 무슨 일이 일어나는지에 대한 게슈윈드의 설명에 매료되었다. 어떤 증상들은 종종 직관적 지식과는 다르게 나타나기도 한다. 예를 들어, 실서증agraphia*이 없는 실독증alexia** 환자는 단어를 읽을 수는 없지만 숫자와 사물들의 이름을 해독하고 정상적으로 쓸 수 있다. 전혀 계획에도 없이 나는 인간 뇌의 능력 체제(어떻게 뇌가 발달하며, 어떻게 뇌의 능력들이 때때로 함께 작동하며, 어떻게 병리적pathological 조건 아래서 악화되는지)를 이해하려고 노력하면서 12년간 신경심리학적 연구를 진행하게 되었다.

나는 언제나 글쓰기를 좋아했고, 1971년 게슈윈드 그리고 그의 동료들과 함께 박사후 과정을 시작했을 때 이미 세 권의 책을 완성한 상태였다. 1975년에 출간된 나의 네 번째 책《분화된 마음The

* 失書症, 문자 쓰기 불능증._옮긴이
** 失讀症, 독서 불능증._옮긴이

Shattered Mind》은 각기 다른 뇌 손상으로 고통받고 있는 사람들에게 어떤 일이 생기는지를 연대순으로 기록한 것이다.[2] 이 책에서 나는 어떻게 뇌의 각 부분이 서로 다른 인지적 기능을 위해 활성화되는지를 기술했다.《분화된 마음》을 출간한 뒤에, 나는 다른 인간 능력, 즉 희망컨대 더 과학적인 기반을 갖춘 현대 골상학의 재구성에 대한 책을 써야겠다고 생각했다. 1976년에는 실제로 '마음의 여러 갈래Kinds of Minds'라는 가제를 붙인 책의 개요를 썼다.* 이 책은 절대 쓰인 적이 없다고 말할 수도 있다(실제로 나는 몇 년 동안 이 책에 대해 까맣게 잊고 있었다). 하지만 반대로 이것이 마침내 파일 보관함에서 조용히 꺼내져 이 책이 재탄생했다고 말할 수 있을 것이다.

이 이론의 탄생과 관련한 간접적인 원인들에 대한 설명은 이 정도로 충분할 것 같다.

1979년 하버드 교육대학원은 네덜란드의 베르나르트 판 레이어 재단Bernard van Leer Foundation으로부터 상당한 지원금을 받았다. 이 지원금은 방대한 목적에 따라 배정되었으며, 그 하나는 재단이 제안했다. 인간 잠재성 프로젝트Project on Human Potential의 구성원들은 인간의 잠재성을 학문적으로 연구하고, 그것이 어떻게 하면 가장 올바른 방식으로 실현될 수 있는지를 연구했다(미국을 생각할 때, 나는 가끔 인간 잠재성 프로젝트가 '동부East Coast'보다는 '서부West Coast'와 관련된 주제라고 재치 있게 말해왔다). 프로젝트 관련자들이 우리에게 각각의 프로젝트를 배분할 때, 나는 생물학과 행동과학에 기반한

* 이 책의 원제인 'Frames of Mind'는 마음에 대한 다양한 프레임들을 뜻한다._옮긴이

인간 인지에 관해 무엇이 연구되어왔는지에 대한 책을 쓰는 매력적인 과제를 부여받았다. 이렇게 만들어진 연구 프로그램이 궁극적으로 다중지능 이론을 이끌어냈다.

판 레이어 재단의 지원을 받으면서 많은 능력 있는 동료들과의 협조가 가능해졌고 연구 프로그램도 폭넓게 확장되었다. 나는 이 지원금이 평생 단 한 번뿐인 선물이었다고 생각한다. 우리는 개인의 능력과 일반 아동 그리고 영재 아동의 인지적 능력 발달에 대해서 배운 것을 수집하고 통합할 수 있었다. 이것을 나의 하루 일과에 빗대어 표현한다면, 오전에 뇌 손상 연구에서 배운 것과 오후에 인지 발달 연구에서 배운 것들을 통합하고자 노력했다고 할 수 있을 것이다. 이후 연구들은 실제로 어떻게 어린 학생들이 노래하고, 그림을 그리고, 이야기를 만들어내고, 일곱 가지 다른 영역에서 상징을 사용하는 방법을 배우는지 관찰하는 것이었다.[3] 동료들과 나는 동시에 인간 지적 능력의 최상의 분류를 알아내기 위해 뇌 연구brain study, 유전학genetics, 인류학anthropology, 심리학psychology 그리고 다른 관련 분야의 문헌을 분석했다.

이 관찰은 나에게 중대한 터닝 포인트가 되었다. 그때가 구체적으로 언제였는지 정확히 기억할 수는 없지만, 나는 이러한 능력들을 '여러 능력assorted ability'이라 부르기보다는 '다중지능multiple intelligences'이라 이름 붙이기로 결심했다. 만약 내가 이 책의 제목을 '일곱 가지 재능Seven Talents'이라고 했다면 지금까지 이 책이 받았던 명성을 얻지 못했을 것이다. 나의 동료 데이비드 펠드먼David Feldman이 지적한 것처럼, 지능intelligence이라는 단어를 선택한 것은

IQ 검사를 오랜 기간 숭배해왔던 심리학 업적에 대한 직접적인 도전으로 받아들여졌다.[4] 하지만 나는 'IQ 죽이기Slay IQ'를 의도했다는 펠드먼의 주장에 동의할 수 없다. 내가 기억하는 한 나의 글 어디에서도 그러한 도전에 관심을 보인 적이 없었다.

다음으로 중요한 것은, 무엇이 지능이고 무엇이 지능이 아닌가에 대한 창의적 정의다. 이 기준이 책이 얻은 현재의 명성에 기여했다고 확신할 수는 없지만, 무엇이 인간 지능이고 어떻게 적용할 것인지에 관한 끊임없는 적용과 재적용이 여덟 가지 구분되는 지능을 만들었다. 나는 이 책의 초판 서문에서 언급했던 것처럼 정의와 기준이 작업의 가장 중요한 부분이라고 생각한다. 흥미롭게도 이는 지지도 비판도 받지 못했다.

이 책을 출간했을 때 나는 심리학자였고, 이는 지금까지도 나의 주된 학문적 정체성이다. 그러나 판 레이어 재단과 하버드 교육대학원에서 나는 다중지능 이론의 교육적 함의에 관해 언급해야 할 필요성을 느꼈다. 그래서 나는 학교와 교육에 대해 기초적인 연구를 했고, 정의를 확장하여 이 이론이 가지고 있는 몇 가지 교육적 함의를 마지막 장에 실었다. 이 부분은 심리학자들이 아닌 다중지능 이론에 관심 있는 교육자들에 의해 이루어졌다.

첫 출간이 1981년이었으니 지금 읽고 있는 이 책은 개정판이다. 내 주장의 핵심적인 부분들은 점차 분명해졌다. 나는 모든 인간이 단 하나의 지능(종종 심리학자들에 의해 일반지능 'g'라고 불리는)을 가지는 것이 아니라고 주장해왔다. 우리는 무수한 능력들과 연관된 지능을 가지고 있다고 묘사하는 편이 나을 것이다. 지능에 대한 대부분의 일반적이고 학문적인 글은 언어 지능과 논리수학 지능에 초점을 맞춘다. 이러한 지능들은 흔히 지능검사로 파악할 수 있는, 예를 들자면 성공한 법학 교수의 강점에 알맞은 영역이다. 하지만 인간 인지 능력에 대해 충분한 평가를 하려면 공간 지능, 신체운동 지능, 음악 지능, 자기성찰 지능, 인간친화 지능 등을 고려해야 한다(1983년의 목록). 우리는 모두 이러한 지능들을 가지고 있다. 그리하여 이 모든 지능들은 우리를 인간으로 만들며 인지적으로 말하게 한다. 하지만 어떤 특정한 상황에서 개인의 강점 지능과 약점 지능에 대한 각각의 프로파일이 유전적 그리고 환경적 이유로 다르게 나타난다. 나는 우리 시대에 비추어보았을 때 우리가 하나의 일반적 목적의 컴퓨터만 가지는 것이 아니라 서로 구별되는 컴퓨터(개인에 따라 독립적으로 작동하는 다중지능)를 가졌다고 결론지었다. 어떠한 지능도 그 자체만으로 예술적이거나 비예술적인 것은 없으며, 대신에 누군가 그렇게 하기를 원한다면 몇 가지 지능들이 합쳐져서 심미적 목적을 이룰 수 있다(나는 여기에서 언어 지능을 사용하고 있지만, 소설가나 시인으로서의 능력은 부족하다). 어떠한 교육적 함의도 이 심리학 이론을 직접적으로 따르지 않지만, 만약 개개인이 그들의 지능적 프로파일에서 차이가 있다면 개인, 그룹 혹은 국가적 교육체제의 변화를 가져오는 것이 바람직하다.

이 책을 출간하기 전에 나는 이미 여섯 권의 책을 썼다. 여섯 권 모두 긍정적인 평가를 받았고 판매량도 나쁘지 않았다. 나는 책의 분량을 늘리기 위해 수백 개의 참고문헌으로 지면을 채우고 불필요한 묘사를 하는 것은 되도록 피했다. 하지만 출간된 지 몇 달이 지나지 않아 나는 이 책이 완전히 다르다는 것을 깨달았다. 리뷰가 넘쳐나고 판매량이 엄청났다는 것이 아니다. 대신에 책에 대한 진정한 '논의buzz'가 있었다. 나는 많은 세미나에 초대되었고, 그 세미나에 참석한 사람들은 적어도 다중지능 이론에 대해서 들어본 적이 있었으며 그것에 대해서 더 배우기를 열망했다. 나는 해외에서도 초청을 받아 책과 관련해 이야기할 기회를 갖기도 했다. 화가 앤디 워홀Andy Warhol에게 이야기한 것처럼, 나는 다중지능 이론이 나에게 15분간의 명성을 주었다고 가끔 농담을 한다. 나의 전문 영역에서 많은 것을 하고 폭넓은 주제에 대해 글을 쓰는 동안, 내가 '다중지능의 아버지father of multiple intelligence' 혹은 '다중지능의 구루MI guru'로 알려져 있다는 것을 알게 되었다.

책이 출간되고 10년 동안 나는 이 이론에 관해 두 가지 중요한 역할을 하게 되었다. 첫 번째 역할은 전반적인 관찰자가 된 것이었다. 나는 많은 교육자들이 자신들의 현재 교육 방식과 수업 방식을 바꾸고 싶어한다는 것을 알고 깜짝 놀랐다. 책 출간 후 일년 동안 나는 키 스쿨Key School(현재 명칭은 키 러닝 커뮤니티Key Learning Community)의 개교를 눈앞에 둔 인디애나폴리스 출신의 공립학교 교사 여덟 명을 만났다. 키 스쿨은 세계에서 처음으로 다중지능 이론을 임상적으로 시행하고 있는 학교다. 나는 재능이 있는 아이들에서부터 배움에 어려움을 느끼는 아이들까지 다양한 사람들에게, 그리고 여러 종류의 학교에서 다중지능 이론을 어떻게 적용해야 하는지에 대한 질문을 받았다.

이러한 커뮤니케이션에 응답하기 위해 노력하는 동시에 언제나 나는 교육학자가 아닌 심리학자로서의 입장을 고수하고자 했다. 나는 어린 학생들을 위한 최선의 지도 방법 혹은 초등학교 운영, 과학 박물관 프로그램 등을 가정하지 않았다. 이는 협력을 위한 선택 혹은 촉진의 방법으로 남겨두었다.

두 번째 역할은 다중지능 이론을 탈피한 연구 프로젝트의 감독이 된 것이었다. 제치 첸Jie-Qi Chen, 데이비드 펠드먼, 마라 크레셰브스키Mara Krechevsky, 재닛 스토크Janet Stork, 줄리 빈스Julie Viens 그리고 다른 연구자들과 함께한 프로젝트 스펙트럼Project Spectrum은 가장 야심찬 시도였다.[5] 프로젝트 스펙트럼의 목표는 취학 전 혹은 유치원 단계 아동들의 지능 프로파일을 측정하는 데 있었다. 우리는 가능한 한 자연스러운 상황에서 일곱 가지 지능을 측정하기 위한 열다섯 개의 구분되는 과제를 완성했다. 프로젝트 스펙트럼 팀은 종합 테스트를 고안하고 서로 다른 대상에 그것을 적용하는 데 큰 즐거움을 느꼈다. 또한 우리는 평가를 만드는 것이 어려운 과제이며 시간, 사고, 금전이라는 방대한 투자가 필요하다는 것을 알게 되었다. 길게 설명할 필요 없이, 나는 평가와 관련한 일을 자진해서 하고 싶지 않았다. 그러므로 만약 다른 사람들이 다양한 지능을 측정하려는 노력의 일환으로 도구를 개발하려 한다면 매우 기쁠 것이다.[6]

이러한 맥락에서, 지능 측정을 목적으로 하는 도구들은 문제를 통해 실제로 얻고자 하는 것이 무엇인지에 초점을 맞출 필요가 있다는 것을 추가로 언급하고자 한다. 대다수의 '다중지능검사들'은 실제로 선호preference를 측정하며 이는 자기 보고self-report에 기반한다. 그러나 이러한 방식은 관심 있는 지능들에 대한 신뢰할 만한 지표가 되기 어렵다.[7]

이런 다중지능검사들을 폄하할 의도는 없다. 사람들이 자기 자신을 어떻게 인식하고 있는지, 그리고 서로 다른 집단 내 혹은 집단 간에서 자기 인식에 대한 반응 패턴이 어떻게 나타나는지를 비교함으로써 우리는 많은 것을 알 수 있다.

다중지능 이론과 관련하여 처음으로 파생된 두 가지의 다른 연구 프로젝트에 대해 언급하고자 한다. 심리학자이며 기존 지능에 대한 비판적인 시각을 가진 로버트 스턴버그Robert Sternberg와 함께 작업하면서, 동료들과 나는 '학교를 위한 실용적인 지능'이라 불리는 중등 교육 과정을 만들었다.[8] 미국교육평가원Educational Testing Service, ETS에서 일한 동료들과 함께 시각, 음악, 글쓰기 등 세 가지 학습을 기술하기 위해 고안된 교육 과정 영역의 평가도구curriculum-and-assessment instruments를 개발했다.[9]

놀랍고도 기쁘게도, 다중지능에 대한 관심은 1990년대 이후에도 지속되었다. 그 당시 나는 다중지능과 관련된 몇 가지 새로운 활동들을 시작했다. 첫 번째 활동은 순수하게 학문적인 것이었다. 서로 다른 종류의 지능을 수립하고, 특정 지능 프로파일에서 놀라운 것으로 추정되는 뛰어난 개인들에 관해 사례 연구를 했다. 이러한 일련의 작업들은 책 출간으로도 이어졌다. 창의성(《열정과 기질Creating Minds》)[10], 리더십(《통찰과 포용Leading Minds》)[11], 그리고 비범한 성취, 더 넓게는 비범성의 발견(《창조성은 어떻게 만들어지는가

Extraordinary Minds》)[12] 등의 주제를 다루면서 내가 마인드mind라는 용어를 책 제목으로 많이 사용했음을 확인할 수 있을 것이다!

두 번째 활동은 이론의 확장이었다. 1994~1995년에 나는 안식년을 가졌고, 그 기간 동안 제기된 몇 가지 새로운 지능의 존재에 관해 연구했다. 나는 자연주의적 지능(자연계의 유기체들과 독립체들 사이에서 중대한 결과를 만들어내는 능력)에 대한 충분한 증거가 있다고 결론지었다.[13] 그리고 실존 지능의 증거(큰 물음의 지능) 역시 존재한다고 생각했다. 동시에 나는 지능 간의 관계를 탐색했으며, 다양한 문화에 존재하는 다양한 영역과 훈련들, 지능들이 똑같은 이름을 가진다 해도 그것들은 같지 않았다는 것을 밝혀냈다. 하나의 예로 음악 수행은 몇 가지 지능으로 세분된다(그중에는 신체 지능과 자기성찰 지능도 있다). 또 하나의 예는, 공간지능이 뛰어난 사람은 조각 활동에서부터 수술에 이르기까지 다양한 직업과 여가 활동을 추구할 수 있다. 우리가 무엇을 알고 있으며 세계를 어떻게 분석하는가는 인간이 가진 지능의 여러 갈래를 잘 반영한다.

나는 지능intelligence이라는 용어를 세 가지로 구분해 사용할 것을 제안했다.[14]

- 모든 인간의 잠재력(우리 모두는 이러한 여덟 개 혹은 아홉 개의 지능을 가진다).
- 인간 능력의 범위(심지어 일란성 쌍둥이를 포함해 어느 두 사람도 정확하게 동일한 지능 프로파일을 가지지 않는다).

• 개인의 목표에 맞게 과제를 제시하는 방법("조Joe는 음악적 기예를 지녔을지 모르지만 요한 세바스티안 바흐Johann Sebastian Bach 파르티타에 대한 그의 해석에는 지능이 거의 드러나지 않는다").

세 번째 활동은 다중지능 이론의 사용과 해석에 관해 더 주도적으로 참여했다는 것이다. 출간 후 10년 동안, 나는 다중지능 이론이라는 이름하에 다른 사람들이 무엇을 하고 말하는지를 단순히 관찰하는 데 만족했다. 하지만 1990년대 중반이 지나자 나는 사람들이 이 이론을 상당히 오해하고 있다는 사실을 알게 되었다. 일례로 지능의 개념은 종종 학습 양식과 융합되었다. 사실상 지능(개인의 음악 혹은 운동 혹은 자기성찰 능력)은 어떤 양식style(이른바 개인이 한 분야의 일에 접근하는 방식)과 전혀 동일하지 않다. 또 다른 예로, 나는 사회적 영역과 인간 지능을 혼동하는 것에 대해 주목해 왔다(예를 들어 음악 지능이 특정 음악 장르 혹은 역할의 숙달 같은 것으로 잘못 인식되어온 것 등).

나는 서로 다른 인종과 집단에서 그들의 특징적인 지적 강점과 약점에 관해 논하는 것이 적대적으로 여겨짐을 알게 되었다. 그래서 처음으로 나는 나의 업적인 다중지능 이론과 다른 사람들이 그 이론을 사용하기 위해 배우고 노력했던 것들을 구분하는 일을 공식적으로 시작했다.[15] 그리고 이미 잘 알려진 아이디어들을 고안한 사람들을 관리해야 할 상당한 책임감을 느끼기 시작했다. 이러한 염려는 궁극적으로 나와 다른 동료들이 더 책임감을 가지고 도전적인 연구를 하도록 이끌었고, 이것은 굿워크 프로젝트Good Work

Project로 알려지게 되었다.[16]

마지막 활동은 교육 개혁에 관한 적극적인 참여로 이어졌다. 이러한 참여는 현실적인 면과 학문적인 면 모두에서 이루어졌다. 실용적인 단계로, 하버드 프로젝트 제로Harvard Project Zero에서 나와 동료들은 우리가 개발한 다중지능 이론을 실행하거나 다른 교육적 프로그램들을 진행하는 학교와 함께 일하기 시작했다. 이해를 위한 교수teaching에 초점을 맞춘 것과 더 최근에는 굿워크 프로젝트에서 시행한 이론의 적용 같은 것이었다. 또한 1995년에는 하계 세미나를 시작했다. 이는 오늘날까지 이어지고 있으며 전 세계의 실행가들과 학자들에게 주목받고 있다.[17]

학문적인 측면으로는 나만의 교육철학을 분명히 표현하기 시작했다. 구체적으로 나는 대학 입학 전 시기에 주요 교과목인 과학, 수학, 역사 그리고 예술을 이해하는 일의 중요성에 초점을 맞추었다. 많은 이유로, 그런 이해가 상당히 어렵다는 것이 입증되었다. 너무 많은 자료들을 다루려는 시도는 피상적인 기억으로 이어졌고 진정한 이해를 불가능하게 했다. 효과적인 교육 시스템을 갖춘 여러 나라에서 밝혀진 것과 같이, 학습자들은 소수의 주제들을 자세히 관찰할 때 깊은 이해가 가능한 것으로 나타났다. 그리고 무언가를 덮어버리기보다 발견하려고 할 때 다중지능을 활용하는 것이 가능해진다. 우리는 다양한 방식으로 주제에 접근할 수 있다. 또한 매우 상이한 상징적 형태에서 주요 개념을 표현할 수 있으며, 주요 영역의 비교와 대조를 만들어낼 수 있다.[18]

30년간의 연구와 성찰로, 나는 다중지능 이론의 교육적 실행을 이른바 엘리베이터 스피치elevator speech*와 같이 명쾌하게 요약할 수 있다. 다중지능 이론의 연관성에 확신을 가진 교육자는 반드시 개별화와 다원화의 관점을 취해야 한다. 개별화의 관점은 교육자들이 맡은 개별 학생의 지능 프로파일에 관해 가능한 한 많이 알고 있어야 한다는 뜻이다. 더 나아가 교육자는 학생의 능력을 발현할 수 있는 다양한 방식으로 가르치고 평가해야 한다. 교육자는 어떤 주제와 개념, 가장 중요한 아이디어가 무엇인지 결정해야 하고, 다음으로 다양한 방식에서 그것들을 표현해야 한다. 다원화를 통해 두 가지 주요 목표를 성취할 수 있다. 한 가지 주제를 다양한 방식으로 가르칠 때 더 많은 학생들에게 접근할 수 있다. 또한 다양한 방식으로 가르칠 때 어떤 방식이 더 효과적인지를 알 수 있다. 어떤 주제에 대해 이해할 때 다양한 방식으로 생각할 수 있게 함으로써 다중지능을 사용하게끔 하는 것이다. 역으로 만약 개념과 표현 양식이 하나의 방식으로 제한된다면 개인의 이해는 충분치 못할 것이다.

이러한 일련의 분석은 놀라운 결론을 이끌어냈다. 다중지능 이론은 교육의 목표가 되어서는 안 된다. 교육의 목표는 누군가의 가치를 반영하는 것이어야 하고, 이러한 가치들은 단순히 혹은 직접적으로 과학적 이론으로 해석되면 안 된다. 만약 누군가가 그의

* 엘리베이터를 타고 내릴 때까지 약 60초 이내의 짧은 시간 안에 투자자의 마음을 사로잡을 수 있어야 함을 가리키는 말로, 할리우드 영화감독들 사이에서 비롯된 용어다(한경 경제용어사전)._옮긴이

교육적 가치를 반영하고 그의 교육적 목표에 관해 언급할 때, 다중지능 이론은 매우 가치 있게 활용될 수 있을 것이다. 그리고 구체적으로, 누군가의 교육적 목표가 훈련된 이해력을 포함한다면, 그런 높은 목표를 성취하도록 돕기 위해 우리의 몇 가지 지능을 동원할 수 있을 것이다(예를 들어 표현의 다양한 방식과 평가의 다양한 형태를 채택함으로써).

2000년대 이후로 사실 나는 다중지능 이론에 예전만큼 관심을 쏟지 않았다. 유아이자 어린아이였던 다중지능 이론은 이제 성인이 되었다. 부모이자 할아버지로서 나는 이론을 억제나 통제로 과도하게 규제하기보다 이론 그 자체의 방식으로 두는 것이 최선임을 안다. 그럼에도 나는 다중지능 이론과 몇몇 방식으로 계속 관계를 맺었다.

첫째, 우선 나는 다중지능들의 아이디어를 적용하고자 하는 교육기관들을 도와주고 있다. 키 스쿨에 이어 나는 세인트루이스St. Louis에 위치한 뉴 시티 스쿨New City School과 오랜 기간 관계를 유지하고 있다. 2005년에 나는 덴마크 남서부 지역의 단포스 유니버스 과학 공원Danfoss Universe Theme Park에서 익스플로라마Explorama*를 배우는 일에 심취했다. 여러 게임과 활동을 할 수 있도록 되어 있는 이 시설은 다중지능 아이디어의 궁극적인 실체를 보여주었다. 각각의 전시물은 서로 다른 지능들을 동원하고 개인의 수행 프로파일을 예측함으로써 각자 자신의 자기성찰 지능을 가늠하는 것

* 특정한 학습과 관련한 50개의 정교한 전시물._옮긴이

이 가능해진다. 나는 다중지능 아이디어 혹은 자료에 있어 기초적인 실행을 원하는 많은 학교, 도서관, 박물관 그리고 직장에 도움을 주었다.[19]

다중지능 이론에 대한 관심이 미국에서 처음 촉발된 이후 전 세계로 퍼져나갔다. 특별히 라틴아메리카, 스칸디나비아, 남유럽, 오스트리아, 필리핀, 한국, 중국에서 다중지능 이론이 채택되었다. 영국, 프랑스, 독일, 러시아 그리고 일본은 덜 두드러졌다. 하지만 나는 일본 다중지능학회를 구성하는 헌신적인 사람들과 10년 이상의 놀라운 인연을 이어가고 있다. 이러한 세계적인 흐름에 주목한 브랜턴 시어러Branton Shearer 박사는 2006년에 심포지엄을 개최했다. 제치 첸, 민디 콘헤이버Mindy Kornhaber, 쇼너 모런Seana Moran과 나는 '세계의 다중지능Multiple Intelligences Around the World'을 주제로 한 콘퍼런스 개최와 책 발간을 재정적으로 지원하기로 결정했다. 2009년 발간된 책은 5개 대륙 15개국 출신 42명의 저자들을 특집으로 다루고 있는데, 다중지능 이론의 아이디어와 실행에 관한 자세한 경험들을 포함한다. 물론 나는 무수히 창의적인 방식으로 이러한 아이디어들이 사용되고 채택된다는 사실에 자부심을 느낀다. 타고난 사회과학자로서, 필요할 때 전 세계의 지역 혹은 특정 나라의 고유한 환경에서 다중지능 이론이 적용될 수 있는지를 연구하고 그 아이디어가 수용될 수 있는(항상 지속적인 것은 아니지만) 방법을 찾는 일은 매우 흥미로웠다.

하나의 예로 중국의 사례를 소개하고자 한다. 1980년 중국을 몇 차례 방문했고 그곳에서의 경험을 책으로 썼는데도 불구하고,

나는 다중지능 아이디어에 대한 중국의 압도적인 관심에 대해 준비되어 있지 않았다. 2004년의 콘퍼런스에서 나는 다중지능에 관한 책이 중국에서 적어도 백 권 이상 나왔다는 것을 알게 되었다. 나는 자연스레 그 이유가 궁금해졌다. 그리고 상하이에서 만났던 기자로부터 놀라운 대답을 들을 수 있었다. "미국에서는 사람들이 다중지능에 대해서 들을 때 자신의 아이들을 생각합니다. 자녀가 수학 혹은 음악에서 뛰어나지 않을 수 있지만 놀라운 인간친화지능을 가지고 있다고 주장하지요. 하지만 중국에서는 여덟 가지 영역 모두에서 모든 아이들이 뛰어나기를 바랍니다." 6년 후 다시 중국을 방문했을 때 나는 많은 학교들, 특히 유아학교에서 다중지능 아이디어가 근간이 되어야 한다고 주장하는 것을 알았다. 나는 또 한 사람에게서 이런 놀라운 말을 들었다. "만약 중국에 교육 분야에서 진보적인 아이디어를 내는 심리학자가 있었다면 우리는 당신의 말이나 아이디어를 인용할 필요가 없었을 겁니다. 하지만 우리에겐 그런 학자가 없습니다. 그래서 당신과 당신의 아이디어에 관해 언급하는 것이 우리의 경직된 교육 시스템을 열게 하는 하나의 좋은 방법이 되고 있지요."

세 번째로 나는 다중지능 이론에 대한 수많은 비판들에 대해 응답하고자 노력했다. 2006년에 편집자 제프리 샬러Jeffrey Schaler는 《하워드 가드너 논란Howard Gardner Under Fire》이라는 책을 출간하고 다중지능을 비판하기 위해 열세 명의 학자들을 초청했다.[20] 이 작업에 앞서 네 명의 학자들이 다중지능 이론에 대한 직접적인 글을 썼으며, 나머지 학자들은 다른 주제를 이야기하면서 다중지능 이론에 대해 비판했다.

2009년에는 심리학자이자 측정 전문가인 브랜턴 시어러가 《MI at 25》라는 모음집을 출간했다.[21] 언어학자 노엄 촘스키Noam Chomsky, 심리학자 미하이 칙센트미하이Mihaly Csikszentmihalyi와 마이클 포스너Michael Posner, 교육학자 데버라 메이어Deborah Meier와 린다 달링 해먼드Linda Darling-Hammond, 정치평론가 찰스 머리Charles Murray를 포함한 많은 분야의 학자들이 다중지능 이론에 대한 평가와 비평을 실었다. 샬러, 그리고 시어러의 책과 관련해 나는 각각의 비평들에 대한 구체적인 답변을 내놓았다.[22]

학자들이나 학자가 아닌 사람들이나 비평을 즐기는 이들은 많지 않지만, 이와 같은 폭넓은 논의를 해결하기 위해 고심하면서 나는 분명 많은 것을 배웠다. 최근 나는 심리학과 교육학 학술지에 실린 다중지능 이론에 대한 비판 논문에 여러 번 직접적인 반박 글을 쓰고 공동 집필을 하기도 했다.

수백 페이지에 이르는 이러한 논의들을 상세히 기술하는 것은 불가능하지만, 내가 진지하게 받아들였던 비판들을 언급하는 것은 유용할 것이다. 나는 무엇을 지능이라 부를 수 있을지에 대하여 내가 제안한 기준과 특정한 후보 지능이 이러한 기준을 충족하거나 충족하지 않는 정도에 대한 논의에 매우 관심이 있다. 각 목록의 문화적 편견에 대한 분석 또한 흥미롭다. 다른 후보 지능들 간의 관계 혹은 관계 부족에 대한 경험적인 증거는 내 관심사의 가장 중요한 부분이다. 그리고 물론 나는 일생에 걸쳐 개인의 지능 구성이 얼마나 변함없는지 혹은 얼마나 변화하는지를 알고 싶다.

그러나 나는 지능이라는 용어나 그것을 정의하는 방법에 대한 언쟁, 지능을 단지 학업적 문제 해결 기술로만 제한하려는 노력, 또는 피험자의 지능을 충분히 평가할 수 없는 방식의 지능검사 도구를 실행하는 일에는 관심이 없다. 구체적으로 말하자면, 나는 선다형 문제에서 정답을 선택하는 지필평가보다는 한 사람이 또래 집단 내에서 어떻게 행동하는지 직접적으로 살펴보는 인간친화 지능의 측정에 훨씬 더 관심이 많다.

측정에 대해 말하자면, 나는 지능에 관심이 있는 어떤 심리학자가 인쇄 매체나 디지털 매체로 지능검사를 실시하는 문제에 대해 언급하게 된다. 그들은 내가 다중지능 이론을 개발하기 위해서는 그것을 검사할 필요가 있었고, 그 검사 결과에 기초해 이론을 수정하거나 무산시켜야 했다고 주장한다. 그들의 관점에서 내가 심리측정학자가 아니라는 사실은 변명이 되지 못한다! 나는 그들의 검사 도구와 사고방식에 대한 믿음을 충분히 이해한다. 게다가 학자로서 나는 지능을 지지하는 경험적 연구 중 하나로서 이 이론을 검증하는 다른 사람들의 노력을 기쁜 마음으로 바라보고 있다. 나는 또한 민디 콘헤이버가 이끄는 연구팀이 다중지능 아이디어에 영향을 받은 41개 미국 학교의 긍정적인 경험을 입증했다는 사실에 만족한다.[23] 그러나 동시에 나는 다중지능 이론이 점수의 높낮이로 표현되는 검사 따위에 종속될 수 있다는 생각을 절대 하지 않는다는 것을 강조하고 싶다. 그것은 종합의 총체 그리고 학자와 실천가 모두에게 유용한 것으로 결정되는 종합된 결과다.

이 글의 독자들은 내가 이 책을 출판한 이후 첫 10년 혹은 15년 동안 일어난 일들과 이 이론 자체의 변화를 언급하지 않았음을 눈치챘을 것이다. 사실 이 이론은 과거 10년 동안 비교적 변함없이 그대로다. 나는 다른 사람을 가르칠 수 있는 능력인 교육적 지능 같은 추가적인 지능의 가능성을 생각했지만, 여러 가지 지능의 목록에 그것을 추가하기 전에 필요한 체계적인 연구를 하지 않았다. 나는 케이티 데이비스Katie Davis, 스콧 사이더Scott Seider, 그리고 조애나 크리스토둘루Joanna Christodoulou와 함께 이 이론에 대해 최근에 완성된 요약을 포함해 다양한 리뷰와 업데이트를 진행했다.[24] 그러나 나의 학문적 관심은 새로운 방향으로 움직였다. 아마도 그 이론을 의미 있게 수정하는 작업은 나 자신보다는 다른 사람들이 맡아 해야 하는 것이 사실이다.

이미 언급한 대로, 1990년대 중반 굿워크 프로젝트 이후 나의 주요 학문적 연구는 전문가들이 얼마나 책임감 있게 행동하는지에 초점을 맞추고 있다. 그 연구는 부분적으로 다중지능 이론의 오용에 의해 자극을 받았지만 비교적 독립적인 것이었다. 2005년 마닐라를 여행하면서 나는 다중지능 학교의 설립자 메리 조이 아바킨Mary Joy Abaquin에게 내가 흥미를 가지고 있는 두 개의 분야를 결합할 방법을 배우기 위해 꽤 먼 거리를 이동했다. 그 시간 이후 메리 조이는 매년 하나 혹은 그 이상의 지능에서 뛰어나고 동시에 그러한 지능을 더 넓은 지역사회의 서비스로 사용하는 개인에게 상을 주고 있다. 수십 년 동안 추구한 두 가지 주요 연구 사이의 강력한 관계와 그 점에 대해서 실제적인 관계를 이루도록 누군가에게 영향을 미쳐왔다는 것, 학자에게 그런 발견보다 더 기쁜 일은 없을 것이다.

그리고 이것은 내가 다중지능의 첫 10년 동안 관찰한 것이다. 나는 내 연구 집단을 포함해 전국에서, 그리고 전 세계에서 이 이론에 관심을 보이는 많은 사람들에게 감사한다. 나는 그들의 질문에 답하고 그들이 나에게 가르친 것을 확장하기 위해 노력했다. 그리고 나는 한 사람이 새로운 아이디어인 '밈meme'*을 세상에 내놓으면, 우리가 아이들로 불리는 유전자의 산물은 통제할 수 있지만 그것의 행동을 더 이상 완벽하게 통제할 수 없다는 것을 깨닫게 되었다. 간단히 말해서, 다중지능은 나의 가장 널리 알려진 지적인 성과이며 내가 그것에 대해 바라는 것 이상으로 자체적인 생명을 가지게 되었을 뿐 아니라 앞으로도 그러할 것이다.

나는 이미 다중지능 이론의 미래가 본래 나 자신보다 다른 사람들에 달려 있음을 시사했다. 하지만 잠시 한 걸음 물러나 어떤 종류의 연구들에 관심 있는 사람들이 그 작업을 해야 하는지를 생각할 필요는 있을 것 같다.

우선, 새로운 지능을 제안하기 위한 노력이 있을 것이다. 최근 정서 지능에 관한 높은 관심에 더해 영성 지능spiritual intelligence과 성적 지능sexual intelligence을 설명하기 위한 상당한 노력이 있었다. 나

* 영국의 생물학자 리처드 도킨스Richard Dawkins의 저서 《이기적 유전자The Selfish Gene》에서 소개된 용어로, 유전자처럼 개체의 기억에 저장되거나 다른 개체의 기억으로 복제될 수 있는 유전적 문화 요소 또는 문화의 전달 단위다._옮긴이

의 동료 안토니오 바트로Antonio Battro는 디지털 지능의 존재를 제안했고, 내가 제시한 기준을 얼마나 충족할 수 있는지를 보여주었다.[25] 유명한 인지신경과학자 마이클 포스너는 나에게 지능의 한 종류로 '주의력attention'을 고려해볼 것을 제안했다.[26] 나 또한 교육적 지능의 가능성에 대한 최근의 관심을 언급했다.

나는 어떤 것을 지능으로 간주할 수 있을지를 결정하는 것은 엄격한 알고리즘 과정이 아니라 결국 개인적 판단이라는 사실을 늘 인정해왔다. 지금까지 나는 나의 8½ 지능*을 그대로 고수하고 있다. 하지만 지능의 목록이 증가할 시기나 지능 사이의 경계가 변경될 수 있는 시기를 쉽게 예견할 수 있다. 예를 들어서 소위 모차르트 효과**가 신뢰를 얻었다는 점에서 어떤 이는 음악 지능과 공간 지능 간의 관계에 대해 재고하기를 원할지도 모른다. 다른 논쟁점으로는 논리수학 지능이 두 가지의 독립적인 지능으로 분리되어야 하는지, 또는 힐링이나 영적인 문제를 다루는 다른 후보 지능이 내가 친숙하지 않은 문화 집단에서 제안될 수 있는지가 포함될 수도 있다.

구체적인 교육학적 목표를 성취하기 위해 지능을 가장 잘 사용할 수 있는 방법이 무엇인지에 대해 많은 연구들이 이루어져야 한

---

* 언어 지능, 논리수학 지능, 공간 지능, 음악 지능, 신체운동 지능, 인간친화 지능, 자기성찰 지능, 자연친화 지능의 여덟 가지 지능과 아직 연구가 더 필요한 실존 지능을 함께 8½지능이라 일컫는다._옮긴이

** 모차르트의 음악을 들으면 지능이 좋아진다는 이론으로, 1993년 캘리포니아대학교의 라우셔Frances Rauscher 교수 연구팀이 처음으로 제기했다._옮긴이

다. 나는 다중지능 이론하에 만들어진 교육 프로그램들이 미국 정부가 현재 교육에 요구하고 있는 무선 통제 연구randomized control studies 유형*에 적합하다고 믿지 않는다. 그러나 나는 잘 짜여진 '실험 설계design experiment'를 통해 다중지능 관점이 어떤 종류의 교육적 시도에서 적절하거나 적절하지 않은지를 밝힐 수 있다고 믿는다. 하나의 예를 들자면, 나는 물리학의 중력이나 역사의 시대정신과 같은 어려운 개념을 습득할 때 다중지능 접근이 특히 유용하다고 생각한다. 오랫동안 나는 다중지능 아이디어가 외국어를 습득하는 데 유용할 수 있다는 주장에 회의적이었지만, 다중지능 접근을 사용해 동기적이고 개념적인 목표에서 성공했다고 주장하는 수많은 외국어 교사들에게 감동받았다. 또한 나는 다양한 종류의 학습 문제를 다루는 데 있어 다중지능 사고 방법은 그 잠재력이 충분하다고 생각한다. 나는 내 소중한 동료인 데이비드 로즈David Rose와 그의 조직체인 캐스트닷오알지CAST.org의 구성원들이 폭넓은 학습자들을 다룰 수 있는 교육 과정을 만들기 위해 노력하는 것에 상당히 감동을 받았다. 로즈가 그러한 노력에 대해 말할 때, 우리는 학생들이 문제가 있다고 생각하는 대신 우리의 교육 과정에 문제가 있는 것이 아닌지 생각해보아야 한다.

개인적으로 더 많은 시간과 에너지를 다중지능 이론의 영향을 탐구하는 데 사용했더라면, 나는 그러한 귀중한 선물을 두 가지 노력에 바쳤을 것이다. 먼저 위에서 언급한 것처럼 나는 지식

* 연구 및 실험에서 조사되는 집단을 임의로 중재 또는 치료에 할당하는 연구를 말한다._옮긴이

의 영역과 사회활동이 생겨나고 주기적으로 변경되는 방식에 점점 매료되었다. 어떤 복잡한 사회든 적어도 100~200개의 뚜렷이 다른 직업들이 있고, 어떤 규모의 대학이든 적어도 50여 개의 다양한 학문 영역을 갖추고 있다. 이러한 영역과 학문 분야들은 분명 우연히 생겨난 것이 아니고, 단순히 임의적인 사건들을 발달시키고 결합하는 방식으로 나타난 것도 아니다. 그것들은 서서히 발달하여 단순히 임의적인 사건들을 결합하는 방식으로 나타난 것이 아니다. 문화적으로 구성된 지식의 영역은 인간이 가진 두뇌 및 마음의 종류, 그리고 여러 문화적 환경에서 그러한 두뇌와 마음이 성장하고 발달하는 방식과 관계된다. 구체적으로 말하자면, 인간의 논리수학 지능은 지금으로부터 몇천 년 전 혹은 백 년이나 일 년 전에 나타난 다양한 과학, 수학, 그리고 연산 소프트웨어 및 하드웨어와 어떻게 관련되는가? 무엇이 어떤 것을 만드는가? 혹은 각각이 다른 것들을 어떻게 형성하는가? 컴퓨터는 특정 지능 또는 지능의 결합을 증가시키거나 심지어 대체할 것인가? 어떻게 인간의 마음은 학문 간 연구를 다루며, 그것은 정상적인 또는 비정상적인 인지 활동인가? 조금 더 확장해서 다중지능 관점이 개나 새 또는 다른 영장류를 어떻게 설명하는가? 혹은 그러한 점에 있어 로봇이나 스마트 기기는 어떠한가? 나는 이러한 이슈들에 대해 체계적인 방식으로 다룰 수 있기를 원한다.

다음으로, 처음부터 다중지능 이론이 호소력을 지닌 측면 중 하나는 생물학적 증거에 대한 것이었다. 1980년대 초에는 유전학이나 진화론적 심리학에서 적절한 증거가 없었다. 그러한 추측들은 단지 좋은 인상을 주려고 하는 불필요한 말과 행동에 불과했다. 그러나 신경심리학 연구에서 각기 다른 정신 능력의 존재에 대한 강력한 증거가 발견되었다. 그리고 어떤 새로운 세부 사항들이 나타나더라도 그 증거는 다중지능 이론을 정당화하는 데 가장 강력한 근거가 되었다.

물론 지식knowledge은 뇌과학과 유전학 모두에서 경이적인 속도로 축적되어왔다. 과장해서 말하자면, 우리는 1981년부터 2011년에 이르는 짧은 기간에 지난 500년에 걸쳐 알게 된 것만큼이나 많은 것들을 배웠다. 아마추어 유전학자이자 신경과학자로서, 나는 이 영역에서 쏟아져나오는 새로운 결과들에 발맞추어 나갈 수 있을 만큼 노력했다. 하여 그 어떤 결과도 근본적으로 다중지능 이론의 주요 입장에 의문을 제기할 수는 없었다는 것을 다소 자신있게 말할 수 있다. 그러나 과거 30년 동안의 발견에 비추어 다중지능 이론의 생물학적 기초가 시급히 최신 정보를 갖추어야 할 필요가 있다는 것 또한 분명하게 말할 수 있다.

다중지능 이론이 소개되었을 당시, 인간의 뇌와 인간의 마음이 고도로 분화된 독립체임을 밝히는 것이 매우 중요했다. 단일한 마음, 단일한 지능, 단일한 문제 해결 능력에 대해 생각하는 것은 근본적으로 오해의 소지가 있다. 최근 한 지인이 말한 것처럼, 다중지능 아이디어를 접한 경험은 이전에 흑백으로만 보이던 것을 컬러로 보도록 했다! 그래서 많은 다른 사람들과 마찬가지로 나는 마음이나 뇌가 많은 모듈, 기관, 지능으로 구성되어 있고 각각은 그 규칙에 따라 비교적 다른 것들로부터 독립적으로 작동한다는 주장을 하기 위해 노력했다.

행복하게도 현재 모듈 방식에 대한 주장은 대부분 인정받고 있다. 과거 몇십 년과 달리 지금은 일반 지능과 전반적인 기술들을 강하게 믿는 이들조차 그들의 입장을 변호할 필요를 느낀다. 그러나 지금은 일반 지능과 특정 지능 사이의 관계에 대한 문제를 다시 논의할 때다. 이러한 재논의는 흥미진진한 방법으로 다양하게 이루어질 수 있고 현재 진행되고 있다. 심리학자 로비 케이스 Robbie Case는 특정 지능보다 더 폭넓지만 피아제 학파의 일반 지능만큼 모든 것을 아우르는 것은 아닌 '중심 개념 체계 central conceptual structures'의 개념을 제안했다.[27] 철학자 제리 포더 Jerry Fodor는 관통할 수 없는 전용 모듈 impenetrable dedicated modules과 침투할 수 있는 중앙 시스템 permeable central system을 대조했다.[28] 마크 하우저 Marc Hauser, 노엄 촘스키, 터컴서 피치 Tecumseh Fitch로 이루어진 연구팀은 인간 인지의 독특한 특성은 반복적인 사고 능력이라고 주장했다.[29] 아마도 언어, 수, 음악, 사회적 관계, 그리고 다른 영역에서 심화된 사고로 특징지어지는 반복일 것이다. 전기생리학과 방사선학 연구는 다양한 뇌 모듈이 이미 갓난아이에게서 활성화될 수 있다는 것을 보여준다. IQ 형태의 문제를 해결하는 사람들에 대한 신경 영상 연구들은 이러한 유형의 문제에서 뇌의 특정 영역들에 더 의지하는 것으로 보인다고 주장한다. 그리고 지능 발달 지연을 유발하는 유전자가 명확하게 있기 때문에 특별히 높은 IQ에 기여하는 유전자에 대한 증거가 있을 수도 있다. 사실 특별하게 우수한 수행에 대한 사례 연구들은 (음악가 또는 수학자 같은) 한 분야에서 뛰어난 사람들과 그와 대조적으로 (정치인 또는 기업가 같은) 인지적 강점에서 비교적 균형 있는 프로파일을 보여주며 다방면에 걸쳐 많이 아는 사람들 사이의 차이를 시사한다. 나는 초점이 맞추어진 레이저 지능 laser intelligence을 보이는 사람과 늘 경계하고 이동하는 서치라이트 지능 searchlight intelligence을 보여주는 사람 간의 차이에 대해 상세하게 연구하는 것이 가치 있을 것이라고 생각한다.

내가 또 다른 인생 또는 두 가지 인생을 살았더라면, 한편으로는 우리의 새로운 생물학적 지식과 관련해, 다른 한편으로는 지식의 영역과 사회적 실제에 대한 우리의 수준 높은 이해와 관련해 지능의 본질을 다시 생각해보고 싶다. 아마도 인간 잠재력에 대한 또 다른 프로젝트! 나는 이 소원이 이루어질 것이라 기대하지 않는다. 그러나 나는 30년 전쯤 첫 수를 두는 기회를 가졌기에, 주기적으로 게임 판을 다시 찾을 수 있었기에, 전 세계 곳곳에서 훌륭한 동료들을 알게 되었고 함께 일하고 있기에, 그리고 다른 관심 있는 전문가들이 참여할 기회를 가질 수 있도록 '판'을 벌여놓을 수 있었기에 기쁘다.

이 서문의 초고에 유익한 논평을 해준 제치 첸, 케이티 데이비스, 민디 콘헤이버, 스콧 사이더 그리고 엘런 위너 Ellen Winner에게 감사의 말을 전한다.

2010년 11월

하워드 가드너

◈

발간 10주년 기념 서문

모든 작가는 자신이 쓰고 있는 책이 엄청난 성공을 거두는 꿈을 꾼다. 그러나 이 책을 쓰는 동안, 나는 이토록 많은 나라, 이렇게 많은 집단에서 열광적인 독자가 생길 것이라 예상하지 못했다. 이 책의 10주년 기념판이 발간되는 영광을 누리리라고는 전혀 기대하지 않았다.

책을 쓰는 동안 나는 이 책이 주로 발달심리학, 더 폭넓게는 행동인지과학에 기여하리라고 생각했다. 나는 필기검사의 결과뿐만 아니라 인간 뇌에 대한 지식과 인간 문화의 다양성에 대한 민감성까지 포함할 정도로 지능의 개념을 확장하려고 했다. 마지막 장에서 이론의 교육적 함의에 대해 논의했지만, 나의 관심이 학교 수업으로까지 향하지는 않았다. 하지만 이 책은 교육계에 상당한 영향을 미쳤다. 나와 동료들은 하버드 프로젝트 제로에서 '다중지능 이론'에 영향을 받은 여러 교육 연구의 책임을 맡았으며, 특정한 교육 환경에 이 이론을 적용하려 여러 차례 시도를 해보기도 했다. 이 책의 2편이라 할 수 있는《다중지능, 실제의 이론Multiful Intelligences: The Theory in Practice》(1993)에서 나는 그 이론이 현대의 교육 담론에 적용되는 주요한 방식에 대해 개관했다.

지금 쓰고 있는 개정판 서문(1985년 첫 번째 문고판의 서문 일부를 포함)의 목표는 다섯 가지다. 이 책의 주요 주제를 요약하는 것, 지능 연구의 역사 안에서 다중지능 이론의 위상을 정리하는 것, 이 책과 나의 최근 연구를 연결하는 것, 다중지능 이론을 향한 몇 가지 주요 비판에 답하는 것, 그리고 미래에 가능한 연구를 예측하는 것이다.

이 책의 주요 주제

처음 이 책을 쓸 당시, 나는 대부분의 사람들이 지능에 대해 두 가지 가정을 고수하리라는 것을 충분히 예상하지 못했다. 하나는 '지능은 정도의 차이는 있지만 모든 인간이 가지고 있는 단일하고 일반적인 능력'이라는 것이고, 다른 하나는 '지능이 어떻게 정의되든지 간에 단답형, 지필검사와 같은 표준화된 언어적 검사도구로 측정이 가능'하다는 것이다. 널리 받아들여졌지만 궁극적으로는 근거가 없는 두 가지 개념을 미연에 방지하고 독자들의 새로운 이해를 돕기 위해 두 가지 생각 실험을 해볼 것을 권한다.

먼저 인간 마음의 단일한 속성으로서 지능의 개념, 그리고 지능을 완전히 측정할 수 있다며 만들어낸 지능검사 도구에 대해 잊어버리도록 하라. 둘째, 세상에 대한 마음을 넓혀 여러 시대에 걸쳐 문화에 의해 가치를 부여받은 모든 직업적이며 비직업적인 역할이나 '목표end states'에 대해 생각하라. 예를 들어 사냥꾼, 낚시꾼, 농부, 주술사, 종교적 지도자, 정신과 의사, 군 지휘자, 시민 지도자, 운동선수, 예술가, 음악가, 시인, 부모 그리고 과학자 들을 생각해보라. 더 자세히 살펴보기 위해서는 이 책의 첫 부분에서 언급하는 세 가지 사례, 즉 플루왓Puluwat 섬의 선원, 코란을 배우는 학생, 그리고 초소형 컴퓨터로 작업하는 파리 태생 여성 작곡가의 목표를 생각해보라.

나는 인간의 인지 영역을 적절하게 아우르려면 우리가 일반적으로 생각해왔던 것보다 더욱 광범위하고 보편적인 능력들을 포함할 필요가 있다고 생각한다. 대다수는 아니라도 이러한 능력들 중 많은 경우는 논리적이고 언어적인 능력의 조합에 상당히 의지하는 표준적인 언어적 방법으로 측정되지 않는다는 가능성을 열어둘 필요가 있다.

나는 이러한 사항들을 염두에 두고 내가 '지능'이라고 말할 수 있는 것의 정의를 내렸다. 지능은 하나의 혹은 여러 문화적 환경 안에서 가치 있는 문제를 해결하거나 무엇인가를 생산해내는 능력이다. 이러한 정의는 능력의 근원이나 그것을 '검사하는' 적절한 수단에 대해 어떤 것도 말하지 않는다.

이 정의를 기반으로 나는 특히 생물학과 인류학의 증거에 의해 지능에 대한 여덟 가지 분명한 기준을 도입했다. 4장에서 이야기하겠지만, 이러한 기준은 뇌 손상의 결과로서 특정한 한 가지 능력이 분리된 것에서부터, 상징체계로 부호화하는 능력의 민감성에까지 이른다. 그리고 이 책의 2부에서 나는 오늘날 학교에서 가장 중시되는 언어 지능과 논리수학 지능, 음악 지능, 공간 지능, 신체운동 지능, 그리고 하나는 다른 사람들을 향하고 다른 하나는 자신을 향하는 두 가지 형태의 개인적 지능, 이 일곱 가지 후보 지능에 대해 상세하게 기술할 것이다.

지능에 대해 소개하고 각각의 지능들이 어떻게 작동하는지에 대해 설명한 후, 글을 쓸 당시 자명하게 보인 결점들과 관련해 이 이론에 대한 비평을 제시할 것이다. 나는 지능이 한 문화 내에서 어떻게 발달하는지, 그리고 지능이 다양한 교육적 환경에서 어떻게 사용될 수 있는지에 대해 생각해볼 만한 몇 가지 사항으로 결론을 내릴 것이다.

새로운 이론을 제시할 때는 완전히 반대되는 관점을 명시하는 것이 때로는 도움이 된다. 전통적인 관점을 버릴 수 없는, 혹은 버리길 꺼리는 비평가들을 생각하면 이러한 전략은 특히 중요해 보인다. 이와 관련된 두 가지 사례가 있는데, 그중 하나인 지능검사 광고를 살펴보자.

4~5분 안에 지능에 대한 안정적이고 신뢰할 만한 점수를 빠르게 추정하여 제공해주는 개인 검사가 필요한가요? 세 가지 형식으로 구성되어 있습니까? 언어적 산출이나 주관적 채점 방식에 의존하지는 않나요? 심각한 신체적 장애(심지어 마비)가 있는 사람들도 '예, 아니오'만 표현할 수 있다면 검사를 받을 수 있나요? 두 살짜리 유아와 성숙

한 성인 모두에게 똑같이 짧은 시간과 똑같은 형식으로 실시할 수 있나요?

그리고 같은 맥락으로 광고 글은 계속된다. 이 검사가 어떤 가치가 있든 상관없이, 나는 이 광고로 보면 환상에 불과한 이상한 나라의 검사라고 분명하게 말할 수 있다. 게다가 반응 시간 측정이나 뇌파의 방법으로 지능(그것이 무엇이든지 간에)을 검사한다는 주장도 의심스럽다. 이러한 측정이 IQ와 상관관계가 있을 거라는 것은 IQ에 대해 의문을 갖게 하는 이유기도 하다.

나의 두 번째 증거는 더 유서 깊은 자료인 새뮤얼 존슨Samuel Johnson의 유명한 인용에서 비롯한다. 그는 '진정한 천재성'은 '우연히 특정한 방향으로 드러나는 커다란 일반적인 힘large general powers에 대한 마음'이라고 정의한 바 있다. 나는 어떤 사람들이 한 가지 이상에서 뛰어난 잠재력을 가지고 있을 수도 있다는 것을 문제 삼지는 않지만, '커다란 일반적인 힘'에 대한 개념에 강하게 이의를 제기한다. 내가 생각하기에 마음mind은 여러 가지 다른 종류의 내용content을 다루는 잠재력을 가지고 있지만, 어떤 사람이 한 분야에서 드러내는 재능을 통해 다른 분야의 재능을 예측하기란 거의 불가능하다. 다시 말해 천재(더욱이 보통의 수행)는 특정한 부분에 국한된 것으로 보인다. 즉, 인간은 하나의 유연한 지능에 다양하게 의존하는 것이 아니라 여러 가지 지능들을 나타내도록 진화되어 왔다는 것이다.

지능에 대한 다양한 시각들

지능을 개념화하기 위한 나의 연구를 더 넓은 역사적 시각에서 살펴볼 때, 연속적인 역사의 흐름을 세 단계, 즉 내재 이론lay theories, 표준적인 심리측정적 접근, 그리고 다원화pluralization와 위계화hierarchization로 나누어볼 수 있다.

내재 이론 인간 역사를 통틀어 지능에 대한 과학적 정의가 없었다. 하지만 사람들이 지능의 개념에 대해 이야기하고 '총명하다', '멍청하다', '영리하다', '지적이다' 등의 표현을 했던 것은 의심할 여지가 없다. 토머스 제퍼슨Thomas Jefferson, 제인 오스틴Jane Austen, 프레더릭 더글러스Frederick Douglass, 그리고 마하트마 간디Mahatma Gandhi만큼 뛰어난 인물들은 모두 '똑똑하다smart'는 말을 들을 수 있었다. 사람들이 지적인 것이 의미하는 바에 대해 서로 이의를 제기하지 않았기 때문에 그러한 비공식적 논의는 일상적인 담화에서 충분히 이루어졌다.

표준적인 심리측정적 접근 약 100여 년 전 심리학자들은 지능을 기술적으로 정의하고 그것을 측정할 수 있는 검사를 개발하기 위해 연구를 시작했다(2장의 첫 페이지를 보라). 이러한 노력들은 많은 방법을 통해 과학적인 심리학으로의 발전과 굉장한 성공을 거두기도 했다. 물론 선구자들의 잘못은 아니지만 'IQ 검사'는 필요 이상 남용되었고, 놀랍게도 심리측정학 공동체 내에서 이론적 발전이 거의 이루어지지 않았다(Gould, 1981).

다원화와 위계화 찰스 스피어먼Charles Spearman(1927)과 루이스 터먼Lewis Terman(1975) 등 지능을 탐구한 1세대 심리학자들은 지능이 개념화와 문제 해결을 위한 단일한 일반적 능력으로 가장 잘 개념화되었다고 믿는 경향이 있었다. 그들은 여러 테스트에서 나온 점수들이 '일반 지능'의 단일한 기초 요인을 반영하고 있음을 증명해 보이려 했다. 이 주장이 도전을 받게 되는 것은 불가피해 보였다. 그리고 수년 동안 루이스 리언 서스턴Louis Leon Thurstone(1960), 조이 폴 길퍼드J. P. Guilford(1967)를 비롯한 심리학자들이 지능의 수많은 요인들 혹은 구성 요소들이 존재한다고 주장했다. 가장 넓은 의미에서 본다면 그 근거는 대체로 다르지만 이 책은 이러한 전통에 기여했다. 대부분의 다원주의자들이 지능검사들 사이에 상관관계가 거의 없음을 강조함으로써 자신들의 입장을 변호하지만, 다중지능 이론은 신경학적, 진화론적, 범문화적 근거를 가지고 있다.

지능이 몇 가지 요소로 이루어져 있음을 인정하고 나면, 그 요소들이 과연 연관되는지, 그리고 관련이 있다면 어떻게 관련되는지 질문해야 한다. 레이먼드 커텔Raymond Cattell(1971), 필립 버논Philip Vernon(1971)을 비롯한 일부 학자들은 더 특정한 구성 요소들을 주관하는 일반 지능, 언어 지능 혹은 수리 지능을 관찰하면서 지능의 요인들 사이에 서열 관계가 있다고 주장한다. 이에 반해 서스턴 등 다른 학자들은 요소들을 서열화하려는 충동을 억누르면서 각각의 요소를 동등한 구성물로 간주해야 한다고 주장한다.

세 가지 흐름 속에서 1983년 이 책이 출간되었다. 그 다음 10년 동안 나는 적어도 두 가지 새로운 경향 즉, 맥락화contextualization와 분포distribution를 구분하게 되었다.

맥락화 행동과학 내부의 일반적인 경향을 반영하면서, 연구자들은 인간이 살아가며 발전해나가는 맥락들 사이의 중요한 차이를 무시하는 심리학 이론들에 대해 점점 비판적인 견해를 갖게 되었다. 현대 탈공업화 사회의 인류는 신석기 시대나 호메로스Homeric 시대의 인류, 혹은 문자 이전의 환경이나 제3세계 환경의 인간 존재와 완전히 다르다. 이제 많은 과학자들은 인간이 우연히 자신이 속하게 된 문화와 독립적으로 특정한 '지능'을 갖게 된다고 생각하지 않는다. 그보다는 지능을, 한편으로는 성향과 잠재성 사이의 상호작용이며 다른 한편으로는 특정한 문화적 환경의 특징이라 할 수 있는 기회와 제약 사이의 상호작용으로 간주하고 있다. 로버트 스턴버그Robert Sternberg(1985)의 영향력 있는 이론에 따르면, 지능의 일부는 개인 주위에 있는 각양각색의 콘텐츠에 대한 민감성이라고 한다. 러시아의 심리학자 레프 비고츠키Lev Vygotsky(1978)의 연구에 영감을 받은 일부 연구자들은 개인들 간의 차이가 아니라 문화들 간의 차이 및 그 문화들이 지닌 관습들 사이의 차이를 조사함으로써 좀 더 급진적인 논리체계를 세웠다(Lave, 1988).

분포 분포의 개념이 비록 맥락화의 개념을 그대로 따르고 있긴 하지만, '널리 알려진 견해distributed view'는 더 큰 문화 혹은 환경이 가하는 제약이나 그것이 지닌 가치보다는 직접적인 환경에 속한 사물 및 대상과 개인이 맺는 관계에 초점을 두고 있다. 지능 이론의 첫 3단계에서 고수하고 있는 전통적인 '개인 중심'의 견해에서 본다면, 지능은 개인의 두뇌 안에서 수행된다. 즉, 원칙적으로 지능은 분리해서 측정할 수 있다. 그러나 알려진 견해에 따르면, 지능은 개인의 두뇌를 통해 타고나는 것만큼 자신을 에워싸고 있는 인공물 및 개인들을 통해 타고난다고 한다. 즉, 나의 지능은 내 피부 내에서만 작동하는 것이 아니다. 오히려 지능은 나의 도구들(종이, 연필, 컴퓨터), 나의 표기 기억(파일, 공책, 일기 안에 들어 있는 기억), 그리고 나의 인간관계(사무실 동료, 회사 동료, 그리고 기타 내가 전화를 걸 수 있고 전자 메시지를 보낼 수 있는 사람들)를 포함한다. 출판을 앞둔《분포된 인지Distributed Cognition》는 이와 같은 주장의 핵심 원리에 대해 이야기하고 있다. 로런 레스닉Lauren Resnick 등이 공동으로 출판한《사회적으로 공유하는 인지의 관점들Perspectives on Socially Shared Cognition》(1991)도 참고하면 유용할 것이다.

뒤늦은 깨달음의 결과로 이 책의 첫 번째 판에서 나는 맥락화와 분포가 주는 암시를 지적할 수 있게 되었다. 예를 들어 공간 지능을 제시할 때, 나는 그 지능의 발현이 다양한 문화에서 제공되는 기회들에 의해 어느 정도로 결정되는지를 강조했다. 그러나 1983년 당시의 나는 10년이 지난 지금보다 한 개인이 가진 다중지능에 훨씬 더 많이 집중했다고 말하는 것이 맞을 것이다.

지능은 개인의 두뇌로부터 밖으로 나와 계속 이동해 인공물의 영역과 더 넓은 문화의 맥락 안으로 들어갈까? 많은 학자들, 특히 유럽 혹은 아시아에서 일고 있는 추세에 영향을 받은 학자들은 그렇다고 대답할 것이다. 그 관점에서 본다면, 지능의 초점을 한 개인의 기술과 유연성flexibility에만 두는 것은 영미인의 특이한 편견이라고 볼 수 있다. 그러나 인지 혹은 지능에 대한 표준적인 심리측정학적인 접근법을 선호하는 사람들은 자신들 논쟁의 무기들을 결코 내려놓지 않았다.

실제로 지난 10년 동안, 지능에 대한 전통적인 견해와 지능검사에서 그 견해의 응용을 지지하려는 노력이 다시 일어났다. 아서 젠슨Arthur Jensen(1980)과 한스 아이젠크Hans Eysenck(1981) 같은 학자들은 지능의 단일성에 대한 믿음을 유지해왔을 뿐만 아니라, 자신들이 오랫동안 지켜온 정신 측정 도구들에 대한 충성심을 두뇌 기반의 지능에 대한 새로운 열정으로 더욱 공고히 했다. 이제 그들은 지능이 신경계의 기초 속성을 반영하고, 종이와 연필의 도움 없이 전자생리학적으로 측정될 수 있다고 주장한다. 젊은 학자인 마이클 앤더슨Michael Anderson(1988)은 이러한 지능지수가 유아들 사이에서도 확인될 수 있음을 뒷받침하는 증거를 수집했다. 그리고 아마도 가장 극적인 것은 미네소타대학의 토머스 부샤르Thomas Bouchard와 동료들(1990)이 각기 다른 환경에 있는 사람들 사이에 심리학적 지능이 유전될 가능성이 놀라울 만큼 높다는 사실을, 서로 떨어진 곳에서 자란 일란성 쌍둥이를 통해 입증해 보였다는 것이다. 부샤르, 젠슨, 아이젠크의 견해가 옳다면 지능의 문화적, 맥락적 분포에 주의를 기울일 필요가 없다.

'지능 공동체intelligence community'의 한 부분이 지능에 대한 사회·문화적 설명을 향해 나아가는 데 반해, 또 다른 한 부분은 지능에는 신경학적·유전적 기초가 있다는 증거를 축적하고 있는 이 상황을 어떻게 이해할 것인가? 나는 이 두 가지 연구의 전통들이 필연적으로 서로 충돌할 것으로 보지는 않는다. 신경계의 어떤 특성, 가령 신경전도의 속도와 유연성은 주로 선천적이며, 종이와 연필을 이용하는 특정한 종류의 측정이 궁극적으로 성공을 거둔 이유를 상당 부분 설명해준다고 말할 수도 있다. 이것이 맞는 말인 이상, '형식적 지능tough minded wing of intelligence' 학파의 지능 연구들은 계속해서 지지할 수 있는 학설이 될 것이다. 동시에 테스트 상황 밖에서 지능이 발현되는 형식들과 인간이 문화 안에서 역할을 수행하는 방법들은 여전히 무한정하며 확실히 다양하다. 여기서 '유연한 지능' 학파의 지능 연구들은 여전히 중요한 시도가 될 것이라고 말할 수 있을 것이다. 지능을 설명하려는 노력들이 분열되는 양상도 감지할 수 있다. 앤더슨(1992)은 최근 저서에서 유아의 인지를 조명하기 위한 전통적인 견해의 중요성을 강조하면서도 이후의 발달을 위한 다중지능 관점을 호소하고 있다.

그러나 나는 지능에 대한 형식적인 입장과 유연한 입장이 단순히 지능의 영역을 분할하기로 합의하지 않고 상대방이 질 때까지 계속해서 싸울 것이라고 예상한다. 예를 들어 스티븐 세시Stephen Ceci(1990)는 자신들의 분야에서 계량심리학자들과 대결하면서 가장 단순한 종류의 반응시간 측정에서 나온 성적조차도 훈련과 문화의 영향을 받는 행태들이 많이 있다는 것을 보여주었다. 그리고 나의 동료인 로버트 레빈Robert LeVine은 서로 떨어져 있었지만 동일한 미국의 환경에서 자란 쌍둥이들에 대한 여러 연구로부터 나온 추론들에 '신환경주의'라는 이름으로 도전장을 내밀었다. 그의 견해에 따르면, 인간의 환경은 수많은 면에서 다를 수 있어 기본적으로 현대 서구 중산층 환경에서 자란 쌍둥이들의 수행 능력 차이보다 훨씬 더 큰 수행 능력의 차이가 생길 수 있다고 한다.

다중지능 이론과 나의 연구

앞서 밝혔듯이 나의 동료와 내가 지난 10년간 맡았던 연구의 많은 부분은 다중지능 이론의 교육적 함의를 조사하는 것이었다(Gardner, 1993 참고). 특히 우리는 교육 환경 안에서 나타난 개인적인 지능 특성이 지닌 다양한 차이를 설명하려 했다. '개인에 초점을 두는 학교'를 설명하면서 우리는 지능과 관련해서 각각의 아동이 지닌 특징들을 평가할 수 있는 방법, 특히 해당 교과 과정이 특정 아동에게 제공되는 방법과 관련해서 교과 과정에 각각의 아동을 맞출 수 있는 방법, 그리고 지능에 있어 특별한 프로필을 지닌 아이들을 학교 울타리 밖의 교육 기회에 적합해지도록 만드는 방법을 다뤄왔다.

우리가 한 최근의 노력들 중 상당 부분은 '공정한 지능 평가'의 수단, 즉 종이와 연필을 사용하는 측정에서 요구되는 언어와 논리의 '렌즈'를 통하지 않고 지능 평가를 가능하게 하는 평가 수단을 개발하는 데 할애되었다. 처음에 우리는 개인의 지능을 순수한 형식으로 측정하여 일곱 가지 갈래의 지능 프로필과 유사한 어떤 것을 만들어내는 것이 가능하고 또 그것이 바람직할 것이라고 생각했다. 그러나 맥락화와 분포 관점을 받아들이면서 가공되지 않은 '원초 지능raw intelligence'을 측정하는 것은 무분별하고 어쩌면 불가능한 것처럼 보였다.

이제 우리가 알 수 있듯이, 지능은 항상 특정 과제, 영역, 훈련이라는 맥락에서 발현된다. 순수한 의미의 공간 지능은 존재하지 않는다. 대신 아이들이 하는 퍼즐 풀이, 미로 찾기, 블록 쌓기, 혹은 농구공 패스와 같은 행위에서 발현되는 공간 지능 같은 것이 존재한다. 같은 이유로 성인들도 장기를 더 잘 두고 그림을 더 잘 그리고 기하학을 잘 하는 것을 제외하고는 공간 지능을 드러내지 않는다. 그러므로 우리는 이 관심 분야들에 이미 익숙하고 어느 정도의 기술이 있는 사람들을 관찰함으로써, 혹은 사람들에게 그러한 분야를 소개하고 그들이 특정한 지원 혹은 도구가 있고 없고를 떠나 초보 수준을 넘어 얼마나 잘 하는지 관찰함으로써 지능을 평가하는 것이 옳다. 평가적 철학에서의 이러한 전환은 다중지능 이론 중 지능, 영역, 분야 구별에 있어 가장 중요한 개념적 접근이 무엇인지를 반영하는 것이다. 원래의 논리체계(공식화)에서는 이러한 구별이 적절하게 도출되지 않아 독자들 사이에서 혼동을 초래했고, 그 혼동이 나의 사고 안에서도 일어났다. 그러나 펠드먼(1980,

1986), 칙센트미하이(1988)와의 공동연구를 통해서 나는 체계가 잘 잡힌 분류법을 얻었다.

개인 차원에서 볼 때, 우리가 태어날 때부터 부여받은 권리인 인간 지능 혹은 인간의 지능 성향 중 한두 가지에 대해 말하는 것은 괜찮다. 이 지능들은 신경생물학적인 의미로 여겨질 것이다. 인간은 태어나자마자 학문, 기예, 기타 관심 분야와 같은 수많은 영역들로 된 문화 안에 존재한다. 이 영역들 안에서 인간은 문화에 적응하고 그런 다음 얻어진 능력을 기준으로 평가를 받을 수 있다. 물론 영역들은 인간과 관련이 있지만, 인간과 무관한 방식으로 나타날 수도 있다. 왜냐하면 어떤 영역에서의 전문 지식은 원칙적으로는 책으로, 컴퓨터 프로그램으로, 혹은 일부 다른 종류의 인공물로 기록될 수 있기 때문이다.

지능과 영역은 서로 관계가 있지만 이 두 용어를 혼동하지 않는 것이 매우 중요하다. 음악 지능을 가진 사람은 음악 영역에 매력을 느끼고 그 분야에서 성공을 거두기 쉽다. 그러나 음악 연주라는 영역은 음악 지능 이상의 여러 지능을 요구한다(가령 신체운동 지능과 개인적 지능). 이는 음악 지능이 엄격한 의미의 음악을 초월하는 영역(댄스 혹은 광고)을 위해 사용될 수 있는 것과 마찬가지다. 더 일반적으로 말해서, 거의 모든 영역은 여러 지능에서의 탁월함을 필요로 한다. 그리고 어떤 지능은 문화적으로 이용 가능한 광범위한 영역에서 사용될 수 있다.

사회화가 진행되는 동안, 상호작용은 주로 개인과 문화의 여러 영역 사이에서 일어난다. 그러나 일단 개인이 어떤 유능함(능력)을 얻고 나면 그 분야는 중요해진다. 사회적 구조물로서 의미를 지니는 그 분야에는 사람들, 기관 및 단체, 보상 체계 등이 있고, 이것들이 사람이 지닌 능력의 수준을 판정한다. 그 분야에서 유능하다고 판단되면 될수록 그 사람의 성공 가능성은 높아진다. 반대로 그 분야에서 판단을 할 수 없게 되거나, 또는 분야에서 결함이 있다고 판단한다면 그 사람의 성공 기회는 급격히 줄어든다. 지능, 영역, 분야로 이루어진 이 트리오는 다중지능 이론이 제기하는 수많은 문제들을 해명하는 데 도움이 될 뿐만 아니라 창의성 creativity 연구에도 특히 유익하다. 칙센트미하이(1988)가 최초로 공식화했듯이 적절한 질문은 어디에 창의성이 있는가에 관한 것일 것이다. 이에 대한 답은 '창의성은 원칙적으로 한 개인의 두뇌, 마음, 혹은 인성 안에서 타고나는 것이 아니'라는 것이다. 오히려 창의성은 저마다의 능력과 가치를 지닌 개인, 어떤 한 문화 안에서 연구와 숙달을 위해 사용 가능한 영역, 어떤 한 문화 내에 유능하다고 여겨지는 분야에서 내리는 판정, 이렇게 이 세 가지의 상호작용으로부터 생겨나는 것으로 보아야 한다. 그 분야가 혁신을 수용하는 한, 개인은(혹은 개인의 일은) 창의성이 있는 것으로 비추어질 수 있다. 그러나 혁신이 거절되거나 이해되지 않거나 혹은 혁신적인 것으로 여겨지지 않는 한, 그 창조물이 창의적이라고 계속 주장하는 것은 타당하지 않다. 물론 나중에는 그 분야가 처음의 판단을 수정할 것이다.

이 공식화에 대해 연구한 학자들은 이것을 저마다 독특하게 사용했다. 나는 지능을 내 나름대로 정의하는 방식과 유사하게 창의적인 사람을 정의했다. 명확하게 말해서, 창의적인 사람은 어김없이 문제들을 해결하거나 어떤 한 영역에서 결과물을 창조해내는 사람, 혹은 그 사람이 성취한 일이 새로운 것으로 그리고 수용 가능한 것으로 여겨져서 어떤 한 분야에 속한 박식한 사람들에 의해 인정받는 사람이다. 이 정의에 근거해 나는 금세기 초에 서양의 현대적인 의식을 공식화하는 데 큰 도움을 준 여섯 명의 남성과 한 명의 여성을 연구해왔다. 그들은 지크문트 프로이트 Sigmund Freud, 알베르트 아인슈타인 Albert Einstein, 파블로 피카소 Pablo Picasso, 토머스 스턴스 엘리엇 T. S. Eliot, 이고리 스트라빈스키 Igor Stravinsky, 마사 그레이엄 Martha Graham, 간디이며, 이들 각각은 일곱 가지 지능의 사례를 보여준다.

1983년 이후에 다중지능 이론의 진화에 관심을 가졌던 사람들은 추가적인 지능들이 첨가되었는지 혹은 원래의 후보 지능들이 삭제되었는지 자주 묻는다. 나는 영성 지능들 중 일부는 남게 될 것이라고 계속 생각하지만, 원래의 목록을 변경하지는 않기로 했다. '인간친화 지능'에 대한 나의 생각들이 지난 10년간 다소 수정되었음을 밝혀야 할 것 같다. 이 책에서 나는 인간친화 지능이 개인의 '감정생활'로부터 어느 정도까지 성장해왔는지, 개인의 감정생활을 중심으로 조직되었는지를 강조했다. 오늘 내가 10장에서 이와 관련된 부분을 고쳐 쓴다면, 나는 자기 자신에 대해 실행 가능한 모델을 갖는 것과 (자신의 삶에 관한 결정을 내릴 때) 그 모델에 의존할 수 있다는 것이 얼마나 중요한지를 대신 강조할 것이다.

다중지능 이론이 교육에 미칠 영향에 대한 연구와 이 연구를 창의성의 영역으로 확대시키는 것에 더하여, 나는 다중지능 이론으로부터 성장해 나오는 또 다른 종류의 연구에 몰두해왔다. 다양한 지능의 존재를 기정사실화하는 것은 '왜 인간은 특정한 여러 지능들을 지닐까?' 그리고 '지능들이 실제 이러한 모습으로 발전하도록 이끄는 요인들은 무엇인가?'라는 더 심층적인 두 가지 질문을 반드시 수반한다.

이 두 가지 문제는 모두 내가 공부한 발달심리학의 핵심 가까이에 놓여 있다. 그리고 공교롭게도 지능에 대한 나의 연구는 이 학문에서 일고 있는 일반적인 추세, 즉 다양한 영역 혹은 '마음의 모듈'(Carey & Gelman, 1991 ; Fodor, 1983 ; Keil, 1989)을 고려하는 경향의 일부로 비춰질 수 있다. 진행 중인 이 연구로 인해 생긴 결과 중 한 가지는, 마음의 영역에서 작용하고 있는 다양한 제약들을 정확하게 서술하고자 하는 노력, 이를테면 수數 혹은 인과관계의 영역에 관해 유아들이 가지는 여러 가정들, 유아들이 언어 학습에 자연적으로 적용하는 여러 전략들, 아동들이 형성하기에 사실상 불가능한 개념들과 대조적으로 아동들이 쉽게 형성할 수 있는 여러 개념을 밝혀내고자 하는 노력이 진행되고 있다는 점이다.

'제약'에 관한 연구를 통해 아동들은 유년기가 끝날 때쯤 자신들의 일차적 주변 세계, 즉 물리적 대상과 힘의 세계, 살아 있는 실체들의 세계, 인간의 마음을 포함한 인간 세계에 대해 강하고도 이미 깊게 뿌리박힌 이론들을 형성해낸다는 것이 밝혀졌다. 놀랍게도 위대한 발달학자 장 피아제Jean Piaget(Mussen & Kessen, 1983)의 주장과 대조적으로 이 순수한 '개념들'과 '이론들'은 아무리 학교 교육을 오래 받아도 변경되기가 어렵다는 것이 입증되었다. 그래서 다섯 살짜리 아이의 마음은 학교 경험에 의해 전혀 영향을 받지 않는 경우가 자주 생긴다. 《언스쿨드 마인드The Unschooled Mind》(1991)라는 책에서 나는 교육 과정의 모든 분야에서 다섯 살짜리 아이의 마음은 변하지 않고 지속된다는 것을 보여줌으로써 이 제약들의 힘이 얼마나 강한지를 보여주었다.

다중지능 연구와 마음의 제약 연구가 합쳐지면 한 세대 전에 사람들이 일반적으로 동의한 것과 확연히 다른 인간관을 낳는다. 심리 측정과 행동주의 심리학이 전성을 누리던 시대에는 지능은 선천적으로 물려받은 단일한 실체이고 인간은 처음에는 백지 상태지만 적절한 환경이 제시되면 어느 것이든 배울 수 있도록 훈련될 수 있다는 믿음이 일반적인 대세였다. 오늘날에는 바로 그 정반대, 즉 수많은 지능이 존재하고 이들은 서로 독립되어 있으며, 각각의 지능은 나름대로의 장점과 제약이 있고, 태어날 때 마음은 결코 제약에서 벗어난 상태가 아니며, 초기의 '순수한naive' 이론(생각)에 어긋나거나, 지능과 이와 관계된 영역 내의 자연적인 흐름에 도전하는 새로운 것을 가르친다는 것이 생각보다 쉽지 않다는 것이다.

언뜻 보기에 이 진단은 형식적 교육이 죽었다는 것을 선포하는 것처럼 들릴 것이다. 한 가지 지능을 가르치는 것도 매우 어려운데 일곱 가지 지능을 가르치는 것은 어떠한가? 무엇이든 가르칠 수 있을 때조차도 가르치기는 매우 어렵다. 인간의 인지와 학습에 뚜렷한 한계들과 강한 제약이 존재한다면 무엇을 해야 하는가?

그러나 사실 심리학은 직접적으로 교육을 좌우하지 않고(Egan, 1983), 단지 교육이 이루어지는 환경을 이해하는 데 도움을 준다. 한 사람의 한계가 누군가에게는 기회가 될 수 있다. 일곱 가지 지능이 있으면 가르치는 방법은 하나가 아니라 일곱 가지가 가능해질 것이다. 마음 안에 존재하는 강력한 제약들도 아동들이 특정 개념을 이해할 가능성이 가장 높아지고 그 특정 개념을 왜곡할 가능성이 가장 낮아지도록 특정한 개념(혹은 사고의 전체 체계)을 도입하는 동기가 될 수 있다. 제약들이 무엇인가를 연상시키고 궁극적으로 자유롭게 해준다는 점은 역설적이다.

다중지능 이론에 대한 비판

10년간의 토론 과정에서 다중지능 이론에 대한 수많은 비판이 있었고 내가 그 비판들에 대응할 기회도 많았다. 이 비판들과 그에 대한 나의 답변에 대해서는 11장에서 다룰 예정이므로 여기서는 내가 가장 중요한 쟁점으로 여기는 것, 즉 용어, 지능들 사이의 상관관계, 지능과 스타일, 지능의 과정, 그리고 지능검사의 위험과 반복되는 잘못을 중점적으로 논의할 것이다.

'지능'이라는 용어 많은 사람들은 인간이 다양한 능력과 재능을 가지고 있다는 사실을 기꺼이 인정하지만, 이 재능에 지능이란 단어를 사용하는 것에는 망설인다. "재능이란 말은 괜찮지만, 더 일반적인 종류의 능력을 말할 때는 지능이라고 표현해야 한다"라고 그들은 말한다. 물론 단어를 마음에 드는 어떤 것으로 정의하든 그것은 나쁘지 않다. 그러나 지능을 더 좁은 의미로 설명할 때 사람들은 해당 정의의 범위 내에 있지 않은 그런 능력들을 대개 폄하한다. 그러므로 댄서와 체스 선수는 재능은 있을지 몰라도 영리하지는 못하다는 말이 성립된다. 내 견해로는 음악이나 공간 능력을 재능이라 불러도 상관없을 것 같다. 언어나 논리도 마찬가지로 재능이라 부른다는 전제에서 말이다. 그러나 나는 '어떤 인간 능력은 지능의 자격을 갖춘 것으로서 임의로 선정될 수 있는 반면 다른 것들은 그렇지 못하다'라는 검증되지 않은 가정이 잘 받아들여지지 않는다.

지능들 사이의 상관관계 몇몇 비판가들은 다양한 능력(가령 공간 능력, 언어 능력)을 측정하는 검사 사이에 일반적으로 양(+)의 상관관계가 있음을 상기시켜주었다. 더 일반적으로 말해서, 심리학의 범위 안에 있는 거의 모든 능력 시험은 다른 능력 시험과 적어도 약간씩은 상관관계가 있다. 이 상황은 '일반적인 지능'을 기정사실화하려는 사람들에게 위안을 준다.

나는 이 상관관계들을 액면 그대로 받아들이지 못하고 있다. 현재의 거의 모든 검사들은 주로 언어와 논리 능력을 묻기 위해 고안된 것들이다. 질문에 사용된 문구 자체가 검사를 받는 사람들에게 해답의 단서를 제공하는 경우도 빈번하다. 따라서 그러한 평가 도구에서 좋은 점수를 받을 중요한 기술이 있는 사람은 음악이나 공간 능력 시험에서도 상대적으로 좋은 점수가 나올 가능성이 높은 반면, 언어적으로 혹은 논리적으로 그다지 탁월하지 못한 사람은 그러한 표준검사에서 충분한 기량을 발휘하지 못할 가능성이 높다.

사실 우리는 다양한 지능들(혹은 다양한 지능들의 예시라고 말하고 싶은 것들) 사이에 실제로 어느 정도까지 상관관계가 존재하는지 아직 모르고 있다. 우리는 뛰어난 체스 선수 혹은 건축가가 될 만큼의 지능을 가진 사람이 음악, 수학 혹은 수사학에서 성공할 정도의 지능도 갖추고 있는지 알지 못한다. 지능을 공정하게 평가할 수단을 고안하기 전까지는 우리는 그 관계를 정확하게 알 수 없을 것이다. 그런 경우에도 우리는 지능들 사이의 상관관계를 발견할 것이다. 그리고 그러한 발견이 이루어진다면 인간의 인지 지도를 당연히 다시 작성해야 할 것이다. 그러나 만일 이 책에서 내가 정의한 지능들 중 대부분이 새로운 지도에서 빠진다면 나는 놀라겠지만, 새로운 지능들이나 하위 지능들이 나타나는 것에 대해서는 그만큼 놀랍지는 않을 것이다.

지능과 스타일 많은 사람들은 나의 지능 목록이 학습 스타일, 작업 스타일, 인성 스타일, 인간 원형 등에 관심 있는 연구자들이 만든 목록과 비슷하다고 지적하고, 나의 이론체계에서 새로운 것이 있다면 그것이 무엇이냐고 물어왔다. 두말할 필요도 없이 이 목록들 사이에는 중복되는 게 있을 것이고 나는 '스타일' 영역에서의 관점들과 동일한 관점들 중 일부를 알아차릴 것이다. 그래도 내 이론의 세 가지 측면은 독특하다고 말할 수 있다.

첫째, 내가 특별하다고 믿는 방법으로, 즉 발달, 분해, 뇌 조직, 그리고 기타 유사 개념들(4장 참조)에 관한 유의미한 과학적 증거를 종합하여 나는 일곱 가지 지능을 파악했다. 대부분의 다른 목록들은 검사 점수들 사이의 상관관계 혹은 실증적 관찰, 가령 학교 학생들에 대한 관찰에서 비롯된 것들이다.

둘째, 내가 발견한 지능들은 특히 콘텐츠와 관련이 있다. 수와 관련한 정보, 공간에 대한 정보, 타인들에 대한 정보를 비롯해 세상에 존재하는 모든 정보 콘텐츠 덕분에 인간은 특정한 지능들을 가질 수 있다는 것이 나의 생각이다. 그러나 스타일에 관한 대부분의 설명들은 콘텐츠를 가로지르는 것으로 추정된다. 그러므로 사람은 '전반에 걸쳐' 충동적 혹은 분석적 혹은 감정적이라고 말할 수 있다.

셋째, 지능들은 스타일들과 유사하거나 중복되기보다는 다른 종류의 분석 범주들을 망라할 필요가 있을 것이다. 아마도 스타일들은 지능 특정적intelligence-specific이거나 혹은 지능들이 스타일 특정적style-specific일 것이다. 사실 이 쟁점에 대한 실증적 증거가 존재한다. 프로젝트 스펙트럼(Gardner & Viens, 1990)이라고 불리는, 아동들에 대한 교육적 노력에서 우리는 특정한 실용적 스타일들이 꽤 콘텐츠 특정적인 것으로 판명났다는 것을 알게 되었다. 반사적이거나 어느 한 콘텐츠에 몰두해 있는 아동은 다른 콘텐츠에서도 충동적이고 주의가 결핍된 모습을 보일 수 있다. 이런 현상이 왜 일어나는지 우리는 정확히 알고 있지 않다. 그러나 이것은 스타일들이 콘텐츠와 무관하다는, 혹은 지능들은 스타일과 함께 붕괴될 수 있다는 섣부른 가정을 경계하라는 경고다.

지능의 작용 과정 몇몇 공감적인 비평가들은 여러 가지 지능들이 존재하는 것에 대해 의문을 제기하지 않았지만 고지식하게 설명적인 나의 태도는 비판했다. 그들의 고전적 견해에서 본다면, 정신적 활동 수행 과정에 대한 설명은 심리학자의 몫이어야 한다.

나는 이 책의 연구가 주로 설명적이라는 것을 인정한다. 나는 그와 같은 설명이 지능의 다원성을 주장하기 위한 적절한 출발점이라고 믿는다. 분명히 이 연구에서 여러 지능들이 작용하는 과정들에 대한 탐사 경로를 방해하는 것은 아무것도 없다. 그리고 사실 이 책의 여러 부분에서 나는 공간 지능, 음악 지능 그리고 기타 지능들에서 어떤 과정들이 수반될지에 관한 여러 제안들을 했다.

이 책이 출간되었을 당시 대부분의 심리학자들은 인간 정보 처리가 순차적인 폰 노이만 컴퓨터von Neumann computer(직렬 처리)로 가장 잘 설명된다는 믿음을 지니고 있었다. 그로부터 수 년 이내에 그와 같은 믿음은 완전히 바뀌었고 이른바 병렬 분산 처리법이 인간적(그리고 인공적) 인지를 해명하는 더 우월한 방법으로 여겨졌다(Gardner, 1987 참고). 1983년에 나는 무심코 각 지능의 성격 묘사에 대한 상세한 과정을 제공하는 것을 삼갔는데, 1990년까지 그러한 설명은 큰 결함으로 여겨지곤 했다. 여전히, 과학의 발전은 구체적인 모델을 시험하고, 다듬고, 논박하며 받아들이는 과정을 통해 이루어졌기 때문에 나는 다른 지능들의 '모델model'과 그들이 어떻게 함께 작용하는지 밝히려는 노력을 환영한다.

지능검사에 대한 반복되는 잘못들 지능과 지능검사에 대한 많은 비평가들은 내가 용을 죽이기보다는 오히려 용에게 다른 뿔이나 날카로운 이빨을 장착해왔다고 생각한다. 그들의 비판적인 견해에 따르면, 일곱 가지 지능은 한 가지 지능보다 오히려 더 나쁜 것이며, 사람들은 이제 어떤 특정한 영역으로 인해 전체의 앙상블이 충분하지 않다고 느낄 거라는 것이다. 그리고 나아가 이러한 분류는 개인과 그룹을 낙인찍는 것으로 사용될 거라는 것이다. "조니는 신체운동 감각적이야", "샐리는 단지 언어적이야", "모든 여자아이들은 Y보다 X를 더 잘해", "이 민족들은 M 지능이 우월한데 다른 민족들은 N 지능에 더 뛰어나" 하는 것처럼 말이다.

이러한 비판에 대해 다중지능 이론은 사회적인 정책의 도구가 아닌 과학적인 이론에 의해 고안되었음을 말하고 싶다. 다른 이론과 마찬가지로, 이 이론은 다른 사람들에 의해서 다른 용도로 쓰일 수 있다. 이론의 창시자가 그것이 사용되는 길을 통제하려는 것은 가능하지도 않고, 적절하지 않을 수 있다. 그렇다고 해도 나는 개인적으로 이러한 비평에 내재된 오용에 반대한다. 나는 지능검사의 남용이 어떤 의미에서는 다중지능 이론을 가져오게 했다고 생각하지 않는다. 사실 나는 순수한 형태의 지능을 평가하는 것이 가능하다고 믿지 않으며, 내가 선호하는 종류의 평가는 IQ 검사와 연관된 것들과는 완전히 다른 것이다. 나는 한 개인 혹은 그룹을 지능의 프로파일로 어떤 식으로든 보여주기 위해 규정짓는 노력에 반대한다. 그들은 언제 어느 때나 특정한 지능을 보일 수 있으며 이러한 상황은 유동적이고 변화할 수 있다.

사실 한 종류의 발달된 지능이 정말 부족하다는 것은 그 지능을 발달시킬 동기를 제공할 수 있다. 14장에 나오는 음악 교육의 스즈키Suzuki 방식에 주목해보면, 나는 특정 지능의 발달에 중요한 자원을 투자하기 위한 사회적인 결정이 어떤 면에서는 입증되기를 원했다. 지능이 고정되어 있는 불변의 것이 아니라 이용 가능한 자원의 변화, 자신의 능력과 가능성에 대한 인식에 따라 상당히 수정될 수 있는 것이라고 믿는다(Dweck & Licht, 1980). 맥락적이고contextual 널리 알려진distributed 견해로 지능을 보는 사람이 많을수록, 지적인 성취에 내재한 한계는 줄어들 것이다.

나는 가끔씩 나의 이론이나 개념을 내가 개인적으로 선호하지 않는 곳에 사용하는 사람들 때문에 화가 나지 않느냐는 질문을 받을 때가 있다. 물론 그러한 행위는 나를 불편하게 한다. 하지만 학문적 시장 안에서 다른 누군가가 내 생각들을 옮겨다 사용하거나 오용하는 것에 책임을 질 수는 없다. 만약 나와 일해왔던 누군가가 내가 지지하지 않는 방식으로 내 생각을 계속 적용한다면, 나는 그들에게 나의 작업과 관련되지 않는 뭔가 구분되는 전문용어를 개발하라고 요구할 것이다.

이후 나의 연구

나는 다중지능 이론의 논쟁에 대해 꾸준한 의견 교환이 있을 것이라 생각한다. 계속적인 이론의 진보 또한 바라고 있다. 그러한 진보는 이미 내가 존중하는 방식으로 진전하며 실행하고 있는 연구자들에게서 우선적으로 찾을 수 있다(예를 들면 Granott & Gardner, 출간 중 ; Hatch & Gardner, 출간 중 ; Kornhaber, Krechevsky, & Gardner, 1990).

다중지능 이론과 비슷한 유형의 교육적인 작업이 계속 수행될 것인가 하는 간단한 질문이 있다. 정말로 그러한 작업은 매달 확장되어가는 것 같다. 나는 그 질을 평가하는 것은 고사하고, 더 이상 무엇이 이루어지고 있는지 따라가기도 힘들다. 《다중지능, 실제의 이론Multiful Intelligences: The Theory in Practice》라는 책에서 나는 현재 최신 기술에 대한 평가를 시도했다. 이것에 교육학에 기반한 글들이 함께 덧붙여지기를 기대한다. 그리고 나는 다중지능 맥락에서 실행되는 실험과 프로젝트에 관한 정보를 위한 정보 센터 역할을 계속할 것이다.

내가 할 수도 있는 어떤 향후 작업들은 다음 네 가지 형태를 취할 가능성이 있다.

1. 지적 발달의 다양한 맥락과 그 맥락 안에서 그것을 발달시키는 방식에 대한 연구: 나는 이미 중국 같은 다른 문화권에서 지적인 선택 사항의 구체적인 사례 연구를 해왔다(Gardner, 1989). 그리고 몇몇 동료들과 함께 학교의 특정한 상황에서의 지능에 대한 연구를 수행하고 있다(Gardner et al., 출간 중).
2. 인간 창의성의 현상, 그리고 어떻게 그것을 강화할 것인지에 대한

연구: 이 시대의 창의적인 사람에 대한 나의 현재 프로젝트에서는 각 영역에 걸친 창의적인 활동의 본질을 연구하는 것이 가능토록 하는 방법을 개발 중에 있다. 그렇게 하기 위해 우선적으로 사람들이 창의적인 성취를 보일 때 다른 지능들 그리고 지능들의 다른 결합에 의해 작동하는 역할에 대해 연구하고 있다. 다중지능 이론을 세우는 사이에 창의성에 관한 초점은 다양한 방식으로 그 이론을 확장시켰다. 창의성은 지능보다 더욱 의존적인데, 그것은 더 큰 사회에서 개인, 영역, 분야 요인에 더하여 성격 요인들을 수반한다.

3. 인간 지능의 윤리적인 차원의 측정: 지능은 친사회적이지도 반사회적이지도 않다. 요한 볼프강 폰 괴테Johann Wolfgang von Goethe는 그의 언어 지능을 이로운 목적으로 사용했고, 요제프 괴벨스Joseph Goebbels는 해로운 목적으로 사용했다. 이오시프 스탈린Iosif Stalin과 간디는 둘 다 다른 개인들을 포용했지만, 그들의 인간친화 지능을 다른 방식으로 사용했다. 나는 인간 지능의 두 가지 윤리적인 차원에 관심이 있다. 첫째, 우리는 어떻게 모든 인간들이 그들의 지적인 잠재성을 최대화하여 발달시킬 수 있도록 할 것인가? 둘째, 우리는 어떻게 그들의 지능이 해롭기보다는 이로운 목적으로 사용되도록 도울 수 있는가? 이러한 두 개의 문제에는 모두 나에게 생소한 영역인 '사회공학social engineering' 및 정책에 관한 질문이 따른다. 그러나 중년 즈음에 나는 적어도 이러한 문제에 대한 책임감을 느꼈다.

4. 우리 시대의 리더십에 대한 고려: 우리 시대에 영웅과 리더십이 부재하다는 것은 이미 자명한 이야기다. 내 생각에 우리는 특정한 영역 내에서 충분한 리더들이 있다. 학술, 예술, 경영 혹은 다른 기술에서 성

취를 이룬 사람들은 그 영역에서 리더십을 발휘한다. 그러나 안타깝게도 전체 사회를 위한 리더십은 찾아보기 힘들다. 즉, 관심 있는 그룹들을 아우르며 기술적인 전문 지식의 다른 영역들에 걸쳐 이야기하고 들을 수 있고 사회에 대한 넓은 관심과 인간주의까지도 언급할 수 있는 리더십 있는 사람이 부족하다.

이러한 명백한 비동시성asynchrony에는 다음과 같은 이유가 있을지 모른다. 특정 지능을 강조하는 하나의 영역에서 리더십을 발휘하기 위해 주로 요구되는 것은 그 지능에서 다른 사람들을 능가하는 것이다. 그 영역에서 다른 사람들은 이 리더의 사례를 보고 뒤따라가려고 할 것이며, 그가 무엇을 말하는지 들으려 하고 그가 무엇을 하는지 지켜볼 것이다. 우리는 한 영역에서 일하는 사람들은 이미 공통의 담화common discourse를 공유하고 있다고 말할 수 있다. 하지만 전체 사회에서 보면 자발적이지 않은 사람은 지지자들을 끌어들이지 못할 수 있다. 대신에 리더가 될 사람은 틀림없이 사회 안에서 각자의 위치를 공고하게 할 설득력 있는 이야기, 그리고 사회에 대한 이야기, 이를테면 더 협력적인 프로젝트에서 서로 다른 지능, 영역, 충성심을 가진 개인들을 연결시킬 수 있는 이야기를 창조할 수 있어야 한다.

성공적인 리더십이 어디에 놓일 것인가는 미래의 주제다. 그렇지만 희망하건대 먼 미래가 아니길 바란다. 리더십이 다중지능을 뛰어넘는 이슈가 될 것은 분명하다. 이 책에서는 다루지 않았지만, 그것은 지능의 범위를 가로지르고 인지적인 만큼 정서적이고 사회적인 방식으로 다른 사람들에게 영향을 미치는 능력들이다. 내 견해에서는 사람들의 마음을 이해하기 위한 가장 좋은 출발점은 여러 갈래의 지능들을 측정하는 것이다. 하지만 궁극적으로 어떻게 지능들이 함께 결합되고 건설적인 목적을 위해 발현될 수 있는지를 반드시 알아야만 한다.

케임브리지, 메세추세츠

1992년 11월

초판 서문

인간의 잠재성 프로젝트에 대한 보고에서 밝혔듯이, 이 책은 평범하지 않은 기원들을 포함하고 있다. 이 책은 '인간 잠재성'에 대한 명확한 설명을 하려는 기본적인 통찰력과 노력으로 집필되었다. 베르나르트 판 레이어 재단 이사인 윌름 웰링, 그리고 이사회의 회장인 오스카 판 레이어는 인간 잠재성을 탐색하기 위한 프로젝트를 생각했으며, 나를 포함해 하버드 교육대학원의 학자들에게 이 어려운 문제를 의뢰했다. 그 프로젝트는 지난 4년간 협력할 기회를 가졌던 다양한 배경의 동료들을 한 그룹으로 끌어모았다. 그 협동 작업은 관련된 다른 범위로까지 연구를 확장할 수 있게 했고, 판 레이어 재단의 융통성 있는 지원 없이는 불가능했을지도 모르는 문제들을 탐색할 수 있도록 했다. 윌름 웰링, 오스카 판 레이어, 그리고 판 레이어 재단이 있었기에 이 모든 것을 시작할 수 있었다.

나는 선배이자 인간 잠재성 프로젝트의 동료인 제럴드 레서, 로버트 레빈, 이즈리얼 셰플러, 메리 화이트의 끊임없고 계속적인 격려, 건설적인 비평, 그리고 지원에 감사를 표한다. 우리의 상호작용은 내가 많은 문제들에 대해 생각하는 방식을 진정으로 변화시켰으며 이 책을 쓰고 고치는 데 실질적인 도움을 주었다. 아주 재능 있고, 통찰력 있고, 열심히 일했던 연구원들과 함께한 것은 나에게 영광이었다. 그들 한 사람 한 사람에게 감사를 표하며, 이 연구에 공헌한 그들의 각 분야를 언급하고자 한다. 리사 브룩스(유전학), 린다 레빈(심리학), 수잔 맥코넬(신경생물학), 수전 폴락(역사 그리고 철학), 윌리엄 스크라이즈니아즈(국제발달학), 그리고 크루디아 스트라우스(인류학), 젊고 재능 있는 사람들 사이에서 학문이 경시되는 이때에 이들은 본보기가 되는 자립심과 헌신을 보여주었다. 나는 그들이 학문의 세계에서 보여주는 활동에 대해 정말 감사함을 느낀다. 다양한 방면에서 내가 빚을 진 프로젝트의 다른 멤버들은 레오니 고든, 마가렛 헤르지그, 프랜시스 케펠, 해리 래스커, 그리고 로이스 타니우치다. 관대한 행정적 지원에 대해서는 회장 패트리샤 그레이엄 그리고 제롬 머피에게 감사를 표한다.

우선 이 책은 심리학적인 관점에서 바라본 인간 잠재성에 대한 보고서인 동시에 지난 12년 동안 연구했던 두 가지 주요한 흐름으로부터 발견된 것들을 함께 묶으려고 노력했음을 보여준다. 첫 번째 흐름은 하버드 프로젝트 제로에서 수행해왔던 것으로 상징을 사용하는 능력, 특히 예술에 대한 일반 아동, 영재 아동의 발달을 연구한 것이다. 다른 흐름은 뇌 손상으로 고통받는 인지적 결함이 있는 개인들에 관한 연구로 보스턴 재향군인 의료부와 보스턴 의과대학에서 진행했다. 지능의 다른 개념이며 이 책의 제목이기도 한 '마음의 틀'은 내가 연구해왔던 인간의 인지적 능력의 발달과 결함을 개념화하는 가장 적절하고 포괄적인 방식임을 나타낸다. 나는 이 책에서 이러한 노력의 종합물로 나온 이론적인 체계를 보여줄 기회를 갖게 된 것과, 그 체계의 교육적인 함의에 대해 잠정적인 제안을 제공하게 되어 기쁘다. 또한 지난 10년간 내 연구에 열심히 지원을 해준 다양한 기관들에게 감사를 표하고 싶다. 재향군인 관리국은 나의 안식년을 인정해주었고, 나는 이러한 통합에 집중할 수 있었다. 보스턴 의학대학교의 신경과, 재향군인 관리국의 의료기기 연구과, 그리고 신경질환, 의사소통장애, 뇌졸중의 국가 연구소 등 모든 기관이 신경심리학적인 나의 작업을 지원했다. 또한 일반 아동과 영재 아동을 대상으로 하는 하버드 프로젝트 제로의 나와 내 동료들의 작업에 대해 스펜서 재단, 카네기 법인, 마클 재단, 국립과학원, 그리고 교육부가 지원했다. 혁신적인 기업인 맥아더 재단에게는 큰 빚을 졌는데, 사회과학 연구자들에게는 힘들었던 기간 동안 든든한 도움을 주었다.

마지막으로 이 책에 특별히 공헌한 사람들에게 감사를 표하고 싶다. 나의 많은 동료들이 원고의 전체나 많은 부분을 읽고 정말로 도움이 되는 코멘트를 해주었다. 톰 캐로더스, 마이클 콜, 야딘 두다이, 데이비드 펠드먼, 노만 거쉬윈드, 린다 레빈, 데이비드 올슨, 수잔 맥코넬, 시드니 스트라우스, 윌리엄 월, 그리고 엘렌 위너에게 고마움을 전하고 싶다. 돌리 아펠은 초안 준비의 감독 역을 해주고 중요한 문서 작업을 도와주었는데, 매우 유익하고 도움이 되며 힘이 되는 그 방식들에 찬사를 보내고 싶다. 자스민 홀은 감사하게도 목차를 준비하는 것을 도와주었다. 린다 레빈은 다듬어지지 않은 초안에 대해 다양한 관점을 제공해주었고, 기발한 재능과 에너지로 전체적인 참고문헌을 준비했다. 그녀의 지능이 없었다면 내가 이 일을 할 수 있었을지 모르겠다! 그리고 최근 내 두 권의 책에서도 그랬지만 베이직북스의 내 동료들이 변함없는 지원을 해주었다. 특히 내 책의 편집자인 제인 이세이, 그리고 그녀의 보조자인 메리 케네디, 주디스 그리스만, 제닛 핼버슨, 포비 호스, 루이스 샤피로, 빈셋 토르, 교정자인 파멜다 데이리에게도 감사를 표한다.

내가 저작권 보호 자료들을 사용하도록 허락해준 사람들과 출판사들에게 감사의 마음을 전하고 싶다.

케임브리지, 매사추세츠

1983년 6월

◈

인간 잠재성 프로젝트에 대한 보고

네델란드 헤이그에 있는 베르나르트 판 레이어 재단은 불우한 아이들과 청소년들이 왜 그런 삶을 살아야 하는지, 그 원인을 밝히기 위해 애쓰는 국제적 비영리 단체다. 이 단체는 불우 아동과 청소년들이 자신의 잠재성을 발휘하고 실현할 수 있도록 돕기 위해 조기교육과 양육에 대한 사회적 접근을 도모하는 혁신적인 프로젝트를 지원한다.

1979년에 재단은 하버드 교육대학원에 인간 잠재성과 그것의 실현에 관한 과학적 인지의 상태를 측정할 것을 요청했다. 이러한 지침의 시작으로, 하버드 교수진들은 지난 몇년 간 본성nature에 대한 탐색과 인간 잠재성 실현을 위한 연구에 꾸준히 참여해왔다. 인간 잠재성 프로젝트에 의해 지원받은 활동들은 역사, 철학, 그리고 자연과학과 사회과학, 다양한 문화적 전통 안에서 인간 발달의 개념에 관한 일련의 국제 워크숍, 논문, 책의 발간과 관련된 문헌들의 검토 등이다.

프로젝트의 주요 연구자들이 흥미를 가지고 있는 분야는 다양하다. 프로젝트의 회장을 맡았던 제럴드 레서는 교육자이자 발달심리학자로, 아이들을 위한 교육적인 텔레비전 프로그램을 개발했다. 하워드 가드너는 평범한 영재들의 상징 능력symbolic skills 발달과 뇌에 손상을 입어 그 능력에 결함을 갖게 된 성인들을 연구하는 심리학자다. 이즈리얼 셰플러는 교육철학, 과학철학, 언어철학 분야에서 일하는 철학자다. 사회인류학자인 로버트 레빈은 사하라 이남의 아프리카와 멕시코에서 일해왔는데 가족생활, 아동보호, 그리고 심리학적 발달에 대해 연구하고 있다. 메리 화이트는 교육, 공식 기관, 그리고 제3세계와 일본에서의 여성들의 역할에 대해 연구하는 사회학자이자 일본 전문가다. 연구자들의 다양한 흥미와 학문 분야는 이 프로젝트가 인간 잠재성의 문제에 대해 다방면으로 접근할 수 있게 했다.

인간 잠재성 프로젝트의 후원 아래 출간된 첫 번째 책은 하워드 가드너의《마음의 틀》이다. 이 책은 심리학적인 조사뿐 아니라 다른 문화 안에서 지식의 사용과 발달에 관한 발견과 생명과학biological sciences에 관한 것까지 이끌어낸 인간 지능의 잠재성에 대한 연구다.

프로젝트의 두 번째 책으로 보이는 것은 잠재성 개념의 철학적 측면을 다룬 이즈리얼 셰플러의《인간 잠재성에 관하여Of Human Potential》다. 이 책은 잠재성의 개념에 대한 배경을 묘사하고 인간 본성의 일반적인 이론적 맥락에 그것을 위치시켰다. 이러한 방식은 개념의 세 가지 분석적 재구성을 제공하고, 정책 입안자들과 교육정책 입안자들에게 체계적인 반성의 기회를 주었다.

세 번째 책은 로버트 레빈과 메리 화이트가 쓴《인간의 조건들, 교육적 발달의 문화적인 기반Human Conditions: The Cultural Basis of Educational Development》이다. 인간 발달의 진보에 있어서 문화적인 요소의 중대한 역할을 강조함으로써, 이 책은 가족과 학교의 사회사와 일생 동안의 사회인류학에 기반한 발달에 관해 새로운 모델을 제시한다.

발달의 다양성에 대한 연구의 배경을 제공하기 위해 인간 잠재성 프로젝트는 이집트, 인도, 일본, 멕시코, 중국, 서아프리카에 컨설턴트 팀을 만들었다. 프로젝트 워크숍에서 이러한 컨설턴트에 의해 선택된 논문들은 메리 화이트와 수전 폴락이 편집한《문화적 변천, 제3세계와 일본에서의 인간 경험과 사회적 변화The Cultural Transition: Human Experience and Social Transformations in the Third World and Japan》에 실려 있다. 국제개발기구의 대표자들은 5년이 넘도록 프로젝트의 컨설턴트와 통신원으로 참여해왔다. 이러한 국제적인 담화와 연구를 통해서 프로젝트는 인간 잠재성을 이해하기 위한 새롭고 다학문적인multidisciplinary 환경을 만들기 위해 노력하고 있다.

다중지능의 탄생

1장

다중지능이라는 아이디어

한 소녀가 피험자로서 한 시간 동안 검사자와 함께 지능검사를 받고 있다. 소녀는 지식(누가 미국을 발견하였는가? 위는 어떤 기능을 하는가?), 어휘력('난센스'는 무슨 뜻인가? '종탑'은 무슨 뜻인가?), 계산 능력(사탕 한 개가 8센트일 때 사탕 세 개의 가격은 얼마인가?), 일련의 숫자를 기억하는 능력(5, 1, 7, 4, 2, 3, 8), 두 요소 사이 유사성을 파악하는 능력(팔꿈치와 무릎, 산과 호수) 등을 알아보는 질문들을 많이 받는다. 이 외에도 소녀는 퍼즐을 풀거나 그림을 순서대로 정렬해 하나의 이야기를 완성하는 것 같은 특정한 작업을 수행해야 할 수도 있다. 얼마 후 검사자는 소녀의 반응을 채점해 지능지수, 즉 IQ를 나타내는 하나의 점수를 제시한다. 이 점수는 아동의 미래에 상당한 영향을 미칠 가능성이 높다. 교사들은 이 점수를 바탕으로 아동을 바라보게 될 것이고, 그 점수는 아동이 어떠한 수준에 적합한지를 결정하게 될 것이다. 이 점수가 의미하는 중요성은 전적으로 부적절한 것은 아니다. 이 수치가 비록 인생에서의 성공 여부를 예측할 수는 없다고 해도, 어쨌든 학교에서의 성취를 예측할 수는 있다.

이와 같은 장면은 전 세계에서 매일 수천 번씩 반복된다. 일반적으로 이 하나의 점수에 많은 의미가 부여된다. 물론 연령과 문화적 배경에 따라 다양한 종류의 검사가 사용된다. 때때로 지필검사가 사용되기는 하지만, 한 시간 정도 분량의 질문들을 통해 대략적인 점수를 산출하는 것이 일반적으로 사용되는 방식이다.

많은 전문가들은 이러한 검사 과정과 결과에 만족하지 않고 있다. 학업 성적을 예측하는 간단한 질문에 대한 짧은 답으로 지능을 설명하기는 충분치 않다. 그럼에도 지능을 설명하고 개인의 능력을 평가할 수 있는 더 나은 방법이 존재하지 않기 때문에 앞으로도 이러한 검사는 보편적으로 반복될 수밖에 없다.

하지만 세계에서 가치를 인정받고 있는 넓은 범위의 수행들 performances을 조금 더 거시적인 관점에서 자유롭게 상상해보면 어떨까? 예를 들어 남태평양 캐롤라인 제도Caroline Islands에 속한 플루왓Puluwat 섬에서 장로들에게 전문 항해사 교육을 받도록 뽑힌 12세 남자아이를 생각해보자. 전문 항해사의 가르침 아래 그는 주변에 있는 수백 개의 섬들을 항해하는 데 필요한 항법과 별자리, 지리 관련 지식을 결합하는 방법을 배우게 될 것이다. 코란을 마음에 새기고 아랍어를 배우는 데 전념하는 15세 이란 청년을 생각해보자. 그는 자신을 교사와 종교 지도자로 키워줄 아야톨라 ayatollah*와 함께 성스러운 도시로 보내져 몇 년 동안 그와 같이 지

* 이란 회교 시아파의 종교 지도자를 말한다._옮긴이

내게 될 것이다. 또 컴퓨터 프로그램을 배워 신시사이저를 이용해 음악을 작곡하기 시작한 파리의 14세 청소년을 생각해보자.

잠깐만 생각해봐도, 이 아이들은 도전적인 영역에서 상당한 능력을 배우고 있으며 지적인 행동을 구현하고 있는 것처럼 보여야 한다. 또한 현재의 지능 평가 방법들이 별자리를 보며 항해하고, 외국어를 습득하고, 컴퓨터를 사용하여 작곡할 수 있는 개인의 잠재력 또는 성취를 평가하기에 무리가 있다는 것은 분명하다. 문제는 검사 기술technology of testing보다는 우리가 관습적으로 지능을 생각해온 방식, 지능에 대한 우리의 뿌리 깊은 편견에 있다. 인간의 지능을 무엇으로 간주할 것인가에 대한 우리의 견해를 다시 설정하고 확장해야만 더 적절한 지능 측정 방법과 더 효과적인 교육 방안을 고안할 수 있을 것이다.

전 세계 교육계의 많은 전문가들은 비슷한 결론에 도달했다. 이들은 전반적인 문화에 필요한 인간의 지능을 발달시키고, '선행학습anticipatory learning' 같은 일반적 기술을 훈련시키고, 자신의 잠재력을 인식할 수 있도록 돕는 (일부는 매우 거창한) 새로운 프로그램들에 관심이 있다. 바이올린을 가르치기 위한 스즈키 방법*이나[1] 컴퓨터 프로그래밍의 기초를 소개하는 로고LOGO 방법[2] 같은 흥미로운 실험들은 어린아이에게서 뛰어난 성과를 이끌어내기 위한 것이다. 그중 일부가 여전히 시작 단계에 머물고 있는 동안 성공적인

* 스즈키 신니치의 '재능교육 바이올린 교육법'으로, 음악 재능의 보편성에 대한 신념을 바탕으로 한 바이올린 교수법._옮긴이

것으로 밝혀진 실험도 있다.[3] 그러나 모든 성공과 실패는 지능에 대한 적절한 사고의 틀이 없기 때문에 발생했다고 할 수 있다. 확실히 내가 방금 언급한 능력들을 통합하는 지능의 관점은 존재하지 않는다. 바로 이것을 만들어내는 것이 이 책의 목적이다.

다음 장들에서 나는 인간 지능에 대한 새로운 이론을 간략하게 설명할 것이다. 이 이론은 우리 대부분이 (심리학이나 교육학적 맥락에서 봤을 때) 명시적이거나 (지능에 대해 강하지만 제한된 관점을 가진 문화에 살면서) 암시적으로 받아들였던 지능에 대한 전통적 견해에 도전적 입장을 취하고 있다. 이 이론의 새로운 기능을 더 쉽게 확인할 수 있도록, 나는 도입부에서 기존의 전통적 견해가 어디에서 시작되었고 왜 확고해졌는지, 그리고 해결되지 못한 채로 남아 있는 쟁점들은 무엇인지를 살펴볼 것이다. 그다음에, 내가 여기에서 제기하고 있는 수정주의 이론의 특성을 살펴보고자 한다.

2천 년도 훨씬 전, 그리스에서 도시국가가 생겨난 이후부터 특정한 아이디어들은 우리 문명에서 인간 조건에 대한 논의를 지배해왔다. 이러한 아이디어들은 '합리성', '지능' 또는 '마음'의 전개deployment of mind 등 다양한 이름으로 불리는 정신력mental powers의 존재와 그 중요성을 강조한다. 필연적이라 여겨지는 인류의 본질을 끊임없이 탐색한 결과, 지식을 탐구하는 우리 종species과 배움이 일어나는 과정에서 가치 있게 여겨진 능력들에 초점이 맞춰졌다. 플라톤Plato의 철학왕philoso-pherking*이든 히브리 선지자든 중세 수

* 플라톤이 지배자의 이상적인 상으로 삼은, 철학적으로 단련·계발된 주권자._옮긴이

도원의 서기관 또는 실험실의 과학자든 정신력을 사용할 수 있는 개인은 선택되어왔다. 소크라테스Socrates의 "너 자신을 알라.", 아리스토텔레스Aristotles의 "모든 인간은 선천적으로 지식을 갈구한다.", 그리고 데카르트Descartes의 "나는 생각한다. 고로 존재한다." 같은 말들은 전체 문명의 틀을 규정하는 경구가 되었다.[4]

심지어 고전시대와 르네상스시대 사이 암흑기에도 지적 요인의 우세는 좀처럼 도전받지 않았다. 중세 초기, 믿음의 대부 성 아우구스티누스St. Augustine는 다음과 같이 선언했다.

> 세계를 쓰고 움직이는 것은 지능이다. 따라서 세계의 근원은 훌륭한 지능이어야 하며 그것이 진실이다. 인간이 추구하는 모든 것 중에 지혜wisdom를 추구하는 것은 가장 완벽하고, 가장 숭고하고, 가장 유용하고, 가장 합당한 것이다. 이것이 가장 완벽한 이유는 인간 스스로가 지혜를 추구하는 데 전념하며 진정한 행복의 일부를 이미 즐기고 있기 때문이다.[5]

중세시대의 정점에서 단테Dante는 이렇게 말했다.

> 종합해보면 전체를 통틀어 인류의 본래 기능은 사고思考, 주로 사변을 끊임없이 실현하는 것이며, 사고 자체와 그 연장을 통해 이차적으로는 실천에 이르게 하는 것이다.[6]

이후 데카르트시대의 한 세기 전인 르네상스 여명기에 프랜시스 베이컨Francis Bacon의 《뉴아틀란티스New Atlantis》*에는 유토피아 섬으로 떠내려 온 영국 배에 대한 이야기가 나온다. 이 섬은 과학 연구에 토대가 되는 훌륭한 조직을 가지고 있었는데, 유토피아 섬의 통치자는 이 조직에 대해 묻는 영국 선원들에게 다음과 같이 선언한다.

> 내가 가지고 있는 최고의 보석을 주겠다. 하나님과 사람의 사랑으로 솔로몬 집**의 실제 관계에 대해 말해주겠다……. 우리 연구소의 목적은 사물의 원인과 감춰진 궁극적 동인을 밝히는 것이며, 또 모든 가능한 일을 성취하기까지 인간의 지력을 최대화하는 것이다.[7]

물론 지식과 이를 소유하고자 하는 사람들에 대한 존경만이 서구 세계에 나타나는 유일한 주제는 아니다. 사실 지난 몇 세기 동안의 중심 사상은 감정, 믿음, 그리고 용기와 같은 덕목들이었고, (언제나 그렇게 인정받는 것은 아니었지만) 때로 이 덕목들은 지식에 대한 탐구와 대척점에 있기도 했다. 믿음이나 사랑이 무엇보다 극찬을 받을 때 이것들이 이성적 힘에 반대된다는 것은 교훈적이다.

---

* 영국의 정치가이며 철학자인 F. 베이컨의 유토피아 소설로 1627년 간행한 미완성 작품이다. T. 모어의 《유토피아》, T. 캄파넬라의 《태양의 나라Civitas Solis》와 함께 근세 초엽의 3대 유토피아 소설이라고 한다. 《유토피아》와 《태양의 나라》가 사회조직에 중점을 두고 있는 데 반해, 이 작품에서는 과학적 기술에 중점을 두고 새로운 과학기술의 발전에 의해 인간생활의 큰 번영과 복지가 이루어질 수 있다고 했다(두산백과사전)._옮긴이

** 이 섬의 문화는 '솔로몬의 집'이라는 이름의 거대한 실험연구소를 중심으로 이루어져 있다(스털링 P. 램프레히트, 《서양철학사》)._옮긴이

같은 맥락에서, 전체주의적 성향의 지도자들이 새로운 비전을 가지고 그들의 사회를 다시 만들 때 그에 동의하지 않는 이성주의자나 지식인들을 제거해버렸는데, 이것은 곧 이성적 힘에 대한 왜곡된 찬사가 초래한 결과라고 볼 수 있다. 이성, 지능, 논리, 지식은 동의어가 아니다. 이 책은 '정신'이라는 단어로 너무 간단하게 뭉뚱그려져서 언급되는 다양한 기술과 능력들의 의미를 파악하는 데 도움을 줄 것이다. 그러나 그 전에 먼저 다른 종류의 차이를 소개해야 한다. 그 차이는 세기에 걸쳐 경쟁하고 대체되어온 마음에 대한 두 가지 태도다.

그리스 시인 아르킬로코스Archilochus는 모든 지능을 하나의 조각으로 보는 이들(우리는 이들을 '고슴도치'*로 칭할 것이다)과 지능이 여러 부분으로 나뉘어 있다고 보는 쪽을 선호하는 이들(이들을 '여우'라고 칭할 것이다)의 관점을 매력적으로 대조해 설명했다.[8] 고슴도치형은 단일하고 범접할 수 없는 능력이 존재하며 이것이 인간의 특별한 속성이라고 믿는다. 그렇기 때문에 그들은 각 개인이 특정한 지능을 가지고 태어났다는 조건을 부여하고, 천부적인 지능 또는 IQ의 측면에서 사람들에게 순위를 매긴다. 이렇게 고정된 사고방식과 담화 방식은 우리로 하여금 개인을 더 혹은 덜 '영리하고', '똑똑하고', '명민하고', '총명하다'고 평가하게 만든다.

* 그리스 시인 아르킬로코스가 "여우는 많은 것을 알고 있지만 고슴도치는 하나의 큰 것을 알고 있다"고 한 말을 인용한 것으로, 지능을 전체로 보는 것을 '고슴도치'에, 지능을 여러 가지 구성요소로 보는 것을 '여우'에 비유했다._옮긴이

오래된 서구의 전통 역시 마음의 수많은 부분들과 특정 기능들을 찬양했다. 고전시대에는 이성, 의지, 감정을 구별하는 것이 일반적이었다. 중세의 사상가들은 문법, 논리, 수사학의 3학과 산술, 기하학, 천문학, 음악의 4과를 공부했다. 심리학이 시작되면서 더 넓은, 일련의 인간 정신력 또는 능력이 상정되었다.[9]

나중에 정식으로 소개할 프란츠 요제프 갈Franz Joseph Gall은 인간이 37개의 능력 또는 정신력을 가지고 있다고 주장했고,[10] 현대 인물인 길퍼드는 120개의 정신적 매개vectors of mind가 있다는 이론을 지지했다.[11] 일부 여우형들도 지능이 선천적이고 순위를 매길 수 있다고 생각하는 경향이 있으나, 대부분은 환경과 훈련의 효과로 변할 수 있으며 개선될 수 있다고 믿는다.

고슴도치와 여우 사이의 논쟁은 수세기 전부터 현재까지 계속되고 있다. 뇌 연구 영역에는 신경계의 각기 다른 부분들이 다양한 지적 능력을 조정한다고 믿는 국지론자들localizers이 있는데, 이들은 주요 지적 기능들을 뇌 전체의 소유물로 간주하는 전체론자들holists과 반대의 입장을 취한다. 지능검사 영역에서는 지능의 일반적 요소를 믿는 이들(찰스 스피어먼의 추종자들)과[12] 주요 정신 능력들의 조합을 상정하는 이들(서스턴의 추종자들)[13] 사이에 격렬한 논쟁이 계속되어왔다. 아동의 발달 영역에서 (피아제와 같이) 정신의 일반적인 구조를 상정하는 이들과 분절되어 있는 정신 구조를 가정하는 이들(환경 중심 학습 이론 학파) 사이에도 활발한 논쟁이 있었다.[14] 이러한 논쟁은 다른 학문에서도 쉽게 찾아볼 수 있다.

이와 같이 수 세기에 걸쳐 지적 능력의 탁월함에 대한 공통된 믿음에 맞서 지능을 부분으로 나누는 것이 타당한가에 대한 논쟁은 끊임없이 이어지고 있다. 공교롭게도 우리 문화적 전통의 오래된 몇 가지 쟁점들도 해결될 기미가 보이지 않는다. 나는 자유의지 또는 믿음과 이성 사이의 충돌 같은 주제에서 모두를 만족시킬 수 있는 방법은 없다고 생각하지만, 그 밖의 경우에서는 진전의 가능성이 있다고 생각한다. 예컨대 이러한 진전은 오류가 노출되었을 때 그것을 논리적으로 명확히 함으로써 나타나기도 한다. (난시가 비정상적인 얼굴을 그리는 데 아무런 영향을 미치지 않는다는 것이 밝혀진 후, 엘 그레코El Greco*의 초상화들의 비뚤어진 얼굴들이 난시 때문이라는 잘못된 신념을 가지는 사람은 없다. 난시가 있는 화가는 얼굴을 길게 늘어진 것으로 인지하고 자신이 본 것을 그대로 캔버스에 옮긴다. 하지만 사실 이 초상화를 보는 일반 사람들에게 이 얼굴들은 지극히 정상으로 보인다.) 극적인 과학적 발견에 의해 진전이 일어나는 경우도 있다(코페르니쿠스Copernicus와 요하네스 케플러Johannes Kepler의 발견은 우주 구조에 대한 우리의 견해를 혁명적으로 변화시켰다). 그리고 가끔 이러한 진전은 방대한 정보들이 설득력 있게 짜였을 때 나타난다(찰스 다윈Charles Darwin이 진화론을 소개하기 위해 종種의 발달 및 분화에 관한 방대한 양의 증거를 검토한 것처럼 말이다).

머지않아 인간 지능 구조에 대해 명확하게 알 수 있게 될 것이

* 그리스 태생의 에스파냐 화가. 17세기 르네상스 말기 에스파냐의 펠리페 2세의 궁중화가였고, 당시 매너리즘으로 분류된 그의 화풍은 주목받지 못했다. 그의 화풍은 20세기 초 독일 표현주의에 지대한 영향을 주었으며 오늘날에는 미술사에서 매우 중요한 작가로 평가받는다(두산 백과사전)._옮긴이

다. 현재 획기적인 과학적 성과나 엄청난 논리적 실수는 없었지만, 다양한 출처를 통해 확인된 많은 증거들의 융합confluence은 이루어졌다. 인간 지능과 관련된 연구자은 지난 몇십 년에 걸쳐 이루어진 이러한 융합을 (적어도 지엽적으로는) 인식하고 있는 듯하다. 그러나 지금까지 융합은 거의 직접적이고 체계적으로 한곳에서 이루어진 것이 아니며, 많은 대중과 공유되지도 않았다. 이러한 대립과 대조는 이 책의 두 가지 목적으로, 긴밀히 연결되어 있다.

이후에 나는 '인간 지능human intelligences'으로 축약되는, 인간에게 상대적으로 자율적인 몇 가지 지적 능력이 존재함을 입증할 설득력 있는 증거를 제시할 것이다. 이것들을 나는 '마음의 틀frames of mind'이라고 이름 붙였다. 각 지적인 '틀'의 정확한 본성과 범위는 현재까지는 만족스러울 만큼 정립되지 않았으며, 인간 지능이 몇 가지나 존재하는지도 정확하지 않다. 그러나 최소한 상대적으로 독립적이고 개인과 문화에 의해 적합한 방식으로 형성되며 결합될 수 있는 몇 가지 지능이 존재한다는 확신이 거부할 수 없을 만큼 점점 확고해지는 것은 사실이다.

독립적 지능을 확립하기 위한 이전의 꽤 많은 노력들은 사람들을 납득시키지 못했는데, 그 이유는 기껏해야 한두 개의 증거에 의존했기 때문이다. '정신minds'이나 '능력faculties'은 각각 논리적 분석, 교과의 역사, 지능검사의 결과, 또는 뇌 연구로부터 얻어진 통찰 등에 기반하고 있다. 이러한 개별적인 노력 결과로 동일한 지능 목록이 나오지 않았고, 그래서 다중지능에 관한 주장은 쉽사리 지지받을 수 없는 것처럼 보였다.

내 방법은 이들과 매우 다르다. 다중지능에 대한 나의 주장을 공식화하기 위해 나는 이제까지 크게 관련이 없다고 여겨진 집단들(영재, 뇌손상 환자, 백치 천재, 일반 아동, 일반 성인, 다른 영역의 전문가, 그리고 다양한 문화권 사람들에 관한 연구들)을 포함한 다양한 증거들을 검토했다. 후보 지능의 예비 목록은 위와 같은 다양한 정보들로부터 수렴된 증거로 강화되었으며, 내 생각에 이들은 일부 입증되었다. 나는 이 지능들이 일반 집단에서는 발견되지 않지만 상대적으로 고립된 특수 집단에서만 발견되고, 특정 개인이나 문화에서만 고도로 개발되며, 심리측정 학자들, 실험 연구자, 또는 특정 분야의 전문가들에 의해 상정된 지능을 정의하는 데 필요한 핵심 능력들을 포함해야 한다고 확신한다. 모든 지표를 만족시키지 못하는 것들은 후보 지능에서 제외했다. 앞으로 설명하겠지만, 이런 지능들은 일상에서 일반적으로 조화를 이루고 있기 때문에 이들의 자율성autonomy이 명확하게 드러나지 않을 수도 있다. 그러나 적절한 관측 렌즈를 통해서 볼 때, 각 지능의 고유한 특성이 충분히 그리고 종종 놀라울 정도로 명확하게 드러난다.

그렇다면 이 책의 주요한 과제는 다중지능(이후에 MI로 축약된)의 사례를 만드는 것이다. 구체적인 지능에 관한 사례가 설득력이 있든 없든 간에, 여태까지 상대적으로 분리되어 있었던 두 영역의 지식을 통합할 것이다. 이 밖에도 이 책에는 과학적이고 실제적인 다른 목적이 있다.

첫째, 나는 인지·발달심리학(연구자로서 연관성이 가장 높다고 생각되는 두 영역)의 이해 범위를 확장하고자 한다. 이는 인지의 생물학적, 진화론적 뿌리와 문화적 다양성이 인지 능력에 미치는 영향까지도 이해해야 한다는 것을 의미한다. 나는 인지와 발달에 관심 있는 개인을 교육하는 과정에서 뇌과학자의 '실험실'과 이국적인 문화 '현장'을 방문할 필요가 있다고 생각한다.

둘째, 다중지능 이론의 교육적 함의를 검토하고자 한다. 나는 조기에 개인의 지능 프로파일(또는 성향)을 확인하고, 이 지식을 바탕으로 개인의 교육적 기회와 선택권을 강화하는 것이 가능하다고 생각한다. 특별한 재능이 있는 개인에게 특수 프로그램을 제공하고, 비정형적이고 적절하게 기능하지 못하는 지능 프로파일을 나타내는 개인을 위해 특별하게 강화된 프로그램을 고안할 수 있을 것이다.

셋째, 나는 이러한 질문이 교육을 지향하는 인류학자들이 다양한 문화적 환경 내에서 지능을 발전시킬 수 있는 방법을 개발하는 데 영감을 줄 수 있기를 바란다. 오직 이러한 노력을 통해서만 학습 및 교육 이론이 자유롭게 국경을 넘나들며 적용될 수 있는지 또는 각 문화의 특수성에 맞게 지속적으로 재구성되어야 하는지를 결정할 수 있다.

가장 중요하면서도 가장 어려운 이 책의 마지막 목적은 여기서 제시한 나의 관점이 '다른 개인의 발달'을 담당하는 정책 입안자와 실무자들에게 실질적으로 유용한 정보를 제공하는 것이다. 전 세계적으로 지능을 훈련하고 향상시키고자 하는 분위기가 팽배하다. 인간 발달에 대한 세계은행World's Bank의 보고서, 선행학습에 관한 로마클럽Club of Rome*의 에세이, 그리고 인간 지능에 대한 베네수엘라 프로젝트Venezuelan Project가 바로 최근에 찾아볼 수 있는 세 가지 예다. 이 과정의 실무자들은 결함이 있는 지능 이론이나 인지 이론을 지나칠 만큼 자주 수용했고, 성과가 적거나 심지어 역효과를 나타내는 프로그램들을 지원했다. 이들을 돕기 위해 나는 다중지능 이론을 기반으로 어떠한 교육적 상황에도 적용될 수 있는 틀framework을 개발했다. 만약 여기에 제시한 이 틀이 적용된다면, 실패가 예상되는 중재들을 막고 성공 가능성이 있는 중재들을 격려할 수 있다.

나는 내 이러한 노력이 인지과학 발전에 이바지할 수 있다고 생각한다. 이 책의 많은 부분에서 나는 다른 학자들의 업적을 요약하고 있지만, 또 한편으로는 새로운 방향을 제안하고 있다. 나의 주장들 중 일부는 논란의 소지가 많다. 그리고 나는 인지과학에 정통한 전문가들 또한 그들만의 견해를 가지고 있으리라 생각한다. 이 책의 핵심이라고 할 수 있는 2부에서는 내가 합리적으로 분명하다고 생각하는 여러 지능에 대해 설명할 것이다. 그러나 과학에 잠재적으로 기여하기 위해 나는 먼저 지능의 프로파일을 특징짓는 다른 노력들을 검토할 것이다(2장). 이후 나의 이론을 지지하는 증거들을 제시하고, 이에 대한 비판적인 견해들을 다루고자 한다(11장). 인지 연구를 확장하고자 하는 나의 임무의 일환으로 2부에서 나는 생물학적이고 다문화적인 관점을 채택했고, 인지

* 1968년에 창설되어 범지구적 문제에 관해 정기적으로 제언·연구 발표를 하는 경영인·경제학자·과학자의 국제 연구 단체다._옮긴이

의 생물학적 기초(3장)와 교육 내에서의 문화적 다양성(13장)을 다루기 위해 별도의 장을 할애했다. 마지막으로 내가 제시한 '적용applied' 논제를 고려하여 마지막 장에서는 교육 및 정책에 대한 질문들을 더 직접적으로 다룰 것이다.

마지막으로 이 장의 제목에 대해 한마디 덧붙이려고 한다. 내가 언급한 것처럼 다중지능이라는 아이디어는 오래된 것이고, 나는 이것을 한 번 더 부활시키기 위해 위대한 독창성을 주장할 수는 없다. 그렇다고 하더라도, 아이디어라는 단어를 사용함으로써 나는 다중지능이라는 개념이 최근 다시 심각하게 논의될 필요성이 인식된 아이디어일 뿐이며 과학적 사실로 입증되지 않았음을 강조하고자 했다. 이와 같은 이 책의 포부와 범위를 감안했을 때, 이 아이디어는 많은 결점들을 가질 수밖에 없다. 나는 이 책을 통해 마침내 '다중지능'의 시대가 도래했음을 선언한다.

2장

지능의 역사

18세기 후반 프란츠 요제프 갈은 학창시절 친구들의 정신적 특징과 두개골 모양 사이의 관계를 관찰했다. 예를 들어 눈이 돌출된 친구들은 기억력이 좋은 경향이 있음에 주목했다. 몇 년 후 그는 의학자가 되어 과거에 자신이 관찰했던 내용을 과학에 입각한 '골상학'의 중심 개념으로 정립했다.[1]

골상학의 주요 개념은 간단하다. 인간의 두개골은 모두 각양각색이며, 이것은 곧 뇌의 크기와 모양이 사람마다 서로 다르다는 것을 의미한다.[2] 결론적으로 말하면, 뇌의 각 영역은 서로 다른 특정한 기능을 돕는 역할을 하므로 전문가는 개개인의 두개골 구성을 세심하게 검사하여 사람들의 정신 프로파일의 강점, 약점 그리고 특이점을 밝혀낼 수 있어야 한다는 것이다.

그의 동료인 요제프 슈푸르츠하임Joseph Spurzheim에 의해 수정된, 마음의 능력들과 '기관들organs'에 관한 갈의 목록은 온갖 종류의 집합이었다. 주요한 37개의 힘들은 각각 호색, 다산, 비밀주의 같은 정서적 영역과 희망, 숭배, 자존감 같은 감정, 그리고 언어와 음악에서의 톤, 더불어 형태와 색 등 시각적 특징의 감성을 포함한 반성적 능력reflective power과 지각 능력들을 포함한다.

갈과 슈푸르츠하임의 골상학이 19세기 초에 유럽과 미국에서 대단한 관심을 받은 것은 최소한 수년간의 베스트셀러를 읽어왔던 독자들에게는 당연한 사실이었다. 이 단순한 학설은 본질적으로 매력적이었고, 모든 이들은 게임을 하듯 이 학설을 즐길 수 있었다. 당대 과학자들의 지지를 받으면서 많은 사람들에게 각광을 받던 골상학의 인기는 더 높아졌다.

물론 이제는 누구든 골상학의 결함을 쉽게 발견할 수 있다. 예를 들어 우리는 뇌의 크기가 지능과 명백한 관계가 없다는 것을 알고 있다. 실제로 월트 휘트먼Walt Whitman과 아나톨 프랑스Anatole France처럼 매우 작은 뇌를 가진 사람도 큰 성공을 이루었고, 거대한 뇌를 가진 사람이라도 때로는 우둔하거나 지극히 평범하다. 더욱이 두개골의 크기와 구성만으로는 인간 대뇌피질의 중요한 구조를 정확하게 측정할 수 없다.

갈의 주장에 결점이 있다는 것을 간과할 수는 없지만, 그 전부를 부정하는 것은 불합리하다. 결국 갈은 뇌의 다양한 영역들이 각각 다른 기능을 한다는 사실을 강조하는 초기 현대 과학자들 중 하나였다. 사실 현재 우리가 뇌의 크기, 모양, 기능 간의 관계를 구체적으로 설명할 수 없다고 해서 미래에도 그 상관관계를 증명해내지 못하리라고 생각해서는 안 된다. 갈은 의미심장한 또 다른 개념들을 제시했는데 그중 재미있는 것은 지각, 기억, 그리고 집중과 같은 일반적 정신적 능력은 존재하지 않으나 언어, 음악 또는 시각처럼 각각의 여러 지능, 즉 지각과 기억이 서로 다른 형태로 존재한다는 것이다. 심리학 역사상 이것은 진지하게 받아들여지지 않았으나 매우 시사적이며 또한 정확할지도 모른다.

갈의 주장 이후 100여 년간은 기능의 국지화에 대한 믿음, 그리고 뇌와 행동 사이에 상관관계가 있다는 전체적 흐름에 관한 회의감 사이를 오가고 있다. 사실상 이러한 움직임은 오늘날까지 이어지고 있다. 1800년대 초 갈이 자신의 이론을 출판한 지 10여 년이 되어 처음으로 그의 주장에 대한 반론이 나왔다. 피에르 플루랑스Pierre Flourens 같은 학자들이 동물에게서 뇌의 일부분을 제거한 후 서로 다른 부분이 제거된 동물들 사이의 행동을 관찰했는데, 그 결과는 갈의 주장과 들어맞지 않았다.[3] 그러나 1860년대 프랑스 외과의사이자 인류학자인 폴 브로카Paul Broca가 특정 뇌 부위의 손상과 인지 손상 사이에 분명한 관계가 있음을 입증하자 갈의 이론은 지지를 받았다. 특히 브로카는 인간 피질의 좌전측 부위 중 특정 영역의 손상이 언어적 능력의 문제인 실어증의 원인이라는 증거를 수집했다.[4] 이 대단한 설명은 좌반구가 특정한 언어 기능과 명확하게 대응되며, 이 부분의 손상이 언어적 기능을 손상시킬 수 있음을 입증할 만한 충분한 증거가 나오면서 성공하게 되었다. 어떤 부분이 손상될 경우 명명하기나 따라 말하기에 장애가 나타나는 반면, 또 어떤 손상은 읽기에 명백한 손상을 가져오는 것이다.[5] 이는 골상학은 아니었지만, 기능의 국지화는 다시 한 번 성공을 거뒀다.

정신적 기능과 뇌의 관계에 대한 연구 또는 정신적 기능의 육체적 근원을 알기 위한 시도는 19세기 이전부터 시작되었다. 이집트인들은 가슴으로 생각하고 머리 또는 신장腎臟으로 판단한다고 믿었다. 피타고라스와 플라톤은 마음의 근원은 뇌에 있다고 했다. 르네 데카르트René Descartes 또한 송과선*에 영혼이 있다고 했으며, 아리스토텔레스는 삶의 안식처는 가슴에 있다고 생각했다. 19세기 과학자들이 최초로 인간의 지능을 분리하려 시도한 것은 아니었다(37개의 목록이 긴 편이기는 하다). 플라톤과 아리스토텔레스는 확실히 이성적인 사고의 다양성과 지식의 형태에 관심이 많았다. 중세시대 학자들은 모든 지식인들이 습득해야 하는 3학(문법, 논리학, 수사학)과 4과(산술, 음악, 기하, 천문학)를 강조했다. 실제로 인도의 우파니샤드Upanishads는 일곱 가지 지식을 묘사했다. 19세기에 도입된 것은 인간의 정신적 능력의 프로파일에 대한 매우 상세한 주장들, 특정한 인지적 기능을 뇌의 특정 영역과 관련시키기 위한, 경험에 기반한 임상 사례 그리고 실험실에서의 노력이었다.

심리학과 지능

19세기 후반에 심리학을 과학으로 정착시키려는 노력이 본격적으로 시작되었다. 이에 대한 이론적 근거와 방향을 제시한 이들은 독일의 빌헬름 분트Wilhelm Wundt와 미국의 윌리엄 제임스William

* 간뇌의 윗면에 있는 기관._옮긴이

James 같은 학자들이었다. 과학 이전의 심리학의 역사는 의학보다는 철학과 긴밀하게 연결되어 있었고, 초창기의 심리학자들은 그들의 학문 분야를 생리학과 신경학으로부터 분리시켜 규정하기를 원했기 때문에 새로운 심리학파와 인간의 뇌에 대해 실험하는 사람들 사이에 교류는 거의 없었다. 그 결과로 심리 상태의 범주에 관심이 있는 심리학자들은 뇌에 대해 연구해온 학자들과는 교류가 없었다. 심리학자들은 언어, 음악, 혹은 다양한 형태의 시각적 인지 등 특정한 정신 영역에 대해서 갈과 같은 입장을 취하기보다는 기억, 인지, 집중, 조합, 학습과 같은 폭넓은 부분에 걸쳐 동등한 정신적 능력에 대한 법칙을 찾고자 했으며 지속적으로 찾고 있다. 이러한 능력들은 특정한 감각 양상이나 관념적 영역과는 별개로, 동등하게 사실은 무작위로 작동된다고 여겨졌다. 사실상 이러한 연구는 오늘날까지 계속되고 있으나 뇌과학에서 발견되는 사실들과는 교류가 거의 없다.

따라서 과학적 심리학의 한 학파는 오늘날 인간이 어떻게 정보를 처리하는지에 대한 원리라고 불릴 수도 있는 인간의 지식에 관한 가장 일반적인 법칙을 찾고 있다. 모든 이들이 열정적으로 연구하는 분야는 개인의 능력과 무능력의 독특한 특징이라고 할 수 있는 개인차를 찾는 것이었다. 영국의 박식가인 프랜시스 골턴 Francis Galton은 1세기 전 이 연구 분야가 시작되는 데 중요한 역할을 했다. 천재성, 명성 그리고 다른 주목할 만한 업적에 특히 관심이 있던 골턴은 신체적, 지적 능력의 순위를 매기고 이러한 측정이 서로 상관이 가능하도록 통계적 방법을 개발했다. 이러한 방법

들을 통해 계보적 혈통과 전문적 업적 간의 미심쩍은 관계가 증명되었다.[6]

사실 만약 누군가가 개인을 측정하려 한다면 측정하고 비교해야 하는 많은 차원들과 과제들이 필요할 것이다. 곧이어 심리학자들은 많은 도구를 개발했으며, 여기에 기초하여 인간의 능력을 구분했다. 초기의 보편화된 지식에서 지능은 빛, 무게, 또는 음조 간의 차이를 구분하는 능력과 같은 감각 식별의 다양한 과제에 의해서 적절히 측정될 수 있다고 보았다. 실제로 골턴은 세련되고 배운 사람일수록 더 날카로운 감각 능력을 가지고 있다고 주장했다. 그러나 점차 다양한 이유로 과학계는 인간 지능을 더 정확히 사정하기 위해 언어와 추상적 개념 같은 더 복잡하거나 '거시적'인 능력을 주로 살펴보아야 한다고 결론지었다. 프랑스인 알프레드 비네Alfred Binet가 이 영역의 최고 권위자였다. 20세기 초, 비네는 동료인 테오도르 시몽Theodore Simon과 함께 적정 학년 수준에서 부진한 학생들을 구별하여 재배치하기 위해 처음으로 지능검사를 만들었다.[7]

과학계와 사회 전반에서 지능검사에 대한 관심을 표명했고, 이는 대략 1세기 전의 골상학에 대한 관심보다 훨씬 더 오래도록 지속되었다. 검사는 학교, 군대, 산업 조직 내의 인력 배치, 심지어 공동체의식과 같은 특정 목적을 위해 사람들을 평가하는 집단 지능검사에 대한 관심이 가속화됨에 따라 금세 상용화되었다.[8] 최근까지도 심리학자들은 지능검사가 심리학의 최고 업적이자 사회에서 가장 유용하며 그 자체로 가장 중요한 과학적 발견이라는 것에 동의한다. 현대 과학철학자인 토머스 쿤Thomas Kuhn*의 분류에 따르면,[9] 지능의 개념은 '진정한 과학적 패러다임'[10]이라 할 수 있다는 영국 심리학자 아이젠크의 결론에 그들은 갈채를 보낼지도 모른다.

IQ 검사의 대중화에 대한 이야기와 그와 관련된 다양한 논의들은 너무나 많이 다루어져 이 책에서 다시 그 소란을 언급할 필요는 없다고 생각한다. 대부분의 심리학자와 다른 영역의 학자들은 현재 지능검사에 대한 열정이 지나치고, 검사 도구 자체는 물론 적용하고 결과를 얻는 것도 상당한 한계가 있음을 인정한다. 달리 또 우려할 점은 지필 시험에 익숙하고 능한 사람들은 쉽게 답을 찾아낼 수 있다는 것이다. 앞서 언급한 바와 같이, 지능검사로 학창시절의 성공을 예측할 수는 있으나 학교 외의 맥락, 특히 사회·경제적 배경과 같은 요인을 고려해야 할 때는 예측력이 거의 없다. IQ의 유전 가능성에 대한 논란은 지난 수십 년간 계속되었다. IQ는 유전과 관계가 없고, 인종 내 그리고 인종 간의 유전에 대한 신빙성 역시 떨어졌다는 몇몇 권위자들의 주장이 현재까지 이어지고 있다.

그러나 IQ 검사에 대해 오랜 기간 논란이 지속되고 있는 주제 한 가지는 여기서 간단히 다루어야 한다. 한 부류는 영국의 교육심리학자 스피어먼으로부터 영향을 받은 학파로(나는 이들을 '고슴

* 아이젠크는 그들의 중심 가정과 절차 또는 '패러다임'에 관하여 과학을 정의하는 현대의 철학자 토마스 쿤을 언급한다._옮긴이

도치형'이라 부른다), 이들은 어떤 지능검사에서도 측정되는 지능의 일반적 요소인 'g'가 존재한다고 생각한다.[11] 반대 부류는 비교적 독립적이며 다양한 과제에 의해 측정되는 주요 정신적 능력에 소부류가 있음을 믿는 미국 심리측정학자 서스턴의 지지자들이다. 실제로 서스턴은 언어 이해력, 언어 유창성, 수 유창성, 공간 시각화, 연상 기억, 인지 속도, 그리고 추리와 같은 일곱 가지 주요 정신 능력이 있다고 주장했다[12](대중적으로 인용이 덜 되는 학자들은 독립 요인들의 수를 훨씬 많이 설정했다).[13]

중요한 것은 두 입장 중 어떤 쪽도 우위를 점할 수 없다는 것이다. 왜냐하면 지능 점수의 해석을 둘러싼 이슈들이 사실상 수치에 불과할 뿐이며 실제로 해결에 대해선 민감하지 않기 때문이다. 그래서 가능한 동일한 데이터로도 요인 분석 과정을 사용하면 하나의 그림인 'g' 요인이 존재한다고 보는 쪽을 지지하게 되고, 통계적으로 타당한 또 다른 분석을 사용하면 개별적인 정신 능력이 있다고 주장하는 쪽을 지지하게 된다. 스티븐 제이 굴드Stephen Jay Gould가 자신의 저서 《인간에 대한 오해The Mismeasure of Man》에서 말했듯이, 수치적 측정에는 두 입장 모두에서 본질적으로 우세한 것은 없다.[14] 지능검사의 해석에서 취향이나 선호만 존재할 뿐 가능한 과학적 종결은 찾아볼 수 없다는 것이다.

피아제의 이론

여러 가지 면에서 지능검사의 불확실한 면을 대체할 지식에 대한 시각을 제시한 사람은 IQ의 전통 안에서 교육을 받은 피아제였다. 스위스 심리학자 피아제는 1920년경부터 시몽의 실험실 연구원으로 일을 시작하면서, 지능검사 중 학생들이 고민하는 문항들에서 오류를 범하는 것에 특히 관심을 갖기 시작했다.[15] 그는 응답의 정확성보다 학생의 응답 근거가 더 중요하다는 것을 깨달았다. 이것은 아이들의 추측과 잘못된 결과를 낳는 연쇄 추론에 초점을 맞추면서 명확해졌다. 예를 들어 4세 아이들은 망치가 드라이버보다는 못과 유사하다고 생각하는데, 이것을 이해하기는 어렵다. 이 아이들은 유사성을 바라볼 때 동일한 종류(도구)로 묶어서 보기보다는 물리적으로 동시에 발생하는 것(망치는 못 근처에서 보인다)에 영향을 받기 때문에 망치가 못과 유사하다고 보았다.

피아제는 지능검사를 비판하지 않았지만, 그가 만들어간 과학의 흐름을 살펴보면 비네-시몽 프로그램의 부적합함을 발견할 수 있다. 무엇보다도 IQ는 실증적인 것에 바탕을 두지 않았다. 단지 학교에서 얼마나 성공을 할 수 있는지, 그리고 인간의 마음이 어떻게 작용하는지를 알 수 있을 뿐이다. 문제 해결 과정을 보지 않고 단순히 정답 여부에만 초점을 맞추고 있다. 또한 IQ 검사에 나오는 과제들은 명백하게 사소한 것들이고, 서로 연관성도 없으며, 이는 인간 지능을 측정하는 데 정확하지 않은 접근 방법이다. 많은 경우 IQ 검사에서 주어지는 과제들은 일상생활과 동떨어져 있다. 그 과제들이란 세상에 대한 정보를 알고 구어적 개념 사이의 관련성(그리고 차이점)을 찾는 데 있어서 언어와 단어를 정의하는 개인의 능력에 과도하게 집중되어 있다.

지능검사에서 조사하는 많은 정보는 특정 사회와 교육 환경에서부터 얻은 지식을 반영한다. 예를 들어 'tort'라는 단어를 정의하는 능력이나 《일리아드Iliad》의 저자에 대한 지식은 학교 교육의 여부 또는 가정 환경에 많이 좌우된다. 반면 지능검사는 새로운 정보를 완전히 이해하는 능력이나 새로운 문제를 해결하는 능력을 측정하지는 않는다. 유기적인 것보다는 고정된 지식에 대한 편향은 놀라운 결과를 낳을 수 있다. 어떤 사람은 전두엽 전체를 잃고 완벽히 다른 사람이 되는 과정에서 어떤 것을 시작하거나 새로운 문제를 해결할 수 없는데도 천재 수준에 가까운 IQ를 보일 수도 있다.[16] 또한 지능검사는 성장에 따른 개인의 잠재성을 잘 드러내지는 못한다. 두 명이 동일한 IQ를 가지고 있으나, 한 사람은 지적 능력 면에서 폭발적인 성취를 해낼 수 있지만 다른 한 사람은 지능 수준과 비슷한 정도의 성취만 이룰 수 있다. 러시아(구 소련)의 심리학자 비고츠키에 의하면, 지능검사는 개인의 '잠재(혹은 근접) 발달 영역'을 설명하는 데 실패했다.[17]

이러한 비판적 의견들을 고려해 피아제는 수십 년에 걸쳐 인간 인지에 대해 근본적으로 다르고 매우 강력한 관점을 발전시켰다. 그는 인간의 사고에 대한 연구는 세상을 이해하려고 노력하는 개인을 상정하는 데서 출발해야 한다고 생각했다. 인간은 지속적으로 가설을 세우고 지식을 일반화하려고 한다. 또한 세상에 존재하는 물체의 본질, 다른 사람들과의 교류 방법, 인간의 본성, 동기, 행동을 알아가려고 노력한다. 그리고 궁극적으로 이 모든 것을 종합하여 물리적, 사회적 세계의 본성을 이해할 수 있는 일관성 있는 설명과 합리적인 이야기를 완성해나간다.

갓난아기들은 처음에 반사작용, 감각 인지, 신체활동을 통해 세상을 이해한다. 1~2년 후 아기들은 세계에 대한 '실제적' 혹은 '감각 운동' 지식을 얻는다. 이런 지식을 통해 주어진 환경에서 만족할 수 있을 정도로 이해를 높여가고, 보이지 않을 때도 물체가 공간과 시간 안에 지속적으로 존재한다는 것을 이해한다. 다음으로 유아는 내면화된 행동interiorized actions 또는 정신적 조작 단계mental operations로 발달한다. 이 단계의 행동은 실제 사물을 대상으로 하지만 새로운 능력이 생겨나면서 머릿속으로, 아마 상상만으로도 이러한 행동이 가능해진다. 예를 들어 도착 지점에서부터 익숙한 출발 지점까지 돌아가기 위해 아이는 다양한 길을 가볼 필요가 없다. 그는 단순히 과정을 뒤집어 생각하여 출발 지점으로 돌아올 것이다. 동시에 아이는 또한 상징물을 사용할 수 있게 될 것이다. 실제 생활에 나타나는 단어, 행동, 또는 그림과 같은 다양한 이미지나 요소를 사용하지만, 언어 혹은 그림 같은 다양한 상징체계symbol systerms를 효율적으로 사용할 수 있을 만큼 단련될 수 있다.

이러한 내면화interiorization와 상징화symbolization의 능력은 아이들이 구체적 조작concrete operation이 가능해지는 7~8세 무렵 최고에 이른다. 이런 새로운 능력을 갖게 된 아이들은 사물의 본성, 숫자, 시간, 공간, 인과관계, 그리고 그와 유사한 것들을 체계적으로 이해하게 된다. 아동들은 사물의 물리적인 상태에 국한되지 않고 다양한 작용 과정에서 나타나는 사물 사이의 관계를 이해할 수 있게 된다. 따라서 대상은 재구성될 수 있고 양이 보존된다는 것을 이해하게 된다. 또한 물체는 양의 변화 없이 모양이 바뀔 수 있다는 것과, 하나의 장면을 서로 다른 시각에서 볼 수 있지만 여전히 동일한 요소들로 구성되어 있다는 것을 이해한다.

피아제에 따르면, 발달의 마지막 단계는 사춘기 초기에 나타난다. 형식적 조작formal operations 단계에서 청소년은 행동이나 상징을 통해서뿐 아니라 관련된 명제에서 얻은 함의를 생각함으로써 세계에 관해 이성적으로 사고하게 된다. 즉, 청소년들은 완벽히 논리적으로 사고할 수 있다. 과학자처럼 문제에 관한 가설을 세우고, 실험해보고, 실험의 결과를 고려해 명제를 수정할 수 있게 된다. 두뇌와 손에서 나타나는 이러한 능력은 청소년이 성인 인지의 최고 수준을 습득한 것으로 볼 수 있다. 따라서 그들은 수학자와 과학자에게서 볼 수 있는, 서양에서 가치 있게 여겨지는 논리적 · 합리적 방식으로 사고할 수 있다. 물론 어떤 개인은 더 많은 발견을 할 수도 있으나, 그 사고에 있어 질적인 변화는 더 이상 없다고 볼 수 있다.

피아제의 근본적 인식을 통한 이 연구는 그의 공식에 대한 강점과 약점을 시사한다. 긍정적 측면에서 피아제는 아동을 진지하게 대했다. 그는 아이들에게 (특히 과학 영역에서 도출된) 중요성의 문제를 제기했고, 또한 같은 기본적인 구조가 각 단계마다 전 영역에 걸쳐 존재한다는 사실을 도출해냈다. 예를 들어 피아제의 관점에서 '구체적 조작기'의 아동은 동일한 핵심적인 생각 구조를 사용하기 때문에 수, 인과관계, 양, 부피의 보존성과 관련된 문제를 해결할 수 있다. 마찬가지로 형식적 조작 능력을 갖춘 청소년들은 구조화된 작동 전체를 보여줄 수 있고 그들에게 주어진 어떤 명제도 논리적으로 설명할 수 있다고 본다. 지능검사의 설계자와는 달리 피아제는 대부분의 철학자들, 특히 이마누엘 칸트Immanuel Kant가 기본적인 시간, 공간, 수, 인과관계를 포함한 인간 지성의 중심으로 여겼던 이슈 목록들을 중요하게 다뤘다.[18] 동시에 피아제는 (단어의 의미와 같은) 단순 기억이나 특정 문화에 한정된 지능knowledge의 형태를 제외했다. 고의든 아니든, 피아제는 서양 과학과 철학적 전통에서 매우 가치 있는 인간의 지적 성장의 형태를 멋지게 표현했다.

피아제가 개발한 인지 발달 이론에 장점이 있음을 부인하기는 어렵지만, 지난 20년간 밝혀진 약점들도 있다. 우선 피아제는 인간의 발달에 대한 놀라운 그림을 그렸으나, 여전히 발달의 하나의 종류에 불과하다. 피아제가 언급한 지능 항목들을 살펴보면, 그의 발달 모델은 비서구권과 문맹사회에서는 그다지 중요하게 여겨지지 않을 것이며, 사실 서구 사회에서도 소수의 사람들에게만 적용될지도 모른다. 특정 사고의 형태에만 중점을 두고 있는 피아제의 이론에서는 예술가, 법조인, 운동선수 또는 정치인같이 다른 형태의 능력을 성취하는 이들의 발달 단계들이 무시되었다.

물론 피아제의 관점에 한계는 있지만, 특정한 영역 안에서는 매우 정확하다. 그러나 오랫동안 그의 연구를 조사해온 실증주의 연구자들은 잘못된 부분들을 발견했다. 넓은 의미에서 피아제 이론의 기본적인 틀은 여전히 관심을 끌고 있지만, 세부적인 사항들은 정확하지 않다는 것이 밝혀졌다. 개인의 발달 단계는 피아제가 설명한 것처럼 비연속적인 것이 아니고, 지속적이며 점진적인 형태로 진행된다. 사실상 그가 주장했고 그의 주장을 훨씬 멋지게 만들었던 비연속성을 찾기 어렵다. 따라서 일단 다양한 조정들이 실험적 패러다임으로 소개되면, 구체적 조작기에 가능한 많은 과제들을 조작기 이전의 아동도 해낼 수 있다. 가령 3세 이전의 아동들이 수의 보존 개념을 이해하고, 지속적 분류, 자기중심성을 탈피한다는 것을 그 증거로 들 수 있는데, 이는 결코 피아제의 이론으로는 설명할 수 없다.

피아제 이론의 중심이 되는 또 다른 주장 역시 비판에 직면했다. 그는 그가 발견한 다양한 조작들operations*이 다양한 영역에 적용될 수 있다고 주장했다(이 부분에서 그는 인지나 기억과 같은 포괄적인 과정을 믿는, '수평적 능력horizontal faculties'의 지지자들과 유사하다). 그러나 사실 피아제가 말하는 조작들은 어떤 물체나 영역에서는 효과적인 반면 다른 물체에는 적용되지 않거나 부적절하게 활용되는 등 훨씬 더 조각조각 나누어진 양상으로 나타난다. 따라서 이를테면 어떤 물체를 보존하는 조작을 할 수 있는 아동은 또 다른 물체를 보존하는 데는 실패할 수 있다. 피아제는 조작들이 즉시 구체화될 수 없다는 것을 알고 있었다. 피아제도 이 점에 착안하

* 피아제가 주장한 전 조작, 구체적 조작, 상징적 조작 등의 발달 단계._옮긴이

여 '오차범위fudge factor', 즉 같은 작용이 다른 자료에는 각각 다른 기간에 나타난다는 소위 '격차décalage'라는 개념을 주장했다.[19] 그러나 그가 주장한 격차 자체가 인지 발달의 규칙으로 연구되고 있다. (피아제의 이론과 같이) 여러 가지 능력은 대략적으로 같은 시기에 나타나는 것이 아니라 이론적으로 관련된 여러 능력이 각각 산발적으로 나타나고 있다.

또 다른 한계는 피아제 자신이 IQ 문항이 언어적이라는 것에 회의적이었음에도 그의 과제 또한 언어로 전달되었다는 것이다. 그리고 비언어적으로 제안되었을 때, 결과는 제네바 연구실에서 받은 것과 종종 달랐다.[20] 피아제의 실험은 지능검사보다 더 미세하고 복잡하지만, 많은 것이 개인의 일상적인 삶의 사고와 동떨어져 있다. 피아제의 실험은 의자와 실험실 과학자의 칠판에서만 계속해서 나올 뿐이었다. 마지막으로, 비록 그의 이론은 아동의 반응을 탐구하고 있지만, 피아제는 과학의 최전선에 있는 창의성, 예술이나 다른 인간의 창의적 영역에서의 독창성에 대해서는 거의 언급하지 않고 있다. 덧붙여 그는 모든 일반 아동이 경험하는 보편적 인지 발달 과정을 설명하는 데 실패했다. 또한 고등학교 과학 시간에 교실에서 수행되는 것을 성숙의 정점이라고 제한하고 있는 피아제의 도식은 새로운 현상의 발견에는 적합하지 않으며, 삶의 중심인 마음과 관련하여 새로운 문제를 제기하게 한다. 피아제의 도식은 우리가 아는 한 최고지만 그 결함 또한 분명히 나타나고 있다.

인지 이론으로 바라본 지능

만약 지능검사가 40년 전에 성행하고 피아제의 이론이 20년 전에 대유행했다면, '정보 처리 심리학' 혹은 '인지과학'이라 불리는 새로운 연구는 마음을 연구하는 현재 연구자들 사이에 헤게모니를 누리고 있다. 정보 처리 심리학자들은 피아제와 다른 인지심리학자들이 제시한 과제들을 탐구하기 위해 과거 몇 세기 동안 실험심리학자들이 고안해낸 방법을 사용하고 있다.[21] 예를 들어 정보 처리 패러다임을 연구하는 연구자들은 아동이 보전 문제conservation problem를 해결하거나 혹은 해결하지 못하는 과정에서 일어나는 '미시발생적microgenetic' 현상을 매초 (혹은 1/1000초의 매우 짧은 시간) 단위로 이해하려고 노력한다. 이러한 과정은 눈이나 귀로 정보를 전달하여 말 또는 글로 답을 전달했을 때 끝난다. 피아제가 각각의 다른 연령층을 두세 개 기초 단계와 각 단계별 주요 전략들을 찾아 간단히 묘사하는 것과는 달리, 정보 처리 심리학자들은 아동이 사용하는 최대한의 모든 단계들을 상세하게 설명하려 노력한다. 사실 정보 처리 심리학자들의 궁극적 목표는 인간의 수행을 컴퓨터로 재현할 정도로 매우 꼼꼼하고 상세하게 단계별로 기술하는 것이다. 이러한 최고 수준의 기술을 위해서는 과제 자체의 상세한 분석뿐 아니라 피험자 자체의 생각과 행동의 분석까지 기술하는 노력을 필요로 한다.

상세한 처리에 초점을 두고 과제의 미시 구조에 초점을 둔 정보 처리 지능 이론은 진일보한 학문이다. 이제 우리는 문제 해결

과정에서 일어나는 매우 다양한 과정을 알아낼 수 있다. 이는 정보 '습득intake' 혹은 기계적 접근의 현상을 포함하며, 기억에 저장될 수 있을 때까지 정보를 보존하는 즉각적이고 단기적인 기억의 형태와 새롭게 습득된 정보를 이용할 수 있게 하는 다양한 기록과 변환 작동까지 설명할 수 있다. 더불어 어떤 과제가 주어질 것인지, 어떤 목적을 추구할 것인지, 어떤 작용을 적용할 것인지, 어떤 순서를 취할 것인지를 결정하는 고단위의 명령 조절 기능 혹은 '메타 요소들meta-components'을 알아낼 수 있다. 지금까지 우리는 유익하면서도 미국인들이 강조하는 특정한 결과나 효과를 얻기 위해서는 어떤 것을 어떤 순서에 의해 어떤 방법으로 행할 것인가를 알게 되었다.

이후 정보 처리 심리학자는 여러 부분에서 진보했지만 모든 면에서 진보하지는 않았다고 나는 생각한다. 예를 들어 피아제 패러다임과는 달리, 정보 처리 심리학은 다른 형태의 인지 기능이 어떻게 관련되어 있으며 어떻게 다른가를 설득력 있게 설명하지 못하고 있다. 종종 문헌 정보를 보면 천여 명 정도의 전문 정보 과학자들은 각자의 연구가 서로 어떻게 연관되어 있는가를 설명하지 못한 채 각각의 이론을 연구하고 있음을 알 수 있다. 그러나 피아제처럼 정보 처리 심리학자들은 가끔 다른 측면의 단점 또한 가진다. 즉, 단순한 하나의 일반적 문제 해결의 기능으로서 인간 문제의 전 범위를 망라하려는 나태한 해결 방안을 제시하는 것이다. 단순한 '수평적' 문제 해결 조직의 개념은 이론적으로는 문제가 없어 보이지만, 사실상 이 개념이 적용될 신중히 선택된 문제들은 서로 다른 형태로 나타난다. 따라서 우리가 여러 분야에 걸쳐 사용한 동일한 문제 해결 방법은 무의미하게 된다. 사실상 피아제 심리학과 마찬가지로 정보 처리 심리학자들은 모든 문제를 논리수학적으로 증명한다. 논리적 문제 해결, 기하학적 증명, 체스 게임과 같은 기본적 문제들prototypical problems은 피아제의 중추적인 인지 과제 개념으로부터 직접적으로 빌려온 것일지도 모른다.

정보 처리 심리학이 여전히 초기 단계이므로 지능 영역에서 주요 문제들을 해결하지 못함을 비판하는 것은 부적절하다. 더불어 로버트 스턴버그 같은 연구자가 표준 지능검사 문항의 해결에 어떤 작용이 관여하는지를 연구하기 시작하면서 '지능검사' 산업에 대한 최근 관심은 신뢰도가 떨어진 이 분야에 새로운 생명력을 불어넣었다.[22] 하지만 내 생각에는 사고에 대한, 지나치게 기계적인 컴퓨터 기반 모형과 과학에 기반한 검사 문제에 경도되어 있는 것은 이 접근에 대한 장기적인 문제들을 암시한다. 그중 하나는, 지능에 대한 이전의 대부분의 이론들과 마찬가지로 정보 처리 심리학자들은 신경조직 작용과의 교류 없이 비생물학적인 접근을 취하고 있다. 또 다른 하나는 인간 지적 성취의 최상위 수준에서 중요한 무한한 독창성에는 거의 관심을 두지 않는다는 점이다. 작은 단위에서는 문제를 해결했지만, 명료하지 않은 많은 문제들에 대해서는 거의 관심을 주지 않아 다음 세대에 새로운 문제점을 던져주고 있다.

마지막으로 더 심각한 반대가 있다. 현재 정보 처리 심리학 영역에서 주요 쟁점을 결정하기 위한 과정이 없는 것처럼 보인다.

여기에 중앙 관리자가 있는가? 일반 문제 해결 기술 혹은 특정 영역만을 위한 세부적 기술이 있는가? 기억과 관련된 영역의 수와 크기, 가능한 전략의 종류나 수행되는 방법과 관련된 효율성 중 어떤 요소들이 발달과 관련하여 변화하는가? 정보 처리 심리학자들은 이렇게 반박할 수 있을 것이다. "이 비판은 현재는 유효하지만 더 많은 데이터가 축적되면서 줄어들 것이다. 우리가 충분한 컴퓨터 시뮬레이션을 보이는 데 성공할 때, 우리는 어떤 시뮬레이션이 인간의 사고와 행동과 가장 가까운지 결정할 것이다."

그러나 장담하건대, 과제의 덜 중요한 부분을 조정함으로써 모델에 관한 현저한 나쁜 평가를 반박한다거나 반대편의 논란을 지지하기 위해 모의실험을 반복하는 것은 너무 단순한 생각이다. 어떤 심리학자가 단기기억력은 보고된 대로 '매직 넘버'*의 일곱 개 청크chunks 이상을 기억할 수 있다고 주장한다면, 과거의 옹호자들은 단순히 청크의 수를 다르게 하여 반대하거나 네 개의 청크가 두 개로 '재구성'된 것이라고 주장할 수 있다.[23] 일반적으로 봤을 때, 누군가가 정보 처리 접근과 다른 접근 사이의 차이를 밝힐 결정적 테스트를 상정할 수 없다면 정보 처리 접근 방법에서 주장하는 정보 처리 과정은 창의적인 연구자들의 수만큼 많아질지도 모른다.

* 인간의 단기기억에서 동시에 떠올릴 수 있는 정보의 양은 7±2라고 한다. 이것을 밀러Miller의 매직 넘버라고 부른다._옮긴이

상징체계 접근

자연스럽게 인간의 지적 능력을 강조하는 관점의 연구가 나타났다. 앞에서 살펴보았듯이, IQ, 피아제 이론, 그리고 정보 처리 접근 모두가 논리적 혹은 언어적 문제 해결의 특정 영역에 초점을 두고 있다. 이 이론들은 높은 수준의 창의성을 이끌어내는 데 모두 실패했고, 정작 인간 사회에서 강조되는 역할들에 모두 둔감했다. 결과적으로 이러한 사실들은 방치된 부분을 보완하는 대안적 시각을 불러일으켰다.

이 작업들은 내 일이나 신념과 아주 밀접한 연관성이 있기 때문에, 나는 객관적인 방법으로 이 초기 움직임에 대해 흥미진진하게 전하고자 한다. 이 장의 결론이라기보다는 이 책의 남은 부분까지로 논쟁을 발전시키기 위한 서론으로서 이 마지막 접근에 최선을 다할 것이다. 이 움직임의 중심 용어인 '상징'과 '우리'라는 개념을 가지고 이 연구 방법의 기본 사상에 접근하려 한다.

20세기 많은 철학자들은 인간의 상징적 능력에 특히 관심을 보였다. 에른스트 카시러Ernst Cassirer, 수잰 랭거Susanne Langer, 앨프리드 화이트헤드Alfred Whitehead 같은 영향력 있는 사상가들에 따르면, 뜻을 표현하고 의사소통하는 다양한 상징적 방법을 사용하는 인간의 능력은 다른 유기체와 매우 차이가 있다.[24] 상징의 활용은 인간 본성의 진화, 신화 발달, 언어, 예술, 그리고 과학 분야에서 중요한 역할을 했다. 인간이 상징 능력을 활용하는 것은 인간의 최고 창조적 업적에서 핵심적인 부분이었다.

우리는 두 개의 철학적 '패러다임' 변화를 언급할 수 있다. 첫 번째로 고전 철학자들의 관심사였던 물질세계에서 흄Hume, 칸트 그리고 다른 계몽사상가들이 관심을 가졌던 인간의 마음으로 그 대상이 바뀐 것이다. 그러나 20세기에 접어들면서는 실제 사고의 상징적 도구에 대한 관심이 증가하면서 또 한 번의 변화를 맞게 되었다. 따라서 현대철학의 연구 대상은 언어, 수학, 시각예술, 몸짓 그리고 인간 상징들 등을 이해하고자 하는 것으로 변화했다.

이와 같은 경향은 심리학 연구에서도 찾아볼 수 있다. 즉, 인간의 외형적 행동에서 인간 정신의 산물, 특히 인간 개인이 보내는 다양한 상징적 도구로 관심이 옮겨간 것이다. 데이비드 펠드먼, 데이비드 올슨, 가브리엘 살로몬Gavriel Salomon, 그리고 나를 포함한 많은 연구자들은 같은 내용을 전달하는 명료한 방식으로서의 상징적 수단(혹은 그들이 전달하는 미디어)보다는 인간의 상징체계를 연구하기 시작했다. 우리의 견해로는 인지와 정보 처리에 있어서 인간이 다른 동물과 다른 점은 다양한 상징체계를 사용한다는 것이다. 적어도 언어와 같은 상징체계의 작용이 음악, 몸짓, 수학 혹은 그림 같은 체계로서의 능력과 과정을 포함하고 있는지는 아직 뚜렷한 답이 없으며 실험 단계에 있다. (영화와 같은) 하나의 매체에서 접한 정보가 (책과 같은) 다른 매체로 변환될 때 이것이 '동일한' 정보인지도 마찬가지로 밝혀지지 않았다.[25]

이 상징적 관점을 받아들일 때, 나와 내 동료들은 피아제 이론을 배제하려고 하지는 않았다.[26] 우리는 피아제가 제시한 전체적인 틀과 방법은 수용하며, 언어·논리·수학적 상징들에만 초점을 두지 않았으며, 음악, 육체, 공간과 개인적 상징체계를 포함하는 모든 범위의 상징체계를 추구한다. 우리는 이러한 여러 형태의 상징적 능력이 어떻게 발달하는지를 묘사하고, 또한 이들이 서로 어떠한 연결성을 가지며 한 가지 면에서 뛰어난 점이 각 능력을 초월하여 얻어지는지를 실험적으로 결정하고자 한다.

피아제의 편향적인 발달적 계획과 함께 인지의 다원론적 접근의 조화 문제는 펠드먼이 잘 설명했다. 교육학적으로 접근하는 발달심리학자 펠드먼에 따르면, 지적 성취는 다양한 영역에서 나타날 수 있다. 피아제가 연구한 논리-사고와 같은 특정 영역은 보편적인universal 것이다. 세상에 존재하는 인간으로서, 같은 종족에 있는 구성원은 종족의 물리 사회적 환경에 적응해야 하기 때문에 논리수학적 영역에 대한 인지를 발달시켜야 한다. 다른 영역들은 특정 문화에 제한되어 있다. 예를 들어 읽기 능력은 많은 문화에서 중요하지만 다른 곳에서는 잘 알려지지 않았거나 낮게 평가된다. 읽기가 중요한 문화에서 살지 않는 이상, 개인은 읽기에 있어 조금도 혹은 전혀 진보를 보이지 않을 것이다. 다른 영역들 역시 문화의 범위에 제한되어 있다. 가령 지도 만들기는 어떤 비문맹 하위문화에서는 중요하지만 다른 곳에서는 그렇지 않다. 또한 매우 색다른 영역들도 있다. 체스 게임, 바둑, 그리고 크로스워드 퍼즐은 사회의 어떤 분야에서도 필수적이지 않지만, 특정 문화에서 어떤 사람들은 이러한 영역에서 대단한 성취를 알아차린다.

마지막으로 보편적 영역과는 정반대에 있는 독특한 영역이 있는데, 이것은 혼자 혹은 아주 적은 수의 사람만이 가지고 있다. 이런 영역은 그 분야에서 독보적일 수 있는 아주 특별한 영역에서 일하는 창조적인 과학자나 예술가를 생각할 수 있다. 결과적으로 매우 놀라운 일이지만, 이런 특별한 영역도 그 분야의 사람들에 의해 아주 잘 표현되고 다듬어져서 다른 사람들에게도 가능해진다. 계산법이나 진화론 같은 많은 과학적 혹은 예술적 돌파구는 초반에 독특한 영역에서 시작되었으나 지금은 많은 문화권에서 이용되고 있다. 아마도 지도 만들기 혹은 읽기와 같은 것들도 마찬가지인 것으로 보인다.

영역들을 숙달하는 것은 어떠한 가정을 전제로 한다. 한 가지 믿음은, 각각의 영역 안에는 초보자 수준에서 도제 혹은 수습자 신분을 거쳐 전문가 혹은 숙련자까지 이르는 연속적인 단계들이 존재한다는 것이다. 영역과 상관없이, 모든 사람들이 통과해야 하는 (적절한 피아제의 양식에 있어) 단계적 순서가 있다. 그러나 피아제의 생각과는 달리 개인이 이러한 영역들을 숙달하는 속도는 각각 다르고, 한 영역에서의 성공은 다른 영역에서의 속도 혹은 성공과 필연적인 연관성을 가지지 않는다. 각 영역들은 다른 영역들로부터 분리되어 있는지도 모른다. 더불어 한 영역에서의 진보가 개인의 행동에만 전적으로 좌우되는 것은 아니다. 게다가 해당 영역에 관한 많은 정보들은 특정한 문화 안에서 더 잘 이해되는데, 이는 단계를 정의하고 개인의 성취 한계를 정하는 것이 결국 문화이기 때문이다. 우리는 개인과 그의 문화를 종합하여 특정한 단계를 이해해야 하며, 이것은 인간의 뇌 속에 존재하던 것이라기보다 문화 자체로서 발달을 전수하기 위한 많은 필수 정보다.

펠드먼은 각 영역에서 개인의 진보 과정을 연구하면서 영재 아동의 현상에 관심을 갖게 되었다. 영재는 하나 혹은 그 이상의 영역에 있어서 놀라운 학습 속도를 보이기에 다른 아동과 질적으로 다르게 생각될지도 모른다. 펠드먼의 관점에서, 영재는 공통적으로 타고난 성향, 부모나 가정으로부터의 많은 강요, 훌륭한 선생님, 높은 동기, 그리고 무엇보다 타고난 성향이 꽃필 수 있는 문화를 가지고 있다. 영재가 성장해나가는 것을 관찰해보면 모든 교육과정이 포함된, '빨리 감기fast-forward' 영상처럼 보이기도 한다. 개인에게 주어진 길에 의해서만 주로 발전한다는 피아제의 견해와는 달리, 영재는 대단한 양의 자극에 의해 타고난 성향과 그 사회에 의해 공급되는 구조와의 조화물이다.

영재에 대한 관심은 지적 발달에 관한 새로운 접근법에서 몇 가지 중요한 점을 지적하고 있다. 우선, 영재의 존재는 피아제 이론에 의해 설명할 수 없던 문제점, 즉 어떻게 개인이 단지 하나의 영역의 발달에만 집중할 수 있는지를 해결해주고 있다(다른 어떤 이론도 이러한 영재적인 행동에 관하여 충분히 설명하지 못하고 있다). 둘째, 문해literary skills 같은 다른 영역에서는 거의 잘 나타나지 않지만 수학이나 체스 게임 같은 특정 영역에서는 영재적인 행동이 특징적으로 발견되기 때문에, 영재에 관한 연구는 특정 상징 영역에 대한 연구를 지지한다. 영재의 발달이 단계 또는 과정을 통해 잘 묘사될 수 있으므로, 영재들이 이뤄내는 성취에 관한 연구는 또한 특정 단계의 과정에서 피아제 이론을 뒷받침하고 있다. 또한 강력한 환경의 지원 없이는 영재적 성취가 불가능하므로, 영재에 대한 중점적인 관심은 사회의 공헌을 강조한다. 마지막으로 영재와 같은 흔하지 않은 사람들에 대한 관심을 통해, 다양한 형태의 지능 연구가들은 원초적인 형태의 지능의 본성과 작용을 밝힐 수 있게 되었다.

앞서 언급한 이들처럼 상징체계의 구조를 연구하는 이들이 서로 다른 강조점을 가지고 있음은 이상하지 않다. 예를 들어 이스라엘의 교육심리학자 가브리엘 살로몬Gavriel Salomon은 전달 매체에 특히 관심을 두었다. 그는 문화의 다양한 상징체계가 대중매체에 의해 어떻게 선정되고 전달되는가를 텔레비전, 책, 영화 같은 전달 체계modus operandi를 통해 연구했다. 특히 그는 인간이 어떤 '인공기관'을 통해 여러 형태의 대중 매체로부터 쉽게 정보를 습득하는가 하는 문제도 다루었다. 온타리오 교육연구기관의 인지발달 심리학자인 데이비드 올슨은 대각선을 그리는 아주 단순한 작업에서도 약간의 시범이 얼마나 큰 효과를 보이는지를 설명한, 이 분야의 개척자라 할 수 있다. 최근에 올슨은 문해 상징체계의 역할에 관심을 두었다.[27] 그는 문해 능력이 강조되는 사회에서 자란 사람이 학교 외 다른 환경에서 다른 상징체계를 사용하는 사람들과 배우고 추리하는 방법이 다르다는 증거를 모으고 있다.[28]

하버드 프로젝트 제로에서, 동료들과 나는 각각의 특정 상징체계 내의 미세한 발달 구조를 찾는 데 주력해왔다. 우리는 다양한 상징체계의 영역에 어떤 공통된 과정이 있는지, 혹은 각각의 상징체계는 나름의 발달 과정을 갖는지를 알아내고자 했다.[29] 그리고 보스턴 참전용사 관리 의료센터Boston Veterans Administration Medical Center

에서 상호보완적 연구에 나의 동료들과 나는 반대의 의문을 제기했다.[30] 특정 조건하에서 어떤 뇌 손상이 다양한 인간 상징 능력을 파괴할까? 발달적이며 신경심리학적 관점에서 얻은 정보를 통해 우리는 인간 상징 기능의 조직과 구조에 관해 더 만족스런 결론을 얻었다. 우리는 상징체계는 '자연종natural kinds'이라는 결론에 도달했다. 즉, 일군의 상징체계가 함께 공존하는지 아니면 분리되어 있는지, 그리고 그것들이 어떻게 인간 신경체계의 구조로 나타날 수 있는지를 알아냈다.

나는 (여기서 상징체계 운동이라고 말하고 싶지는 않지만) 특정한 상징 영역의 정의와 윤곽을 강조하고자 한다. 논리적으로 살펴보면, 누구든지 특정 상징체계를 선호할 수 있을 것이다. 이것이 바로 넬슨 굿맨Nelson Goodman과 다른 철학자들이 제기했던 문제다. 어떤 이들은 교육적 또는 의사소통적 목적을 위해 문화에 의해 주어진 특정한 상징체계나 영역을 선택함으로써 어떤 역사적 또는 문화적 관점을 취할 수 있다.[31] 이러한 논박에 따르면, 어떤 이들은 지도 만들기나 체스 게임, 역사나 지리 등을 영역으로 선택할 수 있는데, 왜냐하면 이 분야가 전체적으로 문화로 받아들여졌기 때문이다. 또한 지능검사자들의 실증적인 접근 또한 받아들일 수 있다. 어떤 상징적 과제들이 통계학적으로 상관이 있는가를 보고, 이들이 같은 능력을 기반으로 한다고 가정하는 것이다. 이 경우는 어떠한 종류의 과제를 사용하는가에 따라많은 제한을 받으며, 또 만약 잘못된 특이한 종류의 과제를 사용하면 그 상관관계를 잘못 예측할 수도 있다.

마지막으로 뇌가 손상될 때 어떤 상징 능력이 같이 손상되는가를 연구하는 신경심리학자의 접근을 취할 수 있으며, 동일한 자연적 상황에 견주어 가설을 세울 수도 있다.[32] 나 자신도 같은 입장을 취하고 있지만 이 접근 방법에도 단점은 있다고 본다. 하나는 신경체계에서 외형적으로 근접해 있다고 해서 유사한 뇌 기능을 하는 것은 아니라는 점이다. 피질의 근접한 부분이 아주 다른 기능을 수행하기도 한다. 또 다른 것은, 하나의 문화에서 형성되고 활용되는 기초적인 계산 방법은 뇌가 가진 능력이 어떤 구조를 갖게 되는지에 영향을 주기도 하며, 이것은 여러 다른 문화권에 걸쳐 다른 형태의 손상으로 나타나기도 한다. 예를 들면 어떤 문화에서는 상형문자 같은 문자를 읽고 쓰는 능력을 필요로 하고, 다른 곳에서는 표음문자에 기초를 두고 의사를 전달한다. (가령 이탈리아 같은) 한 문화권에서 읽는 데 방해가 되었던 병변lesion은 (일본과 같이) 읽기 방법이 다른 문화에서는 읽는 데 아무런 문제가 되지 않는다.

신경심리학적 접근 방법에는 다른 어려운 점이 있다. 물론 손상은 기본적인 능력의 구조에 관한 중요한 시각을 제시하지만, 그 손상이 직접적으로 조직을 드러내주는지는 완벽히 추정할 수 없다. 라디오 고장(가령 플러그의 고장)이 라디오의 기본 작동을 가장 잘 설명하는 것은 아니다. 결국에 플러그를 뺌으로써 라디오를 멈추게 할 수는 있지만, 이 정보는 실제 구조의 기계적이며 전기적인 작용을 이해하는 것과는 무관하다.

상징 기능에 관해 각각의 이론이 가진 한계를 고려할 때, 나는 다음과 같은 보편적인 접근을 취하고자 한다. 나는 발달적 자료, 심리측정학적 결과, 백치천재와 영재 같은 특정 인구의 특징을 포함한 인지와 상징 영역에 대한 적절한 설명을 하고자 다양한 영역의 자료와 정보를 모았다. 모든 연구에 편견이 있기는 하지만 나의 (오류가 최소화된) 가장 가치 있는 정보는 신경조직이 어떻게 조직되어 있고, 어떻게 발전하며, 어떻게 손상되는가와 같은 지식을 기반으로 한다. 내 견해로는 뇌에서 발견된 것은 최고재판소 같은 역할을 하는, 인지에 관한 이론들 중 최고의 결정권자라고 본다. 그러므로 다른 지능에 관한 연구들을 소개하기 전에 나는 생물학에 있어서의 최신 연구의 다양한 관점들을 살펴볼 것이다.

3장

지능에 대한 생물학적 이해

지능을 설명하는 일반 원리

종합적인 생명과학은 인간 지적 능력의 다양성뿐만 아니라 본성을 고려해야 한다. 생화학, 유전학, 신경심리학 분야에서 최근 몇 년간의 괄목한 만한 진전을 볼 때, 생명과학이 드디어 이러한 인지 현상들에 대해 설득력 있는 설명을 제공할 수 있을 것으로 보인다. 프란츠 요제프 갈의 시대 이후 우리는 생명과학에서 얻은 결과로 인간 지적 현상을 이해하게 되었다. 그럼에도 심리학자들과 생물학자들이 각기 다른 영역에서 활동하는 이유로 인간 지능을 잘 설명할 수 있도록 생물학을 정리하는 작업은 이제 막 시작되었다.

생명과학과 두뇌에 관한 최근 연구 성과를 보면 특히 인간에게 영향을 미치는 두 가지 논제를 강조하고 있다. 첫 번째는 인간 발달의 유연성이다. 여기서 주요 갈등은 개인이나 집단의 능력들과 지적 잠재력들이 다양한 중재에 의해 얼마나 변화될 수 있는지 하는 것이다. 어떤 관점에서 발달은 상대적으로 고정되고 미리 운명지어지며 단지 특별한 것에 의해서만 변화가 가능한 것으로 여겨진다.

반대 관점에서는 순응성malleability이나 가소성plasticity이 발달 과정에 많이 관여하기 때문에 중요한 시기에 적절한 중재가 일어날 경우 유기체의 능력과 한계에서 그 범위와 깊이가 달라진다는 것이다. 가장 효과적인 중재의 종류, 그 시기, 그리고 중대한 변화를 가져올 수 있는 결정적 시기critical periods의 역할과 관련된 질문들이 유연성과 관련된다. 이러한 이슈들이 해결되어야만 개인들이 최적의 지적 잠재력을 성취하는 데 가장 효과적인 교육적 중재가 무엇인지가 결정될 것이다.

두 번째는 인간이 발달시킬 수 있는 지적 능력들의 정체성identity 또는 본성nature의 문제다. 내가 앞에서 '고슴도치' 유형과 관련시켜 생각했던 대로, 인간은 광범위하고 심지어 무한하고 다양한 용도로 사용할 수 있는 만능의 정보 처리 메커니즘이라는 일반적인 능력을 가지고 있다는 것이다. 반대 시각은 '여우' 형을 연상시키는 것으로, 인간은 (다른 종과 유사하게) 어떤 특정한 지적 작용만을 하는 성향이 있으며 다른 지적 작용은 할 수 없다는 것이다. 여기에 관련되는 문제는 특정 인지 기능을 수행하는 데 넓은 범위의 신경체계가 사용되지 않는다면 신경체계의 어떤 부분이 어느 정도로 작동하고 있는가 하는 것이다. 이에 대해서는 특정 세포의 기능이라는 하나의 극단적 시각에서 뇌의 각 반구의 기능이라는 또 다른 극단적 시각까지, 여러 가지 수준에서 정체성 이슈를 분석하는 것이 가능하다. 결국 정체성 문제의 일부로, 생물학자는 모든 정상인들이라면 대개 가지고 있는 언어와 같은 능력과 반대로 개인의 성취를 통해서만 두드러지게 차이가 나타나는 음악 같은 능력을 설명해야만 하게 되었다.

종합해보면 이러한 질문들은 인간의 지적 능력의 성질과 발달을 아우르는 일반적인 원리들을 찾고자 하는 것이며, 일생 동안 이들이 어떻게 조직되고 개발되며 변화되는지를 결정하고자 하는 것이다. 최근 생명과학의 많은 연구들은 이러한 이슈와 관련이 있는 듯한 인상을 준다. 비록 이러한 흐름을 염두에 둔 것은 아니라도 말이다. 여기서 나는 인간의 마음에 관심이 많은 학자들과 가장 관련성이 있어 보이는 연구에 대해 설명하고자 한다.

내 생각에는 다음과 같은 결론을 암시하는 증거들이 더 우세하다. 인간의 성장에 있어서 특히 생애 이른 시기의 몇 달 동안은 상당한 가소성과 유연성이 존재한다. 그럼에도 불구하고 가소성조차도 (초기에서부터 작동하며 다른 어떤 것보다 몇 가지 경로를 따라 발달을 안내하는) 강력한 유전적 제약들에 의해 바뀔 수 있다. 정체성 이슈에 대해 말하자면 인간은 특정 지적 조작을 수행하도록 만들어졌다는 증거가 축적되고 있는데, 그 본성을 주의 깊은 관찰과 실험을 통해 알 수 있다. 교육적 노력들은 이러한 지적 성향과 그들의 최대한의 유연성과 적응성adaptability에 기초해 이루어져야 한다.

이것이 관련된 생물학적 증거를 따져본 이후에 내린 결론이다. '더 어려운' 과학적 보고들에 참을성이 별로 없는 사람들이나 생명과학의 연구 결과에 이미 친숙한 사람들은 지능의 기준에 대해 소개할 4장으로 곧장 넘어가도 좋다. 앞선 결론들을 뒷받침하는 세부사항 및 그와 관련한 것들을 소개할 텐데 이는 유전학의 영역으로 입문하는 데 필요한 것들이다.

유전학에서 얻은 교훈

생물학자의 시각으로 무엇인가를 보고자 한다면, 먼저 유전학에 관심을 두는 것은 사실상 필연적이며 적절하다. 게다가 30년 전 제임스 왓슨James Watson과 프랜시스 크릭Francis Crick의 법칙이 깨진 이후로 유전학에서 이루어진 믿을 수 없는 진보를 고려해볼 때,[1] 심리학자들이 인간의 지적 능력에 관한 퍼즐에 대한 답을 찾기 위해 DNA, RNA의 구성과 그들의 대단히 흥미로운 상호작용을 찾아왔던 것은 놀라운 일이 아니다. 그러나 불행하게도 이러한 흐름의 연구에서 얻는 교훈이 직접적인 답을 주지는 못한다.

분명 유전학자들의 발견은 어떤 생물학적 연구에서 시작되었음이 틀림없다. 결국 우리는 생명체이고, 어떤 의미에서 우리가 성취하는 모든 것은 우리의 유전형질genetic material에 코드화되어 있다. 게다가 각 부모들에게 유전적으로 물려받은 유기체 성질인 유전자형과 주어진 환경 내에서 표현된 유기체의 관찰 가능한 특질들인 표현형 사이의 차이는 개인의 행동과 지능의 프로파일을 이해하는 데 있어 핵심적이다. 이와 마찬가지로 중요한 것이 변이variation의 개념이다. 각 부모로부터 물려받은 많은 수의 유전자들과 그들이 결합될 수 있는 수없이 많은 방법들 때문에, 우리는 일란성 쌍생아를 제외하고는 두 명의 개인들이 서로 닮을까 혹은 동일한 프로파일을 나타낼까 염려할 필요가 없다.[2]

유전학은 단순 유기체의 간단한 특질들을 설명하는 데 대단한 진보를 가져왔다. 우리는 초파리의 구조와 행동에 관한 기본적인 유전적 정보에 대해 많은 것을 알고 있다. 그리고 유전 패턴들에 관한 연구를 통해서, 우리는 겸상 적혈구성 빈혈sickle cell anemia, 혈우병hemophilia, 색맹colorblindness 같은 특정한 인간 병리학적 유전에 관한 통찰을 얻어왔다. 그러나 방정식을 푸는 능력, 음악을 감상하거나 만들어내는 능력, 언어를 습득하는 능력 같은 더 복잡한 인간의 능력들에 관해서는 여전히 유전적 요소와 그 표현형의 발현에 관해 한심할 정도로 무지하다. 우선 이러한 능력들은 연구실에서 실험적으로 연구될 수 없다. 더구나 이러한 복합적 형질은 특정한 혹은 소수의 인자와 관련되어 있다기보다 (환경의 범위를 초월하여 다른 실체를 가능하게 하는) 다양한 형태의 인자로부터 영향을 받는다. 사실 인간의 지능 같은 광범위하고 모호한 능력에 관해서 어쨌든 '특질'이라고 부를 수 있을지가 의문스럽다.[3]

유전학자들은 당연히 재능이 무엇일지에 관해 추정해왔다. 어떤 한 설명에 따르면 유전인자들의 조합은 서로 연결되어 있으며, 이것이 곧 두뇌의 한 부분에 영향을 주는 효소를 유발한다고 한다. 그리고 이들은 후에 뇌의 특정한 구조에 영향을 미치는 효소들을 발생하게 할지도 모른다. 이 효소의 활성으로 두뇌의 구조가 더욱 커지거나, 더 많은 연결이 생성되거나 억제될 수 있으며, 이 중 하나의 결과로 고도의 성취력이 발현될지도 모른다. 그러나 이 모든 과정을 사실로 받아들이기에는 너무나 많은 가정이 전제되어 있다. 상당한 재능(혹은 결점)을 가진 사람이 아주 가까운 친척으로부터 어떤 신경조직을 전해 받았는지, 아니면 아무런 관련이 없는 두 사람에게서 똑같이 일어날 수 있는 어떤 사례들이 단순하게 무작위로 분포된 극단적 사례인지 우리는 알 수 없다.

인간의 재능에 관한 유전학에서의 가장 믿을 만한 단서는 아마 쌍생아 연구일 것이다. 일란성 쌍생아와 이란성 쌍생아를 비교함으로써, 또는 떨어져서 길러진 일란성 쌍생아와 함께 길러진 일란성 쌍생아의 비교를 통해 특질들이 유전적 영향을 가장 받기 쉽다는 것을 알 수 있다. 하지만 같은 데이터를 바라보는 과학자들이 데이터를 반박하지는 않더라도 유전력에 대해 완전히 다른 결론에 이를 수 있다. 단순하게 어떤 수학적이고 과학적 가정에 기반했을 때, 몇몇 과학자들은 지능의 유전 가능성을 (IQ 테스트로 측정했을 때) 80퍼센트 정도로 높게 본다. 다시 말해 집단 안에서 지능 점수의 변동성의 80퍼센트까지를 유전적 배경에 의한 차이로 설명하는 것이다. 같은 데이터에서 다른 가정들을 내놓는 다른 과학자들은 지능의 유전성을 20퍼센트나 심지어 제로 이하로 추정한다. 물론 대부분은 유전 가능성을 30~50퍼센트로 추정한다. 신체적 특질들과 기질적 특성은 대부분 유전된다는 데 많이 동의하지만, 인지적 스타일의 양상이나 성격에서는 유전의 영향이 크다는 것은 설득력이 부족하다는 의견을 보이고 있다.

지능을 연구하는 학자들의 관심을 사로잡은 질문들에 대해 유전학의 자료들은 명백한 답을 제공하지 못한다. 그럼에도 그 자료에는 우리의 연구에 도움이 되는 유용한 개념들이 있다. 유전적 구성의 결과로 인해, 어떤 개인들은 혈우병 같은 질병이나 정신지체 같은 신경학적 질환에 특히 잘 걸릴 수 있다고 보는 견해다. 이러한 사실은 그 자체로 그들이 반드시 병에 걸린다는 것을 의미하지는 않으며, 가능성이라는 요인 외에 환경적 사건이나 특별한 처치도 상당한 작용을 한다. 이 사실은 단지 다른 조건들이 동등할 때, 이러한 유전적 구성을 가진 사람들이 이 유전적 소인이 없는 사람들보다 질병에 걸릴 가능성이 많다는 것을 나타낼 뿐이다.

비유하자면 어떤 이들을 특정 재능에 소질이 있다고 생각해볼 수는 있다. 즉, 이러한 진단은 그들이 재능을 발달시키리라는 것을 보장하지는 않는다. 누군가에게 체스 판이 없다면 그는 훌륭한 체스 플레이어가 되거나 심지어 '서투른 체스 플레이어'가 될 수도 없을 것이다. 그러나 체스 게임을 할 수 있는 환경과 몇 가지 자극이 주어질 때 소질이 있는 사람이 높은 수준의 능력에 도달하는 경향이 있다고 보는 것이다. 소질이 있다는 것은 영재가 되기 위한 필수 요소지만, 스즈키 식 바이올린 교육 프로그램 같은 특별한 환경을 통해 그다지 소질이 없는 사람도 짧은 시간에 비약적인 진전을 이룰 수 있다.[4]

또 다른 가능성은 인간의 가능한 행동과 형질의 다양성에 관한 것이다. 광범위하고 다양한 형질의 사람들이 모인 미국 같은 환경에서는 결혼을 통해 광범위하고 다양한 특성들이 만날 수 있다. 그러나 시간이 흐르면 극적 특성들은 보이지 않게 되거나 사라지는 경향이 있다. 반대로 어떤 인구 집단(예를 들면 남태평양 남양제도)은 수천 년 동안 단일 종족으로 살아왔고 다른 종족들과의 결혼을 피해왔다. 이와 같은 인구 집단에서는 자연선택 과정을 통해 다른 집단과는 확연히 다른 유전자 모음genetic pool이 나타나는 유전적 부동genetic drift이 나타난다.[5]

평범하지 않은 자연적 환경이나 독특한 문화 시스템의 영향을 받는다고 해서 순수하게 유전적 요소를 분리해내는 것이 항상 가능한 것은 아니다. 그러나 많은 원시사회들을 연구해왔던 바이러스 학자 칼턴 가이듀섹Carleton Gajdusek에 따르면 유전적 부동을 보이는 집단에서는 종종 특이한 질병, 면역계, 신체적 특성, 행동적 패턴, 문화를 포함해 놀랄 만한 특성들의 조합이 나타난다. 종족이 멸종되거나 다른 집단과의 대규모 결혼을 통해 이러한 특성이 사라지거나 보이지 않게 되기 전에 이러한 요소들을 기록하는 것은 굉장한 의미를 지닌다. 이 종족들에 대해 상세하게 기록할 때 인간 능력의 전체적 범위를 파악할 수 있다. 실제로 이 종족들이 일단 사라지면 우리는 그들이 가지고 있던 기술이나 특성, 할 수 있었던 행동을 상상조차 할 수 없게 될지도 모른다. 만약 어느 집단에서 인간의 특정한 능력을 알아낸다면 우리는 그러한 능력을 다른 집단에게 훈련시킬 수 있을 것이다(반대의 경우 아주 나쁜 형질이나 능력은 예방할 수도 있다). 분명한 것은 어떤 형질이 유전적 요소에 의해 나타난다고 확신할 수 없으며, 유전을 통한 결정론은 인간 본성의 다양성이라는 우리의 현재 관심과도 사실상 무관하다.

이 관점을 다른 각도에서 생각해보자. 우리의 유전적 유산은 매우 다양한 종류로 이루어져서 누군가는 아직 나타나지 않은, 또는 아직 알지 못하는 심각한 문제와 질환뿐만 아니라 모든 종류의 능력들과 기술들을 상정할 수 있다. 유전공학을 고려해볼 때 무수히 다른 가능성이 나타날 수 있을 것이다. 상상력이 뛰어난 사람들은 이러한 몇 가지 가능성들을 잘 예측할 수 있을지도 모른다. 그러나 다양한 집단의 인간들 사이에서 광범위하게 표본을 추출해서 그들이 실제로 어떤 능력을 성취했는지를 밝히는 데는 훨씬 신중할 필요가 있다. 유전학자의 도움으로 고립된 집단을 연구한 결과는 심리학자들에게도 상당한 도움이 된다. 인간에 대한 표본이 다양할수록 인간이 가지고 있는 지능 범위의 목록도 광범위해지고 정확해질 것이다.

신경생물학의 발견들

유전학이 여전히 지능을 연구하는 학자들에게 제한된 용도로 이용되는 반면, 신경해부학과 신경생리학, 신경심리학을 포함하는 신경생물학적 관점은 더욱 풍성한 결과를 보이고 있다. 신경체계에 대한 지식은 유전학 지식만큼 급속도로 축적되었고, 그 결과물들이 인지 현상과 마음 연구에 더 가깝게 접근하고 있다.

수로화canalization* 대 가소성

신경생물학의 연구는 이 장에서 내가 숙고하는 비판적인 두 가지 중심 이슈들을 낳았다. 우리는 발달의 유연성과 인간 능력들의 정체성에 관해 어떤 미묘한 차이뿐만 아니라 일반적인 원리들을 찾을 수 있다. 이 연구에서는 특히 발달의 초기 단계에 나타나는 신경조직의 상대적 가소성을 출발점으로 하여 유연성의 문제를 다루고자 한다. 유연성에 대한 논의에 이어, 인간에게 가능한 능력과 조작에 관한 문제를 이해할 수 있는 몇 가지 연구의 흐름에 대해 언급하고자 한다. 전반적으로 이 책에서 나의 관심은 인간의 능력, 그리고 적당한 중재를 통해 인간이 얼마나 교육되고 발전될 수 있는지에 중점을 두고 있지만, 사실 내가 소개하고자 하는 연구들은 대부분 척추동물뿐만 아니라 무척추동물의 연구에서 나온 것이다. 그리고 이 과정에서 나는 발달의 원리를 이해하기 위해 두 종류의 연구에서 특별한 도움을 받았다. 포유동물의 시각적 체계의 발달에 대해서는 데이비드 허블David Hubel, 토르스텐 비셀Torsten Wiesel에게,[6] 그리고 새들의 노래하는 능력의 발달과 관련해서는 페르난도 노테봄Fernando Notebohm,[7] 피터 말러Peter Marler, 마크 코니시Mark Konishi와 그의 동료들의 연구에서 도움을 받았다. 동물에 대한 연구 결과를 인간에게 적용하는 것은 조심스럽게 이루어

* 주어진 환경 조건에 의해 발생 과정이 정해지고 특정 방향으로 과정이 진행되는 형태와 조건을 총합적으로 뜻한다. 달리 말하면 이 말은 발생 운명을 특정한 방향으로 규정하고 있는 조건을 총합적으로 의미한다._옮긴이

져야 하지만, 특히 지능 분야의 연구에서는 이러한 주의가 은연중에 상당히 무시되곤 한다.

중립적 성장과 발달의 이해에 있어 중요한 개념은 수로화다. 에든버러대학교의 유전학자 와딩턴C. H. Waddington이 주창한 수로화는 (신경체계와 같은) 어떤 유기체계가 다른 것들과 달리 특정한 발달 경로를 거치는 경향이 있음을 의미한다.[8] 사실 신경체계는 놀라울 정도로 정확한 시기에 정교하게 프로그램된 방식으로 자라난다. 갓 생성된 신경관에서 세포들이 태어나 뇌와 척수를 구성하는 지역으로 이동하는 것은 예측할 수 있을 정도의 규칙성이 있으며, 어느 정도는 종species과 관계없이 관찰된다. 실제로 영향을 미치는 신경 연결 관계는 순간적이거나 무작위적인 것이 아니라 생화학적 조절에 영향을 받는다. 발달의 각 단계는 전 단계를 토대로 진행되고, 이것은 또다시 다음 단계의 발달로 이어지는 후생적 서열epigenetic sequence 관계를 구성하고 있다.

분명한 것은 어떤 구조의 발달이라도 실험적 중재를 통해 화학 성분의 균형이 바뀌거나, 특정한 세포의 이양에 변화가 생기거나, 다른 세포에 부과된 역할을 그 세포에 접합시킬 경우 변화가 일어난다. 그러나 와딩턴에 의하면, 현재 이미 규정된 발달 목표에서 적절하게 기능하는 신경체계를 다르게 전환하는 것은 매우 어렵다. 와딩턴은 "발달 구조를 정상적인 목적으로 발달하지 못하게 하는 것은 불가능하다"[9]고 주장한다. 비록 기대되는 양상으로 발달을 막거나 전환하려고 해도 유기체는 정상적인, 즉 기대된 양상으로 발달하는 방법을 발견하게 되고, 만약 그 당시에는 아니더라도 나중에 이와 같은 양상이 나타난다는 것이다.

지금까지 신경체계의 발달에 대한 나의 서술은 엄격하고 일반적으로 프로그램된 메커니즘들을 강조했는데 이는 적합하다고 본다. 그러나 생물학적 발달의 놀라운 측면은 유연성, 즉 더 기술적인 명칭으로 '가소성'이라 할 수 있다. 유기체는 많은 면에서 가소성을 가지고 있다. 우선 상대적으로 넓은 범위의 환경들이 각기 적절한 영향을 야기할 수 있는 어떠한 발달적 시기들이 있다(예를 들면 생애 첫 해에는 아기가 포대기에 싸여 있다고 한다면, 두 번째 해에는 일반적으로 걷게 될 것이다).[10] 게다가 어린 시기에 큰 상처를 입거나 부상을 당하더라도 상당한 회복력을 나타낼 수 있다. 사실 일반적으로 발달의 초기 단계에 가소성이 가장 활발하게 나타난다. 이를테면 아기는 두 개의 대뇌반구가 가진 우세성을 잃을지라도 여전히 말하는 것을 배울 것이다. 그러나 어떤 적정한 선을 넘어서면 가소성은 쇠퇴한다. 따라서 뇌의 반구 하나가 소실된 청소년이나 어른은 심각하게 손상을 입는 것이다.[11]

그러나 이러한 가소성을 일반화하기 위해서는 몇 가지 전제조건이 필요하다. 첫째, 발달 초기에 입은 손상이나 박탈은 심각한 결과를 가져올 수 있다. 예를 들면 생애 첫 한 달 동안 한쪽 눈을 사용하지 못한다면 이후에는 평생 두 개의 눈으로 볼 수 없게 된다. 둘째, 어떤 능력이나 기술은 어른이 되어서 손상을 입어도 강하게 발달한다. 이는 설명할 수 없는 가소성이 평생 존재할 수도 있음을 의미한다. 몇몇 성인들은 두뇌의 좌반구(혹은 우성반구)의 엄청난 손상에도 불구하고 말하는 능력이나 마비된 팔다리가 회복되기도 한다. 종합적으로 가소성의 개념은 특정 촉진이나 중재의 적기, 관련된 행동 능력의 성격으로부터 따로 떼어놓고 생각할 수가 없다.[12]

가소성은 또한 다른 면에서도 한계가 있다. 행동주의자들의 유산을 물려받은 몇몇 심리학자들은 대부분의 유기체는 적절하게 훈련을 시키면 무엇이든 배울 수 있다고 생각하는 경향이 있다. '수평적horizontal' 학습의 법칙에 대한 연구들은 종종 이러한 믿음을 반영해왔다. 비슷한 주장들이 인간에 대해서도 이루어졌는데, 나이에 상관없이 무엇이든 배울 수 있다는 주장이 이에 속한다. 그러나 마음에 관한 최근 연구는 인간의 능력에 대한 이와 같은 낙관적인 이론을 혹독하게 비판한다. 최근 연구자들은 인간을 포함한 각 종species들이 특정 정보를 획득하기에 특별히 '준비된' 상태라는 주장에 동의하고 있다.[13] 이는 반대로 그 유기체가 다른 정보를 획득하는 데는 어려움이 있다는 것을 의미한다.

다음의 사례는 이와 같은 준비성preparedness과 역 준비성counter prepar-edness을 이해하는 데 유용할 것이다. 우리는 많은 새들이 노래를 배울 수 있으며, 몇몇 새들은 더 다양한 노래들을 만들어낼 수 있음을 알고 있다. 그럼에도 암컷 참새들은 같은 종의 수컷 참새들이 부르는 특정한 노래에만 반응할 수 있도록 음감이 조정되어 있다.[14] 실험실에 있는 쥐들도 충격에서 달아나기 위해 달리거나 뛰는 것을 매우 빨리 배울 수 있으나, 단지 도망하기 위해 레버를 눌러야 하는 가장 큰 어려움이 있을 때만 이런 능력을 습득할 수 있다. 게다가 점프를 하는 동작에도 한계가 있다. 충격을 피하기 위한 점프는 자연스럽고 학습된 반응 같지만, 뚜껑이 닫힌 상자에서 뛰어야 하는 경우에는 배움이 매우 더딜 것이다. 언어의 복잡성에도 불구하고 정상적인 이들은 물론이고 보통 이하의 지능을 가진 이들도 아주 쉽게 언어를 습득한다는 사실은 이 영역에서 미리 준비된 능력을 가지고 있다는 점을 암시한다. 같은 맥락에서, 추상적인 형태로 과제가 제시될 때 대부분의 사람들이 논리적으로 추론하는 데 어려움을 느끼는 것은, 이러한 영역에서 아무런 준비된 기술이 없을 뿐만 아니라 순전히 논리적인 의미보다는 어떤 상황의 구체적인 부분을 더 쉽게 수행하는 경향이 있기 때문이다. 이러한 선택적 준비selective preparedness의 원인에 대해서는 아무도 정확한 답을 내리지 못하며, 아마도 특정한 신경 부분은 쉽게 생성되고, 자극을 받고, 조작되고, 억제되는 반면 다른 부분은 활성화하거나 억제하기가 더 어려운 경향이 있는 것 같다.

행동의 가소성에 대한 이 일반적 언급에 비추어볼 때, 우리는 신체의 발달을 특징짓는 결정성(또는 유연성)의 정도와 관계 있는 증거를 더 자세히 살펴볼 필요가 있다. 우리의 연구는 탄생 시기의 가소성에 대한 자세한 내용과, 이후의 다양한 경험이 발달에 미치는 영향, 여러 종류의 학습 가능성을 신경학적 또는 생화학적 수준에서 설명할 수 있는 가능성에 대해 살펴볼 것이다.

생애 초기에 나타나는 가소성의 원리들 각 종에 관한 특징들은 달라도 생애 초기 가소성에 관한 연구는 상당히 확고한 많은 원리들을 만들어왔다. 첫 번째 원리는 생애 초기에 대면하는 최대의 유연성에 관한 것이다. 많은 문헌에 나와 있는 예를 살펴보자. 솔크 연구소Salk Institute의 신경생물학자 맥스웰 카원W. Maxwell Cowan의 설명에 따르면, 전뇌와 눈의 신경 부분 모두 신경판neural plate의 머리쪽 끝에서 발달한다고 한다.[15] 만약 발달의 초기 단계에서 누군가 외배엽 조직에서 작은 조각을 제거한다면 근접 세포들이 확산하면서 뇌와 눈의 발달이 정상적으로 진행된다. 그러나 같은 조작이 더 이후에 수행되면 뇌나 눈은 영구적으로 손상을 입으며, 어떤 뇌의 부분을 제거하느냐에 따라 어떤 부분이 손상되는지가 결정된다. 이처럼 단계별로 뇌의 특정 영역을 '차단blocking out'하면, 뇌의 어떤 부분이 어떤 기능과 관계되는지를 알 수 있게 된다. 퍼트리샤 골드먼Patricia Goldman 같은 다른 신경생물학자들의 연구는 초기의 신경체계가 심각한 손상이나 실험적 조작으로 변화를 겪더라도 이에 유연하게 적응할 수 있다는 주장을 뒷받침한다.[16] 그 후 얼마 동안에는 신경체계가 적절하다고 보일 수 있는 다른 경로나 연결 부분을 발달시키지만, 발달 과정에서 너무 늦게 손상이나 변경이 일어난다면 관련 세포들은 무작위적으로 연결되거나 함께 모두 죽어버린다는 것이다.

두 번째 중요한 법칙은 발달의 과정에서 소위 결정적 시기가 중요하다는 것이다. 예를 들어 고양이에게 출생 후 3~5주는 시각적 발달의 결정적 시기다. 이 기간 동안 만약 한쪽 눈이 형태나 빛을 보지 못한다면 눈의 중심 연결이 변화하고 눈이 작용을 못 하게 된다. 이런 방해는 영구적으로 영향을 미친다. 일반적으로 유기체에 있어 가장 손상받기 쉬운 때는 대개 이러한 민감한 시기이다.

중추신경계의 돌이킬 수 없는 손상은 특히 결정적 시기 동안에 약간의 자극으로 생겨나기도 한다. 반대로 이 시기에 적절한 조건이 주어진다면 놀라운 발달이 일어날 수도 있다.[17]

세 번째 원칙에 따르면, 유연성의 정도는 관여하는 신경기관의 위치에 따라 달라진다. 아동 후반기에 발달하는 전두엽 및 뇌량腦梁, corpus callosum과 같은 부위는 1차 감각피질처럼 생후 첫 며칠 또는 몇 주에 발달하는 부위보다 훨씬 더 유연하다. 뇌량 같은 부위는 놀라울 정도로 미완성 상태이며, 이것은 외피 연결에 얼마나 높은 조절 가능성이 필요하며 궁극적으로 만들어질 연결의 종류를 결정하는 데 출생 후의 구체적인 경험이 얼마나 중요한지를 보여준다.[18] 실제로 언어처럼 가장 복잡한 인간의 능력에서는 전체 반구를 제거하는 것과 같은 손상이 있음에도 불구하고 초기 몇 년 동안 학습이 이루어진다면 정상적인 사람처럼 말하는 능력을 습득할 수 있다.[19] 이 결과는 초기 아동기에는 피질의 많은 부분이 어떤 기능을 할지 아직 결정되지 않고 다양한 활용이 가능한 상태로 있음을 보여준다.

네 번째 원칙은 발달을 조절하거나 중재하는 요인과 관련한 것이다. 유기체는 어떤 경험을 하지 않는다면 정상적으로 발달할 수 없다. 따라서 고양이가 생후 빛에 노출되지 않으면 고양이의 시각체계는 정상적으로 발달하지 않거나 부분적으로는 퇴화할 수도 있다. 게다가 고양이는 다양한 환경에 노출되어 두 눈을 사용하며 돌아다녀야 한다. 단지 수평 패턴의 빛에만 노출되면 수직 패턴의 빛을 처리하는 과정을 담당하는 세포는 퇴화하거나 다른 기능으로 대체되어버린다. 고양이가 한쪽 눈만 사용하면 양안 시력을 담당하는 세포들은 퇴화할 것이다. 또한 고양이가 특정한 형태의 환경으로 옮겨져서 자유롭게 활동하지 못하게 된다면 고양이는 정상적인 시각체계를 발달시킬 수 없다.[20] 시력을 조절하는 신경계는 이러한 민감한 시기에 특정 종류의 시각적 자극을 받도록 계획되어 있음을 알 수 있다. 적절한 자극이 부족하거나 또는 부적절한 자극이 주어진다면 보통의 발달 목표는 성취되지 않을 것이며, 그 동물은 환경에 적절하게 기능하지 못할 것이다.

마지막 원칙은 신경기관 손상의 장기적 영향을 다루고 있다. 어떤 손상은 즉각적이며 눈에 띄는 결과를 보여주는 반면, 또 어떤 손상은 처음에는 눈에 보이지 않을 수 있다. 예를 들면, 나중에 발달 측면에서 중요한 기능을 할 뇌의 부위가 생애 초기에 손상되었다고 가정해보자. 손상의 결과는 얼마간 관찰되지 않을지도 모른다. 따라서 영장류의 전두엽 손상은 생애 초기에는 발견되지 않고, 해당 동물에게 대체로 전두엽에 의해 조절되는 복잡하고 조직화된 행동을 하도록 요구될 때에야 분명하게 드러난다. 초기 뇌 손상은 최후에 역효과가 될 수 있는 어떤 해부적 재구조화를 일으킨다. 예를 들면 동물에게 현재 시점에 중요한 일을 수행하도록 하는 연결은 형성되더라도 이후에 요구되는 기술이 새롭게 등장함으로써 무용지물이 될 수 있다. 이런 경우 신경기관이 방향을 인도하는 경향은 사실상 장기적으로 비적응적인 결과를 초래할 수도 있다.[21]

이 다섯 가지 원칙은 '결정성 대 유연성'의 논제에 관한 단순한 판단이 불가능하다는 것을 확인해준다. 따라서 각각의 강한 입장은 어린 유기체의 발달에 상당한 영향을 주고 있다. 결정성(또는 수로화)은 대부분의 유기체가 정상적인 방식으로 종의 기능을 확실히 수행할 수 있도록 도와주며, 유연성(또는 가소성)은 비정상적인 환경 또는 초기 손상 등의 변화되는 환경에 적응하도록 한다. 분명하게, 누군가 손상을 견뎌야 한다면 그것은 초기일수록 좋다. 그러나 정상 발달로부터의 이탈은 그 대가를 치러야 한다.

초기 경험 지금까지 나는 특정한 종류의 선 모양에 노출되는 것과 같이 특별한 경험이 시각 체계와 같은 비교적 두뇌의 주변 영역에 미치는 특별한 영향에 대해서 논의했다. 그러나 심리학자와 신경학자들은 더 일반적인 자극과 박탈의 효과, 혹은 유기체의 전반적인 기능에 대해 연구하고 있다.

이 연구는 버클리의 캘리포니아대학교에서 마크 로젠츠바이크Mark Rosenzweig와 그의 동료들이 처음 시작했다. 1960년대 초에 로젠츠바이크 팀은 동물, 특히 쥐를 풍부한 자극이 주어진 환경에서 길렀다. 거기에는 사다리, 바퀴 같은 다양한 장난감이 있었고 그 안에 많은 다른 쥐들이 살고 있었다. 대조 집단의 쥐들은 '결핍된 환경impoverished environment'에서 길러졌다. 결핍된 환경은 풍부한 음식물 이외의 다른 특징이 없는 곳이었다. '풍요로운 환경의 쥐들'은 먹이는 풍부하지만 자극이 부족한 환경에서 길러진 쥐들에 비해 다양한 행동적 과제 및 기구 사용을 훨씬 더 능숙하게 해냈다. 각각 대조적인 환경에서 지낸 지 80일째에, 모든 쥐들의 뇌를 분석했다. 중요한 발견은 풍요로운 환경에서 길러진 쥐의 대뇌피질은 결핍된(더 살찐 상태지만) 쥐들에 비해 무게가 4퍼센트 더 나갔다는 점이다.[22] 보다 결정적으로, 뇌 중량에서 가장 많이 증가한 곳은 시지각을 담당하는 부분이었다. 이 부분은 아마 풍요로운 환경에서 특히 자극을 받는 부분일 것이다.

쥐나 다른 동물들을 통한 수많은 연구들은 풍요로운 환경이 뇌의 크기에서 감지할 수 있는 변화 이외에 더 정교한 행동을 만든다는 사실을 보여주었다. 그 결과는 놀라울 만큼 구체적일 수 있다. 로젠츠바이크 팀은 만약 대뇌 반구 중 한쪽에만 풍부한 경험을 제공한다면 그 뇌반구에만 세포 조직에 변화가 일어난다는 사실을 발견했다. 윌리엄 그리너프William Greenough는 복잡한 환경에서 길러진 동물은 특정 뇌 영역에서 더 큰 신경세포와 더 많은 시냅스 및 시냅스 연결, 수상돌기 연결 등을 가지고 있다고 했다. 그는 이를 '경험의 차이로 인한 뇌 부위의 전체적 크기 변화는 시냅스 연결의 수, 패턴, 질 등 뉴런 수준에서의 변화와 서로 관련 있다'고 요약한다.[23]

흥미로우면서도 놀라운, 두뇌의 구체적 변화에 대한 연구 결과도 있다. 수컷 카나리아의 노래에 대한 연구에서 페르난도 노테봄은 노래 부르기와 새의 뇌에 있는 두 세포핵 크기를 관련지어 설명했다. 그는 이 두 세포핵의 크기가 털갈이를 하는 가장 한가한 여름보다 새들이 가장 노래를 많이 부르는 시기에 두 배 정도 커진다는 것을 발견했다. 또한 가을이 되면 뇌가 커지고, 새로운 신경섬유가 형성되고, 새로운 신경연접부가 생기고, 따라서 많은 노래 레퍼토리가 생겨난다고 한다.[24] 확실히 새에 있어서 운동 활동 motor activity의 학습(또는 재학습)은 직접적으로 관련된 세포핵의 크기, 뉴런의 수 그리고 그들 사이의 연결의 정도와 관계가 있다.

내가 아는 한 과학자들은 인간의 다양한 능력을 일으키는 두뇌의 크기 변화에 관한 연구를 구체적으로 발표하기를 주저하고 있다. 적절한 실험 도구가 부재하기 때문에 그런 신중한 태도는 적절한 것처럼 보인다. 그러나 두 유능한 신경해부학자 O. 보트O. Vogt와 A. 보트A. Vogt의 관찰은 언급할 가치가 있다. 오랫동안 이 두 사람은 재능 있는 예술가를 포함해 여러 사람들의 뇌에 대한 신경해부학적 연구를 수행해왔다. 그들은 한 화가의 뇌의 시각피질 세포의 네 번째 층이 매우 두껍다는 사실을 발견했고, 어린 시절부터 정확한 음감을 지닌 음악가의 청각피질 세포에서 이상하리만큼 큰 부위를 발견했다.[25] 이런 종류의 가설이 인정되고 뇌 크기 및 모양, 처리 과정 등의 연구에 건강한 조직을 해치지 않는 무침습 방법noninvasive methods이 널리 활용되면서, 과거 골상학적 논제가 현대에서도 지지를 받고 있음을 확인할 수 있다.

그러나 커지는 것이 항상 좋은 것은 아니며, 세포나 섬유질의 수가 많다고 해서 그 자체로 항상 좋은 것은 아니다. 실제로 최근 신경생물학 분야에서 가장 매력적인 발견은 다음의 주의사항을 지지한다. 처음에 신경체계는 많은 뉴런 섬유조직을 생성한다. 이 발달 과정의 중요한 부분은 정상적인 기능에 해로울 만한 그리고 불필요해 보이는 과도한 연결들을 가지치기하거나 퇴화시키는 것이다. 프랑스의 두 과학자 장피에르 샹주Jean-Pierre Changeux와 앙투

안 당생Antoine Danchin은 이에 관해 중요한 해석을 했다. 이들은 뇌의 다양한 부위에서 처음에는 지금 살아 있는 것보다 더 많은 뉴런이 있었다고 말한다.[26] 그리고 뉴런들이 정해진 목적대로 시냅스 연결을 형성하는 과정에서 '선택적 세포 죽음'이 일어난다고 본다. 이 죽음에는 처음 뉴런 수의 15~85퍼센트가 포함된다.[27]

왜 초기에 과도하게 많은 연결들이 존재하며, 어떤 연결들은 쇠퇴하고 어떤 연결은 지속되는가? 초기의 '급작스러운 성장'은 성장기의 유연성을 반영한다고 추측할 수 있다. 이런 정상적인 발달 특성 역시 적응적 유리함에서 비롯된 것이다. 만약 과도한 연결이 이루어지는 시기에 어떤 손상이 일어난다면, 유기체는 손상에도 불구하고 생존할 가능성이 더 높아진다. 병변 이후에 세포 연결이 엄청난 속도로 진행되며 가끔 6주가량 소요되는 성장이 72시간 만에 일어나기도 한다는 사실은 이런 주장을 뒷받침한다.[28] 이와 마찬가지로 태어날 때 한쪽 눈이 제거되면 출생 후 첫 2주에 정상적으로 나타나는 망막절세포의 죽음이 눈에 띄게 줄어든다.[29]

세포 및 시냅스의 증식을 설명해주는 다른 가능성이 있다. 이런 풍요로운 기간 동안 세포 사이에는 엄청난 경쟁이 일어나고, 적절한 강도의 연결과 특정성이 발달하는 데 효과적인 세포들이 생존할 가능성이 높다. 명예로운 다윈의 방식에 따르면, 유기체의 신경섬유 중에서 연결되기에 가장 적합하고 적절한 신경세포가 경쟁에서 살아남는 것이다.

초기 발달에 있어서 이와 같은 신경섬유의 출현은 그 부분과 기능적 또는 행동적으로 관련된 잠정적인 연결부의 출현을 유도한다. 또한 여기에 어떤 이는 U자 모양의 현상을 마주하게 된다. 여기서 우리는 (왼쪽 팔이 U자로 된) 미성숙한 유기체의 행동과 (오른쪽 팔이 U자로 된) 성숙한 유기체 사이에서 유사성을 찾을 수 있다.[30] 또한 수영이나 걷기 등등 인간의 초기 반사작용은 잠정적으로 어떤 조숙한 행위를 가능하게 하는 연결부가 번성하여 나타날 수도 있다. 또한 어린 유기체가 특히 어떤 중요한 시기 동안 놀랄 만큼 빠른 학습을 보이는 것은 곧 제거되거나 삭제될 어떤 연결 부분과 관련이 있다고 본다. 예를 들면, 인간의 경우 생후 첫 달 동안 시냅스의 밀도가 급격하게 증가하고 1~2세 때 최고치에 다다른다(성인 평균 밀도의 거의 50퍼센트 이상). 그리고 2~16세 사이에 감소하여 72세까지 상대적으로 일정하게 유지된다.[31] 몇몇 과학자들은 (예를 들면 언어 영역에서) 어린 아동의 급격한 학습 속도는 그 당시에 사용 가능한 수많은 시냅스의 활용 때문이라고 생각한다.

그러면 신경섬유에서 가지치기가 일어나면 이후에는 어떤 일이 발생하는가? 우리는 이 시점에서 성숙maturity을 세포의 과잉이 없어지고 원래 의도된 연결만이 효력을 나타내는 시기라고 기능적으로 정의 내릴 것이다. 아동기의 유연성은 이제 끝난 것이다. 최적의 것만 생존하면서, 뉴런의 수는 그것이 신경을 발달시키도록 정해진 영역의 크기에 맞게 조정되는 것이다(만약 다른 수족과 같은 새로운 목표가 의학적으로 더해진다면, 신경의 수는 급격하게 줄어들지 않을 것이며 피질이 만들어질 수 있는 여분의 공간이 생길 것이다). 결정적 시기는 경쟁적 상호작용이 가능한 시냅스가 거의 없을 정도로 시냅스가 제거되는 과정이 진행되었을 때 분명하게 끝난다. 대부분의 과학자들은 인생에서 그 이후에도 신경의 변화가 있을 것이라고 생각한다.[32] 그러나 나이가 들어가면서 수상돌기의 길이와 분화의 점진적 감소, 또는 (피질의 특정 영역에만 국한된) 선택적인 제거 등 시냅스 밀도의 점차적인 감소가 있는지에 대해서 과학자들은 아직 합의된 결론에 이르지 못하고 있다.

학습의 생물학적 기초 잘 알려져 있듯이, 인간에게 적용되는 대부분의 신경생물학적 연구는 영장류를 통해 이루어졌으며, 생물학적 순서에 따라 유사할 것으로 추정되는 주요 감각기관에 중점을 두어왔다. 그러나 최근에 인간과는 꽤 차이가 있는 종을 가지고 학습의 기초를 이해하려는 시도들이 있다. 발견의 도발적인 특성 때문에, 나는 여기에 두 가지만 인용하려고 한다.

내 생각에는 인지 편향적인 학자의 생각을 자극하는 진정한 보물 같은 결과는 새 소리를 연구한 이들의 발견이다. 동물의 종에 따라 다르겠지만 새 소리는 복잡한 활동을 포함하고 있고, 새의 좌측 뇌가 우세하게 기능할 때 나타나며, 어린 시절에 훈련을 통해 완성되기 때문이다.

새의 종에 따라 차이가 있는데 몇 가지 일반화할 수 있는 사례가 있다. 생후 초기 1년 동안 수컷 새는 몇 주간 지속되는 옹알이와 같은 서툰 노래를 한다. 그 후에 플라스틱 송plastic song 기간이라는 보다 긴 기간이 시작된다. 이 기간 동안 새는 많은 노래를 연습하는데, 이것은 궁극적으로 그들의 영역을 두고 다른 새들과 대화할 때 사용되며 또한 짝을 찾기 위해 구애할 때 사용된다.[33] 이러한 장난스런 연습은 많은 활동 영역에서 영장류가 보이는 탐구적인 활동과 유사하다.

노래 학습의 유연성과 조건이라는 측면에서 새는 종에 따라 차이를 보인다. 산비둘기는 정확한 모델이 없어도 결국 그들의 노래를 부르게 된다. 카나리아는 모델이 주어지지는 않지만 노래에 대한 피드백을 받아야 한다(청각을 잃은 새는 그들 종의 레퍼토리를 습득하지 못한다). 되새 같은 종은 적절한 노래를 부르기 위해 동종의 모델이 필요하다. 어떤 새는 매년 같은 노래를 부르는 반면 어떤 새는 1년마다 그들의 레퍼토리를 바꾼다(이런 '문화적' 차이의 생물학적 기초를 이해하는 것은 매우 중요하다). 그러나 놀라운 사실은, 새는 학습 시기에 전성기 때 부를 노래보다 훨씬 더 많은 노래를 부르고 다양한 박자감을 보여준다. 게다가 새는 그들 종이 배워야 할 노래는 좋아하고 상대적으로 다른 종의 노래나 심지어 같은 종의 다른 방언은 무시한다.

내가 이미 언급했지만, 노래의 생성은 새의 신경체계의 좌측 부분의 구조와 관련된다. 따라서 좌뇌의 손상은 우뇌의 손상에 비해 훨씬 더 지장을 주어 이런 경우 새는 실어증 또는 음치가 된다. 그러나 실어증에 걸린 카나리아는 우반구의 상응하는 경로를 활용할 수 있기 때문에 이전에 습득한 노래를 부를 수 있다. 기능 회복 측면에서, 새는 인간 성인보다 훨씬 운이 좋다.

새 소리의 학습은 유기체가 어떻게 매우 특별한 기술을 환경 자극과의 상호작용, 탐색적인 연습, 신경기관의 특정 구조를 발달시키려는 경향을 통해 습득하는지에 관한 흥미로운 모델을 제공한다. 내 관점에선, 언젠가 (인간을 포함한) 고등생물이 그들의 문화적 환경의 인지적이고 상징적인 체계를 배우는 방식에 새 소리 학습과 관련한 몇 가지 원칙을 적용할 날이 올 것이다. 또 다른 연구 분과에서는 바다달팽이 군소Aplysia California*라는 단순한 연체동물을 활용해 학습의 생물학적 기초에 관한 추가적인 실마리를 던져 주었다.

케임브리지대학교의 에릭 캔델Eric Kandel 팀은 군소를 통해 가장 단순한 학습 형태를 확인하고자 했다. 그는 어떻게 상대적으로 적은 뉴런을 가진 유기체가 더 이상 자극에 반응하지 않도록 자극에 길들여질 수 있는지, 어떻게 약화된 자극에도 반응할 수 있도록 자극에 민감해지는지, 그리하여 무조건적이고 반복적인 자극뿐만 아니라 학습된 또는 조건화된 자극에도 반응할 수 있도록 고전적 조건화가 일어나는지에 관해 연구했다. 그리고 그는 네 가지 주요 원칙을 찾아냈다.[34]

첫째로, 학습의 기본적인 측면은 뇌에 산발적으로 분포되어 있는 것이 아니라 특정한 신경세포의 활동으로 국한되어 있다. 어떤 학습된 행동은 적게는 50개 정도의 뉴런과 관련된다. 둘째, 학습은 세포 간의 시냅스 연결의 변경으로 인한 것이다. 학습과 기억은 필수적으로 새로운 시냅스 연결을 수반하기보다는 일반적으로 의미 있는 연결의 강도 변경에 따른 것이다. 셋째, 시냅스 강도의

* 어두운 색의 바다에 사는 연체동물이다. 육지에 사는 껍질 없는 민달팽이와 유사하게 생겼다고 해서 '바다의 달팽이'라고도 한다(두산백과)._옮긴이

장기적이며 심오한 변화는 세포들이 서로 상호작용하는 위치인 뉴런의 말단에서 나오는 화학적 신경전달물질의 양이 변화하기 때문이다. 예를 들면 습관화 과정에서 각 활동 전위action potential*는 점차적으로 칼슘의 유입을 막으면서 이전 활동 전위보다 전달물질을 덜 내보내게 된다. 마지막으로 시냅스 강도를 바꾸는 단순한 과정은 어떻게 더 복잡한 정신 과정이 계속해서 일어나고 따라서 생성되는지 설명하는 데 활용된다. 캔델의 말을 빌리면, 이는 다양한 학습 형태에 기저가 되는 '세포 법칙'이라 볼 수 있다. 습관화의 가장 단순한 형태를 설명하는 과정은 훨씬 더 복잡한 학습 형태를 구성하는 기초 단계(고전적 조건화)의 역할을 하고 있다. 캔델은 그의 발견을 다음과 같이 요약했다.

> 기본적인 학습, 습관화, 감각화, 고전적 조건화는 이미 존재하고 있던 많은 레퍼토리에서 선택하여 이 레퍼토리의 하부 집단으로 그 세기를 변화시킨다. 이 관점은 유기체가 이러한 행동을 통해 두뇌의 기본적인 발판을 만들며, 어느 정도 인지적, 발달적 조절을 할 수 있음을 시사한다. 환경적 요소와 학습은 이미 존재하고 있던 연결의 효과를 변화시킴으로써 잠재되어 있는 능력을 개발시켜주며 새로운 형태의 행동을 하도록 도와준다.[35]

캔델과 하등 연체동물 덕분에, 심리학자가 연구한 학습의 중요

* 근육 신경 등 흥분성 세포의 흥분에 의한 세포막의 일시적인 변화(두산백과)._옮긴이

한 몇 가지 형태가 세포 수준에서 일어나는 사건임을 알게 되었으며, 행동과학과 생물학 사이에 벌어져 있던 틈이 메워진 것 같기도 하다. 캔델과 그의 동료들의 성과는 다음 장에서 우리가 살펴볼 능력의 세분화에 관한 쟁점의 초석이 되었다. 이것은 동일한 원칙들이 종의 종류나 학습의 형태와 관계없이 모든 신경세포에 적용된다는 학습의 '수평적' 관점을 뒷받침해준다. 그러나 캔델이 지적했듯이, 유기체는 다른 종이 아닌 그들만이 할 수 있는 어떤 특정한 행동 패턴이 있고 이런 현상은 인지에 관한 생물학적 접근에서 설명되어야 할 것이다.

과학과 인간 인지 간의 연결을 고려하지 않고 추측 정도만 하는 유전학과는 대조적으로, 신경생물학의 관점은 우리 관점에 대해 훨씬 더 흥미로운 점을 보여준다. 가소성과 유연성, 결정성과 수로화의 원칙은 분명히 드러난다. 적절한 조정을 통해 이 규칙들은 인간들이 어떠한 인지 구조를 발달시키고 어떤 지적 기술을 습득하는 데 특정한 경로를 거치는가에 관한 이론에 적용시킬 만한 충분한 근거를 제공한다. 또한 우리는 이미 인간의 결핍의 결과에 대한 연구를 통해 자극의 결핍이 감정적 또는 인지적 기능에 얼마나 나쁜 결과를 초래하는지 알고 있다.[36] 결국 새 소리와 캘리포니아 연체동물처럼 예상 밖의 종에 대한 연구를 통해, 학습의 형태는 세포의 생화학적 수준인 신경조직에서 나타난다는 희망적인 결과를 얻었다. 물론 인간의 다양한 학습과 하등동물의 단순한 행동 사이에는 많은 차이가 있지만, 적어도 이러한 연구들에서 얻은 지식을 인간의 학습과 습득을 연구하는 데 적용할 수 있으리라 본다.

신경기관의 구성 요소

지금까지 나는 때때로 낯익은 허구를 받아들여야 했다. 신경기관이 대체적으로 세분화되어 있지도 않고 크기, 밀도, 연결 등의 차이 또한 별로 없다는 주장이 그것이다. 그러나 사실 신경학 연구에 따르면 신경체계는 조직과 외형에 있어 상당히 세분화되어 있고 고도로 조직화된 건축물 같다고 한다. 게다가 뇌의 각 영역이 서로 다른 조직을 가지고 있는 것은 그 영역들의 기능이 서로 다른 것과 관련이 있다. 예를 들면 대뇌피질 중 기본적인 감각 기능(빛과 소리의 차이에 대한 인식)과 관련된 부분은 빨리 성숙하는 반면, 자극의 의미를 중재하고 감각 종류의 연결에 영향을 미치는(눈으로 본 물체를 들었던 이름과 연결시키는 것과 같은) 연합 감각피질은 늦게 발달한다.

우리의 목적에서 보자면, 신경조직의 구조는 세분화된 미시적molecuar 구조와 전체적인 거시적molar 구조 두 가지로 나눌 수 있다. 이것 역시 익숙한 허구일지 몰라도 하찮은 것은 아니다. 거시적 수준의 연구자인 로저 스페리Roger Sperry와 미시적 구조를 연구한 데이비드 허블, 토르스텐 비셀의 연구 결과는 1981년 노벨상을 받으면서 인정받았다. 또한 이것은 인간의 지적 능력을 연구하는 우리의 목적에 깊이 관련된다.

미시적 수준의 연구 존스홉킨스대학의 심리학자 버논 마운트캐슬Vernon Mountcastle에 따르면, 인간의 대뇌피질은 주상부columns나 모듈modules로 이루어져 있다고 한다.[37] 이런 주상부들은 대뇌피질의 표면에 수직으로 서 있으며 대략 0.5~1밀리미터 간격과 3밀리미터의 길이로 되어 있다. 이것은 점점 다양하게 준 독립적인 기능을 하는, 해부학적으로 구별된 객체를 형성한다고 인식되고 있다. 사실상 인지와 기억은 특별한 목적을 가진 '인지의 디몬demons'*인 '인간'이 가지고 있는 신경기관을 통해 이루어진다. 이들 주상부는 맨 처음 시각피질에서 발견되었다. 허블과 비젤은 이렇게 말했다.

> 초기 시각피질에 관해 연구된 것을 고려해볼 때, 사람들은 피질의 기초 조각이 1평방밀리미터에 2밀리미터 높이로 된 블록일 것이라고 생각한다. 이런 덩어리 형태로 된 세포조직을 아는 것은 시각피질의 모든 조직을 아는 것이다. 전체는 주로 이러한 기초 단위가 통합된 형태로 되어 있을 것이다.[38]

최근의 발견에 따르면, 다른 감각 영역 역시 이러한 주상부로 구성되어 있는 것 같다. 그리고 보다 추상적이고 구체적이지 않은 지능을 담당하는 영역인 전두엽 역시 이런 종류의 원주 형태로 된 조직을 가지고 있다.[39]

이런 주상부는(또는 이것의 구성 세포는) 어떤 종류의 것에 반응하는가? 시각체계에서 이 주상부는 수직적, 수평적, 곡선적 적응과 눈의 선호도, 즉 시각적 우월성을 담당한다. 조금은 덜 알려져 있

* 컴퓨터 시스템에 상주하여 응용 프로그램이나 시스템이 특정한 상태로 되었을 때 자동적으로 각종 서비스를 제공하는 시스템 프로그램(IT 용어사전)._옮긴이

지만, 시각체계에 있는 외피세포는 색, 움직임의 방향, 깊이를 담당하며, 전두엽에 있는 주상부는 유기체의 환경에 존재하는 공간적이고 순차적인 정보를 담당한다.[40] 종합해보면 감각과 운동 영역은 그들이 묘사하는 세계의 2차원 지도를 가지고 있다. 시각, 감각, 소리에 관한 정보는 하나의 대뇌 영역에서 다른 영역까지 의존하기 때문에, 지도는 계속해서 더 흐릿해지고 전달된 정보는 보다 추상적으로 된다.[41]

진화의 과정에서 볼 때, 이 주상부는 조직의 가장 근본적인 부분이라고 여겨진다. 주상부는 종에 따라, 종 안에서도 비슷한 크기와 형태를 가지고 있다. 따라서 원숭이도 종에 따라 다양한 크기의 피질들과 다양한 수의 주상부를 가지고 있는 것 같지만 실제 주상부의 규격은 동일하다. 골드먼과 마사 콘스탄틴-페이턴Martha Constantine-Paton은 특정한 방향으로 발달한 축색돌기가 일정한 수만 있다면, 주상부들은 그 공간을 아주 적시에 유효한 방법으로 형성한다고 한다.[42] 사실 임신 기간에 개구리에게 추가적인 눈을 이식하면 주상부는 즉시 형성된다.

그러나 과연 주상부나 모듈이 신경계 시스템을 설명할 수 있는 유일한 방법일까? 신경계 주상부 조직의 발견을 이끈 버논 마운트캐슬은 주상부를 작은 기둥mini-columns(겨우 세포 100개 정도를 가질 수 있으며, 따라서 더 줄일 수 없을 정도로 신피질의 작은 처리 단위를 구성함)과 각각의 내부가 수백 개의 작은 기둥으로 채워진 거대 기둥macrocolumn으로 구분했다. 프랜시스 크릭은 더 광범위한 조직의 수준으로 나아가 뚜렷이 다른 더 거대한 영역들의 존재를 제안한다.

예를 들어 부엉이원숭이는 주로 시각과 관련된, 적어도 여덟 개의 피질 영역을 가지고 있다.[43] 이 영역들 모두 명확한 경계선을 가지고 있어 지각으로 뚜렷이 구분된다. 그의 주장에 따르면, 인간의 대뇌피질에는 아마도 50~100개의 분리된 독립적 영역이 있다. 그는 애석한 듯 다음과 같이 말했다. "대뇌피질에 몇 개의 영역이 있는지, 각 영역의 크기가 얼마나 되는지, 그리고 각 영역이 다른 영역과 어떻게 연결되어 있는지 정확히 알 수 있도록 각 영역에 대해 명확하게 사후 연구가 되었다면 우리는 더 큰 한 걸음을 내디딜 수 있었을 것이다."[44] 이 점에서 신경체계는 매우 다른 크기의 단위로 나뉠 수도 있다는 것은 확실해 보인다. 우리의 연구에서 중요한 것은 다른 신경단위들의 모양과 위치를 통해 자연이 그것의 귀중한 과정과 기능의 본질에 관한 중요한 단서들을 제공해준다는 것이다.

거시적 수준의 연구 대뇌피질의 더 넓은 영역을 분석할 때, 우리는 육안으로 쉽게 조사할 수 있는 영역을 다루는 정도인 거시적 수준의 뇌 분석으로 나아간다. 미시적 수준의 연구들은 대체로 고배율로만 볼 있는 단일 세포들에 관한 기록에 의존하고 있으며, 마음의 거시적 수준에 대한 정보의 주요 원천은 뇌 손상 환자들에 대한 임상적 연구에서 비롯된다.

뇌졸중, 트라우마 혹은 다른 사고들의 결과로서, 사람들은 전반적이지만 제한적인 뇌 손상을 입을 수도 있다. 뇌의 전두엽이 전체적으로 또는 부분적으로(한 부분에서) 손상될 수도 있다. 측두엽이나 측두엽과 두정엽의 연결 부분에 병변이 있을 수도 있다. 이러한 손상의 결과는 방사능 측정(뇌 정밀검사 혹은 컴퓨터 단층촬영)을 통해 볼 수 있으며, 당연히 사후에 더 정밀하게 검사할 수 있다. 과학적인 성과가 바로 여기에 있다. 때로는 분명히 한 범위 내에 있는, 때로는 뇌의 여러 부분에 걸쳐 분산되어 있는 뇌 조직의 상당 부분의 손실은 행동적이고 인지적인 장애의 특정한 패턴과 연관이 있다고 볼 수 있게 된 것이다.

가장 흥미로운 발견은 뇌의 두 반구가 동일한 기능을 하지 않는다는 사실이다. 각각의 반구는 반대편 신체의 운동과 감각 능력을 통제하며, 한쪽의 두뇌는 분명 다른 쪽보다 우월하다. 그러한 우세성은 한 개인이 오른손잡이(좌뇌가 우세한 경우)인지 왼손잡이인지(우뇌가 우세한 경우)를 결정한다. 이렇듯 비교적 기술적인 분업보다 우리의 목적을 더 잘 보여주는 것은 현재 대부분의 일반적인 오른손잡이의 경우 좌반구가 언어에 대해 우세한 반면 우반구는 (이와 같은 정도는 아니더라도) 시공간적 기능에 대해 우세하다는 것이 의심할 여지없이 인정되고 있다는 사실이다.

이에 대한 많은 부분은 생물학을 추종하는 모든 이들에게 알려져 있다. 덜 알려져 있는 것은 인지 기능의 특수성이 인간 대뇌피질의 더 미세한 부분과 훨씬 더 정확하게 관련될 수 있다는 것이다. 이러한 상황은 언어의 경우에 가장 잘 드러난다. 우리는 전두엽, 특히 브로카 영역Broca's area이 손상되었을 때, 비교적 오랫동안 이해할 수 있었던 문법을 사용해 일상적인 대화를 하는 데 어려움을 겪는다. 반대로 베르니케 영역Wernicke's area이라는 측두엽 부분이 손상되면 언어를 이해하는 데 분명한 어려움이 있어도 적절한 문법적 어형 변화를 갖춘 비교적 유창한 발화가 가능하다. 다른 언어 장애 역시 뇌의 특정 부분들과 연관되어 있는 것으로 드러나고 있다. 여기에는 반복하기, 명명하기, 읽기 그리고 쓰기에서 선택적인 어려움을 포함된다.[45]

그리고 일반적인 성인들에게서 인지적이고 지적인 기능의 특수성은 많은 경우 형태상으로 분명하게 구분되는 뇌의 특정한 부분과 연관되어 있는 것이 확실해 보인다. 데이비드 허블은 이러한 관점을 지지하는 인상적인 증거를 제시한다.

우리는 중추신경계의 각 부분이 다른 해결책을 필요로 하는 고유의 특별한 문제를 가지고 있다고 기대하게 된다. 우리는 시각체계에서 외형과 방향 그리고 깊이에 관심이 있다. 반면 청각체계의 경우, 우리는 다른 주파수의 소리에 대한 측두엽의 상호작용과 관련된 수많은 문제들을 예상할 수 있으며, 이러한 현상 모두를 다루는 동일한 신경기관을 상상하기 어렵다……. 대부분의 뇌 작용에 관한 지배적인 설명은 없는 것으로 보인다.[46]

앞서 제기된 많은 논쟁들이 인간의 인지 기능의 관점에서 다시 조명을 받고 있다. 예를 들어, 좌반구는 언어 반구로서 역할을 하지만 만약 좌반구가 발달 초기에 제거된다고 해도 대부분의 사람들은 비교적 정상적으로 언어를 습득할 것이다. 확실히 대뇌반구가 절제된 환자는 언어 장애가 있지만 그것을 밝히기 위해서는 꽤 정교한 검사가 필요하다. 다시 말해 가소성은 언어의 습득에서 분명히 나타나지만 그러한 유연성은 사춘기 이후 급격하게 감소한다. 40대 이상 성인 남성의 좌반구에 점 모양의 비교적 작은 병변조차 영구적이면서 점점 악화되는 실어증을 낳는 경향이 있다.

언어 영역의 분야에서 듣고 말하는 언어에 관해서는 오랫동안 연구되어왔으나, 이것이 청각 장애에 관해 유용하게 사용되지는 않았다. 사실 보통 언어를 담당하는 이 영역들은 수화나 다른 대체 의사소통 체계를 습득하도록 변형될 수 있다.[47] 예를 들어 수화를 사용하는 가정에 살지 않는 청각장애아들은 그들 스스로 혹은 협력해서 몸짓 언어를 만들어낼 것이다. 언어학자들의 상세한 연구에 따르면, 그러한 인위적인 몸짓 언어와 건청 아동의 자연스런 언어 사이에는 (예를 들어 두 단어 발화의 구성 방식과 같은) 분명한 유사성이 있다.[48] 따라서 특정 뇌 부분의 이용뿐만 아니라 의사소통 체계가 발달하는 기능적인 면에서도 수로화가 존재하는 것으로 보인다. 마지막으로 한 개인이 심각한 학대로 인해 사춘기까지 언어를 박탈당하고 나서 말하기를 배울 기회가 주어진다면, 언어의 어떤 부분에서 진전을 보일 수도 있다. 그러나 신중하게 연구된 한 사례에서는 이러한 언어의 발전이 명백하게 우반구 부분을 이용하여 발생했다.[49] 아마 좌반구 구조가 동원되는 몇몇 결정적 시기가 지났으므로 이러한 개인의 언어는 좌반구가 담당하는 문법에서 가장 결함이 있음이 드러난다.

뇌의 조직화에 대한 다양한 시각

언어를 습득하는 것과 같은 높은 수준의 인지적 기능에 관한 연구에서는 확실한 결과가 별로 없지만, 다른 정신적 기능을 수행하는 대뇌의 조직에 관한 연구는 예측이 가능할 정도로 많은 연구가 진행되었다. 이 장의 나머지 부분에서는 그러한 연구 결과에 대해 살펴보려 한다. 그러나 이 시점에서 지적 능력과 두뇌 조직 사이의 관계에 대한 상반되는 의견뿐만 아니라 인간의 인지 기능을 신경계의 주상부 혹은 특정한 부분을 통해 나타나는 특별한 계산 능력과 연관하여 파악하려는 노력에 대해 살펴보는 것도 의미 있는 일일 것이다.

지적 능력과 뇌의 관련성에 대한 논의는 일반적인 뇌의 조직화에 대해 만연해 있는 과학적 시각을 반영하고 있다. 국지론자들의 관점이 지배적이었을 당시, 뇌의 서로 다른 부분이 다른 인지적 기능을 담당한다는 상호관계에 대한 믿음이 있었다. 때로는 그러한 논의가 지각은 한 영역에, 기억은 또 다른 영역에 존재한다고 보는 '수평적인' 능력들에 초점이 맞춰지기도 했다. 그러나 이러한 논의는 더 빈번하게 시각적 처리 과정은 후두엽에서, 언어는 좌측두엽과 전두엽 부분에서 이루어진다고 보는 특정한 '수직적인' 내용에 중점을 두고 있었다. 다른 과학적 견해에 따르면, 뇌는 일반적인 정보 처리 장치이며, 신경조직의 모든 부분은 어떤 기술도 행할 수 있는 '등위의equipotential' 기관으로 간주되었다. 그 당시 지능은 고슴도치형의 생각대로, 전체적인 두뇌 조직과 연결되는 하나의 단일한 능력으로 간주되는 경향이 있었다.

50년 전에는 전체주의자 또는 '등위론자들equipotentialists'이 승리한 것처럼 생각되었다. 신경심리학자인 칼 래슐리Karl Lashley의 영향력 있는 연구에서는 (열구裂溝, fissures와 교련交連, commissures 부분에서) 뇌 조직화의 특별한 독자성보다 온전한 뇌 조직의 총합이 (쥐와 같은) 어떤 유기체가 과제를 수행할 수 있을지 없을지를 결정할 것이라고 제안했다.[50] 래슐리는 뇌의 거의 모든 부분을 절개할 수 있으며 그렇더라도 쥐가 여전히 미로를 뛰어다닐 수 있음을 보여주었다. 이러한 결과는 국지론자 입장에 종말을 고하는 것처럼 보였지만 이 연구에 대한 이후의 조사에서 기본적인 결함이 밝혀졌다.[51] 쥐는 미로를 뛰어다닐 때 여러 감각령으로부터 전달되는 매우 과도한 단서에 의지하고 있었기 때문에, 뇌의 일부가 제거된 것은 적어도 몇몇 부분이 남아 있는 한 많은 차이를 보이지 않았다. 조사자들이 사용했던 특정 종류의 단서들을 살펴보고 과도한 단서들을 제거하기 시작했을 때, 꽤 국부적인 병변조차 쥐의 행동에 영향을 미치는 것으로 나타났다.[52]

인간의 인지 과정에 관한 연구 또한 이와 유사한 경향을 보인다. 전체주의자 혹은 헨리 헤드Henry Head와 쿠르트 골드슈타인Kurt Goldstein 같은 일반주의자들의 전성기는 반세기 전이었다. 역시 지능은 특정한 부분보다는 전체적인 두뇌 조직의 양과 관련이 있고, 상당한 두뇌 손상 후에도 인간은 많은 지적 과제를 수행할 수 있는 것으로 보였다. 그러나 이러한 과제를 다시 더욱 주의 깊게 검토한 결과, 그 과제를 수행하는 데 있어 특정 주요 뇌 부분에 의존한다는 것이 곧 증명되었다. 최근의 연구들은 특히 좌반구에 있는 후두정엽 부분이 레이븐 매트릭스 검사Raven's progressive matrices*같이 '원초 지능raw intelligence'을 측정하는 것으로 여겨지는 과제의 해결에서 특별한 중요하다는 사실이 입증되었다.[53] 지능검사의 악영향 속에서도, 신경계는 전혀 등전위적이지 않은 것으로 보인다.

그리하여 우리는 뇌의 국지화에 대해 최근 합의에 도달하게 되었다. 뇌는 어떤 과제에서 특정한 부분이 비교적 더 중요하고 다른 과제에서는 비교적 덜 중요한 것처럼 분화된 개체라는 것이다. 당위적으로 모 아니면 도가 아니라 중요성에 차이가 있는 것이다. 같은 맥락에서, 뇌의 한 영역에 전적으로 의존하는 과제는 거의 없다. 대신 상당히 복잡한 과제를 검토할 때, 어떤 특징적인 기여를 하는 수많은 뇌의 각 영역들이 투입되는 것을 발견할 수 있다. 예를 들어 자유화를 그리는 경우에 좌뇌 구조가 세부적인 것을 묘사하는 데 중요한 반면, 우뇌 구조는 묘사하는 물체의 전체적인 윤곽을 완성하는 데 필수적이다.[54] 양쪽 반구 중 하나만 손상되어도 장애가 발생할 수 있겠지만, 어떤 장애인가를 알기 위해서는 두뇌의 어떤 부분에 손상이 있었는지를 알면 도움이 된다.

뇌의 조직화에 대한 이러한 설명들은 다수의 신경심리학자들에겐 타당한 것으로 여겨지는 반면, 미국의 인지심리학에는 아직 큰 영향을 미치지 못하고 있다(유럽에서 신경심리학은 의학 분야의 훈련된 과학자들이 폭넓게 참여한 덕분에 인지주의자들에게 더 널리 수용된다). 앞

* 비언어적 지능검사로, 일련의 도형 행렬을 제시해 일반 지능을 측정하는 테스트._옮긴이

서 살펴보았듯이, 대부분의 인지주의 학자들은 그들의 관심사와 관련된 뇌의 조직화에 대한 증거를 고려하지 않거나, 신경 처리 과정이 인지적인 설명과 상반되기보다 일치되어야 한다고 느끼지 못한다. 전문용어를 사용하자면 '하드웨어'는 '소프트웨어'와 무관하게 생각되며, '젖음wet'은 '마름dry'와는 다르다. 미국 인지주의 학파에서는 여전히 전 영역을 초월하고 어떠한 신경 영역에도 적용할 수 있다고 여겨지는 일반적인 문제 해결 능력이 존재한다고 믿는다. 현재 국지화가 신경계에 대한 가장 정확한 설명으로 입증되는데도 불구하고 무시 못 할 수평적 구조(지각, 기억, 학습 그리고 이질적인 내용에 영향을 미치는 것 등)뿐 아니라 여전히 매우 일반적인 문제 해결 장치가 있을 가능성이 남아 있다.[55] 그러나 신경계에 대한 거시적이고 심지어 미시적 수준의 분석이 인지 과정에 대한 분명한 시사점을 가질 가능성을 심리학자들이 진지하게 고려할 때인 듯하다.

철학자 제리 포더와 생리심리학자 폴 로진Paul Rozin, 신경심리학자 마이클 가자니가Michael Gazzaniga, 그리고 인지심리학자 앨런 올포트Alan Allport는 상당히 다른 관점에서 인지에 접근하면서,[56] 인간의 인지가 아마 신경 '배선hard wiring'에 의존하는 수많은 '특별한 목적'을 가진 인지 장치로 구성되어 있다는 견해를 지지했다.[57] 그들이 각각 강조하는 부분에는 많은 차이가 있으며, 그중 몇몇은 11장에서 다룰 것이다. 다만 현재 우리의 목적을 위해 합의된 요점은 다음과 같다.

진화의 과정에서 인간은 종종 '계산적인 메커니즘computational

mechanism'이라는 수많은 특별한 목적을 지닌 정보 처리 장치를 소유하게 되었다.[58] 어떤 것들(얼굴 인식)은 몇몇 동물들에게도 공통적으로 발견되지만 다른 것들(구문 분석)은 인간에게 고유한 것이다. 그중 어떤 것(직선 찾아내기)은 미시적 수준에 있지만 다른 것들(자발적 행동의 조절)은 훨씬 더 거시적 수준에 있다.

이러한 메커니즘의 작용은 두 가지 측면에서 자율적이라 생각될 수도 있다. 첫째, 각 메커니즘의 처리 과정은 그 고유의 원칙에 따라 움직이고, 다른 모듈에 '얽매여' 있지 않다. 둘째, 정보 처리 장치는 그저 어떤 형태의 분석될 정보가 있을 때 직접적인 지시 없이 작동할 수 있다. 사실 그것들의 작용은 의도적으로 사용되지 않을 수도 있으며, 따라서 이를 방해하는 것이 어렵거나 심지어 불가능하다. 그것들은 주위에서 일어나는 어떤 사건이나 정보에 의해 단순히 '촉발될' 수도 있다(전문용어로 그것들은 '인지적으로 불가해cognitively impenetrable'하거나 '감추어진encapsulated' 것이다). 어떤 것들은 의도적인 사용이나 자발적인 이용이 똑같이 가능할 수도 있다. 그리고 사실 사람의 정보 처리 체제의 작용은 인간의 특수한 기능일지 모른다. 그러나 '인지적 무의식'에 대한 접근이 항상 가능한 것은 아니며, 심지어 그것의 작용에 대한 인식은 그것의 실행에 영향을 미치기에는 충분하지 않을 수도 있다(환상을 보거나 환청을 들으면서 현실성 있게 자극을 인식할 수 없다는 것을 알 때 어떤 일이 일어날지 생각해보라).

차이가 있긴 하지만, 대부분의 소위 모듈식 관점의 주창자들은 어떤 컴퓨터를 작동시켜야 할지 결정하는 중앙 정보 처리 장치의 개념에 우호적이지 않다. 인체 모형은 그들에게 인기가 없다. 그러나 생물학적 입장을 취하는 이들은 다른 특수한 목적의 계산 기계에 의해 사용되는 일반적 기억력이나 저장 능력에 관심을 갖기보다는, 각자의 지식은 나름의 특수한 지각과 기억력을 사용하는 힘에 의해 단위 공간적으로 작용한다고 보고 있다. 진화의 과정을 통해 구조 간의 조합 혹은 도움이 있었으며, 많은 기제들이 복합적인 행동의 실행을 위해 함께 작동했다. 그러나 어느 순간에 우리는 계산 능력의 구성 요소 혹은 세분화된 지능 형태를 분석할 수 있으리라 본다.

이 장을 읽는 독자들은 내가 이러한 '모듈성modularity' 입장을 지지한다는 것이 놀랍지 않을 것이다. 그 증거들을 살펴보면, 다른 상징체계의 힘에 대한 심리학자들의 발견과 인간 신경계 구성에 대한 신경과학자들의 발견 모두 동일한 모습의 인간 심리 과정을 지지한다는 사실을 알 수 있다. 마음은 여러 개의 상당히 독특하고 독립적인 계산 장치들로 구성되어 있다. 공통적인 속성과 공통적인 영역이 존재할 수 있지만 그것들은 분명히 그에 대해 모든 것을 설명하지는 않으며, 가장 적절한(그리고 교육적으로 의의가 있는) 부분이 아닐 수도 있다.

이 모듈 분석을 앞서 살펴본 더 일반적인 가소성 원리와 초기 경험을 접목하는 것은 아직 실행되지 않은 채 과제로 남아 있다. 가소성의 원리는 계산적인 메커니즘이 논쟁 중에 있다는 것과 관계없이 신경계에 널리 퍼져 있으며 잘 발현될 수도 있다. 그러한 결과 자체가 여기서 제시된 관점에 문제를 제기하지는 않을 것이다. 그러나 각각의 지능이 고유한 형태의 가소성과 결정적 시기를 가지는 경향이 훨씬 강한 것으로 보인다. 이들은 동시에 또는 동일한 시간 간격으로 일어나거나 같은 비용과 편익을 수반할 필요가 없다. 사실 내가 '이시성異時性, heterochrony'이라는 관점을 취할 수 있다면, 다른 신경계는 영장류의 진화 시기와 그들이 설정한 목적에 따라 다른 속도나 다른 방향으로 발달할 수도 있다.

결론

신경생물학을 통해 우리의 여정을 고려해 볼 때 인간 신경계에 대해 어떠한 그림이 떠오르는가? 최종적인 성장에 대한 계획은 분명 게놈에 있으며, 꽤 넓은 영역(또는 스트레스가 많은 환경)을 고려한다면 발달은 방향이 제대로 진행되는 듯하다. 수천 년 동안 많은 형태의 정보를 비교적 동일한 방법으로 말하고 지각하며 기억할 확실한 가능성 없이 하나의 종으로 살아남을 수는 없었다. 확실히 신경계에는 분명한 가소성이 존재하고, 특히 초기 성장기 동안 신경계가 자라기 시작하고 불필요한 부분이 제거될 때 신경계에 대단한 복원력과 적응성이 나타나는데 이들 역시 생존에 도움이 되었다. 그러나 가소성이 허락하는 대안적인 방법으로 이루어지는 성장이 항상 이로운 것은 아니다.[59] 새롭게 이루어진 연결은 특정한 처리 과정을 적절하게 잘 실행할 수도 있지만, 다른 부분에서 부적절하거나 장기적으로 치명적인 효과를 수반할 수도 있다. 프로그래밍, 특이성, 희생이 따르는 초기의 상당한 유연성, 그러한 것들은 우리의 분석에서 도출된 일반적인 신경계의 원리다. 우리는 이 동일한 원리들이 일반적인 인간이 다양한 지적 도전들과 어떻게 협상해나가는지, 그리고 다양한 상징 영역에서 어떻게 진보하게 되는지를 고려하는 데 적용될 수 있으리라 기대하고 있다.

우리는 최근의 신경학 연구에서 신경계의 기능적 단위들에 대한 점점 설득력 있는 증거들을 발견할 수 있다. 개별적인 감각 주상부나 전두엽 영역에서 미세한 능력들을 담당하는 단위들이 있다. 그리고 언어나 공간적 처리 과정같이 더 복잡하고 거시적인 인간 기능을 담당하는, 즉 검사를 통해 눈으로 볼 수 있는 훨씬 더 큰 단위들이 있다. 이것들은 특수화된 지능에 대한 생물학적 기초를 제시한다. 그러나 이와 동시에 우리는 신경계에 가장 박식한 학자들조차 다양한 과학적 또는 실용적 목적에 가장 유용한 모듈의 수준에 대해 의견이 다르다는 것을 살펴보았다. 분명 자연은 우리에게 그 '정체' 또는 '인지의 종류'에 대한 완전한 답을 독특한 신경계에 대한 우리의 냉철한 탐구의 보상으로 건네줄 수 없다.

그러나 신경생물학의 발견을 기반으로 우리는 인간 지능이 '자연종natural kinds'일 가능성에 대한 강력한 단서를 얻을 수 있다. 우리는 (원하더라도) 이러한 방정식에서 문화를 깔끔하게 분리할 수 없는데, 왜냐하면 문화는 (특이한 경우를 제외하고) 모든 개인에게 영향을 미치며 따라서 필연적으로 지적 잠재력이 진화하는 방법에 처음부터 영향을 줄 것이기 때문이다. 그러나 문화의 보편적인 침입 또한 우리의 분석에 이점을 제공한다. 문화는 우리가 다양한 관점에서 지적 능력의 발달과 실행을 검토할 수 있도록 한다(사회가 가치 있게 여기는 역할, 개인이 전문 지식을 성취하는 일의 분야, 영재, 지적 장애 또는 학습장애가 발견되는 영역들의 조건, 그리고 우리가 교육 환경에서 기대할 수 있는 기술들이 전이되는 유형 등).

그리하여 이 책의 의무는 이러한 다양한 관점으로부터 모아진 통찰을 인지, 생물학뿐만 아니라 문화에 적용하고, 함께 검토되는 지적 능력의 집합들 중 어느 것이 가장 타당한지 살펴보는 것이라 하겠다. 이제 이러한 종합적인 노력에서 비롯된 기준을 더 명확하게 서술하는 일만이 남아 있다.

4장

지능이란 무엇인가?

이제 지능에 대한 소개를 하고자 한다. 지능과 인지에 관련한 나의 선행 연구들을 검토한 결과, 존재하는 다양한 지적 역량 또는 능력들에는 각각의 발달사가 있다는 결론에 이르렀다. 최근 신경생물학 연구에서는 특정한 형태의 인식에 상응하는 두뇌 영역이 있음을 제시하고 있으며, 적어도 심리학과 신경심리학의 분야에서 현재 우월한 입장은 주로 몇 가지 독립된 지적 능력이 있다는 것이다.

그러나 과학은 결코 완벽하게 귀납적으로 진행될 수 없다. 우리는 가능한 심리검사와 실험을 통해 우리가 알고자 하는 모든 신경해부학적 배선wiring을 찾아낼 수 있음에도 불구하고, 인간의 지능을 명확하게 식별해내기는 어렵다. 따라서 우리는 여기서 지식의 확실성에 대한 질문보다 어떻게 지식이 습득되는지에 관한 질문을 던지려고 한다. 가설이나 이론을 발전시키고 그것을 증명하는 것은 필요하다. 이론의 장점과 한계가 밝혀진다면 원래 전제의 타당성이 분명해지리라 생각하기 때문이다.

그렇다고 과학이 완벽히 정확하고 최종적인 답변을 제시하는 것은 아니다. 진보와 퇴보, 일치와 불일치가 있었으나 로제타석처럼 단단히 입을 다물고 있는 이 문제에 대해 확실한 실마리는 제공해주지 못하고 있다. 이것은 물리학이나 화학같이 가장 진보된 수준에서도 마찬가지며, 사회과학 분야에서는 말할 나위도 없다.

따라서 모두가 인정하고 받아들일 수 있는 인간 지능에 대한 이론은 없었으며, 앞으로도 없으리라고 본다. 모든 연구자들의 지지를 받는 세 가지, 일곱 가지, 또는 300가지 지능에 대한 주요 목록 역시 없을 것이다. 만약 우리가 (신경물리학의 시각과 같은) 단 하나의 분석 또는 (기술 대학에서의 성공 예측과 같은) 하나의 목적을 달성고자 한다면 우리는 목표에 가깝게 도달할 수 있을 것이다. 하지만 우리가 인간 지능 영역에 대한 결정론적 이론을 추구한다면, 우리는 결코 이 연구를 완료하지 못할 것이다.

그렇다면 왜 우리는 이런 불확실한 길을 가려고 하는 것인가? 검토와 체계화를 목적으로 하는 과학 연구, 비교문화적 관찰cross-cultural observation, 그리고 교육 연구들을 통해 최신의 증거가 나타나면서 인간의 지적 능력을 분류하는 현재의 기준보다 조금 더 나은 기준이 요구되었기 때문이다. 그리고 무엇보다도 이 목록은 지력이라고 불리는 아주 매혹적인 실체에 대한 많은 분야의 연구자들과 실무자들의 효과적인 의사소통을 가능하게 할 것이다. 우리가 추구하는 결과가 모든 사람들을 만족시킬 수는 없지만, 이 분야에 관심이 있는 많은 사람들에게 유용한 정보를 제공할 수 있을 것이라 기대한다.

지능을 논하기에 앞서, 우리는 두 가지 주제를 생각해볼 필요가 있다. 첫째, 지능의 전제조건은 무엇인가? 즉, 지적 역량의 목록을 구성하기 전에 고려해야 하는 필수 지적 기술들은 무엇인가? 둘째, 후보 지능을 판단하는 실질적인 기준은 무엇인가? '첫 평가'를 통과한 능력들은 매력적인 지능 집단에 포함될 수 있는가? 이 기준의 한 부분에서 증명되지 않은 기술을 지적 역량으로 간주하거나 아주 중요한 기술을 간과하는 경우, 우리가 잘못된 궤도에 있음을 알려주는 기준 또한 마련되어야 할 필요가 있다.

지능의 전제조건

나는 인간의 지적 능력은 (인간이 직면하는 많은 문제와 어려움을 해결하고, 적당하면서도 유효한 산물을 창조하는) 문제 해결의 몇 가지 기술을 포함하며, 문제를 창조하고 발견함으로써 새로운 지식 습득의 기초가 될 수 있는 가능성을 포함해야 한다고 생각한다. 이러한 선행조건은 문화적 맥락 안에서 강조되는 지적인 능력의 중요성도 의미한다. 즉, 어떠한 문화권에서는 중요하지 않았던 기술이 다른 문화권에서는 중요하게 여겨질 수 있기 때문이다.

전제조건들은 적어도 특정 문화에서 인간의 지능이 유용하고 중요하다는 것을 보장하는 하나의 방법이다. 이 하나의 기준은 특정 능력을 충족시키지 못할 수도 있지만, 다른 곳에선 내가 근거를 두고 제시한 기준이 부합할 것이다. 이를테면 안면을 인식할 수 있는 능력은 비교적 자율적이고 인간 신경계의 특정 영역에서 나타나는 능력이다. 더불어 그것은 나름의 발달사를 가지고 있다. 내가 아는 바로는 심각한 안면인식장애는 몇몇 사람들을 곤란하게 만들기도 하지만, 문화에 따라서는 이것이 전혀 중요하지 않게 여겨지기도 한다. 안면 인식에 문제가 있다는 사실을 발견할 수 있는 기회 자체가 없다.[1] 잘 발달된 감각체계의 사용은 인간 지능의 또 다른 명백한 후보다. 미각과 후각의 경우에도 문화적으로 특별한 중요성을 지니지 않는다(나는 요리와 밀접한 관련이 있는 사람들이 나의 견해에 동의하지 않을 것이라는 것을 안다!).

인간관계에서 핵심적인 역할을 하지만 지능의 조건을 충족시키지 못하는 다른 능력들도 있다. 예를 들어 과학자, 종교 지도자, 혹은 정치가가 사용하는 능력 역시 매우 중요하다. 그러나 이러한 문화적 역할은 (이론에 의해) 특정 지적 능력의 집합으로 나눠질 수 있기 때문에 그것들 자체가 지능으로 인정받을 수는 없다. 정반대의 분석 관점을 가진 심리학자들에 의해 지속적으로 시험되어온 무의미한 철자 상기recall nonsense syllables부터 일반적이지 않은 문자 조합 생산production of unusual association에 이르기까지, 많은 기술들은 문화에 의해 중요성이 부여된 기술이라기보다는 실험자가 억지로 만든 것이기에 지능으로 인정되지 않는다.

물론 중세의 3학 및 4학에서부터 심리학자 래리 그로스Larry Gross의 의사소통의 다섯 가지 양식(어휘, 사회적 몸짓, 상징, 논리수학, 그리고 음악)[2] 및 철학자 폴 허스트Paul Hirst의 지식의 일곱 가지 형식(수학, 물리과학, 인간과학, 종교, 문학과 예술, 도덕적 지식, 그리고 철학)[3]

까지, 본질적인 지능을 찾아내고 이를 구체화하기 위한 노력이 이루어져왔다. 선험적인 근거에서 볼 때 이러한 분류는 잘못된 것이 아니며, 그들은 특정 목적에 있어서는 아주 중요할 수 있다. 그러나 문제는 이러한 분류가 지식의 종류 각각을 분명히 하기 위해 인간(혹은 문화)에 의해 경험되기 전에 만들어진 산물이라는 것이다. 이것은 어떤 특정한 생물학적 그리고 심리학적 분류에 따른 지식의 집합이라고밖에 볼 수 없다. 결국 경험에 기반한 능력을 발견하는 것은 실패할 수도 있으며 우리는 또다시 허스트의 이론 같은 선험적 도식에 의존해야 할 수도 있다. 하지만 주요 능력들에 대한 더욱 더 확고한 기반을 발견하기 위해서는 경험적 노력이 필요하다.

나는 여기서 제시하는 지능의 목록이 완전하다고 주장하지 않는다. 만약 완벽하다면 엄청 놀라겠지만 말이다. 하지만, 동시에 이 목록은 잘못 빗나간 것이 있거나 인간 문화에서 중요하게 여기는 기술이나 다수의 많은 역할들과 부합하지 않을 수도 있다. 그러므로 다중지능 이론을 위한 전제조건은 인간 문화에서 중요하게 여기는, 합리적으로 완전한 전반적 능력들을 찾아내는 것이다. 우리는 무당과 정신분석가뿐만 아니라 요가 수행자나 성자의 능력을 설명해야만 한다.

지능의 기준

지능을 정의할 수 있는 기준 혹은 '신호들'을 설정하기 위한 전제조건에 대한 이야기는 이쯤 해두자. 이제 나는 일반적이고 실제적으로 유용한 일련의 지능을 제안하고자 노력하는 과정에서 가장 심도 있게 고려된 사항들을 나열하려고 한다. 단지 어떤 것이 하나 혹은 두 개의 신호를 보인다고 이를 지능으로 포함시키거나, 어떤 것이 모든 조건을 만족시키지 않는다고 후보 지능에서 제외하지는 않기 때문에 '신호들'이라는 단어를 사용하는 것은 잠정적이다. 더 정확히 말하자면, 그러한 노력은 다양한 기준을 대상으로 최대한 많은 표집을 하는 것과 후보 지능 중 가장 뛰어난 지능을 순위 내에 포함시키는 것을 말한다. 컴퓨터과학자 올리버 셀프리지Oliver Selfridge가 제안한 모델에 따르면, 이러한 신호들은 디몬demon의 무리이며, 각각의 신호는 지능이 디몬의 '요구 특성demand characteristic'과 맞물렸을 때 생기는 현상이라고 생각할 수 있다. 이는 많은 디몬이 신호를 만들어내는 지능은 포함시키고 그렇지 않은 지능은 고려하지 않는 것을 말한다.[4]

궁극적으로, 훈련받은 연구자라면 누구든 후보 지능이 적절한 기준을 충족시키는지를 판단할 수 있도록 지능 선택을 위한 알고리즘을 마련하는 것이 매우 바람직하다고 본다. 그러나 현재로서는 후보 지능의 선택(또는 거부)이 과학적 평가보다 예술적 판단을 더 연상시킨다는 것을 인정해야만 한다. 통계학적 개념을 빌려 설명해보면, 어떤 이는 이러한 절차를 주관적 요인 분석이라고 생각할 수도 있다. 나는 과학적인 방법을 통해서 판단의 근거를 일반화하여 다른 연구자들이 그 증거를 종합해 나름의 결론을 내릴 수 있었으면 한다. 다음은 지능의 여덟 개 '신호들'에 대한 (정렬되지 않은 방식의) 설명이다.

뇌 손상에 의한 잠재적 격리

뇌 손상의 결과로 특정 범위의 능력이 파괴되거나 쓰지 못하게 되면 그것은 상대적으로 다른 능력으로부터 고립될 수 있다. 나는 특히 신경심리학에서 발견된 증거와 두뇌의 특정 부위의 손상을 연결하는 극히 자연적인 실험에 근거를 두었다. 그러한 두뇌 손상은 인간 지능의 중심부에 놓인 뛰어난 능력과 기술에 관한 유일한 증거를 제공한다.

서번트 증후군 아동, 영재, 그리고 다른 특수한 개인들의 존재

바보, 천재 그리고 다른 뛰어난 인간들에게서 나타나는 두뇌 손상 다음으로 설득력 있는 요인은 특이한 능력이나 결함을 보이는 개인들의 발견이다. 영재의 경우, 우리는 하나(또는 간혹 그 이상)의 인간 능력 영역에서 엄청나게 뛰어난 개인을 만난다. 서번트 증후군 Idiots Savants* 아동(그리고 다른 정신지체아 혹은 자폐아를 포함한 특수

* 사회성이 떨어지고 의사소통 능력이 낮으며 반복적인 행동을 보이는 등 여러 가지 뇌 기능 장애를 가지고 있으나 기억, 암산, 퍼즐이나 음악적인 부분 등 특정한 부분에서 우수한 능력을 가지는 증후군이다._옮긴이

한 개인)의 경우, 특정 분야에서 뛰어남에도 불구하고 다른 영역에서는 평범한 또는 심각하게 지체된 수행을 보이는 것을 볼 수 있다.[5] 이러한 집단에 대한 연구를 통해 상대적인 인간의 지능을 매우 우수한 범위까지 독립적으로 관찰할 수 있다. 영재나 서번트 증후군 아동을 유전적 요인 또는 (비침투적 조사 방법의 다양한 종류를 통해) 특정 신경 영역과 연결하여 설명할 수 있다면 특정 지능 또한 설명할 수 있다. 동시에 학습부진아나 실어증에 걸린 어린이같이 선택적인 지능의 부재가 나타나는 경우는 특정한 지능이 존재하지 않음을 확인시켜준다.

식별이 가능한 핵심 기능 또는 일련의 기능

특정한 자극에 반응하는 하나 또는 그 이상의 기초 정보 처리 기능 혹은 메커니즘의 존재는 나의 지능 개념에서 핵심적이다. 이는 내외적으로 표상되는 어떤 종류의 정보에 의해 촉발 혹은 활성화되는, 유전적으로 프로그램화된 신경적 메커니즘이나 계산적 시스템으로 인간 지능을 정의하고자 하기 때문이다. 음악 지능의 핵심으로 민감한 음감이, 또는 신체 지능의 핵심으로 타인의 움직임을 모방할 수 있는 능력이 그 예라 할 수 있다.

이러한 정의를 전제로 핵심 기능을 식별하고, 그들의 신경의 하위 구조를 발견하고, 이들이 사실상 분리되어 있다는 것을 증명할 수 있어야 한다. 컴퓨터 시뮬레이션은 중심 조작들이 존재하며 사실 다양한 지적 능력을 일으킨다는 사실을 정립하는 한 가지 좋은 방법이다. 핵심 기능의 식별은 여전히 광범위하게 추정적으로 이루어지고 있지만, 그것은 이 국면에서 매우 중요하다. 관련하여, 핵심 기능을 발견하는 것에 저항한다는 것은 무엇인가 잘못되었다는 것을 나타내는 암시가 될 수 있다. 누군가는 지능을 구성하는 하위 요소들로 분해할 필요가 있는 경우를 만날지도 모른다.

정의 가능한 전문적인 '최종 상태' 수행에 따른 구별 가능한 발달사

지능은 영재와 평범한 개인들이 개체 발생ontogeny 과정에서 겪는 식별 가능한 발달 이력을 가지고 있어야 한다. 확실히 지능은 극히 특수한 몇 가지를 제외하고는 고립되어 발달하지 않으며, 그 지능이 발달할 수 있는 환경이나 역할들을 필요로 한다. 또한 지능의 발달에 있어서 모든 사람들이 가질 수 있는 일반적인 능력에서부터 뛰어난 개인들에게만 있는 고도의 능력에 이르기까지 광범위한 수준을 분석해낼 수 있다. 발달사 중 훈련이나 물리적 성숙과 관련된 특유의 결정적 시기와 식별 가능한 중요한 단계가 있을 수 있다. 지능의 발달사를 식별하고, 수정 및 훈련에 대한 민감성을 분석하는 것은 교육 실무자들에게 가장 중요하다.

진화 역사와 진화 타당성

모든 종은 지능(그리고 무지)의 영역을 드러내며 인간도 예외는 아니다. 현재 우리 지능의 기원은 수백만 년이라는 종의 역사를 거슬러 올라간다. 특정 지능은 다른 생물체와 공유할 수 있는 능력(새의 노래 또는 영장류의 사회 조직 같은)을 포함해서 진화의 전례를 찾을 수 있을 정도로 그 타당성이 높아졌다. 특정 계산 능력은 다른 종에서 분리되어 기능할 수 있으나 인간에게서는 다른 기능과 결합된 형태로 나타날 수 있음을 유념해야 한다(예를 들어 음악지능의 별개 측면들이 몇몇 종에서 나타날 수 있으나 인간에게서는 결합된 형태로 나타난다). 선사시대 빠른 성장 기간 동안 융성하지 못한 다른 종들뿐만 아니라 그 당시 인간들에게 특별한 혜택을 주었던 변이들이 오늘날 다중지능의 밑거름이 되었다. 하지만 이러한 영역은 순수하게 추측하기에는 매력적이나, 확고한 사실을 찾기 힘든 영역이라는 것을 강조할 필요가 있다.

실험심리학적 근거들

실험심리학을 선호하는 많은 패러다임들은 후보 지능의 기능에 집중하기 시작했다. 예를 들어 인지심리학자의 방법을 사용해 언어 또는 공간 처리의 예시적인 특이성을 상세히 연구할 수 있으며, 지능의 상대적 자율성 또한 연구할 수 있다. 특히 상호 간섭하는(혹은 간섭하지 않는) 과업에 관한 연구들이나, 다른 맥락 간의 교차하는(그리고 교차하지 않는) 작업들, 어떤 한 종류의 자극에만 특이하게 반응하는 기억, 집중, 지각에 대한 과제 등은 특히 주목할 만하다. 이러한 테스트는 특정 능력이 동일한 지능에서 나타났다는(혹은 그렇지 않다는) 주장을 뒷받침하는 설득력 있는 근거들을 제공한다. 다양한 특정 계산 메커니즘이나 절차 체계들이 원활하게 작동하는 범위 내에서 실험심리학은 모듈형이나 범위-특정 능력modular or domain-specific abilities들이 복잡한 작업 실행을 위해 서로 상호작용을 한다고 주장할 수 있다.

심리측정학적 근거들

심리학적 실험의 결과들은 지능과 관련된 하나의 정보를 제공하며, (지능검사와 같은) 표준화 검사의 결과는 또 다른 단서를 제공한다. 앞서 내가 전통적인 지능검사를 완벽하다고 말하지 않은 것은 여기서 내가 추구하고자하는 것과 직접적으로 연관된다. 하나의 지능을 평가한다고 알려진 검사들이 서로 매우 높은 상관관계를 가지고, 다른 지능을 평가하는 것으로 알려진 다른 검사들 사이에는 거의 관계가 없다면, 지능검사의 신뢰성은 인정받을 것이다. 심리측정학의 결과는 내가 생각하는 지능과는 일치하지 않으므로 나는 그것에 관하여 문제를 제기하고자 한다. 내가 제안한 지능들에 대해 부정적인 심리측정학적 결과들은 많은 우려를 낳을 수 있으나, 우리는 지능검사들이 항상 측정하고자 목표한 능력을 측정하지 못한다는 것을 주목해야 한다. 즉, 많은 과제들은 그들이 원래 측정하고자 하는 능력보다 더 많은 능력을 요구하기도 하며, 많은 과제들은 다양한 도구를 이용해 풀 수도 있다(예를 들어 비슷한 말이나 행렬 등은 언어적, 논리적, 공간적 능력을 발휘하여 풀 수 있다). 또한 지필검사는 어떤 능력을 적절하게 검사하지 못하며, 특히 환경을 역동적으로 조작하거나 타인과의 상호작용이 포함되는 능력에 대해서는 더욱 그렇다. 그런 이유로, 심리측정학적 연구 결과의 해석은 항상 간단한 문제가 아니다.

기호체계 부호와의 민감성

인간의 표현과 의사소통의 대부분은(문화적으로 고안된 의미체계로 정보의 중요한 형태를 포착하는) 기호체계를 통해 이루어진다. 언어, 그림, 수학은 인간의 생존과 생산성을 위해 중요하게 여겨진 세 개의 기호체계다. 나의 관점에서, 인간의 원초적 계산 능력을 유용하게 만드는 특징 중 하나는 문화적 기호체계에 의한 통제 민감성이다. 반대의 관점에서 보면, 기호체계는 존재하는 문화의 필요에 의해 발달한 계산 능력이다. 지능은 특정한 기호체계가 없거나 문화적으로 고안된 환경이 존재하지 않더라도 작동할 수 있는 가능성을 가진 반면, 인간 지능의 중요한 특성은 상징체계의 실현을 위한 자연스러운 이끌림이라고 할 수 있다.

이것들은 후보 지능을 평가할 수 있는 기준이며 다음 장들에서 반복적으로 언급될 것이다. 여기서 유망한 지능을 대상에서 제외하지 않기 위해 몇 가지를 첨부하고자 한다.

지능을 구분하는 방법

어떤 종류의 지능은 일반적으로 자꾸 추천됨으로써 대상에 포함될 수 있다. 예를 들어 일련의 청각적 정보를 처리할 수 있는 능력은 강력한 지능 후보로 보일 수 있으며, 실제로 많은 실험주의자들과 심리측정학자들은 이 능력을 후보 지능으로 지명했다. 그러나 뇌 손상의 결과에 관한 연구들은 음악과 문자열이 다른 방식으로 처리되며 각기 다른 손상에 의해서 제대로 발휘되지 못한다는 동일한 결과를 제시하고 있다. 따라서 그러한 기술이 표면적으로는 매력적일지 몰라도, 별도의 지능으로 간주하지 않는 것이 좋다. 특정 개인에게서 자주 나타나는 다른 능력들(예를 들어 놀라운 상식이나 직관)은 '영재성prodigi-ousness'의 신호로 보일 수 있으나, 이러한 범주화에 대한 충분한 검토는 이루어지지 않았을 것이다. 조금 더 주의 깊은 분석에 따르면 다양한 지적 영역에서의 상식, 영감, 명민함은 연속된 형태가 아니다. 사회 문제의 직관은 기계적 영역이나 음악 영역에서의 직관과는 겹쳐지는 부분이 거의 없다. 다시, 피상적으로 매력 있어 보이는 후보 지능들은 지능으로 만족되지 못한다.

물론 우리가 제시한 지능의 목록은 핵심 지적 능력의 기준으로 적절할 수 있으나, 보다 일반적인 능력은 핵심 지능을 기각하거나 조절할 수 있다. 자주 언급된 후보 지능으로는 특정 지능 조합에서 파생된 '자아감sense of self', 특정 목적을 위해 사용되는 특정 지능을 배치하는 '운영 능력executive capacity', 그리고 몇몇 특정 지적 영역에 속한 결과들을 통합하는 능력 등이 있다.[6] 도전을 넘어, 이것들은 설명할 수 없다면 다시 고려해야 하는 현상들이다. 그러나 이러한 논의는 특정 지능들이 소개된 이후인 11장에서 이루어질 것이다. 또한 어떻게 특정 지능들이 연결되고, 실행되고, 또는 복잡하고 문화적으로 관련된 작업을 수행하기 위해 균형을 이루는지에 대한 질문은 매우 중요하며 이 책의 여러 곳에서 다루어질 것이다.

지능의 식별을 위해 가장 필수적인 기준이나 신호를 설정할 때, 무엇이 지능이 아닌지도 명시하는 것이 중요하다. 우선 지능은 감각체계와 동일하지 않다. 어떠한 경우에도 하나의 감각체계에 완전히 의존하는 지능은 없으며, 지능으로 영구적이 되는 감각체계도 없다. 지능은 하나 이상의 감각체계를 통해 자연적으로 실현될 수 있는 본질(적어도 일부)이 있다.

지능은 (컴퓨터의 회선 검출line detection 같은)매우 구체적인 계산 기능 보다는 폭넓고 확인, 분석, 종합, 자아감처럼 가장 일반적인 능력보다는 좁은 일정 정도의 일반성 수준을 가진 독립체로 간주되어야 한다(이들 중 어느 하나라도 특정 지능들의 조합으로부터 독립적으로 존재할 수 있다는 것을 보일 수 있다면). 그러나 각 지능이 그것만의 독특한 절차에 따라 작동하고 그것만의 생물학적 기반을 가지고 있는 것은 지능의 본질이다. 따라서 지능의 모든 요소를 비교하려고 하는 것은 실수이며, 각각의 체계는 그것만의 규칙에 준하여 고려되어야 한다. 여기서 생물학적 비유가 이해를 도울 수 있을 것이다. 눈, 심장, 그리고 신장은 모두 신체 기관들이지만 이 기관들의 모든 요소를 비교하는 것은 실수다. 때문에 이와 동일한 기준이 지능에도 적용되어야 한다.

지능을 평가적 관점에서 생각하면 안 된다. 지능이라는 단어가 우리 문화에서 긍정적인 의미를 가지고 있지만, 지능이 반드시 좋은 목적으로만 사용되어야 한다고 생각할 근거는 없다. 사실 누군가는 논리수학적, 언어적 지능, 또는 개인적 지능을 매우 비도덕적인 목적으로 사용할 수도 있다.

지능을 특정 행동에서 분리해 생각하는 것이 가장 바람직하다. 물론 지능은 어떤 행동을 이끌어낼 때 가장 쉽게 관찰될 수 있다.

아직 지능의 보유는 잠재력으로서 가장 정확히 이해되어왔다. 지능을 가진 개인은 지능을 사용하는 것을 막는 어떠한 상황을 가지고 있지 않다고 말할 수 있다. 그가 그렇게 하기로 선택했는지 안 했는지는(그리고 무슨 목적으로 그가 그러한 지능을 사용했는지는) 이 책의 범위 밖에 있다.

기술과 능력의 연구에서, 방법(실질적인 지식과 경험, Know-how)을 아는 것과 안다는 것(Know-that)의 차이를 밝히는 것에 대하여 중요하게 여기는 것은 일반적인 관례라고 할 수 있다.[7] 이와 같이 대부분의 사람들은 어떻게 자전거를 타는지 알지만 어떻게 행동이 이루어지는지에 대한 명제 지식은 부족하다. 대조적으로, 우리들은 대부분 어떻게 이 과업이 성공적으로 수행되는지 모르면서 어떻게 수플레souffle(달걀 흰자위, 우유, 밀가루를 섞어 거품을 낸 것에 치즈, 과일 등을 넣고 구운 것)를 만드는지 명제 지식을 가지고 있다. 명제적 지식(이론적인 부분)에 힘을 쓰는 것보다는 절차적 지식(실제적인 부분)에 더 많은 힘을 쓰는 것이 다양한 지능들을 생각하는 데 도움이 될 것이다. 실제로 지능에 있어 명제 지식에 대한 염려는 어떤 문화권에서는 관심이 없거나 적은 반면에 몇몇 문화권에서는 따라오는 특별한 선택처럼 보인다.

결론

이 책의 다음 부분에 나오는 특수한 지능에 대한 설명을 어떤 관점에서 읽어야 할지 도움을 주기 위해 이 결론을 쓴다. 지능의 전체적 흐름을 다루고자 하는 책에서 특정한 어느 한 가지에 충분히 전념할 수는 없다. 사실 언어와 같은 단순한 지적 능력도 많은 양의 분석을 요구한다. 여기에서 가장 성취하고 싶은 것은 각각의 구체적인 지능을 위한 '감^feeling^'을 제공하는 것이다. 지능의 핵심 작용에 대해 전달하고, 어떻게 지능이 고차원적인 수준에서 펼쳐지고 진행되는지를 제시하고, 지능의 발달 경로를 다루며, 지능의 신경학적 구조의 어떤 부분을 제시하고자 한다. 나는 주로 몇 가지 주요 사례들과 지적인 가이드에 의존할 것이며, 내 연구의 중요한 부분들이 다른 많은 사례나 설명에 의해 잘 전달될 수 있도록 나의 느낌만을 제시하려고 한다. 또한 많은 지능들이 사용되고 있으나 몇 가지 특수한 지능을 더 강조하는 문화의 역할에도 의존하고자 한다. 내가 사용한 더욱 풍부한 자료는 후주에서 찾아볼 수 있다. 그러나 나는 안타깝게도 각각의 후보 지능에 대한 명쾌한 논거들을 후속 연구를 위해 남겨두려 한다.

내가 지능 자체로 화제를 전환하기 전에 마지막으로 당부하고 싶은 점이 있다. 우리는 우리가 많이 사용하는 용어들이 상황을 더욱 잘 이해하게 되기 때문에 용어 자체에 의미를 두려는 유혹을 받는다. 이 책의 서두에서 언급했듯이, 지능^intelligence^은 하나의 단어다. 우리는 이것을 자주 사용함에 따라 존재할지 모르는 (혹은 존재하지 않는) 특정 현상을 명명^labeling^하는 편리한 방법이 아닌 실제로 존재하고 전체가 측정 가능한 지능이 존재한다고 믿어가고 있다.

이런 명명화의 위험은 특히 새로운 과학적 용어를 소개할 때 더욱 커진다. 나와 독자들은 여기서 '언어 지능', '인간친화 지능', '공간 지능'이 존재한다고 생각하기 쉽고 이게 바로 그것이라고 생각하겠지만, 이는 사실이 아니다. 그것들은 (우리의 삶과 같이) 서로 연속되어 있는 능력이며, 토론 과정을 위해 만들어진 유용한 허구에 불과하다. 우리의 지능들은 긴급한 실제 문제들을 해결하고 과학적 이슈들을 이해시키기 위해 엄격하게 기술되고 분리되어 정의되고 있다. 우리가 단지 무엇을 하고 있는지를 아는 한 이렇게 명명화하는 데서 생기는 오류를 인정해야 할 것이다. 그리고 우리의 관심을 구체적인 지능으로 돌릴 때 나는 지능들은 실체적으로 증명할 수 있는 독립체로 존재하지는 않지만 잠재적으로 유용한 과학적 구성이라고 한 번 더 말해야 한다. 그러나 그것은 우리를 난국으로 이끌어온 언어이기 때문에, 이것은 아마도 말의 고유한 힘을 고려함으로써 구체적인 지능에 대한 논쟁을 시작하기엔 적합하다.

2

다중지능 이론에 대하여

5장

언어 지능

저 백인들이 대양 너머로 영향력을 행사하며 세상을 주름잡을 수는 있어도, 우리보다 신체적으로 더 우월하더라도, 우리가 부르는 노래와 이 섬에서 노래하는 이들의 시를 가지고 있지는 못하다.[1]

– 길버트 제도 부족

글을 쓸 때…… 모든 자연스러운 직관은 몇몇 사람들이 레슨을 받지 않고 악기를 연주하거나 어떤 사람들, 심지어 아이들이 쉽게 엔진을 이해하는 것과 같은 방식으로 작용한다.[2]

– 릴리언 헬만Lillian Hellman, 《미완성의 여인An Unfinished Woman》

언어 지능의 사례, 시

1940년대 초반, 영국의 젊은 시인 키스 더글러스Keith Douglas는 원로 시인이었던 엘리엇과 서신을 주고받았다. 더글러스에게 엘리엇의 답장은 언제나 글쓰기의 입문, 단계적 수정, 시의 행처럼 단어의 수준에서 고려할 만한 것들에 도움이 되었다. "효과적이지 않은 형용사"를 사용하지 말라고 충고하는 과정에서 엘리엇은 "영구적이지 않게 쓰인impermanent building"이라는 구phrase*를 비판하며, "비영구성impermanence이라는 개념은 시에서 초반에 분명히 정립되어야 한다"라고 말했다.[3] 더글러스가 스스로를 유리 집에 있는 기둥과 비교하자 엘리엇은 "자네 자신이 역시 유리glass라는 뜻인가?"라고 질문했다. 말과 시의 상당한 차이를 언급하면서, 엘리엇

* 문법에서 구phrase는 'the green car', 'on friday morning'처럼 정형동사 외의 낱말들 두 개 이상으로 이뤄진 문장 구성 성분을 말한다._옮긴이

은 "나는 같은 스탠자stanza*에서 자네가 동시에 기둥과 쥐가 될 수 있다고 생각하지 않네"라며 다시 분명한 불일치inconsistency를 지적했다. 전체적인 시에 대해서 엘리엇은 더 일반적인 비평을 한다.

> 나는 이 시의 신비성이 전체적으로 일관된다고 생각하지 않네. 예를 들어, 마지막에 자네는 윗방의 죽은 여성을 쫓아내는 것을 말했네. 누군가는 물리적인 집에서 귀신들을 쫓아내는 것이라고 말하네. 하지만 이 경우 쫓겨난 여성은 그녀가 있던 집보다 훨씬 더 중요해 보이네. 이것이 내가 말하는 일치성의 의미네.[4]

이와 같이 조언을 하면서, 엘리엇은 시인이 시를 쓸 때 매번 거치는 몇 단계의 과정을 단순하게 공개했다. 우리는 엘리엇의 기록을 통해 적절한 단어를 선택하기 위해 그가 주의했던 부분과, 자주 겪었던 정신적 괴로움에 대해 알 수 있다. 예를 들어 시 〈네 개의 4중주Four Quarters〉에서 엘리엇은 친구가 제안한 '해질녘waning dusk'이라는 표현 대신 '새벽에at dawn', '첫 번째 희미한 빛the first faint light', '등이 꺼진 후after lantern end', '등을 끄고lantern-out', '등의 불빛을 줄이고lantern-down', '등을 켠 시간 동안lantern-time', '새벽이 되기 전 어스름the antelucan dusk', '새벽이 되기 전 시간the antelucan hour', '새벽이 되기 전 어둠the antelucan dark' 등 여러 구를 써보았다. 가장 자

* 일정한 운율적 구성을 갖는 시의 기초 단위이며, 4행 이상의 각운이 있는 시구가 일반적이다._옮긴이

기성찰적인 시대에 엘리엇의 많은 동료들은 이런 방법으로 대안적 단어들을 생각해냈다. 예를 들어 로버트 그레이브즈Robert Graves는 '그리고 내 마음은 의심의 패턴에 붙박이다and fix my mind in a close pattern of doubt'라는 문장에서 패턴이라는 단어를 대체할 표현을 찾기 위해 노력했다. 그는 '그리고 내 마음은 의심의 막에 갇히다and fix my mind in a close caul of doubt'라는 구절에서 '빛나는alighting' 이전과 '바다로의 여행a trip to the sea' 이후의 '의혹의 틀frame of doubt'은 너무 형식적이고 '올가미net'는 너무 부정적인 의미라고 생각했다. 그레이브즈는 옥스퍼드 영어사전을 뒤져서 자신이 찾던 느낌의 단어 '대망막caul'을 찾아냈다.[5]

비슷한 맥락에서, 스티븐 스펜더Stephen Spender는 그의 노트에서 그가 어떻게 시를 만드는지 이야기하고 있다.

> 바다가 하프를 절벽 아래로 끝까지 팽팽하게 당기는 것처럼 눕는 날들이 있다. 종 같은 파도는 구릿빛 태양처럼 타오른다.
> There are some days when the sea lies like a harp stretched flat beneath the cliffs. The waves like wires burn with the sun's copper glow.

그는 바다의 종말과 유한한 인생이라는 '내면의 이미지'를 구체화하고, 음악적 기분을 전달하며, 이 장면을 명확히 하기 위해 이러한 행들을 적어도 스무 번 이상 수정했다.[6] 이를테면 이런 행들이다.

파도는 불꽃의 비밀스런 노래를 불태우는 종처럼
The waves are wires
Burning as with the secret songs of fires

그 날은 눈 속에 금빛 음악을 노래하는
떨리는 종처럼 불타오른다
The day burns in the trembling wires
With a vast music golden in the eyes

그 날은 눈 속에 출렁이는 음악처럼
타오르는 종으로 빛난다
The day glows on its burning wires
Singing a golden music in the eyes

그 날은 반짝거리는 눈의 음악 구절처럼
타오르는 종으로 빛난다
The day glows on its burning wires
Like waves of music in the eyes

오후는 반짝거리는 눈의 음악 구절처럼
타오르는 종 위로 타오른다
Afternoon burns upon the wires
Lines of music, dazzling the eyes

오후는 눈으로 고요한 음악을 감상하며
따끔거리는 종을 금빛으로 빛낸다
Afternoon gilds its tingling wires
To a visual silent music of the eyes

각각의 시도에는 문제가 있었다. 예를 들어 서두의 직접적인 표현인 'waves are wires'는 과장 때문에 적절하지 않은 이미지를 만들어낸다. 스펜더에 따르면, 시에서는 반드시 시인이 가진 비전을 너무 명백하게 보여주는 것은 피해야 한다. 여섯 번째 시도인 'visual silent music of the eyes'는 그 자체로 어색한 문장이며 너무 많은 언어의 특징들을 내포하고 있다. 스펜더의 마지막 버전은 적절하게 확장된 문맥 안에서 이미지를 보여준다.

어느 때는 행복한 바다가 육지 아래로
연주하지 않는 하프처럼 놓여 있을 때가 있다.
There are some days the happy ocean lies
Like an unfingered harp, below the land.

오후가 그 소리 나지 않는 종을 온통 금빛으로 칠해
눈에 보이는 불타는 음악으로 만든다
Afternoon gilds all the silent wires
Into a burning music of the eyes.

호머Homer나 윌리엄 블레이크William Blake의 시와 비교해볼 때, 마지막 버전의 전반적인 효과는 그들의 초기 작품에서 볼 수 있는 것처럼 굉장히 독창적이지는 않지만, 스펜더가 처음에 강조하고자 했던 충동을 정확하고 명료하게 표현하고 있다.

시인이 행과 스탠자의 단어 선택을 위해 고군분투하는 것에서 언어 지능의 몇 가지 핵심적인 측면을 찾을 수 있다. 시인은 단어가 가진 이면의 의미에 민감해야 한다. 실제로 단어가 함축하고 있는 의미를 지워버리기보다는 가능한 한 많은 의미를 지키고자 노력해야 한다. 그리고 이것이 그레이브즈가 '대망막caul'이라는 단어에 매력을 느끼고 그것을 선택한 이유다. 무엇보다 단어의 의미는 고립되어 별개로 존재하지 않는다. 모든 단어들은 그 의미 뒤에 감춰진 또 다른 의미를 가지고 있기 때문에, 시인은 하나의 행에서 단어의 의미가 다른 행에 나오는 다른 단어 때문에 혼동되지 않도록 해야 한다. 이것이 엘리엇이 같은 스탠자에서 기둥pillar과 쥐mouse가 공존하는 것을 경고하고, 유령의 집보다는 쫓겨나는 여성을 강조하는 이유다. 마지막으로 단어는 반드시 초반에 시를 쓰면서 표현하고자 했던 감정이나 이미지들을 가능한 한 충실히 담아내야 한다. 스펜더가 썼던 나머지 표현들은 매력적이거나 즐거울 수 있다. 하지만 그가 처음 가졌던 비전을 전달하지 못한다면 시로서는 실패한 것이다. 혹은 그 표현들은 시인이 처음에 쓰고자 했던 것이 아닌 새로운 시의 바탕이 될 수 있을 것이다.

단어의 의미나 함축에 대해 이야기할 때, 우리는 일반적으로 언어의 핵심이라 할 수 있는 의미론semantics을 접한다. 엘리엇은 한

때 시인의 논리가 비록 그 위상은 다르더라도 과학자의 논리만큼 엄격하다고 생각했다.[7] 그는 심상imagery을 나열하는 것은 '논거를 나열하는 것만큼이나 상당한 두뇌 활동'을 필요로 한다고 말했다. 과학자의 논리는 하나의 전제(혹은 법칙)가 다른 전제(법칙)에 미치는 의미에 민감해야 하지만, 시인의 논리는 단어가 가진 의미의 미묘한 차이와 인접 단어를 통해 뜻하는 것에 예민해야 한다. 논리적 추론의 규칙에 대한 이해 없이 과학자가 되기를 바랄 수 없듯이, 언어의 함축성 사이의 상호작용에 대한 민감성 없이는 시인이 되기를 바랄 수 없다.

언어학자들이 말하는 언어의 다른 영역 역시 시인을 희망하는 사람들에게 중요하다. 시인은 반드시 단어의 소리나 단어들 사이의 음악적 상호작용인 음운론phonology에도 신경을 써야 한다. 시의 중요한 운율은 분명 이러한 청각적 예민함에 기반하며, 시인들도 종종 그들이 청각적 특성에 의존한다고 한다. 위스턴 휴 오든W. H. Auden은 "나는 단어를 탐색하거나 사람들이 말하는 것에 귀 기울이는 것을 좋아한다"[8]라고 말했고, 엘리엇 시대의 다른 시인인 허버트 리드Herbert Read는 "어느 정도 시적인가 하는 것은 단어들이 시각적으로보다는 청각적으로 얼마나 결합되어 있는가에 달려 있다"[9]라고 했다. 그리고 그레이브즈의 '둘러싼 막close caul'이라는 표현은 의미론적으로 기능해야 하는 동시에 소리로서도 기능해야 한다.

단어의 순서를 결정하는 규칙이자 단어의 어형 변화inflection인 구문론syntax을 숙달하는 것은 시에서 또 다른 필수 요소다. 시인은 구의 구성 규칙뿐만 아니라 구문론을 파괴하는 것과 일반적인 문법적 법칙에 따라 단어를 병치하는 것이 동시에 일어날 수 없다는 것을 반드시 직관적으로 이해해야 한다. 그리고 마지막으로, 시인은 사랑에 관한 서정시에서부터 서사시까지, 명령을 전달하는 것에서부터 애원하는 미묘한 어감까지, 서로 다른 시적 언어 행위에서 어떤 언어를 사용해야 하는가에 대한 실용적인 지식을 이해하고 있어야 한다.

이처럼 언어에 숙달하는 것은 아주 중요할 뿐만 아니라 시인이 되려는 열망을 분명히 해주는 기준이므로, 그것은 언어에 대한 사랑이자 젊은 시인에게 가장 분명하게 나타나는 모든 기질을 탐색하기 위한 열의이기도 하다. 아이디어를 표현하고자 하는 욕구가 아니라 언어에 대한 강한 흥미, 단어에 대한 기술적 재능은 시인을 꿈꾸는 이들이 가진 전형적 특징이다. 비록 엄격한 요건은 아닐지라도, 구를 빨리 선택하고 기억할 수 있는 능력은 다른 시인들이 특별히 선호해온 매우 중요한 요소다. 비평가 헬렌 벤들러Helen Vendler는 로버트 로웰Robert Lowell의 시 작문 수업에 참석했던 때를 회상한다. 이 선구적인 시인은 별다른 노력 없이도 과거에 읽었던 훌륭한 시의 연verse을 기억해낸다. 때때로 (그리고 항상 의도적으로) 그가 적절하지 않다고 느꼈던 행을 교정하면서 말이다. 로웰의 언어적 능력을 보면서 벤들러는 "무명의 우수한 종species 앞에서 마치 덜 진화된 종 같은 느낌을 갖게 만든다"라고 말했다.[10] 이 시인과 같은 사람들은 말하자면, (특정한 단어가 이전의 시들에 쓰인 모든 의미를 망라한) '단어의 저장소repository'가 일반적 능력을 넘어서는 단어에 대한 관계를 갖고 있다. 언어 사용의 역사에 대한 지식은 시인이 독창적인 시를 쓸 때, 시인으로 하여금 자신만의 언어의 조합해보게 한다. 시인은 기존 시에서 자신만의 특정 조합을 시도한다. 노드롭 프라이Northrop Frye가 주장했듯이, 단어의 신선한 조합을 통해 우리는 새로운 세상을 창조하는 하나의 방법을 갖게 된다.[11]

언어의 핵심 작용

사람들은 시에서 언어의 핵심 기능인 특별한 명확성을 본다. 단어들의 의미에 얼마나 민감한지에 따라 전문적으로 쓰인 '의도적으로intentionally', '고의적으로deliberately' 혹은 '일부러on purpose'라는 표현 사이에 감지하기 힘든 미묘한 차이를 인식할 수 있다. 단어를 나열할 때의 민감성이란 문법의 규칙을 따르고, 신중하게 그 이유를 선택하고, 그것들을 파괴하는 능력을 의미한다. 단어의 소리, 리듬, 어조, 운율 등 더 감각적인 수준에서 민감성은 심지어 외국어로 된 시조차 아름답게 느껴지도록 하는 능력을 말한다. 그리고 언어의 서로 다른 기능에 대한 민감성은 흥미를 불러일으키고, 설득하고, 자극하고, 정보를 전달하거나 단순히 즐겁게 하는 잠재력이다.[12]

사람들은 대부분 시인이 아니지만 상당한 수준의 언어에 대한 민감성을 가지고 있다. 사실 적어도 이러한 관점에서 잠재적인 언어 구사력이 없다면 시를 인식하지 못할 것이다. 사람들은 언어의 4원소인 음운론, 구문론, 의미론, 화용론話用論*에 관한 상당한 지식 없이는 세상에 효율적으로 대처해나가지 못할 것이다. 언어적 자신감은 사실 인종에 관계없이 가장 넓고 보편적으로 받아들여지는 지적인 자신감, 지능이다. 수학자나 체조 선수는 물론 음악가나 시각예술가가 평범한 사람들에 비해 때로는 설명하기 힘들 만큼 다르게 느껴지는 능력을 가지고 있는 것과는 달리, 시인은 평범하고 어쩌면 보통 이하의, 개인들도 가지고 있는 매우 예리한 수준의 능력을 단순하게 발달시켜온 것처럼 보인다. 그러므로 시인은 언어 지능 영역에서 신뢰할 만한 가이드, 혹은 적절한 소개자로서 역할을 할 수 있다.

그러나 시를 쓰는 것 외에 언어가 사용되는 다른 분야엔 어떤 것들이 있을까? 무수한 후보들 중에서 나는 인간 사회에서 가장 중요한 능력이라고 밝혀진 네 개의 언어 지능을 선정할 것이다. 첫째, 이것은 행위의 과정에서 다른 개인에게 확신을 주기 위해 언어를 사용하는 능력인 언어의 수사학적 관점이다. 이것은 정치가나 법률 전문가들이 높은 수준에서 개발시켜온 능력이기는 하지만, 자신의 요구를 표현하기 시작하는 세 살 무렵부터 이미 모든 사람들이 갖추기 시작한다. 둘째, 게임의 규칙을 설명하는 것부터 새로운 기계를 작동시키기 위해 자신만의 방법을 찾기 위한 지시에 이르기까지, 사람이 정보를 기억하는 데 도움을 줄 도구로서

* 의사소통시의 발화에 대한 언어론._옮긴이

의 능력인 언어의 기억술이다.

언어의 세 번째 관점은 설명의 역할이다. 많은 학습과 배움은 언어를 통해서 일어나는데, 주로 구두 설명, 운문 사용, 격언들, 혹은 간단한 설명, 그리고 요즘은 단어가 쓰이는 형태를 통해 점차 이루어지고 있다. 이러한 측면의 흥미로운 예시는 여러 학문에서 찾을 수 있다. 논리수학적 추론과 상징적 체계의 명백한 중요성에도 불구하고, 언어는 여전히 교과서의 기본적인 개념을 전달하기 위한 최상의 수단으로 남아 있다. 게다가 언어는 새로운 학문적 발달을 설명하기 위한 결정적인 상징을 제공해준다.

마지막으로 언어 자체의 활동을 설명할 수 있는 언어의 잠재성 potential of language이다. 이것은 '메타언어meta linguistic*' 분석을 하거나 언어를 숙고하기 위해 언어를 사용하는 능력이다. 우리는 "X라는 뜻인가요? Y라는 뜻인가요?"라고 말하는 어린아이에게서 이러한 능력을 엿볼 수 있다. 언어학자 촘스키가 촉발한 언어의 진보에 관한 연구 덕분에, 우리는 언어란 무엇이며 그것이 어떻게 작동하는지를 상세히 이해하게 되었을 뿐만 아니라 인간 활동에서 언어가 차지하는 위치에 대해 몇 가지 분명한 가정을 얻게 되었다.[13] 언어에 관한 이러한 명제적 지식에 우려를 나타내는 것은 다른 나라보다 우리 문화에 더 만연해 있지만, 하나의 체계로서 언어에 대한 관심은 서구 혹은 다른 과학 기반 문화권에만 제한된 것은 아니다.

* 대상을 직접 서술하는 언어 그 자체를 다시 언급하는, 한 차원 높은 언어다(두산백과)._옮긴이

언어에 대한 다양한 시각이 주장하는 바를 전달하는 것은 이 장의 역할이다. 인간 지능의 가장 우세한 부분이기 때문에 우리는 우선 언어에 집중할 것이다. 언어 지능은 인간의 지능 중 가장 활발하게 연구된 분야인데, 우리는 언어 지능의 발달을 검토하고 뇌가 손상되었을 때 어떤 언어적 능력에 결함이 나타나는지를 논의하면서 비교적 확고한 근거를 찾아낼 수 있었다. 관련된 정보는 언어 지능이 문화에 따라 나타나는 현상, 그리고 인간의 다른 지능과의 관련성에서 인간 언어가 진화해온 과정에 따라 수집되었다.[14] 이는 여러 문화가 섞인 현상이며 다른 인간 지능과 연관된 것이다.

따라서 언어 지능에 기반한 현재 연구들을 검토하면서 나는 인간 능력의 특정 범위에서 최신 정보를 다룰 뿐 아니라, 각각의 남겨진 지능에서 미래에 사용 가능한 분석의 종류들을 제시하려고 한다.

언어 능력의 발달

말하기의 가장 기본적인 형태는 어린아이들의 옹알이에서 찾아볼 수 있다. 실제로, 심지어 청각장애가 있는 아이들도 태어난 후 얼마 되지 않아 옹알이를 시작한다. 그리고 첫째 달 동안 모든 영아들은 그들의 모국어와 상관없이 언어 저장소에서 소리를 낼 것이다. 그러나 두 살이 되면 언어 활동은 달라지는데, 영어권 국가에서는 "엄마Mommy", "강아지doggy", "과자cookie"와 같이 한 마디 단어를 사용하는 것에서 시작된다. 그리고 긴 단어를 말하기 전에 아이들은 "과자 먹자eat cookie", "안녕 엄마bye-bye Mommy", "아기 운다baby cry" 같은, 두 단어가 연속된 의미 있는 구를 말한다. 세 살이 되면 아이들은 "언제 일어나야 해요?When I get up?"와 같은 질문, "나는 자고 싶지 않아요I no want to go to sleep" 같은 부정 표현, "점심 먹기 전에 우유 마시면 안 돼요?Have milk before lunch, please?"처럼, 절이 포함된 말 등 훨씬 더 복잡한 문장을 구사한다. 4세나 5세가 되면 아이들은 문장 속에서 잘못 사용된 사소한 문법적 오류들을 수정해 성인의 문법과 유사한 방식으로 상당히 유창하게 말할 수 있다.[15]

더욱이 이 과정을 하나씩 성취해나가는 동안, 어린 나이의 아동들은 일상적인 표현을 초월한다. 예를 들어 보통 4세 정도 되는 아이들이 발이 저리는 것을 부글부글 거품이 이는 탄산음료 진저에일에 비교하는 것처럼, 말하기의 두드러진 특징들을 생각해낼 수 있다. 또한 그들이 창조한 인물에 관한 이야기나 모험을 하는 짧은 이야기를 만들어내기도 하고, 누구와 대화하는가에 따라(어른, 또래, 혹은 자기보다 어린아이 등) 말하는 방식을 달리할 수 있다. 심지어 "X의 뜻이 뭐니?", "내가 X라고 이야기해야 해, 아니면 Y라고 이야기해야 해?", "왜 내가 Y라고 이야기할 때 X라고 이야기하지 않았니?"와 같이 단순한 언어로 하는 말장난에 참여할 수 있다. 사실 4~5세 아동의 말을 언어를 위한 컴퓨터 프로그램에 대입하는 것은 유감스러운 일이다. 가장 뛰어난 언어학자도 어린 시절의 말하기 형태를 설명하는 규칙을 찾지 못하고 있다.

지금까지 설명한 언어 발달 과정은 대부분 사실로 받아들여지고 있고, 학자들 사이에서 논란이 되지는 않는다. 다소 논란이 있기는 하지만 폭넓게 받아들여지고 있는 주장은 다음과 같다. 언어적 습득은 특별한 획득의 과정과 연관되어 있을 뿐만 아니라 다른 지적인 영역을 필요로 한다는 것이다. 이러한 입장에서 가장 급진적이고 설득력 있는 주장을 펼치는 연구자는 촘스키로, 그는 아동들은 언어의 법칙이나 형태에 관한 상당한 '선천적 지식innate knowledge'을 타고나며, 이러한 '자연 언어natural language'를 어떻게 풀어서 말하는가에 대한 특별한 지식을 가지고 태어난다고 주장했다. 촘스키는 아동이 주위에서 듣는 언어가 부정확하고 문제 해결 능력이 뒤떨어지는데도 어떻게 그토록 빠르고 정확하게 언어를 습득하는가는 설명하기 어렵다고 한다. 케네스 웩슬러Kenneth Wexler나 피터 쿨리커버Peter Culicover 같은 학자들도 기호들의 작용에 대한 기초 지식을 타고난다고 가정하지 않고는, 그리고 그 지식이 신경조직에 자리잡고 있음을 가정하지 않고는 아동들이 어떻게 언어를 습득하는가를 설명할 수 없다고 말한다.[16]

모든 평범한 아이들, 그리고 상당수의 발달이 느린 아이들도 대개 몇 년 이내에 정해진 도식에 따라 언어를 학습한다. 이러한 사실은 언어가 그 고유의 규칙에 따라 발달하는 특별한 과정이라고 주장하고 싶어하는 학자들에게 위안을 주는 동시에, 언어 습득이 단순히 일반적인 심리 과정의 작용에 의한 것이라고 주장하고 싶어하는 피아제와 같은 입장의 학자들에게는 어려움을 준다. 두 가지 입장 모두 일리가 있을지도 모른다. 구문론적 그리고 음운론적 과정은 특별하고 아마 인간에게만 주어진 고유한 능력이며, 환경적 요인과 거의 관계없이 발달하는 것처럼 보인다.

그러나 의미론적 그리고 화용론적 영역 같은 언어의 다른 측면들은 더 일반적인 인간의 정보 처리 메커니즘을 이용할 것이며, '언어 기관language organ'에 절대적으로 혹은 전적으로 의지하지는 않는다. 내가 생각하는 지능의 기준에서 볼 때, 구문론과 음운론은 언어 지능에 가깝지만 의미론과 화용론은 다른 지능(논리수학 지능, 개인적 지능 같은)의 요소를 포함한다고 말할 수도 있을 것이다.

여기서 기술하는 과정이 모든 아이들에게 관련된다 하더라도, 분명히 크나큰 개인차가 있다. 이는 아이들이 처음 말하는 단어의 종류(어떤 아이들은 먼저 사물의 이름을 말하는 반면 다른 아이들은 명사 대신 감탄사를 선호한다), 아이가 어른이 하는 표현을 그대로 모방하는 정도(어떤 아이는 모방하지만 다른 아이들은 전혀 모방하지 않는다), 그리고 특히 아이들이 언어의 중요한 측면을 습득하는 속도와 기술에서 발견된다.

장폴 사르트르Jean-Paul Sartre는 어린 시절부터 이러한 부분들에서 발달이 대단히 빨랐다. 이 미래의 작가는 대화 양식과 형태 등 어른들을 너무나 잘 모방해서 다섯 살쯤 유창한 언변으로 청중들을 즐겁게 하곤 했다. 그 후 얼마 지나지 않아 글을 쓰기 시작했고 곧 책을 완성했다.[17] 그는 그의 글이 다른 사람들에게 읽히는 것을 완전히 별개의 문제로 여겼고, 펜으로 자신을 표현하는 것에서 자기만의 완전한 독자성을 발견했다.

글을 쓸 때 나는 흥분되었다……. 나의 펜은 너무 빨리 달려서 손목이 아프곤 했다. 나는 글이 가득 쓰인 공책을 바닥에 던질 것이고, 결국 그것을 잊을 것이고, 사라질 것이다……. 나는 글을 쓰기 위해 썼고 그것을 후회하지 않는다. 내 글이 읽힌다면 나는 남을 기쁘게 하기 위해 노력했을 것이다[그가 어렸을 적 어른들 앞에서 말했던 것처럼]. 나는 다시 놀라움의 대상이 되었을 것이다. 하지만 나만의 글에서 나는 솔직할 수 있었다[9세에].[18]

여기, 바로 그때, 언어 지능을 끊임없이 활용하는 것에 상당한 능력이 있음을 발견한 한 아이가 있었다.

작가가 되는 과정

사르트르는 많은 양의 글을 쓰면서 스스로 신인 작가라는 인식을 가지고 있었고, 결국 시인, 수필가 혹은 소설가와 같은 작가들이 걷는 길로 나아가고 있었다. 모든 지적인 영역에서와 같이 이 분야에서도 연습은 궁극적인 성공의 필수 조건이다. 작가들은 그들의 기술을 매일 운동을 필요로 하는 근육 같다고 말한다. 사르트르의 경우처럼 '한 줄의 글 없이는 하루가 없다No day without a line'는 것이 그들의 일반적인 생각이다.

작가가 되어가는 과정을 생각해볼 때, 많은 작가들은 포부가 있는 젊은 작가들을 유혹하기 위한 위협적인 함정뿐 아니라 중요한 긍정적 요인들을 밝힐 수 있었다. 오든은 젊은 작가의 장래성은 아이디어의 독창성이나 감정의 힘에 있는 것이 아니라 언어를 사용하는 기술적 능력에 있다고 주장한다. 그는 이를 연애 중인 청년에 빗대어 설명했다.

> 발달의 첫 단계에서, 자신만의 독특한 양식을 발견하기 전에 그 시인은 말하자면 언어와 약혼을 하는데, 그때는 연애 중인 다른 젊은 남자들처럼 예의바른 종처럼 행동하고, 가방을 들어주고, 시험과 굴욕을 감수하며 길모퉁이에서 몇 시간이고 기다리고, 사랑하는 이의 변덕에 맞춰주는 것이 올바르고 적절하지만, 일단 사랑이 증명되고 받아들여진다면 문제는 달라진다. 그리고 결혼하고 나면 그는 그 집의 가장이 되어야 하고 그들 관계에 책임을 져야 한다.[19]

스펜더에 따르면 초보 전문가에게 나타나는 또 다른 요소는 경험에 대한 생생한 기억이다.

> 특정한 방법으로 작용하는 기억은 시재poetic genius의 타고난 재능이다. 무엇보다 시인은 그가 경험한 어떤 감각적 인상을 결코 잊지 않으며 마치 처음인 것처럼 반복해서 다시 체험할 수 있는 사람이다. 따라서 나는 전화번호, 주소, 얼굴 그리고 오늘 조간신문을 둔 곳을 기억하지 못하더라도, 어떤 생각을 중심으로 나에게 구체화된 특정 경험의 느낌에 관해 완벽하게 기억하는 게 놀랍지 않다. 나는 과거, 특히 나의 유년시절의 기억에 너무나 완벽하게 빠져들어 현재의 시공간적 감각

을 완전히 잃어버렸던, 그 갑자기 떠오른 너무나 강력한 연상의 본질을 통해 나의 삶으로부터 이를 증명할 수 있었다.[20]

젊은 시인은 일반적으로 다른 시를 읽고 그가 할 수 있는 한 최선을 다해 그 표현을 모방하면서 스스로 배우기 시작한다. 대가의 형식과 문체를 모방하는 과정은 궁극적으로 그만의 고유한 시적 표현을 발달시키는 데 방해가 되지 않는 한 적절하고 필수적이다. 그러나 이 시기에는 좋아하는 작품을 지나치게 모방하거나 감정, 긴장 또는 아이디어를 너무 자주 혹은 너무 쉽게 진술하는 것, 특정 압운 형식이나 율격 형태를 엄격하게 고수하는 것, 소리와 의미를 가지고 놀기 위해 지나치게 의식적으로 노력하는 것을 포함해 시적으로 미성숙한 표현을 수없이 쓴다. 독자에게 명확하게 표현되는 것보다 심미적인 '이상'을 추구하려는 노력도 의심의 여지가 있는데, 이러한 아름다움의 속성과 형식은 한 작품을 읽는 전체적인 경험에서 이루어져야 한다.

오든에 따르면 그러한 풋내기 시인은 적어도 세 가지 방법으로 자신을 드러낼 수 있다. 첫째, 지루한 사람으로 인식되는 것이다. 서툰 나머지 기술적으로 엉성하거나 부주의하게 표현된 시를 쓸 수도 있다(키스 더글러스의 초기 시들을 보라). 혹은 그는 의도적으로 거짓되거나 저속한 작품을 만들어낼 수도 있다. 오든의 관점에서 보면, 어떤 사람이 개인의 행동, 연구 혹은 기도로만 이루어질 수 있는 것을 시를 통해서 성취하려고 할 때, 그러한 '쓰레기' 같은 결과가 만들어지는 것이다. 특히 청소년들에게서 이와 같은 결점이 나타난다. 만약 그들이 시에 재능이 있고 시로 어떤 것이든 표현할 수 있다고 생각한다면, 그들은 모든 아이디어가 시로 표현될 수 있다는 잘못된 결론에 빠질 수도 있다.[21]

시적으로 성숙해지는 과정에서 젊은 시인은 종종 스스로 '특별한 사건에 대한 시 쓰기' 같은 수많은 시적 과제들을 설정한다. 햇병아리 시인들이 이런 과제에서 겪는 어려움은 그 정도가 다를 수 있다. 예를 들어, 어떤 과제는 특정 형식을 습득하기 위해 간단히 수행될 수 있다. 오든은 그러한 연습의 중요성(그리고 제한점)을 다음과 같이 지적한다. "육보격rhopalic hexametet*을 영어로 쓰는 것은 엄청난 노력이 필요하겠지만 사실상 그 결과는 시적 가치가 없다는 것이 확실하다." 그러한 고된 훈련 후에 조금 더 단순한 과제를 설정하는 것이 때로는 바람직하다. 그때 비로소 이전에 습득한 기술들이 자동적으로 나오며 단어들이 술술 흘러나올 것이다. 손턴 와일더Thornton Wilder는 "쓰는 것은 모든 형태의 작용을 무의식으로 점차적으로 옮기는 것이라고 본다"라고 했으며,[22] 월터 잭슨Walter Jackson은 키츠Keats가 그의 야망을 조금만 낮추었다면 무슨 일이 일어났을지를 "만약 그가 덜 야심적인 시를 다른 형태로 표현하고자 했다면 시인이 되기 위한 문은 재빨리 열렸을 것이며, 유창하게 썼을 뿐만 아니라 빠르고 수월하게 그 전의 더 힘든 작업의 개념으로 운문과 숙어들을 쉽게 조합할 수 있었을 것이다"라고 말했다.[23] 사실 오든처럼 시인은 연습을 통해서만 그러한 유창함에 도

* 고대 그리스 서사시에서 사용되던 엄격한 규칙의 시 작법._옮긴이

달하며, 다른 사람이 산문을 말하는 능력으로 운문을 쓸 수 있다. 동시에 그것은 점진적으로 향상되기보다 피상적인 유창함에 빠질 위험이 있으므로 주의해야 한다.[24]

결국 시인이 될 사람은 그의 단어와 아이디어를 표현하기 위한 올바른 틀을 찾아야 한다. 시인 칼 샤피로Karl Shapiro는 다음과 같이 말하고 있다.

> 시에서의 재능은 아마도 형식에 대한 직관적인 지식뿐이다. 사전은 모든 단어를 포함하고 시 교과서는 모든 운율을 포함하지만, 형식에 대한 시인의 직관적인 지식 이외에는 어느 것도 시인에게 어떤 단어를 선택하고 어떤 운율로 써야 하는지를 말해주지 못한다.[25]

뇌와 언어

작가가 되려는 이들은 연습 그리고 유전적 요소라는 행운을 통해 언어 지능을 꽃피운 사람들이다. 불행하게도 어떤 사람들은 언어에 특정한 어려움을 보일 수도 있지만, 그것이 크게 문제되지 않는 경우도 있다. 아인슈타인은 말을 아주 늦게 시작했다고 하지만,[26] 오히려 말문이 늦게 트인 것이 그가 새로운 방식으로 세상을 보고 개념화하도록 했을지도 모른다. 이와 달리 정상 또는 정상에 가까운 많은 아이들은 언어를 학습할 때 부분적으로 어려움을 나타낸다. 이러한 어려움은 대개 청각적 변별 능력이 떨어지기 때문에 나타나며, 이런 아이들은 음성을 빨리 해석하지 못해 이해에 어려움을 겪을 뿐 아니라 정확한 발음을 하지 못할 수도 있다. 일반적으로 말을 이해하기 위한 필요조건인 언어적 메시지를 빠르게 처리하는 능력은 순전히 좌측 측두엽에 달려 있는 것으로 보인다. 따라서 이 신경 영역이 손상되었거나 비정상적으로 발달하는 경우 일반적으로 언어 손상이 일어나기도 한다.

많은 아이들이 언어의 음운론적 측면에서 선택적인 어려움을 보이지만, 우리는 또한 다른 언어적 구성 요소에 결함이 있는 아이들을 만나기도 한다. 가령 구문적 요소에 둔감한 아이들도 있는데, 이런 아이들은 문장을 모방하게 할 때 다음과 같은 단순화 현상을 나타낸다.[27]

목표 문장	잘못된 모방
They won't play with me.	They no/not play with me.
I can't sing.	I no can sing.
He doesn't have money.	He no have money.
She isn't very old.	She not very old.

그런 아이들이 구두-청각 표현 방법을 제외하면 모든 문제 해결에서 꽤 정상적이라는 것은 주목할 만하다.

언어 문제에서 부분적인 어려움을 나타낸다는 점 말고는 비교적 정상적인 아이들과 대조적으로, 장애가 있는 많은 아이들은 선택적으로 손상되지 않은 언어를 나타낸다. 나는 이미 많은 지적 장애아들이 언어, 특히 언어 능력의 중심인 음운론적, 구문론적 측면(비록 이러한 측면들이 말하기에 거의 중요하지 않더라도)을 습득하는 놀라운 능력을 보이는 것을 언급했다. 더 인상적인 것은 그런 아이들이 지적 장애나 자폐에도 불구하고 놀라울 정도로 이른 나이에 읽기를 시작한다는 사실이다. 읽기는 정상적으로 5세나 6세에 시작하는데, '과독증hyperlexic'*을 나타내는 아이들은 종종 2세나 3세 정도의 이른 시기에 글을 해독할 수 있다. 사실, 의미 있는 의사소통을 하지 못하고 단지 어른의 말을 따라하는 것에 불과하지만, 이런 아이들은 방에 들어가서 읽기 자료들을 손에 붙잡고 의례적인 방식으로 큰 소리로 읽기 시작할 것이다. 이러한 읽기는 강박적인 것이라서 멈추기 힘들다. 아이들은 그 책이 전문 학술지든 유머 모음집이든 의미적 정보를 무시하고 계속 읽어나간다. 가끔 과독증은 특수한 재능을 지닌 학습장애아나 자폐아의 다른 증상들과 함께 나타난다. 예를 들어 프리츠 드라이푸스Fritz Dreifuss와 찰스 메건Charles Mehegan이 연구한 과독증의 한 아이는 오래된 역사적 사건이 일어난 날짜, 주, 요일을 정확히 말할 수 있었고, 또 다른 아이는 수에 대한 뛰어난 기억력을 보여주었다.[28]

이미 언급한 것처럼, 보통의 오른손잡이의 경우 언어는 대뇌 좌반구의 특정 영역의 작용과 밀접하게 관련되어 있다. 따라서 치료를 목적으로 좌반구의 주요 영역을 제거한 어린아이들에게 언어에 어떤 문제가 발행하는지 의문이 따른다. 일반적으로 두뇌에서

* 언어나 인지 발달은 많이 지체되어 있으나 읽기 능력이 매우 뛰어난 경우._옮긴이

하나의 반구만큼 큰 영역이 생후 1년 내에 제거되면 그 아이는 말을 꽤 잘할 수 있을 것이다. 분명히 발달 초기의 뇌는 충분한 가소성(또는 전반적인 능력)이 있으며, 언어는 상당히 중요하기 때문에 일반적으로 우반구와 관련되어 있는 시각적, 공간적 기능과 조절 과정을 통해 언어 기능도 우반구에서 발달할 것이다.

그러나 우반구에서 언어 기능을 담당하게 되는 과정은 대가 없이 이루어지지 않는다는 것에 주목해야 한다. 이런 아동은 좌반구의 일반적인 언어 영역을 사용하는 (정상 혹은 비정상인) 아이들과 다른 언어적 전략을 활용한다는 연구 결과가 있다. 특히 우반구의 분석적 메커니즘에 의지하는 아이들은 거의 전적으로 의미적 정보에 의지한다. 그들은 구문의 단서를 사용하지 못하고 주요 어휘들의 의미에 비추어 문장을 해독한다. 좌반구를 사용해 언어를 표현하는 아이들만이 단어의 순서와 같은 구문적 단서에 주의를 기울일 수 있다.[29] 따라서 좌우반구의 반피질 절제hemidecorticates를 한 아동은 명사의 의미로 간단히 그 뜻을 추론할 수 있는 다음과 같은 문장만을 이해할 수 있다.

고양이가 트럭에 치였다.

The cat was struck by the truck.

치즈가 쥐에게 먹혔다.

The cheese was eaten by the mouse.

그러나 완전한 좌반구를 가진 사람만이 의미에서의 중요한 차이가 전적으로 구문적 단서에 있는 다음과 같은 문장을 해독할 수 있다.

트럭이 버스에 의해서 부딪혔다.
The truck was hit by the bus.
버스가 트럭에 의해서 부딪혔다.
The bus was hit by the truck.

좌반구가 없는 아이들은 우반구가 거의 없는 아이들보다 언어의 산출과 어휘 이해 과제에서 열등한 것으로 보이며, 언어를 더 더디게 배울 수도 있다.

3장에서 본 것처럼, 다른 특별한 집단을 연구한 결과, 언어 습득 과정을 다루는 데 있어서 수로화canalization *가 확인되었다. 정상적인 부모에게서 태어난 청각장애아는 자연 언어의 가장 중추적인 특징을 나타내는 단순한 몸짓 언어를 스스로 개발할 것이다. 이렇게 자발적으로 개발되는 몸짓 언어에서, 건청 아동의 가장 초기 구어적 표현에서 보였던 기초적인 구문론적, 의미론적 속성이 나타남을 알 수 있다.[30]

좋은 예는 아닐 수 있지만, 최근에 발표된 지니Genie의 사례가 있는데, 그 아이는 출생 후 10년 동안 학대를 받으면서 말하는 것을

* 발생의 진행을 교란시키는 환경 조건 또는 다른 유전적 배경에서 결정된 방향으로 발생을 이끄는 후생적 메커니즘(생명과학사전)._옮긴이

배우지 못했다. 지니는 마침내 잔인한 감금에서 벗어나 열 살 이후에 말하기 시작했다. 지니는 꽤 쉽게 어휘를 습득했고 물체를 적절하게 분류할 수 있었지만 구문을 사용하는 데는 분명 어려움이 계속되었고, 대화는 주로 단순한 단어로만 이루어졌다. 분명한 것은 언어적 처리가 오른쪽 대뇌반구에 의해 조정되는 것처럼 보였다는 것이다.[31] 한 단일 사례 연구만을 가지고 뇌의 좌우 기능 분화lateralization를 확신할 수는 없다. 그러나 언어 습득의 결정적 시기가 지나면 좌반구에서 언어 기능이 분화되는 경향이 나이에 따라 약해질 수 있다고 추측하는 것이 타당한 것 같다. 결과적으로 사춘기 이후에 언어를 배워야 하는 사람은 우반구의 메커니즘에 따라 언어를 사용하게 되기 때문에 제약이 있을 수도 있다.[32]

어린 아동에게서 우리는 신경 분화의 양태와 언어 기능의 형태에서(전체는 아니지만) 상당한 유동성을 보이는 발달체계의 과정을 확인할 수 있다. 그러나 나이가 들면서 언어 기능의 분화는 분명해진다. 이러한 경향은 첫째, 일반적으로 오른손잡이의 경우 구체적인 형태의 장애가 나타나는 것은 좌반구의 중요한 영역에서 특정한 손상을 입은 결과일 것이며 둘째, 뇌의 다른 부분에 의해 이러한 기능이 완전히 회복될 가능성은 훨씬 적다는 것을 의미한다.

지난 세기 동안 뇌 어느 한쪽에 손상이 있을 경우 언어적 결과에 대한 연구는 여기서 설명하는 언어 기능의 분석에 도움이 되는 많은 증거를 제공해주었다. 구체적으로는 음운의 변별과 재생, 실용적인 언어 사용, 그리고 가장 중요한 의미론적, 구문론적 측면에서 특정한 어려움과 뇌 손상과의 관계를 밝혀준다. 게다가 이러한 언어의 측면들은 각각 비교적 독립적으로 파괴될 수 있다. 문장을 구성하는 능력은 있지만 일상적인 의사소통 언어가 상당히 손상된 사람이 있듯이, 구문이 손상되었지만 화용론과 의미론적 체계는 비교적 보존되어 있는 사람도 있다.

이 놀라운 특수성 specificity과 국지화 localization는 무엇 때문일까? 그 답의 일부는 틀림없이 수세기 동안 학자들을 사로잡았던 언어 능력 진화의 역사에 있지만, 이에 대한 설명은 여전히 모호한 채로 남아 있다. 몇 가지 메커니즘은 다른 유기체들에게서도 공통적으로 발견되는데, 예를 들어 음소 경계선에 대한 인식은 친칠라 chinchilla*와 다른 포유류에서도 유사한 방식으로 일어난다. 구문과 같은 다른 처리 과정은 분명히 인간에게 국한된 것으로 보인다. 몇몇 언어적 메커니즘은 뇌의 특정한 부위와 관계가 있는데, 예를 들어 구문의 처리 과정은 소위 브로카 영역에 의해 중재된다. 다른 과정, 예를 들어 의미적 체계들은 뇌의 좌반구에 훨씬 더 폭넓게 퍼져 있다. 그러나 언어의 화용론적 기능 같은 다른 것들은 우반구 구조에 상당히 의지하는 것으로 보인다.

그러나 분명해 보이는 것은 나이가 들어감에 따라 이러한 기능이 보통의 오른손잡이에게 점점 국지화된다는 것이다.** 우리의 일상적인 언어적 소통을 특징짓는 더 복잡한 상호작용은 이러한

* 부드러운 은회색 털을 가진 토끼 비슷한 동물_옮긴이

** 언어 기능은 여성보다 남성의 좌반구에서 더 강하게 국지화되는 것으로 보이는데, 그 이유는 밝혀지지 않았다._옮긴이

결정적인 언어적 영역들 사이에서 정보의 매끄러운 흐름에 의존한다.

이러한 상호작용을 가장 잘 설명하는 것이 문자의 해독이다. 만약 구어-청각 언어 영역이 파괴되었다면 정상적으로 읽기를 지속하는 것은 불가능하다는 점에서, 문어는 구어에 '편승해 있다'는 것이 설득력 있게 인정되고 있다(읽기 기술의 상실은 목소리를 거의 내지 않거나 입술 움직임 없이 유창하게 읽는 사람에게서도 일어난다).[33] 그러나 실어증은 거의 항상 읽기 곤란을 수반하지만, 그 어려움의 정도는 현재 사용되는 문자의 종류에 달려 있을 것이다. 이것이 주는 시사점은 읽기가 특정 문화에서 선호되는 기호가 어떤 것인지에 따라 신경체계에서 다른 방식으로 나타날 수 있다는 점이다. 서양의 음운에 근거한 체계에서, 읽기는 특히 언어적 소리를 처리하는 뇌의 영역에 의지한다. 그러나 표의적인 읽기가 선호되는 동양의 체계에서, 읽기는 그림이 포함된 자료를 해석하는 중추들에 더 결정적으로 의지한다(이러한 의존성은 읽기를 배운 청각장애인도 가질 수 있을 것이다). 마지막으로 음절문자 읽기 체계(카나kana)*와 표의문자 체계(칸지kanji)**를 모두 가지는 일본인의 경우, 읽기의 두 가지 메커니즘을 가지고 있다.[34] 따라서 한 종류의 병변은 카나 기호를 해독하는 데 비교적 더 큰 손상을 야기하는 반면, 또 다른 병

* 일본의 표음문자. 한자를 흘려 쓰거나 일부를 따서 만든 음절문자로서 보통은 히라카나와 가타카나를 말한다._옮긴이

** 한자._옮긴이

변은 주로 칸지 기호를 해독하는 데 큰 피해를 입힐 것이다.

이러한 메커니즘에 대한 이해가 점점 높아지면서 이에 대한 특정한 교육적 함의가 도출되었다. 우리는 현재 하나 이상의 이유로 그들 문화의 일반적인 기호를 습득하는 데 어려움을 겪는 다른 정상적인 아이들에게 다양한 기호의 읽기를 어떻게 가르쳐야 할 것인지에 대한 통찰을 가지고 있다.

적어도 두 가지 경로를 통해 읽기 학습이 가능하다면 특정 학습 장애아들은 '다른 경로'를 활용할 수 있어야 하고, 따라서 그들의 문화에서 선호되는 특정 글이 아니라면 글의 원리를 습득할 수 있어야 한다. 사실 표의문자에 기초한 체계는 표음문자에 기초한 체계를 습득하는 데 특정한 문제를 보이는 아이들에게 효과적인 것으로 밝혀졌다.[35]

뇌 손상에서 얻은 증거들은 내가 제시한 언어 능력의 요소 분석에 '타당성'을 주기는 하지만, 우리는 여전히 독립적인, 반독자적 능력, 우리의 용어로는 독립적인 지능으로서 언어의 존재에 대한 함의를 다루어야 한다. 여기에서 그 증거는 다소 덜 명확하다. 심각한 실어증에 걸린 사람은 비언어적 지능 테스트에서 나타나듯이 개념을 형성하거나, 적절히 분류하거나, 추상적인 문제를 해결하는 것과 같은 일반적인 지적 능력에 있어서도 결함을 보인다. 그런 점에 있어서 정상적인 독해와 추리 능력을 가진 사람들에게 언어에 대한 이런 성급한 결론을 내리기에는 어려움이 있다.

그럼에도 불구하고 많은 증거들이 언어 지능이 독립된 것임을 증명하고 있다. 사실 언어 지능은 4장에서 기술된 전체적인 기준으로 판단할 때 가장 설득력이 있는 지능일 수도 있다. 한 가지를 예를 들면, 상당히 심각한 실어증이 있더라도 정상적인 범위 내에서 특별히 언어와 관련되지 않은 인지적 과제를 매우 잘 수행할 수 있는 사람이 분명히 있다. 실어증 환자들은 작가가 되는 능력을 잃지만(유감스럽게도 고도로 발달된 기술도 두뇌 손상에 의한 피해를 막아주지는 못한다.) 심한 실어증 환자가 음악가, 시각예술가 또는 엔지니어가 되는 경우는 많다. 분명한 사실은 언어가 다른 형태의 능력들에 불가분하게 섞여 있다면, 앞에서 말한 것처럼 직업적 기술이 선택적으로 나타나는 일은 불가능하다는 것이다.

따라서 한 사람이 음운론, 구문론 그리고 어떤 의미론적 속성에 집중할 때, 언어는 비교적 자율적인 지능으로 나타난다. 그러나 화용론적 기능과 같은 더 폭넓은 측면을 포함할 때, 언어의 자율성은 설득력이 떨어진다. 사실 심각한 실어증을 가진 사람들은 종종 다양한 종류의 의사소통적 행위를 인식하고 수행하는 능력을 가지고 있지만, 구문론적, 의미론적 능력을 가지고 있다 하더라도 우반구의 손상으로 인해 그들의 뜻을 전하고 이해하는 데 큰 어려움이 있다. 많은 연구들은 언어의 구별되는 측면으로서 화용론의 분리가능성을 주장하는 바로 그 순간, 언어 능력의 '핵심'에서 신경이 분리되는 것이 사실임을 보여주고 있다.

아마도 이것은 언어의 '발화 행위'나 '의사소통적 행위'의 측면을 다른 영장류와 분명하게 공유하고, 따라서 인간의 좌반구의 특정 지역에 저장된 독립적인 언어 능력의 진화와 가장 적게 관련되기 때문일 것이다. 마찬가지로, 일련의 사건에 대한 이야기와 의사소통 능력을 포함하는 이야기에 대한 민감도는 내가 기술했던 중요 구문적, 음운론적, 의미론적 기능보다 언어의 화용론적 기능에 더 밀접하게 관련되어 있는 것으로(그리고 따라서 우반구 질병의 경우에 더 취약한 것으로) 보인다.

이미 언급했듯이, 경미한 실어증조차 한 개인의 문학적 재능을 파괴하기에 충분하다. 그러나 뇌 손상으로 인한 언어 장애에 대한 연구는 문학을 꿈꾸는 이들에게 시사하는 바가 있다. 즉, 언어적 표현은 뇌 손상의 독특한 특성에 따라 특유의 방식으로 저하될 수 있다. 브로카 영역의 손상과 관련된 실어증의 유형에서는 언어적 표현에서 마치 헤밍웨이처럼 명사와 단순 전치사들을 어떤 변화나 수정 없이 많이 사용한다. 베르니케 영역의 병변과 관련된 실어증의 경우에는, 윌리엄 포크너William Faulkner처럼 언어 표현이 복잡한 구문적 형태와 다양한 변화로 가득하지만 실제적 메시지를 추론하기 어렵다. 한 사람이 자신만의 특유한 방언을 만들어내는 구어부전idioglossia* 같은 다른 언어적 일탈과 정신분열증 환자의 언어 역시 구문론적으로 엉망이다. 마지막으로, 각회angular gyrus의 병변에 의한 명명 실어증 환자의 경우, 구어 표현에는 명사가 전혀 없지만 '물건things', '그런 것stuff', '그런 종류kind of' 그리고 다른 완곡어법으로 가득하다. 이는 데이먼 러니언Damon Runyan의 글에서 빈번하게 나타나는 상황적인 말하기의 종류지만, 상황에 아주 적절

* 소아 특수 조어. 유아처럼 뜻이 통하지 않는 음성을 내는 병적인 상태._옮긴이

한 말le mot juste*을 소중히 여기는 시인과는 완전히 거리가 멀다. 뇌의 특정 영역에 따른 이러한 독특한 스타일의 원천을 추적하는 것은 바보 같은 일이겠지만, 뇌 손상으로 인해 한 개인이 창의적인 작가들이 심혈을 기울여 선택한 특정한 문체를 사용하게 되었다는 사실은 표현의 여러 형태와 신경조직 사이의 관계를 보여주고 있다.[36]

단지 몇 해 전까지만 해도 두 개의 두뇌 반구가 반드시 다른 한 반구로부터 구별되는 게 아니라고 믿었다. 이 사실은 인간의 두 반구가 언어에 대해 똑같은 능력을 가졌다는 비국지성이라는 결과적 가정을 믿는 이들에게 위안을 주었다. 최근의 연구 결과들은 이 관점을 지지하지 않는다. 현재 양쪽 뇌는 해부학적으로 같지 않으며, 대개는 좌반구 측두엽의 언어를 관장하는 영역은 우반구 측두엽의 그에 상응하는 영역보다 더 크다는 사실을 말해주는 자료가 충분히 확보되었다.

두 반구들 사이의 다른 중요한 비대칭성asymmetries은 이에 대한 연구가 시작되면서 더욱 명확해졌다. 이러한 예상 밖의 정보들로 진화론자들은 두개골 틀endocasts**을 조사하기 시작했고 두 반구 사이의 비대칭성을 증명했다. 비대칭성은 원숭이들에게서는 명확하게 나타나지 않지만 적어도 네안데르탈인(3만 년에서 10만 년 전)에게서는 추적 가능하고 유인원들에게서도 나타난다. 언어에 대한

* 프랑스어로 '지당한(적절한) 말'을 의미한다._옮긴이

** 두개강頭蓋腔 등의 내부 형태를 나타내는 틀._옮긴이

지적 능력은 역사가 기록되기 이전의 시대로 거슬러 올라가 추측을 하는 것이 바람직해 보인다. 실제 표음문자가 발명된 것은 고작 몇천 년 전이며, 표기법은 3만 년 전부터 발견되는데 이것은 문자체계의 시작을 추측하게 해주는 시기다.[37]

'점진적 진화gradual evolution'에 대하여 반대 입장을 보이는 언어학자 촘스키와 인류학자 클로드 레비스트로스Claude Lévi-Strauss 같은 몇몇의 저명한 학자들은 모든 언어가 어느 한 시기에 획득되었다고 본다.[38]

내 생각에는 인간의 언어적 역량은 다양한 많은 종류의 기능이 결합되어 이루어진 것이며, 그 진화의 역사는 몇천 년 전으로 거슬러 올라간다. 인간 언어의 다양한 실용적인 특성들은 우리가 유인원들과 공유하는 정서적 표현과 몸짓 능력(가리키기, 손짓하기)으로부터 진화되었다. 새들처럼 더 거리가 먼 종들에게 나타나는 음악적 능력 등을 발달시키거나 반영하는 형식적 혹은 구조적인 특징들도 인간에게 있을지 모른다.[39] 사물을 분류하는 인지적 능력과 이름을 조합하거나 물건으로 표시하는 능력도 고대에 기원을 두고 있는 것으로 보이는 듯하다. 이러한 능력은 최근 많이 보고되고 있는 침팬지들의 언어 체계와 관련이 있다.[40]

인간이 가지고 있는 특징은 분명히 구별 가능하도록 발음할 수 있게 해주는 후두위 성도supralaryngeal vocal tract가 있다는 점, 그리고 빨리 유도된 발화에 이미 적응된 이 성도vocal tract를 사용할 수 있을 만큼 신경조직이 진화되어 있다는 점이다. 소리를 구별할 수 있고 그것을 충분히 빠르게 이해할 때 개별 소리들을 음절 수준의 단위들로 만드는 것이 가능하다. 따라서 빠른 대화가 가능해진다. 필립 리버먼Philip Lieberman에 의하면, 이러한 언어 진화의 관점에서 주목할 만한 점은 네안데르탈인, 심지어 오스트랄로피테쿠스에게서도 언어의 모든 구성 요소들이 있었지만 적절한 성도가 없었다는 사실이다. 심오한 문화적 결과들과 함께 빠른 언어적 의사소통의 출현을 가능하게 한 것은 이 가장 최근의 진화다.[41]

문화 속 다양한 언어들

언어가 시작되고 많은 기능들이 나타나게 되었다. 여러 문화의 사람들이 사용한 언어는 여러 가지 기능을 가지고 있다. 다양한 문화에 의해 각종 언어가 사용되고 이러한 언어를 사용하는 개인들에 의해 문화가 형성되는 것이 가능하다. 아마 가장 놀라운 것은 밤마다 청중들을 향해 장문의 운문을 노래하는 음유시인들에게서 볼 수 있는 능력들일 것이다. 민속학자인 밀먼 패리Millman Parry와 그의 제자인 앨버트 로드Albert Lord가 증명한 대로, 이러한 이야기를 노래하는 사람, 즉 현대의 호머는 다양하고 구체적인 내용을 담아낼 수 있고, 현대판 서정시 같은 다양한 종류의 형태를 만들어 낼 수 있는 특정한 틀을 익혀 수천 개의 구절을 창조해낼 수 있다.[42]

모든 복잡한 인간의 창조물들과 마찬가지로, 구어 시들을 구성 요소들로 분석하는 데는 많은 노력이 필요했음은 자명하다. 먼저 이러한 공식을 배우는 순전한 기억 연상적 요구들과 그들의 연속 규칙들은 어마어마한 것이다. 그것은 수백 수천 가지의 증명들을 머릿속에 넣고 다닐 수 있는 수학자나 5만 개나 그 이상의 기본 패턴들을 알고 있는 체스 마스터의 기량에 결코 뒤지지 않는다.[43] 각 경우에 이러한 패턴들이나 설계들은 분별 가능한 것이며 의미가 없는 것이 아니다. 그리고 이러한 의미성은 분명히 무언가를 기억해내는 데 도움을 주며, 한 사람의 두뇌 영역에 이처럼 많은 능력을 가지고 있다는 것은 단순한 성과가 아니다. 게다가 이러한 능력은 문맹인 아동을 교육시키는 데 도움이 된다. 두베E. F. Dube의 최근 연구에 따르면, 이야기를 기억하는 데 있어서 문맹인 아프리카인들이 교육을 받은 아프리카인이나 뉴욕 사람들보다 더 뛰어났다.[44]

서구 심리학자들이 오랫동안 즐겨 다루어온 실험 분야로서 긴 언어 목록들과 같은 정보를 유지하는 능력은 특별히 문자 사용 이전의 전통적 사회에서 가치 있게 여겨온 언어적 지능의 다른 형태다. 그레고리 베이트슨Gregory Bateson은 그의 책《네이븐Naven》에서 박식한 야투말Iatmul족 남성은 1만 개에서 2만 개 사이의 부족 이름들을 알고 있을 거라고 말한다.[45] 이러한 이름을 알아내는 데는 전략이 있으며(예를 들어 같은 소리를 내는 쌍들로 나열하는 등) 각 이름은 적어도 '의미 요소' 같은 것을 가지고 있지만, 실제 이러한 성취는 놀라운 것이다. 이런 능력이 시사하는 것들을 우리 문명 이전 시기에서 찾아볼 수 있다. 고대나 중세시대 동안 기억을 돕는 정교한 체계들이 고안되었는데 이들은 숫자 목록들, 복잡한 이미지들, 공간적 약호들, 별자리 체계들과 점성술의 책략들을 포함했다.

기억을 잘하는 사람이 한때 대단한 대접을 받았으나, 글을 읽고 쓸 줄 아는 능력의 출현과 정보에 손쉽게 접근할 수 있는 가능성이 효율적인 언어 기억을 덜 중요하게 만들었다. 나중에 활자는 언어 지능의 이러한 양상을 보다 덜 가치 있게 만들었다. 그러나 이러한 능력들을 계속 연구하는 집단이 있다. 앤더스 에릭슨K. Anders Ericcson과 윌리엄 체이스William Chase는 기억할 수 있다고 전통적으로 알려져 있는 숫자열의 수가 7개에서 80개 혹은 심지어 그 이상으로 늘어날 수 있다는 것을 증명했는데, 이것은 회상되어야 하는 청크chunk에 대한 반복 연습에 의한 것이라고 할 수 있다.[46]

14921066177620011984*

위의 숫자는 일단 영국계 미국인의 경험에서 기억할 만한 날짜의 조합으로 보인다. 기억 책들과 기억 전문가들은 여전히 인기가 있다. 마지막으로 몇 가지 영역에서 예리한 구어 기억은 어떤 것을 돋보이게 한다. 철학자 수잰 랭거Susanne Langer는 이렇게 회상한다.

* 1492년은 콜럼버스가 아메리카 대륙에 도착한 해이고, 1066년은 노르망디 공국의 윌리엄이 잉글랜드 정복하고 윌리엄 1세로 왕위에 올라 노르만 왕조의 제1대 왕이 된 해이다. 또한 1776년은 미국이 독립한 해, 2001년은 9.11 테러가 있었던 해, 1984년은 조지 오웰의 소설을 의미한다._옮긴이

나의 언어 기억은 파리를 잡는 끈끈이와 같다. 그것은 좋기도 나쁘기도 한데, 왜냐하면 정신이 유용한 것뿐만 아니라 상관없는 것들로도 채워지기 때문이다. 예를 들면 나는 여전히 가장 예상 밖이고 우스꽝스러운 순간들에 내가 들은 팝이나 내가 어린 시절 보았던 광고의 운율들을 여전히 기억한다. 그러나 동시에 나는 내가 수년간 읽었고 기억하기 좋아하는 훌륭한 시들을 기억한다. 내 언어 기억은 훌륭한데 반해 나의 시각 기억은 불행하게도 좋은 편이 아니다……. 형편없는 시각 기억은 연구에서 원자료들을 다루는 데 특별한 장애물이 되기도 한다. 이것이 바로 내가 파일 카드의 교차 색인 시스템을 정밀하게 갖추어야 하는 이유다.[47]

많은 양의 정보를 기억하는 것은 문자 이전의 문화들에서는 굉장히 중요한 재능이다. 이 능력을 가지고 있어서 개인들이 종종 어디엔가 선발되기도 하고, 이러한 가치 있는 능력을 가진 개인들을 알아내기 위해 통과의례들이 때때로 고안되기도 했다. 자연적으로 이러한 능력들은 계발되고 함양될 수 있었다. 그러나 알렉산더 루리야Alexander Luria가 연구했던 기억 전문가나 더 작은 영역으로는 수잔 랭거 같은 인본주의 학자들의 사례처럼 외견상 큰 노력 없이 그러한 목록들을 기억한다면 분명 큰 도움이 된다.[48]

때때로 이러한 능력은 그 자체로도 가치가 있으나, 종종 숫자나 사진 같은 다른 종류의 상징과 단어를 관련짓는 능력과 결부되기도 한다. 이것은 고도의 기술을 요하는 게임에서 사용되는 어떤 신비스러운 코드를 만들었다. 이 능력은 서양인들에게는 십자말

풀이나 아크로스틱 퍼즐을 만들게 했고, 다른 문화에서 손쉽게 말장난을 하거나 터무니없고 난해한 언어를 지어내고 숙달하게 했다. 말싸움도 자주 그 가치를 인정받는다. 예를 들면 멕시코 치아파스Chiapas의 차뮬라Chamula에는 다음과 같은 문장 이어받기 게임이 있다. 한 선수가 처음 어구를 (보통 성적으로sexual) 분명하면서도 숨은 뜻을 가진 어구로 시작하면, 상대방은 처음 어구와는 되도록 비슷하지만 숨은 뜻을 가진 다른 어구로 답을 해야 한다. 만약 그렇게 하지 못하는 경우 게임에서 진다.[49]

소년 1: (도전하기) 네 여동생을 나에게 줘(ak'bun avis).

소년 2: (대답하기) 네 여동생에게 이것을 줘(ak'bo avis).

격언이나 가곡들의 전통적인 레퍼토리에서 적절한 아이템을 선택해 개인들끼리 겨루는 웅변대회가 많은 사회에서 존재했다. 이는 (전쟁을 대체할 '도덕적 대체재moral equivalent'를 항상 찾고 있었던) 윌리엄 제임스와 같은 이에게는 아주 좋은 소식이다. 경쟁적 말하기는 마오리Maori의 우월성을 나타내 보이는 방법으로서 전쟁을 대체해왔다. 그리고 말하기 방법의 중요성을 강조하듯이 첼탈Tzeltal(멕시코 치아파스의 마야인 언어)에는 언어 사용에 관한 용어가 400개가 넘는다.[50]

언어의 일상적인 사용 이외에 범상한 웅변적 힘을 가진 사람들에게는 비교적 정치적인 힘이 부여되었다. 현대 아프리카와 아시아의 뛰어난 지도자들이 대부분 수사학에서 널리 칭송을 받아왔던 이들이었고 그들의 시가 자주 암송되었던 것은 결코 우연이 아니다. 격언 같은 시는 중요한 정보를 전파하는 기억할 만한 방법으로 사용되었다. 수사적인 정교성은 사회의 낮은 계층에서는 중요한 생계 기술이겠지만, 카스트와 같은 전통적인 제도에서는 교육의 한 부분이었다.

족장들 사이에서 특권의 전통적 근원은 하급사회에서는 여전히 모르는 어귀와 격언을 많이 아는 데 있었다. 실제 라이베리아Liberia의 크펠르Kpelle족에게는 많은 격언들로 가득 찬 복합적인 언어체계인 '심오한 크펠르deep Kpelle'이라는 것이 있는데, 이것을 그 사회의 젊은이들은 해석하지 못할 수도 있다. 게다가 많은 전통사회에는 '법정 연설court speech'이 있었는데, 그럴 경우 언변이 좋은 사람이 논쟁에서 이겼다.[51]

보츠와나Botswana의 치디Tshidi족에서 족장의 능력은 구성원들의 공공 토론의 결과를 신중하게 분석하는 데 달려 있었다.[52] 우리 문화권의 특정 지구에서도 이러한 가치들의 징후를 살펴볼 수 있다. 예를 들어 영국의 공립학교 졸업생들이나 미국 남부 지방의 사람들은 정치적 웅변술이 아동기에 강조되며, 잘 훈련된 이 기술은 나중에 유용하게 사용되었다. 사실 이러한 평가는 언어 능력이 있는 사람들이 정치적 힘을 행사했던 그리스 시대에도 나타난다. 당대의 구어 문화를 연구했던 에릭 해블록Eric Havelock은 이렇게 말한다.

> 어떤 범위에서 공동체의 지도력은 6보격 서사시에서 나타나는 리듬적 감각과 높은 수준의 귀를 가진 사람들에게 있었다. 그것은 또한 유

> 음assonance이나 대비parallelism 등 운문 이외의 도구를 사용하는 효율적인 방법인 레마타rhemata를 짓는 능력에서도 나타났다. 연회에서 훌륭한 연기자는 엔터테이너로서뿐만 아니라 자연스럽게 타고난 지도자로서 인정되었다. 유능한 법률가나 장군들도 뛰어난 구술적 기억을 가진 이들로 간주되었다. 또한 그리스의 사회적 전환기에는 지능에 따라 포상을 했으며, 지능을 힘으로 인정했다. 지능은 곧 뛰어난 기억력이며 뛰어난 언어적 리듬감이었다.[53]

프랭클린 루스벨트Franklin Roosevelt, 존 케네디John Kennedy, 더 최근으로 오자면 로널드 레이건Ronald Reagan 같은 연설가들의 정치적 유능함을 살펴보면, 우리 사회가 점차 언어의 힘을 경시하고 있다고 보는 것은 실수일지 모른다. 그러나 비교 기저에서 언어는 우리 사회에서 그렇게 높이 평가되지는 않는다. 다른 곳에서 상대적으로 중요하지 않은 논리수학적 지능의 형태들은 분명히 언어처럼 존중된다. 또한 전통적 문화에서는 여전히 구어, 수사법rhetoric, 재담을 강조하나, 우리의 문화는 상대적으로 읽기를 통해 정보를 획득하는 것과 문어로 자신을 적절히 표현하는 문자언어에 더 큰 강조점을 두고 있다.

구어와 문어의 형태는 의심할 여지없이 같은 능력들에 의존하지만, 자신을 적절히 표현하기 위해 특정 추가적 기술들이 요구된다. 개인은 비언어적 원천들(몸짓, 목소리 톤, 주위의 상황들)에서 명료한 구어적 의사소통의 맥락을 보여주는 법을 배워야 한다. 누군가는 말하고자 하는 것을 단지 단어들만으로 나타낼 수 있어야 한다. 처음 글을 쓰려고 시도할 때 이러한 도전들은 자주 간과된다. 윈스턴 처칠Winston Churchill과 샤를 드골Charles de Gaulle처럼 항상 인상적인 예외들이 존재하긴 하지만, 하나의 표현 수단에 더 숙달될수록 다른 부분에서 뛰어나게 되는 것은 더 어려워질지도 모른다.

소설, 역사, 교과서 같은 긴 작업의 구조는 편지나 시 같은 더 짧은 언어적 목록들, 그리고 말하기, 짧은 연설이나 긴 연설 또는 시 암송 등에 수반되는 것들과는 달리 많은 조직적 노력을 요구한다. 시에서는 비교적 짜놓은 행들 안에 한두 개의 의미를 전하는 단어의 선택과 전달을 강조하지만, 소설에서는 복합적인 관계 속에서 많은 주제와 뜻을 전달할 것을 강조한다. 물론 단어의 선택은 여전히 중요하나 아이디어, 주제, 분위기나 장면들의 성공적인 커뮤니케이션이 더 중요하게 여겨진다. 물론 조이스Joyce, 나보코프Nabokov 또는 업다이크Updike와 같은 몇몇 소설가들은 어휘 선택에 있어 시인과 같은 집착을 보여주기도 하지만, 발자크Balzac나 도스토옙스키Dostoevsky 같은 이들은 주제나 아이디어에 훨씬 더 몰입한다.

도구로서의 언어

지금까지 나는 언어 자체가 중심이 되는 전문 분야에 대해 언급했다. 시 창작penning of a poem이나 말하기 대회에서 승리하기 같은 모든 것들이 중요하지는 않더라도 단어들을 정확하게 선택하는 것은 중요하다. 대부분의 사회, 특히 우리와 같은 복잡한 사회에서 오랫동안 어떤 임무를 성취하는 수단으로서의 언어보다는 언어 그 자체에 초점을 두었다.

몇몇 예를 살펴보자. 과학자들은 당연히 그들의 연구 결과를 다른 이들에게 전달하기 위해 언어에 의존한다. 게다가 내가 주목했듯이 과학에서의 혁신은 종종 잘 만든 에세이들이나 흥미로운 연설 형태로 제시된다. 그렇지만 여기서의 초점은 언어 그 자체에 있기보다는 결국 그림, 다이어그램, 방정식, 다른 것들로 충분히 표현될지 모르는 방법으로 전달할 수 있었던 아이디어들의 소통에 있다. 프로이트는 에고ego와 이드id의 관계를 전달하기 위해 말을 탄 괴팍스러운 사람의 비유를 처음 필요로 했을지도 모른다. 또 다윈은 '생존경쟁'의 비유에 도움을 받았을지도 모른다. 하지만 그들의 개념은 이런 학자들이 쓴 글을 읽지도 않았고 개념에 대한 고유의 언어 공식을 접해보지도 못한 이들에게 이해되었다.

언뜻 보기에는 역사학자나 문학비평가 같은 학자들은 그들이 연구하는 것뿐만 아니라 그들의 연구 결과를 전달하는 수단으로서 훨씬 더 언어에 의존하는 것으로 보일지 모른다. 그리고 실제적 문제로서 인문학자들은 그들이 연구하는 텍스트와 동료들의 글에 나오는, 그리고 그들의 원고에 나오는 단어들에 훨씬 더 깊이 있게 천착한다. 그러나 심지어 여기에도 언어의 사용을 필수적이고 아마도 대체 불가능한 도구로 여기는 것이 최고의 견해이긴 하나, 성과를 올리고 있는 일 자체의 본질은 여전히 아니다. 학자의 목표는 그가 연구하기 위해 선택했던 관점과 상황을 정확하게 기술하는 것이며, 다른 사람들에게 그의 관점, 상황에 대한 그의 해석이 적절하고 정확하다는 것을 납득시키는 것이다. 인문학자는 증거와 사실들, 기록들, 유물artifacts, 전임 연구자들의 결과들과 밀접히 연결되어 있다. 그리고 그의 사례가 다른 사람들이 제기한 것과 너무 다른 이야기로 벗어나게 되면 그것은 잘 받아들여지지 않을지도 모른다. 그러나 그의 마지막 결과물의 특별한 형태는 하나로 고정되어 있지 않고, 그의 견해나 결론들이 일단 전달되면 학자의 특별한 어휘 선택은 덜 중요해지며 그것 자체가 메시지를 전달하게 된다. 우리는 T. S. 엘리엇의 시들을 다른 것으로 대체하는 것은 참을 수 없으나, 그의 에세이를 읽을 필요도 없이 비평가가 말하는 것을 쉽게 이해할 수 있다. 엘리엇의 경우, 그가 말하는 것의 힘은 대부분 비범하게 느껴질 정도로 절묘한 어구 사용에 있다.

마지막으로 소설가, 수필가 같은 표현적인 작가를 들 수 있다. 당연히 여기서 특별한 단어 선택은 매우 중요하다. 그리고 우리는 쉽게 톨스토이Tolstoy나 플로베르Flaubert, 에머슨Emerson이나 몽테뉴Montaigne가 쓴 '트로트trot'의 의미를 쉽게 받아들이지 못할 것이다. 그들이 이 단어를 사용한 목적과 강조점은 시인들과는 다를 것이다. 왜냐하면 소설가가 가장 궁극적으로 원하는 것은 헨리 제임스Henry James가 말했듯 본질, 진실을 캐내고 '서툰 삶'으로부터 '사실의 극적 공허함'을 얻으려는 것이다.[54] 작가는 경험 혹은 일련의 경험들, 감정 혹은 일련의 감정들을 목격하거나 상상한다. 그리고 그의 목표는 이러한 것들을 독자들에게 가능한 완전하고 효과적으로 전달하는 것이다. 일단 그렇게 전달되면 사용된 실제 언어들은 '전달의 즐거움 자체에 중심을 두는 언어'의 중요한 부분으로 남기는 하지만 훨씬 중요하지 않게 된다.[55] 시의 의미는 단어에 계속 의존하지만 소설의 의미는 단어들과는 별 상관이 없다. 시로써 전달하기 어려운 것들도 소설가들은 큰 어려움 없이 해내지만 시인들은 많은 어려움을 겪는다.

결론

언어는 몸짓과 글쓰기를 통해 전달될 수 있지만, 여전히 핵심은 성도vocal tract*의 산물과 인간의 귀에 닿는 메시지에 있다고 본다. 만약 인간 언어와 청각-구강 영역auditory-oral tract 사이의 전체적인 끈을 축소한다면 인간의 언어 진화의 이해, 그리고 현재 인간 뇌의 묘사는 빗나가는 것처럼 보일 것이다. 동시에 이러한 해부적인 배열에만 집중하는 언어 연구가는 언어의 놀라운 유연성, 즉 손상이 있을 뿐 아니라 숙련된 인간이 의사소통과 표현적 목적을 위해 언어 유산을 잘 활용해왔던 방법적 다양성은 놓쳐버리고 말 것이다.

언어에서 청각적, 구어적 요소가 중심 역할을 한다는 나의 믿음은 탁월한 언어 사용자인 시인에, 그리고 언어의 자율성을 지지하

* 성대에서 입술 또는 콧구멍에 이르는 통로._옮긴이

는 강력한 주장으로서 실어증으로부터 증거를 인용하는 것에 초점을 맞추게 했다. 언어가 시각적 매체로 여겨진다는 점에서, 그것은 더욱 지능의 공간적 형태와 직접적으로 이어질 것이다. 그러나 그렇지 않다는 것은 다음과 같은 사실로써 이해가 되는데, 읽기는 언어체계의 손상으로 반드시 방해받는 면이 있으나 놀랍게도 이 언어적 해독 능력은 뇌의 시각-공간 센터에서의 심각한 손상에도 불구하고 문제가 없다는 것이다.

그러나 나는 이러한 능력을 청각-구강 형태의 지능이라고 말하지 않았는데, 거기에는 두 가지 이유가 있다. 먼저 청각장애인은 자연언어를 획득할 수 있다. 그리고 또한 몸짓체계gestural systems를 고안하거나 숙달할 수 있다는 사실은 언어 지능이 단순히 청각적 지능의 형태가 아니라는 것에 대한 강력한 증거다. 둘째, 같은 기간의 역사를 가지고 있고 역시 청각-구강 영역으로 연결된 자율성에 대해 똑같이 설득력이 있는 다른 형태의 지능이 있다. 물론 나는 음악적 지능, 리드미컬하게 배열된 음의 높이들의 의미와 중요성을 알아차리고 다른 사람과의 의사소통 수단으로 음의 높이를 운율로 배열해 나타내는 능력을 말하는 것이다. 이러한 능력들은 또한 청각-구어적 능력들에 강하게 의존한다. 진정 그들은 언어보다 시각적 해석에 심지어 덜 민감하다는 것을 보여준다. 그러나 이러한 직관력과는 반대로 음악적 능력들은 언어 능력을 담당하는 신경체계와는 독립된 부분에 의해 조정되고 언어 능력과는 다른 능력들로 구성된다.

진화에서 과거에 묻혀버리긴 했지만, 음악과 언어는 공통의 표현적 매체로부터 나타났을지도 모른다. 그러나 그러한 추측이 어떤 이점을 가지는가는 수천 년 동안 그 둘이 분리된 경로를 택해왔고 현재 다른 목적으로 사용되고 있음을 보면 명확해진다. 그것들이 공유하는 것은 (공간적 그리고 논리수학적 지능의 형태와 반대로) 물리적 대상으로 이루어진 세계와 밀접히 연결되지 않았다는 것, 그리고 (여러 가지 개인적 지능의 형태를 보이는) 타인들과의 세계로부터 역시 거리가 멀다는 본질적 측면이다. 그리하여 나는 다른 자율적인 지적 능력들을 알아보기 위해 음악 지능의 본질과 작용으로 넘어가고자 한다.

6장

음악 지능

[음악은] 소리 안에 있는 지능을 체화(구현)하는 것이다.[1]

– 호에네 론스키Hoene Wronsky

개인이 부여받은 모든 재능 중에서 가장 먼저 발견되는 것은 음악적 재능이다. 하지만 이에 관해서는 추측만 있을 뿐 음악적 재능이 왜 조기에 나타나는지, 그 재능의 본질이 무엇인지는 여전히 확실치 않다. 음악 지능 대한 연구는 음악만이 가지고 있는 특징을 이해하도록 돕고, 다른 형태의 지능에 대한 관련성을 보여줄 수 있을 것이다.

유치원 아동 세 명이 음악 오디션에 참석한 가상의 상황을 통해 일찍 발견되는 음악적 재능의 범위와 근원을 생각해볼 수 있다. 첫 번째 아이는 바흐의 조곡을 정확한 기술과 굉장한 느낌을 가지고 바이올린 솔로로 연주한다. 두 번째 아이는 모차르트 오페라를 단 한 번 듣고 완벽하게 아리아를 부른다. 세 번째 아이는 피아노 앞에 앉아서 스스로 작곡한 간단한 미뉴에트를 연주한다. 세 음악 신동들의 공연이다.

그러면 이 아동들이 같은 경로를 거쳐 이런 수준에 도달했을까? 꼭 그렇지는 않다. 첫 번째 아이는 두 살 때부터 스즈키 재능 교육 프로그램에 참여, 다른 수천 명의 아이들과 마찬가지로 학교에 입학했을 때부터 현악기를 완벽하게 익힌 일본 아이일 것이다. 두 번째 아이는 자폐 학생으로, 다른 사람과 의사소통이 거의 불가능하고 심각한 정서 및 인지 장애를 가지고 있지만 들은 것은 무엇이나 따라 부를 수 있을 정도로 독특할 재능을 소유한 아동일 수 있다. 세 번째 아이는 일찍이 재능을 보였던 모차르트Mozart, 멘델스존Mendelssohn 혹은 생상스Saint-Saens처럼 음악에 재능이 있는 가족들 틈에서 자라나 자신만의 곡을 연주할 수 있는 아동일 것이다.

실제로 이런 아이들이 있기에 우리는 이러한 현상이 현실에서 일어나는 일임을 확신할 수 있다. 어떤 사람은 교육적으로 훌륭하게 계획된 체제에 참여함으로써, 또는 음악으로 채워진 가정의 생활방식 덕분에, 혹은 심각한 질병에도 불구하고(혹은 그것의 일환으로) 음악적인 재능을 나타낼 수 있다. 이러한 연주의 밑바탕에는 타고난 핵심적 재능이 있었겠지만 분명 다른 요인 역시 작용한다. 적어도 재능이 표출되는 정도는 그들이 살고 있는 주위 환경에 의존할 것이다.

그러나 이러한 연주들이 아무리 매력적이라도 그것은 시작에 불과하다. 이런 아이들은 높은 수준의 음악적 능력을 성취하기도 하지만 모두가 똑같이 성공할 수 있는 것은 아니다. 그러므로 내가 처음에 시인의 관점으로 언어 지능을 소개한 것과 마찬가지로, 일생을 작곡가로 살아온 개인들 중 성인기에 분명한 음악적 성취를 보인 사례를 알아보고자 한다. 음악 지능의 '최종 상태'를 제시하면서, 비교적 미세한 능력뿐 아니라 음악의 큰 분야에 속한 능력까지 평범한 개인들에게 잠재되어 있는 핵심적인 음악 재능에 대해 설명할 것이다. 도입부에서 세 명의 아이들이 보였던 재능의 유형을 더욱 확실히 알기 위한 노력으로 음악 기술 교육과 같은 일반적인 발달의 측면을 고려할 것이다. 또한 음악적 결함에 대해서 연구할 것이며, 음악적 성취를 가능하게 하는 뇌 조직에 대해서도 다룰 것이다. 마지막으로 우리와 다른 문화권에서 자율적 음악 지능의 단서를 연구함으로써, 결론적으로 음악 지능이 다른 지능과 상호작용을 하고 또 할 수 있는 방식을 고려하고자 한다.

작곡

20세기 미국 작곡가인 로저 세션스Roger Sessions는 하나의 곡이 어떻게 작곡되는지를 보여주었다. 그가 설명했듯이, 작곡가는 끊임없이 '머릿속에 음들tones in his head'을 떠올리는데, 그것은 항상 그의 의식 어딘가로부터 곡, 리듬, 그리고 더 큰 음악적 패턴들을 듣는 것을 말한다. 이런 음악 패턴들은 대부분 음악적으로 가치가 없으며 사실 전혀 새롭지 않은 것일 수도 있지만, 그런 것들을 계속 들으면서 다시 작업을 하는 것이 작곡가의 일이다.

작곡은 이러한 생각들이 명확해지고 의미 있는 형태를 띠면서 시작된다. 움트기 시작한 음악적 이미지는 단순한 선율, 리듬 혹은 화음의 일부가 될 수도 있지만 상당히 화려한 어떤 것이 될 수도 있다. 하지만 어쨌든 아이디어가 작곡가의 마음을 끌어당겨야 하며, 그러고 나면 그의 음악적 상상력은 작동하기 시작한다.

어떤 방향으로 아이디어가 발전되어갈까? 세션스가 설명하듯이, 첫 아이디어는 다양하게 응용되며 때로는 아주 상반되거나 서로 보완적인 모티프로 발전하기도 한다. 그리고 이 두 개의 모티프가 같은 곡의 일부가 되기도 한다. 첫 아이디어와 연결된 모든 생각들은 적어도 그 생각이 완성되거나 버려질 때까지 처음의 것과 관계가 있다. 동시에 작곡가는 대부분 어떤 요소가 기존의 아이디어의 전개에 속하며 어떤 요소가 그렇지 않은지를 알고 있다.

> 내가 작곡을 할 때 개념이 적당히 강하고 견고하게 확립되어 있다면 그것이 그 순간부터 내가 만드는 모든 마디에 영향을 줄 것이다……. 선택은 마디가 발전하면서 무엇을 나타날지에 더 강한 영향을 미칠 수 있는 정해진 틀 안에서만 이루어진다.[2]

외부에서 볼 때는 이러한 과정이 신비롭게 보일 수도 있지만, 작곡가에게 그것은 그 자체로 견고한 논리이기도 하다.

> 내가 논리적인 음악적 사고라고 부르는 것은 작품에 내포된 결실을 꾸준히 추구하면서 계속되는 음악적 원동력을 가지고 끊임없이 작업하는 것이다. 그것은 어떤 의미에서 다음에 벌어질 일에 대한 약삭빠른 계산이 아니다. 청각적 상상력은 단순하게 작곡가의 귀에서 일어나는, 분명하게 마음에 그려지는 개념을 구현하기 위해 반드시 그래야

하는 명확하고 확실한 사항이다.[3]

이러한 노력을 할 때 작곡가는 앞에서 언급한 대비의 기술에 의존한다. 하지만 또한 처음의 주제와 연관된 부분 혹은 처음의 주제에 합당한 요소를 배치하거나 다듬을 때 자기 귀에 의존해야 한다. 그의 구상을 표현하기 위해 음색, 리듬, 그리고 무엇보다 형태 그리고 변화에 모든 감각을 활용해 얼마나 단순한 반복을 할지, 어떤 조화와 선율, 리듬 혹은 대위법 변주가 필요한지를 결정해야만 한다.

다른 작곡가들도 이러한 과정을 묘사한다. 에런 코플런드Aaron Copland는 이렇게 말했다. "작곡은 먹거나 자는 것처럼 자연스러운 일이다. 작곡가는 작곡을 하기 위해 태어난 것 같다. 그렇기 때문에 자신이 가지고 있는 특별한 가치의 특성을 알지 못할 수도 있다."[4] 바그너Wagner는 마치 소가 우유를 생산하는 것처럼 작곡을 한다고 했고, 생상스는 그 과정을 사과나무가 사과를 생산하는 것에 비교했다. 코플런드의 견해에서 가장 신비한 요소 중 하나는 처음의 음악 아이디어의 근원이다. 그는 첫 테마가 작곡가에게 전해지는 것이 마치 하늘에서 내려온 선물이나 무의식적인 작곡 같은 것이라고 보았다. 그리고 그것은 많은 작곡가들이 주변에 메모를 하는 이유이기도 하다. 일단 아이디어가 떠오르면, 여러 해 동안 계획을 다듬거나 구조적인 형태에 접근하는 것과 더불어 궁극적이고 필연적으로 그것을 발달시키고 정교화하는 과정이 놀랍게도 자연스럽게 일어난다. 아르놀트 쇤베르크Arnold Schöenberg는 이렇게 말했다. "작곡이란 기본 형태의 끊임없는 재현에 불과하다. 음악은 단지 주제로부터 오는 것, 주제로부터 흐르는 것, 그리고 주제로 돌아갈 수 있는 것이다."[5]

음악 아이디어가 나오는 음악적 저장소의 근원은 무엇일까? 20세기 또 다른 미국 작곡가 해럴드 샤페로Harold Shapero는 다음과 같이 말한다.

> 음악 지능은 대부분이 음색을 기억하는 과정과 관련되어 있다. 상당한 양의 다양한 음색을 경험하기 전까지는 그것이 창조적인 방식으로 작용하지 못한다……. 생리학적으로 손상되지 않았을 때 음악적 기억은 들리는 것의 대부분을 가리지 않고 무의식에 기억해두었다가 정확하게 재현해낸다.[6]

그러나 작곡가들이 표현해낸 작품들은 서로 같지 않다.

> 음악 지능의 창조적인 부분은…… 선택적으로 작동하고, 그것이 제공하는 음색 자료들은 변형되어 기존에 흡수했던 자료와 동일하게 된다. 변형되는 과정에서…… 기존에 기억되어 있던 음색은 생각하고 있던 정서적인 경험들과 결합된다. 그리고 이것이 연속적인 음의 체계 이상을 만들어내는 창조적 무의식의 작용이다.[7]

앞에서 살펴봤듯이 (초기에 주제가 어떻게 떠오르는지에 대해서는 아니지만) 작곡이 자연스러운 활동이라는 점에 대해서는 작곡가들이 같은 의견을 가지고 있다. 이렇듯 어떤 것이 음악이 아닌지에 대해서도 대부분 의견이 일치한다. 세션스는 언어가 작곡을 하는 데 어떤 역할도 하지 못한다는 것을 보여주기 위해 많은 애를 썼다. 작곡을 하는 도중 한 번씩 막힐 때, 그는 그의 어려움을 어린 친구들에게 이야기할 수 있었다. 하지만 이것은 작곡가가 해야 하는 것과는 전적으로 다른 방식이다.

> 나는 작곡하는 과정에 말words은 관련되지 않는다는 것을 이야기하고 싶다……. 친구들과 이야기를 나누는 것과 같은 말들은 내가 찾는 정확한 패턴을 찾는 데 아무런 도움이 되지 않았다……. 나는 단지 작곡을 하는 데 드는 생각들을 기술하기 위해 상상으로 들었던 정확하고 생생한 소리와 리듬을 나타내는 적절한 말들을 찾으려고 노력했을 뿐이다.[8]

스트라빈스키는 더 나아가 로버트 크래프트Robert Craft와의 대화에서 작곡은 행위이며 사고가 아니라고 얘기했다. 그것은 생각이나 의지의 행동으로 나타나는 것이 아니라 그저 자연스럽게 이루어진다고 했다. 그리고 쇤베르크는 쇼펜하우어Schopenhauer의 견해를 인용하며 "작곡가는 세상의 깊은 본질을 나타내며 마치 몽유병 환자가 깨어났을 때 자기가 무엇을 했는지 모른다고 하는 것처럼 그의 이성조차 이해할 수 없는 가장 심오한 방식으로 말한다"라고 했다.[9] 또한 그는 음악철학가들이 "그들의 이성조차 이해할 수 없는 말로 언어의 가장 디테일한 부분까지 번역하려고 한다"라며 혹평했다. 쇤베르크의 견해에 따르면 중요한 것은 음악적 자료다. 그리고 음율을 몰아내고 모든 음악을 숫자적 조직체계로 전환하고자 하는 이들이 음악 대신 숫자를 준다 해도 작곡가들이 작곡을 할 수 있는 것은 아니라고 보았다.[10]

"(음악) 지능으로 음악을 만들어내는"[11] 이러한 몇몇 사람들과 달리, 쉽게 작곡할 엄두를 내지 못하는 우리에게 그런 과정은 분명 먼 이야기로만 들린다. 아마도 연주자나 가수처럼 다른 사람이 쓴 곡을 연주하는 사람들, 혹은 지휘자처럼 한 작품을 책임지고 해석하는 사람들이 우리는 더 익숙할 수 있다. 그러나 코플런드는 음악을 듣는 기술과 음악을 만드는 것 사이에는 밀접한 관계가 있다고 보았다. 그는 다음과 같이 말했다.

> 똑똑한 청취자는 음악적 요소에 대해 잘 인식하고 무슨 일이 일어나는지 준비되어 있어야 한다. 그는 멜로디, 리듬, 하모니, 그리고 음색을 더욱 정확하게 들어야 한다. 그러나 무엇보다도, 작곡가의 생각을 뒤따라가기 위해 음악적 형태의 중요한 원리를 알아야 한다.[12]

음악가 에드워드 콘Edward T. Cone은 "적극적으로 듣는다는 것은 결국 간접적인 경험 같은 것이며, 세션스가 얘기한 '내적으로 음악을 재구성하는 것'에 영향을 받는다"라고 말한다.[13] 콘은 연주자의 임무에 대해 이렇게 제안했다. "적절한 연주는 곡 안에 리드미컬한 생기를 불어넣고 그것을 발견하게 함으로써 가장 잘 이루어진다."[14] 작곡가와 청중은 스트라빈스키가 언급한 것처럼 충분하게 하나가 되어야 한다.

> 내가 무언가를 작곡할 때, 듣는 사람들이 그게 뭔지 이해하지 못할 것이라고 생각하지 않는다. 나는 음악의 언어를 사용하며, 나의 음악적 진술은 나와 동시대인들이 만드는 음악을 따르는 뮤지션들에게 분명하리라 본다.[15]

음악을 다루는 많은 이들 중에는 새로운 양식을 시도하는 아방가드르* 작곡가들부터 자장가(혹은 다른 기본 수준의 음악)를 이해하기 시작하는 초보 청중들까지 다양한 사람들이 있다. 이런 다양한 계층에 있어 듣는 것보다는 연주하는 것이, 연주하는 것보다는 작곡하는 것이 더 어렵다고 하는, 어려움의 층위가 있다. 이는 여기서 논의하고 있는 고전음악들이 포크송 같은 음악적 형태보다 더 이해하기 쉽지 않다는 것과 마찬가지다. 그러나 음악적 경험에 참여하는 모든 사람들에게는 공통된 중요한 핵심 능력들이 있다. 이러한 핵심 능력들은 어떤 종류의 음악과도 자주 접하는 평범한 사람들에게서도 발견된다. 그러한 핵심 음악 능력의 발견을 지금부터 살펴보도록 하자.

* 전위파 예술로 20세기 초 프랑스와 독일을 중심으로 자연주의와 의고전주의에 맞서 일어난 예술 운동(두산백과)._옮긴이

음악 지능의 요소들

음악의 주요 구성 요소에 관해서는 비교적 의견이 일치하지만, 각 요소의 정확한 정의에 대해서는 전문가마다 의견이 다를 수 있다. 가장 중요한 것은 음정(혹은 멜로디), 그리고 리듬이다. 소리는 특정한 가청 주파수에 의해 전달되며 미리 정해진 방식에 따라 집단화된다. 예를 들어 1/4 박자를 사용하는 동양에서는 음정이 더욱 중요한 요소인 반면, 리듬의 비율이 어지러울 만큼 복잡한 간격까지 사용하는 사하라 사막 이남의 아프리카에서는 리듬을 상대적으로 강조한다. 전체 음악의 어떤 부분은 음악이 전개될수록 음정 간 관계가 수평적인 반면 어떤 부분은 수직적이어서, 동시에 두 개 혹은 그 이상의 소리가 방출되는 효과를 내 하모니를 이루거나 불협화음을 낼 때도 있다. 음정과 리듬 다음으로 중요한 것은 음의 독특한 특성인 음색이다.[16]

음악의 이러한 중요하고 핵심적인 요소들은 음악의 정의에 있어 듣기의 역할이 무엇인지를 묻게 한다. 청각이 모든 음악 경험의 핵심적 요소임은 분명하며, 이 주장에 반대하는 사람은 없을 것이다. 그러나 마찬가지로 음악의 중요한 한 측면인 리듬의 구조rhythmic organization가 청각적 감각auditory realization과 별개로 존재한다는 것 역시 분명하다. 사실 청각장애를 가진 사람이 음악적 경험을 시작하는 지점이 그들이 말하는 음악의 리듬적인 측면이다. 스크리아빈Scriabin 같은 작곡가들은 그들의 작품을 색깔 있는 형태의 리듬으로 '번역'함으로써 음악의 청각적인 면을 과소평가하며, 스트라빈스키 같은 작곡가들은 음악이 관현악단이나 무용수에 의해 연주되는 것과 같이 시각적 경험을 강조한다. 따라서 그것은 아마도 음악적 경험의 어떤 측면들은 심지어 청각적으로(혹은 다른 이유로) 감상할 수 없는 사람들까지도 접근할 수 있다고 말하는 것이 타당하겠다.

많은 전문가들은 음악의 정서적인 측면도 중요한 요소로 본다. 세션스는 이렇게 말했다. "음악은 그때의 소리 변화에 의해 좌우된다……. 음악을 원하고, 즐기고, 심지어 사랑하는 사람들에 의해 만들어진다."[17] 감상적인 면이 거의 없다고 알려진 쇤베르크 또한 이렇게 말했다.

> 음악은 음의 연속체이며, 이러한 음의 조합들은 귀에 기분 좋은 느낌을 주기 위해 유기적으로 조직되어 있는데, 여기서 지능의 역할은 매우 종합적이다……. 이러한 느낌은 우리 영혼과 감각의 신비한 부분에 영향을 주고…… 이러한 영향은 우리가 소망이 실현된 꿈나라 혹은 지옥을 살게끔 한다.[18]

영향력과 즐거움을 언급하면서 우리는 음악을 둘러싼 중요한 수수께끼와 맞닥뜨리게 된다. 딱딱한 실증적 과학의 관점에서는, 음색과 여러 작곡 형태를 알고 음악의 음색과 리듬적인 측면을 강조하기 위해서 음악을 순수하게 객관적이고 물리적인 용어로 묘사하는 것을 더 선호하는 것처럼 보인다. 하지만 다른 누군가에게는 다른 영향을 미칠 수 있으므로, 이런 설명이 한심한 오류를 범하지 않기 위해 주의할 필요는 있다. 사실 음악과 수학을 연관시키려는 지난 몇 세기 동안의 시도는 (만약 감정적인 힘을 부정하지 않는다면) 음악의 합리성을 강조하려는 공동의 노력으로 보인다. 그러나 음악과 밀접한 관련이 있는 어떤 사람도, (때때로 작곡가 혹은 연주자에 의해 어떤 감정을 모방하거나 소통하려는 신중한 시도인) 음악이 개인에게 미치는 정서적인 영향을 부정하지는 않는다. 다시 말해 만약 음악이 그 자체로 감정이나 정서를 전달하지 못한다면 그것은 어떤 느낌의 형태를 담고 있다. 이를 뒷받침하는 많은 증거가 있다. 소크라테스는 특정한 음악 선법musical modes과 인간의 특질 사이의 관계를 일찍부터 인정했는데, 예를 들면 이오니아 인Ionian과 리디아 인Lydian은 나태하고 부드러우며, 도리아 인Dorian과 프리지아 인Phrygian은 용기와 결단력을 가졌다고 생각했다.[19] 세션스는 이에 대해 다음과 같이 얘기했다.

> 음악은 분명히 순수한 감정인 공포심을 표현하지는 못한다. 그러나 음색, 강약, 리듬을 통해 끊임없이 움직임을 만들어냄으로써 공격적이고 심지어는 무시무시함을 느끼게 할 수 있다. 음악은 실망을 표현할 수는 없으나 천천히 저음을 향해 움직여 음악의 색조를 무겁고 어둡고 전체적으로 희미하게 표현할 수 있다.[20]

이러한 생각에 이의를 제기하며 스트라빈스키는 자신이 했던 유명한 말("음악은 어떤 것도 표현하는 힘이 없다")을 수정해 다음과 같이 말했다. "오늘 나는 다른 방식으로 설명하려 한다. 음악은 그것 자체를 표현한다……. 작곡가는 그의 느낌을 구현하고자 작업하며, 물론 음악은 감정을 표현하거나 상징화함으로써 이루어진다."[21] 실증적인 연구로 돌아가서, 심리학자 폴 비츠Paul Vitz는 다양한 연구를 통해 높은 톤은 청중에게 더 긍정적인 영향을 불러일으킨다는 것을 증명했다. 그리고 '냉담한' 연주자들은 그들이 연주한 차갑고 냉랭한 곡에 깊이 영향을 받은 사람들로부터 자기들의 장례식에서 연주해주기를 요청받기도 한다. 이러한 사례의 공통점은 과학자들이 음악의 신경학적 근거 효과, 매력, 지속성에 대한 이유를 밝히고자 할 때 정서적이고 동기적인 요소가 순수하게 감각적인 요소와 얼마나 밀접한 연관을 가지고 있는가를 설명하게 될 것이라고 주장한다.[22]

이러한 중요한 능력을 알게 되면서, 심리학자들은 음악적 패턴들이 인식되는 메커니즘을 측정하려고 노력해왔다. 지난 몇 년간, 음악의 심리학적 연구는 현저하게 다른 두 가지 접근 방식으로 진행되어왔다. 더 일반적인 학파는 음악을 연주하면서 맞닥뜨리는 상황적 지식은 없이 실험 대상자들에게 준비된 연주를 들려주며 단순한 음색, 기본적인 리듬 패턴, 그리고 다른 단위의 음악적 기본 구성 요소를 처리하는 개인의 방식을 측정하는 '상향식bottom-up' 접근이다. 대상자들은 두 개의 음 중 어떤 것이 높은지, 두 개의 리듬 패턴은 같은지 다른지, 두 개의 음이 같은 악기에서 연주된 것인지 아닌지 등을 표시하도록 요구받는다. 이러한 연구를 수행할 수 있도록 하는 정확성은 실험적 연구가들에게 매력 있는 부분이다. 그러나 음악가들은 종종 인간이 일반적으로 만나게 되는 더 큰 음악적 실체에 반해 이렇게 인위적인 방식으로 얻어진 결과의 타당성에 의문을 제기해왔다.

음악의 구성 조각으로 음악을 만들 수 있다는 것에 비판을 가하는 이들은 피험자들에게 음악적 한 부분 혹은 적어도 완전한 음악 한 단락을 들려주면서, '하향식top-down' 음악 인지 접근 방식으로 나아갔다. 이러한 연구들 중에서는 음악의 더욱 광범위한 특성에 대한 반응(그것이 더 빠른가 느린가, 소리가 더 큰가 부드러운가?)과 음악의 은유적인 특성(그것이 무거운가 가벼운가, 의기양양한가 비극적인가, 혼잡한가 여유로운가?)을 측정하기도 한다. 이러한 접근은 타당성은 가지고 있지만, 실험의 통제 가능성과 분석의 민감성 측면에서는 일반적으로 어려움을 가지고 있다.

최근에 주목받고 있는 절충적middle ground 접근 방식은 어쩌면 필연적이고 가장 바람직할 수 있다. 이것의 목표는 (단순히 청각적인 것과 반대되는) 진정한 음악적 실체의 본질적 공통점을 가지고 있을 정도로 충분한 규모의 음악적 실체를 조사하는 것이다. 그러나 체계적으로 실험적인 조작을 허용하는 분석에 대해서 아직 충분히 수용하지 않을 수 있다. 이러한 맥락의 연구는 일반적으로 분명한 조key나 명백한 리듬을 가진 간단한 작품이나 불완전한 부분을 대상자에게 들려주는 것을 포함한다. 대상자들은 완성본과 다른 것을 비교하거나, 같은 조 혹은 리듬의 패턴으로 같은 작품을 모으거나, 혹은 그들 방식으로 완성본을 만들어내도록 요구받는다.[23]

그러한 연구는 대부분의 순진한(혹은 대부분 장애를 가진) 대상자들 외에는 음악 구조에 대해 무언가를 느꼈음을 보여준다. 즉, 특정한 조의 작품을 들으면 그들은 어떤 종류의 엔딩이 더 적절하고 부적절한지를 판단할 수 있으며, 어떤 리듬의 작품을 들으면 비슷한 리듬의 다른 곡들과 함께 모을 수 있고 혹은 적절하게 리듬을 재완성할 수도 있다는 것이다. 적절한 음악 교육을 많이 받았거나 음악적 감성이 풍부한 사람들은 조를 만드는 관계(으뜸음과 딸림음 혹은 버금딸림음의 관계), 조 사이의 관계를 이해하고 조바꿈이 적절한지를 이해할 수 있다. 예를 들어 한 구절이 이전과 반대되는 형태로 표현될 때 이를 알아차리듯이 그들은 음악 형태의 특성에 대해서도 민감하다. 음계scales는 분명한 구조를 가진 음의 연속체로 만들어지며, 여기에는 끄는 음, 쉬는 음, 강조음cadences과 같은 다른 음악적 특성들도 포함된다. 가장 일반적인 수준의 사람들도 음악을 들을 때 음악적 감각으로 프레이즈phrase를 완성하는 기본적인 능력과 마찬가지로, 제대로 구조화된 작품의 구나 부분은 어떠할 것이라는 기대인 '도식schemas' 혹은 '틀'을 가지고 있는 것처럼 보인다.[24]

언어에 대한 비유가 여기에 적합할 것으로 보인다. 언어를 기본적인 음운론적 수준부터 어순과 단어의 의미, 이야기 같은 더 큰 본질을 이해하는 능력까지 여러 단계로 파헤쳐 이해하는 것처럼, 음악의 영역에서도 마찬가지로 개인의 음이나 구에 대한 감각을 측정하는 것 뿐 아니라 어떻게 이러한 것들이 그들만의 법칙을 가진 작품을 보여주는 더 큰 음악적 구조로 어우러지는지를 보여준다. 분석의 이러한 다른 단계들이 시 혹은 소설 같은 문학 작품을 낳는 데 필요한 것과 마찬가지로, 음악 작품에 대한 이해 역시 부분적 분석을 할 수 있는 능력인 '상향식' 방식과 함께 게슈탈트 Gestalt 학파의 '하향식' 도식화를 필요로 한다. 점차 음악 연구자들은 마치 스킬라Scylla*와 카리브디스Charybdis** 사이에서 놓인 오디세우스처럼, 세부적이고 장식적인 것에만 관심을 쏟거나 혹은 전체적인 형태만을 중점적으로 고려하는 방식에서 벗어나, 이러한 단계의 각 측면을 고려해 최종 분석에 통합하기 위해 애쓰는 분석 방식을 선호한다. 미래에는 아마도 음악 영역의 전망을 평가하는 책임을 가진 사람들은 음악 지능에 대한 이러한 절충적인 접근으로부터 결과를 끌어낼 수 있을 것이다.

음악적 능력의 발달

20세기 초 유럽에서는 음악적 능력을 포함한 아동의 예술적 능력의 발달에 상당한 관심이 있었다. 이 장 서두에 제시한 짤막한 글은 75년 전 비엔나를 잘 설명하는 것처럼 보인다. 다른 이들도 추측할 수 있듯이 이러한 관심은 대서양을 건너지 못했다. 따라서 우리 사회에 있어서 음악적 능력의 정상적인 발달에 대한 연구뿐

---

* 그리스 신화 중 메시나 해협 암벽에 살고 있는, 상체는 아름다운 여성의 모습이고 하체는 여섯 마리 개의 머리와 열두 개의 다리가 붙은 괴물의 일종._옮긴이

** 바닷물을 들이켰다가 뱉어내면서, 하루에 세 번 산처럼 거대한 소용돌이를 일으켜서 배를 난파시킨다는 괴물._옮긴이

아니라 다른 사회에 있어서의 음악성 발달에 대한 연구도 거의 없었다.

그럼에도 불구하고, 최소 조기의 음악적 능력에 대한 대략적인 설명은 제시할 수 있다. 유아기의 일반 아동은 옹알이뿐만 아니라 노래도 한다. 이들은 소리를 내고, 높낮이가 있는 패턴을 만들 수 있으며, 심지어 타인이 부른 음정이나 운율 패턴을 모방할 수 있다. 최근 메흐틸트 파푸제크Mechthild Papoušek와 하누스 파푸제크Hanus Papoušek가 주장한 바에 따르면, 생후 약 2개월의 유아는 엄마가 부르는 노래의 음정, 세기, 멜로디의 흐름을 맞출 수 있고, 4개월에는 리듬 구조를 맞출 수 있다. 이들은 유아가 핵심 언어 속성에 민감한 것 이상으로 음악적 속성을 잘 잡아내는 성향을 가지고 있으며, 창의적이거나 생산적인 속성을 명확하게 나타내는 소리 놀이에 참여할 수 있다고 주장했다.[25]

생후 18개월의 아동은 그들의 음악적 삶에 중요한 전환을 맞이한다. 이들은 처음으로 2도, 단3도, 장3도, 4도와 같은 음들의 좁은 간격, 즉 사이음들을 내기 시작한다. 또한 기록하기는 어려운 즉흥적인 노래를 만들고, 머지않아 〈맥도날드 아저씨의 농장Old MacDonald Had a Farm〉에서 '이야-이야-오'나 〈즐겁게 춤을 추다가〉의 '그대로 멈춰라'와 같이* 주변에서 듣던 친숙한 노래의 일부('특징적인 부분')를 부르기 시작한다. 약 1세까지는 즉흥적인 노래와 친

* 원문에서는 〈Ring Around the Rosie〉의 'All fall down'을 예로 들고 있지만, 국내 독자들의 이해를 돕기 위해 한국적인 예로 바꾸어 제시했다._옮긴이

숙한 노래의 '특징적인 부분' 사이에 약간의 긴장이 존재하기는 하지만, 3세에서 4세 정도에는 친숙한 멜로디보다 설명이 가능한 소리 놀이(즉흥적인 노래)가 주를 이루게 된다.[26]

어린 아동들은 노래를 배우는 과정에서 언어보다 훨씬 더 현저한 개인차를 보인다. 2세 또는 3세의 일부 아동들은 노래의 대부분을 부를 수 있지만(이들은 자폐아동을 연상시킨다), 대부분은 대략적인 음정만 낼 수 있고(일반적으로 리듬과 가사는 쉬운 편이다), 5세에서 6세까지도 정확한 멜로디의 흐름을 만들어내는 데 어려움을 느낄 수도 있다. 그럼에도 우리 문화의 학령기 아동 대부분은 노래가 무엇이라는 것에 대한 도식schema과 익숙한 노래를 비교적 정확하게 복제하는 것에 대한 도식을 가지고 있다.

비범한 음악적 재능이나 특수한 기회를 가지고 있는 아동을 제외하고, 학령기가 시작된 이후에는 약간의 음악적 발달만 일어난다. 분명한 것은 아동의 음악 레퍼토리가 늘어나고, 더 높은 정확성과 표현력을 가지고 노래를 할 수 있게 된다는 것이다. 많은 아이들은 악보를 읽을 수 있게 되면서 연주를 비판적으로 평가하고, '소나타 형식'이나 '2박자 계열' 같은 음악적 형식 분류를 사용하기 위한 음악적 지식 또한 향상된다. 언어의 경우 학교에서 지속적인 언어적 성과가 강조되는 반면, 음악은 우리 문화에서 상대적으로 중요하지 않게 여겨지기 때문에 음악적 무학無學이 용인된다.

비교적인 관점으로 세계를 바라본다면 훨씬 더 다양한 음악적 궤도가 나타나는데, 그 극단적인 예는 나이지리아의 아낭Anang족에서 찾아볼 수 있다. 이 부족의 어머니들은 생후 1주 유아들에게 음악과 춤을 접하게 하고, 아버지들은 작은 북을 만든다. 두 살이 된 아이들은 노래, 춤, 악기 연주를 포함해 많은 기초 문화적 기술을 배울 수 있는 집단에 참여한다. 5세 즈음까지 아낭족 아동들은 몇백 곡의 노래를 부르고, 다양한 타악기를 연주하고, 복잡한 움직임을 포함한 많은 춤을 출 수 있다.[27] 북부 트란스발Transvaal*의 벤다Venda족 아동들은 음악에 대한 운동 반응을 가장 먼저 시작하지만 노래를 부르려는 시도는 하지 않는다.[28] 세네감비아Senegambia**의 전통 음악가들인 그리오들Griots***은 몇 년간 도제교육을 필수적으로 받아야만 한다.[29] 몇몇 문화에서는 큰 개인차가 나타나는데, 가나의 에웨Ewe족****은 음악적 재능이 없는 사람들을 바닥에 눕히고 음악 장인이 위에 걸터앉아 리듬을 두들겨 그들의 몸과 영혼에 리듬을 넣는 반면, 앞서 언급한 아낭족은 모든 인간이 음악적 능력을 가지고 있다고 주장한다. 그러나 아낭족을 연구한 인류학자들은 이 집단의 주장이 음악적 능력이 없는 구성원들을 고려하지 않았다고 말한다. 일부 동시대 문화에서는 음악적 역량이 매우 높이 평가된다. 예컨대 중국, 일본, 헝가리에서는 아동들이 노래를 할 수 있는 능력뿐 아니라 가능하다면 악기 연주 능력 또한 갖추기를 기대한다.

* 남아프리카 공화국 북동부의 주._옮긴이

** 세네갈 강과 감비아 강 사이의 지역._옮긴이

*** 서아프리카의 세습 음악가의 일족을 가리키며, 음유시인이라고도 한다. 관혼상제에 부름을 받아 연주하기도 하고 궁정악사로 일하기도 한다(파퓰러음악용어사전 & 클래식음악용어사전, 삼호뮤직)._옮긴이

**** 가나 토고 및 베냉에 사는 흑인의 한 부족._옮긴이

음악 능력에 대한 우리의 이해는 음악가이자 매사추세츠공과대학교MIT의 발달심리학자인 진 뱀버거Jeanne Bamberger에 의해 현저히 향상되었다. 뱀버거는 피아제의 연구 논리에 따라 음악적 발달을 분석하고자 했지만, 음악적 사고는 그것만의 고유한 규칙과 제약을 수반하기 때문에 언어 또는 논리수학적 사고에 동화될 수 없다고 주장했다.[30] 그녀는 일관된 연구의 흐름을 추구하면서, 음악 영역에 존재하는 보존 형태가 고전적인 물리적 보존 형태와는 상호 교환적이지 않다는 것을 입증했다. 예컨대 어떤 아동은 특정한 종소리와 그 종소리를 만들어낸 종을 구분하지 못하고, 많은 종이 같은 소리를 낼 수 있다거나 다른 장소로 옮겨진 종이 여전히 같은 소리를 낸다는 사실을 인식하지 못한다. 그렇지만 이 아동은 하나의 노래에 대한 두 개의 연주가 완벽하게 동일하지 않음을 인식할 수 있다. 이러한 논증은 음악에서의 '같다same'라는 개념이 수학 분야에서와는 다른 의미를 지닌다는 사실을 강조한다.

뱀버거는 '노하우konw-how' 대 '노댓know-that'에 대략 부합하는, 음악의 상반되는 두 과정을 말하고 있다. 형상적figural* 접근에서, 아동들은 주로 소리가 큰지, 부드러운지, 빠른지, 느린지와 같은 선율 단편의 전반적 특징에 주의를 기울이고, 일련이 음들이 하나로 잘 어우러져 주변과 분리되는 것과 같은 '감각적' 특성에 주목한다. 이러한 접근은 직관적이며, 음악에 대한 어떠한 이론적 지식과도 무관하게 오롯이 들리는 것에만 의지한다. 반대로, 사고의 '구

* 미학적, 감정적, 신체적 반응을 포함하여 음악에 대해 이해를 표시하는 방법._옮긴이

체적 양식formal mode'을 가진 아동은 자신의 음악적 지식을 규칙적인 지식으로 개념화한다. 음악에 대한 체계적이고 명제적 지식을 갖춘 아동은 각 마디에서 무슨 일이 일어나고 있는지 이해할 수 있고, 박자를 고려해 각 패시지passages*를 분석할 수 있다. 따라서 이 아동은 각 마디에 포함된 박자의 수를 고려해 패시지를 이해할 수 있을 뿐 아니라, 박절에 따라 나타나는 특정 리듬의 패턴 또한 이해할 수 있다.

궁극적으로 우리 문화에서 음악 능력을 얻고자 하는 개인은 형식적 음악 분석과 표현을 습득해야 한다. 그러나 '음악에 대한 지식'을 얻기까지는 상당한 노력이 뒤따른다. 최초의 전체적 양식의 과정에 따라 자연스럽게 얻어진 직감적 지식을 구체적, 형식적 지식에 의거해 분석하고 분리하려고 하면 전체적인 직감은 감퇴한다. 즉, 전체적 직감에 의거한 지식을 덮어버리게 되는 것이다.

사실 전체적 양식과 형식적 양식 사이의 충돌은 어린 음악가의 삶에 위기가 될 수 있다. 뱀버거에 따르면, 영재라고 여겨지는 아동은 음악을 전체적인 직감으로 이해하는 것에서 시작한다. 그러나 어느 순간부터는 이러한 직감적 이해를 좀 더 음악의 형식과 학문에 대한 체계적 지식으로 대체할 것이 요구된다. 특히 주로 직감에 의존하던 아동은 음악적 사건의 기본적 지식(언어적, 수학

* 넓은 의미로는 악곡의 짧은 부분을 말하며, 그 경우 악곡 구조와 별로 관계없이 이렇게 말하는 경우도 많다. 좁은 의미로는 경과구, 즉 악곡 구조상으로는 중요 악상들 사이에 나타나는 교량 부분을 말한다(파퓰러음악용어사전 & 클래식음악용어사전, 삼호뮤직)._옮긴이

적)에 대해 저항감을 느낀다. 그전에 직감적으로 알았던 것을 의식의 수준으로 끌어올리는 것이 어린아이에게는 쉽게 용납되지 않는다. 청소년기의 영재들은 14~18세 즈음 소위 '사춘기midlife crisis'를 경험하는데, 이 위기가 성공적으로 다뤄지지 않으면 이들은 음악적 삶을 살아가지 않을 것이다.

어린 음악가에 대한 발달의 패턴을 가정해볼 수 있다. 아동은 8세에서 9세까지 온전한 재능과 에너지를 기반으로 발달하는데, 이것은 어린 문학가 사르트르를 연상시킨다. 아동은 민감한 음악적 귀와 기억 덕분에 쉽게 악보를 익히고 그가 가진 기술적 능력에 찬사를 받지만, 이를 위해 과도한 노력을 쏟지는 않는다. 학교생활이나 친구관계를 방해할 정도로 심각하게 연습을 하는 나이는 9세 정도다. 음악적 경력을 위해 다른 가치들이 보류되어야 한다는 사실을 깨닫기 시작하는 이때가 바로 첫 번째 '위기'다. 두 번째, 그리고 더욱 중요한 위기는 이른 청소년기에 발생한다. 지식의 전체적이고 형식적 방법 사이에서 충돌에 직면함과 동시에, 아동은 정말로 자신의 인생을 음악에 헌신하고 싶은지를 스스로 질문해야만 한다. 이전에는 야심찬 교사와 부모의 의견을 따라왔다면, 이 시점의 아동은 본인이 정말 음악을 하고 싶은지, 아니면 자기 존재의 가장 중요한 다른 무엇을 표현하기 위해 음악을 이용하고자 하는지, 또는 운이나 추가적 음악 요인들(인간친화 능력)이 결정적으로 작용할 수 있는 불투명한 미래를 위해 다른 기쁨과 가능성들을 기꺼이 희생할 수 있는지에 대해 심각하게 고민해보아야 한다.

음악적 재능을 가진 아동들에 대한 나의 논의는 가족이나 지역사회에서 선발된 소수 집단의 아동들과 관계가 있다. 이들의 가치가 인정되고 이들을 위한 훈련 방법들이 변하기 위해서 얼마나 많은 사례가 필요한지는 알 수 없으나, 내가 서두에 제시한 짤막한 글은 이에 대한 암시적 단서를 제공한다.

일본의 위대한 거장 스즈키는 많은 아동이 아주 어린 나이에도 매우 훌륭하게 (서양의 기준에 따라) 악기 연주를 할 수 있음을 보여주었다. 물론 이들의 대부분이 연주가가 되는 것은 아니며, 스즈키 역시 이러한 결과에 전혀 연연하지 않는다. 그의 목적은 아동들을 명연주자로 만드는 것보다 특성을 훈련하는 것에 있었기 때문이다. 스즈키의 제자들은 스스로 프로그램에 참여했다. 이들 대다수가 (그리고 다른 문화권의 '스즈키 훈련을 받은 아동들'이) 보여준 놀라운 연주 실력은 이 프로그램이 미국에서 적용되고 있는 현재의 프로그램들보다 더 효과적일 수 있다는 것을 나타낸다. 특정 문화집단에서 뛰어난 노래 실력을 가진 사람들(헝가리 사람들은 코다이 교수법이나 나이지리아 아낭족의 영향을 받았다), 그리고 러시아 유태인 바이올리니스트나 인도네시아 발리 섬의 전통음악 연주단Balinese gamelan의 뛰어난 악기 연주 능력은 음악적 성취가 엄격하게 타고난 능력만을 반영하는 것이 아니라 문화적 자극과 훈련에 민감하다는 사실을 보여준다.[31]

다른 한편으로, 충분하거나 풍부한 유전적 배경을 가진 인간의 성취 영역이 있다면 음악이 가장 적절한 영역일 것이다. 바흐, 모차르트, 하이든 가家처럼 음악이 한 집안에서 대대로 이어지는 것이 이와 관련된 증거지만, 이들의 경우는 비유전적인 요인(가치체계나 훈련 과정 같은) 또한 똑같이 영향을 미쳤을 것이다. 아마도 더 설득력 있는 증거는 (음악적인) 가정 환경이 아님에도 처음부터 노래를 잘하고, 많은 노래를 인식하고 기억할 수 있고, 피아노와 다른 악기를 통해 멜로디를 찾아낼 수 있는 아동이 존재한다는 사실일 것이다. 아주 작은 음악적 자극조차도 결정적인 경험이 될 수 있으며 이들이 정식 훈련을 받는다면 매우 빠른 속도로 기술을 습득할 것이다. 비고츠키가 표현한 것처럼 이들은 잠재적 발달의 넓은 영역을 나타낸다.[32] 음악의 흐름을 정확하게 듣고 기억하고 습득하는 (그리고 결국 생산하는) 일은 상당한 유전적 성향이 발현되는 것으로 간주하는 것이 타당해 보인다. 자폐 아동과 어린 작곡가들은 모두 음악의 영역에 있어 상당한 유전적 잠재력을 보인다고 할 수 있다.

자신의 능력을 세계적으로 알린 20세기의 명예로운 피아니스트 아르투르 루빈스타인Arthur Rubinstein에게서 그 극단적 예를 찾아볼 수 있다. 루빈스타인은 자신이 '음악적 재능을 가진 사람이 전혀 없는 집안'에서 태어났다고 말했다. 폴란드에서 유년기를 보낸 그는 어릴 때부터 공장 사이렌 소리, 오래된 유태인 노래, 그리고 아이스크림 장수의 외침을 포함한 모든 종류의 소리를 사랑했다. 그는 말하는 것을 거부하면서도 노래 부르는 것에는 전혀 거리낌이 없어 가족들에게 엄청난 기쁨을 주었다. 그의 능력은 즐거움을 주는 일로 발휘되어 모두들 그의 노래를 들으려 했다. 한편 그는 목소리만 듣고도 누군지를 알곤 했다.[33]

루빈스타인이 세 살 때 그의 부모는 형들에게 피아노를 가르치려고 피아노를 한 대 구입했다. 이때 루빈스타인의 실력은 엄청나게 발전했다. 그는 피아노를 배우진 않았지만 놀라운 재능을 보여주었다.

> 응접실은 나의 천국이었다……. 나는 반은 재미 삼아, 반은 진지하게 건반의 이름을 익혔고, 피아노를 등진 채 코드만 듣고서 이를 구성하는 음들을 알아맞혔다. 불협화음도 말이다. 그때부터 복잡한 건반을 완전히 익히기 위해 단순히 '놀이'를 했는데, 나는 곧 한 손으로, 이후에는 양손으로 들리는 모든 노래를 연주할 수 있게 되었다……. 이 모든 일들은 할아버지, 삼촌, 이모를 포함해서 음악적 재능을 가진 사람이 전혀 없는 집안사람들에게 인정을 받을 수밖에 없었다……. 세 살 반이 되자 내 능력이 너무나 분명해졌고 가족들은 이러한 나의 재능을 위해 무엇이든 해줘야겠다고 결심했다.[34]

루빈스타인의 가족은 이 영재를 요제프 요아힘Joseph Joachim에게 데려갔다. 요아힘은 19세기를 통틀어 가장 저명한 바이올리니스트이자 어린 루빈스타인의 비범한 능력을 알아보고 위대한 음악가가 될 것이라 선언한 사람이다.[35]

타고난 재능을 가졌다고 해서 그에 맞는 음악적 성취가 뒤따르는 것은 아니다. (타고난 재능을 가졌다고 추정되는) 열 명의 음악 영재가 있다면 그중 몇몇은 중간에 음악을 중단하기도 하고, 또 몇몇은 열심히 노력하지만 음악적으로 높은 수준의 성취를 이루지 못한다(심지어 루빈스타인조차 자신의 재능과 음악에 대한 의지에서 몇 차례 위기에 직면했었다). 분명 운이 작용하기도 하겠지만 동기, 성격, 그리고 기질은 일반적으로 결정적인 것이라 여겨진다. 우리 문화에서 음악가란 단순히 기술적으로 능숙한 것을 넘어서야 한다. 확실한 연주자가 되기 위해서는 음악을 해석할 수 있고, 작곡가의 의도를 파악할 수 있으며, 자신의 해석을 인식하고 표현할 수 있어야 한다. 우리 시대의 선두적인 피아니스트 루돌프 제르킨Rudolf Serkin은 다음과 같이 이야기했다.

> 이반 갤러미안Ivan Galamian(20세기 중반의 선두적인 바이올린 교사)은 10세에서 12세에 바이올린을 시작해야 한다고 했다. 나도 이에 동의한다……. 이 나이에 기질이나 성격을 알 수는 없지만…… 재능이 있다는 것은 충분히 알 만한 연령이다. 만약 그들이 엄청난 무엇으로 발전할 수 있는 어떤 기질을 가지고 있다면 말이다. 만약 그것이 사실이 아니라도 그들은 바이올린을 잘 켤 것이다.[36]

일부 연주자들은 태어나서 10세가 되기 전에 작곡을 시작하지만, 거의 모든 작곡가들은 연주자로서 음악적 삶을 시작한다(세계적인 수준의 작곡가는 재능이 있든 없든 그렇게 되기까지 적어도 10년이라는 세월이 걸린다). 연주자가 작곡가가 되는 비율은 낮은데 왜 이들에 대한 연구는 이루어지지 않는 것일까? 이를 결정하는 긍정적 요인들(성향과 기술)뿐 아니라 부정적 요인들(부끄러움, 어색함)이 있는데도 말이다. 이 질문에 답하기 위해 진행한 연구를 통해서 나는 하나의 공통된 주제를 발견했다. 이후 작곡가가 된 사람들은 10~11세에 이르러 자신들이 연주하는 곡을 시험하고 다시 쓰고 변형하고 음조를 바꾸는 등 사실상 곡을 분해할 수 있다. 실제로는 더 이른 시기에 그런 일을 하기도 한다. 이고리 스트라빈스키는 그가 들은 화음을 상기시키려 "피아노 앞에 가자마자, 나는 더 좋은 화음 진행을 발견했다. 이미 나는 작곡가였던 것이다."[37] 스트라빈스키처럼 장래성 있는 작곡가는 단순히 악보 그대로 잘 연주하는 것보다는 그 음악을 변화시키는 데서 더 큰 기쁨을 느낀다.

여기서 성격은 모든 가능성을 통틀어 매우 결정적인 역할을 한다. 작곡의 기쁨은 연주를 통해 얻는 기쁨과는 다르다. 창조하고 분석하고, 작곡하고 분해하고자 하는 욕망은 음악을 단순히 해석하거나 연주하고자 하는 동기와는 다르다. 초기에 싹트기 시작한 생각을 순간적으로 이해하고, 그것을 탐구하고 인식하며, 감정적이고 개념적인 면들을 엮어내는 작곡가는 시인을 연상시킨다.

나의 논의는 르네상스 이후 서구문명의 일부에 편향되어왔다. 중세시대에 연주자와 작곡가는 숭배의 대상이 되지 못했는데, 사실 많은 문화권에서도 작곡과 연주가 뚜렷하게 구분되는 것은 아니었다. 연주자는 해석가이자 작곡가였는데, 그들은 자신이 연주하는 곡을 계속 조금씩 변형시켜 결국 하나의 작품을 만들었다. 하지만 그들은 자신이 타인에게 '작곡가'로 인식되는 것을 의식적으로 피했다. 문화 간 비교 연구는 음악 창작에 대한 입장이 다양함을 말해준다. 다음과 같은 예들이 그 근거가 된다. 이를테면 콩고의 바손지Basongye 사람들은 새로운 음악을 창작하는 개인의 역할을 불편하게 여기는 반면, 인디언들은 그들이 전통의식을 행할 때 작곡에 대한 공을 인정하고, 그린란드의 에스키모인들은 논쟁을 할 때 상대에 관한 노래를 만들어 가장 잘 전달하는 사람을 우승자로 인정해주기도 한다고 한다.[38] 우리는 다른 문화권 사람들이 비틀스의 존 레넌John Lennon이 어린 시절에 했던 이런 생각을 할 것이라고 확신할 수 없다.

> 나와 같은 사람들은 8, 9, 10세에 소위 천재라고 불린다……. 나는 늘 궁금했다. '왜 여태까지 그 누구도 내 재능을 발견하지 못했을까? 학교에서 선생님들은 왜 내가 다른 사람들보다 훨씬 뛰어나다는 것을 전혀 몰랐을까? 선생님들도 멍청한 걸까? 그들이 가르치는 것 중에 나에게 도움이 되는 것은 하나도 없었다.' 이것은 나에게 매우 분명해 보였다. 그들은 왜 나를 예술학교에 보내지 않았을까? 그들은 왜 나를 훈련시키지 않았을까? 나는 달랐다. 나는 항상 달랐다. 왜 아무도 그것을 알아채지 못했을까?[39]

음악의 진화 과정

음악의 진화적 기원은 베일에 싸여 있다. 많은 학자들은 언어적, 음악적 표현과 의사소통은 공통의 기원을 가지고 있었지만 수십만 년 전 혹은 백만 년 전에 분리되었다고 추측한다. 악기의 증거는 석기시대로 거슬러 올라갈 수 있는데, 음악은 노동 집단과 사냥 무리를 조직하고 종교 의식을 행하는 데 사용한 것으로 추정된다.[40] 그러나 이러한 영역에서 이론은 쉽게 만들어질 수 있지만 신빙성을 떨어뜨리기는 매우 어렵다.

언어와 관련된 문제에서는 활용될 수 없지만 음악의 개체 발생적 연구에서는 적어도 하나의 장점이 있다. 인간의 언어와 다른 동물의 의사소통 형식을 연결 짓는 것은 제한적이고 논쟁의 여지가 있지만, 동물의 왕국에서 인간의 음악과 아주 유사한 하나의 예를 찾아볼 수 있다. 그것은 바로 새의 노래다.

지능의 생물학적 기반을 논하면서 언급했듯, 최근 새의 노래 발달과 관련한 많은 것들이 새롭게 발견되었다. 이 책의 목적대로, 나는 다음과 같은 측면을 강조하려고 한다. 무엇보다 새의 노래 발달에 있어 다양한 발달적 패턴을 관찰했는데, 어떤 종들은 심지어 들을 수 없는 새들까지 모두 하나의 노래만 부르도록 되어 있었고, 어떤 종들은 다양한 환경적 자극에 따라 많은 방언을 하거나 다양한 노래를 부르기도 했다. 우리는 새들 사이에 타고난 요인과 환경적 요인이 놀랍도록 섞여 있다는 사실을 발견했다. 이것은 우리 인간 능력으로는 불가능한, 체계화된 활동이다.

이와 같이 상이한 경로들 안에서 최종적인 노래를 습득하는 하나의 정해진 과정이 있다. 이 과정은 서브송subsong*으로 시작해 플

* "구츄구츄" 하는 등의 불명확한 노래(다카하시 미키의 《십자매는 알고 있다》에서 참고)._옮긴이

라스틱송plasticsong*을 거쳐 각 종이 부르는 하나의 노래나 여러 노래를 습득하는 절차를 포함한다.[41] 이는 유아가 옹알이를 지나 주위에서 자주 들어오던 노래의 한 소절을 부르기까지의 발달 과정과 유사한데, 이것은 사소한 일이 아니라 인상적일 수 있다. 물론 인간의 노래는 가장 많은 노래를 부를 수 있는 새보다도 훨씬 범위가 넓고 다양하다. 또한 우리는 이 두 종들 사이에 존재하는 불연속성을 유념해야 할 것이다. 동시에 노래 발달에서 나타나는 음악적 지각과 행위의 유사한 측면들을 밝히는 실험이 활발히 진행되어야 할 것이다.

그러나 의심의 여지 없이, 인간 지능 연구의 관점에서 새가 노래하는 것의 가장 흥미로운 측면은 이것이 신경계에서 어떻게 표현되는가이다. 새의 노래는 동물의 왕국에서 일반적으로 얘기되는 기술의 몇 가지 안 되는 예들 중 하나로, 새의 왼쪽 신경계와 관련이 있다. 왼쪽 신경계의 병변은 새들이 노래하는 기술을 파괴하지만, 오른쪽 뇌의 병변은 노래 기술에 미치는 영향이 훨씬 적다. 새의 두뇌를 탐구하여 노래의 본질과 풍부함에 대한 명확한 실마리를 찾는 것 또한 가능하다. 같은 종 안에서도 잘 정리된 '노래 도서관library of songs'을 가진 새와 그렇지 않은 새가 존재하며, 새의 두뇌로 이 정보들을 읽을 수 있는지의 여부도 각 새에 따라 다르다. 새들의 노래도 계절에 따라 변하며, 이러한 변화는 계절의

* 소리가 명확해지고 꽤 잘 부르게 되지만 때때로 순서를 뒤바꾸는 등 아직은 불완전한 노래(다카하시 미키의 《십자매는 알고 있다》에서 참고)._옮긴이

변화에 따라 달라지는 신경세포의 확장이나 축소를 통해 관찰될 수 있다. 새가 노래하는 목적은 인간이 노래하는 목적과는 확실히 다르지만,[42] 핵심적인 음악적 구성 요소로 조직되어 있는 메커니즘은 인간의 음악적 메커니즘과 유사한 것으로 입증된다.

사실 인간과 새의 노래 사이에 직접적이고 계통발생적인 관계가 있는지를 판단하는 것은 어렵다. 청각-구강 활동을 완전히 분리해 설명할 수 있을 만큼 새와 인간은 너무 다르다. 영장류와 새들의 노래는 비슷한 점이 전혀 없어 보인다. 하지만 놀랍게도 다양한 종들이 만들어내는 소리는 같은 종 내에서는 이해될 수 있다. 인간의 노래는 다른 종들에서도 발견되는 능력들(예를 들어 특정 대상의 소리를 모방하는 것)과 인간만이 가지고 있는 능력들(예를 들어 절대적인 음감과 상대적 민감성, 또는 다양한 음악적 변형들을 감상하는 능력)을 모두 포함하는 것처럼 보인다.

인간의 음악과 언어 사이의 유사성을 이끌어내고자 하는 상당한 유혹이 존재한다. 이 두 영역의 자율성을 확립하기 위해서라도 나는 주저하지 않고 그 유사성을 이끌어내려 했다. 그러므로 여기서 이 두 영역이 분리되어 있다는 가설을 뒷받침할 수 있는 실험이 필요함을 강조할 수밖에 없다. 인간의 정상적인 뇌 그리고 뇌 손상을 연구한 학자들은 인간의 음악과 언어에 각각 쓰이는 과정 및 구조가 서로 다르다는 것을 증명해왔다.

이들의 연구를 통해 '상향식' 전통에서 음악 지각 심리학자들이 믿어왔던 것과는 달리 음이 이해되고 저장되는 경로는 언어의 과정과는 다르다는 사실, 즉 두 영역이 분리되어 있다는 증거가 발견되었다. 다이애나 도이치Diana Deutsch의 연구에서는 하나의 음을 기억하도록 한 다음 다양한 방해 자료를 제시했다. 중간에 방해되는 것이 다른 음일 경우 기억에 치명적으로 방해가 되는 것으로 나타났으나(40퍼센트의 오류), 끼어드는 자료가 숫자 리스트와 같은 언어일 경우 음악의 기억에 큰 영향을 미치지는 않는 것으로 나타났다(2퍼센트의 오류).[43] 연구자는 연구 결과에 놀랄 수밖에 없었다. 언어적 자료가 음악 자료를 방해할 것이라고 확신했기 때문에 거의 영향을 미치지 않는다는 결과를 믿기 어려웠던 것이다.

음악 지각의 특수성은 뇌졸중이나 다른 트라우마로 인해 두뇌가 손상된 이들을 연구함으로써 더욱 확실해진다. 실어증에 걸린 사람이 음악적 재능을 잃어버리는 경우도 있으나, 이 연구는 어떤 뚜렷한 음악적 손상 없이 실어증에 시달릴 수도 있고, 기본적인 언어적 능력을 유지하지만 음악적으로 장애가 올 수 있음을 말하고 있다.

진실은 다음과 같다. 언어적 능력은 정상적인 오른손잡이의 경우 좌뇌의 지배를 받는 반면, 음의 높이에 대한 민감성의 주 능력을 포함해 음악적 능력의 대부분은 정상인에게 있어 우뇌에 위치한다. 따라서 우전두엽과 측두엽의 손상은 음을 구별하고 정확히 재생하는 데 어려움을 야기하지만, 좌뇌에 상응하는 영역의 손상은 자연스런 언어에 큰 어려움을 야기하거나 일반적으로 음악적 재능에는 영향을 미치지 않는다.[44] 결국 우뇌에 질병이 있는 경우 음악의 이해에 어려움을 겪는 것처럼 보인다(실음악증은 실어증과 다른 장애다).

자세히 살펴보면 언어 지능에서 발견된 것보다 더 많은, 흥미진진하고 복잡한 양상이 나타난다. 언어 증후군이 문화를 불문하고 정형화된 것처럼 보이는 반면, 음악 증후군의 다양성은 같은 인종 내에서도 찾을 수 있다. 그런 이유로 모리스 라벨Maurice Ravel 같은 몇몇 작곡가들은 실어증에 걸린 후 실음악증에 걸렸지만, 다른 작곡가들은 실어증이 분명한데도 불구하고 작곡을 계속할 수 있었다. 러시아 작곡가 비사리온 셰발린Vissarion Shebalin은 중간 정도의 베르니케 실어증Wernicke's aphasia이 있는데도 매우 훌륭하게 작곡을 했고, 내가 동료들과 함께 수행한 연구의 대상자를 포함해 다른 여러 작곡가들도 그들의 작곡 기량을 그대로 유지했다.[45] 이와 비슷하게, 음악 연주를 지각하고 비판하는 능력은 우뇌 구조에 의존하는 것처럼 보이는 데 반해 어떤 음악가들은 좌측두엽 손상 후에 어려움을 보이기도 한다.

보통 정상적인 사람들의 음악적 능력은 우뇌에서 파생한다는 또 하나의 흥미로운 사실이 최근에 발견되었다. 예를 들어 음을 듣고 받아 적는 테스트에서 단어나 자음은 오른쪽 귀(좌뇌)에 들려주었을 때 더 쉽게 해냈고, (다른 환경적 소음 이외의) 음악적 음은 왼쪽 귀(우뇌)에 들려주었을 때 더욱 성공적이었다. 그러나 복합적인 요소가 있다. 이러한 테스트(혹은 더 복잡한 테스트)를 음악적 훈련을 받은 사람들에게 실시했을 때는 좌뇌의 효과가 증가한 반면 우뇌의 효과는 감소했다. 특히 음악적 훈련을 더 많이 받은 사람일수록 문제를 해결하는 데 우뇌보다는 좌뇌의 기능에 더 의존했다.

훈련으로써 뇌량腦梁, corpus callosum*을 거치면 음악적 능력이 향상될 수 있다는 실험은 아직 많이 알려져 있지 않다. 그 첫 번째 이유로, 그것은 모든 음악적 기술에서 발견되지 않았다. 예를 들어 해럴드 고든Harold Gordon은 심지어 음악가들도 음을 좌뇌보다 우뇌로 분석했음을 발견했다.[46] 또 다른 이유로, 훈련을 통해 좌뇌의 효과가 증대된 원인이 명확하지 않다. 실제 음악의 처리 과정이 초점을 바꾸었거나, 음악적 단편에 관한 단순한 언어적 접합이 좌뇌를 사용해 음악적 분석을 하도록 옮겨지는지도 모른다. 훈련되지 못한 음악가들이 완전히 '직감적figural' 처리 과정 능력에 의존할 때, 훈련된 음악가들은 '형식적formal' 언어적 분류화를 보조로 사용할지도 모른다.

그러나 여기에서 강조해야 할 것은, 놀랍게도 사람에게서 음악적 재능의 다양한 신경 표현이 발견되었다는 사실이다. 내 관점에서 이러한 다양성은 적어도 두 가지 요인에 근거를 두고 있다. 첫째, 사람들에게서 발견된 음악적 재능의 수준과 형태의 다양성이다. 사람들은 각각 그들이 할 수 있는 것이 매우 다르기 때문에 신경조직이 이러한 능력을 수행하는 방법 또한 다양할 수 있다. 둘째, 사람들은 다른 매개체와 방법을 통해 음악을 처음 접하고 더욱이 색다른 형태로 지속적으로 접한다. 따라서 보통 사람들이 처음으로 언어를 접할 때 다른 사람이 말하는 걸 들으면서 하듯이

* 좌우 대뇌 반구를 연결하는 신경 섬유 다발이 반구 사이의 세로 틈새 깊은 곳에 활 모양으로 밀집되어 있는 것._옮긴이

노래나 손으로 연주하는 악기, 입으로 연주하는 악기, 기보법記譜法 읽기, 음악 듣기, 댄스 보기와 같은 여러 방법을 통해 음악을 접할 수 있다. 신경조직에 의해 문자로 표현되는 것이 그 문화권에서 사용되고 읽히는 원고로 나타나는 것처럼, 신경조직에 의해 음악으로 표현되는 것은 그것을 만들고 연주하고 들을 수 있는 다양한 방법으로 나타난다.

신경조직에 의해 음악으로 표현되는 것이 다양하다면, 음악은 자율적인 지적 능력이라는 나의 주장은 어떻게 될까? 나의 견해로는 표현이 다양하다고 해서 내 주장의 설득력이 약해지지는 않는다. 한 개인의 음악적 능력이 왼손잡이의 경우 우뇌가 아닌 쪽의 지배를 받아 표현된다고 해서 그것이 음악적 능력이 아니라고 여기는 것은 타당하지 않다. 둘째로 중요한 것은 음악적 능력이 파괴되었을 경우 다른 것도 파괴될 것인가 하는 점이다. 내가 알기에는 어느 누구도 음악적 결여에 관한 관점이 언어적, 수치적 혹은 공간적 처리 과정의 다른 능력들과 어떠한 체계적 연관이 있다고 주장하지 않는다. 이러한 측면에서 음악은 언어와 같이 독립된 개체다.

마지막 분석으로 나는 개개인의 음악적 표현에 근본적인 규칙이 존재할지도 모른다고 생각한다. 음악이 전달되고 습득되는 도구, 개인이 갖는 훈련의 정도와 종류, 연주되는 음악적 과제의 종류를 모두 고려하면 이러한 동질성을 설명하기는 복잡하다. 다양성을 고려해볼 때, 동질성을 명확하게 확인하기 전에 우리는 많은 사람들을 통해 실험할 필요가 있을지도 모른다. 일단 우리가 음악적 능력의 다양한 형태를 연구하기 위해 적합한 분석 도구를 개선함으로써 음악적 능력이 언어보다 훨씬 한쪽 뇌에 지배되고 국한된다는 것을 발견할 수 있을지도 모른다. 결국 최근 연구에서는 좌측두엽이 언어 영역을 맡는 것처럼 우전두엽이 음악 영역을 맡는 것으로 의견이 모이고 있다.

독특한 음악적 재능

음악적 재능의 독특한 손상 유형이 나타난다는 것은 음악적 지능이 자율성을 가지고 있다는 가장 큰 증거다. 평범한 사람이 아니라면 그것의 선택적 보전과 조기 성숙은 다른 의미다. 앞서도 지적했듯이 특이하게 나타나는 음악적 적성은 실어증 같은 비정상적인 것의 부수적 현상이다. 사실 자폐 아동들의 놀라운 음악적, 청각적 성취에 대한 많은 문헌들이 있다. 또한 특이한 음악적 기술을 가진 서번트 증후군 아이들도 있다. 해리엇Harriet이라는 아이는 모차르트, 베토벤, 베르디, 슈베르트 등 여러 작곡가 스타일로 '생일 축하' 노래를 연주할 수 있었다. 흔치 않은 음악적 재능을 가진 영재 장애아들도 있다. 해리엇은 예를 들어 보스턴 심포니 오케스트라의 모든 구성원 간 개인차를 알고 있을 정도로 음악에 대한 열정을 보였다. 3세 때 그녀는 자기 엄마가 불완전한 멜로디로 연주하고 그녀를 부르면 적당한 옥타브의 적합한 음으로 연주를 완성시켰다. 문헌에 소개된 다른 아이들은 여러 악기로 연주된

수백 개의 음을 기억하거나 친숙한 멜로디를 골라낼 수 있다.[47]

정신지체 또는 실어증 아동은 음악이 장애의 바다에서 자기를 지켜주는 섬과 같아 음악에 더욱 집착한다. 이러한 고립의 표현은 일반 아동들이 음악 영역에서 대단한 재능을 보이는 것과 같이 긍정적 신호다. 어린 예술가에 관한 얘기들은 많다. 어떤 작곡가는 "나는 왜 사람들이 음을 인식하고 음악을 해석하는 데 어려움을 겪는지 이해할 수 없다. 그것은 내가 세 살 지나서부터 해오던 일이다."[48]라고 회상한다. 스트라빈스키는 그가 들은 최초의 음악을 기억하고 있다.

> 집 근처의 해군 군악대…… 근위기병을 따르는 군악대의 음악은 내 어린 시절에 매일 울려퍼졌고 튜바, 피콜로, 북 소리는 특히 나의 즐거움이었다……. 바퀴 소리, 말 소리와 마부의 채찍질 소리, 총성은 어릴 때 가졌던 내 꿈에 영향을 미쳤다. 나를 꿈꾸게 했다. 어쨌든 이러한 것이 어린 시절 우리 동네의 거리에 대한 첫 기억이다.[49]

스트라빈스키는 두 살 때 시골 여자들이 저녁에 들에서 집으로 오는 길에 아주 매력적이고 듣기 편한 노래를 했던 것을 기억한다. 그의 부모는 그에게 무엇을 들었냐고 물었다. 그는 그때의 기억을 이렇게 떠올렸다. "나는 농부들을 보았고, 그들이 노래하는 것을 들었고, 그들이 부르던 노래를 불렀다고 대답했다. 그러자 나의 기억력에 모두들 놀라고 감동을 받았으며, 아버지는 나에게 좋은 귀를 가졌다고 칭찬을 하셨다."[50]

또 다른 뛰어난 음악적 능력은 다른 문화권에서 연주에 관해 이루어진 여러 연구를 통해 엿볼 수 있다. 전통사회는 문화의 창조적 혁신이나 개인의 창의성은 중요시하지 않았으며, 문화의 한 부분을 익히고 참신한 방향으로 따르는 사람들을 중요하게 생각했다. 문자시대 이전의 문화에서는 음에 대한 천재적 기억력을 가진 사람들, 혹은 이야기에 대한 훌륭한 기억력을 가진 사람들이 있었다(사실 음악적 재능은 서정시에 대한 기억과 동등하게 여겨졌다). 기본적인 음악적 틀이 있는 사람들은 주어진 환경에 맞고 많은 사람들에게 즐거움을 줄 수 있는 노래를 만들기도 했다.

다양한 문화권에서 인정되는 가치관은 공동체의 음악적 일상에 어떠한 사람들을 참여시킬 것인지에 영향을 주었다.[51] 음악에서 리듬, 춤, 집단 참여를 높게 인정하는 문화권에서는 이 부분에 재능을 가진 사람들이 특히 존중되었다. 때로는 우리가 음악적이지 않다고 여기는 요소, 즉 시각적으로 매력 있는 행위 또한 특기로 여겨지기도 했다.

문화적 자원이 제한될 경우에는 유익한 적응 현상도 있을 수 있다. 예로, 《네이븐》에서 베이트슨은 다음과 같은 이야기를 한다. 두 사람이 플루트를 연주하고 있는데 어느 쪽도 연주를 멈추지 않는다. 하나의 악기로 모든 음을 연주하는 것은 불가능하다. 따라서 연주자들은 교대로 연주를 함으로써 곡의 모든 음을 적당한 시간에 나오게 한다.[52]

다른 지능과의 연관성

이 장에서 살펴본 다양한 증거들은 언어와 유사하게 음악도 다른 하나의 지능이며 이는 또한 세상의 물리적 대상에 의존하지 않음을 말해준다. 언어의 경우와 같이 음악적 기능도 구강-청각 경로의 탐구 및 개발을 통해 상세하게 설명될 수 있다. 사실 발달 초기부터 두 개의 지적 능력이 물리적 대상과는 상관없이 구강-청각 조직에 의존하며, 신경학적으로 서로 다르게 연관되어 있다는 것은 우연한 일이 아니다.

그러나 음악과 다른 지능 사이의 중요하고도 통합적인 관계를 기억할 필요가 있다. 바그너는 음악을 그의 '종합예술작품 Gesamtkunstwerk' 중심에 놓았으며, 그러한 배치는 잘못된 것이 아니다. 사실 음악은 인간의 상징체계와 지능의 다양한 범주에 관련되어 있다. 더구나 그것이 분명한 이해관계나 다른 명백한 생존 목적을 위해 사용되는 것이 아니므로, 인간 경험에서 지속적 관심사가 되는 것은 수수께끼 같다. 인류학자 레비스트로스는 "만약 우리가 음악을 설명할 수 있다면 그것은 사람을 위한 모든 것의 열쇠를 찾은 것이며, 음악을 심각하게 받아들이지 않는 것은 인간 조건의 어떤 설명을 약화시킨다."[53]라는 주장으로 연구자들 사이에서 소외돼 있다.

많은 작곡가들 중 세션스는 음악과 신체 또는 몸짓 언어는 깊은 연관이 있다고 강조했다. 어떤 해석상 음악은 그 자체가 몸으로써 내면적으로 행해지는 동작이나 방향의 한 종류, 즉 확장된 몸짓의 일부라고 했다. 스트라빈스키는 이러한 정서의 효과로 음악은 몸짓과 잘 동화되어야 한다고 했다.[54] 따라서 그는 연주는 발레의 한 부분이며, 연주자들이 연주할 때의 모습을 보아야 한다고 주장한다. 어린아이들은 자연스럽게 몸동작과 음악을 결부시키며, 율동 없이 노래하는 것은 사실상 거의 불가능하다. 음악의 진화에 대한 대부분의 설명은 원시시대의 춤과 유사하고, 음악 교육의 가장 효과적인 방법은 목소리, 손 그리고 몸을 통합시키는 것이다. 사실 동작 없이 음악을 연주하고 이해하는 것은 극소수의 '성악적' 목적이며, 최근에 또는 서구문명 시대에 이루어진 일이다.

음악과 공간 지능의 관계는 명백하지는 않지만 전혀 관련이 없는 것은 아니다. 우뇌에서 음악적 능력을 담당하는 영역을 살펴보면 어떤 음악적 능력이 공간적 능력과 매우 가깝게 연결되어 있음을 알 수 있다. 심리학자 로런 해리스Lauren Harris에 따르면, 작곡가는 우월한 공간적 능력에 의존하는데 이것은 작곡의 복합적인 구성을 조정하고, 감상하고, 수정하는 데에 필요하다.[55] 또한 많은 여자 가수나 연주자에 비해 여자 작곡가가 적은 것은 음악적 작업이 어려워서라기보다 공간적 임무에서 능력이 부족하기 때문이라 추측했다.

최근에 음악적 능력과 공간적 능력에 대한 아주 흥미로운 비교가 있었다. 필라델피아의 의사 아서 린트겐Arthur Lintgen은 레코드판 홈의 형태를 연구함으로써 음악에 조예가 깊은 사람들을 놀라게 했다. 이에 따른 어떤 문제 제기도 없었다. 린트겐에 따르면, 축음기의 홈은 음악의 주파수와 역량에 따라 위치와 선이 달라진다.

예를 들어 음악 소리가 커지거나 복잡하게 될 때 홈은 은색으로 변하지만, 소리가 부드러울 때는 홈이 검정색이나 짙은 회색으로 보인다. 린트겐은 클래식 음악의 음의 특성에 관한 방대한 지식을 예전에는 전혀 보지 못한 레코드를 포함해 여러 레코드의 홈 형태와 연결시켰다.[56] 린트겐은 음악은 다른 감각체계와 유사성이 있으며, 청각장애인도 이러한 패턴들을 익힘으로써 적어도 음악의 어떤 부분을 이해할 수 있다고 보았다. 음악의 측면에 있어서 비청각적인 부분이 영향을 미치는 문화권에서는 적어도 이러한 특성이 여러 가지 이유로 음에 귀를 기울이지 않는 사람들에게 가치가 인정될 수 있다.

앞에서 보편적으로 인정받는, 음악적 능력과 감성의 관련성에 관해 언급했다. 그리고 느낌들은 개인적 지능의 중요한 부분을 차지하므로 여기서 덧붙이기로 한다. 음악은 느낌을 갖게 하거나, 느낌에 관한 지식 혹은 느낌의 형태에 관한 지식을 상대방에게 전하는 수단이다. 이러한 능력을 가능하게 하는 신경학에 대해서는 연구되지 않았다. 그러나 아마 음악적 능력은 피질의 분석적 구분에만 의존하는 것이 아니라 감정이나 동기를 관장하는 하부 피질과도 관계가 있다고 생각할 수 있다. 이러한 하부 피질에 손상을 입거나 피질과 하부 피질이 연결되지 않은 사람들은 종종 감정적으로 무디거나 느끼지 못하곤 한다. 그리고 신경학적 문헌에 언급되진 않았지만 그러한 사람들 중 음악에 관심이 있는 사람은 드물다. 교육적으로 봤을 때, 우뇌에 심한 손상이 있는 사람은 음악을 가르치거나 음악에 관한 책을 쓸 수는 있지만 작곡 능력은 잃어버린다.[57] 그는 곡 전체에 대한 느낌이 없고, 무엇이 맞는지 맞지 않은지를 느끼는 감각도 없다. 우뇌 질병을 앓고 있는 음악가는 연주를 하는 데 있어 심미적인 감각을 잃는 경우도 있다.[58] 이렇게 음악에 대한 감각이 어느 정도인지를 알아봄으로써 우뇌의 피질 혹은 하부 피질의 어떤 곳이 손상되었는지를 알 수도 있다.

이 장에서 다룬 논의의 대부분은 음악과 언어의 함축적 비교에 중점을 두고 있다. 또한 음악 지능은 고유한 발달 궤도와 신경 표현을 가지며, 인간의 언어와 같은 자율적인 지능임을 강조할 필요가 있다. 또한 저명한 음악가 레너드 번스타인Leonard Bernstein처럼 훌륭한 음악학 연구가들의 편에 서서 음악과 언어의 중요한 대비를 찾기 위한 지속적인 노력을 소개하기도 했다. 촘스키는 최근 연구에서 언어의 발생학적 구조를 음악적 감각과 작품 제작의 발생학적 구조에 적용시키려 했다. 그 결과 언어의 모든 구조가 음악의 모든 구조와 직접적으로 유사한 것은 아님이 밝혀졌다.[59] 예를 들어 언어의 의미론적 면이 음악에서는 발달하지 않았으며, '문법성'의 엄격한 규칙이 음악에는 없고 오히려 규칙의 위반이 인정되었다. 이러한 경고를 유념하면 언어와 서양 고전음악(1700~1900)을 비교해 그 양상을 분석하는 것이 적절한 방법이 될 수 있다. 그러나 이러한 비교가 단지 형식적 분석의 수준에서 주로 일어나는지, 혹은 두 개의 지능 영역을 관장하는 정보 과정의 기본적 양상에서인지는 정확하지 않다.

나는 지적 능력의 영역에서 음악과 가장 가깝게 연관되어 있는 수학적 영역을 가장 마지막으로 언급하고 싶다. 피타고라스의 고전적 발견으로 거슬러 올라가보면 음악과 수학의 관련성은 사색적인 사람들의 관심을 끌었다. (비서구 사회의) 중세시대에 음악에 대한 신중한 연구는 비율, 특수 각, 반복적 형태, 다른 연속성에 관한 관심사 같은 많은 수학적 특징들을 포함하고 있었다. 16세기 조반니 팔레스트리나 Giovanni Palestrina*와 오를란도 디라소 Orlando di Lasso의 시대까지, 그 전의 시대에 비해서는 조금 식었지만 음악에서의 수학적인 부분은 여전히 중요하다. 조화적인 것에 대한 관심이 영향력을 얻게 되면서 음악에서의 수학적 면모는 명백해졌다고 할 수 있다. 다시 말해 20세기 12음계 음악이 사용되고 최근에 컴퓨터가 상용화됨으로써 음악과 수학적 능력의 관심이 다시 두드러지게 되었다.[60]

나의 견해는 분명 '고도의 수학'적 요인이 분명히 음악에 있다는 것이다. 이런 요인들은 과소평가되면 안 된다. 음악 작품의 리듬 작용을 이해하기 위해서는 어느 정도 기본적인 수학적 능력이 있어야 한다. 연주는 때로는 복합적인 규칙이나 비율에 대한 감각을 요한다. 그러나 이것은 비교적 기본적 수준에서 수학적 사고를 요구한다.

기본적인 음악의 구조를 이해하고 반복, 변형, 추가되거나 혹은 시작하는 시점을 알 수 있는 방법을 이해하기 위해서는 높은 수준의 수학적 사고가 필요하다. 어떤 음악가들은 이 비교에 있어 깊

* 105곡 이상의 미사곡과 250곡 이상의 모테트를 작곡한 대위법 음악의 대가(DAUM 백과사전)._옮긴이

은 인상을 주었다. 스트라빈스키는 다음과 같이 말한다.

> (음악적 형태는) 문학보다는 수학에 훨씬 근접하다……. 분명히 수학적 사고, 그리고 수학적 관계 같은 것에 가깝다……. 음악적 형태는 그것이 이상적이기 때문에 수학적이며…… 그 형태는 항상 이상적이다. 수학적이긴 하지만 작곡가는 수학적 공식을 찾지는 않는다.[61]
> 나는 이러한 발견이 유사 관점에서 추상적임을 알고 있다.[62]

때로는 외형적으로 기교적인 표현에 관심을 가진 바흐부터 로베르트 슈만Robert Schumann에 이르기까지 많은 작곡가들이 수학적 형태와 규칙성에 예민함을 보였다(모차르트는 심지어 주사위를 던져 나온 숫자에 따라 작곡했다).

분명히 음악의 속성과 다른 지적 체계 사이에서 최소한의 피상적인 관련성을 찾는 것은 문제가 되지 않는다. 추측하건대 어떤 두 개의 지능에는 유사성이 있을 수 있고, 어떤 지적 영역과 다른 지적 영역 사이의 관련성을 발견하는 것은 큰 기쁨 중의 하나다. 미학적 형태로, 음악은 그 자체가 매우 창조적인 사람들의 손(혹은 귀)을 통해 지능의 다른 형태와 상징의 기교적 표현으로 나타난다. 그러나 분석해보면 음악의 가장 핵심적인 능력은 다른 영역의 중심 작용과 밀접한 관련성이 없다. 그래서 음악은 자율적인 지적 영역이라고 여겨진다. 사실 이 자율성은 다음 장 「논리수학 지능」에서 강조되어야 한다. 음악적 지능은 논리적이고 수학적인 지능과 가장 많이 연관되기 때문이다.

나의 관점에서 음악가의 임무는 순수한 수학자들이 하는 것과는 기본적으로 다르다. 수학자는 특정 매개체에 있어서의 실현 혹은 다른 대화적인 목적과는 달리 공식 자체를 위한 공식, 공식 자체의 응용에 관심이 있다. 그들은 음악을 분석하기 위해 공식을 선택할 수 있고 그렇게 할 재능도 있으나, 수학자의 관점에서 음악은 그저 또 다른 형태를 가지고 있다. 그러나 음악가들에겐 형태화된 요소들이 소리로 나타나야 한다. 형식적인 차원 때문이 아니라, 음악의 요소들은 표현의 힘과 영향력을 가지고 있으므로 그 요소들은 최종적으로 견고하게 완성되어야 한다. 스트라빈스키는 앞서의 주장과는 달리 "음악과 수학은 같지 않다"고 주장한다.[63] 음악은 감성을 자극하고, 맥박의 수를 증가시키고, 천식을 고치고, 간질을 치료하며, 갓난아이의 울음을 그치게 한다고 주장한 수학자 고드프리 하디Godfrey Hardy는 음악과 수학의 이질성을 염두에 두었다.[64] 수학의 형식적인 측면이 음악가에게 도움은 되지만, 표현적인 목적을 달성하기 위해서 음악가가 이해해야 할 필수적인 것은 아니다.

7장

논리수학 지능

일곱 마리 물고기와 일주일 사이의 유사점을 알아챈 첫 번째 사람은
사상사에서 주목할 만한 진전을 이루었다.
그는 순수 수학에 속하는 개념을 수용한 첫 번째 사람이기도 하다.[1]

– 앨프리드 화이트헤드Alfred Whitehead

피아제의 논리수학적 사고

피아제는 훌륭한 수학자로 성장한 아이에 관한 일화에 관심이 많았다. 어느 날 미래의 수학자는 자기 앞에 놓여 있는 물건들을 보고 그것을 세어보았다. 그는 그 물건들이 모두 열 개라는 것을 알았다. 그는 처음에 했던 것과는 다른 순서로 물건들을 가리키며 세어보았다. 물건들은 여전히 열 개였다. 아이는 그 사실이 흥미로워 수차례 물건 세기를 반복했고, 마지막에 10이라는 수는 반복적 활동의 임의적인 결과와는 거리가 멀다는 것을 알아차렸다. 즉, 앞에서부터 세든 끝에서부터 세든 항상 그 합은 10이라는 것을 알게 되었다. 물체를 세는 반복적인 행동을 통해서 아이는 수의 영역에 관한 기본적인 영감을 얻었다.[2]

언어적, 음악적 능력과는 대조적으로, 여기서 논하는 '논리수학 지능'은 청각-구강적 영역에 그 기원을 두지 않는다. 그 대신 이 사고의 형태는 물체들의 세계와 관련되어 있다. 대상들을 보고, 배열과 재배열을 하고, 그 양을 평가하는 동안 아이는 논리수학적 영역의 가장 기초적인 지식을 얻게 된다.[3] 이러한 잠정적인 관점에서 보면 논리수학적 사고는 직접적이고 물질적인 대상의 세계와 멀어진다. 이번 장에서 계속 다루겠지만, 인간은 물체를 가지고 하는 행동, 이러한 행동 사이에서 얻어지는 관계, 실제적 또는 잠재적 행동에 대한 명제, 명제들 사이의 관계를 더 많이 알게 된다. 발달 과정에 있어 인간은 물체에서 명제로, 행동에서 행동 간의 관계로, 감각 운동 영역에서 순수 추상 영역으로, 궁극적으로 논리와 과학의 최고 수준까지 발전한다. 연결고리는 길고 복잡하지만 신비스러운 것은 아니며, 어린아이가 그들의 세상에서 물질적 대상에 행하는 단순한 행동을 통해 논리적, 수학적, 과학적 사고의 최고 영역의 근원을 찾을 수 있다.

언어 능력의 조기 발달을 설명하면서 나는 여러 유명한 학자들의 작업들을 인용했다. 논리수학적 사고의 발달과 개체의 발생에 관해서라면 피아제의 업적은 뛰어나다. 따라서 다음에 나는 스위스 발달심리학자 피아제의 선구적 연구를 기반으로 할 것이다.

피아제의 관점에서 모든 지식, 특히 그의 요점인 논리수학적 이해는 세상에 대한 개인의 행동으로부터 얻을 수 있다. 따라서 사고에 대한 연구는 유아기부터 시작해야 한다. 젖꼭지, 딸랑이, 모빌, 컵과 같은 모든 물체를 아기들이 탐색하고 곧 다양한 상황에서 이러한 물체들을 어떻게 활용할 것인가 하는 기대가 드러난다. 이러한 대상들과 그 사이에 존재하는 단순한 인과관계의 지식은 물체와의 순간적인 경험과 여러 달 동안 밀착되어 있고, 따라서 그러한 물체들이 시야에서 사라지면 더 이상 아기의 의식에 존재하지 않는다. 18개월이 지나면 아기들은 물체가 그의 시간과 공간의 틀에서 사라져도 계속 존재한다는 것을 알게 된다. 주어진 상황에서 대상에게 일어난 일과는 관계없이 그것이 존재한다는 '대상 영속성object permanence'의 개념은 후기 정신적 발달에서 중요한 초석이 되고 있다.

아동이 대상의 영속성을 이해하면, 눈에 보이지 않아도 대상들을 생각할 수 있다. 또한 그 아이는 특정한 대상들 사이에는 유사성이 존재한다는 것도 알게 된다. 예를 들어 모든 컵은 (색깔과 크기가 다르더라도) 같은 종류에 속한다는 걸 알게 되는 것이다. 몇 달 안에 아동은 이러한 기준에 따라 분류를 할 수 있다. 즉, 협조적인 분위기에 있을 때라면 걸음마를 배우는 아이조차도 모든 트럭들을, 노란 자동차들을, 장난감들을 따로 분류할 수 있다.

대상을 분류하는 능력은 특정한 어떤 대상들이 공통되는 특성을 갖는다는 것을 아동이 알게 되었음을 말해준다. 그것은 '분류' 혹은 '집단'의 인식을 나타낸다. 그러나 몇 년 동안은 이러한 인식이 그렇게 완벽한 것은 아니다. 아동은 부피가 크다거나 작다는 것, 동전이나 초콜릿이 적다거나 많다는 것 등 대략적인 것만을 알고 있다. 분명한 사실은 아동은 간단히 살펴보는 것으로 (새나 영장류처럼) 두세 개 정도 아주 적은 수의 물체를 구별하는 데는 통달했을 수도 있다. 그러나 다음 숫자가 이전 숫자보다 하나가 더 많다는(+1) 규칙적 숫자 체계와, 어떤 집단은 변하지 않는 일정한 양이 있다는 중요한 개념은 이해하지 못한다. 이처럼 수의 보존에 대한 개념이 부족한 경우 유사한 단서에 의한 '셈'에 오류가 나타나기도 한다. 한쪽은 더 넓은 공간에 늘어놓고 다른 한쪽은 아주 밀도 있게 좁은 공간에 늘어놓으면, 두 곳의 초콜릿 중에서 후자의 양이 많다고 답한다. 매우 적은 양이 아니라면 밀도나 공간적 확장처럼 시각적으로 유인하는 단서로 인해 정확한 양을 측정하는 데 여전히 혼동이 생긴다.

이 시기의 아동은 종종 수를 셀 수 있으며, 단순히 숫자를 암기해 말할 수 있다. 그러나 4~5세까지는 언어 능력이 필요한 이러한 암기는 적은 수를 측정하거나 많은 양을 분석하는 능력과는 거리가 멀다. 하지만 곧 중요한 사건이 일어난다. 아동은 나열되어 있는 물체에 숫자를 대응시킬 수 있다는 것을 알게 된다. 만일 아동이 하나의 대상을 손가락으로 가리키며 한 숫자를 말하거나 이러한 과정을 연속되는 '숫자 열numerlog'로 반복한다면 그 열에 있는 대상의 숫자를 정확하게 알아낼 수 있다. 처음 가리키는 것을 1, 다음을 2, 그 다음을 3, 계속해서 4, 5, 6……, 이렇게 말이다. 4~5세의 아동은 이러한 구어적 암기에서 마지막 숫자가 바로 그 열에 있는 물체의 전체 개수(기수)임을 알게 된다.

마지막으로 6~7세에 이르면 아동은 피아제의 어린 수학자가 되는 수준에 도달한다. 두 줄로 늘어서 있는 물체를 비교할 경우 아동은 각각의 줄에서 (초콜릿이나 공 등) 물건의 숫자를 센 후 전체를 비교하고, 어느 쪽에 더 많은 양이 있는지를 판단한다. 더 이상 공간적 범위 때문에 혼동을 일으키거나 숫자 암기와 함께 자신이 가리키는 것을 조정하지 못해 잘못된 합계에 이르지 않는다. 확실히 아동은 양을 비교하여 분석하는 간단한 방법을 알고, 동시에 양이 무엇을 의미하는지를 알게 된다.

피아제가 말하는 지능에서 등량을 깨닫는 데 포함된 과정이 중요한 역할을 한다. 같은 수로 이루어진 동등한 두 개의 열을 인식할 때, 아동은 두 개의 정신적 집합 혹은 정신적 영상을 만든다. 그리고 겉으로 보기에는 다르거나 직접 볼 수 없는 상태에 있다 하더라도 한쪽의 수와 다른 쪽의 수를 비교한다.

일단 비교하는 것을 숙달하면 아동은 더 많은 것들을 시도할 수 있다. 아동은 같은 양을 양쪽에다 더하고 이러한 행위로 양쪽의 합이 같다는 결과를 얻는다. 같은 양을 뺄 수도 있고 그러면 다시 똑같아진다는 것을 확인한다. 더 복합적인 연산도 가능하다. 똑같지 않은 양에서 각각에 같은 양을 더해도 똑같지 않은 양이 유지된다는 것을 안다. 자신의 힘으로 (혹은 도움을 받아) 아동은 덧셈, 뺄셈, 곱셈, 나눗셈 같은 기본적인 연산에 대한 이해를 넓혀간다. 또한 이러한 연산을 가게에서 물건을 사거나, 친구와 교환을 하거나, 요리 레시피를 따르거나, 공놀이나 카드놀이, 구슬놀이 혹은 컴퓨터 게임을 하는 등의 일상생활에 적용한다.[4]

조금 전에 기술한 연산의 행위는 물리적으로 행해진다. 즉, 아동은 실제적으로 수적 연산에 연관시켜 사탕이나 구슬을 조작한다. 마찬가지로(인과관계의 기초적인 이해나 대상을 일관되게 분류하는 노력 같은) 논리수학적 지능의 다른 기본적인 형태는 처음에는 물리적 대상을 관찰하고 조작하는 과정을 통해서 나타난다. 다시 말하면 모든 지능의 논리수학적 형태의 기본은 처음에 대상을 다루는 것에서 시작된다.

그러나 행동은 인간의 머릿속에서 정신적으로도 행해질 수 있다. 사실 이 행동들은 내면화된다. 아동은 물체를 만질 필요 없이 단순히 필요한 비교, 덧셈, 뺄셈 등을 머릿속으로 하고 그와 동시에 정확한 답에 도달한다('만약 내가 2를 더하면 어떠어떠하게 된다'는 식으로 아동은 자기 스스로 추론을 할 수 있다). 더구나 이러한 정신적 기제는 점점 확실해지고 여러 가지 다른 방법으로 한 셈이 항상 10이 된다는 사실을 더 이상 의심하지 않는다. 이제는 필수적인 진리를 다루게 되면서 단순한 경험적 발견이 아니라 논리적 필요가 적용된다. 연역법deduction, 항진명제tautologies*, 삼단논법syllogism과 같은 것이 세상사에 대한 논리를 확인시켜줄 뿐만 아니라 특정한 논리 규칙이 적용되기 때문에 진리라고 할 수 있다. 예를 들어 두 개의 더미가 여전히 똑같이 남아 있다면 셈을 통해 그 두 더미가 같다고 하기보다는 무언가를 더하거나 빼지 않았으므로 두 더미가 같아야 한다는 규칙이 적용된다. 따라서 그들은 '같게 유지된다'라고 한다. 그러나 이러한 기간은 7세에서 10세 정도까지로, 조작할 수 있는 대상, 즉 눈에 보이는 실체적 물체에만 제한된다. 피아제는 이러한 것을 '구체적concrete' 조작이라 했다.

* 항진명제의 흔한 용법이란 반복적인 명제나 같은 것이 두 번 이상 쓰이는 것을 말한다. 두 가지 용례상의 연결은 다음의 예에서 볼 수 있는데, '모든 A는 A다' 혹은 '만일 P면 P다'와 같이 철학적인 의미로는 아무런 뜻이 없지만 대중적인 의미로는 같은 것을 두 번 이상 말하는 것을 의미할 수도 있다._옮긴이

아동이 다음 단계로 나아가고 피아제의 정신적 발달의 마지막 단계에 이르기 위해서는 많은 인지 발달이 필수적이다. 초기 청소년기에, 적어도 피아제의 영향을 받은 사람들이 서구에서 연구한 상황에서 일반 아이들은 형식적formal 정신 조작이 가능하다. 이제는 대상 자체, 혹은 대상들의 정신적 이미지나 모델에 국한하지 않고 대상을 나타내거나 대상의 행동을 나타내는 단어, 상징, 기호의 문자열(방정식)과 행위에 대해서도 조작이 가능하다. 이제는 가설을 말할 수 있고 각각의 결과를 추론할 수 있다. 물리적 행동이 대상을 변형시킬 수 있다면, 정신적 기제는 상징을 변형시킬 수 있다. 아동이 각각의 물건 더미에 공들을 더하고 자신 있게 전체의 합이 같다고 했다면, 이제는 각각의 대수방정식에 상징적인 수를 더하고 각각의 식이 동등하다는 것을 안다. 이러한 상징 조작적symbol-manipulating 능력은 대상, 관계, 식, 또는 다른 조작을 나타내는 상징과 함께 '절대적으로 필요한' 고도의 수학적 분야다. 조작된 상징은 삼단논법 추론, 과학적 가설 성립, 또는 다른 형태의 절차에서 언어일 수도 있다.

학교 수학을 기억하는 사람은 방정식 활용이 친숙하지만, 논리적 추리에 활용되는 언어는 앞서 언급한 바와 같이 수사적인 언어와 구분할 필요가 있다. 물론 어떤 이는 상식으로 논리적 추론을 한다. 똑같은 논리 법칙이 겉으로 전혀 상관이 없는 진술에도 잘 적용된다. '만약 겨울이면, 내 이름은 프레드릭입니다'라는 진술을 통해 우리는 '겨울이다'라는 사실이 주어지면, 그의 이름이 정말로 프레드릭이라는 것을 추리할 수 있다. 그러나 반대의 추리는 들어

맞지 않는다. 그의 이름이 프레드릭이라는 사실은 어떠한 경우라도 겨울이라는 사실을 합리화하지 못한다. 그 추리는 '만약 내 이름이 프레드릭이면, 겨울이다'라는 진술이 주어질 때만 가능하다. 그러한 어구는 논리학자들에게는 용이하지만 우리에게는 낯설다. 논리의 작용은 보통 일상 언어의 상식적 응용과는 다르게 진행되기 때문이다. 진술은 (연구되어야 할 의미 있는 어구가 아니라) 조작될 수 있는 대상으로서 다루어질 때만 정확한 추론이 가능하다.

이러한 경우, 앞에서 실제 대상들에 의해 진행된 조작은 실제 생활에서 접하는 사건이나 물체를 대신할 수 있는 숫자나 단어 같은 상징으로 대체되었다. 3세의 아동도 만약 A를 당기면 B라는 사건이 일어날 것을 이해하지만, 순수한 상징적 부분의 병렬추론을 이해하는 데는 몇 년이 걸린다. 그러한 '2차적 수준' 혹은 '고차원 수준'의 조작은 청소년기에 가능해진다(만약 운과 두뇌가 따르면 그 이후로도 가능하다). 그리고 그들은 추리 사슬의 모든 과정을 능숙하게 따라갈 수 있는 복합성을 익히게 된다.

피아제의 감각적 운동으로부터 구체적 조작기, 형식적 조작기로 이행하는 발달의 과정은 발달심리에 있어서 가장 널리 알려진 성장 궤도다. 비난의 여지도 많기는 하지만 그러한 평가를 통해 이론이 발전할 수 있는 여지를 남기고자 한다. 나는 피아제의 발달 과정을 수와 관련된 조작을 통해 알아보았다. 그러나 그 결과를 수의 발달에만 국한시키는 것은 큰 잘못이다. 사실 상황은 정반대다. 피아제에 의하면 이러한 발달의 경로는 시간, 공간, 인과관계와 같은 영역을 포함해 모든 발달의 영역에서 발견된다고 한다. 피아제의 기본적인 발달 단계는 인지의 모든 중요한 곳에서 자동적으로 펴져나가는 거대한 인지의 물결과 같다. 피아제에게 논리수학적 사고는 모든 인지를 엮는 접착제다.

나는 앞에서 피아제의 의견에 별로 동의하지 않았다. 피아제는 논리수학적 사고의 영역에서는 놀랄 만한 진술을 하고 있지만, 음악적 지능을 비롯한 인간친화 지능에서 그의 견해는 잘못되었다는 것이 나의 생각이다. 이 책의 목적은 인지와는 거리가 멀다고 여겨진 인간의 능력에 관한 다양한 관점을 갖고자 함에 있기에 피아제와의 논쟁은 접어두고, 그의 업적이 두드러지는 영역에 대해서만 기술하고자 한다.

그러나 여기에서도 피아제 학파의 관점에 문제가 있다. 논리수학적 영역에서의 발달은 피아제가 예측했던 것보다 일정하지 않고 개방적이며, 계단식이 아니라는 의견이 지배적이다. 발달 단계는 훨씬 점진적이고 이질적이다. 더구나 아동들은 조작적 지능의 표시를 피아제가 생각했던 것보다는 훨씬 일찍 보인다. 반면에 아동들은 그들의 지능이 한창일 때도 종합적인 형식적 조작 사고를 보여주는 데 실패했다. 높은 조작적 사고에 대한 피아제의 이론은 주로 서구의 주류 중류층 아동들의 발달에 적용되며, 전통사회나 미개방 문화의 아동들에게는 잘 들어맞지 않고 창조적인 연구나 놀랄 만한 과학적 일에는 거의 설득력이 없다.[5]

여기서 강조하고 싶은 것은 피아제는 옳은 질문을 던졌고, 논리수학적 발달에 포함된 주요 요소들에 관한 놀라운 통찰력을 보였다는 사실이다. 그는 물리적 세계를 다루는 아동의 행동에서 논리수학적 지능의 근원을 날카롭게 발견했다. 즉, 수 발견의 중요성, 물체의 물리적 변형으로부터 내면화된 변형으로의 점차적인 변화, 행동 간 관계의 의미, 가정적인 진술을 할 수 있고 그러한 진술들에서 얻어지는 관계와 응용을 표현할 수 있는 발달의 고차원적 특수성 등을 밝힌 것이다. 틀림없이 수, 수학, 논리, 과학은 동시에 존재하는 것이 아니며 많은 학자들의 관점에 따라 달리 연구될 수 있다. 이 장은 논리수학 지능의 이러한 연구들이 강조하는 점과 각각의 특징을 다루고자 한다. 그러나 그러한 모든 것들이 서로 관련된 능력이라는 점은 부정할 수 없으며, 피아제가 확실하게 기여한 한 가지는 이러한 것들을 통합해 제시했다는 점이다. 수학, 논리, 과학 분야를 다루는 다른 학자들도 지식의 이러한 영역들 간 연결을 강조하고 인식했다. 수학자인 브라이언 로트만Brian Rotman은 "현재 모든 수학은 셈의 개념이나 숫자 1, 2, 3의 의미에 대한 해석도 아주 당연한 것으로 여기고 있다"[6]라고 지적한다. 18세기의 위대한 수학자 레온하르트 오일러Leonhard Euler는 수학적 발달의 기초로서 수의 중요성을 다음과 같이 강조했다.

> 오늘날 알려진 수의 속성은 엄격한 입증에 의하여 확인되기 전에 이미 관찰에 의해 발견되었다. 우리는 그러한 발견들을, 관련된 속성을 더욱 정확히 연구하고 그것들을 증명하거나 거부하는 기회로 사용해야 한다. 두 가지 경우에서 우리는 유용한 것들을 배울 수 있다.[7]

지난 반세기의 가장 뛰어난 논리학자 윌러드 콰인Willard Quine은 논리는 진술과 관련되고 수학은 추상, 비언어적 개체를 다룬다고 했지만,[8] '높은 수준'의 논리는 자연히 높은 수학적 단계에서 이루어진다. 가장 높은 수준의 수학은 수로 이루어져 있지만, 수는 거기서 아주 작은 부분에 불과하다. 수학자들은 특수한 계산보다는 일반적 개념에 더 관심이 있고, 가능한 한 광범위하게 적용할 수 있는 규칙을 추구한다. 그러나 화이트헤드와 버트런드 러셀Bertrand Russell이 증명하려고 했다시피, 가장 복잡한 수학적 명제라도 그 기저에는 아동이 막 조작적 사고를 나타낼 때 보이는 직감과 비슷한 매우 단순한 논리가 존재한다.[9]

러셀이 보았듯이, 논리와 수학은 서로 다른 역사로 나아갔지만 현대에 와서는 같은 방향으로 나아가 가까워지고 있다. "그 둘 사이에 경계를 긋는 것은 불가능하다. 사실 둘은 하나다. 둘 사이의 차이는 소년과 성인 남자 간의 차이와 같은 것이다. 즉, 논리는 수학의 청소년기고 수학은 논리의 성인기다."[10]

이런 특수한 규칙에 있어 전문가의 입장과는 관계없이 심리학자의 입장에서 그 둘은 맞물려 있으며, 같은 집단에 속한 능력이라고 보는 것이 정당하다. 화이트헤드는 간략하게 "당신이 순수 수학을 다루는 동안 완전하고 절대적인 추상의 영역에 있다"[11]라고 말한다. 사실 수학자는 그들의 주된 관심이 경험적 사실의 세계에 대한 진술의 관계가 아니라 진술 간의 관계에 있으며, 사실 수학자들은 매일의 현실과 직접적인 유사점이 없는 사상 및 개념으로 이루어진 세상에서 살아가고 있다. 실제의 세계와 직접적 관련을 가진 사람들은 주로 과학자다.

과학자는 논리적으로 일관된 수학적 방법을 따를 뿐 아니라 명제, 모델, 이론에 관해 발견된 사실에 바탕을 두며 지속적인 관련을 갖는 이론 등을 다룬다. 그러나 이러한 특성들이 때로는 바뀐다. 과학적 이론은 종종 그것이 경험적 사실에 대해 일관성이 없는데도 계속 주장되기도 한다. 그러나 수학적 진리는 수학적 체계가 지닌 새로운 요구에 의해 새로운 발견이 일어남으로써 바뀔 수 있다.[12]

생각하는 수학자

언어와 음악에 재능이 있는 사람들이 만든 작품들은 대중이 쉽게 이용할 수 있지만 수학은 정반대다. 소수의 전문가들을 빼고 우리 대부분은 수학자의 아이디어와 작업을 그저 멀리서 감탄하며 바라볼 뿐이다. 선두적인 현대 수학자 앤드루 글리슨Andrew Gleason은 이 유감스러운 상황을 묘사하기 위해 인상적인 비유를 했다.

비전문가에게 수학의 최근 연구 분야에 대해 적절한 감동을 전달하기란 진실로 어렵다……. 공간이 어떻게 구성되어 있는가에 관한 학문인 위상기하학은 종교의 대성전과 같다. 다시 말해 그 신비에 대해 특별한 지식이 없는 사람들은 밖에서 단지 그것을 바라보기만 할 뿐이다.[13]

저명한 과학자이자 철학자인 마이클 폴라니Michael Polanyi는 수학자들이 비교적 사소하다고 말하는 현대수학의 많은 부분들을 숙달하기 위해 필수적인 지적 소양이 부족하다고 스스로 고백했다. 우리는 다음 문장의 어려움을 통해 수학적 사고에 요구되는 조건을 알 수 있다.

> 우리는 분명하지 않은 문장 형태의 이름으로, "우리는 분명하지 않은 문장 형태의 이름으로 짜인 문장으로 대치된 문장을 증명할 수 없다"라고 짜인 문장에서 어떤 변인을 대치함으로써 형성된 문장을 증명할 수 없다.[14]

폴라니가 주장한 것처럼, 이 문장을 이해하기 위해서는 일련의 상징들을 설정하고 이러한 상징들을 조작해야 한다. 분명히 언어의 상징을 확실하게 이해하는 것은 언어적 구문론과 의미론에서의 단순한 능력(그 능력들이 이런 종류의 문장을 '해결'하는 데 필수조건이라고 엄밀히 지적할 수 있겠지만) 그 이상이 필요하다.

수학자들의 사고 과정에 대해 더 나은 통찰을 얻기 위해, 다른 많은 이들과 마찬가지로 나 역시 20세기 초 세계의 선두적인 수학자 중 한 사람인 앙리 푸앵카레Henri Poincaré의 자기성찰이 특히 유용하다고 생각한다. 푸앵카레는 만약 수학자가 모든 일반인이 인정하는 논리 규칙에 의존해서 수학을 사용한다면 어떤 사람이라도 수학을 이해할 수 있다고 했다. 그는 각각의 결론이 다음 것의 전제가 되는 긴 삼단논법을 상상하라고 우리에게 요구한다. 한 삼단논법의 결론에서 명제에 직면하는 순간과 다음 삼단논법에서 전제로 그것에 다시 직면하는 순간 사이의 시간이 있기 때문에 수많은 연쇄작용이 이어질 수 있다. 혹은 우리가 그 명제를 잊거나 인식할 수 없는 다른 형태로 변화시켰을 수도 있다.

한 명제를 기억하고 사용하는 이러한 능력이 수학 지능의 필수 조건이라면, 푸앵카레는 수학자들이 확실한 기억력이나 놀라운 집중력을 가지고 있어야 할 것이라 추론한다. 그러나 수학에 능숙한 많은 사람들은 기억력도 집중력도 뛰어나지 않는 반면, 좋은 기억력과 뛰어난 집중력을 보이는 더 큰 집단의 사람들은 수학에 어떠한 소질도 나타내지 않는다. 수학자의 기억력이 사고 과정에서 문제가 되지 않는 이유는 푸앵카레가 증명했듯 그것이 추론에 의해 이루어지기 때문이다.

> 수학적 증명은 단순한 삼단논법의 나열이 아니라 일정한 순서에 의해 배열된 삼단논법이며, 이러한 요소들이 놓이는 순서들이 요소 자체보다 훨씬 더 중요하다. 내가 만약 추론 전체를 한순간에 지각할 수 있는 느낌과 직관을 가진다면, 특별한 노력이나 기억 없이 각각의 요소를 할당된 장소에 놓을 수 있기 때문에 이런 요소를 잊어버릴까 두려워하지 않아도 된다.[15]

푸앵카레는 두 가지 능력을 구별한다. 하나는 어떤 증명을 기억할 수 있는 추리 사슬의 각 단계에 대한 날카로운 기억력이다. 그의 견해에서 훨씬 더 중요한 또 하나의 능력은 명제들 사이의 관계에 어떤 특징이 있는지를 인식하는 것이다. 만일 이러한 관계가 인식된다면 증명 단계의 독자성은 덜 중요해지는데, 그 이유는 필요한 경우 그들이 재구성되거나 재발명될 수도 있기 때문이다. 우리는 앞에서 제시된 푸앵카레의 추리를 다시 생각해봄으로써 이러한 능력을 볼 수 있다. 논의의 흐름이 파악되었다면 그것을 재현하는 것은 비교적 단순한 일이 될 것이다. 그러나 그 추론을 파악하지 못한 경우 주어진 상황을 해결할 수는 있지만 오래가지 못하는, 사실에 충실한 언어적 기억에 의존할 수밖에 없다.

어떤 영역에서의 주요 능력을 세상 사람들이 공평하게 가지고 있진 않지만, 극단적으로 뛰어난 사람이나 처음부터 특혜를 부여받은 사람이 성공하는 경우는 드물다. 푸앵카레가 지적하듯이 연쇄적인 추론을 수행할 수 있는 능력을 찾기가 그리 어렵지 않으나, 의미 있는 새로운 수학을 발명하는 능력은 찾아보기가 쉽지 않다.

> 어느 누구도 수학적 실체와 새로운 조합을 만들어낼 수 있다. 창조한다는 것은 쓸모없는 조합이 아닌 정확하고 유용한 것들을 만드는 데 있는데, 그러한 조합은 단지 소수에 지나지 않는다. 발명은 통찰력이며 선택이기 때문이다. 선택된 조합들 가운데 가장 창의성이 풍부한 것은 종종 전혀 동떨어진 영역에서 얻어진 요소들로 형성된다.[16]

자기 분야의 실험과 업적에 대해 깊이 성찰했던 수학자 알프레트 아들러Alfred Adler는 이렇게 말했다.

> 사실 수학자는 그들의 주된 관심이 경험적 사실의 세계에 대한 진술의 관계가 아니라 진술 간의 관계에 있으며, 사실 수학자들은 매일매일의 현실과 직접적인 유사점이 없는 사상 및 개념으로 이루어진 세상에서 살아가고 있다. 실제의 세계와 직접적으로 관련된 사람들은 주로 과학자다.[17]

수학적 재능을 가진 사람들은 어떤 특징을 지녔을까? 아들러에 따르면, 수학자들의 힘은 그 학문 분야의 영역을 거의 넘어서지 않는다. 수학자는 재무나 법률에 재능이 거의 없다. 수학자를 특징짓는 것은 '탐구자가 강력한 내적 갈등implosive force의 압박하에서 궁극적으로는 타당성과 중요성을 현실로 입증해야 하는 어려운 문제에 대한 탐구'[18]이다. 수학자는 절대적으로 엄격해야 하며 지속적으로 의심을 품어야 한다. 어떠한 사실도 보편적으로 용인된 제1원칙에서 도출된 단계에 의해 엄격하게 증명되지 않았다면 받아들여질 수 없다. 수학에서는 추측의 자유가 상당히 많이 허용된다. 수학자는 그가 원하는 어떤 종류의 체계도 만들 수 있다. 그러나 결국 모든 수학적 이론은 궁극적으로 물리적 실체를 직접적 혹은 간접적으로 반영해야 한다. 수학자들을 지탱시키고 그들에게 동기부여를 하는 것은, 다른 사람들이 수학적 질서에 대해 생각하는 방식을 영구히 바꾸는 완전히 새로운 결과를 창출할 수 있을 것이란 믿음이다. '위대한 새 수학적 뼈대는 불멸의 속삭임과 같은 승리다.' 아들러의 이러한 생각은 전 세대의 유명한 수학자들에게 공감을 주고 있다. 수학자인 하디는 이렇게 말했다.

> 수학자의 재능은 가장 전문화된 재능 가운데 하나며, 하나의 집단으로서 수학자들은 일반적인 능력이나 다재다능한 능력으로 구분되지 않는다……. 만일 한 사람이 어떤 의미에서 진정한 수학자라면, 그의 수학적 능력이 그가 할 수 있는 어떤 것보다 훨씬 뛰어나다는 사실은 거의 절대적이다. 만일 다른 분야에서 특별하지도 않은 일을 하기 위해 그의 유일한 재능을 써먹을 좋은 기회를 포기한다면 그는 어리석은 사람일 것이다.[19]

화가나 시인처럼 수학자는 패턴을 만드는 사람이지만, 수학적 패턴의 특징은 생각으로 만들어지기 때문에 더 영구적인 것으로 보인다. 하디는 "수학자는 작업할 특별한 재료가 마땅히 없어서 그의 패턴이 더 오랫동안 지속되는 것으로 보이는데, 생각은 말보다 쉽게 지워지지 않기 때문이다"[20]라고 말했다.

아마 수학자의 가장 중심적이고 지속적인 재능은 긴 논리적 사실을 기술적으로 다루는 능력일 것이다. 만일 한 생물학자가 아메바의 이동 과정을 연구하고 그 결과를 동물계 상위 수준successive level에 적용하여 결국 인간의 직립보행 이론으로 내린다면, 우리는 그를 이상한 사람이라 여길 것이다. 그러나 앤드루 글리슨이 지적했다시피 수학자는 이런 종류의 일을 규칙적으로 한다. 수학자는 아주 단순한 맥락에서 도출된 이론을 매우 복잡한 맥락에 적용한다.[21] 그리고 일반적으로 그 결과가 단순히 개략적인 수준이 아니라 구체적인 수준에서 타당할 것이라고 기대한다.

이러한 확장된 추론은 처음에 직관적일 수 있다. 많은 수학자들은 각 단계를 구체적으로 해결하기 훨씬 이전에 해법 또는 방향을 간지한다고 보고한다. 현대수학자인 스타니스와프 울람Stanislaw Ulam은 "만일 누군가 독창적인 일을 하고 싶다면 삼단논법은 이에 해당하지 않는다. 그는 단지 동시에 작용하는, 현재 진행 중인 과정을 요약하거나 총괄하는 두뇌의 활동을 알 뿐이다"[22]라고 말했다. 푸앵카레는 수학자를 "직관에 이끌리며 첫 순간에 전위 부대의 용감한 기마병들처럼 빠르지만 때때로 불안정한 정복을 하는 사람들"[23]이라고 말한다. 하지만 결국 수학이 다른 사람을 납득시켜야 한다면 정의나 연쇄 추론에 오류 없이 정확하며 구체적으로 해결되어야 한다. 이러한 아폴론적 견해Apollonian aspect는 수학자의 수행에 필수적이다. 사실 누락omission(단계 빠뜨리기)이나 위탁commission(불필요한 가정을 세우기)의 오류는 수학적 기여가 갖는 가치를 파괴할 수 있다.[24]

(수학과 같은) 어떤 학문 분야의 시작은 각 세대의 발견이 지난 세대의 것을 기반으로 할 때 존재한다. 이전 시대에서는 교육을 받은 사람이 동시대까지의 수학적 사고방식을 따르는 것이 가능했으나, 최소 지난 세기 동안 이것은 가능하지 않았다(다른 지능을 적용하는 문화적 영역이 모두 계속해서 발전하는 반면, 논리수학적 사고만큼 아주 불가사의한 방식으로 진화한 분야는 거의 없었다). 사실 내가 개략적으로 기술한 개인의 발달 패턴과 유사한 방식으로 수학도 시간에 따라 점점 더 추상적이게 되었다.

알프레트 아들러는 이 과정을 추적한다. 첫 번째 추상은 서로 다른 양을 구별할 기초가 되는 수 자체의 개념이다. 모든 인간의 문화는 이 단계를 따른다. 다음은 수들이 하나의 시스템으로 간주되고, 특정 수의 자리를 대신하는 변수를 도입할 수 있는 대수algebra의 창조다. 사실 변수는 하나의 변수가 다른 변수에 체계적 관련을 갖는, 더 일반화된 수학적 함수functions의 차원이다. 이러한 함수는 길이나 폭과 같은 실제 값으로 제한될 필요가 없지만 다른 함수, 함수의 함수, 그리고 더 긴 일련의 관계에 대한 의미를 부여할 수 있다.

요약하면, 아들러가 보여주는 것처럼 먼저 수의 개념, 그 다음에 변수의 개념, 그리고 마지막으로 함수의 개념을 추상화하고 일반화함으로써 극단적으로 추상적이고 일반적인 사고 수준에 도달할 수 있다.[25] 자연스럽게 추상이라는 사다리의 각 단계를 진행하면서 어떤 사람은 이러한 과정이 너무 어렵고 고통스럽거나 노력에 비해 보상이 충분치 않다며 '그만둘' 것이다. 또한 수학에 있어서 단순한 표현을 찾고 수의 기본 뜻으로 돌아가자는 주장도 대두되고 있다. 따라서 이러한 긴 추론의 사슬을 따르거나 분석의 추상적 과정에 특히 재능이 없는 사람들에게도 수학의 규칙이 설 자리는 있다.

수학자로서의 삶을 선택하는 것은 어려운 결정인 것처럼 보일 것이다. 수학자가 수 영역에서 앞선 기술에 의해서, 그리고 추상에 대한 각별한 열정에 의해서 선택되는 것처럼 보이는 건 놀라운 일이 아니다. 수학자의 세계는 별개의 세계며, 수학에서 생명을 유지하기 위해서는 엄격해야 한다. 겉으로 보기에 난해한 문제에 많은 시간 에너지를 집중할 의무는 일종의 규범이며, 수학적으로 더 많은 중요한 것을 얻기 위해서는 다른 사람들과의 일상적인 접촉도 허용될 수 없다. 언어 또한 큰 도움이 되지 않는다. 수학자에게는 단지 연필과 종이 그리고 자신의 마음이 전부다. 모든 것을 깊게 생각해야 하기에 실패하지 않을까 종종 심각한 중압감에 시달린다. 그러나 수학은 이러한 걱정을 하지 않게 해준다. 울람이 주장하듯이, "수학자는 외부 상황과 단절된 직업에서 금욕적인 영역과 행복을 발견한다. 바깥세상이 고통스러워도 수학자는 수학에서 자족감을 얻는다."[26]

만일 고독감이 심각하고 집중이 힘들고 고통스러우면 그 보상은 정말로 최고 수준이어야 할 것 같다. 어려운 문제를 풀었을 때의 느낌을 회고하는 수학자들은 일반적으로 해결의 순간에 따라오는 환희를 강조한다. 때때로 직관이 먼저 시작되고 다음에는 구체적인 해법을 찾기 위해 실제적으로 노력해야 한다. 다른 때에는 주의 깊은 단계별 실행이 실질적으로 해법을 제시하기도 하며, 자주는 아니지만 직관과 훈련이 동시에 이루어지거나 협력하여 작용하기도 한다. 하지만 어떤 방식이든 간에 어렵고 중요한 문제, 그리고 수학자들이 자기 에너지를 쏟을 만하다고 느끼는 유일한 문제의 해결은 매우 특별한 종류의 짜릿함을 선사한다.

그러나 무엇이 수학자를 흥분시키는 것일까? 한 가지 분명한 기쁨의 원천은 오랫동안 풀리지 않을 것 같았던 문제를 해결하는 순간에 있다. 새로운 수학의 분야를 발명하는 것, 수학의 기초가 되는 요소를 발견하는 것, 또는 수학의 서로 상관없는 분야 사이에 연계성을 찾아내는 것은 분명 다른 종류의 보상이다.

사실, 하나의 유추를 발견하는 것뿐만 아니라 여러 종류의 유추 사이에서 또 하나의 유추를 찾아내는 것은 특별한 수학적 기쁨으로 지목되어왔다.[27] 반직관적인 요소를 다루는 것도 수학자에게 또 다른 특별한 종류의 희열을 주는 것으로 보인다. 허수, 무리수, 역설, 자신만의 고유한 성질을 갖고 있는 가능하고 불가능한 세계의 영역을 배회하는 것은 다른 묘미를 가져다준다. 사실과 반대인 어떤 세계를 만든 뛰어난 발명가 중의 하나인 루이스 캐럴Lewis Carroll이 일류 논리학자이자 수학자였다는 것은 우연한 일이 아니다.

수학자 집단은 매우 특별해서 (그리고 다른 집단과 충분히 동떨어져서) 그 구성원 모두를 묶어서 생각하게 된다. 그러나 그들은 수학이라는 학문 분야 안에서 자기들끼리 서로를 쉽게 평가하고 비교하기도 한다. 그들 간의 서열을 정하는 직접적인 수단으로서 추상의 속도와 능력이 무엇보다도 중요하다. 수학에서 아직도 노벨상 수상자가 없다는 것은 역설적인데, 아마도 재능의 분배에 합의하는 각 인간의 지적 노력이 그들 사이에서 가장 크기 때문일 것이다. 하지만 그 외 다른 차원도 수학적 기술에 대한 논의에서 종종 언급된다. 예를 들어 어떤 수학자들은 직관의 사용과 가치에 더 무게를 두는 반면, 다른 이들은 체계적인 증명만을 극찬한다.

오늘날 수학자들은 이전 세대의 가장 위대한 수학자인 존 폰 노이만John von Neumann을 즐겨 평가한다. 그런 평가에 관련된 기준은 하나의 영역을 평가하고 그것이 흥미로운 문제를 내포하고 있는지 여부를 판단하는 능력, 어렵고 겉으로 보기에 난해한 문제를 택하는 용기, 그리고 아주 빠르게 생각해내는 능력을 포함한다. 폰 노이만에 대해 논의할 때, 그를 잘 알고 있던 울람은 다음과 같이 언급했다.

> 수학자로서 폰 노이만은 빠르고 영민하고 효율적이며 수학 이상으로 과학에 대한 관심도 상당히 광범위한 사람이었다. 그는 자신의 수학적 기술 능력을 알고 있었으며 복잡한 추론을 따라가는 그의 기교와 통찰력은 최고였다. 그러나 그는 자신감이 절대 부족했다. 아마도 그는 최고 수준에 있는 새로운 진실을 직관적으로 예시하는 능력, 또는 겉으로 보기에 비합리적인 증명에 대한 인식 또는 새로운 정리theorems의 공식화에 재능이 없다고 느꼈을 것이다. 아마 몇 차례 다른 사람들이 그를 예측하고 앞서고 심지어 능가했던 경험 때문이었을 것이다.[28]

달리 말하자면 폰 노이만은 자신의 전문적 기술에 관한 대가였으나 다소 노예이기도 했다. 폰 노이만의 능력에 대한 추가적인 통찰은 독학으로 수학자가 된 제이컵 브로노프스키Jacob Bronowski의 회고에서 시작된다. 다음은 폰 노이만이 요점을 파악하지 못하는 브로노프스키에게 어떤 결과를 설명하는 내용에 관한 것이다.

> (폰 노이만이 말하길) 오, 이런, 당신은 그것을 보지 못하고 있습니다. 당신의 상상력으로는 그것을 제대로 볼 수 없군요. 추상적으로 생각해보세요. 이 폭발 사진에서 벌어지고 있는 것은 1차 미분계수가 동일하게 사라지고 있다는 것이고, 그래서 보이게 되는 것이 2차 미분계

수의 자취입니다.[29]

엔지니어 줄리언 비겔로Julian Bigelow는 이렇게 회고한다.

> 폰 노이만은 이론의 환상적인 장인이었다……. 그는 문제를 듣자마자 그것을 표현하는 매우 훌륭한 기호를 사용해서 기록할 수 있었다……. 그는 매우 신중한 사람이어서 그가 말하고 쓰는 것은 정말 정확하게 그가 의미하는 것이었다.[30]

수학역사가인 스티브 하임즈Steve Heims에 따르면, 어떤 문제를 적절한 기호로 쓸 수 있는 폰 노이만의 능력은 문제의 내용과 관계없이 그가 형식에 직접적으로 관심이 있었음을 나타낸다. 그는 동료들이 부정했던 직관력을 보여주었는데, 그 동료들 중 한 사람은 "어느 누구보다도 그는 거의 즉시 관련된 것을 이해하고, 논의 중인 정리를 증명하거나 진정한 정리로 대체하는 방법을 보여줄 수 있었다"[31]라고 말했다.

울람은 폰 노이만을 포함한 다른 수학자들을 자신과 비교하면서 다음과 같이 말한다.

> 나로서는 내가 수학의 기술적인 내용을 많이 안다고 주장할 수는 없다. 내가 가졌을 수도 있는 것은 수학의 많은 영역과 관련된 요지gist 또는 아마도 단순히 요지들 가운데 한 요지일 뿐이다. 구체적으로 알지 못하는 수학의 어떤 분야에서 새롭거나 이미 알려진 것 또는 알려

지지 않은 것을 추측하거나 느끼는 이러한 재능을 갖는 것은 가능하다. 나도 어느 정도 그런 능력을 갖고 있다고 생각하며 어떤 정리가 이미 알려진 것인지 아닌지, 즉 이미 증명된 것인지 또는 새로운 추측인지를 구분할 수 있다.[32]

울람은 이러한 기술과 음악적 능력 사이의 관계에 대해 흥미로운 여담을 덧붙인다.

나는 곡조를 기억할 수 있고 다소 정확하게 여러 가지 멜로디를 휘파람으로 불 수 있다. 하지만 내가 어떤 새로운 '기억하기 쉬운' 곡조를 만들거나 작곡하려고 할 때, 내가 하는 것이 내가 들었던 것의 사소한 결합에 지나지 않음을 깨닫고는 좀 무기력해진다. 이것은 내가 믿기에 간단한 작업만으로 새로운 것을 제안할 수 있는 수학과 완전히 대비되는 것이다.[33]

수학적 재능이 유망한 개념을 발견하고 그것의 의미를 이끌어내는 능력을 필요로 한다는 것은 자명해 보인다. 울람은 수학에서는 이러한 업적을 쉽게 달성할 수 있으나 음악 영역에서는 그러한 능력이 거의 부족하다. 반대로 음악 분야의 지도자 중 한 사람인 루빈스타인은 그 반대되는 불평을 한다. 그에게는 수학이 '불가능한 것이다.'[34]

중요한 문제를 인식하고 해결하는 능력은 수학적 역량의 핵심이다. 유망한 문제promising problem를 인식하는 것에 대해 말한다면 수학자는 어찌할 바를 모를 것이다. 발견의 맥락은 여전히 미스터리로 남아 있는데, (음악에서처럼) 어떤 기술적 재능을 타고난 사람들은 즉각적으로 발견되고 그에 소질을 가지고 있다는 것이 분명하지만 이와 같은 (또는 훨씬 더 훌륭한) 기술적 역량을 가지고 있는 또 다른 사람들은 이러한 특별한 적성이 부족하다. 어찌됐건 문제해결 방법에 대한 연구들은 상당히 발달했다. 수학자들은 개인들이 문제를 푸는 데 도움이 되는 여러 가지 발견적 교수법을 고안해냈으며, 수학에 대한 비공식적인 훈련은 종종 이러한 기술을 완전히 이해하고 다음 세대에게 전해주는 것을 포함한다.

죄르지 포여George Pólya, 허버트 사이먼Herbert Simon, 앨런 뉴얼Allen Newell 같은 수학적 문제 해결을 연구하는 사람들 가운데 한 학자가 충고한다.[35] 수학자는 한 문제 안에 주어진 것에서부터 이를 포함하는 더 큰 집합으로 나아가는 일반화를 추구해야 한다. 반대로 수학자는 또한 주어진 것에서부터 그에 포함된 더 작은 집합으로 나아가고, 유사점을 찾아내고, 그렇게 함으로써 고려중인 것에 도움이 되는 유사성(그리고 차이점)을 포함하는 문제나 상황을 발견하도록 전문화되어야 한다.

다른 절차도 빈번하게 언급된다. 너무 복잡하거나 통제하기 힘든 상황에 직면한 수학자는 문제 해결을 위해 큰 문제 안에서 간단한 문제를 찾고, 해결책에서 단순한 구성 요소를 구하고, 해결책을 만들 것을 조언 받는다. 학생 또한 가능한 해결책을 제안하고 그 문제에 관해 이전으로 되돌아가 풀어보거나 해결책이 가지고 있을 특징을 표현하고 그러한 특징을 찾아보라고 충고 받는다. 다른 일반적인 방법은 간접증명이다.

즉, 그가 증명하고자 하는 것에 반대되는 가정을 한 후 가정에 대한 결론을 부정하는 것이다. 특정한 수학 분야에서는 좀 더 특수한 발견법이 사용된다. 분명 가장 재미있는 문제는 풀기 어려울 것이기 때문에 이러한 방법을 적절히 영리하게 응용하는 수학자는 큰 장점을 가지고 있다고 볼 수 있다. 이러한 방법을 배우고 전개하는 능력, 무엇이 적절한가에 대한 감각을 갖고 순수한 논리적 고려를 제공하는 능력은 유능한 수학자들이 '근접 발달 영역zone of proximal development'*을 정의하는 데 도움이 된다.

많은 수학자들이 그들의 직관을 상당히 소중히 여기지만, 이러한 문제 해결의 명백한 방법은 직감이나 영감이 실패할 경우 치러야 하는 대가를 각오해야 한다. 하지만 이런 발견법이 수학자의 전유물만은 아니다. 실제로 이러한 발견법은 삶의 다른 부분에서 어떤 문제에 맞닥뜨린 개인에게도 똑같이 유용하며, 수학자와 다른 사람들을 연결시키는 도구로도 사용된다. 특히 그것들은 가장 효율적이며 효과적인 방식에서 문제를 제기하고 그것을 해결하는 과학자에게 많은 도움을 준다.

* 비고츠키가 주장한 개념. 현재의 인지 수준과 근접하는 바로 위의 발달 수준으로, 실제적인 발달 수준actual development level과 잠재적 발달 수준potential development level 사이의 영역._옮긴이

실천하는 과학자

분명히 과학과 수학은 밀접하게 맞물려 있다. 과학의 진보 또는 발견은 특정 역사시대 동안에 수학의 상황과 연계되어왔으며, 실제로 모든 중요한 수학적 발견이 결국 과학계 내에서도 유용한 것으로 판명되었다. 몇 가지 사례를 거론하자면, 기원전 200년 원뿔곡선기하학에 대한 그리스 연구는 1609년 요하네스 케플러Johannes Kepler의 행성 운동 법칙에 영향을 주었다. 좀 더 최근에는 다비트 힐베르트David Hilbert 적분방정식 이론이 양자역학에 기여했으며, 게오르크 리만Georg Riemann의 미분기하학은 상대성이론의 기초임이 입증되었다. 실제로 17세기 이후 서구 과학의 현저한 진보는 미분학 및 적분학의 발견으로 상당히 많이 거슬러 올라갈 수 있다. 화학 및 물리학은 정적 상태에 대한 표현이 아니라 변화 물적 시스템의 진화를 설명하는 것과 관련이 있다. 미적분학 없이 그러한 변화를 다루는 과정은 그 과정에서 모든 작은 단계를 계산해야 하기 때문에 매우 어려운 것일 수 있다. 하지만 하나의 수량이 그것과 연결된 다른 수량들에 어떻게 연관되는지를 결정하는 것이 미적분학으로 가능해졌다. 이렇게 해서 미적분학 발명자 가운데 한 명인 아이작 뉴턴Isaac Newton이 행성 운동을 밝혀내는 기회를 갖게 된 것이다.[36]

과학자는 많은 불가사의한 사실을 해결하기 어렵기 때문에 수학을 필요로 한다. 수학으로부터 얻을 수 있는 추상적 관계의 정연한 구조는 이러한 혼돈으로부터 어떤 질서를 만드는 데 중요한 도구가 된다. 하지만 과학(예를 들어 물리학)과 수학 분야의 핵심은 분명히 구별될 수 있다. 수학자는 자신의 목적을 위해 추상적인 시스템을 탐구하는 데 관심이 있지만, 과학자는 물리적 실체를 설명하려는 욕구에 의해 동기부여가 된다. 그에게 수학은 필수적이긴 하지만, 그것은 세상—물질적 물체material objects(물리학 및 화학)의, 생명체(생물학)의, 인류(사회 또는 행동과학)의, 또는 인간 마음(인지과학)의 세상—의 작동원리를 표현하고 결국 설명할 수 있는 모델과 이론을 수립하기 위한 도구일 뿐이다.

그리스 로마 시대에 과학은 철학 (그것으로부터 질문을 얻어냈다) 그리고 수학(그것의 방법이 종종 특정 질문을 해결하기 위한 시도 과정에서 고안되었다)과 아주 밀접한 관계를 맺었다. 하지만 시간이 경과하면서, 비록 철학과 수학을 계속해서 받아들이긴 했지만 과학의 구상은 점점 더 독립적이 되었다. 과학이 독립적 학문이 된 주요 요소는 (최근에는 더 나뉘어졌지만) 정치나 종교로부터의 분리, 한 모델을 시험하고자 고안된 실험, 측정, 경험, 관찰에 대한 의존 때문이다. 또한 다른 사람들이 과학적 독단을 지지하거나 재구성, 혹은 파헤치기 위해 이론이나 모델을 재현하고 비판하고 나름대로의 방법으로 수행할 수 있도록 많은 출판물이 그들의 주장과 과정을 상세히 기록한 것도 그 이유다.

피아제가 오래 전에 언급했듯이, 과학의 발전은 어린이들의 논리수학적 사고 발달과 흥미롭게 병행하고 있음을 보여주다.[37] 양쪽 모두에서 우리는 대상에 대한 단순한 실험, 그리고 가장 초기 단계의 상호작용 및 행동 패턴에 대한 인식을 확인할 수 있다. 주의 깊게 관측하고, 우주가 작용하는 방식에 대한 명제를 고안하고, 이러한 명제가 체계적인 확증을 얻게 하는 것은 개인의 발달 과정이나 과학적 사고 발달 과정 모두에서 상대적으로 늦게 나타난다.

우리는 현대과학의 출현이 있기까지 일련의 과정을 관찰해볼 수 있다. 첫째, 17세기 초 베이컨은 사실을 체계적으로 축적하는 것의 중요성을 강조했다. 하지만 그가 수학에 대해 무지했고 설득력 있는 질문을 제기하지 못했다는 점 때문에 베이컨의 기여는 실질적이라기보다는 강령적인programmatic인 것에 지나지 않았다. 곧이어 갈릴레오 갈릴레이Galileo Galilei가 수학을 과학 분야에 도입하는 것을 옹호했다. 그는 색깔, 맛, 소리 그리고 냄새의 기록에 반대 의사를 피력하면서 이들 요소가 개인에게 천부적으로 부여된 특수한 감각기관이 없었더라면 존재하지 않을 것이라고 지적했다. 그러나 갈릴레이의 구조화된 측량 기술을 과학자의 무기고에 도입하는 것만으로는 현대를 여는 데 충분하지 않았다. 그런 범접할 수 없는 일은 아이작 뉴턴의 몫이었는데, 그는 물리적 발견을 종합적으로 연구했고 분석과 종합이라는 방법을 적용했으며 여러 다양한 조각을 일정한 형태로 모았다. 과학역사가인 허버트 버터필드Herbert Butterfield가 지적한 대로 "그 분야의 종합적인 조사연구를 수행하고 엄청나게 유연한 마음을 소유한 한 젊은이는 약간의 직감의 도움으로 여러 조각들을 적당한 형태로 배치했다."[38] 피아제 학파를 실망시키지 않는 방식으로, 뉴턴은 물리학적 사건들이 일련의 불멸의 법칙에 따라 전개되는, 시간과 공간이라는 절대적인 뼈대를 상정했다.

과학적 및 수학적 재능이 동일한 개인(예를 들어 뉴턴)에게 부여될 수는 있지만, 과학자의 열정 이면에 있는 동기와 수학자의 삶에서 우리가 만나게 되는 동기가 서로 많이 닮지는 않았다. 무엇보다 뉴턴을 과학자가 되게 한 것은 비밀들 또는 자연의 신비를 발견하고자 하는 욕구였던 것 같다. 뉴턴은 자연의 모든 것을 스스로 설명하는 것이 어렵다는 사실을 알았지만 탐구자가 된다는 것을 다음과 같이 기술했다.

나는 내가 이 세상에 어떤 사람으로 존재하게 될지 모른다. 그러나 나 자신에게 있어 비록 내 앞에 진리의 거대한 바다가 발견되지 못한 채 놓여 있었지만 나는 그 해변에서 놀다가 관심을 돌려 평범한 것보다 더 매끈한 조약돌과 더 예쁜 조개를 찾는 한 소년이었다.[39]

브로노프스키는 과학자의 발견에 동참하는 기쁨을 다음과 같이 진술했다.

계산이 정확하다고 판단될 때, 당신은 피타고라스처럼 자연의 신비가 당신의 손바닥에 펼쳐지는 것을 알 수 있다. 우주의 법칙은 하늘의 장엄한 시계 장치를 지배하고 달의 움직임은 하나의 조화로운 사건이 된다. 그것은 마치 자물쇠를 잠그고 여는 열쇠와 같으며, 자연은 자신의 구조에 대한 증거로서 수numbers를 만들어낸다.[40]

일관된 추상 세계를 창조하기보다 자연을 설명하려는 욕구는 순수 과학자와 순수 수학자 사이에 유익한 긴장을 만든다. 수학자는 과학자들이 실용적이며 응용적이고 아이디어 그 자체를 위한 추구에 관심이 부족하다는 이유로 이들을 멸시할지도 모른다. 반면 과학자들은 수학자들이 현실과 동떨어져 있고 심지어 아이디어의 성과가 없거나 실용적인 결과를 얻지 못할 때도 아이디어를 계속 탐구한다고 생각한다. 이러한 이상적인 또는 현실적인 편견 없이 생각해볼 때, 두 분야에 주어지는 재능 또한 다른 것처럼 보인다. 수학자에게는 패턴이 어디에 있든 이를 인지하고 생각의 흐름이 어디로 흘러가든지 간에 그것의 함의를 도출할 수 있는 능력이 매우 중요하다. 과학자들에게는 실현 가능성에 몰두하고 물리적 우주에 관한 자신의 아이디어를 적용하기 위해 끊임없이 노력하는 것이 필요하며, 이것이 수학자의 역할을 넘어서는 유용한 특성이 된다. 두 직업을 모두 고려했던 알베르트 아인슈타인Albert Einstein은 "물리적 현상에서의 진리는 당연히 수학적 또는 논리적 사고만으로는 발견될 수 없다"[41]라고 말하면서 다음과 같이 자신의 직업 선택을 회고했다.

내가 어느 정도 수학을 등한시한 것은 단지 내가 수학보다는 과학에 더 강한 관심을 가지고 있었기 때문이 아니라 다음의 이상한 경험 때문이었다. 나는 수학이 우리에게 주어진 짧은 인생을 쉽게 소모시킬 만큼 여러 특수한 것으로 나뉘어져 있음을 알았다. 나의 직관은 분명 수학 분야에 충분할 만큼 강하지 않았다. 그러나 (물리학에서) 나는 마음을 분산시키거나 본질에서 벗어나게 하는 다수의 것 또는 그 나머지 것들로부터 벗어나 근본적인 것으로 전환하게 하는 방법을 금방 배우게 되었다.[42]

뉴턴과 아인슈타인의 역량 중 하나로 볼 수 있는 뛰어난 과학자들을 특징짓는 직관이란 과연 무엇일까? 세상의 물체와 그것의 작동 방법에 대해 관심을 가지는 것부터 시작해, 이들은 결국 물체의 행동을 설명하는 제한된 원리와 법칙을 찾는다. 위대한 진보는 흩어진 원소들이 연결되고, 어떤 단순한 법칙으로 관찰된 관계를 설명할 수 있을 때 만들어진다. 이러한 능력은 순수 수학자들이 유추하는 능력과는 다르다는 사실을 인정하면서, 울람은 수학자들이 물리적 현상들에 대한 직관이 의미하는 바를 이해하는 데 어려움이 있다고 고백했다.[43] 그는 실제로 몇몇 수학자들이 이런 직관을 지니고 있다고 말했다. 32세 때 노벨 물리학상을 수상한 베르너 하이젠베르크Werner Heisenberg는 그의 지도교수인 닐스 보어Niels Bohr의 물리적 직관이 이후에 어떻게 증명되는 범위를 뛰어넘었는지 회상했다.

보어는 현실과 맞지 않을 수도 있는 모순된 가정에서 시작한다. 그러나 그는 원자적 프로세스에 대해 상당히 설득력 있는 모형을 만들기 위해 이들 가정을 활용할 수 있는 확실한 직관을 가지고 있다. 보어는 마치 화가가 붓과 색을 쓰듯이 고전역학 또는 양자론을 사용한다. 붓은 그림을 결정하지 않고 색채는 완전한 실제가 될 수 없지만, 만약 마음에 그림을 간직하고 있다면 화가는 그의 마음속 그림을 다른 사람에게 전달하는 데 그의 붓을 불충분하게나마 사용할 수 있다. 보어는 화학적 작용이나 모든 다른 현상에서 원자가 빛의 방출 동안 어떻게 움직이는지 정확하게 알았다. 또한 이것은 다른 원자 구조의 직관적인 그림을 형성하는 데 도움을 주었다. 전자가 원자 주위를 돈다는 것을 그가 믿었는지는 확신할 수 없다. 그러나 그는 그 그림이 정확하다고 확신했다. 그가 아직도 그것을 적절한 언어 또는 수학적 기술로 표현할 수 없다는 사실은 실패라고 보기 어렵다. 반대로 그것은 위대한 도전이다.[44]

물리적 실체의 본질에 관한 한, 사람의 직관에 대한 위와 같은 신뢰는 물리학자의 자기성찰에서 계속해서 제기되어왔다. 하이젠베르크는 아인슈타인에 대해 다음과 같이 말했다.

나는 당신처럼 자연적 법칙의 단순성이 단지 사고경제thought economy의 결과만은 아니라는 것을 믿는다. 만약 자연이 우리를 위대한 단순성과 아름다움을 가진 수학적인 형태로 이끈다면 이런 형태에 의해 나는 가설, 행동 등의 일관성 있는 체계를 언급할 것이다. 어느 누구도 이전에 접하지 못한 형태에 대해, 우리는 그것들이 자연의 진짜 형태를 보여주는 '진리'라고 생각하지 않을 수 없다. 그러나 우리 스스로 이런 형태에 결코 도달할 수 없고 이들 형태는 자연에 의해서만 우리에게 드러난다는 사실은 그것들이 단지 실체에 대한 우리의 생각이 아니라 실체 그 자체의 일부분일 수 있다는 것을 강력하게 보여준다. 나는 자연이 우리에게 보여주는 수학적 틀의 단순성과 아름다움에 강하게 매료되었다. 그 놀랄 만한 단순성, 그리고 자연이 우리 앞에 갑작스럽게 펼쳐지고 우리 중 누구도 그에 대해 준비하지 못한 관계성의 총체에 대해 당신 역시 매료될 것이다.[45]

이전에 누구도 제기하지 않았던 문제를 제기하고, 과학자들(사실상 비전문가인)이 우주를 해석했던 방식을 영원히 변화시킬 수 있는 답에 도달하는 것은 위대한 과학자의 몫이다. 아인슈타인의 천재성은 시간과 공간의 절대성에 관한 끊임없는 질문에 있었다. 이미 10대 때 아인슈타인은 만약 우리 자신이 빛의 관점에서 조정될 수 있다면, 구체적으로 만약 우리가 광선을 탈 수 있다면 우리의 경험은 어떠할지 깊이 생각했다. 그는 만약 우리가 시계를 보면서 빛의 속도로 그것에서 멀어진다고 가정해보라고 했다. 새로운 시간은 결코 우리를 잡을 만큼 빠르지 않기 때문에 그 시계의 시간은 곧 멈출 것이다. 그러나 빛줄기에서 시계의 시간은 영원히 그대로 남아 있을 것이다.

아인슈타인은 사람이 빛의 속도에 가까워짐에 따라 그의 시공간의 상자에 점차적으로 고립되고 그를 둘러싼 규준들로부터 점차적으로 벗어날 것이라고 생각했다. 더 이상 절대적 시간universal time은 존재하지 않을 것이다. 결국 광선에 있는 여행자가 경험하는 시간은 집에 남겨진 사람들의 것과는 다른 것이 될 것이다. 그러나 광선에 있는 사람의 경험들은 서로 일관성을 가진다. 뉴턴이 설명했던 시간, 거리, 속도, 질량, 힘에 있어서 같은 관계를 빛에서도 얻을 수 있고, 시계의 영역에 있는 사람들도 이것들을 계속해서 얻는다. 시간, 거리, 그 외의 것에서 얻은 실제적 가치는 광선 여행자와 시계 근처에 남아 있는 사람들에게 더이상 같은 것이 될 수 없다.

이러한 생각의 줄기를 따라가면서, 즉 과거의 발견(에테르ether 매질의 존재에 도전하는 마이컬슨-몰리Michelson-Morley 실험*과 같은)과 가설적인 미래의 실험을 조정하면서 상대성이론을 만드는 데 필요한 수식을 쓰는 데 아인슈타인은 몇 년이 걸렸고, 이것은 우리 시대 역사의 한 부분이 되었다. 여기서 주목해야 할 것은 그의 과학적 독창성은 문제를 제기하는 대담성(불확실한 적용 방법으로 연구를 수행하는 터무니없는 끈기), 그리고 우주의 본성·구조에 관한 가장 기본적인 문제와 그것의 관련성을 인식하는 명민함이다. 아인슈타인은 그 생각이 사회적 통념에서 벗어난다는 사실에도 불구하고 수년 동안 자신만의 생각의 줄기로 연구를 수행하는 데 용기가 필요했고, 또한 그의 결과적 설명이 2세기 전에 전 세계적으로 인정받던 뉴턴의 이론보다 더 단순하고 교화적이고 포괄적이라고(따라서 더 진리에 가까운) 믿는 데도 용기가 필요했다.

---

* 옛날 사람들은 우주 공간이 에테르라는 가상 물질로 채워져 있고, 빛은 에테르를 매개로 하여 전달된다고 생각했다. 1887년 앨버트 마이컬슨과 에드워드 몰리가 빔 스플리터beam splitter(광선이 직각을 이루는 서로 다른 경로로 진행하다가 다시 합쳐질 수 있도록 한 장치)를 사용해 실험 장치를 회전시켜보니 장치가 에테르에 대해 정렬되기도 하고 되지 않기도 했는데, 이를 통해 실험 장치가 어느 방향을 향하든 지구가 어느 위치에 있든 두 광선의 전달 속도가 같다는 것을 알게 되었다. 이를 통해 우주 공간에 에테르 같은 물질은 없고 빛은 매질이 없어도 전파될 수 있는 파동임을 입증했다(한국지구과학회)._옮긴이

물리학자 제럴드 홀턴Gerald Holton이 설득력 있게 논박한 것처럼, 이런 프로그램은 전제조건이라고 할 수는 없지만 기술적 설비, 수학적 명민함, 예리한 관찰의 힘 그 이상이 요구된다. 과학자들 또한 우주가 어떻게 움직이는가에 대한 믿음과 이러한 원칙들이 어떻게 최상으로 표현되는가에 관한 기본적인 확신 등 근본적인 주제에 이끌리게 된다.[46] 아인슈타인의 경우, 약간의 단순한 법칙이 있고 그것들은 현상을 단일화하며 이러한 법칙들에 우연이나 비결정성의 요인은 없을 것이라는 믿음이 있었다. 아인슈타인 역시 "신도 자연을 이렇게 단순하게 만들 수 있는 기회를 거절하지 않을 것이다"[47]라고 말했다고 한다. 이와 같은 주제는 때로 이 분야에 과학자들이 축적해놓은 객관적인 사실이나 실제를 논의하는 것보다 더 중요한 것이 될 수 있다. 홀턴은 "때로는 견고하게 전해져 내려온 주제들을 인식하는 것은 과학적 내용이나 사회적 환경보다 반대자들끼리의 토론의 성격을 설명하는 데 도움이 된다"[48]라고 했다.

과학자들의 체계에 핵심으로 자리 잡고 있는 주제들에 대한 논의는 표면적으로 수수께끼 같지만 과학적 실행에서는 중심적인 것이다. 요즘에는 과학자들의 자아상이 엄격성, 조직성, 객관성으로 특징지어지지만, 결국 과학 자체는 사실상 과학자들이 마치 광신도들이 신념을 가지고 열렬히 가슴에 품는 종교적 믿음과 같다. 과학자들은 자신의 깊이에서 나오는 그들만의 방법과 주제를 믿을 뿐 아니라, 이런 도구를 활용해 그들의 능력으로 가능한 한 많은 실체를 밝히는 것을 사명으로 생각한다. 이러한 신념은 왜 위대한 과학자가 전형적으로 우주적 질문에 관심을 가지며, 말년에 특히 삶의 의미 또는 실체의 본성 같은 철학적 문제에 대해 성명을 발표하는가에 관한 많은 이유들 중 하나다. 최근에 기록된 바에 따르면, 뉴턴조차도 많은 시간을 신비주의·형이상학·우주론 등 다양한 측면을 연구하는 데 바쳤고, 완전히 이상하지는 않지만 오늘날 우리를 중세로 돌아가게 하는 많은 의견을 내놓았다. 내 생각에는 이런 흥미의 기초는 물리학에서 보다 제한적이거나 규율적인 방식으로 경험되는 세상을 설명하려는 욕구 같은 것이다. 논평가 프랭크 마누엘Frank Manuel은 이를 다음과 같이 표현했다.

> 기본적인 종교 원칙, 예언에 대한 해석, 성서의 고어에 대한 원문 비평, 세계 연대기의 체계, 우주 철학적 이론, 이교도 신화의 신비론에 대한 뉴턴의 생각은 모두 공통된 정신세계와 사고방식을 보여준다. 자연이 그 자체와 조화로운 것처럼 아이작 뉴턴의 마음 또한 그렇다. 그의 능력이 최고일 때, 그에게는 혼돈스러워 보이는 것에서 순서와 형태를 찾고, 광대한 미완성의 물질에서 이들 구성요소 간의 관계를 정의하고, 전체를 포괄할 수 있는 기본 원칙을 찾으려는 강렬한 욕구가 있었다. 그가 관심을 가진 어떤 방향에서건, 그는 통일된 구조를 찾고자 했다.[49]

여기에서 우리는 실제에 등을 돌린 채 그들의 방정식과 수학적 정리로 실제의 복잡성과 혼란을 설명하려 하는 대부분의 수학자들의 관심과 물리학자들의 관심 사이에 차이점을 발견하게 된다.

물리학자들이 보여주는 통일된 하나의 설명에 대한 열정은 물리학과 다른 학문 사이에 경계를 짓게 한다. 다른 과학 분야(생물학, 사회과학, 인지과학)의 사람들도 분명히 그들의 실제에 대한 설명을 하지만 삶의 진수에 대한 전반적인 설명을 찾으려고 하지는 않는다. 예를 들면 체스 선수처럼 뛰어난 논리수학적 능력이 요구되는 사람들 역시 세계의 힘에 대한 비밀을 찾기 위해 많은 에너지를 쓰지는 않는다. 존재의 주된 철학적 수수께끼를 풀려는 욕구는 아마도 젊은 물리학자만의 특별한 특성일지 모른다.

4~5세 때 아인슈타인은 자기 나침반을 가졌다. 그는 바늘이 고립돼 있고 닿을 수 없을 것 같고 두려웠지만, 바늘 끝을 북쪽으로 잡아당기는 눈에 보이지 않는 자극에 빠져들었다. 왜냐하면 그것은 질서정연한 물리적 세계에서 한 아이의 불확실한 믿음에 도전장을 내밀었기 때문이다. "나는 여전히 기억할 수 있다(혹은 최소한 나는 기억한다고 믿는다). 이 경험이 나에게 깊고 지속적인 영감을 주었다는 것을."[50] 단 하나의 유년기 기억을 여러 가지로 해석하는 것은 위험하다. 그리고 생각이나 말에 신중한 아인슈타인의 숨길 수 없는 문구인 '나는 기억한다고 믿는다'로 그는 불확실성을 에둘러 표현한다. 그러나 논리수학적 분야에서 아인슈타인의 중요한 초기 경험에 대한 기억과 다른 사람들의 기억을 비교하는 것은 유익하다.

한 가지 예가 있다. 우리의 수학적 지도자 울람은 어린 시절 동양 카펫의 복잡한 무늬에 매료되었다고 한다. 그 무늬가 만들어내는 시각적 그림은 서로 공명하는 다양한 부분들 간의 관계에서

‘멜로디melody’를 만들어내는 것처럼 보였다. 울람은 이러한 패턴은 젊은이가 특히 느낄 수 있는 수학적 규칙성과 힘의 특징을 갖고 있다고 보았다.[51] 이러한 민감성은 상당 부분 아이들이 현재 인지한 패턴과 과거에 ‘작동되었던’ 다른 것을 비교할 수 있게 하는 예리한 기억력에 의존한다. 한편 나와 내 동료들이 아동들을 관찰하면서 집착까지는 아니지만 반복적인 무늬에 매료된 아이들을 발견했다고 앞서 언급했다.[52] 울람은 모르지만 그 후 우리는 이 아이들에게 ‘패턴가patterners’라는 별명을 붙이고, 이들을 보다 언어 지향적인 집단일 수 있는 ‘극작가dramatists’와 구별했다. 물론 우리는 유년기에 패턴가로 별명이 붙은 아이들이 수학자가 될 가능성이 더 큰지는 알지 못한다.

논리수학적 분야에서 그런 아동기의 매력은 무엇인가? 블레즈 파스칼Blaise Pascal은 어린 시절에 수학에 빠져들었지만 그의 아버지는 그것을 하지 못하게 했고, 그에게 수학에 대해 말하는 것을 금지시켰다.

> 그러나 파스칼은 주제에 대해 꿈꾸기 시작했고…… 그는 놀이방 벽에 목탄으로 완벽하게 원을 그리는 방법과 변과 각이 모두 같은 삼각형을 그리는 방법을 찾기 시작했다. 그는 혼자 힘으로 그런 방법들을 발견하고 이들 사이에 존재하는 관계를 찾아나갔다. 그는 수학적 용어를 알지 못해서 자기만의 용어를 만들었다……. 그 이름들을 사용해 그는 원리를 만들고 완벽한 증명을 했으며 결국 유클리드Euclid 32번 명제까지 증명했다.[53]

버트런드 러셀Bertrand Russell은 다음과 같이 회고한다.

> 나는 열한 살 때 내 형을 선생님으로 삼아 유클리드 기하학을 공부하기 시작했다. 이것은 내 삶의 큰 사건 중 하나였고, 마치 첫사랑처럼 눈부신 사건이었다. 나는 세상에서 이처럼 즐거운 일은 없다고 생각했다……. 그 순간부터…… 내가 서른여덟 살이 될 때까지 그것은 나의 중요한 관심사였고 행복의 주요 원천이었다. [수학은] 인간이 아니고, 이 행성 또는 완전히 우연적인 우주와 특별한 관련이 없다. 왜냐하면 스피노자의 신처럼 그것은 그 보답으로 우리를 사랑하지 않을 것이기 때문이다.[54]

울람은 이러한 열정의 발달 과정에 대해 하나의 가능성 있는 이유를 제안했다.[55] 처음에 어린아이들은 수number로써 만족감을 느끼는 경험을 한다. 그 후 그는 더 실험을 하고 수와 상징 영역에서 더 많은 경험과 기억을 쌓는다. 결국 아이들은 타고난 수학적 호기심으로 과거에 수학자들이 도전했던 문제에 대한 지식에 이르기까지 그들만의 (때로는 보편적으로 공유되는) 탐험을 시작한다. 그 아이가 많은 것을 얻고자 한다면 매일 이러한 논제에 대해 생각하면서 많은 시간을 보내야 할 것이다. 분명한 사실은 다른 지적 영역보다 수학적 영역에서는 30, 40대가 중요하다는 것이다. 한정된 시간 동안에 개인의 마음(지능)에서 중요한 수학적 문제의 향상을 위해 필요한 모든 변인들을 저장하고 조작하는 능력은 이런 저런 (신경학적인) 이유로, 30대 또는 40대와 같은 젊은 나이일지라도 특히 그 연령에 있어 취약한 것으로 드러났다. 그것은 어렵고 때로는 고통스러운 과제다.

당대의 가장 유능한 철학자로 평판이 난 현대 미국 철학자이자 논리학자 솔 크립키Saul Kripke를 통해 우리는 또 다른 유년기의 여정을 발견한다. 세 살 때, 어린 크립키는 부엌에 있는 엄마를 보러 갔다가 엄마에게 신은 진짜 어디에나 존재하느냐고 물었다. 그렇다는 대답을 들은 후, 그는 자신이 부엌을 들락거림으로써 부엌에서 신이 있는 공간 일부를 좁게 하고 있는지 물었다. 수학적 영재에 걸맞게, 크립키는 혼자 힘으로 빠르게 배우기 시작해 4학년이 되어서는 대수학의 수준에 이르렀다. 예를 들면 그는 두 수의 합에 두 수의 차를 곱한 값이 큰 수의 제곱에서 작은 수의 제곱을 뺀 것과 같은 값이라는 사실을 발견했다. 일단 이 규칙이 다른 수들의 조합에서도 적용된다는 사실을 알았을 때, 그는 대수학의 핵심에 도달했다. 크립키는 엄마에게 대수학이 이미 고안되어 있지 않았다면 본능적으로 그에 대한 영감이 떠올라 스스로 대수학을 만들었을 것이라고 말했다.[56] 연구 분야를 창안하는 능력은 위대한 수학자들의 어린 시절에 흔히 있는 일이다. 위대한 데카르트는 "내가 기발한 어떤 발명에 대해 들었을 때, 젊은이로서 나는 책을 읽지 않고 나 혼자 힘으로 그것을 발명하려고 노력했다"[57]라고 말했다.

이러한 전기적인 기록을 볼 때, 논리수학적 분야에서 재능이 매우 어린 시절에 나타난다는 것을 확인할 수 있다. 초기에, 이들은 경험과는 거의 별개로 스스로의 힘으로 빠르게 성장해나간다. 아마도 이러한 일반적인 재능을 가진 사람은 역사적 사건들에 비추어볼 때 수학, 논리, 물리에 무작위로 이끌리는 것 같다. 내 추측으로는 세심한 연구를 통해 사람의 '숨길 수 없는' 색다른 초기 경험을 발견할 수 있으리라 생각한다. 물리학자는 주로 물리적 대상 그리고 그것의 작동원리에 매료될 것이고, 수학자는 주로 규칙 patterns 그 자체에 몰두하게 될 것이며, 철학자는 근본적인 실체에 대해 의문이나 모순 또는 명제 사이의 관계에 이끌릴 것이다. 물론 이러한 관련성이 우연 그 자체인지, 또는 개인이 가진 어떤 성향 때문인지는 수수께끼다. 나는 이것을 보다 확실한 논리수학적 적성이 있는 사람들에게 남겨두는 것이 좋을 것 같다.

젊은 논리수학자의 조숙성이 어디에서 나타나든 간에 그 분야에서 빨리 성장하는 것은 중요하다. 우리가 보았듯이, 이런 분야에서 생산성이 높은 최고의 나이는 40세 전이다. 때로는 30세 전일 수도 있다. 이후에도 내실 있는 작업이 이루어질 수 있지만 매우 드문 일이다. 하디는 "나는 60세를 넘긴 후에는 수학자처럼 수학에 대해서 쓰기만 했다. 왜냐하면 나의 일을 능숙하게 해낼 수 있는 마음의 신선함, 에너지, 인내가 더 이상 없었기 때문이다"[58]라고 말했다. 노벨상을 수상한 물리학자 이지도어 라비 Isidor Rabi는 더 젊은 사람이 더 많은 육체적 에너지를 지니고 있기 때문에 그 분야에서 지휘봉을 쥐게 된다는 사실을 밝혀냈다. 물리학자는 몇 살 때 주로 힘을 잃는지에 관한 물음에 그는 다음과 같이 말했다.

그것은 개인에 따라 다르다……. 나는 30대, 40대, 50대에 힘을 잃는 사람들을 봤다. 나는 그것이 기본적으로 신경학적 또는 생리학적 문제일 수 있다고 생각한다. 마음도 나이가 들면서 작용을 멈춘다. 정보를 재현하고 상호 연결하며 서로 연상시키는 능력이 줄어든다. 10대 후반과 20대 초반에 나는 내 마음이 매순간 타오르는 커다란 불꽃 같다고 생각했다. 이러한 것은 시간이 지남에 따라 사라진다……. 물리학은 다른 세계의 것이다. 그것은 보이지 않거나 심지어는 들리지 않는 것에 대한 감식력, 즉 높은 수준의 추상이 요구된다……. 이러한 능력은 나이가 들면서 사라진다……. 심오한 호기심은 어린 나이에 생겨난다. 나는 물리학자들이 인류의 피터팬이라고 생각한다……. 당신의 지적 수준이 높아지면 너무 많은 것을 알게 되고 너무 많이 멀어지게 된다. 볼프강 파울리Wolfgang Pauli는 나에게 이렇게 말한 적이 있다.[59] "나는 많은 것을 안다. 나는 너무 많이 안다. 나는 양자역학에 있어서 고대인이다."

수학에서 상황은 더욱 심각할 수 있다. 아들러는 수학자들 대부분의 주요 업적은 25세 또는 30세에 끝난다고 말한다.[60] 만약 이 시기에 성취하지 못했다면 그 후에 성취할 가능성은 거의 없다. 생산성은 매년 떨어지고, 교사가 어렵게 알게 된 것도 때로는 별 노력 없이 학생들이 쉽게 안다. 이것은 기술상의 가슴 아픈 실업 상태를 초래하고, 젊은 수영 선수와 육상 선수처럼 심지어 가장 위대한 수학자도 불행한 결말을 맞게 되며, 그들의 전성기가 지나가고 있다는 부담감으로 남의 시선을 의식하는 데 많은 에너지를 소모하며 살아갈 것이다. 이런 상황은 전형적으로 주요 업적이 50대, 60대, 70대에 나타나는 많은 인문학 분야와는 대조적이다.

순수한 수학적 능력

우리가 보았듯이, 빨리 계산하는 능력은 수학자들에게 기껏해야 우연히 생긴 강점이다. 물론 이것은 보다 일반적이고 추상적 다양성으로 여겨지는 그들의 중심 재능과는 거리가 있다. 그러나 계산을 뛰어나게 잘하는 능력을 지닌 특정한 사람들이 있고, 사람들은 그들에게서 비교적 자율적인 형태로 기능하는 논리수학적 능력을 본다.[61]

아마도 이런 특성의 주된 예는 서번트 증후군 환자에게서 볼 수 있을 것이다. 이들은 대부분의 영역에서 부족하거나 지체된 능력을 가졌지만 어릴 때부터 계산 능력이 매우 빠르거나 정확하다. 이들은 인간계산기로서 일련의 요령을 습득해 머릿속으로 큰 수들을 더하고 긴 숫자열을 기억할 수 있으며 지난 300년간의 시기에서 무작위로 선택한 날짜의 요일을 맞출 수 있다. 이런 사람들은 전형적으로 새로운 문제를 발견하는 것에, 그리고 아주 케케묵은 문제를 푸는 것에, 심지어 다른 사람들이 그런 문제를 어떻게 풀었는지 살펴보는 것에는 관심이 없다. 서번트 증후군 환자의 경우 수학을 일상의 다른 면에 활용하거나 과학적 수수께끼를 푸는 데 활용하지 않는다. 대신 괴짜처럼 그들을 돋보이게 만드는 일련의 책략을 완성한다. 예외는 있다. 수학자 카를 프리드리히 가우스Karl Friedrich Gauss와 천문학자 트루먼 새포드Truman Safford는 계산에 뛰어난 사람들이었지만 일반적으로 이런 재능은 평범한 사람들에게서 두드러지게 나타난다.[62]

서번트 증후군 아동의 경우 대부분은 진정한 계산 능력을 가지고 있는 것 같다. 이것은 어린 시절부터 그들을 돋보이게 한다. 예를 들면 보호시설에 있는 오바다Obadiah라는 아동은 여섯 살 때 덧셈, 뺄셈, 곱셈, 나눗셈을 독학으로 배웠다. 달력 계산가인 조지George는 여섯 살 때 역법에 있는 만세력을 숙독할 수 있었으며, 거의 처음부터 달력 계산에 정확했다.[63] 신경학자 쿠르트 골드슈타인Kurt Goldstein이 연구했던 열한 살의 L은 기차 시간표 또는 신문 경제란에 있는 끝없는 숫자열을 기억할 수 있었다. 이런 아이들은 어릴 때부터 물건 세는 것을 좋아하고 숫자나 음악 소리 등 모든 면에서 두드러진 흥미를 보인다. 그러나 다른 경우에 있어서는 처음부터 놀라운 능력이나 기대 같은 것을 보이지 않고, 차라리 다른 분야보다 특정한 한 분야에 비교적 더 재능을 보이거나 운이 나쁜 아동은 다른 아이들보다 하나의 특수한 분야에서 우월해지기 위해 더 많은 노력을 기울인다.[64] 나의 추측이 타당하다면, 치명적인 결핍을 가진 사람이 어떤 수학적 능력을 얻기 위해 훈련받았을 수 있다. 그러나 나는 조기 계산이나 달력의 천재는 전문가에게서 받은 훈련 때문만이 아니라 자율적이며 멈출 수 없는 특정한 두뇌 부위의 풍족함 혹은 부족함 때문에 그렇게 되었다고 생각한다.

어떤 아이들은 적어도 논리수학적 적성의 한 중심 요소에서 축복을 받았지만, 다른 보통의 아이들은 수의 영역에서 선택적인 약점을 보이기도 한다. 이러한 아이들의 일부는 쓰기에서 많은 아이들이 보이는 난독증dyslexic, 더 적은 수의 아이들이 구어에서 어려움을 보이는 부전실어증dysphasics, 수학에서의 선택적인 어려움을 가지고 있을지도 모른다.

장애와 함께 관찰되는 이런 흥미 있는 현상들은 대부분 발달적 거스트만 증후군Gerstmann syndrome*을 진단받은 아이들에게서 나타난다.[65] 같은 증후군을 가진 성인들에게도 유사한 패턴이 나타나는데, 이러한 아동들은 산수를 학습하는 데 어려움이 있고 인식하기와 손가락 구분하기, 그리고 좌우를 구분하는 것에도 어려움이 있다. 글쓰기나 철자 쓰기에 선택적인 어려움이 있기는 하지만 언어 능력은 이 아동들에게 정상적이며, 이것은 이 아이들이 일반적으로 지체된 것은 아니라는 점을 말해준다. 신경학자들은 이런 아동들이 시각적 영역에 있는 순차적인 열과 형태를 알아내는 데 관여하는 우성 반구 뒷부분의 연상피질association cortex에 결함이 있다고 추측한다. 대부분의 연구에 따르면, 순서에 관한(특히 시각 · 공간적인 부류에서) 이러한 선택적 어려움은 손가락 인식하기, 좌우 방향 구분하기, 그리고 수 계산에서 문제들을 야기한다. 아이들이 대부분 수학적인 계산을 손가락으로 시작한다는 점은 이러한 색다른 증후군에 흥미를 갖게 한다.

* 두정엽의 손상으로 발생하는 증상._옮긴이

또한 선택적인 논리수학적 사고에 어려움을 보이는 아이들도 있다. 이러한 경우에는 단순히(혹은 복잡하게) 동기적인 부분에 문제가 있지 않으며, 일단 단순한 수 세기와 기초 계산에서 일정 수준 이상의 단계가 지나 수학에 관한 인과관계 규칙을 이해하거나 논리적 적용을 하는 단계에서 어려움이 나타난다. 교육자 존 홀트 John Holt는 안타깝게도 다음과 같은 질문을 한다. "만약 세계가 작동하는 방식에 대해 아무 생각이 없고, 사물에 대한 규칙성, 순서, 감각에 대한 아무런 생각이 없다면 어떨까?"[66] 미래의 물리학자의 연속선상에서 반대의 위치에 있는 그러한 아이들은 세계의 순서의 진리에 대한 비밀을 발견하고자 하는 갈망이 없을 뿐 아니라, 분명히 존재하는 (다른 이들을 위한) 질서들을 탐구하려 하지 않는다.

언어, 심지어 음악과의 비교에 있어서 수 계산 능력이 어떻게 진화했는지에 대해서는 거의 알려진 것이 없으며, 일반 성인의 두뇌 조직에 대해 약간의 사실만 알려져 있다. 분명히 다른 동물들에게는 수 이전의 능력들이 존재한다. 6~7개의 사물 열을 확실하게 구분할 수 있는 새들의 능력,[67] 거리와 방향을 다른 동종의 움직임을 보고 계산하는 벌들의 본능적인 능력,[68] 적은 수 그리고 가능성의 추정에 숙달할 수 있는 영장류의 능력이 그것이다.[69] 달력이나 다른 표시의 체제는 적어도 3만 년 전, 문자가 사용되기 전까지 거슬러 올라간다. 삶에 있어 순서를 부여하는 이전 방식은 석기시대 후기에는 확실히 가능했던 것이다. 우리 조상들은 더 큰 단위를 만들기 위해 끊임없이 1을 더할 수 있는, 무한한 연속으로서의 수에 대한 주요한 통찰을 가지고 있었음에 틀림없다. 따라서 인간은 하위의 생명체와는 달리 많은 양의 수를 지각할 수 있었다.

수적 능력을 담당하는 뇌의 조직에 있어서 언어적인 능력은 남아 있지만 계산 능력이 손상된 사람도 있고, 실어증에 걸린 사람들은 대부분 잔돈을 계산할 수 있고 계산이 필요한 게임을 할 수 있으며 재정적인 문제들을 관리할 수 있다. 언어와 음악의 경우와 마찬가지로, 매우 기초적인 수준의 언어와 수학적 계산이 꽤 분리되어 있음은 잘 알려진 사실이다. 더욱이 많은 연구의 증거들이 밝혀지면서 중요한 수적인 능력은 일반적으로 우뇌와 관련되어 있다는 사실이 발견되었다(음악의 경우 다시 한 번!).[70] 여러 관찰을 통해서 볼 때, 수적 능력(수 상징의 이해, 수 조작에 대한 부호 의미와 기초적인 양과 조작 자체에 대한 이해)에만 장애가 나타나는 경우도 있었다. 수학의 기호를 읽고 만드는 능력은 좌뇌에, 수 관계와 개념의 이해는 우뇌에 의해 설명된다.[71] 언어의 기본적인 어려움은 수용어를 이해하는 데 어려움을 주며, 공간적 방위의 손상은 심지어 합이나 기하학적 설명을 하는 데 필요한 연필과 종이를 사용하는 능력에도 손상을 준다. 계획 세우기에 결함이 있는 경우, 2차적으로 전두엽의 손상으로 인해 많은 단계를 가진 문제를 해결하는 데 어려움을 보인다.

이러한 다양성에도 불구하고 좌두정엽, 측두(관자놀이)側頭, temporal, 후두 같은 뇌의 특정 부분이 논리와 수학에서 중요한 역할을 담당하는 것으로 보인다는 미약한 동의가 있다. 각회angular gyrus의 손상으로 인해 성인의 거스트만 증후군과 같은 증상, 즉 다른 인지 능력과는 별개로 계산하기, 그림 그리기, 좌우 방향 구분하기, 손가락 인식하기 능력이 손상되는 증상을 겪게 된다. 루리야는 이 영역의 손상이 전치사 구와 수동태 구조 같은 특정한 문법 구조를 이해하는 능력과 공간에 적응하는 능력을 감소시킬 수 있다고 덧붙였다.[72]

앞에서 나는 조심스럽게 미약한 동의라고 했다. 내 견해로는, 뇌의 이 영역이 논리수학적 사고에 중요한 역할을 한다고 하기에는 증거가 부족하다. 측두엽 부분은 많은 사람들에게 중요하지만, 전두엽 구조나 우반구의 다른 부분이 논리수학적 기능을 보충할 수 있다는 사실이 비슷한 설득력을 가지고 있기 때문이다.[73]

나는 기본적인 논리수학적 작용들에 차별화된 신경학적 기관에 대해 말하고자 한다. 특정한 신경 부분은 이전에 언급한 것과 같은 특정한 논리수학적 작용에 중요하다. 그러나 측두엽이나 전두엽이 언어와 음악에 중요한 것만큼 이 부분이 논리수학적 사고에 필수불가결한 것은 아니다. 다시 말하면 그러한 작용과 논리적 적용이 이루어지는 과정에서 인간 두뇌의 유연성을 발견할 수 있다는 것이다.

해결책은 피아제의 연구에서 찾을 수 있다. 논리수학적 활동은 유아기의 가장 감각적인 행동으로 시작되며 인생의 10~20년 정도에 걸쳐서 많은 신경조직과 관련되어 점차적으로 발달한다. 중대한 손상이 발생했음에도 불구하고 이러한 활동들이 계속될 수 있는 것은 이런 작동들이 주어진 한 부분에서 일어나는 것이 아니라 광범위하고 매우 풍부한 신경학적 형태를 통해 이루어지기 때문이다. 논리수학적 능력의 감퇴는 뇌의 중심적 손상보다는 치매처럼 신경조직의 많은 부분이 다소 빨리 소멸되는 훨씬 일반적인 기능 저하에 의한 경우가 많다. 내 생각에 피아제가 연구한 논리수학적 활동들은 우리가 다른 장에서 연구한 것과 같은 정도의 신경 분화를 보여주지 않는다. 따라서 신경조직이 마비된 일반적인 경우를 증명하기에는 충분하지 않다. 사실 최근의 전기생리학적electrophysiological 연구에 의하면 수학 문제의 해결 과정에서 양쪽 두뇌는 상당한 관계가 있음을 보여준다. 한 저자는 수학 문제를 푸는 동안 "양쪽 두뇌 전후 부분의 많은 영역에 복합적이며 급격한 전기적 활동의 패턴 변화가 일어난다"고 주장했다. 반대로 언어나 음악적인 능력은 어떤 중심적인 부분에 뇌 손상을 입으면 결정적인 영향을 받으며 심한 마비 현상을 보인다.

요약하자면 논리수학적 능력은 신경조직에 대한 근거가 존재하지만, 지금까지 우리가 알아본 것에 비하면 그 영향은 미약한 수준이다. 교묘하게 오컴의 면도날Ockham's razor*을 사용하면, 논리수학적 지능은 '순수'하거나 '자율적'인 체계는 아니며 단일 지능이라기보다는 상위에 있는 지능이거나 더 일반화된 지능이다. 나는 때때로 이 주장에 공감을 했는데 여기서는 내가 실제로 느낀 것보다는 더 확고하게 표현하지 않으려 한다. 하지만 나의 생각에는 누군가가 논리수학적 능력에서 조기의 성숙함을 보일 수도 있고,

* 쓸데없이 복수의 것을 가정해서는 안 된다는 중세의 사고 법칙으로, 복잡한 가정에 입각한 분석보다는 단순한 이론에 근거해 사물을 해석하는 것이 낫다는 의미를 지닌다._옮긴이

구체적이고 특정한 실패를 나타낼 수도 있다는 사실 때문에 논리수학적 지능을 배제하는 것은 너무 과학적 준거를 적용하는 것 같다. 결국 '자율적 지능'에 관한 모든 현상들이 논리수학적 사고에서는 분명하게 나타난다. 더욱이 논리수학적 지능은 단순히 다수의 본질적이지만 다소 불필요한 체계들을 포함할 수 있다. 만일 이러한 것들이 분리되어 파기된다면 (이것은 수용할 수 없는 실험적인 중재를 통해서만 일어나는 사건이지만) 누군가는 언어적, 음악적 영역에서와 같은 정도의 현상을 접할 수 있을 것이다.

다양한 문화 속 논리와 수학

이 장에서 언급하려는 내용이 단지 서양에만 국한되지는 않는다는 점을 다른 관점에서 발전된 세계의 많은 수 체계와 시스템을 소개하면서 시작하고자 한다. 파푸아뉴기니 사람들은 몸의 일부를 숫자로 사용했으며 아프리카인들은 시장에서 물건을 사고팔기 위해 조개를 사용했다. 이러한 증거에서 볼 수 있듯이, 각각의 다양한 문화적 환경에 따라 중요하게 요구되는 기능을 수행하기 위해서 사람들은 자연의 특징을 사용했다.

서양의 인류학사를 통해 서양의 사고와 다른 형태의 사고 사이에 필수적인 연결성이 있음을 주장하는 학자들, 그리고 비서양의 정신인 '원시성' 혹은 미개성을 주장하는 학자들 간의 논쟁이 있어왔다. 이러한 논쟁은 금방 종료될 것 같지는 않지만, 요즘은 '미개인'의 마음이 우리와는 완전히 다르다는 주장이 몇십 년 전 그랬던 것만큼 쉽게 받아들여지지는 않고 있다.

수학과 과학은 서구 사회에서 가장 자랑할 만한 성취이기 때문에, 그러한 우월성에 대한 주장이 수학과 과학에서 시작된 것도 놀랄 만한 일은 아니다. 원시의 사람들이 우리가 가진 것과 같은 논리를 가지고 있는지, 정확하게 계산을 할 수 있는지, 실험과 반증을 가능하게 하는 설명 체계가 있는지, 그 밖의 다른 수수께끼를 가지고 있는지를 알기 위해 많은 실험이 진행되었다. 일반적으로 서구의 사회과학자들은 서구에서 개발된 테스트 방법을 비서구 사회에 도입해 연구를 했으나 그들은 거의 아무런 증거도 찾아내지 못했다. 예를 들어 피아제의 과제를 비서구 사회에 적용했을 때, 구체적 조작기 이상의 점수를 낸 사람은 거의 없었으며, 심지어 때로는 보존 개념을 이해하는 능력이 나타나지도 않았다. 반대로, 특히 그 문화의 주민에게만 문제가 되는 과제에서는 그 문화 자체의 사고 틀이 있었으며, 비서구인과 서구인의 사고 차이에 대한 주장은 약화되었고, 때로는 '원시'의 것이 연구자들에게 우월하게 부각되기도 했다.[74]

(그것에 압도되지 않고) 이러한 역설을 해결하는 한 가지 방법은 이전에 제시한 대로 다양한 학자들의 관점에서 비서구 사회를 생각해보는 것이다. 한 연구자가 다른 문화권의 수학자나 과학자에 대한 뚜렷한 증거를 찾으려고 할 때 의미 있는 증거를 찾아내는 것은 쉽지 않다. 그 자체의 목적을 위해서 수학적 관계의 추상적 시스템을 만들고자 하는 욕구, 또는 어떻게 세상이 움직이느냐에

관한 명제들에 대한 실험은 그리스 시대에서 시작해 르네상스 시대까지 상당히 진전을 보인 (지금은 전 세계에 퍼졌지만) 서구 사회의 관심사였다.[75] 또한 지난 몇 세기 동안 문자 기록이 엄청나게 증가하고 이러한 주제에 대한 논쟁이 기록되면서 수학 및 과학적 주제가 몇 세기 동안 서양을 지배해온 것처럼 보인다.

그러나 우리의 관심을 돌려 과학에 기반해 마음의 기본적인 작동들을 찾고자 한다면, 논리수학적 사고의 기본적인 보편성을 의심할 이유가 별로 없다는 것을 알 수 있다. 더 구체적으로, 시장경제에서 소비자들은 가격이 맞지 않으면 물건을 팔지 않고 본전치기나 이익이 날 경우에만 팔려고 하는 등 완벽하게 자신의 이익에 따라 흥정을 할 수 있다. 생물학적 이유이든 사회적 이유이든 개개인이 대상을 분류하는 것이 중요하며, 이런 경우 정교하고 위계적으로 조직화된 체계를 고안해내고 이들을 적절하게 활용할 수 있다. 사람들이 정기적인 기반을 가지고 행동할 수 있게 하는 달력이나 빠르고 안정적인 계산 양식을 갖고자 하는 열망은 우리에게 알맞은 해결책을 제시해왔다. 그리고 과학적 이론은 서구로부터 외진 곳에는 전해지지 않았지만, 칼라하리Kalahari의 주민들은 그들이 필요한 것들을 같은 방법으로 만들어서 사용한다. 예를 들어 사냥을 할 경우, 그들은 직접 눈으로 사냥감을 보았을 때, 사냥감을 보지는 못했지만 그 흔적을 보았을 때, 다른 사람에게서 사냥감에 대한 이야기를 들었을 때, 사냥감을 보지도 못했고 본 사람으로부터 직접 이야기를 듣지 못해 불확실할 때를 명확히 구분한다.[76] 니컬러스 블러턴-존스Nicholas Blurton-Jones와 멜빈 코너Melvin

Konner는 원주민의 사냥 연구에 대해 다음과 같이 결론을 내린다.

> 사냥에 대한 지식 체계는 상세하고 광범위하고 정확하다……. 추적의 과정은 특히나 인간 정신의 추리력, 가설 검증의 유형과 연관이 있으며, 인간 마음의 최고의 추리적, 분석적 능력을 발견하는 것과 같다. 거기에는 발자국, 동물의 움직임, 타이밍, 사냥감이 부상을 입었는지 여부를 결정하는 것, 만약 그렇다면 그 사냥감이 어떻게 얼마나 멀리 갔으며 어느 방향으로 얼마나 빨리 갔을지를 예상하는 것 등 반복적으로 가설을 세우고 새로운 데이터로부터 얻는 것, 동물의 움직임에 대해 이미 아는 사실을 바탕으로 통합하는 것, 부합하지 않는 것을 제거하고 마침내 합리적인 결과에 이르는 것 등의 과정이 수반된다.[77]

논리수학적 지능이 문화화되는 방식을 제안하기 위해서는, 문자시대 이전 집단들의 산술 체계가 갖는 특징의 일부를 살펴보는 것도 유용할 것이다. 많은 사회에서 개개인들은 사물들, 개개인, 혹은 한 분야의 조직의 수를 합리적으로 추정할 수 있으며 그 추정 능력은 놀라운 힘이 있다. 존 게이John Gay와 마이클 콜Michael Cole은 라이베리아 지방의 크펠르 족이 10에서 100까지 돌의 수를 세는 것을 미국 성인들보다 잘한다는 것을 밝혀냈다.[78] 서양에서 사용하는 아라비아 기수법과 비교할 때, 추정에 기초를 둔 체계는 계산에 있어 거의 틀리지 않는다는 장점을 가지고 있다. 기수법을 사용함으로써 우리는 더 정확히 할 수 있지만, 예를 들어 만약 합에서 세로 줄 정열을 잘못하거나 계산기에서 버튼을 잘못 누름으로써 완전히 잘못된 답을 얻기도 쉽다.

사실 고도로 발달된 수학적 능력은 아프리카에서 찾아볼 수 있다. 세상 어디에서나 할 수 있는 가장 수학적 놀이로 간주되는, 칼라kala(malang 혹은 Oh-War-ree라고 불림)라는 '구덩이와 조약돌a pit and pebbles' 게임이 바로 그것이다.[79] 이 복잡한 게임의 기본 규칙은 다음과 같다. 우선 보드 가장자리에 일렬로 뚫려 있는 구멍에 씨앗을 떨어뜨리고, 한두 개의 씨앗이 숨겨져 있는 상대편의 구멍에 자신이 가지고 있는 마지막 씨앗을 놓으면 상대편의 씨앗을 잡게 된다. 이 게임을 하는 사람들을 관찰하면서 콜과 그의 동료들은 게임에서 이기는 사람들이 분명하고 일관된 전략을 쓰는 것을 보았다.

> 승자는 움직임의 가능성을 분류하고, 자신을 위해 시간을 확보하고, 상대방을 유인해 섣부른 판단을 하게 만들고, 단편적인 승리보다는 결정적인 승리를 위해 움직이고, 새로운 공격을 위해 힘을 재분배하는 융통성 있고 확고한 방어책을 사용하고 있었다.[80]

이 게임에 300가지 혹은 그 이상의 움직임이 있을 수 있다는 점을 고려하면 숙련된 크펠르 선수들은 상당한 기술의 전략들을 상당히 교묘하게 사용해야 한다. 실제로 이 게임에서 승리한 선수는 가문의 영광이 되며 이를 기념하는 노래가 만들어진다.

예를 들어 상품의 교환이나 소유의 파악에 쓰이는 몇 가지 수리 능력은 간단하다. 하지만 수학적 사고가 종교적이고 미신적인 목적과 뒤얽혀 있다는 것을 발견할 수 있다.[81] 유태인에게 수의 특성에 관한 직감은 해석 혹은 예언 능력과 가깝게 연관되어 있다. 스페인의 조사에 따르면, 수학에 관한 아랍 문서를 소유하면 무기징역 또는 심지어 사형선고를 받을 수 있었다. "수학자들은 이단자들 중 최고라고 비난받아왔다"[82]라는 말이 있다. 중세의 이슬람과 기독교 학자들은 마방진magic square*이 전염병을 물리치거나 불임을 치료한다고 믿었고, 아프리카의 많은 지방에서는 인간, 가축, 소중한 물건을 세지 못하게 하는 미신이 있다. 수와 다른 상징체계의 상호관계는 다양한 분야의 활동에 중심이 되었다. 중세 인디언들은 (1 대신 달, 2 대신 눈이나 팔과 같이) 숫자를 상기시키는 다른 단어로 대체했으며 수학적, 천문학적인 논문을 운문으로 작성했다.[83] 심지어 오늘날에도 단어와 숫자가 서로를 나타내고 비밀 문자들이 숫자열을 통해 전달되는 정교한 체계들의 조작은 이슬람 학자들에 의해서 계발된 기술이다.[84]

수의 특성에 대한 민감성에 관한 한 문헌 이전의 사회와 전통적인 문자사회들 모두가 이러한 기술들을 중요한 것으로 인식한다. 수학 지능에 있어 수는 보편적으로 중요하게 여겨지는 것처럼 보인다. 여전히 논리적으로 일관성이 없고 초자연적이며 주술적인 입장을 옹호하는 사람들은 이러한 이성적인 수에 강하게 반발하는 것 같다. 이성적이라는 사람이 어떻게 동시에 고양이가 될 수 있고 아기의 출생이 별의 움직임 때문이라고 할 수 있겠는가?

* 세로, 가로, 대각선의 합계가 항상 같은 숫자 배열표._옮긴이

초기의 주석가commentator들은 이러한 명백한 비합리성을 반박하려 했을지(또는 부인하려 했을지) 모르지만, 현재 몇몇 인류학자들은 다른 시각으로 이를 분석하고 있다. 그들의 관점에 의하면, 우리 사회도 예외 없이 모든 사람들은 단순히 비이성적인 것이 아니라 비합리적인 믿음들을 고수한다. 결국 생각하는 많은 인간들의 믿음은 서로 일관성이 없는 것도 많다. 어떤 이는 오직 종교적 믿음만을 생각한다. 그리고 심지어 과학에 대한 믿음들은 종종 서로 일치하지 않는다(예를 들어, 어떠한 논리적 이유가 없는 과학적 주제에 대한 믿음, 또는 불확실성과 예측 가능성을 가지고 있는 일부 물리학자들에 대한 믿음 등이 이에 속한다).[85]

중요한 것은 이러한 믿음들이 얼마나 강하든지 간에 실제 일상생활에서 어떤 결정을 내리는 데 방해가 되지 않는다는 것이다(만약 이러한 믿음들이 방해가 된다면 그는 미친 사람처럼 보일 것이다). 대신 이러한 믿음은 실제의 궁극적 본성인 우주적 혹은 형이상학적인 이론과 관련이 있는 것처럼 보이며, 어떻게 고기를 구울 것인가, 한 장소에서 다른 장소로 어떻게 움직일 것인가, 혹은 아는 사람에게 어떻게 공격을 할 것인가와는 관련이 없다. 인간의 매일의 습관들이 이루어지는 것은 우주론에 있지 않으며, 미신적이거나 과학적인 것에 속하는 일상의 추론의 순간들에 있다.

수리적 사고는 전통적인 문화에서도 어디서나 볼 수 있으며, 높은 수준의 논리적 사고 또한 찾아볼 수 있다. 트로브리안드 제도

Trobriand Islands*의 땅 소유권 논쟁에 대한 정교한 연구에서, 에드윈 허친스Edwin Hutchins는 소송인들이 논쟁에서 길고 복합적인 추리가 가능하다는 것을 증명했다. 그의 설명에 따르면, 땅의 소유권을 증명하려는 소송 당사자는 자신이 땅의 소유권을 갖고 있다는 결론을 이끌어낸 땅의 역사에 대해 문화적 의미가 있는 설명을 만들어 내야 한다. 그는 또 그 땅에 대해 상대방이 주장하는 바가 땅에 관한 타당한 역사가 아니라는 것을 잘 보여주어야 한다.

> 어떤 면에 있어 소송 당사자의 문제 해결 과제는 논리수학에서의 정리증명theorem-proving과 유사하다. 문화 코드는 체계의 공리 또는 내재적 전제들을 제공한다. 사례의 역사적 배경, 그리고 특히 소송인들이 땅의 양도에 동의한다는 과거의 진술은 문제의 외재적 전제들을 제공한다. 증명되어야 할 정리는 땅에 대한 현재 소송인 자신의 권리를 나타내는 명제여야 한다.[86]

허친스의 판단에서, 순수하게 서양에서 발달한 대중논리 모델은 트로브리안드 소송인들이 보여준 추론의 연쇄에 대한 설명과 같다. 그것은 아리스토텔레스의 논리와 똑같지는 않지만 그럴듯하고 필요한 추론을 포함한다. 그러므로 허친스는 "우리의 추론도 그러하다"고 지적한다.

그러나 만약에 그 연구들의 결과로서 '우리'와 '그들'이 가진 이

* 뉴기니 섬 동쪽 솔로몬 해에 있는 한 무리의 산호초 섬._옮긴이

성의 간격이 줄어들었다면, 일반적인 학교 교육과 특별히 문해 교육을 통해 사고하는 방법, 그리고 다른 사람과 대화하는 교육법을 그대로 적용할 수 있을 것이다. 13장에서 자세히 다룰 예정이지만, 우리는 일반적으로 늘 부딪히는 상황 밖에서 정보를 다루고, 가정적인 기초 위에서 그들 사이의 관계를 설명하며, 말하는 사람의 음색과 관계없이 어떤 의미를 이해하고 비판하고 반론을 알아내고 그것을 해결하는 방법을 학교에서 배운다. 또한 흥미 없는 진술을 시험하는 방식과 지식의 축적에 관한 것, 서로 상관없어 보이는 지식체계 간의 관계를 배울 수 있다. 긴 추론을 해야만 현실에 연결되는 추상적 가치관과 쓰고 읽으며 시험하는 능력을 통해 과학이나 수학의 규칙에 익숙한 사람들을 만들고, 그의 관점과 행동이 이러한 객관적 기준에 맞는가를 돌아볼 수 있다.

많은 원시적 사회에서는 질문을 하거나 기존의 지혜에 도전하거나 신비하고 미신적인 설명에 의문을 다는 것을 권장하지 않았다. 반대로 많은 '교육된' 환경에서는 근거 없는 의견에 도전하고, 잘못된 논쟁을 재구성해보고, 스스로 새로운 종합적 지식을 만들어보는 것을 권장한다.[87] 그 결과 심미적이거나 개인적인 형태의 지능을 다소 과소평가하게 되었으며, 여기서 제시한 논리적, 과학적, 수학적 문제에는 깊은 관심을 보이고 더 높이 평가하게 되었다.

수학, 과학 그리고 시간의 경과

학교 교육과 문해 교육에 대한 효과를 다루면서, 나는 논리수학적 사고의 중요한 측면을 간략하게 요약해 다루었다. 과학자와 수학자는 영원한 진리에 관심을 가지길 좋아하기 때문에, 그들이 추구하는 것은 매우 빠르게 발달했고 많은 변화를 겪고 있다. 이러한 논리수학적 영역의 개념들은 시간이 지나면서 또 변화되고 있다. 로트만이 지적하기를 바빌로니아 사람들Babylonians에게 수학은 천문학적인 계산의 도구였고, 피타고라스에게는 우주 조화의 구체화된 형상이었고, 르네상스 과학자들에게는 자연의 비밀을 알아내는 수단이었고, 칸트에게는 인간 이성 능력의 깊은 곳에 있는 여러 층들의 명제들을 설명하는 완벽한 과학이었고, 고틀로프 프레게Gottlob Frege와 러셀에게는 일상적 언어들의 모호성을 판단하는 분명한 틀이었다.[88] 이러한 관점들은 의심의 여지없이 변화하고 있고, 사실 뛰어난 수학자들 간에는 전체 학문의 본성에 대해 심오한 차이점이 존재하며, 어떤 목적이 최고이며 어떤 방법이 허용되고 안 되는지에 대해 이견들이 있다.

과학도 물론 변화하고 있다. 변화는 종종 진보로 볼 수도 있다. 그러나 토머스 쿤의 도전적인 글 이후에는 연구자들이 과학이 최종적인 진리를 향해 나아가는 가장 빠른 길이라고 주장하기를 꺼리기도 한다.[89] 쿤의 견해에 동의하는 몇몇 학자들은 과학이 단지 또 다른 하나의 세계관에 불과하다고 주장했으며, 파울 파이어아벤트Paul Feyerabend는 과학과 비과학의 구별을 거부했다.[90] 하지만 각 세계관이 특정 이슈를 명백히 함과 동시에 다른 이슈들을 거부하거나 모호하게 한다는 상당한 인식이 있다. 모든 영역을 아울러 통합된 목표를 가지는 유일 과학은 키메라Chimera*와 같이 추방되어야 한다. 특정 과학적 작업을 탐색할 때는 그 작업을 수행한 사람이 무엇을 반박하는 견해를 가지고 있는지, 또한 무엇을 목적으로 글을 쓰고 있는지를 아는 것이 중요하다. 사실 기본적인 패러다임이 가정될 수 있는 '정상 과학normal science'을 수행하는 데 있어서 다른 사람의 작업의 근원을 탓하는 것은 합당치 않고, 정해진 분야에서 문제에 대한 답을 규정하는 점진적 진보가 있어야 한다. 하지만 오늘 만장일치로 내려진 과학적 합의가 내일은 버려질 수 있다는 것이 인정되면 과학의 변화하는 본성은 어쩔 수 없는 현실이 된다.

인간은 이러한 변화의 수혜자이자 피해자다. 그 시대에 꼭 필요한 일련의 기술을 가진 개인은 그 시대에 엄청난 수학자 혹은 과학자가 될 수도 있지만, 다음에 올 역사시대(혹은 이전 시대)에는 상대적으로 쓸모없는 사람이 될 수도 있다. 예를 들어 많은 수들을 기억하거나 여러 형태들 사이의 복잡한 관계를 알아내는 사람이 어떤 수학적 시대에는 중요하지만 다른 시기에는 별로 중요하지 않을 수도 있다. 즉, 책이나 컴퓨터가 암기 능력을 대신하게 되었고 적분의 개념이 나오면서 공간적 개념은 사용되지 않고 있듯이, 시대에 따라 요구되는 중요한 기술이 있다.

* 사자 머리에 염소 몸통과 뱀 꼬리를 한 그리스 신화 속 괴물._옮긴이

인도의 스리니바사 라마누잔Srinivasa Ramanujan이 바로 시대를 잘못 만난 대표적인 피해자다. 라마누잔은 최근 세기에 가장 재능 있는 자연수학자들 중 한 명으로 꼽힌다. 불행하게도 그는 현대 수학 지식이 전혀 없던 시골 출신으로, 자신의 집에서 수년 동안 그 시대 인도 수학보다 한참 앞선 수학을 고안했다. 라마누잔은 그가 고안한 수학을 가지고 영국으로 가게 되지만, 영국은 이미 그가 고안한 수학이 적용되고 있었기에 그가 학문에 기여할 수 있는 것은 없었다. 하디는 현재 다루어지고 있는 수학에 대한 지식이 전혀 없지만 깊은 통찰력과 직감을 가진 사람에게 오늘날의 수학을 가르치는 것은 매우 매력적인 일이라고 생각했다.[91]

라마누잔이 병상에서 죽어갈 때, 그는 스승 하디가 타고 온 택시 번호 1729(하디에게는 큰 의미가 없어 보였던 수)를 보고 1,729는 두 가지 다른 세제곱 수의 합으로 나타낼 수 있는 수 중에 가장 작은 수라고 말했다.* 이것은 엄청나게 빠른 수학적 통찰력이지만, 20세기 영국의 수학계에 기여할 수 있을 정도의 (심지어 높이 평가될 만한) 발견은 아니었다. 야망 있는 수학자들은 타고난 재능을 넘어 적정한 시간과 장소에 있을 필요가 있다.

수학과 과학은 축적되고 변화할 수 있지만 최소한 몇 가지 불변하는 근본 법칙들이 존재하지 않을까? 미국의 저명한 철학자 콰

* $1729 = 1^3+12^3 = 9^3+10^3$._옮긴이

인*은 이 문제에 대한 설득력 있는 글을 썼다. 그는 우리가 역사와 경제의 개념을 물리, 수학과 논리의 법칙보다 더 쉽게 바꾼다는 것을 지적했다.

> 개념체계conceptual scheme의 중심이 되는 수학과 논리는 불변이라고 여겨져 면책을 받는 경향이 있는데, 이것은 우리 신념체계를 최소한으로 수정하고자 하는 보수적 선호 때문이다. 아마도 바로 여기에 우리가 수학의 법칙들을 즐길 만한 것으로 만들어주는 필연성이 놓여 있다.[92]

그러나 콰인은 논리와 수학을 포함한 각 영역들이 지속적으로 단순성을 향해 움직이고 있다고 주장하기도 했다. 따라서 수학과 논리학은 전체 개념적 구조의 근본적 단순화가 가능할 때마다 변화했다고 말한다.**

만약 지금 이 추세로 나간다면 변화는 더욱 빠르게 일어날 것이다. 지난 몇 세기에 인간의 역사와 더불어 수많은 종류의 과학이 있었다. 또한 새로운 분야와 혼합된 분야의 급증, 그리고 새로운 기술의 폭발적인 증가(가장 두드러진 것이 컴퓨터다)는 미래 과학

---

* 콰인의 인식론적 전체론은 실용주의로 관점을 전환하기를 요구하고 있기 때문에, 그에게 실용성의 주요 덕목인 단순성은 수학이나 논리학과 같은 중심적 영역들을 변경할 수 있는 이유가 된다._옮긴이

** 콰인은 당시 논리실증주의자들이 필연성 개념을 확고한 것이라고 생각하는 것에 대해 인식론적 전체론으로 반박하고자 했다._옮긴이

적 구상의 범위와 논리수학적 재능이 적용될 수 있는 문제를 예측하기 어렵게 만들었다. 물론 과학자들은 새로운 기술적 혁신을 더 크게 사용할 것이다. 또한 컴퓨터가 인간의 '손으로' 해결하기 어려운 문제를 해결할 뿐만 아니라 새로운 문제를 정의하고 그것들이 어떻게 접근되어야 하는지를 알아내는 과정에 기여하리라는 사실에 의구심을 가지는 사람들은 없을 것이다(유전공학 및 인간과 같은 새로운 로봇들에 의해 만들어진 삶의 양식은 미래에 대한 예측을 더 복잡하게 할 수 있다). 그리고 이러한 발전과 그 영향에 대해 무지하다면 사회에 생산적으로 참여하기가 점점 더 불리해질 것이다.

다른 지능들과의 관계

다른 사회도 마찬가지겠지만 우리 사회의 움직임은 논리수학 지능이 다른 지능들보다 더 기본적이지 않은가에 대한 날카로운 의문을 제기한다. 개념적 의미에서 더 기본적이라는 것은 인간 지능의 중핵일 수 있다는 것이며, 실제적(실용적) 의미로는 인간의 역사, 관심, 문제, 가능성, 궁극적으로 건설적 또는 파괴적 운명을 이끄는 역할로서 더 기본적이라고 보는 것이다. 결국 하나의 논리만이, 그리고 발달된 논리수학 지능을 가진 사람들만이 그것을 수행할 수 있다고들 한다.

나는 이에 동의하지 않는다. 이 장에서 설명한 바에 따르면 논리수학 지능은 서양 역사에서 유일하게 중요한 지능이었고, 이 중요성이 감축될 기미는 전혀 보이지 않는다.

하지만 다른 곳에서는 논리수학 지능이 덜 중요해지고 있으며 현재 서구 사회의 이러한 추세가 지속될 것인가는 불확실하다. 내 생각에 논리수학 지능은 어떤 특정한 문제를 해결하기에 잘 준비된 여러 지능 중 하나이나 다른 것보다 더 뛰어나거나 다른 것을 압도할 성질의 것은 아니다(실제로 대조되는 강점과 한계를 가진 다른 논리들이 있다). 이전 장에서 보았듯이 언어와 음악에는 논리가 있으며, 이러한 논리는 자체의 규칙에 따라 움직이고 이러한 영역에서 강한 수학적 논리를 언어나 음악의 내부적인 논리 작용 대신 사용할 수는 없다. 논리수학 지능과 공간 지능 간에 생산적인 상호작용은 체스, 공학 그리고 건축학 같은 영역에서 지속적으로 이루어져왔고 또 계속 이루어질 것이다. 이러한 시너지 효과는 공간 지능을 설명하는 다음 장에서 다룰 것이다.

물론 논리수학 지능은 다른 형태의 지능들과도 다양한 조합을 형성할 수 있다. 과학과 수학이 지속적으로 확대되면서 다른 지능 영역들 간에 강하고 더 광대한 결합이 생성될 수 있다고 생각하는 것은 당연하다. 하지만 이러한 변화의 정의는 또 다른 질문을 야기한다. 논리와 수학을 하나의 지능으로 분류하는 것이 타당한가? 그리고 이것은 다른 형태의 지능들과 분명하게 구분되는가? 오직 시간만이 내가 제안한 이 분류의 장기적 타당성 여부를 판단할 수 있을 것이다. 현재로서 나는 수에 대한 직관과 단순한 인과관계에 대한 이해로 시작하는 피아제의 발달 단계가 현대의 논리, 수학 그리고 과학으로 추적될 수 있다고 믿는다.

이전 장에서 음악은 어떤 것과 연결된다고 결론이 지어졌는가? 대부분의 수학자와 과학자들이 음악에 매료되는 것이 정말 단순한 우연일까? 더글러스 호프스태터Douglas Hofstadter가 《괴델, 에셔, 바흐Gödel, Escher, Bach》에서 말한 음악, 미술 그리고 수학에 대한 열정적 아이디어들 사이의 놀라운 공통점은 무엇일까?[93]

이 수수께끼에 대한 단서는 수학적 재능을 가진 개인이 전혀 다른 분야의 규칙이나 패턴을 찾는 데 흥미를 갖는 것에서 찾을 수 있다. 하디가 크리켓에 매료되고, 사이먼이 건축 계획에 흥미를 가진 것처럼 말이다. 이러한 관심이 항상 상호적이었던 것은 아니다. 특정 분야에 대한 특별한 흥미나 논리수학적 지식이 없어도 재능 있는 조각가, 시인 혹은 음악가가 될 수 있다. 과학자, 논리학자, 수학자들의 지능이 우연히 경험의 다른 영역에서 발휘되기 때문일 것이다. 어디에서든지 어떤 형태를 구분해내는 것은 수학자나 논리학자의 특수한 재능이라 할 수 있다.

이와 같이 반복되는 패턴은, 플라톤과 고트프리트 라이프니츠Gottfried Leibniz가 생각했고 아인슈타인이 계속해서 꿈꿨던 것처럼 우주의 비밀 무엇인가를 반영하는 것일 수도 있다. 그러나 잘하든 못하든 이러한 패턴을 지각하고 무언가를 만들어내는 것은 논리수학 지능의 작용이다. 그것은 분명 다른 지능의 중심 작용은 아니다. 이것이 그들이 지닌 음악적, 언어적, 신체적 지능이 아닌지도 확실하지 않다. 다른 능력들이 작동하는 것을 보려면 솔 벨로Saul Bellow가 쓴 소설(아마도 수학자에 관한 것)을 보거나 그레이엄이 안무를 연출할 만한 발레(아마도 일련의 공식이나 증명에 관한 것!)를 봐야 한다. 각 지능은 그것만의 명령 기제ordering mechanism를 가진다. 그리고 지능이 명령을 수행하는 과정에서 그것만의 원리와 선호 수단이 드러난다. 발리에 있는 한두 명의 심미적 교수들도 서구의 논리학자나 수학자가 우리에게 반사적으로 영향을 준 만큼, 혹은 그보다 더 많이 그 사회에 영향을 주리라 본다.

8장

공간 지능

체스를 두기 위해 필요한 지능은 없다.[1]

– 호세 카파블랑카José Capablanca (전 세계 체스 챔피언)

공간 지능의 차원들

공간 지능의 핵심을 이해하기 위한 하나의 방법은 그 지능을 연구하는 연구자가 고안한 과제를 수행해보는 것이다. 그림 1에서 우리는 목표물과 동일한 형태를 찾는 간단한 과제를 해보려고 한다.

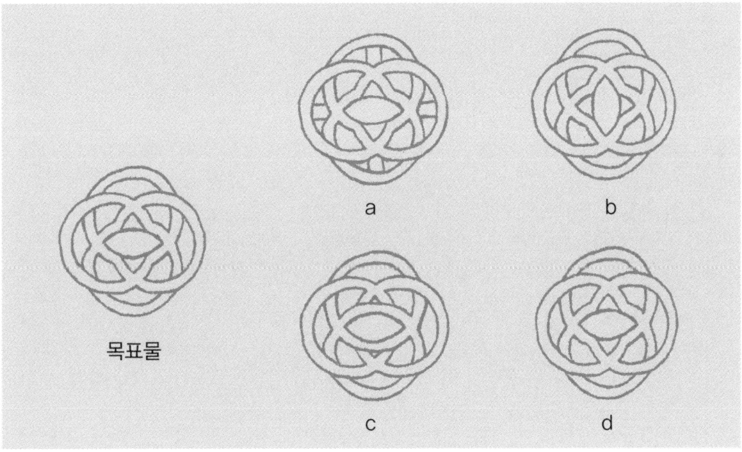

그림 1 네 개의 배열 중 목표물과 동일한 형태를 선택하시오.

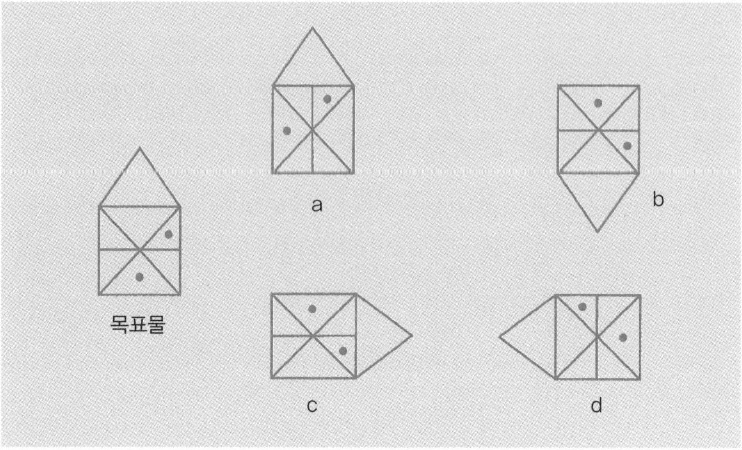

그림 2 네 개의 배열 중 목표물이 회전된 형태를 선택하시오.[2]

특정 목표물을 다른 각도에서 인식하는 것은 조금 더 복잡하다. 그림 2에서는 형태(혹은 관찰자)가 공간을 이동했다고 가정한다.

공간 능력 검사는 더 큰 어려움을 줄 수 있다. 그 예로 로저 셰퍼드Roger Shepard와 재클린 메츨러Jacqueline Metzler의 연구에 있는 검사 항목을 보자. 목표 형태는 비대칭 3차원의 형상을 묘사한 것이다. 피검사자는 문제를 보고 목표 형태가 단순히 회전되어 있는 것인지 아니면 목표 형태와 다른 형태인지를 구별해야 한다. 나는 그림 3에서 세 개의 항목을 재현해보았다. 먼저 (a)를 보면, 두 그림의 형태는 동일하지만 그림이 수평으로 80도 각도로 회전되어 있다. (b)의 경우도 그림의 형태는 동일하지만 80도 아래로 그림이 회전되어 있다. (c)는 그림의 형태가 다르고 어느 방향으로 회전시켜도 두 형태가 동일하지 않다. 그림 1과 2의 경우, 피검사자

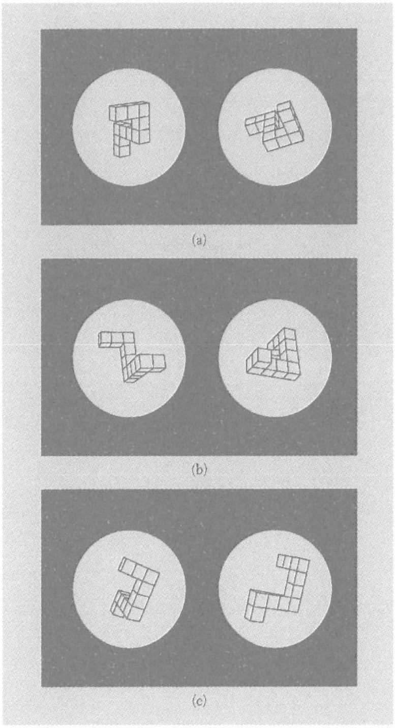

그림 3 (a), (b), (c) 각 항목의 두 번째 형태는 첫 번째 형태가 회전된 것인지 혹은 다른 형태인지를 나타내라.

가 객관식 선택지에서 답을 고르지 않고 목표 형태를 그리도록 할 수 있음을 기억하라.

공간 능력과 관련된 문제 또한 언어적 형태로만 표현될 수 있다.[3] 예를 들어 사각형의 종이 한 장을 반으로 접고 또 반으로 두 번 접어보자. 이렇게 접으면 몇 개의 사각형이 생기는가? 혹은 다른 검사를 생각해보자. 남자와 여자가 왼발을 먼저 내딛어 걷고 있다. 여자가 세 걸음을 걸을 때 남자는 두 걸음을 걷는다. 언제 그들이 동시에 오른발을 땅에서 뗄 것인가? 이제 당신의 사고력을 조금 더 자극하고자 한다. 아인슈타인의 상대성이론 설명을 바탕으로 한 다음 묘사를 따라가보자.

> 공간을 통해 직선으로 이동하는 큰 덩어리mass A를 상상해보라. 이동 방향은 남쪽에서 북쪽이다. 덩어리는 거대한 원들이 새겨진 큰 유리구에 둘러싸여 있다. 그 원들은 크리스마스트리 장식처럼 서로 평행하게 나열되고 이동 직선과는 직각을 유지한다. 유리구에 새겨진 하나의 원과 닿아 있는 또 다른 덩어리 B가 있다. B가 구와 만나는 접점은 가장 큰 원 아래에 위치한 중간 원의 어떤 지점이다. 덩어리 A와 B는 동일한 방향으로 이동한다. A와 B가 움직이면 B는 유리구에 닿아 있는 새겨진 원을 따라 지속적으로 움직일 것이다. B는 계속해서 움직이기 때문에 북쪽으로 움직이는 시공간상에서 나선형을 띠게 된다. 하지만 유리구 안에 있는 덩어리 A에게 이것은 나선형이 아닌 원으로 보이게 된다.[4]

마지막으로, 심상을 만드는 힘을 불러일으키는 몇 가지 문제를 고려해보자. 우선 말을 한 마리 상상해보자. 말 꼬리 꼭대기와 말 머리 가장 밑 부분 중 어디가 더 높을까? 코끼리와 쥐를 상상하고 두 동물의 눈썹을 상상해보자. 둘 중 어느 동물의 눈썹이 더 잘 보일까? 수도꼭지가 두 개 있는 싱크대를 상상해보자. 뜨거운 물은 어느 수도꼭지에서 나올까? 마지막 예로 친숙한 캠퍼스나 광장을 상상해보자. 하나의 건물에서부터 다음 건물까지 훑어보는 시간을 잰 후, 캠퍼스나 광장의 한쪽에서 다른 쪽까지 잘 살펴보는 시간과 비교해보자.

이쯤 되면 당신은 연구자들이 공간적(혹은 시공간적) 사고의 핵심이라고 믿는 능력에 대해 직관적인 이해가 있어야 한다. 이 과제들이 특별한 인지체계와 관련이 있는가? 시각적 혹은 공간적 형상화를 위한 별개의 능력이 있는가? 당신은 이와 같이 논란이 되는 문제들에 대한 예비 의견 또한 가지고 있을 수 있다.

공간 능력과 관련된 문제들이 언어나 논리수학적 방법으로 해결될 수 있을까? 예를 들어 당신이 단순히 2×2×2 곱셈을 사용해 종이 접기 문제를 해결한다면, 당신은 논리수학적 경로를 따르는 것이다. 당신은 미술, 공학 또는 과학 분야에 재능 있는 사람들처럼 공간적으로 사고하는 것이 자연스러운지, 음악이나 언어 분야에 재능 있는 사람들처럼 공간적 사고가 오히려 불필요한 어려움을 야기하는지에 대해 알아야 한다.

공간 지능의 핵심은 관련된 물리적 자극 없이도 초기 인식을 변형 및 수정할 수 있고 시각적 경험을 다시 만들어낼 수 있도록 시각 세계를 정확하게 인식할 수 있는 능력이다. 어떤 이는 하나의 형태를 만들어내거나 단순히 주어진 것을 조작하도록 요구받을 수 있다. 이러한 능력들은 당연히 같지 않다. 어떤 사람은 존재하지 않는 세상을 그리고 상상하고 변형시킬 수 있는 능력이 부족한 반면 시각적 인식은 잘 발달되었을 수 있다. 음악 지능이 가끔 서로 결합되지 않는 리듬감과 음감으로, 언어 지능이 서로 구분되는 구문론과 실용적 능력으로 구성되는 것처럼 공간 지능 또한 능력들의 혼합물이다. 그래도 역시 앞서 언급한 여러 기술들을 가진 사람들은 공간 영역에서도 뛰어날 가능성이 높다. 한 영역에서의 수행이 다른 관련 영역의 기술을 자극한다는 것, 이것 역시 공간 지능 또한 당연히 여러 관련 기술의 합이라는 사실을 뒷받침한다.

공간 지능이라는 용어에 대해 많은 의견들이 있다. 우선 공간 지능을 설명하는 용어로 '시각적visual'이라는 단어를 제안하는 것이 적절할 것이다. 왜냐하면 공간 지능은 시각 세계에 대한 관찰로부터 발달하거나 이와 밀접한 관련을 가지기 때문이다. 편의를 위해 이 장에서 다룬 많은 예시들은 시각-공간 영역에서 나온 것이다. 그러나 언어 지능은 청각-구강 경로auditory-oral channel에 전적으로 의존하지 않으며, 의사소통의 기회가 없더라도 발달할 수 있다.[5] 이와 마찬가지로 공간 지능도 시각 세계를 직접 접촉할 기회가 없는 시각장애인에게서도 발달할 수 있다. 따라서 언어적, 음악적 지능 앞에 청각적이라는 접두어를 사용하지 않은 것처럼, 공간 지능을 어떤 특정 감각 양식과 밀접하게 연결하지 않는 것이 바람직해 보인다.

공간 지능을 서술하는 수단으로 내가 시작 부분에 제시했던 처음의 예로 돌아가보자. 공간 지능의 가장 기본적인 기제operation는 형태나 물체를 인식할 수 있는 능력이다. 이러한 능력은 선다형 질문을 하거나 형태를 그대로 나타내도록 하는 방법으로 검사할 수 있다. 형태를 그대로 복사하는 것이 조금 더 까다로운 과제인데, 과제 수행 과정에서 나타나는 오류를 통해 공간 범위에 잠재되어 있던 어려움들을 파악할 수 있다. 시각장애인들에게는 유사한 과제들이 촉각 양식의 형태로 제시될 수 있다.

일단 어떤 형태나 물체를 조작하라는 요구를 받으면, 피험자는 그것이 다른 각도에서 어떻게 이해되며 회전할 때 어떻게 보이고 느껴지는지를 알기 위해 완전히 공간 영역으로 들어가게 된다. 이러한 조작 과제는 복합적인 형태를 머릿속에서 여러 번 회전시키고 꼬기를 요구하므로 힘든 작업이다. 공간 지능의 선구적 학자 중 한 명인 셰퍼드는 두 가지 형태가 실제로 똑같은 것이라는 걸 판단하기 위해 머릿속으로 몇 번 각도를 바꾸며 하나의 형태를 다른 형태와 일치시키는 데 걸리는 시간을 측정했다(그림 3을 보라). 꼬여 있는 형태를 언어적으로 표현하기 어렵다는 것을 감안할 때, 공간 지능이 있다는 것을 인정하지 않는 한 결과를 설명하기는 어렵다. 사실 피험자는 마치 그 형태가 실제 존재하는 것처럼 필요한 만큼 각도를 몇 번 이동시켜 문제를 해결하려고 한다.

더 어려운 문제는 '물체' 또는 '그림' 영역에서 제기될 수 있다. 실제로 수학의 기하학 문제는 어떤 영역에서는 입체적으로 복잡한 형태를 조작할 수 있는 능력을 요구한다. 문제가 언어적으로 표현되면 심상을 만들어 문제를 해결하려고 하기보다는 단어만을 사용해 문제를 해결하려고 한다. 앞서 제시된 문제들 또한 그런 방법으로 해결될 수 있다. 그러나 실험적이고 관찰적인(내성적인) 증거에 의하면 '상상적인 문제들'의 해결은 일상생활에 있는 유사한 조작 방법으로 변형이 가능한 내적인 정신적 이미지를 통해 이뤄진다.

직접적인 논리 혹은 언어 지능과 별개로, 위와 같은 문제들을 효과적으로 해결하기 위한 능력이 특별하다는 것은 지능 학자들 사이에 오랫동안 유지되어 온 신념이다. 계량심리학자 서스턴은 이 분야의 선구자로 공간 능력의 존재와 독립성을 강하게 주장해왔으며, 공간 능력을 지능의 일곱 가지 주요인 중 하나로 보았다.[6] 서스턴 이후 지능검사를 연구하는 대다수 학자들은 영역마다 그 방법에 조금씩 차이가 있더라도 공간 능력은 무언가 특별하다는 결론을 강화했다. 서스턴은 공간 능력을 세 개의 요소로 구분했다. 즉, 동일한 물체를 다른 각도에서 인식할 수 있는 능력, 구성요소 간 이동 또는 내부 변위를 상상할 수 있는 능력, 그리고 관찰자를 중심으로 공간적 관계를 생각할 수 있는 능력이다. 또 다른 초기 학자인 트루먼 켈리Truman Kelly는 기하학적 형태를 감지하고 유지하는 능력과 정신적 공간 관계를 조작할 수 있는 능력을 구별했다. 또 다른 학자 압델 아지즈 하미드 엘쿠시A. A. H. El-Koussy는 정적 및 동적 측면을 모두 가지고 있는 2차원과 3차원의 공간 적성을 구별했다.[7] 그리고 이 밖에 다른 분류들도 있다.

현재로서는 공간 심상에 관심 있는 계량심리학자들 사이에서 가장 논쟁적인 토론을 피할 수 있다. 공간 지능을 구성하는 요소의 정확한 수, 그에 대한 이상적인 정의는 나의 일반적인 연구 범위를 넘어서는 수준이다. 공간 지능이 언어 지능으로 대체될 수 있는 범위, 심상의 개념을 둘러싼 철학자들의 논란 역시 전문가들에게 맡기고자 한다. 나의 의무는 가장 중심적인 능력의 공간 지능에 대한 관점들을 제시하고, 구분되는 지능의 영역이라고 주장할 수 있는 몇몇 증거들을 제시하는 것이다.

앞서 살펴본 것처럼, 공간 지능은 간접적으로 연관된 능력들—같은 요소의 실제 예를 인식하는 능력, 하나의 요소를 다른 요소로 변형시키거나 변형된 것을 알아내는 능력, 이미지를 포착하고 그것을 변형시키는 능력, 공간적 능력의 그래픽 화상graphic likeness을 만들어내는 능력—을 내포한다. 이러한 능력은 서로 독립적이며 분리되어 발달하거나 손상을 입기도 하지만, 마치 음악 영역에 있는 리듬과 음색이 서로 작용하듯이 앞서 언급한 능력들은 공간적 영역에서 전형적으로 동시에 일어난다. 실제로 그것들은 가족처럼 작동하며, 이러한 기제를 사용하는 것은 다른 것들의 사용을 강화할 수 있다.[8]

공간적 능력은 서로 다른 다양한 영역에서 사용될 수 있다. 무엇보다 방에서 바다에 이르기까지 다양한 공간에서 스스로 위치를 파악하는 데 매우 중요하다. 이는 인간이 원래의 환경과 마주했을 때나 원래의 공간이 변화된 환경에서 대상과 장면을 인식할 수 있게 한다. 또한 지도, 다이어그램, 지리적 형태와 같은 다른 상징들과 실제 현실 장면의 2차원 혹은 3차원 버전인 그래픽 상징을 활용할 때 사용될 수 있다.

공간 능력의 두 가지 다른 측면은 더 추상적이며 복잡하다. 하나는 시각적 혹은 공간적 표현에 사용되는 다양한 선들에 대한 민감성이다. 나는 이것을 불 혹은 폭포 같은 여러 자연적 요소를 특징짓는 긴장, 균형, 조화의 느낌이라 하고 싶다. 표현력에 공헌하는 이러한 요소들은 예술가나 예술을 감상하는 사람들의 시선을 사로잡는다.

공간 지능의 마지막 요소는 외형적으로 다른 형태를 띠는 것들 사이에, 혹은 동떨어진 두 개의 경험 사이에 존재하는 유사성을 발견하는 것이다. 내 관점에서, 서로 다른 영역에서 유사성을 알아차리는 은유적 능력은 공간 지능의 표현에서 나타나는 많은 예들 중 하나다. 예를 들어, 재능 있는 수필가 루이스 토머스Lewis Thomas는 조직화된 인간사회를 미생물에 비유하거나 하늘을 얇은 막으로 묘사하고, 인류를 지구의 더미heap로 묘사하며, 그에게 최초로 일어난 공간적 형태의 유사성을 언어로 표현했다.[9] 사실 과학적 이론의 기초가 되는 것은 넓은 범위의 '심상image'들이다. 다시 말해 다윈의 '생명의 나무', 빙산처럼 드러나는 프로이트의 무의식 개념, 존 돌턴John Dalton의 아주 작은 태양계로서의 원자들은 핵심적인 과학적 개념을 불러일으키거나 그 특징을 상징화하기 위해 만들어진 형태다.[10] 몇몇 경우에는 심상 모델 혹은 이미지가 일상적인 문제 해결에 더 중요한 역할을 하기도 한다. 이러한 이미지들은 각각의 경우에 시각적 형태로 떠오르긴 하지만 시각장애인들도 그것을 창조하거나 이해할 수 있다.

이러한 이미지들은 일반적으로 사고를 돕기 위해 사용되지만, 더 나아가 시각 자료나 공간적 이미지가 사고의 주요 근원으로서 작용한다고 말하는 이들도 있다. 이러한 입장을 취하는 대표적인 심리학자는 루돌프 아른하임Rudolf Arnheim이다. 그의 저서 《시각적 사고Visual Thinking》에서 그는 가장 중요한 사고의 기제는 우리가 세상을 인식하는 방식에서 나타나며, 그것은 우리의 인지 과정을 구성하고 지배하는 뛰어난 감각인 시각을 통한 것이라고 주장했다.

그는 "감각들이 환경을 이해하는 과정은 사고의 심리학으로 설명되는 작용들과 동일하다. 인지의 어떤 영역에서든 일어나는 사고는 상상의 영역에서도 일어난다."[11] 했다. 그는 몇몇 과정이나 개념의 이미지를 우리가 이야기할 수 없다면 그것에 대해서 분명하게 생각할 수 없을 것이라고 말했다. 아른하임이 말한 여러 조건을 고려한 것은 아니지만, 대체적이고 더 광범위한 하나의 관점에서 볼 때 시각적, 공간적 지능은 과학적 또는 예술적 사고에 기여한다.

현재의 논의를 기반으로 지능검사 결과의 많은 요인 분석에 비추어보면, 공간적 지능은 이 분야의 많은 연구자들이 널리 인정하는 능력의 단순한 집합이고 불연속적인 성격을 가지며 관련된 여러 기술들의 집합으로 볼 수 있다. 많은 사람들은 공간 지능을 '언어 지능'만큼 중요하게 취급하며, 또한 거기에 맞서는 또 다른 지능으로 여기고 있다. 이원론자들은 언어 코드와 심상 코드, 두 가지 표상의 시스템에 대해 이야기한다. 이원론자들은 언어 지능은 좌뇌의 작용에 의한 것이고 공간 지능은 우뇌의 작용에 의한 것이라고 보면서 언어와 공간 지능을 구분한다.

이전 장을 읽은 독자들은 내가 지성의 양분론 같은 입장을 취하지 않는다는 것을 알 것이다. 실험심리학자들이 제시하는 과제의 대부분은 언어 지능 혹은 공간 지능을 사용한 것이다. 표준화된 검사의 항목에 직면한 사람들은 문제에 접근하거나 그것을 해결하기 위해 언어적 혹은 공간적 이미지를 사용한다. 그리고 이 가정은 더 논란의 여지가 있지만, 문제를 해결하기 위해 언어적 혹은 공간적 이미지의 정보를 활용한다. 리 브룩스Lee R. Brooks의 실험을 통해 가장 설득력 있는 설명을 할 수 있는데, 그는 자료의 (언어적, 회화적) 제시 형태와 (종이 위에서 가리키는 것과 같은 언어적, 공간적) 반응의 양태를 다양화했다. 정교한 조작을 통해 다양한 과제들을 (공간적 영역에서는 정신적 영상을 만들거나 종이 위에 표시하게 하고, 언어적 영역에서는 문장을 외우거나 각 단어의 말을 분류하게 하는 등) 여러 가지 방법, 즉 언어를 사용하거나 공간적 과정을 이용하는 방법으로 수행하게 했다. 브룩스는 일관성 있게 언어적 영역으로만 혹은 공간적 영역으로만 반응하는 이들은 항상 능력에 손상이 있다는 사실을 발견했다.[12] 그러나 피험자들이 한 가지 양상을 통해 정보를 받아들이고 다른 양상을 통해 반응할 수 있도록 선택적 가능성이 주어진 경우에는 아무런 방해가 되지 않았다. 음악적, 언어적 과정이 다른 중심 과정에 의해 수행되고 서로 방해하지 않는 것처럼, 공간적, 언어적 능력도 비교적 서로 독립적이지만 보완적인 형태로 진행되는 것처럼 보인다.

공간 지능의 발달

공간 지능은 성인을 대상으로 연구하는 학자들에 의해 오랫동안 중요하게 인식되어왔기 때문에 상대적으로 아동의 공간 지능에 대해서는 연구가 별로 이루어지지 않았다. 그 이유는 명확하지 않다. 아마도 공간 기술이 언어 혹은 논리적인 기술보다 측정하기 어렵기 때문일 것이다. 혹은 많지 않은 기술에서 아동의 발달에 대한 직관이 부족하거나 공간 능력에 관한 흥미가 부족해서일 수 있다.

아동을 대상으로 공간적 이해의 발달에 관해 몇 가지 연구를 했던 예외적인 인물이 피아제다. 피아제 또한 공간 지능을 (다양한 연구를 통해 수집했던) 논리적 발달 과정에서 나타나는 일반적인 특징의 일부로 보았다. 그리고 공간 이해의 과정을 설명하면서 피아제는 유아기 때 공간에 대한 감각-운동sensori-motor적 이해가 나타난다는 사실을 증명했다.[13] 사물에서 관찰되는 궤도trajectories에 대한 초기 이해와 다양한 장소에서 길을 찾을 수 있는 궁극적인 능력, 이 두 개의 능력은 공간 지능에서 핵심적이다. 초기 아동기의 감각-운동 마지막 단계에서 아동은 심상mental imagery 능력을 갖는다. 아동은 그곳에 있지 않아도 장면이나 사건을 상상할 수 있다. 피아제는 대상이나 사건을 보고 그것을 감각적 운동 형태로 표현했던 아동의 어린 시절로부터 이러한 심상을 유추해냈다. 심상은 이전부터 세상을 통해 수행되어왔던 (이론적으로는 여전히 수행될 수 있는) 행동의 대략적인 윤곽이나 틀의 형태로 나타나는 내재화된 행동internalized action 혹은 지연된 모방deferred imitation의 종류로 보인다. 이와 같은 이미지는 초기 아동기 동안 정지 상태로 남아 있지만 아동은 그것을 기반으로 정신적 조작을 수행할 수 없다.

논리수학 지능과 공간 지능이 세상에 대한 아동의 행동으로 나타나기 때문에, 누군가는 이 두 가지 지능이 사실상 지능의 다른 형태인지 아닌지를 질문할지도 모른다. 심지어 피아제도 그들과 같은 생각을 가지고 있었다. 그는 심상적 이미지로 대상의 형상을 보유하는 형식적 지식과 그런 이미지의 조작을 통한 형태 변형을 강조하는 작동적 지식 사이의 차이를 설명한다. 피아제가 그랬듯이 정적 모양static configuration과 활동적 작동active operation을 구분해볼 수 있다. 하지만 이 책의 목적을 위해서 공간 지능의 범주에 드는 비교적 정적인 형태와 동적인 형태의 공간 지능으로 분류하기로 하자.

피아제의 설명에 따르면, 학령기에 나타나는 구체적 조작기는 아동의 지적 발달에서 중대한 터닝 포인트다. 아동은 이미지와 공간적 영역의 대상에 대해 더 활동적으로 사고할 수 있게 된다. 비록 되돌릴 수 있는 정신적 기제라 할지라도, 아동은 이제 어떻게 사물이 보이는지를 이해할 수 있게 된다. 그리고 우리는 여기에서 아동이 방의 다른 쪽에 앉아 있는 사람이 한 장면을 어떻게 보고 있는지, 혹은 물체가 공간에서 회전한다면 어떻게 보일지를 알 수 있는 탈중심화decentration라는 익숙한 현상을 접하게 된다. 그러나 이 구체적 조작기에서 공간 지능은 구체적 상황이나 사건에만 제한되어 있다. 청소년기가 되어 형식적 조작기에 들어서면 청소년은 추상적인 공간의 아이디어 혹은 공간을 지배하는 형식적인 법칙을 다룰 수 있다. 그렇게 되면서부터 청소년들(혹은 수학적으로 성숙한 아이들)은 기하학을 이해할 수 있게 된다. 따라서 기하학의 명제적 진술에 나타나는 수학적 이미지를 세상과 연결시키고 다양한 종류의 변형이 적용될 때 어떤 변화가 일어나는지를 추론할 수 있다.

우리는 장소를 옮겨 다니는 영아기의 능력부터 정신적인 이미지를 형성하는 유아기의 능력, 정신적 이미지를 조작하는 학령기 아동의 능력, 궁극적으로는 모든 가능한 공간적 배열을 해석하는 능력에 이르기까지 공간 지능 발달의 경로를 살펴보았다. 가능한 모든 공간적 배열을 해석할 수 있는 청소년들은 논리수학 지능과 공간 지능을 하나의 수학적 혹은 과학적 시스템으로 합칠 수 있는 충분한 위치에 이른다.

다른 분야와 마찬가지로 피아제는 공간적 발달에 관해 일반적인 그림을 제시했고 그의 많은 관찰과 특징화는 오랜 세월에도 불구하고 건재하다. 하지만 대부분의 경우 그는 공간 능력의 측정을 지필 혹은 데스크탑 방식으로 한정했다. 그래서 학생들의 폭넓은 공간적 환경에 관한 이해는 대부분 무시되었다. 최근 아동의 공간 이해에 대한 광범위한 연구가 진행되었으며, 그 결과는 아주 흥미롭다. 3세 혹은 그 미만의 아동들은 그들이 직접 방문했던 장소와 경로는 기억해낼 수 있었으나, 실제 방문하지 않았던 곳을 찾기 위해서는 비경험적(언어적 설명이나 바로 근처 지역을 방문하는 것 등) 지식을 통해야 하므로 상당한 어려움을 느꼈다. 아이들이 주변을 돌아다니며 자기 나름대로 길을 찾으려고 할 때 랜드마크는 결정적인 역할을 한다.

이러한 지식을 측정하기 위해 많은 새로운 방법이 요구되고 있다. 심지어 더 나이 많은 아이들도 다른 형태의 지식 배치와 관련해서는 직관적 지식을 얻는 데 어려움을 겪는다. 그러므로 5~6세 아동은 낯선 곳에서 그 위치와 경로는 알지만, 그것을 말로 표현하든가 그림이나 지도로 그리라고 하면 대답을 못하거나 너무 나 단순화된 그림을 그리기 때문에 아동의 공간 능력을 측정하기 어렵다(예를 들어 직선의 길을 묘사하는 경우 심지어 나선형의 길이라고 하기도 했다). 학령기 아동에게 가장 어려운 것은 수많은 이질적인 경험을 통해 얻어진 공간적 배열의 지식을 통합하는 것이다. 다시 말해 아동들은 그들의 이웃이나 마을의 어느 곳을 가는 길을 알며, 그들이 찾고자 하는 것을 발견할 수도 있다. 그러나 여러 장소 간의 관계를 설명하는 언어가 전체적으로 부족하고 길을 묘사하는 능력이 부족하다. 그들의 능력을 다른 형태로 표현하는 것은 어려운 부분이다. 혹은 누군가는 이렇게 말할 수도 있다. 아이들의 공간적 이해는 급격하게 발달하지만 이해한 내용을 다른 지능 혹은 상징적 코드를 사용해 표현하는 것은 어렵다.

신경심리학적 연구

공간 지능에 대한 연구는 아동의 발달 분야에서는 무시되고 있지만 신경심리학 연구에서는 정당한 위치를 차지하고 있다. 사실 언어의 경우를 제외하면 두뇌의 공간 능력에 대한 연구는 인간의 다른 능력에 관한 것보다 많은 진전이 있었다.

이러한 연구 결과는 분명하고 설득력 있다. 진화의 과정을 거치면서 뇌의 좌반구는 언어적 처리 과정에서 우세한 부분이 되었다. 특히 뇌의 우반구에서 후면부는 공간적 혹은 시공간적 처리 과정을 위해 중요한 부분임이 증명되었다.[14] 우반구가 언어를 설명하는 좌반구처럼 공간 처리에 결정적이지 않다는 것은 분명하다. 예를 들어, 좌측 후면부 손상에 의해서도 공간 능력에 문제가 나타나기도 하기 때문이다. 그러나 장소를 찾거나 물체, 얼굴, 장면을 인식하고 미세한 세부사항을 알아차리는 것 등, 다른 많은 기능에 있어서는 우측 후면부의 손상이 뇌의 다른 부위와 비교했을 때 훨씬 강력한 영향을 미치는 것처럼 보인다. 더욱이 우반구의 손상은 주변의 좌측 공간에 거의 집중하지 못하게 하는 특이한 현상을 나타낸다. 그러므로 공간의 양 측면을 반드시 모니터해야 하는 과제를 수행할 때 (혹은 일상생활에서) 이러한 상황에 처한 사람들에게는 문제가 나타날 수 있다.

세 가지 주요 연구로부터 그 증거를 찾을 수 있다. 뇌졸중 혹은 다른 종류의 정신적 외상으로 뇌 손상을 입고 고통받는 개인에 대한 임상적 연구는 매우 중요하다. 우두정부 영역right parietal region의 병변이 시각적 집중, 공간적 표현과 방향 감각, 이미지의 기억과 재생에 어려움을 초래한다는 것은 충분히 연구되었다.[15] 병변이 점점 커지면 어려움도 점점 더 뚜렷해질 것이다. 심지어 우반구 손상에 더해지는 좌반구에서의 작은 손상조차 개인의 공간적 기능을 저해하는 것으로 밝혀졌다.

두 번째 증거는 공간 기능의 표준화된 시험 과정에서 뇌 손상 환자들에게 나타난 결과다. 보스턴 재향군인관리회 메디컬센터Boston Veterans Administration Medical Center에서 넬슨 버틀러스Nelson Butlers와 그의 동료들이 행한 연구에서, 우반구가 손상된 환자들은 시각적 배열을 형성하고, 다른 위치에서는 어떻게 보일지를 예측하고, 지도나 익숙하지 않은 공간에서 길을 찾거나 시각적, 공간적 정보를 기억하는 것에 어려움을 보였다.[16] 언어적 능력(기호를 읽는 것과 같은)은 거의 이상이 없었다. 언어 지능에 우세를 나타내는 것은 좌반구이므로 우반구가 상당히 손상되어도 언어를 이해하는 것은 충분히 가능하다.

다른 연구에서는 더 큰 어려움이 보고되었다. 브렌다 밀너Brenda Milner와 도린 키무라Doreen Kimura는 우측 측두골을 절제한 환자의 경우 중첩되는 의미 없는 모양과 도트 패턴을 인식하는 데 어려움이 있음을 보여주었다.[17] 엘리자베스 워링턴Elizabeth Warrington은 우반구가 손상된 환자들 중에서 특이한 각도에서는 익숙한 형태를 알아보지 못하는 경우가 있음을 보고했다.[18] 그리고 다수의 연구자들은 우반구가 손상된 환자들이 그림을 그리는 데 특정한 어려움을 보인다는 것을 확인했다. 이와 같은 환자들은 물체를 상세하게 그려내지만 전체적인 윤곽이 부족했으며, 우반구 손상 이후의 특이한 결과로 공간의 좌측 부분을 간과하는 경향이 있었다. 이러한 그림들은 실제로 지각된 것의 윤곽이나 그에 대한 감각이라기보다 대상(대상의 특징에 대한 이름)에 대한 전체적인 지식에 완전히 의존하는 것이었다.

누군가는 뇌 손상으로 나타나는 이런 증상들이 언어적 도움으로 보완될 수 있지 않은지 질문할지도 모른다. 우반구가 손상된 환자들은 실제로 자활의 목적으로 언어를 사용하려고 노력한다. 그들은 과제에 도전하고 해결책에 대한 생각을 소리 내어 말하거나 심지어 답을 이야기하기도 한다. 그러나 오직 운이 좋은 사람만이 성공할 수 있다. 모리아 윌리엄스Moria Williams는 교통사고로 우측 대뇌를 잃은, 세계적으로 유명한 수학자의 매우 적절한 일화를 이야기한다. 수학자는 표준화된 지능검사에서 물체 조립 과제를 받았다. 그는 공간 관계의 원리에 대해 그가 가진 언어 지식을 활용하면서, "사람들은 언제나 기하학을 사용할 수 있다"고 이야기했다.[19]

최근 밀라노에서 에두아르도 브아쉬Eduardo Bisiach와 그의 동료는 우반구가 손상된 환자들이 이미지에 대해 겪는 어려움을 보고했다. 일상생활에서 공간의 왼쪽 반을 간과하는 듯 보이는 사람들이 이미지와 관련해 같은 증상을 보인다는 사실이 밝혀진 것이다. 즉, 이러한 환자들은 대상 혹은 사건의 우측면만을 볼 수 있었으며 좌측면을 보는 것은 불가능했다. 이러한 결과는 뇌 손상 환자들에게 밀라노의 중심부인 두오모 광장을 상상하도록 했을 때 극적으로 나타났다. 하나의 지점에서 볼 수 있는 광장을 상상하여 말할 때, 환자들은 그들의 우측 부분에 있는 물체는 모두 묘사할 수 있었지만 좌측 부분에 대해서는 전혀 이야기하지 않았다. 그런 다음 반대편에 서서 상상을 하라고 하자 우측에 보이는 대상(그 전에는 빠졌던 물체들)은 모두 묘사했지만 좌측에 있는 것들(그전에는 묘사할 수 있었던 물체들)에 대해서는 말을 하지 못했다.[20] 시각적 영상의 심리학적 실체에 대해 이보다 더 놀라운 경우는 상상하기 힘들 것이다.

마지막 정보는 일반인들에 있어 공간 정보 처리 과정에서의 우반구 역할에 관한 것이다. 사물들은 우측 시각 부분(뇌의 좌반구 부분과 연결된)과 좌측 시각 부분에서 동시에 자극되며 노출된다. 결과들은 확실하다. 각각의 영역에서 우반구는 좌반구보다 문제 해결을 위해 더 중요한 것으로 나타났다. 비록 정상적인 사람들에게서 뇌 손상을 가진 환자들만큼 극적인 결과는 나타나지 않을지라도 말이다. 공간 과제에서 우반구의 관련성, 특히 두정엽의 관련성은 확실하게 증명되었다. 실제로 공간 지능의 신경학적 기반은 여기에서 다루어지는 다른 지능들보다 더 예측 가능할 것이라고 확신한다.

연구 결과를 간단하게 요약해보자. 허블과 비셀이 수행한 단일세포 수준에서의 연구들은 선, 각도, 모서리, 다른 쌓기 블록에 대해서 많은 결과를 냈다.[21] 또한 찰스 그로스Charles Gross, 모티머 미슈킨Mortimer Mishkin, 그리고 영장류 두뇌의 측두부를 연구하는 다른 사람들에 의해 전체 물체의 지각과 인식에 관한 것이 알려졌다.[22] 피질에 기록되는 깊이, 색, 크기, 모양에 관한 정보를 수집한 결과, 측두 신경은 시각적 자극의 물리적 속성을 부호화하는 데 관여하는 것으로 보인다. 대상의 기본적 구성 요소를 인식하는 것과 공간 지능의 중심이 되는 대상들의 관계를 추적하는 능력 사이에는 상당한 거리가 있다. 예를 들어 전두엽은 공간적 장소를 기억하는 데 핵심적인 것처럼 보인다. 하지만 연결된 다른 부분 또한 공간 지능과 관련되어 있다. 이러한 내용이 구체화되면 신경심리학 용어에서 공간 지능의 작동에 대해 설명할 수 있을지도 모른다. 그런 다음 우리는 호모 사피엔스Homo sapiens의 특권이라 할 수 있는 지능들과 이러한 형태들이 어떻게 밀접하게 연결되어 있는지에 대한 곤란한 문제들을 조사하기 시작할 것이다.

공간 지능의 진화는 다른 지능들보다 인간에게 내재된 것으로 보인다. 오늘날이나 수만 년 전 많은 영장류들의 단체 생활은 공간적 기술과 연관된 것처럼 보인다. 거의 모든 면을 고려해볼 때, 공간 지능은 수렵이나 사냥에 관계없이 이동하는 무리에게 매우 중요하게 여겨졌다. 그들이 먼 곳으로 일을 나가 집으로 안전하게 돌아오기 위해서는 예리한 공간 지능이 필요했으며, 그렇지 않을 경우 길을 잃을 확률이 높았다.[23] 이 같은 기술은 오늘날까지 극적으로 남아 있다. 거의 획일적인 지형에서는 모든 시각적 상세함이 상당히 중요하다. 그리고 '에스키모인과 여행을 했던 백인들은 특징 없는 지역에서 시각적 지형을 기억해 길을 찾을 수 있는 에스키모인들의 예외적인 능력을 이야기했다.'[24] 공간 기술의 분화는 왜 성별에 따른 차이가 다른 지능보다 공간 지능검사에서 일관되게 나타나는지를 설명해줄 수 있다. 사냥과 방랑은 선천적으로 남자들의 소명이었다는 점에서 더 나아가, 시공간적 능력의 진화는 남자들에게 선택적 이득이 되었을 것이며, 이와 같은 기술이 부족한 남자들은 수명이 짧았을 것이다.[25]

문제 해결을 위한 공간 능력은 비교심리학자들에게 흥미로운 주제였다. 1차 세계대전 기간에 테네리페Tenerife의 유인원을 가지고 연구한 볼프강 쾰러Wolfgang Köhler의 선구적 작업을 살펴보는 것은 가치가 있을 것이다. 그의 연구에 의하면, 터키의 우화에 나타난 고대 원인은 그들의 시각적, 공간적 지식을 활용해 두 개 이상의 물체를 가지고 도구를 만들 수 있었다. 쾰러의 해석이 직접적이지는 않지만 대부분의 분석가들은 침팬지가 상상하는 것(이미지를 창조하는 것)이 가능하다고 생각하며, 그들이 이야기하는 것이 가능하고 특정한 방식으로 두 개의 막대기를 연결할 수도 있다는 데 동의한다.[26] 이러한 통찰력은 필수적이며 때로는 문제 해결을 하거나 원하는 대상을 얻기 위해 필요한 선행 능력이기도 하다. 우리는 공간 지능을 인간의 수준과 같이 높은 수준으로 발전시킬 수 있는 영장류에 대해서 살펴볼 것이다. 연장을 사용할 때 신체 기술과 공간 지능이 어떻게 결합하는지에 관해서는 다음 장에서 다룰 것이다.

공간적 능력과 장애의 사례

지금까지 정상적인 아동의 발달된 공간 능력과 뇌 손상 혹은 정상 성인의 신경학적 시스템에 대해 이야기했다. 공간 지능의 형태는 대체적으로 규칙적이지만 예외가 있으며, 이는 때때로 공간 지능에 대한 신선한 시각을 제공한다.

시각장애인들에 대한 의문이 즉각적으로 부각된다. 색과 같은 특정 경험은 출생부터 앞을 볼 수 없었던 사람에게는 불가능했고, 시점의 이해 같은 다른 것들에도 상당한 어려움이 따른다. 그럼에도 불구하고 시각장애인들을 대상으로 한 연구는 공간 지식이 전적으로 시각 시스템에 기반하지 않는다는 것을 보여준다. 심지어

시각장애인들도 그림의 특정 시점을 이해할 수 있다.[27]

이 문제에 선구적인 학자는 토론토대학의 존 케네디John Kennedy였다. 케네디와 그의 동료들은 눈을 가린 일반인뿐 아니라 시각장애인도 양각 그림으로 제시된 기하학적 모양을 쉽게 인식할 수 있음을 증명했다. 시각장애인은 공간적 경험을 특정한 방향에서 감지된 과정의 수(혹은 손가락의 움직임)와 필요한 종류의 움직임으로 만들어내는 경향이 있다. 크기는 어떤 대상을 손으로 더듬어 만져보는 것과 같은 간접적인 방법을 통해 알 수 있다. 대상이 클 때는 같은 시간 내에 손을 더 많이 움직일 필요가 있다. 시각장애인은 더 복잡한 모양을 인식하기 위해 직선, 곡선 그리고 시각적 형상을 떠올리게 하는 돌출부 같은 단서들을 활용할 수 있다. 케네디의 견해는 촉각적 양식과 시각적 양식에 공통된 지각체계가 있다는 것이다. 따라서 이러한 양식의 조합으로 일반인들이 얻은 통찰은 오직 촉각 영역에 의지하는 시각장애인도 이해 가능하다는 것이다.

옥스퍼드대학의 수재나 밀러Susanna Millar의 그림에 대한 연구들은 이러한 주장을 강화한다. 시각장애아들이 그린 그림은 정상 아동들에게서 나타나는 것과 같은 특징과 문제들을 보여준다. 예를 들어, 시각장애아들은 그릴 대상을 캔버스 어디에, 어떻게 배치해야 할지 잘 모른다. 처음에 그들은 2차원에서 물체를 묘사하는 방법이나 종이의 맨 아래 부분을 따라 물체를 배열하는 방법을 올바르게 인식하지 못한다. 그러나 양각 그림을 그리는 것이 가능하며 촉감으로 알게 된 특정 경험이 그러한 선으로 표현될 수 있다는 것을 인식하게 되면, 그들의 그림은 정상 아동들의 그림과 유사해진다. 밀러는 그림이 '이전의 시각적 경험은 필수적인 조건이 아닌 촉진적인 조건'이라는 원칙의 습득에 달려 있다고 결론 내린다.[28] 그림을 그리는 동안 시각적 피드백을 받지 못하는 것은 주로 그림의 표현력과 정확성의 정도에 영향을 준다. 글로리아 말모Gloria Marmor는 시각장애아들도 역시 모양을 회전시키고 거울상을 인식할 수 있다는 것을 보여줌으로써 이러한 주장을 완성했다. 그녀는 다음과 같이 결론지었다.

> 초기의 시각장애아들은 심상을 사용하지 않고 촉각적 형태의 특징들을 시각적 이미지 같은 공간적 표현으로 변화시키며, 모든 속성을 동시에 받아들이고 거울의 이미지를 구별할 수 있을 만큼 구체적인 공간적 표상으로 조직할 것으로 보인다.[29]

시각장애인의 공간 능력에 대한 가장 인상적인 설명은 아마도 펜실베이니아대학의 바버라 란다우Barbara Landau와 그 동료들의 연구들에서 찾아볼 수 있을 것이다. 한 조사 연구에서, 선천적으로 시각장애를 가진 두 살 반 된 아이가 제3의 위치에서 두 물체에 각각 다가간 후 그 두 물체 사이의 적절한 길을 판단할 수 있음이 밝혀졌다. 그 아이가 가지 않았던 어떤 길에서 물체 간의 거리를 판단하기 위해서는 가보았던 길의 거리와 각의 관계를 발견할 수 있어야 하고, 이 정보로부터 새로운 길의 각을 추론할 수 있어야 했다.[30] 란다우의 업적은 분명히 공간의 측량적 속성이 시각 정보가 없는 상황에서도 추론될 수 있음을 나타낸다. 게다가 그 아이는 네 살이 되었을 때 방에 있는 물건을 찾기 위해 촉각으로 읽을 수 있는 지도를 사용할 수 있었다. 그 아이는 결코 지도를 접해본 적이 없는데도 즉시 지도의 임의적 상징들을 포함해 지도의 개념을 파악할 수 있었고, 적절한 위치를 찾아가기 위해 지도를 사용할 수 있었다. 그러한 증거로부터 란다우와 그녀의 동료들은 공간적 표상체계는 시각적 또는 촉각적 경험을 통해 동일하게 접근 가능하며, 시각적 자극과 공간 지능 사이에 반드시 특별한 관계가 있는 것은 아니라는 중요한 결론에 이르렀다.

다른 종류의 병변이 있는 사람들은 공간 지각에서 특징적인 결함을 나타낸다. 그러한 집단들 중 하나는 두 번째 X 염색체의 부족과 관련된 터너 증후군을 가진 여성들이다. 이러한 질환이 있는 환자들은 언어적인 부분에서 정상적인 반면, 전반적으로 단순히 시각적 지각에서의 문제로 환원할 수 없는 공간적인 문제를 보인다.[31] 뇌성마비가 있는 사람들은 안구운동장애를 보이고, 결국 깊이(거리) 감각에서 어려움을 겪으며 다양한 시공간을 정상적으로 측정하지 못한다. 뇌손상을 입은 수많은 아이들 또한 시공간적 과제, 예를 들어 사선을 인식하고 이해하는 데 있어서 특별한 어려움을 보인다.[32] 즉, 적어도 이러한 사람들 중 일부는 강도가 약한 '우반구 증후군'을 앓고 있는 것으로 보인다.

시각적 심상의 경우 폭넓은 개인차가 보고되었다. 사실 연구자 스티븐 코슬린Stephen Kosslyn은 많은 사람들이 시각적 심상이 결여되거나 매우 좋지 못했기 때문에 그들을 연구 대상으로 할 수 없었다고 보고하고 있다.[33] 골턴이 심상 능력에 대한 그의 선구적인 연구에서 아침식사에 대한 장면을 회상하도록 했을 때, 과학자들은 일반적으로 시각적 심상을 거의 혹은 전혀 보고하지 않았지만 명백히 보통의 지적 능력을 가진 사람들은 종종 상세하고 구체적인 심상을 보고했다는 것을 확인했다.[34] 이러한 결과는 0부터 200까지의 모든 수가 분명하게 제시된 상황에서 정교한 수와 형태 배열에 관련해 생생한 심상을 가지고 있었던 골턴을 놀라게 했다. 심상의 힘에 대해 강한 신념을 가졌던 심리학자 에드워드 티치너Edward Titchener도 크게 실망하며 다음과 같이 말했다.

> 마음은 일상적인 작용에 있어서 상당히 완벽한 미술관이다……. 나는 누군가가 어떤 것을 겸손하게, 진지하게, 자랑스럽게, 교만하지 않게, 용감하게 했다는 것을 읽거나 들을 때마다 겸손함, 진지함, 자부심, 교만하지 않음, 용감함에 대한 시각적 암시를 본다. 위풍당당한 여주인공은 키가 큰 모습을 떠올리게 하는데, 한 가지 분명한 부분은 강철빛의 회색 치마를 잡고 있는 손이다. 겸손한 구혼자는 몸을 굽힌 모습을 떠올리게 하는데, 때때로 멍한 얼굴 앞에 애원하듯이 들려진 손이 있지만, 한 가지 분명한 부분은 굽은 등이다……. 모든 표현은 자명하거나 동화만큼 환상적이어야 한다.[35]

그러나 사물을 눈으로 보는 것처럼 생각해내는 데는 소질이 없다고 고백하고 언어가 그의 마음속에서 어떤 그림도 떠올리게 하지 않는다고 시인한 소설가 올더스 헉슬리Aldous Huxley는 좋지 않은 심상의 연구 결과를 이해할 수 있을 것이다. 그는 의지적인 노력을 통해서만 희미한 심상을 떠올릴 수 있었다. 아마도 이것은 헉슬리가 결과적으로 마약에 빠지게 된 한 가지 이유이며, 마약의 경험은 '재능 없는 공상가'가 '윌리엄 블레이크William Blake*가 장악한 세상만큼이나 거대하고 아름다우며 가치 있는' 세상을 그려볼 수 있게 했다.[36]

소수의 다른 정상적인 사람들에게 시각적이고 공간적인 능력은 놀랍게 발달한다. 예를 들어 발명가 니콜라 테슬라Nikola Tesla는 '기계의 모든 부분을 모든 세세한 것까지 완벽하게 상상할 수 있었다.' 이러한 그림은 어떤 청사진보다도 더 생생했다. 테슬라의 심상은 너무나 정교해서 그는 도안 없이도 복잡한 발명품을 만들 수 있었다. 게다가 그는 자신의 발명품을 마음의 눈으로 실험할 수 있다고 주장하며 "그것을 몇 주 동안 작동시킨 후, 마모의 징후를 철저하게 시험할 것이다"[37]라고 말했다. 예술가들은 종종 공간적으로 두드러진 능력을 나타낸다. 로댕은 신체 내부를 투시함으로써 신체의 각기 다른 부분들을 표현할 수 있었다. 그는 "나는 몸통이나 팔다리 각각의 돌출부에서 근육이나 피부 아래 깊이 있는 뼈의 양감을 표현하려고 했다"[38]라고 말했다. 한편 헨리 무어Henry Moore**는 조각 전체를 마치 자기 손 안에 가지고 있는 것처럼 생각했다.

* 영국의 시인이자 화가, 판화가, 신비주의자._옮긴이

** 요크셔 출신의 조각가._옮긴이

그는 그 크기가 어떠하든지 그것을 완전히 손에 쥐고 있는 것처럼 생각한다. 그는 복잡한 형태를 모든 면에서 마음속으로 그려본다. 그는 한 면을 보는 동안 다른 면이 어떠한 모습을 하고 있는지 알고 있다. 그는 무게중심, 질량, 무게를 확인한다. 그는 형태가 공기 중에서 차지하는 공간만큼 그 부피를 인식한다.[39]

그러한 특별한 공간적 능력은 다른 지적장애인에게서도 발견할

그림 4 5세 자폐아 나디아가 그린 말 그림

수 있다. 영국의 화가 브라이언 피어스Bryan Pearce는 보통 이하의 IQ를 가진 사람이지만 그의 그림은 높은 가격으로 팔린다. 일본인 야마시타Yamashita와 야마무라Yamamura 같은 특별한 서번트 증후군 환자들도 존재하는데, 그들은 결핍된 재능과 전혀 다른 놀라운 예술적 능력을 가지고 있었다.[40] 그리고 가장 기이한 예로, 영국의 10대 소녀인 나디아Nadia는 심각한 자폐증이 있었지만 아주 어린 나이에 비범한 기교와 표상적인 정확성이 드러난 그림을 그릴 수 있었다(그녀가 5세에 그린 그림 4를 보라).[41]

서번트 증후군과 자폐증을 가진 이러한 이들에게서, 우리는 하나의 능력이 결핍되었지만 다른 하나의 지능이 특별하게 발현되는 것을 다시 한 번 경험할 수 있다. 비교적 남아 있는 능력에 아동과 그 가족이 중점적으로 신경을 쓰는 경우, 아마도 이 시각적 혹은 공간적 소질이 그에 대한 보상으로 보일 수 있다.

그러나 어린 나디아와 같이 극단적인 경우, 그러한 설명은 충분하지 않다. 나디아는 네다섯 살 즈음에 훈련받은 청소년들처럼 그림을 그리고 있었고, 그녀의 부모는 그녀의 재능을 인식하지 못한 것으로 보인다. 그 재능은 그녀의 치료사가 처음으로 알아챘다. 나디아는 사물을 보고 그 크기와 모양, 윤곽을 기억하고 이것들을 적절한 운동 패턴으로 변환하는 능력을 가지고 있었는데, 그것은 일반적인 영재 아동에게서 발견되는 것과는 거리가 있었다. 아마 한 가지 요소는 직접 본 대상의 외형을 마음의 눈에 간직할 수 있는 사진과 같은 능력, 즉 직관적 영상이다. 이전에 나디아가 모델을 놓고 그린 그림들과 비교한 결과, 그녀가 직관적 심상과 유사한 능력을 가지고 있었다는 것이 확인되었다. 그러나 패턴을 적절한 운동 순서로 변환하고 이미지들을 다양하고 기대하지 않은 방법으로 결합하는 이런 능력은 분명히 단순한 직관적 기술을 넘어서는 것이다. 사실 나디아의 도식 능력은 너무 민첩해서 그녀는 같은 순서로 구성 요소들을 그릴 필요가 없었다. 대신 그녀는 거의 마음대로 그림의 한 부분에서 또 다른 부분으로 자신 있게 나아갈 수 있었고, 결과적으로 올바른 방법으로 원했던 형태를 그려냈다.

동시에 나디아의 재능은 어떤 부분에서 희생을 치르고 이뤄진 것이 분명해 보인다. 그녀는 회화 기술에 필수적인 개념 지식이 부족했다. 그녀는 같은 범주의 항목들을 함께 묶어야 하는 분류 과제를 수행할 수 없었다. 게다가 그림에서 묘사되는 특정한 대상에 대한 관심을 거의 보여주지 않았을 것이다. 때때로 그녀는 대상의 윤곽을 그리다가 중단하거나 마치 기억하려고 한 형태를 그대로 옮기는 것처럼 계속하여 그림을 그렸을 것이다. 게다가 그녀는 어떤 대상을 더 단순한 형태로 그릴 수 없었고 모든 그림에 모든 세부 요소들을 넣어야 하는 것처럼 보였다.

나디아의 능력 프로파일이 한 불운한 영재에게 독특한 것인지는 과학이 답할 수 없을 것이다. 필요한 실험들이 이루어질 수 없기 때문이다. 그러나 그녀의 그림은 다른 지적 강점들에서 공간 지능이 독자적으로 분리될 수 있는지, 그리고 공간 지능이 독립적으로 높은 수준까지 발달할 수 있는지에 대한 설득력 있는 증거를 제시하고 있다.

공간 지능의 사용

잘 훈련된 공간 지능은 우리 사회에서 매우 귀중한 자산이다. 예를 들어 조각가나 위상수학자mathematical topologist* 같은 직업에서 이 지능은 아주 핵심적이다. 발달된 공간 지능이 없다면 이러한 영역에서의 진보는 상상하기 어렵다. 그리고 공간 지능만으로 능력을 발휘하기는 충분하지 않지만, 공간 지능이 많은 필수적인 지적 자극을 제공하는 다른 직업들이 있다.

과학에서 공간 지능의 기여는 아주 분명하다. 아인슈타인은 특히 잘 발달된 공간 능력을 가지고 있었다. 러셀처럼 그는 유클리드Euclid를 처음 읽었을 때 완전히 빠져버렸는데, 아인슈타인이 강하게 매혹된 것은 바로 시각적이고 공간적인 형태와 그들의 관련성이었다. '그의 직관은 고전적 기하학에 깊이 뿌리를 두고 있었다. 그는 매우 시각적인 사고를 했다. 그는 사고 실험gedanken experiment** 혹은 머릿속에서 실행되는 실험과 같이 이미지로 생각했다.'[42] 그의 가장 기초적인 통찰은 순수한 수학적 계통의 추론보다 공간적 모델에서 비롯되었다고 추측할 수 있다. 그는 이렇게

---

* 요한 베네딕트 리스팅Johann Benedict Listing(1808~1882)에 따르면 '공간 속의 점·선·면 및 위치 등에 관하여 양이나 크기와는 별개의 형상이나 위치 관계를 나타내는 법칙을 연구하는 학문'이다. 즉, 위상수학은 위치와 형상에 대한 공간의 성질을 연구하는 학문이다(네이버 지식백과)._옮긴이

** 독일어 gedanken experiment는 사물의 실체나 개념을 이해하기 위해 가상의 시나리오를 이용하는 것이다. 가상의 시나리오가 어떻게 동작할지 생각하는 선험적 방법이므로 관찰이나 실험을 통한 경험적 방법과 대비된다(위키백과)._옮긴이

말했다.

> 언어가 쓰이고 말해질 때 그것을 이루는 단어들은 나의 사고 구조에서 어떠한 역할도 하고 있지 못한 것 같다. 사고의 구성 요소로 기능하는 것으로 보이는 정신의 실체는 어떤 표상이며, 임의로 재생산되고 결합될 수 있는 다소 분명한 이미지다……. 나의 경우에 위에서 언급한 구성 요소들은 시각적이고 강력한 종류의 것이다.[43]

과학자들과 발명가들은 문제 해결에 있어서 심상의 분명한 역할에 대해 종종 이야기해왔다. 그러한 이야기들에서 가장 유명한 것 중 하나는 화학자 프리드리히 아우구스투스 케쿨레Friedrich August Kekulé가 벤젠 고리 구조를 우연히 발견한 것이다. 그는 잠이 들었고 꿈을 꾸었다.

> 다시 원자들이 내 눈앞에서 뛰어다니고 있었다……. 나의 마음의 눈은…… 뱀 같은 움직임으로 모두 꼬여 있고 구부러져 있는 더 큰 구조를 구별할 수 없었다……. 그런데 보라! 저것은 무엇이었지? 뱀 한 마리가 그것의 꼬리를 붙잡았고 그 형태는 내 눈앞에서 희롱하듯 빙빙 돌았다. 번개가 번쩍하듯이 나는 잠에서 깨어났다.[44]

이러한 통찰은 케쿨레에게 벤젠 같은 유기화합물은 개방 구조가 아니라 폐쇄 고리임을 연상하게 했다. 그리고 좀 더 최근에 제임스 왓슨James Watson과 프랜시스 크릭Francis Crick이 밝힌 DNA 분자 구조는 결정적으로 분자가 서로 얽혀 있을 수 있는 다양한 방법을 그려낼 능력에 달려 있었다. 과학자의 머릿속에, 혹은 종이에, 혹은 실제 3차원 모델을 사용하는 데 설계되는 이러한 실험들은 이중나선의 올바른 구조로 이끌어주었다.

이 장의 도입부에서 설명했던 유형의 공간적 사고는 과학적 사고 과정에 포함될 수 있다. 때때로 실제적인 문제는 DNA 모델의 구조에서처럼 공간적이기에 그 답은 이러한 방법으로 사고하는 것(또는 더 직접적으로 모델링하는 것)과 관련된다. 때때로 공간적 재능은 필수적이지는 않더라도 다윈이 종의 기원을 가지가 쭉 뻗은 나무로, 적자생존을 종의 구성원들 사이에서의 경쟁으로 생각하게 되었을 때 사용되었던 것처럼 유용한 비유나 과정에 대한 모델을 제공한다.

사실 과학에서의 진보는 공간적 표현의 발달과 긴밀하게 얽혀 있다. 유진 퍼거슨Eugene Ferguson에 따르면, 과학자들과 기술자들이 몰두하는 문제들 중 다수는 언어적 형태로 기술될 수 없다.[45] 르네상스 시대의 과학적 진보는 예를 들어 레오나르도 다빈치Leonardo da Vinci의 유명한 스케치처럼 그림으로 방대한 지식을 기록하고 전달하는 것과 직접적으로 연관되어 있을지도 모른다. 중세의 연구자들이 종종 해야 했던 것처럼, 야심찬 과학자들은 대상의 목록이나 부분들을 기억하는 대신 검사에 사용할 수 없었던 생물과 기계의 실제적인 구성에 대해 연구할 수 있었다. 인쇄술의 발명은 문자의 보급만큼이나 이러한 그림의 전파에 중요했다. 일반적으로 널리 퍼진 사본의 유용성은 과학을 가르치고 과학적인 사고 방법을 촉진하는 데 중요한 역할을 했다.

분명히 공간적 지식은 유용한 도구로, 사고의 보조 수단으로, 정보를 획득하는 방법으로, 문제를 표현하는 방법 또는 문제를 해결하는 수단 등의 다양한 방법으로 과학적 목적에 기여했다. 맥팔레인 스미스McFarlane Smith는 사람들이 최소한의 언어적 능력에 도달한 후에는 공간적 능력에서의 기술이 그 사람이 과학적으로 얼마나 발전하는가를 결정한다고 설득력 있게 주장한다.[46]

공간적 추론과의 관련성은 다양한 과학, 예술, 그리고 수학 분야에서 동일하지 않다는 점을 강조할 필요가 있다. 위상기하학은 대수학보다 공간적 사고를 훨씬 더 많이 이용한다. 자연과학은 (구어 능력이 비교적 더 중요한) 전통적인 생명과학이나 사회과학보다 훨씬 더 공간적 능력에 의지한다. 다빈치나 당대의 인물인 버크민스터 풀러Buckminster Fuller, 아서 롭Arthur Loeb처럼 공간 영역에서 특별한 재능을 가진 사람들은 이러한 영역 중 한 분야에서뿐만 아니라 여러 분야에서 일하는 것을 택하며 과학, 기술 그리고 다양한 예술 분야에서 탁월하다. 궁극적으로 이러한 일들을 완전히 익히기 바라는 사람은 '공간의 언어'와 '공간적 수단으로 사고하는 방법'을 배워야 한다. 그러한 사고는 공간이 어떤 구조적 특징들이 공존할 수 있음을 인정하지만 어떤 것들은 인정하지 않는지에 대한 인식을 포함한다.

그리고 많은 사람들에게 3차원에서의 사고는 외국어를 배우는 것과 같다. 4는 더 이상 3보다 크고 5보다 작은 수가 아니다. 그것은 사면체에서 면의 수이자 꼭짓점의 수다. 6은 사면체에서 모서리의 수, 육면체에서 면의 수 또는 팔면체에서 꼭짓점의 수다.[47]

만약 공간 지능의 중심 역할을 설명하기 위해 한 영역을 선택해야 한다면 체스가 강력한 후보로 제안될 것이다. 움직임과 그 결과를 예상하는 능력은 강력한 형상화와 긴밀하게 연관되어 있는 것으로 보인다. 그리고 사실 체스의 대가들은 일반적으로 뛰어난 시각적 기억, 이른바 시각적 상상력을 가지고 있다. 또한 면밀한 조사 결과 그들이 특별한 종류의 기억을 가지고 있다는 것이 밝혀졌다.

지능검사의 창시자인 알프레드 비네Alfred Binet는 거의 100년 전의 선구적 연구에서 눈을 가리고 두는 체스를 통해 기억을 돕는 기술을 실험했다.[48] 이것은 기본적으로 눈을 가린 여러 명의 체스 선수가 같은 수의 상대편과 여러 게임을 동시에 하는 형태다. 상대편 선수들은 각자 체스판을 볼 수 있지만 눈을 가린 체스 선수들은 그럴 수 없다. 그의 유일한 단서는 상대편이 둔 마지막 말이 어떻게 움직였는지에 대한 설명이며, 그에 기초해서 그는 그의 말을 움직여야 한다.

체스 선수들은 어떻게 말할까? 비네의 보고서에서 우리는 지크베르트 타라쉬Siegbert Tarrasch 박사로부터 첫 단서를 얻을 수 있다. 그는 다음과 같이 기록한다. "모든 체스 게임의 어떤 부분은 눈을 가린 채로 진행된다. 예를 들어 다섯 개 움직임의 조합이 머릿속에서 이루어진다. 단 한 가지 다른 점은 누군가가 체스판 앞에 앉아 있다는 것이다. 체스 말의 모습은 종종 그의 계산이 잘못되게 만든다."[49] 여기서 우리는 게임은 전형적으로 추상적인 수준에서 표현되고 자체의 물리적 속성이 있는 각 부분의 실체와는 아무런 연관이 없다는 것을 알 수 있다.

비네의 관점에서, 눈을 가리고 두는 체스에서의 성공은 지구력, 엄청난 집중력, 학식, 기억, 그리고 상상력에 달려 있다. 체스 전문가들에게 체스는 완전히 의미 있는 모험적인 계획이기에 그들은 게임판에서 시합의 진수를 얻기 위해 노력한다. 각각의 게임은 그 고유한 특징, 형태를 가지며 그것은 체스 선수의 감각에 새겨진다. 알퐁스 괴츠Alphonse Goetz는 이렇게 말한다. "나는 음악가가 그의 오케스트라에서 하모니를 이해하는 것처럼 그것을 이해한다. 나는 종종 일반적인 묘사로 한 위치의 특징을 파악한다. 그것은 당신에게 단순하고 친숙한, 혹은 독창적이고 흥분되는 암시적인 느낌을 준다."[50] 그래서 비네는 다음과 같이 말한다. "게임을 재미있게 만들고 기억에 남도록 하는 것은 게임에서 나오는 많은 연상과 아이디어다."[51] 눈을 가린 선수는 주로 추리 과정과 전략을 기억해야 한다. 그가 어떤 위치를 회상하려고 할 때, 그는 이전의 추리를 기억해내고 그에 따라서 특정한 움직임을 추적한다. 그는 그 움직임을 독립적으로 기억하는 것이 아니라 그가 특정한 공격 계획을 가지고 있고 그 움직임이 그 공격을 실행하기 위해 필요하다는 것을 기억한다. '움직임 그 자체는 사고 행위의 결과일 뿐이다. 그러한 행위 자체에 대해 먼저 상기해야 한다.' 사실 선수들이 사용하는 방법은 각 게임에서 그 다음 수에 대한 근거가 된다.

체스 기억chess memory은 어떤 것일까? 체스 선수들은 주로 그들이 했던 중요한 게임에 대한 전설적인 기억을 가지고 있다. 그러나 이 기억 또한 순수하게 암기된 기억이 되지 않는다. 좋은 선수의 경우 게임은 특정 희곡이나 영화, 여행에서 만난 인물들만큼 독특하고 고유하게 기억된다. 비네는 이 기억을 서번트 증후군 환자의 기억에 비교한다. 서번트 증후군 환자는 어떤 것을 그대로 기억할 수 있지만, 그것이 끝나버리면 본질적인 중요성을 가지지 않기 때문에 그 기억은 완전히 사라진다. 정확하게 말하면 체스 선수의 기억은 암기 목록이 아니라 계획과 아이디어를 부호화한 것이기 때문에 훨씬 더 오래 지속된다.

그럼에도 불구하고 눈을 가린 대가로 어느 정도 마음속에 체스판을 두고 있어야 한다. 다음은 한 뛰어난 대가의 자기성찰이다.

> 어떤 위치를 상상하기 위해, 나는 모든 가능성을 열어두고 그것을 계속해서 내 앞에 둔다. 나는 마음속으로 체스판에 대해 매우 분명한 그림을 그리며 시감각이 내적 이미지를 방해하지 않도록 눈을 감는다. 그러고는 체스판을 말들로 채운다. 이런 작업의 첫 단계, 즉, 체스판에 대한 정신적 이미지를 얻는 것은 필수적인 사항이다. 일단 당신이 가려진 눈으로 체스판을 분명히 볼 수 있다면, 친숙한 초기의 배열 상태로 놓여 있는 체스 말들을 상상하는 것 역시 어렵지 않다. 이제 게임이 시작된다……. 곧바로 마음의 눈앞에 있는 체스판에서 게임이 전개되기 시작한다. 초기의 그림이 약간 변화되고 나는 바뀐 상황에서 그것을 유지하려고 노력한다. 상대편이 응수하면 다시 그림은 바뀐다. 나

는 계속해서 그 변화들을 유지한다.[52]

그러나 비네의 관점에서는 선수가 잘할수록, 그리고 그가 더 많은 게임에 참여할수록 게임의 표상은 더 추상적일 것이다. 체스 말의 형태와 크기는 고사하고 각각의 말에 대한 생생한 기억도 필요 없다. 필요한 것은 게임의 일반적인 흐름으로 기억되는 더 추상적인 표상이다. 즉, '내부의 지침'을 통해 마음속에 되도록 많은 게임, 즉 더 많은 추상적 표현을 다시 건설하는 것이다. 여기서 형태나 크기는 중요하지 않다. 승리자 타라쉬는 이렇게 말한다.

게임의 전략을 완벽히 소화한 선수는 말 머리 모양의 나무로 된 말을 보는 것이 아니다. 그 순간에 판의 가장 나쁜 곳에 배치되었거나 혹은 결정적인 공격을 시작하려 하거나 역공에 몰려 위험에 처한 세 개 정도의 전략을 취할 수 있는 나이트knight를 보고 있는 것이다.[53]

비네는 최고의 체스 선수들이 시각적 기억을 가지고 있지만 이 기억은 화가의 그것과는 완전히 다른 것이라고 결론 내린다.[54] 전자는 후자의 구체적인 그림 같은 특성이 부족하다. 시각적이지만 추상적이다. 사실 그것은 기하학적 기억의 한 종류다. 우리는 비네의 결론과 보나파르트 나폴레옹Bonaparte Napoléon의 전투에 대한 관점을 비교할 수 있을지도 모른다. 전장에 관한 상세한 계획을 가지고 싸움에 임했던 나폴레옹은 실제 싸움에 필요했던 즉각적이고 변화무쌍한 상황에 대응하는 전략을 세우지 못하고 나쁜 지휘관이 되고 말았다. 나폴레옹은 사실 구체적인 정신적 그림과 연관 지어서만 생각할 수 있었으므로 사람들을 통솔하기에는 적합하지 않았다.[55] 여기서 우리는 서번트 증후군 혹은 나디아의 그림에서 볼 수 있는 정확한 형상화와, 체스 선수나 전투 지휘관 또는 이론물리학자의 더 추상적인 지능 사이의 차이를 보게 된다. 이러한 능력은 순수하게 시각적이라기보다 공간적 차원을 강조하는 것이 타당한 것으로 보인다.

비네의 결론은 더 최근의 연구들로 강화되었다. 헤이그에서 아드리안 드그루트Adrian de Groot와 그의 동료들은 체스 대가들이 체스판에 말들이 의미 있는 위치에 있기만 하다면 단 몇 초간 본 체스판을 재현하는 놀라운 능력을 가지고 있음을 보여주었다.[56] 그러나 만약 말들이 체스판 위에 임의적으로 배치된다면 체스의 대가와 초보자는 큰 차이가 없다. 이런 연구 결과들은 단순한 형태에 대해 체스 명인이 가진 시각적 기억력은 보통사람들과 차이가 없으나, 그 전에 본 적이 있는 패턴과 연관 짓고 그것을 의미 있게 부호화하고 그런 점을 토대로 재구성하는 능력에서는 체스 명인이 남다른 면을 보임을 말해준다. 드그루트의 단체와 협력해온, 인공지능 분야의 선구자 사이먼은 체스의 대가가 5만 개 이상의 패턴에 통달했을 것으로 믿었다.[57] 체스의 대가들이 새로운 체스판을 접했을 때 단 몇 초 만에 효과적으로 체스를 진행할 수 있는 것은 바로 이처럼 놀라운 저장 능력 때문이다. 하지만 결과적으로 체스의 대가가 된 사람들이 그런 패턴을 파악한 다음 '그것들을 덩어리로 나누기' 위한 특수한 성향을 처음부터 지니고 있었는지의 여부는 본 연구원들이 다루지 못한 부분이다.

내가 보기에, 10대가 되기 전 체스의 대가가 된 극소수의 사람들이 이룬 극히 빠른 발전은 한 가지 이상의 관련 영역에서 이룬 조숙한 지능 말고는 달리 설명하기가 어렵다. 이번 장의 서두에 인용했던 카파블랑카의 예측과는 반대로, 공간 지능과 논리수학 지능은 서로 쌍둥이같이 연결되어 있으며, 각 개인의 상황에 따라 그 정도가 다르게 나타난다고 본다. 그러나 중요한 것은 체스 대가가 가지고 있는 능력이 단순한 시각적 영상 능력이 아니라 현재 지각하고 있는 패턴을 과거의 것과 연결시키고 현재의 위치를 전반적인 게임의 전략에 묶어내는 능력임을 알아야 한다.

시각과 공간의 미술

누군가는 과학에서 공간적 사유의 요소를 과소평가할지 모르지만, 시각 미술에서 공간적 사유의 중요성은 분명하다. 회화와 조각 활동은 시각 및 공간 세계에 대한 정교한 감각만이 아니라 예술 작품을 만드는 과정에서 그런 세계를 재창조하는 능력을 포함한다. 미세한 운동의 조절 능력도 분명 필요하지만 회화적 예술의 중요 요소는 역시 공간적 영역에 있다.

예술가들의 최대 관심사는 지각되는 세계의 특질과 그것들을 캔버스에 가장 잘 표현해낼 수 있는가이다. 빈센트 반 고흐Vincent Van Gogh는 남동생인 테오Theo에게 보내는 편지들에서, 반복적으로 그런 특성들에 통달하려고 노력했음을 늘 얘기했다. 예를 들어 색채에 관해 고흐는 다음과 같이 말한다.

네덜란드 그림의 채색에서는 좀처럼 발견하기 어려운 색채의 효과가 존재해. 어제 저녁, 나는 썩어서 건조해진 너도밤나무 잎으로 뒤덮인 경사진 길에서 급히 그림을 그렸어. 그 길엔 나무들이 자라 있었지. 너는 나무들에 의해 담금질된 가을 저녁 햇살이 반짝이는, 짙은 갈색을 띤 붉은색 눈부신 카펫을 상상할 수 있겠니? 궁금한 점은 (그리고 매우 어렵다는 것을 알게 된 점은) 그 지면의 단단함과 엄청난 힘, 색의 깊이를 어떻게 얻을까 하는 것이야. 그것을 그리면서 나는 난생 처음 어둠 속에서 그렇게 많은 빛이 어떻게 존재하는지, 그 빛을 보존하면서 그 풍부한 색채의 깊이와 반짝임을 어떻게 유지하는지를 알았단다.[58]

다른 글에서 그는 자기 작품에서 직면해야 하는 보다 보편적 도전 과제에 관해 언급한다.

그림을 잘 그리기 위해 알아야 하는 원근법, 빛과 어둠, 비율의 법칙들이 있어. 그것을 알지 못하면 노력을 해도 소용없고 어떤 결실도 맺지 못한다. 나는 이번 겨울에 해부학에 대해 공부하려고 해. 하지만 그러려면 많은 시간을 투자하며 값비싼 대가를 치러야 하기 때문에 오래 지속하지는 못할 거야.[59]

20세기 건축가이자 예술가인 르코르뷔지에Le Corbusier는 예술가가 대상을 포착하는 과정에서 마주치는 어려움에 관해 언급한다.

> 대상에 대한 우리의 개념은 그것에 관한 전반적 지식, 즉 우리의 감각적 경험에 의해 획득한 지식, 촉각적 지식, 물질, 부피, 프로필, 모든 특성에 관한 지식에서 비롯한다. 평범한 관점은 단지 그런 경험의 기억에 대한 셔터를 여는 것과 같은 작용을 할 뿐이다.[60]

예술가들은 일반적으로 그들의 선배가 개발한 기법에 통달하면서 예술을 시작한다. 만일 어떤 기법을 아직 이용할 수 없으면 그들은 그 기법을 고안하려 할 것이다. 알브레히트 뒤러Albrecht Dürer와 르네상스의 동시대인들은 이전 세대는 파악하지 못했던 원근법을 통찰해보기로 했다. 뒤러는 유명한 목판화에서 한 가지 매력적인 해법을 제시했다. 그는 목판화에 창문의 사각 격자 표식을 묘사하고 드로잉 평면에 비슷한 격자를 묘사했다. 그렇게 함으로써, 종이 위의 사각형이 창문의 사각형을 통해 보여지는 원근법적인 이미지로 바뀌게 되었다.[61]

예술가들은 개인의 세계도 포함시켜야 한다. 르네상스 회화 역사가인 조르조 바사리Giorgio Vasari는 다빈치에 관해 이렇게 말했다. "레오나르도는 기이한 외모를 지닌 사람의 얼굴, 수염이나 머리카락을 볼 때마다 반가워하며, 그 사람을 하루 종일 따라다니면서 그 모습을 머릿속에 넣었다. 그리고 집에 가면 마치 눈앞에 보이는 것처럼 그 사람을 그릴 수 있었다."[62]

미켈란젤로를 묘사하는 과정에서 바사리는 다빈치의 동료이자 대가였던 그가 어떻게 기술을 습득했는지를 다음과 같이 기술하고 있다.

그는 매우 집요한 기억력을 가지고 있었다. 그는 단 한 번밖에 보지 않은 타인의 작품들을 기억하고 활용할 수 있었다. 그가 자신이 했던 작업을 결코 반복하지 않은 이유는 젊은 시절 자신이 한 모든 것을 기억했기 때문이다……. 그는 미술을 배우지 않은 사람들이 벽에 그림을 그리는 것처럼 아무런 밑그림 없이 형상을 만들려 노력해야 한다고 그의 친구들에게 말했다……. 그는 벽에 대충 그려진 그림을 한 번 보면 바로 기억해서 마치 앞에 있는 것처럼 그렸고 다른 모든 화가들을 능가했다. 이것은 대부분의 화가들에게는 어려운 일이다.[63]

미켈란젤로는 정확한 시각적 기억력을 타고나 별로 노력하지 않고도 전에 지각한 모든 것을 실현하고 재창조할 수 있었다. 하지만 우리는 윌리엄 호가스William Hogarth라는 예술가를 통해 누구든 자신의 지각력과 기억력 발달을 위해 노력할 수 있다는 증거를 찾을 수 있다.

따라서 나는 대상이 만들어진 부분을 마음속으로 반복함으로써 기술적인 기억의 연습에 익숙해지도록 노력했다. 이런 습관을 통해 모방하려고 하는 것마다 그것을 신중하게 베끼지 않고도 연필로 어느 정도 조화롭게 그려낼 수 있었다.[64]

그리고 다빈치는 자신의 제자들에게 성찰의 눈으로 오래된 벽의 균열을 관찰하고 그 안에서 임산부의 형상을 찾아보도록 조언했다.[65]

이러한 증언들은 어떤 상황에서든 예술은 모든 세상에 대한 고통스런 관찰로 시작된다는 것을 강조한다. 하지만 예술적 성취가 여기서 멈추지 않는 이유는 단지 매우 많은 추상미술이 개인적 경험의 세계와 거리를 두고 있기 때문이다. 그리고 실제로 회화의 대부분은 순수한 복제와는 거리가 먼 다른 차원에서 발생한다. 피카소는 말했다. "회화는 시와 같고, 언제나 조형적 리듬을 지닌 운문으로 쓰이지 결코 산문으로 쓰이지 않는다……. 조형적 리듬은 다른 것과 운을 맞추는 형태이며, 다른 형태 혹은 그 주변의 환경과 공명을 만들어낸다."[66] 예술성을 연구한 학자 아른하임에 따르면 구상주의, 추상주의 예술가들 모두 자신들에게 중요한 의미를 지닌 창작 형태에 관심을 가진다.

> 화학자가 특성이나 효과에 대한 그의 관점을 왜곡하는 합성물로부터 본질을 '분리'하듯, 미술 작품도 유의미한 형태를 순수하게 정화한다. 그것은 보편적으로 추상적 주제를 나타내지만 도식으로 환원되지 않는다. 다양한 직접 경험들을 고도의 복합적 형태에 반영시킨다.[67]

금세기 최고의 미국 예술가 중 한 명인 벤 샨Ben Shahn은 관념과 이미지 간의 투쟁에 관해 언급한다. "관념은 이미지로부터 발생해야 한다……. 누군가는 윌리엄 터너William Turner를 색채를 조작하고 형태를 압축해 빛을 창조한 위대한 발명가라고 생각한다."[68] 허버트 리드Herbert Read는 형태를 보는 데 있어서 세속적 지능의 산물인 의자와 같은 물리적 대상을 보는 것이 아니라 의자의 아름다운 색과 형태를 보는 기술을 강조한다.[69]

이러한 모든 증언은 앞서 '구성에 대한 감각'이라고 말한 공간 지능의 측면을 부각시킨다. 누구든 일단 회화에 깊이 관심을 갖게 되면 디자인, 색채, 형태의 문제들이 모두 중요해질 것이며, 특정 주제는 단지 출발점에 불과할 것이다. 피카소는 모든 그래픽 예술의 형태적 요소를 강조하며 "데생, 디자인, 색채는 다른 모든 학파에서 이해되고 실천되는 방식과 정신으로 입체파 안에서 이해되고 실천된다"[70]라고 선언하며 위와 같은 추측을 지지한다. 최종 분석에는 미술을 추구하는 데 있어서의 명확한 논리가 존재하며, 누군가는 그 논리를 자연에 대한 모방과 별개로 보고 다른 종교적 탐구의 영역과 가깝게 볼 것이다. 약 2세기 전, 영국 화가인 존 컨스터블John Constable은 "회화는 과학이며, 자연 법칙을 탐구하는 방식으로 추구해야 한다. 왜 조경은 자연철학의 한 분야가 될 수 없으며 그림은 실험이 아니란 말인가?"[71]라고 물었다. 몇 년 후 폴 세잔Paul Cézanne은 "나는 나만의 연구를 지속할 것이다"[72]라고 말했고, 클라이브 벨Clive Bell은 다음과 같이 주장했다.

> 버지니아 울프Virginia Woolf와 피카소는 일반인과는 다른 종에 속한다. 그들의 정신적 과정은 우리와 달랐다……. 그들의 기준 역시 그들 고유의 창조에 의한 것이었다. 하지만 우리는 자발적으로 우리가 받아들

이고 인정한 그런 기준들에 따라 평가를 했다. 그들의 결론은 전혀 다른 경로를 통해 도달하긴 했지만, 수학에서 내리는 결론만큼 만족스러웠다.[73]

회화가들의 업적은 뛰어난 작곡가나 무용수의 과정처럼 대개 우리와 괴리되어 있다. 예술을 보고 즐기며 정교하게 구별해내고 형태를 알아내 평가하는 미술 감정가의 활동은 우리의 세계와 조금 더 가깝다. 내가 연구한 바에 따르면, 어린아이들이 주제에 관한 것을 배우고 화가의 스타일을 결정하는 질감과 붓의 필법에 익숙해지면 그들도 그런 감식안을 얻을 수 있다.

하지만 감식 기술이 저절로 발달한다거나 고도로 발달된 능력을 요하지 않는다고 가정하는 것은 큰 실수다. 피카소는 비웃듯 단언했다.

사람들은 '음악을 들을 귀가 없다'는 말을 하지만 '그림을 볼 눈이 없다'는 말은 절대 하지 않는다……. 사람들은 본능을 무시한 채 그림을 강제로 보는 게 틀림없다. 우리는 언제나 우리가 보고 있다고 믿는다. 하지만 사실은 그렇지 않다. 우리는 언제나 안경을 통해 보고 있다. 사람들은 그림을 싫어한다. 그들이 원하는 것이라고는 어떤 그림이 100년 뒤에도 좋은 그림으로 평가될까 하는 것뿐이다.[74]

하지만 몇몇 사람들은 감식 기술의 언어를 배운다. 그리고 우리에게는 행복하게도 영국의 미술사가인 케네스 클라크Kenneth Clark

가 그런 핵심 능력 중 일부를 반추해왔다. 어린아이일 때부터 그는 미술에 특별한 매력을 느꼈다. 갤러리로 들어가는 순간을 그는 이렇게 회상했다.

그 즉시 나는 빠져들었다. 양쪽 벽면엔 매혹적으로 아름다운 꽃들이 그려진 스크린이 있었고 나는 그저 기쁨에 젖어 어안이 벙벙했으며 마치 신세계로 들어온 느낌이었다. 모양과 색채의 관계 속에서 새로운 질서가 내게 드러났다. 그것은 명확히 확립된 질서였다.[75]

매우 어린 나이에 받은 영감은 클라크에게 큰 영향을 미쳤다. 그는 순수한 미학적 감각에 관해 언급한다.

그것은 어린 음악가가 푸가*를 듣고 즉각적으로 이해했거나 혹은 젊은 수학자가 생애 처음으로 소수의 무한성에 관한 유클리드의 증명과 마주쳤을 때 느낄 기쁨에 비교할 수 있을 것이다……. 그럼에도 그것은 같은 종류의 광적인 적성으로 여겨져야 한다고 보며, 어느 심리학자가 이런 인간 영혼의 신비스러움을 조사한다면 나는 그 결과를 알고 싶다. 수년 전 교토 부근의 절을 방문한 적이 있다. 그 절의 마루에 앉아 있을 때 나는 그 곳에 있는 그림을 보았던 기억이 너무나 분명하

* 둔주곡. 서양 음악의 악곡 형식의 하나. 먼저 하나의 성부聲部가 으뜸조로 주제를 연주해나가면 다른 성부가 그것을 모방하면서 되풀이하는 방법으로, 3성부, 4성부로 발전시키는 대위법對位法에 따르는 악곡. 바흐 때에 이르러 완성되었다._옮긴이

게 떠오르는 생생한 체험을 했다. 외무성에서 나온 가이드이자 나의 동행자에게 그 이야기를 했더니 그는 "아니, 절대 그럴 리가 없습니다" 라고 대답했다.[76]

하지만 실제로는 클라크가 맞았다. 그 그림들은 1910년 뉴욕에서 전시되었고, 그는 전시된 그림들을 감상했던 걸 기억한 것이었다.

클라크는 그의 초기 회상으로부터 어떤 그림에 의해 감동을 받을 수 있었다는 점을 언급하며 자신의 판단에 엄청난 자신감을 나타내기도 했다. "보다 성숙한 판단력을 가진 다른 누군가가 나와 다른 느낌을 받았던 적은 없었다."[77] 여전히 그는 화가들 사이의 차이를 자신의 뼛속에서부터 파악하기 위해 오랜 훈련을 거쳐야 했다. 진품과 모사품을 구별하기 위해 미켈란젤로와 라파엘로Raphael가 그린 독특한 데생을 집중적으로 들여다본 것에 대해서는 다음과 같이 언급했다.

예술가의 눈을 위한 최상의 훈련이다. 누군가는 내 안의 모든 인간성 안에서, 예술가의 마음으로 들어가 그의 아주 약간의 몸짓이 지닌 함축적 의미도 이해한다고 느꼈다……. 또한 예술 작품 안의 모든 속성들 중 가장 설명하기 어려운 것, 형태에 대한 감각을 인식할 수 있었다.[78]

클라크는 감정가가 하는 일을 이렇게 묘사한다.

어떤 그림을 조반니 벨리니Giovanni Bellini가 그린 것인지 산드로 보티첼리Sandro Botticelli가 그린 것인지 구별하려면 기억, 분석, 감각의 조합이 요구되며, 이는 마음과 눈 모두에게 훌륭한 훈련이다. 이에 대해 가장 그럴듯한 비유를 하자면, 전통적인 학식의 궁극적 목적이었던 원문을 비판하는 것이라고 본다. 감식안에서 사실과 문서의 기억은 시각적 기억…… 공간적이며 구성적 요소들, 톤과 색깔 같은 시각적 기억으로 대체된다……. 이것은 정확한 규칙이다. 또한 선이 형태를 불러일으키는 거의 구별되지 않는 방법, 그리고 색조와 색상의 신비한 관계에 대한 느낌을 포함한다. 진품에 대한 신중한 판단은 사람의 전능한 능력을 요구한다.[79]

이것이 과학자, 설계자, 조각가, 화가에게서 나타나는 놀라운 공간 지능에 대한 표현이다.

문화적 관점

지능을 아주 오래전 과거에서부터 살펴보면, 공간 능력은 알려진 모든 인간 문화 안에서 쉽게 관찰된다. 기하학, 물리학, 인체 조각 혹은 인상주의 회화 같은 특수한 발명들은 특정한 사회에만 제한돼 있지만, 환경에서 자기의 길을 찾는 것, 복합적인 예술이나 조각에 참여하는 것, 여러 종류의 운동과 게임을 하는 능력 등은 어디서나 찾아볼 수 있다. 특별히 흥미로워 보이는 것은 우리와 거리가 먼 문화에서 발달해온 공간 지능의 유형들이다. 아주 자세한 것을 알아채는 능력은 칼라하리 사막의 기크웨Gikwe 부시맨에서 정점에 달하는데, 그들은 영양의 발자국을 보고 영양의 크기, 성별, 체격, 기분을 유추할 수 있다. 그들은 수백 제곱마일의 영역을 이동하면서 '모든 덤불과 돌, 모든 땅의 만곡을 알고 특정 초원의 식량이 자랄 수 있는 모든 장소, 직경이 겨우 몇 야드에 불과하거나 키 큰 풀이나 참피나무bee tree*의 조각밖에 없는 장소에도 이름을 붙인다.'[80] 예리한 시각적 기억은 케냐의 키쿠유 족Kikuyu 사이에서 매우 중시된다. 어린 시절 조모 케냐타Jomo Kenyatta는 가족 소유인 가축들의 색깔, 표식, 뿔의 크기와 형태로 모든 가축의 우두머리를 인식하는 법을 배웠다. 그리고 그는 어린 시절 둘 혹은 셋의 가축 무리가 섞여 있을 때 자기 집 동물들을 찾아내거나, 몇 마리를 숨긴 후 그 무리에서 보이지 않는 가축을 알아맞히는 시험을 받았다.[81]

전 세계 여러 게임들이 논리수학적 기술을 이용함에 따라 공간 지능도 활용하게 되었다. 탄자니아의 아이들은 주로 이 능력에 의존하는 게임을 한다. 45개의 콩을 아홉 줄로 나열해 삼각형을 만든다. 순서대로 콩들의 숫자를 매긴다. 술래가 보지 않는 동안 다른 아이들은 별 어려움 없이 콩을 한 번에 하나씩 빼내는데, 각 열의 양쪽 끝에 있는 콩을 번갈아 집음으로써 바닥부터 맨 위까지 빼나간다. 술래는 콩이 사라질 때마다 각 콩의 숫자를 불러야 하

* 벌이 집을 짓는 속이 비어 있는 나무._옮긴이

지만, 어떤 한 열에 있는 첫 번째 콩을 없앨 때는 침묵을 유지해야 한다. 요컨대 그는 텅 빈 체스판을 시각화할 수 있어야 하는, 눈을 가린 체스 선수의 입장과 같다. 콩고의 숑고Shongo 사람들은 모래에 복잡한 형태를 그려놓고 한 선을 따라 손을 모래에서 떼지 않고 겹치는 선 없이 그대로 그려가는 게임을 한다. 서구 문화에서 하는 특정 게임들처럼, 여기서 중요한 것은 대안적 행위들을 계획할 이미지를 이용하는 능력으로, 체스 게임에서 우리가 보았던 공간 및 논리수학적 기술의 조합과 매우 비슷하다.[82]

보다 실용적 목표를 위한 공간 능력의 활용 또한 놀랍다. 앞서 언급했듯이 에스키모인들은 높은 수준의 공간 능력을 개발했는데, 그 이유는 주변 환경에서 길을 찾기가 어렵기 때문인 듯하다. 그들은 얼음에 생긴 작은 균열을 감지할 수 있어야 한다. 왜냐하면 얼음 덩어리가 깨지면 바다에 표류할 수 있기 때문이다. 또 몇 채의 집이 있는 툰드라로 되돌아갈 길을 찾기 위해 사냥꾼은 눈의 미세한 이동 형태와 모양에 주의를 기울여야 한다. 그리고 구름의 빛과 어둠의 미묘한 패턴들을 주의 깊게 관찰하여 기후 조건을 판단할 수 있어야 한다.[83]

특정 에스키모인들의 공간적 명민함은 가히 전설적이다. 예를 들어, 에스키모인들은 뒤집어진 글을 아무런 어려움 없이 읽을 수 있고, 복잡하게 디자인된 형상들도 그 방향을 정확히 몰라도 조각할 수 있다. 때때로 어떤 장비를 쓰던 주인이 수리를 할 수 없는 것을 이 장비를 본 적 없는 에스키모인들이 수리하기도 한다. 이런 능력은 다른 형태의 지능과 공간 능력의 조합을 필요로 한다.

에스키모인 남성들이 공간적 과제를 특히 잘 수행하는 것으로 생각되지만, 실제로 에스키모인 여성들도 능숙하게 수행을 하는 것으로 확인된다. 이런 연구 결과는 서구 문화에서 정기적으로 보고되는 공간 능력 면에서 성별 차이가 특정 환경에서 극복될 수 있다(혹은 반대로 우리의 환경 안에서의 편향성으로 여성의 공간적 결함을 가져오거나 할 수도 있다)는 점을 시사한다. 적어도 젊은 에스키모인들의 60퍼센트는 공간 능력 검사에서 백인 아이들 중 상위 10퍼센트에 속하는 고득점을 얻는다.[84] 이처럼 향상된 능력은 개념 능력과 시각적 세부 사항을 측정하는 검사에서도 나타난다.

하지만 나는 여기에서 기후의 특징을 다루지는 않을 것이다. 고도로 발달한 공간 능력은 근본적으로 다른 모집단, 즉 남태평양의 캐롤라인 섬에 사는 플루왓 사람들에게서도 발견된다. 플루왓 사람들에게 고도로 발달된 기술은 항해 기술로, 카누로 항해를 할 수 있는 소수민족에게서 발견된다.[85] 서구의 훈련된 항해사들은 이처럼 잘 훈련된 집단 내에서 꽃피워진 기술에 큰 경외심을 느껴왔다.

플루왓 사람들이 가지고 있는 항해 기술의 핵심은 별의 배열에서 발견할 수 있다. 그들은 주변의 여러 섬 사이를 항해하기 위해 지평선 주변으로 별이 뜨고 지는 지점과 방향들을 기억해야 한다. 이런 지식은 맨 먼저 기계적 방식으로 기억에 남겨진 다음, 항해사가 몇 개월간 이리저리 이동할 때 그의 직관으로 흡수된다. 최종적으로 그 지식은 태양의 위치, 파도를 넘어가면서 경험한 느낌, 경로, 바람, 날씨의 변화에 따른 파도의 변화, 시트를 조정하고 다루는 기술, 물 색깔의 갑작스런 변화를 통해 몇 길 아래에 있는 암초를 감지하는 능력, 그리고 파도의 표면을 보고 파도의 모양을 감지하는 능력을 포함한 다양한 요소들에 통합되어야 한다. 항해 대가의 안내를 받아 위와 같은 시스템을 연구한 토머스 글래드윈 Thomas Gladwin은 다음과 같은 결론을 내린다.

관찰된 현상들 중 몇몇 가지로는 바다에서 마주칠 온갖 조건하에서 항해하는 선박을 인도하기에 충분치 않을 것이다. 여러 정보의 범주가 하나의 시스템에 통합되어야 하고, 그 시스템의 다양한 요소들이 서로를 보충하여 만족스런 수준의 정확성과 신뢰성에 도달해야 한다.[86]

이러한 지식을 습득하기 위해 선택된 플루왓 사람들은 비밀스럽게 전승되는 지식을 많이 학습하고 일련의 긴 시험들을 극복해야 한다.

학습 과정은 교사의 요구에 따라 학생이 이미 알고 있는 바다의 어떤 섬과 다른 모든 섬들 사이를 오고 가며 별들을 재빨리 읽을 수 있기 전까지는 끝나지 않는다……. 이런 지식으로 무장한 항해사는 어떤 방향으로 출발하며 목적지에서 어디에 배를 정착시킬 수 있는지를 알고 있고, 목적지까지 카누를 안정되게 조정할 수 있으며, 목표 지점에 다다르면 각 섬들의 위치를 파악해 그쪽으로 몰아가는 기술을 가지고 있다……. 능숙한 항해사는 또한 어느 하나의 별을 기준으로 앉은 자세를 조정하여 선택한 별이 항해하는 동안 정지한 곳 근처에 떠 있거나 현외 장치outrigger* 부표의 끝 바로 위에 있도록 한다. 이런 식으로 그는 실제 경로에 집중하지 않아도 거의 무한히 항해를 할 수 있다.[87]

이런 항해는 연속적인 작동처럼 보이지만 그 경로는 여러 부분으로 나뉜다. 출발하는 섬에서 보이는, 기준이 되는 섬의 방위와 목적지인 섬에서 보이는 방위 사이에 위치한 별들의 수가 부분의 수를 결정한다.[88] 항해사가 마음의 눈으로 특정 별 아래서 기준이 되는 섬을 지나고 있다고 상상할 때, 그는 지나온 특정 개수의 부분들을 지나왔고 따라서 전체 여정 중 어느 지점에 와 있는지를 확인할 수 있다. 항해사는 섬을 볼 수 없지만 마음속으로 자신이 어디에 있고 각 위치들과 위치들의 관계를 어떻게 유지하는지를 학습해왔다. 섬이 어디에 있냐고 물어보면 그는 즉시 정확하게 위치를 가리킬 수 있다.[89]

플루왓 섬 사람들 스스로는 이런 기술을 어떻게 여길까? 그들이 항해사를 존경하는 이유는 그들이 '지적이어서'가 아니라 그들이 할 수 있는 일, 즉 한 섬에서 다른 섬으로 카누를 안전하게 인도할 수 있는 능력 때문이다. 그들에게 '지적'이라고 생각하는 사람이 누구인지 물어본다면, 그들은 정치가나 기타 좋은 판단을 내리는 사람들이라고 말할 것이다. 글래드윈이 표현한 바에 따르면, '서구 세계에 사는 우리는 지능을 매우 가치 있게 여긴다. 이런 이유로 우리는 플루왓 항해사를 존경한다. 플루왓 사람들도 그들의 항해

* 경기용 보트에서, 뱃전으로부터 바깥쪽으로 내민 노 받침대._옮긴이

사를 존경하지만, 그들이 지적이라는 것이 일차적 이유는 아니다. 그들이 항해사를 존경하는 이유는 항해를 할 수 있기 때문이다.'[90] 하지만 글래드윈은 그런 능력들을 세속적이고 원시적이며 비합리적이라고 무시해서는 안 된다고 경고한다. 그의 관점에서 '추상적 사고는 플루왓 항해사들의 보편적 특징이다.' 우리의 표현을 사용하면 '플루왓의 항해사들은 높은 수준의 공간 지능을 보여주고 있다.'

플루왓에서 출항의 키를 쥐고 있는 사람은 높은 항해 기술을 숙달하고 젊은 청년들을 훈련시키는 이곳의 장로들이다. 에스키모인들과 다른 여러 전통 집단들 사이에서 장로들은 대개 지식의 보관소와 같다. 서구 사회에서도 공간적 영역의 높은 성과들은 연장자들에게서 많이 나타난다. 그림 그리는 것을 예로 든다면 피카소와 베첼리오 티치아노Vecellio Tiziano는 90대가 될 때까지 그림을 그렸고, 대부분의 훌륭한 서구 예술가들은 그들 인생의 마지막까지 그림을 그렸다. 현재 80대인 현대 조각가이자 이러한 '장수'의 대표적 예가 되는 무어는 말한다.

> 훌륭한 예술가들이 나이가 들수록 가장 위대한 작품을 만들어낸다는 것을 발견했다. 다른 예술이나 과학과는 달리 시각 예술은 실제 인간 경험과 더 많이 연관되어 있다고 생각한다. 그림 그리는 것과 조각은 바깥 세계와 더 많은 관련이 있고, 끝없이 계속된다.[91]

우리는 여기서 역설적인 상황에 부딪힌다. 시공간적 사고의 일반적인 검사를 살펴보면 평범한 성인들은 나이가 들수록 그들의 수행 능력이 감퇴되는 것을 보여주며, 심지어 우반구가 노화에 더 취약하다. 그런데 공교롭게도, 공간적 능력이 우수한 사람들은 대개 그들 생의 마지막 순간까지 매우 활발한 작품 활동을 한다. 내 생각에 지능의 각 형태는 자연적인 경로를 거친다. 즉, 모든 개인의 논리수학적 사고는 인생 후반으로 갈수록 약해지고 신체운동 지능 역시 같은 현상을 보인다. 그런데 시각 및 공간 지능은 특히 이 능력을 지속적으로 전 생애에 걸쳐 연습해온 개인들에게는 비교적 안정적이다. 전체에 대한 감각인 형태의 민감성은 공간 지능의 핵심이며, 그것은 나이에 대한 보상(특정한 세부 사항이나 미세한 요점을 잃었을 때 전체를 인식하고 패턴을 구분하는 계속적이고 오히려 더 강화된 능력)인 것처럼 보인다. 아마도 지혜는 이러한 패턴, 형태, 그리고 전체적인 감각으로부터 나올 것이다.

공간 지능의 이러한 관점과 함께 우리는 사물을 다루는 두 번째 형태의 지능에 직면한다. 추상 관념의 발달적인 경로를 결정짓는 논리수학 지능과는 반대로 공간 지능은 근본적으로 구체적인 세계, 사물의 세계, 그리고 그들의 위치와 결부되어 있다. 아마 이 지능의 '지구력'에 대한 또 다른 이유가 여기에 있을 것이다. 그리고 여기에 개인과 더 가까우며 사람의 몸, 세상에 대한 자기 행동에 관여하는 대상을 바탕으로 하는 세 번째 지능의 형태가 있다. 바로 신체운동 지능이다.

9장

신체운동 지능

우리의 영웅 빕Bip은 플랫폼에서 그의 여행가방을 끌며 기차에 오른다. 자리를 찾고 나서 꽤 긴장한 채 그는 선반 위로 그의 무거운 여행가방을 밀어 넣는다. 기차가 속력을 내자 몸이 흔들리고 선반에 있던 여행가방이 떨어진다. 빕은 가방을 주워서 조심스럽게 다시 선반 위에 올려놓는다. 검사원이 티켓을 받기 위해 다가온다. 주머니를 뒤졌는데 티켓이 없다. 빕은 당황한다. 미친 듯이 다시 찾아보지만 역시 티켓을 찾지 못한다. 그는 여행가방에서 소지품들을 모두 꺼내놓고 티켓을 찾는다.

그 다음 우리의 영웅 빕은 그의 여행가방에서 점심을 꺼낸다. 그는 보온병 뚜껑을 열고 마개를 돌려 뚜껑에 커피를 따른다. 그러나 기차가 흔들려서 커피를 엎지른다. 운이 나빴던 빕은 결국 잠이 든다. 기차가 점차 속도를 줄이더니 급정거를 한다. 빕은 깜짝 놀라 일어난다. 갑자기 멈춘 기차 때문에 놀란 것이 분명해 보인다.[1]

신체운동 지능의 특징

이것은 기차 안에서 혹은 어쩌면 무대 위에서 벌어지는 희극의 한 부분이나 영화의 한 장면일 수도 있다. 그러나 실제로 이것은 유명한 프랑스 예술가 마르셀 마르소Marcel Marceau의 무언극* 중 한 장면을 심리학자 메리앤 지멜Marianne Simmel이 묘사한 것이다. 지멜이 지적한 것처럼 마르소는 실제 사람들이 항상 하고 있는 단순한 행동을 피상적으로 연기하는 것처럼 보였지만, 그가 연기할 때는 웃음을 금할 수가 없었다. 그러나 사실 물리적인 소도구 없이 배우, 사물, 사건, 그리고 연기를 표현하는 것은 일상적인 활동과는 상당한 거리가 있다. 이 경우 사물, 사람, 혹은 행동의 형태를 결정하는 것은 마임이다. 이러한 작업에는 정교한 희화화와 과장된 동작 그리고 리액션이 필요하다. 구성 요소를 분명하게 인식하고 짜임새 있고 매끄럽게 만들기 위해서다. 예를 들어 마임은 사물을 묘사하기 위해 몸짓으로 물체의 윤곽을 정해야 하고, 대상이 무슨 행동을 하고 있는지를 표현해야 하며, 그 행동이 그에게 미치는 효과를 신체 행위와 얼굴 표정으로 보여주어야 한다. 특히 마르소와 같은 뛰어난 마임가는 악당과 같은 성격, 등산과 같은 행위뿐만 아니라 나비 같은 동물, 넘실대는 파도와 같은 자연 현상, 심지어 자유와 구속, 선과 악, 미와 추 같은 추상적 개념까지도 표현할

* 연극이나 연기의 한 형식으로 단순한 몇 가지 소도구를 사용하고 통상적으로 한 사람에 의해 이루어지는 대사가 없는 연기, 마임을 말한다._옮긴이

수 있다. 더욱 놀라운 점은 그가 종종 이러한 여러 가지 환상을 동시에 표현한다는 것이다.

마임가는 정말이지 굉장히 드문 공연가다. 그가 끌어내는 지능은 우리 문화에서 폭넓게 발달되어 있지는 않다. 그러나 바로 이런 이유 때문에 마임가가 보여주는 고도로 발달된 신체운동 지능(간단하게 말하면 신체적 지능)과 관련된 행동이나 능력은 굉장히 놀라운 것이다. 이러한 지능은 마르소가 달리고 오르고 무거운 여행가방을 받쳐 올리는 흉내를 낸 것과 같이 아주 능숙하고 차별화된 방법으로 자기 몸을 목적에 맞게 움직이는 능력이다. 또한 이러한 지능은 손가락과 손의 미세 근육과 큰 근육의 움직임을 모두 사용해 사물을 능숙하게 다룰 수 있는 능력을 말한다. 그가 돌진하는 기차 안에서 좌우로 흔들리거나 조심스럽게 보온병의 뚜껑을 열려고 했을 때 이러한 능력들이 관찰되었을 것이다. 이 장에서 나는 신체적 지능의 핵심이 되는 신체 움직임을 조절하는 능력, 그리고 대상을 능숙하게 다루는 능력을 다룬다. 다른 지능에서 언급한 것과 마찬가지로, 이러한 두 가지 핵심 요소가 개별적으로 존재하는 것은 가능하다. 하지만 일반적인 경우에 기능적이거나 의도를 표현하기 위해 신체를 사용하는 기술은 대상을 조작하는 기술과 나란히 가는 경향이 있다.

이러한 핵심 구성 요소를 고려해 볼 때, 나는 신체적 움직임을 완벽하게 익혀가는 무용수와 수영 선수 같은 사람들, 기교로써 대상을 조작할 수 있는 기능공, 구기 선수, 그리고 악기 연주자에 초점을 맞출 것이다. 그러나 나는 발명가나 배우같이 신체의 사용이 중심이 되는 다른 사람들 역시 고려할 것이다. 배우에게 있어 다른 지능들이 통상적으로 중요한 역할을 한다는 점을 강조하는 것은 중요하다. 예를 들어 배우 혹은 연기자에게 개인적인 지능 그리고 또한 많은 경우 음악 혹은 언어 지능의 기술은 성공적인 연기를 위한 요소 중 일부이다. 거의 모든 문화적 역할들은 하나 이상의 지능을 이용한다. 이와 마찬가지로 어떤 연기도 단 하나의 지능을 단순하게 훈련하여 나오지는 않는다. 사실 그의 신체를 정확하게 사용하는 마르소의 능력조차도 여러 가지 지능 영역과 관련되어 있다고 보는 것이 당연하다.

숙련된 신체의 사용은 수백만 년까지는 아니더라도 수천 년의 역사 동안 중요한 역할을 해왔다. 신체의 능숙한 사용에 관해 말하자면 자연스럽게 그리스인을 떠올리게 된다. 지능의 형태는 서구 고전주의 시대 동안 정점으로 치달았다. 그리스인들은 예술적이고 육체적인 활동의 수단으로 인간 형태의 아름다움을 숭배했고 완벽하게 균형 잡힌 신체, 우아한 움직임, 균형 그리고 어조의 발달을 추구했다. 더 일반적으로 말해서 그들은 신체를 적절하게 사용하기 위해 훈련된 마음과 이러한 마음의 힘을 표현하도록 훈련된 신체 사이의 조화를 추구했다.[2] 하지만 다른 목적을 추구하는 데도 신체 지능이 사용되기도 한다. 육체적 싸움과 관련해서 소설가 노먼 메일러Norman Mailer는 다음과 같이 표현한다.

> 말, 상징의 언어, 자연의 언어 외에 다른 언어가 있다. 바로 신체적 언어다. 프로 권투 시합은 그런 종류의 하나다. 프로 권투 선수는 심신

> 을 단련하는 능력에 속하는 독립적이고 미묘하며 종합적인 신체 지능을 이야기한다. 그는 권투를 할 때 놀랍게도 그 자신의 위트, 스타일, 그리고 심미적 재주를 표현한다. 권투는 신체들 사이의 대화이며, 두 지능 사이의 신속한 토론이다.[3]

신체를 사용하는 것이 지능의 한 형태라는 말은 처음에는 귀에 거슬릴지도 모른다. 근대 우리 문화 전통에서는 정신적 활동과 신체적 활동을 분명하게 분리해 생각했다. '정신적인 것'과 '신체적인 것'을 분리해서 생각하는 것은 신체로 하는 행동들이 주로 언어, 논리, 혹은 추상적인 상징체계 등을 이용하는 문제 해결 방식보다는 다소 덜 특권적이고 덜 중요하다는 생각과 자주 연결되었다.

그러나 이러한 '사색적인' 것과 '활동적인' 것 사이의 날카로운 구분은 여러 다른 문화권에서는 적용되지 않는다. 이러한 사실은 우리가 서구의 데카르트식 사고의 특별한 유산이 보편적인 것이라는 결론을 내리기 전에 적어도 우리를 잠시 생각하게끔 한다. 심리학자들 역시 최근 몇 년간 신체의 사용과 다른 인지적 능력 사이의 밀접한 연관성을 인식하고 이를 강조해왔다.[4] 인지적인 측면뿐만 아니라 숙련된 신체 사용에 대한 신경심리학적인 근거를 강조하는 분명한 경향과, 순전히 신체적 기술과 함께 사고하고 유추하는 과정을 분석하려는 경향이 있다. 통찰력 있는 영국의 심리학자 프레더릭 바틀릿Frederic Bartlett은 수용적이고 실행할 수 있는 다양한 기능들이 연관된 여러 종류의 기술들 사이에 유사성이 있다고 밝혔다.

숙련되었다고 말할 수 있는 어떤 수행의 중요한 필요조건은 몇 가지 실제적 예를 들여다보면 훨씬 분명해진다. 빠른 볼 게임의 선수, 작업대에서 기계를 조작하며 도구를 사용하는 기능공, 수술을 집도하는 외과 의사, 임상적 결정을 내리는 의사, 이러한 모든 예들과 수없이 많은 다른 예에서 볼 수 있듯이, 행위자는 외부에서 발생하는 신호를 해석해서 다시 행위에 적용하며, 더 많은 신호와 더 많은 행위 등 행위가 장기적이든 즉각적이든 그 목적이 성취될 때까지 행위는 계속 일어난다…… 숙련된 기술은 언제나 수용자 통제하에 있어야 하고, 수행자가 환경에서 오는 신호를 선택하고 자신의 몸을 움직일 때 그 자신의 움직임에 대한 자기 내부의 다른 신호와 조화를 이루어야 한다.[5]

바틀릿의 분석에 따르면, 모든 숙련된 행동은 잘 연마된 시기에 대한 감각, 즉 한 활동의 각 부분이 절묘한 시기에 명확한 방식으로 흐름에 맞게 변화하는 것, 행위의 한 단계가 끝나고 다음 행위가 시작되기 전에 필요한 휴지와 교대의 순간, 방향에 대한 감각, 각 단계가 나아가고 있는 분명한 목적, 마지막 부분이 이미 시작되었기에 더 이상은 방향을 전환하지 못하는 순간 등을 잘 포착해야 한다. 바틀릿은 신체적 기술에 대한 단순한 분석을 뛰어넘어 우리가 보통 일상적이라 생각하는 것뿐만 아니라 혁신적인 사고라고 부르는 많은 부분이 명백하게 기술의 신체적 표현으로 드러나게 되는 것과 똑같은 특성을 띤다는 흥미 있는 주장을 한다.

다른 심리학자들의 분석을 통해 우리는 매우 숙련된 수행의 다른 주요 사항들을 알 수 있다. 숙련된 수행자는 수년간에 걸쳐 자신의 의도를 행위로 옮기기 위한 절차를 발달시켜왔다. 다음에 무슨 일이 벌어질지를 알기 때문에 전문가의 비결인 자연스러운 행위가 가능하다. 환경적 요소에 정확하게 맞추기 위해 멈추거나 주저하는 기간은 수많은 부분적 요소들과 딱 맞아떨어지게 움직일 수 있는 매끄럽고 능숙한 기간으로 바뀐다. 비교적 추상적 단계에서 행위를 프로그래밍하는 것은 최대한 부드러운 활동이 가능하도록 행위의 특정한 단계에서 어떤 선택을 해야 하는지를 결정하게 한다. 전문가가 세상에서 항상 그가 원하는 것을 하는 것처럼 보이는 이유는 현재의 목적을 위해 가장 효율적인 단계를 연결하는 능력인 가능성 있는 대안을 완벽하게 숙달했기 때문이다.

내가 언급한 것처럼 신체의 사용은 그것 자체로 다양한 형태로 구분될 수 있다. 마르소처럼 누군가는 온몸을 달리기나 낙하와 같이 주로 극단을 나타내는 활동을 표현하기 위해 사용할 수도 있다. 풋볼 혹은 복싱 같은 스포츠에서는 온몸을 사용한다. 인간 활동에서 그만큼 혹은 더 중요한 것 중 하나는 정확한 통제력을 통해 섬세한 동작을 행하는 손과 손가락 사용 능력, 미세한 운동 동작의 정교함이다. 엄지와 다른 손가락으로 정확하게 작은 물체를 움켜쥐는 행동은 원원류prosimians*는 전혀 할 수 없고, 고등 영장류는 단지 적당한 수준에서 할 수 있으며, 인간만이 질적으로 정교

* 원숭이와 유인원을 제외한 영장류로 정의된다. 원원류는 그중에서도 특히 여우원숭이와 안경원숭이를 포함하고 있다. 이들은 원숭이와 유인원들보다는 더 원시적인 특징을 지니고 있는 것으로 간주되고 있다._옮긴이

하게 수행할 수 있다.[6] 훌륭한 피아니스트는 각 손가락의 독립된 패턴의 움직임을 만들어내고, 각 손가락의 다른 리듬을 유지하면서 두 손을 함께 사용해 표현하는 효과 혹은 둔주곡 효과fugal effect * 를 만들어낼 수도 있다. 타자를 치거나 사격을 할 때, 손가락은 단지 몇천 분의 1초 단위로 움직일 수 있고, 정확한 공격이나 조절을 위해 단지 눈을 조금씩 움직일 수도 있다.[7] 또한 무용에서는 아주 작은 손가락 떨림조차 중요할 수 있다. 뉴욕시 발레단의 수석 발레리나 수잰 패럴Suzanne Farrell은 다음과 같이 이야기한다.

> 그는 공연 중에 자신의 작은 손가락을 지켜보면서 스스로에게 이야기한다. "이 손가락은 발레 안무가 게오르게 발란친George Balanchine의 손가락이야." 아마 관객의 누구도 알아챌 수 없을 테지만 그는 그것을 알고 이해했다.[8]

신체 움직임과 두뇌

지각과 언어에 대한 연구로는 신경심리학 분야에서 출판된 많은 자료들이 있지만, 신체적 활동에 있어 두뇌의 역할에 대한 연구는 실어증 환자들에 대한 연구나 경계선, 선, 색깔, 그리고 사물

* 동시에 진행하는 선율들을 하나의 주제로 모방하고 그것들을 합쳐서 만든 성악곡이나 기악곡을 말하는 것으로, 음악 형식이라기보다는 작곡 방식으로 볼 수 있다._옮긴이

의 탐색에 관한 실험 등 흥미로운 몇 가지 보고서가 있을 뿐이다. 실제로 신체 지능은 심지어 당연한 것으로 여겨지거나 많은 연구자들도 그 중요성을 간과해왔다. 운동 활동은 순수한 생각을 움직이는 기능보다 더 낮은 차원의 대뇌 기능으로 여겨져왔다. 그러나 신경심리학의 제1인자 로저 스페리Roger Sperry는 정신적 활동은 행동을 위한 하나의 수단으로 여겨져야 한다고 날카롭게 지적했다.[9] 운동 행위나 신체의 움직임은 정신적인 요구를 만족시키기 위한 보조 형태가 아니다. 그러한 대뇌 작용은 '먼 미래의 목표와 더 큰 전체적인 적응과 생존 가치라는 더 세련되고 상승된 방향으로' 안내하는 수단이라고 개념화할 수 있다.

신체의 대부분 그리고 신경계가 운동 행위에 여러 가지 방식으로 참여한다고 말하는 것은 과장이 아니다. 다양한 작용 물질, 길항근*, 관절부, 힘줄이 가장 직접적인 방식으로 연관되어 있다. 이러한 부분의 활동을 조절하는 운동 감각은 시간, 힘, 그리고 우리 움직임의 정도를 결정하고 이러한 정보가 전해지도록 필요한 조절을 할 수 있도록 한다. 신경계 내부에서 대뇌피질의 많은 부분과 함께 시상, 기저핵**, 소뇌, 이 모든 것이 행위가 실행되는 과정의 중계 지점인 척수에게 정보를 보낸다. 피질이 인간 행동의 대부분에 관여하는 '최상위' 기관이지만, 아이러니하게도 대개의 추

* 어떤 근육이 하는 작용에 대해 반대되는 작용을 하는 근육._옮긴이

** '대뇌핵'이라고도 하며, 대뇌반구의 안쪽과 밑면에 해당하는 부위로 종족 유지에 필요한 본능적 욕구와 직접적 관계를 가지고 있다._옮긴이

상적이고 복합적 '운동의 표현'에 작용하는 것은 비교적 낮은 기초 신경절과 소뇌이며, 운동피질은 척추 조직과 특정한 근육운동의 실제 행위와 더 가깝게 연결되어 있다.[10]

이 책의 목적을 위해 인간 신체운동체계의 물리적인 작용에 관해 확실한 정보들을 많이 다룰 필요는 없지만, 드러나는 몇 가지 일반적인 원칙들에 관심을 기울일 필요는 있다. 우선 운동체계의 작용은 고도로 분화되고 통합된 형태의 수많은 신경적, 근육적 요인을 필요로 하는 엄청나게 복잡한 것이다. 예를 들어 어떤 것을 집어내거나 물건을 잡거나 던지는 손의 움직임에는, 더 정확히 유지되고 다음 행동을 하도록 하는 특정한 움직임의 피드백과 함께 눈과 손 사이의 굉장히 복잡한 상호작용이 존재한다.[11] 근육운동은 원하는 상태와 특정한 순간에 신체의 일부나 팔다리의 실제 위치를 비교해 끊임없이 개선하고 조절하게 하는 고도의 피드백 메커니즘과 관련되어 있다.[12]

사실 자발적인 움직임은 실제로 성취된 효과와 의도한 행위 사이의 끊임없는 비교를 요구한다. 운동의 수행으로부터 신호의 피드백이 계속 있으며, 이러한 피드백은 활동과 직접적으로 연결되는 시각적이거나 언어적인 이미지와 비교된다. 마찬가지로 개인이 세상을 지각하는 것은 그것 자체로 그의 운동 행위 현상에 영향을 받는다.[13] 신체 위치와 신체 현상에 관한 정보는 그것 자체로 세상에 뒤따라 펼쳐지는 지각의 방식을 조절한다. 사실 운동 행위의 이러한 피드백이 없다면 지각은 정상적인 방식으로 발달할 수 없다.

그러므로 많은 자발적 운동 행위는 지각과 운동체계 사이의 섬세한 상호작용을 특징으로 한다. 그러나 적어도 몇몇 활동은 지각적 혹은 운동감각적 체계가 사용될 수 없는 피드백의 속도로 매우 빠르게 진행된다. 특히 지나치게 학습되거나 자동적으로 고도로 숙련된 무의식적인 활동의 경우에 전체 단계는 미리 프로그램화되어 있을지도 모른다. 그렇기 때문에 이러한 활동은 감각체계로부터의 정보에 비추어 가능한 최소의 수정만으로도 매끄럽게 일어날 수 있다. 이렇게 빠른 속도로 전개되는 움직임의 긴 단계에 의존하는 피아니스트, 타이피스트, 혹은 운동선수의 활동은 고도로 프로그램화된 단계들을 사용한다. 음악 연주에 관심이 있는 신경과학자 만프레드 클라이네스Manfred Clynes는 다음과 같이 지적한다.

어떤 사람들은 손가락을 1인치 혹은 2인치 움직이거나 대상을 보는 눈을 왼쪽에서 20도 혹은 30도 돌리도록 결정할 수 있다. 각각의 경우 근육이 움직이기 시작하고 그 움직임이 완성되고 멈추는 데는 1초도 걸리지 않는다. …… 움직임은 그것이 시작되기도 전에 뇌에서 이미 프로그램화되어 있다. 그러한 짧은 움직임이 시작되면 결정은 단순하게 수행된다. 그것이 수행되는 1초 사이에는 프로그램화된 결정을 수정할 수 있는 피드백이 없다.[14]

더구나 이러한 몇몇 운동 프로그램은 발전될 필요가 없을 수도 있다.

많은 운동 프로그램들은 영장류의 유전적인 재능의 일부다. 감각 피드백 혹은 척수반사 고리는 움직임의 종류를 배우는 데는 필요하지 않다. 지각적 체계와 운동체계는 환경의 영향에 의해 부분적으로 '세트'로 이루어져 있기는 하지만, 나타나는 체계는 매우 전문화되고 본질적으로 꽤 다른 방식으로 프로그램화된 것처럼 보인다. 간단히 말해 신체적 성장이 직접적인 증거 없이 자극의 결핍으로부터 유추할 수 있는 주장을 바탕으로 받아들여지는 것은, 뇌와 신경체계 연구에서도 역시 발견된다.[15]

운동체계의 여러 작용이 영장류에게는 비슷한 방식으로 일어나지만, 아마도 가장 중요한 인간 운동 행위의 차원은 우리 인간에게만 해당하는 것처럼 보인다. 그것은 신체 절반(두뇌 절반)의 능력에 운동, 지각 행위의 범위에 걸쳐 뛰어난 능력, 즉 잠재적 우세 능력이 있음을 가정한다.[16] 고등 영장류에 있어서 좌·우뇌 간 우세성brain laterality*에 대한 흔적이 있다. 개코원숭이가 아주 조심스럽게 활동하도록 배울 때 한 손은 전체적이고 섬세한 움직임 모두를 이끄는 중요한 역할을 하는 경향이 있을 것이고, 반면에 다른 손은 그것을 뒷받침하는 역할을 할 것이라 추측된다. 더구나 임무의 분화는 뇌 손상에 영향을 받을 수 있는데, 뒷받침하는 손은 원래 수행하던 역할을 하지 못하게 될 것이다. 그러나 개코원숭이나 다른 영장류에게 두뇌의 특정한 한쪽 면이, 그리고 신체의 반대편이

* 뇌의 오른쪽이나 왼쪽 중 어느 한쪽이 더 발달한 경향._옮긴이

일반적으로 우세하게 되는 경향은 분명히 없다. 좌반구가 운동 활동을 지배하는 경향은 인간의 성향으로 보이며, 적어도 부분적으로는 유전적인 통제 아래에서 언어와 연관되어 있음이 틀림없다. 보통 대부분 사람들의 언어 능력이 좌반구에 있는 것과 마찬가지로 두뇌의 왼쪽은 운동 행위가 우세하다. 그리고 유전적인 논의를 다시 한번 뒷받침하는 것으로, 왼손잡이(혹은 운동 행위에 있어서 우뇌가 뛰어난 현상)는 유전되는 것처럼 보인다.

신체 지능이 분리되었다는 나의 주장을 뒷받침하는 것은 운동 행위에 우월한 좌뇌가 손상될 경우 선택적으로 장애가 나타난다는 사실이다.[17] 신경학자들은 신체적으로 연속적인 일련의 운동을 수행할 수 있고 그렇게 하도록 요구되는 것을 인지적으로 이해할 수 있지만 적절한 순서나 방법으로 수행할 수 없는 실행증apraxia(운동불능증)을 언급했다. 몇몇 아주 특수한 실행증들이 논의되어왔다. 예를 들어 옷을 입는 데 어려움이 있는 착의실행증dressing apraxia 같은 것이다. 보다 일반적으로는 어느 손으로도 지시를 따르지 못하는 사지운동성실행증limb-kinetic apraxia, 행동을 하고 몸의 대상을 사용하는 데 서투른 관념운동성실행증ideomotor apraxia(예를 들어 그들은 못을 박을 때 도구를 손에 쥐고 하기보다는 벽을 향해 주먹을 내뻗는다), 일련의 행동을 정확한 순서로 자연스럽게 이어지도록 하는 데 특별한 어려움을 겪는 관념실행증ideational apraxia이 있다.[18] 이러한 다양한 실수나 부적절한 수행이나 생략된 행동 등은 특별한 압박을 받으며 무언가를 수행해야 하는 일반인들에게도 나타난다.

이러한 실행증은 종종 실어증과 함께 발생하기도 하지만, 실행증이 단순히 언어적 혹은 상징적 장애가 아니라는 사실을 뒷받침하는 많은 증거가 있다.[19] 지시대로 수행하지 못하지만 요구된 것이 무엇인지 아는 사람들이 있고, 심한 언어 이해 장애를 가진 사람도 특정한 지시를 수행하는 놀라운 보존 능력이 있으며, 더욱이 많은 연구들이 다양한 상징을 이해하는 데 있어 손상의 정도가 운동 동작을 수행하는 것과 관련이 없다는 사실을 보여주고 있다. 마지막으로, 여러 연구들은 언어적 기억을 완전히 잃었음에도 불구하고 복합적인 운동과 행동의 유형을 배우고 기억하는 경우가 있었다고 보고했다. 이는 신체적 지능이 언어적, 논리적, 혹은 다른 사람들이 말하는 지능의 높은 형태와는 별개의 영역임을 보여준다. 때때로 환자뿐 아니라 정상적인 사람들도 어떠한 행동도 하지 못하게 되기도 하는데, 이것은 단일한 실행증이며 그 자체로 신체 지능의 부재를 나타낸다.

신체 지능도 독립된 형태로 나타날 수 있을까? 물론 언어적, 논리적 능력이 손상되었지만 높은 기술의 운동 동작을 수행하는 데 어려움이 없는 신경심리학적 환자들이 있다. 이러한 환자들에 대한 연구가 많이 이루어지지 않았는데, 서구적인 관점에서 이러한 증상은 운동 기술은 없지만 언어 또는 논리 능력을 가지고 있는 사람보다 덜 놀랍기 때문이다. 운동 동작이 선택적으로 유지되는 경우가 많이 언급되지 않았지만, 신체적 기능과 관련된 보존 형태는 주목할 만하다. 백치천재나 자폐 아동과 같이 예외적인 청소년들은 주변 사람들로부터 완전히 고립되지만 신체운동이나 기계 부품에 대해서는 상당한 관심을 갖는다. 이러한 이해의 형태를 분명히 밝히기 위해서는 보존된 신체적 혹은 공간적 지식을 갖추는 게 필수적이다. 백치천재들에 관한 문헌에는 시계를 보고 풍차 만드는 법을 생각해낸 얼Earl의 사례, 단 하나의 스위치로 전축, 전등, TV를 연결시킨 A씨의 사례, 기능적 회전목마를 설계하고 만든 장애 청소년의 사례가 실려 있다.[20] 임상심리학자 버나드 림랜드Bernard Rimland는 장치를 만들기 위해 전자 이론을 사용한 실어증 청년 조Joe의 사례를 언급했다.

> 그는 테이프 음악을 빛 에너지로 변환하고 다시 라디오 음악으로 바꾸기 위해 녹음기, 형광등, 작은 트랜지스터라디오를 다른 부속품과 연결시켰다. 녹음기와 전구 사이를 조작하여 그는 음악을 멈추게 했다. 그는 전자학, 천문학, 음악, 항해, 기계공학 등의 개념을 이해했다. 그는 이것들이 어떻게 작용하는지를 알고 기계 용어에도 익숙했다. 12세가 되었을 때 그는 지도와 나침반을 가지고 자전거로 도시를 돌아다닐 수 있었다. 그는 항해에 관한 바우디치Bowditch*를 읽는다. 조의 IQ는 80 정도로 추정된다. 그는 굿윌스토어**에서 조립하는 일을 한다.[21]

이런 유형에 관한 가장 유명한 사례는 수년 전 정신분석학자 브

---

* 항해학 핸드북._옮긴이

** 장애인이나 취약 계층을 고용해 개인과 기업이 기증한 물품을 판매함으로써 그들이 스스로 자립할 기회를 제공하는 사회적 기업._옮긴이

루노 베텔하임Burno Bettelheim이 설명한 '기술자 조이Joey'의 사례다. 베텔하임의 보고에 따르면, 그는 단지 기계에 관심을 보이는 불운한 자폐 청소년일 뿐이었다. 그는 기계와 노는 것을 즐길 뿐 아니라 그것을 분해하고 조립하고 나사나 선, 코드를 모든 방식으로 조작했으며, 놀랍게도 자신이 기계인 듯 행동하는 것을 좋아했다. 실제로 그의 실체는 기계의 일부였다. 베텔하임은 이렇게 설명했다.

> 조이가 우리와 함께 있는 처음 일주일 동안, 우리는 이를테면 그가 식당으로 들어가는 것을 집중해 관찰했다. 그는 자신을 전기 에너지의 근원으로 하여 가상적인 전선처럼 누웠다. 그러고는 자신을 절연 처리하기 위해 가상의 플러그로부터 식당의 테이블까지 전선을 늘렸다(그는 실제 전선을 사용하고자 했으나 우리는 허락할 수 없었다).
> 그가 식사 전에 했던 이러한 가상의 전기 연결은 그의 식기에 전류가 흐른다고 생각했기 때문이다. 그는 우리가 거기에 전선, 플러그, 소켓 등이 진짜 없는지를 두세 번 확인할 정도로 기술적으로 이런 행동을 했다. 그의 무언극은 굉장히 기술적이고 집중력 또한 대단해서, 그를 관찰하는 사람들이 자기 자신을 일시적으로 잊고 또 다른 현실의 관찰자가 되었다.[22]

(다행히도 조이는 결국 향상되었는데) 그에 관한 안타까운 이야기를 통해 이 소년은 심한 의사소통의 결함에도 불구하고 연기와 마임을 하는 능력이 있음을 증명해 보였다. 조이는 특히 회전 운동, 그리고 강한 파괴 같은 기계의 다양한 작용과 본성을 연결하여 이해

했는데, 이것은 고도의 수준으로 몸을 사용하는 신체적 지능과 기계적 지능이 연결되어 있음을 보여주었다. 여기에서 신체적 지능은 공간적이고 논리수학적인 이해의 형식에 의해 보충되었을 것이다.

신체 기술의 진화

정교한 신체적, 기계적 지능은 어떻게 나타나는가? 우리는 인지 기술의 진화에 관한 연구에서 하나의 단서를 찾아볼 수 있다. 영장류보다 하위의 동물에게는 도구를 유연하게 사용하는 게 필수적이지는 않다. 오히려 각 종은 정해진 방법 안에서 하나나 두 개의 도구를 사용하는 경향이 있다. 몸의 일부인 발톱, 이빨, 부리 등을 도구처럼 활용한다.

하등 영장류에게도 도구 사용은 자주 일어나지 않고, 특히 생산적이거나 획기적인 것도 아니다.[23] 그들은 매우 흥분돼 있을 때는 자주 물건들을 던지기는 하지만, 어떤 결과를 위해 그런 행동을 하는 것은 아니다. 사실상 그것은 단순하게 상대를 겁주려는 목적을 가진 시끄럽고 공격적인 부자연스러운 모습들의 구성 요소들이다.

그러나 진화론적 증거에 따르면 고등 영장류는 단순한 도구들을 수백만 년 동안 사용했고, 침팬지들은 인상적 결과를 얻을 수 있었음을 보여준다.[24] 영장류의 정교한 도구 사용에 대해 많은 연구에서 제안된 예시는 침팬지가 흰개미를 잡는 것이다. 게자 텔레키Geza Teleki가 설명한 바에 따르면, 침팬지들은 터널 입구를 덮고 있는 흙을 긁어내기 위해 손가락이나 엄지손가락을 사용하고, 한 손으로 도구의 끝을 잡고 개미가 붙어 있는 도구를 꺼낸다. 그리고 도구를 한 손에 잡고 다른 손목으로 균형을 맞추면서 원했던 흰개미를 먹는다.

이렇게 흰개미를 잡는 것은 절대로 쉬운 일이 아니다. 우선 침팬지는 터널을 찾아야 한다. 굴을 찾는 데 헛되이 몇 주를 보내고 마침내 우연히 하나를 찾아낼 정도로 어려운 일이라는 것이 텔레키에 의해 확인되었다. 다음으로 침팬지는 탐색하기 위해 도구를 선택해야 했다. 적절한 도구를 선택하기 전에 많은 잔가지, 덩굴, 풀로 시도해보고 필요에 따라 바꾸었다. 변경하는 것은 나뭇잎을 다듬거나 부수거나 씹어서 적당한 크기로 만드는 식으로 할 수 있었다. 텔레키는 어린 침팬지가 여러 달 동안 어른 침팬지를 관찰하고 모방했음에도 불구하고 그런 능력을 보이지 않는다는 걸 발견했다. 그의 관점은 다음과 같다.

> 터널을 찾는 것처럼 꼭 배워야 할 기술인 선택의 능숙함은 오랜 기간 동안 결과가 유지되는 데 상당한 시행착오를 수반한다. 유지 기간은 실제로 전 생애 동안 이루어진다.[25]

사냥의 단계에서 침팬지는 정확한 깊이(8~16센티미터)로 기구를 넣고 터널의 굴곡을 잘 찾도록 적절하게 손목을 돌려야 한다. 그러고 나서 흰개미들이 도구를 바로 물기 좋은 정도로 손가락으로 도구를 부드럽게 움직여야 한다. 일단 흰개미들이 도구를 물면 터널에 도구가 빠질 수 있다. 흰개미가 터널 벽을 문지르지 않도록 지나치게 빠르거나 서툴지 않게 도구를 빼내야 한다.

흰개미 사냥은 다양한 침팬지 집단에서 다른 방식으로 이루어진다. 이런 집단들은 유전적으로 유사하기 때문에, 이들의 행동에 차이가 있다는 것은 이들의 사회적 관심사가 서로 다름을 반영한다. 예를 들어 한 집단은 땅 위에서 사냥하기 때문에 도구가 비교적 짧고 가늘고, 또 다른 집단은 땅의 표면을 뚫기 위해 도구가 비교적 강하고 단단해야 한다. 다른 '문화적 차이'는 연장을 땅 가까이 혹은 멀리서 얻는가, 연장의 한쪽 혹은 양쪽 끝을 모두 사용하는가, 침팬지가 도구를 잡을 때 꽉 잡는가 아니면 가볍게 네 손가락을 모아 잡는가 하는 것이다.

윌리엄 맥그루William McGrew는 탄자니아의 곰베Gombe 침팬지 집단이 흰개미 사냥에 필요한 기술을 어떻게 습득하는지에 관해 설명했다. 그의 설명에 따르면 두 살 이하의 아기 침팬지들은 흰개미를 먹거나, 땅 표면을 찌르거나, 물체들을 변형시키는 것과 같은 기초적 형태의 모든 기술 요소를 보인다. 2~4세 사이의 어린 침팬지는 흰개미 흙무덤을 오르거나, 흙무더기와 구멍을 찌르거나, 어미의 도구를 잡아채기도 한다. 그런 기술들의 통합은 시간에 따라 점점 향상된다. 4세가 되었을 때 어떤 침팬지들은 어른과 같이 세련된 행동을 보이기는 하지만 먹이 쟁탈전은 지속하지 못한다. 이런 능력은 5~6세에 발달한다.[26]

앞에서 언급했듯이, 어린 영장류가 이러한 배움의 과정을 통해 어른과의 관계를 유지하는 것은 중요하다. 어린 침팬지나 원숭이들은 다른 대상의 수행 과정을 관찰함으로써 지식을 얻는다. 이와는 반대로 대리 부모에 의해 양육된 영장류들은 문제 해결에 있어 다르게 접근한다. 보통 야생의 원숭이들은 그 상황이 해결 가능하다고 보는 것과는 대조적으로 대리 부모에 의해 양육된 원숭이들은 마치 어떠한 일관된 전략이나 계획이 없는 것처럼 행동한다. 자연적으로 양육된 원숭이들만이 그들의 행동이 환경에 대한 영향력을 가지고 있으며, 어느 정도는 사건을 통제할 수 있다는 것을 명백하게 이해한다. 효과적인 모델의 결핍은 학습된 무기력을 가져온다. 영장류들은 일반적으로 그들이 이미 원하는 목표를 성취한 다른 대상들과 가까이 있을 때 더 쉽게 도구의 사용을 배운다. 또한 동료가 수행하는 것을 관찰하거나 보상을 받거나(음식과 같은), 모방을 통해 바람직한 반응과 결과를 이끌어냈을 때 행동을 발현하기 더 쉬운 경향이 있다.

권위 있는 학자들은 영장류가 도구 사용을 배울 수 있도록 결정하는 최소 세 가지 요인이 있다고 추측했다. 첫째, 기술과 정확한 운동에 필요한 감각운동의 성숙이다. 둘째, 예컨대 침팬지가 팔을 기능적으로 연장하기 위한 것으로서 막대기를 사용하는 것과 같이 일반적이거나 문제 해결 맥락에서 환경과 작용하는 것이다. 마지막으로, 반응-대표 자극response-contingent stimulation이 있는데, 이것은 어린 유기체가 그들 스스로 행동할 수 있고 어느 정도 환경을 조절할 수 있다는 것을 가르친다.[27]

흰개미 사냥은 인간 이외의 유기체에서 발견되는 도구 사용의 가장 복잡한 형태다. 영장류 내에서 도구 사용의 다른 형태는 다음과 같은 범주를 포함한다. 목적한 위치에 도달하기 위한 확장(예를 들어 음식에 닿기 위한 막대기 사용), 환경에 작용하기 위한 기술적인 힘의 증가(예를 들어 견과류나 과일을 얻기 위해 돌을 던지는 것), 행동 표현의 강화(예를 들어 공격 상황에서 막대를 휘두르는 것), 액체를 조절할 수 있는 효과를 증가시키는 것(예를 들어 나뭇잎으로 물을 흡수시키거나 피를 닦는 것) 등이 있다. 이러한 모든 형태는 유기체가 적응하는 데 필요한 명백한 가치를 가지지만, 대부분은 유기체의 일부 시행착오를 거쳐 도달할 수 있다. 고고학자 알렉산더 마샥Alexander Marshack에 따르면, 이러한 활동은 대체로 한 손으로 이루어진다. 그들은 근본적으로 한 손이 지배적이며 다른 손은 단지 잡거나 받치는 역할을 할 뿐이다. 인간에게서는 양손의 기술적인 사용에서 보이는 공간, 행동, 적응의 고도로 조화된 변화가 거의 발견되지 않는다. 영장류의 도구 사용은 아주 인상적이지만, 심각한 한계점이 있다.[28]

300~400만 년에 걸친 인간의 진화는 점차 세련된 도구의 사용이라는 관점에서 볼 수 있다. 200~300만 년 전 호모 하빌리스homo habilis가 사용한 도구는 그 몇백만 년 전 영장류가 사용하던 연장보다 약간 발전한 것이다. 그 당시 기본적 도구들은 물체를 부비기 위한 둥근 돌이나, 빻기 위한 거친 돌만으로 구성되었다. 선사시대의 인간들은 불꽃을 일으키기 위해 돌을 사용했다. 그들은 돌과 돌을 서로 세게 치면서 무언가를 두드리거나 물체끼리 접촉

할 때 생기는 힘으로 먹이 등을 자르는 데 사용할 수 있는 끝이 날카로운 돌칼을 만들어냈다.[29] 그러한 도구는 순수한 발명이었으며, 초기 인류는 날카롭게 만든 돌을 가죽을 자르거나 죽은 동물을 토막 내는 데 사용했다.

그러한 도끼나 조각들은 큰 손도끼가 나타나기 전 대략 100~150만 년 전까지 연장을 만드는 기반이 되었다. 도끼를 더 세련되고 힘 있고 정확하게 자르는 데 사용한 사람은 호모 에렉투스homo erectus였다. 다음 100만 년 동안 아마 4~5만 년 전까지는 도구 사용에 있어서의 변화가 점차 느리게 진행되었을 것이다. 짐작컨대, 도구를 만드는 절차는 눈으로 관찰하거나 움직임을 모방하는 식으로 전해졌으나, 다음 세대로 내려오면서 약간의 변화가 있었을 것이다. 아마 50만 년 전, 사람은 더 정교화하기 위해 돌도끼를 만들기 시작했을 것이고, 아슐리안기Acheulian인 20만 년 전에는 조각을 내고 고치기 위한 부드러운 뼈도끼가 있었을 것이며, 르발루아기Levallois인 10만 년 전에는 돌의 중심 부분에서 처음 조각을 낸 후 조각을 작업하고 손질했을 것이다. 100만 년 동안, 뇌의 크기가 꾸준히 증가한 것을 반영하듯 인간에게 다른 변화들이 나타났다. 유인원은 불을 조절하며 사용하게 되었고, 코끼리 대량학살과 같은 집단적이고 잔인한 큰 사냥 전쟁이 발생했으며, 가정과 일하고 쉬는 장소가 분리되었다. 그때까지 인간은 제스처와 함께 감정적인 것을 단순하게 음성화함으로써 의사소통을 하고 있었다.

네안데르탈인Neanderthal은 10만 년 전, 신체적으로 가장 인간과 비슷한 모습으로 유럽에 나타났다. 이 강하고 굳건한 인간들은 달리고 싸우는 데 참여했는데, 이것은 전투에서 창끝에 찔려 부러진 많은 뼈와 치료된 뼈들을 통해 알 수 있다. 그러나 네안데르탈인에게는 애정 어린 면도 있었다. 그들은 두개골을 한 곳에 모아 사람들을 가족별로 묻었고, 가장 감동적으로는 묘지 위에 꽃을 놓았다. 우리는 다른 사람들을 위한 구체적으로 상징적인 첫 암시를 여기서 찾아볼 수 있다.

인간 진화에서 마지막으로 급격한 변화가 일어난 시기는 지금으로부터 5만 년 이내, 아마도 크로마뇽Cro-Magnon인 시대인 3만 5천 년에서 4만 년 전 즈음일 것이다. 생산적 청각-구강 언어의 사용이 이러한 급격한 변화와 연결되었다는 추측을 할 수는 있지만, 그것이 원인인지 결과인지는 알 수 없다. 그 당시 그림(남유럽의 구석기 시대 동굴에 있는 멋진 동물들과 여자 그림), 기호(유럽과 시베리아에서 나타나는 달력 체계), 많은 동굴 벽화에서 의식적 춤 같은 인간의 상징적 능력에 대한 뚜렷한 신호를 볼 수 있다. 뼈나 돌을 도구화하는 기술의 효과가 증가하면서 도구의 정밀성 수준에 혁명적 발전이 있었다. 실용적 목적에 더하여 도구는 장식을 하거나 다른 도구를 만드는 데 사용되었다. 이때까지 인간은 재료의 다양성뿐만 아니라 창, 칼, 끌, 바늘, 긁고 깍고 나르고 두드릴 수 있는 도구를 포함하여 다른 목적을 위해 사용되고 만들어지는 다양한 유형의 도구들에 대한 지식을 가지고 있었다. 좀 더 정교한 도구의 사용과 계획을 가능하게 하는 더 큰 뇌의 크기와 더 나은 도구를 고안하려는 것 간의 순환적인 사이클은 신체적인 도구뿐만 아니라 결국에는 추상적이고 다재다능한 상징을 만들어낼 수 있는, 인간에게 결정적인 적응상의 이점을 제공했다.

영장류와 유인원들이 사용한 연장의 진화와 보통의 정상 아동들에게서 발견되는 성장의 변화를 신중하게 비교해보면 매우 도움이 될 것이다. 수전 파커Susan Parker에 따르면 유인원과 인간의 공동 조상은 1~4세 아동들에게서 찾을 수 있는 지능의 형태를 분명히 나타내고, 유인원의 첫 후손은 4~6세의 아동처럼 무언가를 던지는 행동, 다듬어진 돌 연장으로 동물을 죽이는 것, 음식 분배, 집짓기 등과 같은 과제를 수행할 수 있는 높은 수준의 지능을 가지고 있었다.[30]

아동들과 최근까지의 영장류에게서 관찰되는 그러한 진보는 화석의 기록으로부터 유추할 수 있다. 많은 사람들이 두뇌의 크기와 오늘 우리를 있게 만든 새로운 두뇌의 출현을 연구하는 것은 이러한 반복적인 단계를 알고자 함이다.[31] 그러나 한 가지 분명히 다른 점이 있다. 언어 사용은 세련된 도구를 사용하기 훨씬 오래 전인 초기 어린아이 시절에 시작된다. 어린 아동은 도구를 세련되게 사용하기 오래 전에 언어를 배우며, 언어의 진화를 대화의 주요한 수단으로서 몸짓과 '감정적emotional' 소리를 사용한 다음에 나타나는 것으로 보는 이 시점에 대해 다양한 의견의 차이가 존재한다.

신체 지능의 발달

신체 지능, 그리고 언어와 다른 인지적 기능과 관련된 선사시대의 기원은 영원히 불확실한 것으로 뒤덮여 있을지도 모른다. 그러나 오늘날 인간의 삶에서 이러한 기술의 발전은 과학적 진보가 이루어졌는가에 달려 있다. 비록 피아제가 자신의 연구를 신체 지능과 연관시키지 않았지만(그는 단지 '인지적'인 주제에 관심이 있었다), 감각 운동 지능의 전개에 대한 그의 설명은 진화의 초기 시기에 대한 것을 밝혀준다. 피아제는 개인의 진보가 손가락 빨기, 쳐다보기와 같은 단순한 반사운동에서 환경의 다양성과 개인의 의도가 조절되는 것에 따른 과정이라고 했다. 어떤 이는 대상 영속성의 도달이라는 새로운 목표를 달성하기 위해 각각의 행동들이 새로운 방식으로 결합되는 것을 볼 수 있다. 마지막으로, 상징과 같은 정신적 표현에 관한 조작이 시작되면서 행동과 조작은 사소한 곳에서도 같은 연속성을 가지고 이루어진다. 이제 도구의 사용이 '순수한 사고'의 영역을 침범한 것이다.

제롬 브루너Jerome Bruner와 커트 피셔Kurt Fischer 등 아동 발달을 연구하는 학자들은 기술의 발달이 유아의 신체적 행동에만 국한되지 않고 인지 작용의 모든 부분에서 일반적으로 연구되어야 한다고 했다.[32] 이런 연구자들은 지식 발달은 고양되고 증진되는 융통성 있는 기술의 건설이며, 발달 과정에서 나타나는 여러 행동은 더 복합적인 상위 단계의 행동을 구성하는 하위 단계의 요소라고 본다. 예를 들어 아동은 처음 손에 닿는 것과 보는 것을 잡는 것에 결합시키고, 하나의 대상을 잡던 것을 한 손에서 다른 손으로 전달하는 것으로 발전시키고, 일상 과제에서 물건의 집합체를 사용하는 것을 구조물을 만드는 것으로 변형시키며, 단순한 구조는 더 복잡한 구조로 결합시킨다. 기술이 지식이라는 입장을 추구하는 학자들은 공동의 행동이 개인적인 사고로 점점 내면화됨을 인정하나, 그럼에도 불구하고 모든 새로운 기술 과정은 유사한 발달 경로를 거쳐야 한다고 주장한다. 이러한 방법으로 그들은 육체적 행동과 사고 기술 사이를 정확하게 구분하지 않았던 바틀릿의 관점을 상기시키며, 타자, 장기놀이, 컴퓨터 프로그래밍 같은 기술의 발달을 강조한다. 이러한 기술이 인간 능력을 다양한 종류와 수준을 가진 하부 기술 간의 부드러운 조화와 습득의 표현이라고 보는 동시대 연구자들이 이에 동참하고 있다.

유아의 초기 순환적 반작용, 그리고 숙련된 기예가, 타이피스트, 체스 선수, 독서가, 프로그래머로서의 특징을 갖는 더 정교한 행동 방식 사이에는 의미 있는 연속성이 있다. 그러나 문제는 그것이 상징적 능력을 획득하는가, 심오한 방식에서 신체적 기술의 발달에 영향을 미치는가 하는 것이다. 사람이 언어를 사용하는 목적은 언어적인 지시를 전달하고 다른 사람의 수행을 비판하고 가르치는 것이지만, 기술이 습득되고 결합되는 것은 다르다. 마찬가지로, (사람, 혹은 물체를 나타내는)묘사 또는 (기쁨이나 비참함 같은 감정을 나누는)표현으로서 상징적 기능을 획득하는 것은 다양한 메시지와 신체적 능력을 표현하기 위한 요소다. 아마도 신체 활동은 상징적 기능과는 어느 정도 독립적으로 작용하는 것으로 보인다. 사실 상징적 능력과 운동 활동은 신경학적 장애의 결과로서 이 문제에서 제안된 증거들과 분리된다. 그럼에도 불구하고 내가 추측할 수 있는 것은, 인간의 상징적 지능은 실제가 되고 운동기관은 영원히 변화한다는 것이다. 상징화의 발달은 인간 신체 지능과 동물 신체 지능 사이의 틈을 채워줄 수 있을 것이다.

신경심리학자 에디스 카플란Edith Kaplan과 관련된 일화는 이 문제와 연관이 있다. 운동불능검사에서 에디스 카플란은 환자들에게 톱질하는 척해보라고 했다. 관념운동성실행증ideomotor apraxia이 있는 환자는 도구가 없는 상태에서 몸짓으로 톱질하는 표현을 할 수 없었으며, 톱이 손 안에 들어 있는 것처럼 손을 꼭 쥐고 있었다. 고전적실행증classic apraxia 환자는 마치 손이 톱인 것처럼 손을 펴고 손끝을 앞뒤로 왔다 갔다 했다. 카플란은 실제로 환자가 원하는 동작을 할 수 있는지 여부를 알아보기 위해, 환자에게 단순히 비표현적 행동을 모방하도록 요구했다. 이때 환자에게 손에 물체를 든 것처럼 손을 앞뒤로 흔들도록 했지만, 이 물체에 대해서는 상세히 언급하지 않았다. 환자는 적절한 태도로 정확하게 행동했다. 이런 행동에 기뻐하며 카플란은 "봐, 당신은 톱질을 하고 있어"라고 얘기했고, 환자는 주먹을 펴고 손을 칼날처럼 만들었다.[33] 이 경우에 분명히 상징적 코드(톱)는 지각과 신체의 연결을 넘어선다.

신체적 표현의 발전된 형태

춤 몸을 사용하는 모든 것 중, 그 어느 것도 춤보다 높은 수준에 이르고 다양한 문화로 전개되는 것은 없다. 이 분야의 연구자인 주디스 한나Judith Hanna의 논의에 따르면 춤은 비언어적 몸동작의 문화적으로 정형화된 시퀀스다.[34] 그것에는 목적적, 의도적 리듬이 있으며 무용수의 연기는 미학적 가치를 지닌다. 가면을 쓴 춤추는 마술사와 사냥꾼이 유럽의 고대 동굴과 남아프리카의 산맥에 그려진 것으로 보아 춤의 기원은 아마도 구석기 시대인 수천 년 전으로 거슬러 올라간다. 사실 동굴에 그려진 모든 인간 행동들 중에서 춤은 (서로 연관성이 있는) 사냥 다음으로 두 번째로 두드러지게 나타났다.

우리는 춤이 사용되는 모든 목적을 알 수는 없으나, 고고학적 증거는 최소한 다음과 같은 사실을 제공한다. 춤은 사회 조직을 반영하고 합리화할 수 있다. 사회적 오락 혹은 레저 활동, 심리적 돌파구와 해소, 심미적 가치의 진술 혹은 심미적 가치 자체, 경제적 최저 구조의 반영, 혹은 경제적 행위 그 자체의 역할 등, 춤은 세속적 혹은 종교적 표현의 도구 역할을 할 수 있다.[35] 춤은 입사식에서 모든 이들이 통과할 변형적 표현을 통해 교육적 목적으로 사용될 수도 있고, 주술사가 혼을 불러냄으로 초자연적인 것을 설명하는 데 사용될 수도 있다. 또한 춤은 남자의 춤추는 모습과 인내를 보고 여자가 남자를 선택하는 이성의 선택에도 사용되었다(수단의 누바 티라족Nuba Tira 젊은 여성들은 '춤을 추다가 그들이 선택한 남자에게 자신의 몸을 던질 것이다').[36] 그리고 많은 문화권에서 춤은 동시적으로, 또는 다른 시기에 다른 환경에서 이런 기능들을 제공할 수 있다.

춤의 다양한 사용에 대한 느낌은 미국 남서부의 호피Hopi 인디언과 폴리네시아Polynesia의 사모아인Samoans의 춤을 비교함으로써 얻을 수 있다.[37] 양쪽 문화에서 춤은 중요하고, 움직임이 제한되어 있고, 초자연적인 힘이 포함되어 있다. 그러나 춤의 목적과 성격은 이 두 문화권에서 차이가 있다. 호피족의 경우, 춤은 종족의 화합을 유지하고 신을 달래며 문화적 가치를 보존하는 역할을 한다. 남자들이 주요 공연자로, 그들에게 춤은 의무이며 종족에 대한 책임이다. 훌륭한 무용수는 스텝을 잘 기억하고 힘이 넘치게 춤을 추나 개인적인 칭찬을 바라지 않는다.[38] 반대로 사모아인에게 춤은 개인적이고, 다소 덜 보수적이며, 더 즉흥적이다. 사모아인들은 행사를 기념하거나 즐기거나 신비적 힘을 높이고, 신을 달래기 위해 춤을 췄다. 남녀노소를 불문하고 춤을 추며, 개인적 흥미와 기술, 그리고 가족 전통에 따라 무용수가 된다. 훌륭한 무용수는 개인적 스타일을 가지고 있고 잘 움직인다. 사회적 획일성이 있더라도 춤은 개인주의가 인정되고 심지어 격려되기까지 하는 영역이다. 호피족의 춤은 문화적 가치가 표현되는 주요 영역인 반면, 사모아인들에게 춤은 문화의 제도적 엄중성에 일종의 전환점을 제공하기도 한다.

춤의 목적은 다양하기 때문에 그것을 일반화하기는 어렵다. 간혹 형식적인 특징은 둘러싸고 있는 환경이나 명확한 참조 내용보다 중요하지 않을 수도 있다. 그럼에도 불구하고, 특정한 특징들이 일련의 상황에서 춤을 특징짓게 만드는 것처럼 보이며, 이러한 특징들은 어떻게 기술들이 이러한 지능의 형태로 구체화되는지에 대한 고려사항에 밀접한 관련이 있는지를 알게 해준다.

미국의 무용가이자 안무가인 폴 테일러Paul Taylor에 따르면, 무용수는 몸의 형태와 시간에 있어 정확하게 무용 동작을 할 수 있도록 배워야 한다.[39] 동작이 관객을 향하거나 그 자체를 향하거나, 무용수는 위치, 무대 공간, 도약의 질, 다리의 유연함에 신경 쓴다. 그냥 흔드는 것에서부터 피스톤 같은 움직임이나 툭툭 끊기는 것, 지속적인 것에 이르기까지 많은 동작들이 가능하다. 무용 어휘는 속도, 방향, 거리, 강도, 공간적 관계, 힘과 같은 다양한 요소의 조화로부터 발견되거나 만들어질 수 있다.[40] 이러한 비교적 객관적인 특성 이외에도, 무용수의 성격도 연기에 반드시 영향을 줄 것이다. 전통적으로 춤은 기쁨이나 슬픔 같은 극단적인 감정을 다루었으나, 언젠가 발란친*은 재치 있게 "여전히 시어머니를 무용으로 표현하는 것은 불가능하다"[41]라고 말했다. 그럼에도 현대 무용에서는 죄의식, 분노, 후회와 같은 복잡한 감정을 전달하려는 시도를 하고 있다. 음악은 무용의 가장 중요한 동반자며 작곡 구조는 무용 기교에 가장 많은 영향을 주지만, 무용은 음악 없이 진행될 수 있음을 고려할 때 음악의 존재를 무용으로 규정할 수는 없다.

기술한 바와 같이, 무용은 단조로우며 비교적 추상적인 의사소

* 러시아 출신의 미국 무용가 겸 안무가._옮긴이

통과 표현의 형태로 생각될지도 모른다. 그리고 실제로, 직접적이고 구체적인 방법으로 춤꾼들의 연기를 평가해줄 무용수(혹은 무용비평가도)를 찾기는 어렵다. 선구적 무용가 이사도라 덩컨Isadora Duncan은 "만약 내가 당신에게 그것이 무엇이라고 말할 수 있었다면 나는 춤을 추지 않았을 것이다"[42]라고 말했다. 20세기 최고의 현대무용가인 그레이엄은 아주 흥미로운 관찰을 했다.

> 나는 어떤 논리적 응집력을 가진 대부분의 무용수들과 대화를 할 때 극적인 어려움이 있었다고 종종 말했고, 그들의 마음은 아마 내 몸과 같이 계속 움직였으며, 논리는 단지 운동 능력 수준에서 일어난다.[43]

그럼에도 불구하고 많은 사람을 춤에 끌리게 하는 것은 구체적이고 신체적인 춤의 특성, 즉 특이하지만 욕망을 채워주는 몸의 사용에 있다. 미국 무용가이자 안무가인 호세 리몬Jose Limon은 회상한다.

> 어린 시절 멕시코에서 있었을 때, 다른 아이들이 그랬던 것처럼 나도 스페인의 호따jotas(스페인의 빠른 3박자 춤), 멕시코의 하라베jarabes(호따의 영향을 받은 춤), 인디언의 바일레스bailes에 매료되었다. 이후 나는 다른 나라로 가 탭 댄서와 발레 무용수를 본 적이 있다. 그리고 현대 무용가 하랄트 크로이츠베르크Harald Kreutzberg의 공연을 우연히 보게 되었다. 나는 형용할 수 없는 감정으로 공연을 보았다. 위엄 있고 대단한 장엄함을 가진 한 사람이 춤을 추고 있었다.[44]

때로는 사람의 타고난 신체 조건이 중요한 역할을 한다. 주장하건대 21세기의 위대한 무용가 바츨라프 니진스키Vaslav Nizhinskii는 전형적인 것으로부터 완벽히 벗어나 색다른 기교를 선보이는 학생으로 이미 돋보였다.[45] 때로는 그가 만들어내는 패턴이 신비할 정도였다. 동시대 무용가인 에이미 그린필드Amy Greenfield는 어렸을 적 발레를 할 때 눈을 감은 채 다음 동작을 상상했다고 말했다.[46] 그녀가 눈을 떴을 때 상상했던 곳에 무용수들이 있었다면 그녀가 이긴 것이다.

남자들이 춤추는 것을 문화적으로 터부시했기 때문에 서양 남자들 사이에 무용에 대한 관심이 한참 뒤에 나타났을 수도 있다(니진스키는 여자 같다고 놀림을 받았다. 터부는 제정 러시아에도 존재했다!). 아마 이러한 터부로 인해 동시대 안무가인 에릭 호킨스Eric Hawkins와 레미 찰립Remy Charlip은 대학에 들어갈 때까지 심지어 무용에 관여하지도 않았다. 인간의 본질적 힘은 춤을 창조하기 위한 근간이 된다. 무용가이자 안무가인 얼윈 니콜라이Alwin Nikolais는 아이디어가 춤이 되는 방법을 흥미롭게 기술한다.

> 나는 단순한 아이디어 한 방울을 내 머리에 떨어뜨리고 의식적인 뚜렷한 노력을 하지 않은 채 몇 달 동안 머리에 넣어둔다. 안무를 시작하기 2~3주 전에, 나는 이 로르샤흐Rorschach* 테스트의 결과를 떠올린

* 좌우 대칭의 불규칙한 잉크 무늬가 어떤 모양으로 보이는지를 설명하게 하여 그 사람의 성격, 정신 상태를 판단하는 방법._옮긴이

다. 그리고는 아주 빠른 시간에 급히 안무를 하며 내 주제의 통로가 분출구를 통해 열리는 걸 느낀다.[47]

다른 행위예술가인 도널드 매케일Donald McKayle은 어린 시절 그의 첫 무용을 떠올린다. 빈민 지역의 공동주택에 사는 아이들에게 길거리는 운동장이다. 고함을 지르는 아이들의 행복한 외침이 들린다. 가로등에 의해 크고 희미한 그림자가 드리워진다. 끊임없는 공포의 그림자인 경찰이 나타나면 게임은 두려움으로 무서운 춤이 된다.[48]

무용은 극단적으로 순수한 형태로 된다. 발레리나 발란친은 무용과 이야기의 경계를 그었으며, 현대무용의 최고 안무가 머스 커닝햄Merce Cunningham은 음악과 무용을 분리했다. 사실 커닝햄은 완벽하고 단순한 동작에 관심이 있었고, 현미경으로 곤충을 관찰하거나 동물원에서 동물들을 관찰하는 걸 좋아했다. 그는 무용의 주요 형식주의자들 중 하나로, 무게와 힘이 시간과 공간과 상호작용하는 방법을 집요하게 연구했고, 무용은 음악이나 시각적 배경 그리고 줄거리의 도움이 필요 없는 독립적인 예술이라고 주장했다. 따라서 그의 춤에서는 다른 표현적 도금이 입혀지지 않은 순수한 형태의 신체 지능을 관찰할 수 있다. 그러나 무용은 여러 형태로 나타날 수 있다. 미하일 바리시니코프Mikhail Baryshnikov에 따르면 "춤을 추는 것은 인간의 융통성과 범위를 넓혀주는 많은 새로운 언어와 같다. 언어학자처럼 무용수는 가능한 많은 것을 필요로 하며 결코 충분하지 않다."[49]

수행가들

배우 무용의 주된 훈련이 몸의 난련된 활용인 반면, 몸에 대한 지식을 개척하는 다른 역할은 부가적 혹은 다른 기술을 요한다. 론 젱킨스Ron Jenkins는 (그도 거쳤던) 발리인Balinese 광대가 되는 단계적 과정을 다음과 같이 설명한다. 첫째, 무용과 가면을 쓰는 고도의 기술을 필요로 한다. 이러한 기술들은 주로 나이 든 연기자가 6세 정도의 어린 도제를 뽑아 직접적이고 개인적으로 전수한다. 무용수가 되기 위해서는 무대 뒤에서 오랫동안 터득해 제대로 된 형태로 움직일 수 있어야 한다. 즉, 팔다리가 표준 형태로 만들어져야 한다. 젱킨스는 "나는 아기 때부터 수없이 많은 공연을 보아 와서 무용을 배우기 전 발리 아이들처럼 움직임이 유연하지는 않지만 어떻게 해야 하는지 조금은 알 수 있었다"라고 한다. 그는 "다리를 너무 높게 들지 말아라……. 팔꿈치를 가슴에 더 가까이 대라"는 말을 들었다.[50] 다음으로, 새롭게 훈련된 무용수는 대본, 당시의 사건들, 연극, 가면을 만들고 쓰는 법 등을 습득하는 것과 같은 다른 조건들에 관심을 돌린다. 이러한 필수 조건 외에도 꿈이 있는 무용수는 공연단에서 다른 사람과 잘 지낼 수 있는 대인관계에 능숙해야 하며, 그래야 적당하게 잘 어울리는 배역을 맡을 수 있다. 젱킨스에게는 궁극적으로 그의 빈약한 움직임의 기교를 줄일 수 있고 희극과 연극의 시간 요소에 대한 지식을 보여줄 수 있는 나이 든 사람의 역할이 많이 맡겨졌고, 마침내 몇 달 공연을 한 후에 그는 자신의 이야기를 각색해낼 수 있었다.

공연의 모든 형태에서, 특히 연기에 있어서는 주의 깊게 관찰하고 섬세하게 장면을 재현해내는 게 중요하다. 이러한 모방 능력은 아마도 생애 첫 날 혹은 첫 주, 즉 젖먹이 때 시작되고 2세가 되면 모든 보통 아이들은 다른 사람의 연기나 장면을 관찰하고 인상적인 순간들을 재현해낼 수 있다. 어떤 아이들은 다른 아이들보다 모방에 뛰어남이 분명하다. 다른 아이들이 같은 장면을 수없이 보고도 부정확하게 흉내 내는 반면, 신체적 지능 영역에 천재적 소질이 있는 '타고난 모방가'는 한두 번 보고서도 가장 뛰어난 부분을 정확한 움직임으로 해낸다.

연기를 모방하고 잘 기억하는 강한 성향은 미래에 연기자가 되기 위한 바람직한 혹은 필요한 자산일 수도 있으나, 그 자체만으로는 기억에 남을 만한 작품을 해내지 못한다. 다른 지적 능력들도 역시 중요하다. 연기 지도자 리처드 볼레슬라브스키Richard Boleslawski는 원하는 대상을 정확히 해석하는 데 강한 인내를 갖고 모든 관심을 거기에 두고 절대적 집중을 하는 게 중요하다고 강조했다.[51] 연기자는 무의식적인 기억의 도움으로 감정을 재창조하도록 노력해야 한다.

> 우리는 자체에 의해, 또는 자체를 위해 무의식적으로 작용하는 감정에 대한 특별한 기억을 가지고 있다……. 그것은 모든 예술가에게 있다. 이것은 우리의 삶과 예술에서 필수적인 요소로 경험을 만들어준다. 우리가 알아야 하는 것은 그것을 사용하는 방법이다.[52]

볼레슬라브스키는 계속해서 조언한다. "관찰의 재능은 단지 시각과 기억뿐 아니라 신체의 모든 부분에서 개발되어야 한다……. 모든 것이 나의 두뇌 어딘가에 자동적으로 기록되며, 회상과 재현의 연습을 통해 나는 과거보다 열 배 나아진다."[53]

다른 유능한 연기 지도자인 콘스탄틴 스타니슬랍스키Konstantin Stanislavskii 또한 연기자의 연기에 있어 감정의 절대적인 역할을 강조한다.[54] 연기자는 그가 그 부분을 공부할 때뿐 아니라 그것을 연기하는 순간마다 감정을 느껴야 한다. 스타니슬랍스키는 훈련은 무의식이 자연스럽게 작용할 수 있는 환경에서 창조적인 상태로 연기자를 집어넣는 것이라고 본다. 그의 견해에 따르면, 이러한 기술은 문법이 시를 쓰는 데 관련된 것과 같이 우리의 무의식적 창조 본성에 연관되어 있다. 그는 분명히 말한다.

> 어떤 음악가들은 소리를 내적으로 재건설하는 능력이 있다. 그들은 금방 들은 교향곡 전체를 마음에 재현한다……. 어떤 화가들은 그들이 보았으나 이제 살아 있지 않은 사람의 초상화를 그릴 수 있는 내적인 시각을 갖는다……. 연기자는 시각과 소리에 바로 이런 능력을 가지고 있다.[55]

반면 어떤 연기 기술은 연기자가 느낀 기분을 재창조하는 필요성을 덜 강조하고, 대신 표면적인 섬세함에 집중할 것을 강조한다. 본 연구의 용어적 측면에서, 나는 후자인 '표면 중심'의 연기 기술이 인간관계의 지능을 강조한다면 '감정 중심' 연기 기술은 자기성찰 지능을 강조한다고 본다.

많은 분석가들에게 보고, 날카롭게 관찰하고, 모방하는 능력과 재창조하는 능력은 모든 연기 예술에서 중심이 된다. 연기 학생인 존 마틴John Martin에 따르면 인간은 여섯 번째 감각인 운동지각, 즉 행동을 우아하게 하며 다른 사람이나 대상의 행동과 율동 능력을 직접적으로 이해할 능력이 있다고 한다. 마틴은 이 과정이 자동적으로 일어난다고 주장한다. 따라서 우리가 예전에 손으로 들어보지 못한 물체를 집을 때, 우리는 자기 몸이 어떻게 움직일지 예측하는 형태로 같은 부피와 무게를 가진 물건을 집어올린 근육의 기억을 끄집어낸다. 어떤 물건을 집어올린 과거의 경험은 다른 상징적 매개체 없이 몸에 직접 작용하는 운동적 언어로 상징화된다. 예를 들어 어떤 사람이 레몬을 빠는 것을 볼 때 우리는 그 신맛을 느낄 수 있고, 누가 슬피 울 때는 목까지 끓어오르는 슬픔을 느낄 수 있다.

마틴은 모방을 하거나 다른 사람의 경험과 느낌을 이해할 수 있는 능력은 예술을 이해하게 하고 또 거기에 참여할 수 있게 한다고 했다. 그는 공언한다.

> 우리가 무용수의 감정을 이해할 수 있도록 내적 모방을 통해 그의 행동을 모방하게끔 이끄는 것이 무용수의 전적인 기능이다. 어떠한 사실은 말로 할 수 있으나, 공감적 행동을 통해 감정을 우리 안에 일으키게 함으로써 전달할 수 있는 감정은 말로 할 수 없다.[56]

같은 맥락에서, 건축물을 볼 때 우리는 그 무게가 기둥들로 지탱될 수 있는지 혹은 너무 무거운지 하는 것을 우리 몸이 느끼는 바에 따라 그 비율이 적합한지를 판단한다. '그 빌딩은 잠시 일종의 우리 자신의 모사가 되며, 그것들이 우리의 몸 안에 있는 것처럼 우리는 부적합한 뒤틀림을 느낀다.'[57]

만약 마틴이 옳다면 모방은 운동 사고의 핵심 요소이며, 모방적 교수와 학습은 이 영역의 기술에 동참하기 위한 최적의 방법일 수도 있다. 우리가 보았듯이 이런 방법들은 때로 발리 사람들의 광대 훈련에서처럼 직접적으로 사용되기도 한다. 문화인류학자 루스 베니딕트Ruth Benedict는 일본에 대해 다음과 같이 기록한다.

> 전통적 교수에서…… 교사는 아동의 손을 잡고 시범적인 글을 쓴다. 그것은 '그가 느끼게 하기 위한 것'이다. 아동은 글자를 인지하고 그것을 쓰기 전에 조절된 리듬적 움직임을 경험한다. 인사하기, 젓가락질, 활쏘기, 아이 대신 베개를 업는 것 등은 아동의 손의 움직임과 육체적으로 몸을 정확한 위치에 배치하는 것을 통해 배울 수 있다.[58]

그와 유사하게, 발리인의 닭싸움을 관찰해보면, 구경꾼들의 손이 싸움닭이 움직이는 것과 정말 비슷하게 움직이는 것을 볼 수 있다. 몇몇 사람들이 이런 종류의 학습에 능하다는 사실은, 우리 문화의 많은 유망한 연기자나 무용가들이 어린 시절 학교에서 소외당하는 이유를 설명해준다. 모방하거나 흉내 내는 능력은 고도로 적응적인 다른 형태의 인지 연습이라기보다 건방지거나 이해를 하지 못한 것으로 간주된다.

날카로운 모방 기술이 이해를 못 한 것으로 해석되는 게 완전히 잘못된 것은 아니다. 후에 큰 성공을 이룬 많은 개그맨들은 선생님을 모방하거나 놀리려는 충동이 과제의 요점을 이해하는 데 어려움을 느끼면서 시작되었다고 고백한다. 분명히 그런 연기자와 개그맨들은 결국 전체적 인물을 창조한다.[59] 그들은 표면적인 윤곽만 있는 인물의 내부를 가득 채우고 인물이 주로 발견되는 상황을 발달시켜 특수한 인물을 창조한다. 다시 말해서 현실적으로 모든 인간 안에 있는 다양한 성향, 능력, 결점 등을 건드림으로써 하나의 인물을 창조하는 것이다. 이것은 과거의 위대한 무언극 광대 찰리 채플린Charlie Chaplin, 해럴드 로이드Harold Lloyd, 버스터 키튼Buster Keaton이 겪은 과정이며, 현대의 희극적인 성격 창조의 명수 릴리 톰린Lily Tomlin, 자니 카슨Johnny Carson, 우디 앨런Woody Allen에게서도 나타난 과정이다.[60]

흥미롭지만 아직 분명하게 이해되지 않는 영역으로서 유머와 해학이 인간의 전유물이라는 점은 우리 존재를 다시 생각하게 한다. 비언어로 해학적인 장면을 연출하고 비언어적 농담을 하는 이런 감각이 다른 동물들에게 있다는 증거는 없다. 해학을 종종 모방적 표현 활동의 일부와 연결시킨다는 것은 매우 유혹적이다. 그러나 이것이 모든 것을 설명해주지는 않는다. 다른 영장류도 분명히 행동의 순서를 모방할 수 있기 때문이다. 그리고 사실 인간은 침팬지나 다른 영장류의 모방이 매우 재미있다고 생각한다. 해학에 대한 반응은 (창조보다는) 이러한 모방의 과정을 지각하고 원래 모델에 얼마나 가까운지 그 유사성을 인지하는 데 있다. 우리가 알기에 다른 영장류는 유사하거나 다소 일탈된 흉내를 내는 장면이나 사건에 놀란다거나 그들의 경험을 모방하거나 동족이 우스꽝스러운 행동을 하는 것에 즐거워하지 않는다. 아마 그전의 경험이 해석된다는 사실이 이른바 웃음의 동물인 인간이 동물과 다른 점일 것이다.

운동선수 무용수와 연기자에게만 신체 기능이 강조되는 것은 아니다. 다른 분야의 신체 기능도 사회에서 높게 평가되고 있다. 우아함, 권력, 속도, 정확성, 단체성에 뛰어난 운동선수의 능력은 본인에게만 기쁨을 주는 것이 아니라 수많은 관중들에게 오락, 자극, 해소의 도구가 된다.

스포츠 평론가 벤저민 로우Benjamin Lowe에 따르면 재능 있는 투수는 전형적인 특정 성격을 가지고 있다고 한다. 원하는 곳에 공을 던지는 조절 능력이 있고, 경험과 운동 능력, 재치 있는 관찰, 풍부한 자료에서 나오는 기술, 가장 필요한 기술을 필요한 시기에 발휘하는 균형감이 있다. 그리고 또 다른 '것들'이 있다.

> 사물은 육체적 요소다. 얼마나 세게 던지는가? 커브에 얼마나 낙차가 있는가? 그것은 힘과 예외적 민첩함의 통합된 산물이며 연습과 기술로 향상될 수 있지만 타고날 수는 없는 선천적인 자질이다.[61]

분명히 신체적 유산은 이러한 영역에서 중요하다. 예를 들어 야구에서 투수는 키가 커야 하며 240파운드 정도의 몸무게에 순발력이 있어야 한다. 또 이상적인 타자는 코에 방해받지 않고 투구를 보기 위해 주로 사용하는 손의 반대편 쪽 눈이 좋아야 한다.[62] 다른 운동선수들에게도 적절한 신체적 조건이 많은 도움이 된다. 타고난다고 보기 어려운 감각으로는 잘 발달한 타이밍 감, 능숙하고 힘 있는 몸짓으로 유도하는 리듬과 조화의 감각이 있다. 골프 챔피언 잭 니클라우스Jack Nicklaus는 운동 감각에 대해 이렇게 말한다.

> 손잡이의 압박에 저항하는 골프채의 무게에 대한 느낌은 내가 아주 리듬 있게 칠 수 있도록 도와준다. 뒤로 휘두르는 것이 향상됨에 따라 골프채의 무게가 나의 손과 팔을 뒤쪽 위로 잡아당기는 것을 느낀다. 아래로 칠 때 골프채의 무게가 떨어짐을 느끼며 내미는 다리와 엉덩이가 내 손과 팔을 아래로 당기는 것에 저항한다. 내가 이러한 느낌을 기다릴 수 있다면 나는 거의 확실히 정확한 속도로 치는 것이다. 나는 이러한 모든 움직임이 리듬적인 과정에서 이루어지도록 충분한 시간을 준다.[63]

시간 감각이 신체 기능의 직접적 결과인 반면, 기술은 다른 지적 능력을 요구한다. 좋은 전략을 짜내는 능력, 익숙한 공간적 형태를 알아내는 능력, 그것을 적시에 나타내는 능력, 좋은 인간관계와 게임에서 동료에게 동기유발을 하게 하는 논리적 능력이 있다. 하키 선수인 웨인 그레츠키Wayne Gretzky를 묘사하는 말에서 기술의 어떤 요소를 볼 수 있다.

> 골대 앞에서 골키퍼와 눈이 마주친 그는…… 퍽puck(하키 고무 원반)을 가지고 있을 것이다……. 예기치 않은 경우이므로, 골키퍼의 예상과 게임의 리듬을 깨기 위해…… 혹은 게임 도중, 그는 준비된 상태를 보이기 전에 퍽을 쳐서 그 뒤에 있는 선수들 사이를 지나가게 한다……. 그가 그것을 해낼 수 있는 순발력이 있다면 그는 골문 뒤쪽으로 퍽을 친다. 그때까지는 거기서 퍽을 받을 선수가 없었으나 갑자기 같은 팀의 선수가 도착해 그것을 받는다. 운이 좋거나 마술을 하는 것처럼 보이지만 사실은 그게 아니다. 다른 선수들의 가능한 움직임까지 계산하는 그레츠키는 그의 동료가 어디로 움직일 것인가까지 정확히 안다.[64]

다른 주석가들은 그레츠키의 성취가 노력 없이 얻어졌다고 생각할 수 있으나, 그는 반대 입장을 표한다.

> 열에 아홉은 내가 하는 게 본능에 의한 것이라고 생각한다……. 그러나 그렇지 않다. 그 어느 누구도 의사가 그의 직업을 본능에 의해 배운다고 하지 않는다. 의대생이 의학 공부를 하는 것처럼, 나는 내 방식대로 하키를 배우는 데 거의 대부분의 시간을 보냈다.[65]

우리 문화에서 프로 운동선수들은 예술가들과 같은 많은 방법으로 훈련을 받으며 사실은 많은 압박감과 기회들을 가진다. 운동은 매우 경쟁적인 분야이므로 이 분야에서 뛰어나더라도 대개는 그냥 관중에 머무르고 만다.

발명가 신체적 지능에 관한 우리의 토론은 몸을 사용하는, 특히 손과 다른 자료들을 사용하는 것보다 주로 몸 자체를 사용하는 것을 강조했다. 그러나 우리가 본 것처럼 직접적으로 몸을 사용하거나 도구를 사용해 대상을 만들고 변형시키는 능력의 발달은 인류가 갖는 특성이다.

인간이 가지고 있는 다양한 직업 중 몇 가지 중요한 것들은 어떤 대상을 가지고 하는 것이다. 그 사람들은 대부분 사냥, 수목, 농사, 요리, 공장에서 일하는 것 등 하나 이상의 대상을 다루는 일을 한다. 이런 일은 일상적 반복일 수도 있지만 어떤 때는 상당한 창조성이 필요할 때도 있다. 사실 엔지니어, 기술자 또는 발명가들은 단지 문화적으로 성립된 방법에서 재료를 사용하는 게 아니라 실제로 그가 맞닥뜨린 과제에 더 잘 맞게 대상을 만들기 위해 재료들을 재조정한다.

앞서 제기한 질문으로 돌아가보자. 일반적으로 대상과 도구의 사용, 그리고 특별한 새 발명품의 고안은 신체 지능의 범주에 들어가는 것일까? 또는 다른 지적 능력의 관점을 통해 더 나은 것을 볼 수 있을까? 아니면 여러 지능의 혼합물인가? 나는 세밀한 운동으로서의 신체 지능이 공간적 능력과 조합되어 대상과 연장을 사용하는 능력을 설명해줄 수 있다고 생각한다. 특히 대상이나 연장 사용의 초기에서 공간 지능으로 이해한 정보와 신체 지능으로 얻은 능력이 잘 조화되도록 해야 한다. 공간 지능으로만 국한한다면 그는 기계 장치를 꽤 잘 이해할 수는 있으나, 실제로 그 대상을 어떻게 조작하고 작동해야 하는지는 알지 못한다. 신체 지능으로만 제한될 때에는 적절한 행동을 할 수는 있어도 장치가 작동하는 과정이나 그 역할 및 작동 방법을 이해하지 못하기 때문에 다른 환경이나 상황에서는 어려움에 직면할 수 있다. 대상이 어떻게 작용하는지를 개념화하는 것은, 각각의 부분이 작동하는 방식에 대한 감각과 각 부분이 하나의 기계 안에서 작동하는 방식을 상상하는 능력을 가질 때 가능하다.

복잡한 도구나 기계를 단순히 이해하는 것만이 아니라 새 발명품을 고안해야 할 때 여러 지능을 조합하는 것이 분명 바람직하다. 일반적인 장치를 이해하기에 충분한 신체 지능과 공간 지능을 결합하는 것 이외에, 과제가 요구하는 것과 정확한 일의 절차, 원하는 물건을 만들어내기 위한 필요충분조건을 이해하기 위하여 논리수학적 능력을 사용해야 한다. 어느 정도 시행착오에 의지하고 즉흥적인 수선공으로서 과제를 완성할 경우 (레비스트로스의 용어로는 브리꼴레르bricoleur*라고 한다) 논리수학적 추론의 사용은 덜 중요할 것이다.

매사추세츠공과대학교의 존 아널드John Arnold가 새로운 종류의 인쇄 장치를 만들어낸 방법을 살펴보면 발명에서 날카로운 연역의 역할이 얼마나 중요한지를 알 수 있다. 그는 단순히 이미 존재하는 인쇄 장치로부터 새로운 것을 만들어내기보다 그 물건의 가장 필수불가결한 요점을 이해하려고 했다. 어느 인쇄 장치나 기본적인 것은 정보를 전하고 한 곳, 한 형태에서 다른 곳, 다른 형태로

* 재료나 도구를 가지고 창의성을 발휘해 새로운 것을 만들어내는 사람. 손 재주꾼._옮긴이

시각화하고 시각화한 것을 여러 장 만들어내는 것이다. 이러한 분석은 전자기구나 사진 복사기 또는 더 전통적인 잉크 타입의 판과 롤러에도 관련이 있다. 분명히 그런 접근은 수선공의 접근법과는 거리가 있는, 주로 논리수학 지능에 가장 많이 의존했던 방법이다.[66]

아동의 조기에 발달되는 특기와 공학 같은 높은 가치를 지닌 현대적 직업에서의 발명 사이에는 어떠한 발달적 관계가 있을까? 흥미로운 단서는 트레이시 키더Tracy Kidder*의 설명에 나오는, 새로운 컴퓨터 하드웨어를 만든 '신동들whiz-kids'에게서 찾을 수 있다.[67] 이러한 재능 있는 여러 발명가의 경우, 아동기의 많은 시간을 기계를 분해하는 데 보냈다. 키더는 한 노동자를 설명하면서 말했다. "그 집단의 다른 사람들처럼 그는 아기 때 라디오, 시계, 전등 같은 일상 필수품을 집었으며 네 살이 되었을 때 이미 엔지니어가 되어가고 있었다. 부모들이 보지 않을 때는 언제나 그것들을 분해하곤 했다." 미래의 엔지니어들은 기초 전자공학을 전공과목으로 택하기 전에 고등학교나 대학에서 두각을 나타내지는 못했다. 그런데 그는 "나는 그 과목에서 두각을 나타냈다"라고 기억한다. 컴퓨터 팀의 또 다른 구성원은 자기가 전화기를 분해할 수 있다는 사실을 발견하기 전까지는 학교에서 매우 우울했다고 한다. "이건 놀라운 일이다. 이렇게 몰입을 하면서 다른 문제들은 다 잊을 수 있을 정도다." 이러한 전기적인 이야기는 물체를 조작, 분

* 《새로운 기계의 영혼The Soul of a New Machine》을 쓴 미국 작가._옮긴이

해, 조립, 재조립하면서 느끼는 흥미가 엔지니어의 발달에 중요한 형식적 역할을 함을 말해준다. 그리고 이러한 활동은 다른 영역의 경험에서 관심을 보이지 않는 사람들에게 필요한 동기를 제공하기도 한다.

다른 문화 속 신체 지능

우리의 문화적 역사에서 '인간의 육체가 아름답고 가치 있고 사랑스러우며 영혼과 마음의 동반자'였던 때는 그리스 시대였다.[68] 그러나 많은 다른 문화권에서도 신체적 표현과 지식의 모든 영역은 매우 중요하게 여겨지고 있다. 나이지리아의 이보족Ibo은 몹시 힘든 춤의 발달을 위해 강한 육체가 필요했는데, 왜냐하면 모든 사람들은 더운 기후에 긴 거리를 여행하고, 물을 얻기 위해 몸을 구부리며, 흐르는 물에 몸을 씻고, 곡식을 경작하고, 배변하기 위해 쪼그려 앉고, 머리로 무거운 짐을 날라야 했기 때문이다. 어린 시기에 아이들은 얌 캐기, 나무 베기, 무거운 짐 나르기 같은 집안일에 참여한다. 엄마 뱃속에서부터 춤 연습을 시작하며 엄마의 등에 업혀 춤을 춘다. 걷기도 전에 춤을 추며 아이 때는 정기적으로 춤 연습을 하기도 한다. 나이지리아 아낭족Anang의 모든 사람들은 무언가를 깎거나 짜면서 춤과 노래를 해야 한다. 아낭족은 자기 동료들보다 뛰어난 재능을 가진 사람이 몇 명 있다는 것은 알지만, 어느 누구도 미학적 영역에 도달하기 위해 필요한 능력이 부족하지는 않다고 강하게 믿는다. 인류학자 존 메신저John Messenger가 "아낭족에게 재능이란, 할 수 있는 준비가 되었을 때 아무나 발달시킬 수 있는 어떤 능력을 소유했음을 의미하는 것이 확실하다"[69]라고 지적한다.

과도한 신체적 기술의 표출은 다른 사회에서도 광범위하게 일어난다. 《뉴기니에서의 성장Growing Up in New Guinea》에서 마거릿 미드Margaret Mead는 마누스Manus*에서는 모든 어린 아기가 엄마와 함께 카누를 탄다고 했다. 만일 갑작스럽게 바람이 불면 카누가 심하게 흔들려 엄마와 아이가 바다에 빠질 것 같은 상황이 될 것이다. 이때 아기는 카누를 단단히 잡는 법을 배우며, 바다로 빠질 위험을 면하게 될 것이다. 5~6세가 되면 아이는 스스로 균형을 잡을 수 있고, 순풍을 타고 나갈 수 있게 카누에서 노를 젓고, 받침쇠에 걸리지 않게 밑으로 움직이고, 가까이 있는 큰 카누들 사이를 잘 빠져나오고, 뱃머리와 꼬리를 교대로 잠기게 하면서 카누를 무사히 꺼내온다. 바다를 이해하는 것은 수영, 잠수, 다이빙, 코와 목으로부터 물을 빼내는 지식 등을 포함한다. 항해를 즐기는 서양 아동들의 극소수에만 국한된 이런 능력이 이 종족에서는 평균 아동의 능력으로 여겨진다.[70]

발리족Bali 사회는 육체에 관심을 쏟고 우아하고 예술적인 사람이 되고자 하는 사회의 가장 두드러진 예다. 이 사회의 모든 사람들은 신체적 특성에 관심을 가지는 것을 배운다.

---

* 남서태평양에 있는 파푸아뉴기니의 주._옮긴이

걷는 것, 악기를 연주하는 첫 번째 적절한 동작, 먹고 춤추는 것 등 모든 것이 최소의 언어로 이루어지며 교사들이 학생들에게 몸짓으로 직접 전달하여 익히게 한다. 그런 배움의 체계에서는 오직 완전히 긴장을 풀어야만 배울 수 있다. 발리 사람들은 사실상 언어적 가르침으로부터 배우는 것이 하나도 없다.[71]

이러한 근육운동적 인식에서 결국 잘 발달된 균형감각과 소운동 조절 능력이 나타난다.

발리족 아동들은 손가락 마디를 가지고 놀면서 시간을 많이 보낸다. 미국이나 뉴기니 원주민들은 핀을 줍기 위해 몸의 모든 근육을 써야 하지만 발리족 사람들은 나머지 몸은 그대로 둔 채 그 행동에 즉각적으로 적합한 근육만 사용한다. 관련된 근육은 같은 행동에 나머지를 다 필요로 하지 않으며 손가락만, 손과 팔뚝만, 머리를 돌리지 않고 눈을 한쪽으로 흘길 수 있는 발리족 사람들의 특징적인 습관과 같이 한쪽 눈만을 사용하여 부드럽고 단순하게 약간의 작은 단위들만 움직인다. 이들의 몸은 흠잡을 데 없이 빠르게 손에 쥐어진 일을 행한다.[72]

이런 우아함에 대한 관심은 현대의 다른 지역에서도 찾아볼 수 있다. 예를 들어 인도에서 서투름은 미성숙의 신호이며, 일본에서 다도茶道와 꽃꽂이는 정교한 형태와 패턴에 관한 전반적인 관심을 반영한다. 아마도 가장 최고인 것은, 선종禪宗의 소수민족에서 신체 능력의 보통 한계를 초월하는 것을 제일의 욕망으로 여긴다는 점이다. 이유야 어떻든 선禪의 달인은 벽돌을 맨손으로 깨고, 불타는 석탄 위를 걷는다. 목적을 행동으로 옮길 수 있다는 그들의 믿음은 현대의 과학적 설명에 개의치 않는다 해도 경이로운 것이다.

주체와 객체로서의 육체

인간이 신체 지능을 사용하는 다양한 방법을 고려하는 동안, 이 장은 주로 객체로서의 육체에 중심을 두었다. 우리는 무용가와 운동선수들이 '단순한' 객체로서 그들의 전신을 어떻게 사용하는지, 그리고 유명한 발명가와 다른 기술자들이 물건들을 조작하고 배열하고 변형시키기 위해 특히 손 같은 몸의 일부분을 어떻게 사용하는지를 보았다.

이러한 방식에서 신체 지능은 세 가지 대상관계 지능object-related intelligence을 완성한다. 첫째는 대상의 패턴으로부터 수적 나열에 이르는 논리수학 지능, 둘째는 환경 내에서 대상을 변형시키거나 공간의 대상들의 세계 가운데 그의 방법을 만들어내는 공간 지능, 셋째는 안으로는 자신의 육체를 연습하는 데 제한을 두고 밖으로는 세상의 대상에 대한 육체적 행동을 포함하는 신체적 지능과 함께 대상에 관련된 지능 등 3대 지능이다.

그러나 육체는 세상의 인위적 대상들과 구별되지 않는 또 다른 기계 그 이상이다. 그것은 또한 개인적 감각의 형태로, 가장 개인적인 감정과 욕망으로, 독특한 인간성 때문에 특별한 방식으로 반응하는 독립체다.

처음부터, 인간으로서 개인의 존재는 다른 사람이 그를 대하는 방식에 영향을 주며, 자신의 육체가 특별하다고 생각하게 된다. 그는 자아감을 형성하게 되는데 자아감은 계속 수정되고, 그를 둘러싼 환경에서 타인의 특별한 특성과 행동에 대하여 반응할 때, 결국에 그의 사고와 행동에 영향을 미치게 된다. 아직 잘 이해되지는 않고 있지만, 개인 지능의 영역은 가장 무서운 기질일 뿐만 아니라 가장 놀랄 만한 성취의 근원이라는 점에서 분명 인간에게 중요한 부분이다. 부분적으로는 내적 감정-정서적인 부분에 빠져 있고, 또 다른 부분에서는 다른 사람과의 교제에 관심을 가지고 살펴보는 야누스의 머리Janus head*와 같은, 두 가지 측면을 지닌 지능에 대하여 바라보아야 한다.

* 로마 신화에 나오는 두 얼굴을 가진 신._옮긴이

10장

개인적 지능들

자아감

1909년 클라크Clark대학의 심리학자이자 총장인 스탠리 홀G. Stanley Hall은 최신 정신분석학 이론에 대한 입문 강의를 위해 지크문트 프로이트와 그의 동료들을 미국으로 초청했다. 프로이트가 미국을 방문한 것은 그때가 처음이었으며(단 한 번이라고 밝혀짐), 그의 새로운 이론과 치료 방법에 대한 관심은 대단했다. 프로이트는 '정신분석학의 기원과 발달'에 관한 명강의를 했는데, 이는 인간 성격에 관한 논쟁적인 이론을 소개한 강의 시리즈였으며 이후 미국 정신분석학의 시발점cause이 되었다. 정신분석학은 주류 심리학으로 확립되었지만, 급진적 행동주의자들의 시대가 막 시작되고 있었고 급진적 행동주의자들은 정신분석학에 철저히 냉담했다. 그러나 한 사람만은 예외였다. 미국 심리학 및 철학 협회장인 매사추세츠 케임브리지의 윌리엄 제임스였다. 그는 당시 나이가 들고 병색이 짙었음에도 오스트리아의 젊은 학자 프로이트의 강연을 듣기 위해 우스터Worcester까지 긴 여행을 했다. 강의가 끝난 후 제임스는 프로이트에게 가서 말했다. "미래의 심리학은 당신의 일이요."[1] 사회과학 역사가인 스튜어트 휴스H. Stuart Hughes는 "우리 세대의 정신사intellectual history에 이보다 더 극적인 순간은 없었다"[2]라고 언급했다.

프로이트와 제임스는 다른 역사적 흐름, 다른 철학적 전통, 다른 심리학 프로그램을 대표했다. 비관적인 유럽 지성인인 프로이트는 개인의 정신 발달, 개인의 직계가족 내에서의 싸움, 독립을 위한 갈등, 인간 조건에 있는 많은 불안과 방어에 초점을 두었다. 프로이트에게 있어서 건강의 열쇠는 자기 이해와 인간 존재에서 피할 수 없는 고통과 역설에 직면하는 마음이다.

제임스는 그의 삶 자체가 프로이트가 도표로 제시한 긴장과 고통의 삶이었기에 이러한 분석에 공감했다. 그렇지만 제임스의 세계관은 프로이트와는 차이가 있었다. 그는 프로이트를 칭찬하면서 한 동료에게 언급했다. "나는 프로이트와 그의 제자들이 그들의 아이디어를 끝까지 추구해 우리가 그것을 배울 수 있기를 희망한다. 그들의 아이디어는 인간 본성에서 예상치 못한 기이한 특징을 볼 수 있게 한다."[3] 사실 제임스는 긍정적으로 동화된 심리학의 새로운 형태, 즉 행동의 생물학적 원칙biological imperatives에 덜 제한되고 변화와 성장의 가능성에 더 개방적인 것을 수용하기로 선택했다. 미국 사상가인 제임스는 오스트리아인인 프로이트 이상으로 목적을 얻는 도구로서, 효율적인 진전의 도구로서, 누군가를 알 수 있는 수단으로서 다른 사람들과의 관계의 중요성을 강조했다. 그는 "한 인간은 사람들이 그를 인식하고 그들의 마음에 그에 대한 이미지를 간직하는 것만큼이나 많은 사회적 자아를 가진다"[4]라는 유명한 말을 했다. 제임스는 지식의 사회적 기원과 개인의 자아감에 대한 대인관계적 본성을 강조한 조지 미드George Mead와 제임스 볼드윈James Baldwin을 포함한 다음 세대 사회과학자들에게 강력한 영향을 주었을 것이다.[5]

그러나 제임스와 프로이트를 연합하게 하고, 그들을 대륙과 미국의 심리학 주류로부터 벗어나게 한 것은 개인 자아의 중요성, 중요한 역할에 대한 믿음이었다. 그것은 심리학이 사람, 성격, 성장, 운명의 개념을 중심으로 정립되어야 한다는 강한 신념이었다. 더구나 두 학자는 환경에 대한 인간의 적응 가능성을 좌우하는 자아 성장을 중요하게 여겼다. 두 학자 모두 그 표현을 사용하지는 않았지만, 이 존경할 만한 두 심리학자가 '개인적 지능personal intelligences'이라는 아이디어에 동조했다고 말하는 것이 타당하다. 그러나 동시에 그러한 지능들에 대한 그들의 접근은 서로 달랐다. 프로이트는 개인 안에 있는 자아에 관심이 있었으며, 임상가로서 자신에 대한 개인적 지식에 몰두했다. 이러한 편견을 고려했을 때, 다른 사람에 대한 개인의 관심은 주로 자신의 문제, 소망, 염려, 궁극적으로 자신의 목적 달성에 대한 이해를 얻기 위한 더 나은 수단이었다.

반대로 제임스와 그를 잇는 미국 사회심리학자들의 관심은 외부 공동체에서의 개인 간 관계에 쏠렸다. 그들에게 자아에 대한 지식은 다른 사람들이 자신에 대해 어떻게 생각하는지에 대한 인식의 증가에서 비롯되는 것이었다. 뿐만 아니라 자기 이해의 목적은 개인적인 문제를 줄이고 더 넓은 공동체의 원활한 기능을 보장하는 것이었다.

이 장에서 나는 인간 본성의 이 두 측면의 발달을 살펴보고자 한다. 하나는 인간 내적 측면의 발달이다. 여기에 작용하는 핵심 능력은 '자신이 느끼는 삶에 대한 접근', 즉 자신의 정서나 감정들이다. 이 능력은 즉시 이러한 감정들 간의 구별에 영향을 주며, 결국 그것들을 명명하고 상징적 부호로 표현하고 자신의 행동을 이해하고 이끄는 수단으로서 그것을 사용한다. 가장 초기의 형태에 있어서 대인관계 지능은 고통과 쾌락의 느낌을 구별하고 그런 구별에 기초해 어떤 상황에 더 참여하거나 벗어나려고 하는 것이다. 더 진보된 수준에서 인간친화 지식은 복합적이고 고도로 차별화된 여러 감정들을 발견하고 상징화하도록 허용한다. 이러한 형태의 발달된 지능은 감정에 대해 자기반성적으로 기술할 수 있는 (프루스트Proust 같은) 소설가나 자신이 느끼는 삶에 대해 깊은 지식을 갖게 된 환자(혹은 치료사), 혹은 공동체의 구성원을 지도하기 위해 자신의 풍부한 내적 경험을 사용하는 현명한 노인들에게서 볼 수 있다.

또 하나의 개인적 지능은 다른 개인에게로 향하는 지능이다. 여기서 주요 핵심 능력은 '다른 사람들 간의 차이점을 알고 그들을 변별해낼 수 있는 능력'으로, 특히 그들의 기분, 성향, 동기, 의도를 알고 변별하는 능력이다. 그것의 가장 기초적인 형태를 살펴보면, 인간친화 지능의 한 가지로 어린아이가 주위에 있는 사람들을 구별하며 다양한 기분을 알아차리는 능력을 들 수 있다. 진보된 형태에서 인간친화 지식은 숙련된 어른이 다른 사람들의 숨겨진 의도나 욕구를 읽을 수 있고 근본적으로 다른 사람들의 집단을 바람직한 기준으로 행동하게 영향을 주는 것과 같이, 그러한 지식에 의해 행동하는 능력이다. 우리는 정치적, 종교적 지도자들(마하트마 간디나 미국의 제36대 대통령 린든 존슨Lyndon Johnson), 능숙한 부모나 교사들, 그리고 치료사나 상담가, 무당shamans 같이 도움을 주는 직업에 종사하는 사람들에게서 고도로 발달된 인간친화 지능을 볼 수 있다.

더 많은 다른 영역에서 훨씬 더 다양한 형태의 인간친화 지능과 자기성찰 지능을 만나게 된다. 사실 각 문화는 나름의 상징체계와 경험을 해석하는 수단을 가지고 있기 때문에, 개인적 지능의 '원재료raw material'는 서로 다른 의미체계에 의해 빨리 정돈된다. 그런 이유로 공간 지능과 신체운동 지능은 쉽게 구별되고 문화 간 비교가 되지만, 개인적 지능의 다양성은 훨씬 더 뚜렷하고 덜 비교되며 아마도 다른 사회에서 온 사람은 알 수 없을 것이다.

개인적 지능의 상징화와 문화화는 형태가 다양하기 때문에 손상과 병리의 양상 또한 다양하다. 확실히 개인적 지능들의 손상은 각각의 문화 안에서 '일반적인 조합normal blend'에 따라 다른 형태를 취한다. 어떤 환경에서 병적인 것이 다른 곳에서는 정상으로 간주될 수 있다. 더욱이 단순히 명민함이 떨어진다기보다 적절하게 구분이 이루어지지 않고 그에 따라 행동할 때 지능은 일탈적이거나 병적인 형태로 추정된다. 어떤 의미에서 이것은 사람들이 다른 형태의 실어증을 갖는 언어 영역과 유사하지만, 실어증의 다양한 형태가 문화에 따라 아주 달라야지만 정확한 비유가 될 것이다.

개인적 지능과 다른 형태의 지능을 구별하는 데 있어서 한 가지 질문이 제기되는 것이 타당할 것이다. 이전 장에서 살펴본 음악, 언어, 공간 지능의 형태와 자기성찰 그리고 인간친화 지능은 비교가 가능한가? 혹은 어떤 분류상의 착오가 있는가?

이 문제를 다루는 데 있어, 개인적 지능과 다른 형태의 지능 간의 차이점을 설명하지 않을 수 없다. 우리는 이미 몇몇 부분을 보여주었다. 각 문화의 특정한 상징체계와 해석체계가 다른 지능의 정보 처리 과정에 결정적인 특색을 부과하게 되므로 개인적 지능의 '자연스런 과정natural course'은 다른 형태의 지능보다 더 약화되었다. 또한 내가 언급한 것처럼 개인적 지능의 발달과 손상 유형은 다른 지능들보다 훨씬 더 다양하며, 훨씬 더 폭넓은 양상을 보인다.

나는 또 다른 차이점도 시사했다. 우리의 다른 지능들 각각은 다른 것과 독립되어서 편안하게 논의될 수 있지만, 여기서 나는 두 가지 형태의 지능을 연결시켰다. 틀림없이 두 지능의 형태는 각각 고유의 영향력이 있어서, 자기성찰 지능은 자신의 감정에 대한 개인적 검토와 지식에 관련 있지만 인간친화 지능은 다른 사람의 행동, 느낌, 동기와 같이 외적인 방향으로 향한다. 또한 앞으로 보겠지만 각각의 형태는 그 특징적인 신경학적 표현과 손상의 형태를 갖는다. 이것을 같이 다루는 이유는 주로 설명을 위한 것이다. 발달 과정에서 이러한 지식의 두 형태는 어느 문화에서나 밀접하게 섞여 있는데, 자신에 대한 지식은 다른 사람에 대한 관찰로부터 학습된 내용을 적용하는 능력에 지속적으로 의존하는 반면, 다른 사람에 대한 지식은 개인이 일상적으로 만드는 내적 구분의 영향을 받는다. 개인적 지능의 두 형태는 사실 따로 설명될 수 있지만, 그러기 위해서는 인위적인 분리뿐만 아니라 불필요한 중복도 있게 될 것이다. 일반적인 환경에서는 어떤 형태의 지능도 다른 지능 없이는 발달할 수 없다.

개인적 지능에 대한 다른 차이점들도 언급해야 한다. 하나는 이 영역의 병리를 둘러싸고 있는 제재sanctions는 다른 지능의 장애보다 더 강한 경향이 있다는 것이다. 다른 하나는 특정한 개인적 지능에 의해 행동하는 영향력은 훨씬 크다는 것이다. 음악 지능이나 공간 지능의 사용을 결정하는 것은 큰 문제가 아니지만, 개인적 지능을 사용하는 힘은 훨씬 더 예민하다. 자신의 행복이나 공동체와의 관계를 향상시키기 위해 자신의 개인적 영역에 대해 이해하려고 하지 않는 사람은 드물다. 물론 그의 개인적 지능의 형태가 그 과제에 적합하리라는 보장이나, 그가 원하는 것을 달성시킬 수 있다는 보장은 없다. 다른 지능과 마찬가지로 개인적 지능의 형태는 그들의 의도에서 빗나가거나 실패할 수 있고, '어떤 것을 아는 것know-that'이 쉽게 또는 믿을 수 있게 '어떤 방법을 아는 것know-how'으로 바뀌지 않는다.

그러한 차이점들에도 불구하고 내가 왜 개인적 지능을 내 연구에 포함시켰을까? 이 형태의 지식은 인지를 연구하는 많은 사람들에게 외면되거나 축소되긴 하지만, 세상의 모든 사회는 아니더라도 많은 사회에서 상당히 중요하기 때문이다.* 이것이 외면된 이유를 말하는 것은 이 연구에 합당치 않다. 그러나 이유야 어떻든 이러한 외면은 지적 능력에 대한 너무 불완전한 관점을 낳았고, 많은 문화의 목표를 이해하고 이러한 목표들을 달성하는 방법을 이해하는 걸 어렵게 만든다.[6]

게다가 우리의 원래 기준에 따르면 개인적 지능은 오히려 검열을 더 잘 통과한다. 내가 이미 시사했듯이 각각의 지능은 신경학적 표현과 손상을 인식할 수 있는 분명한 증거뿐만 아니라 구분할 수 있는 핵심, 발달의 특징적인 패턴, 그리고 다양한 최종 상태 등을 가지고 있다. 진화적 증거가 나오기 시작했고, 그것은 이러한 지능들의 계통발생적 기원을 충분히 이해하게 하는 좋은 근거가 되고 있다. 특별한 사람(개인적 영역에서 영재이거나 뒤떨어진 사람)에 대한 증거는 설득력이 덜하지만 결코 부족하지는 않다. 실험심리학과 심리학적 검사의 영역에서는 예상보다 적절성이 별로 없는데, 그것은 이러한 지식의 형태를 평가하기가 매우 어려워서라기보다 이런 영역을 연구하는 것을 콧대 높은 심리학자들이 꺼려하기 때문이다. 마지막으로, 보통은 개인적 지식의 형태가 공공의 상징체계로 부호화되었다고 여기지 않지만, 나는 개인적 지능의 본질이 상징화에 있다고 생각한다. 문화를 통해 공급받은 상징적 코드가 없다면 개인은 매우 초보적이고 비구조화된 감정적 식별만

* 전부 그렇다는 것이 아니다. 지능의 놀랄 만한 학자인 데이비드 웩슬러David Wechsler는 수년 전에 사회적 지능에 관한 것을 썼다._옮긴이

가능하게 된다. 그러나 해석의 스키마와 같은 것이 갖춰져 있으면 그와 그의 공동체에 속한 다른 사람들의 폭넓은 경험을 이해할 잠재력을 가질 수 있다. 게다가 의식, 종교적 코드, 신화적이며 토템적인 체계들을 개인적 지능의 중요한 측면을 이해하고 전달하는 상징적 코드로서 이해하는 것은 적합해 보인다.

앞으로 살펴보겠지만 최근에 주로 다뤄지는 자아감sense of self이 전 세계에서 개인들에게 무엇보다 중요한 것 중 하나인 개인적 지능 영역에서 핵심 요소로 보인다. 발달된 자아감은 일반적으로 자기성찰 지능intrapersonal intelligence의 전형적 징후로 보이긴 하지만 나의 연구는 다른 결론에 이르고 있다. 전 세계에서 볼 수 있는 '자아들selves'의 다양성을 살펴보자면 여기서 '감각sense'이란 것은 자기성찰 그리고 인간친화적 지식의 결합이나 융합에서 오는 혼합물로 생각하는 편이 더 낫다. 전 세계에서 나타나는 자아감에서의 큰 차이들은 문화권마다 두드러지는 개인(그리고 개인들)의 양상에 따라 매우 다양한 방식으로 결합이 일어나면서 생긴다. 따라서 이후부터 나는 '자아감'이라는 용어를 모든 사람들 그리고 모든 문화에서 '내적 감정inner feelings'의 충동과 '다른 사람들'의 압력을 절충하는 것을 일컫기 위해 사용할 것이다.

자아감이 암시하는 것은 연구자들이 개인적 지능을 인지적cognitive 형태로 이해하기를 주저하게 만드는 한 이유가 된다. 발달된 자아감은 종종 인간 최고의 성취이자 더 평범하고 부분적 형태인 다른 지능들을 대신하고 주도할 수 있는 최고의 능력으로 보인다. 이것은 개인이 가장 강력하고 친밀한 관점을 가진 것에 대한 능력을 말한다. 그러므로 그것은 (이해하기 힘들 뿐 아니라) 민감한 연구 목표가 된다. 연구가 어렵고 개인적 요소가 많이 개입한다고 해서 과학적 연구로 정밀한 조사를 하시 않는 것이 타당한 이유가 되지 않는다. 나는 이번 장에서 시작된 연구들을 통해 자아감이 믿기 어렵긴 하지만 연구하지 않을 이유는 없다는 것을 알기를 바란다. 대신에 모든 인간들이 개발하고 결합시킬 수 있는 두 가지 형태의 지능을 밝힐 수 있을 것이다.

마지막 분석에서 개인적 지능은 하나는 내부로 향하고 다른 하나는 외부로 향하는 정보 처리 능력이며, 이는 모든 유아들이 종species의 생득권으로 가지는 것이다. 생명이 가지는 이러한 진실은 개인적 지능들의 연구에 영향을 준다. 자기 자신을 알고 남을 아는 능력은 인간 조건에서 물체나 소리를 아는 능력만큼이나 박탈할 수 없는 부분이다. 그리고 책임이 덜한 다른 지능 형태들에 못지않게 연구되어야 할 필요가 있다. 개인적 지능들은 우리가 이미 다루었던 지능 형태들과 완전히 관련이 있다고 하기 어려울지 모른다. 그러나 내가 이 연구를 시작할 때 지적했듯이 지능들의 쌍이 완전히 대응되길 바랄 이유는 없다. 중요한 것은 이 지능들이 인간 지적 레퍼토리의 일부분이 되어야 한다는 사실이고, 이 지능들의 기원이 전 세계에서 대략적으로 비교할 만한 형태를 갖춰야 한다는 것이다.

개인적 지능의 발달

우선 다양한 형태의 개인적 지능은 유아와 양육자, 대부분의 경우 유아와 엄마 사이의 유대를 통해 명확해진다. 진화적 · 문화적 역사는 이 애착의 연결을 정상적인 성장에 필수불가결한 요소로 여겨왔다. 생애 첫해 동안 아이는 강한 모성애를 가진 어머니와 강력한 유대를 형성한다. 개인적 지식의 기원이 발견될 수 있는 것은 이러한 강한 유대감 그리고 그것이 동반하는 감정들에 있다.

생후 일 년 동안 유대감은 최고조에 이르는데, 어머니로부터 갑작스럽게 분리될 때나 낯선 어른이 유대를 위협하는 것으로 보일 때 아이는 불안해진다. 아이는 긍정적인 안녕감을 유지하고자 하고 고통스럽고 불안한 상황을 피하려고 한다. 그러다가 그 연결은 점점 느슨해지고 유연성을 얻게 되는데, 아이는 가정에서 모험을 시작하면서 엄마를 찾아 다시 돌아올 수 있다는 걸 알게 되며 안정감을 느끼고 따라서 소속감을 얻는다. 만약 몇 가지 이유로 유대가 적절히 형성되지 않거나 갑작스럽게 유대가 끊어지고 곧바로 복구되지 않는다면 아동에게 심각한 문제가 나타난다. 엄마 잃은 원숭이들에 대한 해리 할로Harry Harlow의 연구, 그리고 시설에 수용된 유아들에 대한 존 볼비John Bowlby의 연구를 통해, 애착 유대의 부족이 정상적인 발달에 현재 그리고 다음 세대에 이르기까지 파괴적인 영향을 초래할 수 있다는 사실이 밝혀졌다.[7] 특히 우리의 목적에서 중요한 것은 그러한 유대가 부재하면 다른 사람을 이해하는 궁극적인 능력, 자식을 기르는 능력, 개인이 스스로를 알아감에 따라 이러한 지식을 활용하는 능력에 어려움을 나타낸다는 점이다. 그러므로 유아와 양육자 사이의 첫 유대는 개인적 지능들이 적절하게 시작되는 것을 보장하고자 하는 본능적인 노력으로 간주될 수 있다.[8]

개인적 지식의 성장은 많은 단계나 시기로 나뉠 수 있다. 각 단계에서 인간친화 지능의 성장에 중대한 다른 요소들뿐만 아니라 자기성찰 지능의 발달에 중요한 어떠한 특징들을 확인할 수 있다. 여기서 제시되는 설명은 필연적으로 우리 사회의 맥락 안에서 개인적 지능의 발달에 초점을 맞추고 있으며, 지금까지 바로 이러한 궤도에서만 주로 연구가 이루어져왔다. 이 이후에 나는 다른 문화권에서 개인적 지능을 규정하는 몇 가지 특징들을 언급할 수 있을 것이다.

유아기

유아의 입장이 되어볼 수는 없겠지만 아마도 생의 가장 이른 시기부터 모든 정상적인 유아들은 다양한 감정, 모든 범위의 정서를 경험하는 것으로 보인다.[9] 한 문화권 내에서 그리고 다양한 문화에 걸쳐서 유아들을 관찰해보고 다른 영장류의 새끼들과 유아들의 얼굴 표정을 비교해보면, 보편적으로 나타나는 얼굴 표정들이 있음을 확인하게 된다. 대부분의 논리적 추론 결과는 이러한 표정들과 관련해 유아들이 놀랍도록 다양한 흥분, 즐거움, 고통의 상태를 경험하는 신체적인(그리고 뇌적) 상태가 있다는 것이다.[10] 확실히 이러한 상태들은 초기에는 '해석되지 않는다'. 유아는 스스로 어떻게 느끼는지, 혹은 왜 그렇게 느끼는지를 나타낼 방법이 없다. 그러나 유아들은 다양한 신체 상태들을 경험하게 되고, 어떤 때는 평소와 다르게 느끼며 특정 경험을 감정과 연관시킬 수 있게 된다. 이것이 아동으로 하여금 개인 내적 지식의 영역을 도입하게 만든다. 게다가 이러한 차이들은 또한 그러한 스스로의 경험과 독특한 정체성을 통해 궁극적으로 본인을 구별되는 독립체로서 발견하게 하는 필수적 출발점이 된다.

유아가 자신의 신체 반응들을 알게 되고 자신을 다른 사람들과 구별하게 됨에 따라, 유아는 다른 개인들 사이에서 그리고 심지어 '익숙한' 다른 사람들에게서 나타나는 감정들을 또한 최초로 구별하게 된다.[11] 생후 두 달쯤, 아마 탄생 시점에서조차 아이는 이미 다른 사람들 속에서 개개인을 구별하고 다른 사람들의 표정을 흉내 낼 수 있다.[12] 이 능력은 특별한 다른 사람들의 감정과 행동을 '감지하는' 정도를 나타낸다. 아이는 곧 엄마와 아빠를 구별하고, 낯선 사람들과 부모를 구별하며, 슬프거나 화난 표정과 행복한 표정을 구별한다(사실, 생후 10개월쯤 다른 정서적 표정들을 구별하는 유아의 능력은 이미 구별되는 뇌파 패턴을 양산한다). 게다가 아이는 다양한 감정을 특별한 개인, 경험, 환경들과 연관짓게 된다. 이미 공감의 첫 징후가 보이는 것이다.[13] 어린아이들은 다른 유아의 울음소리를 듣거나 다른 사람이 고통스러워하는 것을 보면 감정이입의 반응을 나타낼 것이다. 심지어 다른 사람이 어떻게 느끼는지를 아직 판단하지 못해도 다른 사람의 세계가 뭔가 잘못되었다는 것을 감각으로 안다.[14] 친밀감, 보살핌, 이타심 간의 연결이 이미 형성되기 시작한 것이다.

고든 갤럽Gordon Gallup이 고안한 영장류 연구의 기발한 실험 기법 덕분에 우리는 유아가 처음 자신을 개별적인 독립체이자 초기의 인간으로 바라볼 수 있는 시기가 언제인지 확인할 방법을 갖게 되었다.[15] 아동이 모르는 사이에 작은 표시, 예를 들면 립스틱을 아동의 코에 칠했을 때 거울로 자기 모습을 유심히 보는 반응을 연구하는 것이 가능할 것이다. 생후 1년까지의 유아는 립스틱 칠을 보며 즐거워하지만, 분명히 그것을 '다른 유기체'에게 있는 흥미로운 장식 정도로 단순하게 여긴다. 그러나 생후 2년의 아동은 그의 얼굴에 있는 이상한 색칠을 보고 다르게 반응하게 된다. 아이들은 바로 자기 자신의 몸이라고 인식한 신체 위에 예상치 못한 빨간색을 마주하면 자기 코를 만지고 바보처럼 행동하거나 수줍어할 것이다. 자기 인식을 시작하게 하는 요소들에 신체적 분리와 정체성의 인식만 있는 것은 물론 아니다. 아이는 또한 자신의 이름에 반응하고 그 이름으로 자신을 가리키며, 자신이 수행하고자 하는 확실한 프로그램들과 계획들을 가진다. 그리고 무엇엔가 성공했을 때는 효과가 있었음을 느끼고, 다른 이들이 그에게 제시한 기준이나 스스로 세운 특정한 기준을 위반했을 때는 괴로움을 느끼기 시작할 것이다.[16] 이러한 자신에 대한 감각sense of person*의 모든 요소들은 생후 2년 동안 초기의 특징을 구성한다.

* 411쪽에 정의한 '자아감'과의 혼동을 피하기 위해 '자신에 대한 감각'이라는 어구를 사용한다._옮긴이

학령 전기

2세에서 5세에 걸친 기간 동안 아동은 자기 자신을 나타내고('나me', '나의my') 다른 사람들을 가리키며('너you', '그him', '엄마mum'), ('너는 무서워you afraid', '너는 슬퍼you sad'), 자기 자신의 경험들('내 생일my birthday', '내 생각my idea')을 나타내기 위해 다양한 상징들을 사용할 수 있게 됨에 따라 주요한 인지적 변혁을 경험한다. 단어, 그림, 몸짓, 그리고 숫자는 그것에 대한 직접적인 신체적 동작들뿐 아니라 감각적 변별을 통해 세상을 상징적으로 알게 되는 데 있어 통합되는 다양한 도구들이다. 인칭대명사가 없는 문화권에서도 같은 유형의 상징 변별은 쉽게 이루어진다. 이 기간이 끝날 때 아동은 사실 상징만을 사용하는 수준에서 의미를 창조하고 이끌어낼 수 있는, 상징화하는 존재가 된다.

상징을 사용한다는 것은 개인적 지능의 발달에 거대한 영향을 미친다. 아동은 그 자신의 기분에 대한 단순한 변별, 그리고 직접적으로 가능한 다른 사람의 기분 변별에서부터 사회 전체의 해석 체계와 용어로 가능해진 더 풍부하고 더 정교화된 변별로의 분명한 변화를 만들어낸다. 아동은 더 이상 이미 결정된 구별과 자신의 독특한 유추에만 의지하지 않으며, 대신 자신과 남에게 관련된 경험을 이해할 때 문화적인 체계에 의존해 해석한다.

이 새로운 상징화 능력이 개인적 발달로 전환되는 한 가지 방법은 공동체 안에서 가시적인(그리고 실행 가능한) 다른 역할들을 탐색할 수 있게 하는 것이다. 대화, 역할극, 몸짓, 그림 같은 것을 통해 아동이 엄마와 아이, 의사와 환자, 경찰과 도둑, 교사와 학생,

우주비행사와 화성인의 역할을 해보는 것이다. 이런 역할들을 실험해보면서 아동은 행동이 이런 사람들과 연관이 있다는 것을 알게 될 뿐 아니라, 그들의 특징적인 일을 해보면 어떤 기분이 드는지를 알게 된다. 동시에 아동은 그들의 개인적 경험으로 다른 사람들의 행동과 상태를 연관시키게 된다. 즉, 긍정적인 것은 무엇이고 부정적인 것은 무엇이며 불안을 야기하거나 안심시키는 것은 무엇인지, 그리고 능력 있는 것이나 무기력한 것을 앎에 따라 자기들이 어떤 사람이고 어떤 사람이 아닌지, 무엇을 바라고 무엇을 피하고 싶은지를 정의함으로써 그런 연관이 가능해진다. 성 정체성은 이 시기 동안 확립되는 자아 변별의 특히 중요한 형태다.[17]

이 시기에 관한 주요 이론적 설명을 할 때 우리는 두 가지 개인적 지능의 서로 다른 경로와 패턴을 파악할 수 있다. 독립된 개인에 주로 초점을 맞추는 전문가들에 따르면, 우리는 아동을 다른 사람들과 다른 느낌을 가지고 그 자신만의 역할들을 묘사하는 과정에 있는 따로 떨어진 별개의 존재로 보는 것이다. 예를 들어, 프로이트 학파의 설명에 따르면 어린아이는 다른 사람들(그의 부모, 형제자매, 다른 또래들, 심지어 동화책의 주인공들)과 전쟁을 치르면서 그 자신만의 독특한 존재성과 힘을 구축하기 위해 노력한다.[18] 에릭 에릭슨Erik Erikson의 표현에 의하면 이 시기는 자율성과 수치심 간의 갈등 그리고 주도성과 죄책감 간의 갈등으로 특징지을 수 있다.[19] 피아제의 인지적인 표현에 따르면 아동이 고유한 개인적 세계관에 여전히 갇혀 있는 시기는 자기중심주의egocentrism 단계로 본다.[20] 아직은 온전히 다른 사람의 입장에서 생각해볼 수 없고,

자기중심적 관점에 제한되어 있다. 아동은 자기 자신에 대한 지식은 가지고 있을지 모르나 여전히 융통성이 없고 경직되어 있다. 아동은 자기 이름을 말하고 아마도 자기 신체의 속성들을 이야기할 수는 있겠지만 아직 욕구나 필요, 역할과 기대 변화의 가능성에 대한 심리학적 차원에는 민감하지 못하다. 아동은 아직 매우 일차원적인 존재에 불과하다. 문제가 있든 없든 이 연령대의 아동은 분리된 개인으로, 다른 이들로부터 그 자신의 자율성을 확립하려는 존재이고 다른 사람들의 세계에 대해서는 상대적으로 민감하지 못한 존재로 묘사된다.

교육적으로 다른 관점은 미국의 '상징적 상호작용론자symbolic-interactionist'인 조지 미드와 찰스 쿨리Charles Cooley 학파,[21] 러시아의 '중재주의자mediationist'로 잘 알려진 비고츠키와 루리야[22]에게서 나타난다. 이 관찰자들의 관점에서 보면 학령 전기의 시기에 아동은 다른 사람들을 아는 것을 통해 자신을 알게 된다. 사실 다른 이들이 어떻게 보이는지 또는 다른 이들이 자신을 어떻게 보는지와 같이 다른 사람을 아는 능력으로부터 분리할 수 있는 지식과 사람에 대한 감각은 없다. 그러므로 이러한 설명에 따르면 어린아이들은 선천적으로 사회적 존재다. 엄밀히 말하면 아동은 다른 이들을 봄으로써 자신의 해석적 체계를 만들고, 이러한 체계들을 그 자신의 입장에서 다른 사람에 대한 이해를 얻거나 탐색하기 좋은 유일한 도구로 사용한다. 초기 아동기의 개인 내적 중심 관점은 다른 사람들에 대해 점차적으로 알게 되는 독립된 개인으로부터 시작하고, 인간친화적 관점은 그 자신의 성향을 파악하는 유일한 도구로

사용하기 위해 다른 사람들을 점차적으로 알아가려는 것과 그에 대한 적응을 가정하고 있다.[23]

이들 중 단지 하나의 관점만 맞다고 생각할 수 있지만, 두 접근법이 단순히 개인적 발달의 서로 다른 측면을 강조하고 있을 가능성이 훨씬 더 높아 보인다. 개인 중심 접근individual-centered approach은 이 시기의 아동이 강하고 종종 상반되는 감정에 둘러싸여 있다는 것을 인정한다. 이런 것들은 아동이 자신의 상태에 초점을 맞추게 하고 자신이 독립된 개인이라는 새로운 발견을 하도록 자극한다. 이러한 깊어져가는 통찰들은 자기성찰 지능의 핵심에 있는 자기성찰 능력에 대한 중요한 모델이 된다. 사회적 접근은 아동이 혼자서 발달하지 않는다고 인식한다. 아동은 필연적으로 공동체의 구성원이고, 개인이 무엇인가에 대한 관념은 공백 상태에서 발달할 수 없다. 사실 아동은 자기만의 정서적 경험들을 하지만 이러한 정서들에 대해 필수적인 해석체계와 참조의 핵심적 요소들을 제공하는 것은 바로 공동체다. 따라서 타인과의 관계에서 자신의 위치를 자각하는 것은 외적인 공통체로부터 오며 아동은 자신을 파악하는 실마리를 항상 남에게 두게 된다. 적합한 범주를 제공하는 공동체 없이는 개인들(야성적 아동들 같은)은 그들이 '사람'인 것을 깨닫지 못한다.

학령기

자신과 타인의 구별은 우리 사회에서 아동이 학교에 들어갈 때가 되면 대체로 이루어진다. 아동은 이제 첫 단계의 사회적 지식을 획득했다. 점차 자신이 필요, 욕구, 계획과 목적을 가진 별개의 인간임을 이해할 뿐 아니라, 다른 사람들에게 주어진 많은 역할들 중 몇 가지를 숙달하게 되었다. 구체적 정신적 조작concrete mental operations의 출현으로 아동은 다른 사람들과 훨씬 더 유연한 태도로 관계를 맺을 수 있다. 아동은 몇 가지 상호 간의 이해를 가지게 된다. 즉, 다른 사람들에게 호의를 얻을 수 있도록 특정 방법으로 행동해야 한다는 것이다. 아동은 자기 자신의 관점 때문에 특정 방법으로 대상을 바라보기도 하지만, 다른 사람의 관점을 취할 가능성도 있고 그들의 관점에서 물질적 문제와 개인적 문제를 이해할 수도 있다. 확실히 이러한 통찰력의 갑작스러움은 과하게 나타나지는 않는다. 자기중심성의 다른 측면들은 생애 전반에 걸쳐 지속될지라도, 자기중심성의 감소를 나타내는 명확한 지표는 학령기 전에 감지될 수 있다. 그러나 학교 입학 시기가 되면 자신과 타인, 자기의 관점과 다른 사람의 관점 사이의 명확한 경계선은 이미 그어지는 것 같다.

심지어 자기 자신의 특성이 더욱 확고해지더라도(또는 아마 그렇게 되기 때문에) 아동은 더욱 진정으로 사회적 존재가 되어가는 선택을 한다. 가족 공동체를 넘어서 우정을 맺고 다른 아이들과 또래 관계를 구축한다. 아동은 정중한 태도로 다른 사람들을 대하는 방법을 이해할 수 있다. 사실 그는 잘못된 것에 대해 정의를 추구하려고 하지만 다른 상황에서 개인적인 위기를 조절하는 것까지는 하지 못한다. 아동은 또한 다른 이들에게 자신의 소망을 단순하게 투영시키려는 실수를 줄이며, 다른 이들의 단순한 의도와 동기를 인정할 수 있다. 전체적으로 이 나이의 아동은(특별히 호의를 받거나 불공정하게 부당 대우를 받기보다) 다른 무엇보다 자기가 살아가고 있는 공동체의 대표적인 구성원이 되기를 바라는 정도만큼 매우 사회적이고 규준에 지배되는 존재가 된다.

잠복기(심리분석가가 별명을 붙였듯이) 동안 개인적 감정들, 욕망, 불안들은 잠시 조용한 듯 보인다. 그러나 이기심과 자기 이해의 성장은 계속된다. 이 시기에는 실재적인 기술, 지식, 능력의 획득에 상당히 특별한 관심을 가진다. 사실 자기 자신에 대한 정의는 아직까지도 심리적인 특성에 초점을 맞추지는 않았지만 더 이상 신체적 속성들의 의해 이루어지지 않는다. 6, 7, 8세 아동에게 자기 이해의 중심을 이루는 것은 자신이 할 수 있는 것과 자신이 이룰 수 있는 성공의 정도다. 이 시기는 능력을 획득하고 근면성을 키우는 나이다. 아동은 자신이 부족하다는 느낌으로 인한 두려움, 자신이 미숙하게 보일까 하는 두려움에 영향을 받는다.

학령 중기

학령기와 청소년기 사이의 5년 동안, 학령 중기에는 더 많은 사회적 민감성, 다른 이들의 동기에 대한 더 예리한 감각, 자신의 능력과 부족에 대한 생각이 계속해서 늘어나는 경향이 있다. 아동은 우정에 더 크게 신경 쓰고 개인적인 관계를 상당히 오랜 기간 유지하려 하기에, 소중하게 생각하는 친구를 잃는 것에 대해 훨씬 더 고통스러워한다. 따라서 훨씬 더 많은 에너지를 친구관계에서 자신의 위치를 결속시키는 데 쓰게 된다. 이러한 집단들이나 패거리들은 비공식적으로 이루어지기도 하지만 때때로(특히 소년들의 경우) 영장류의 지배 계급 구조처럼 공식적으로 순위를 가지기도 한다. 그 집단에 속할 만큼 충분히 운이 좋은 아이들은 인생이 '의기양양'할 테지만, 집단에서 낮은 위치에 있거나 아주 배제된 아이들의 경우 인생은 절망적일 것이다.

아동이 친구관계를 유지하는 데 더 많은 노력을 기울임에 따라 그들은 대인관계적 영역을 생각하는 데 더 많은 시간을 할애한다. 게다가 잘 모르는 '일반적인 타인'에 더해 특정 다른 사람들의 입장이 되어보는 고도화된 능력과 함께 개인적 지식의 흥미로운 순환적 형태가 시작된다. 아동은 다른 사람들과 가능한 상호작용에 대해 정신적 조작을 수행할 수 있다. '그는 내가 그에 대해 어떻게 생각하리라고 생각한다.' 이런 청소년기 전의 아동들이 더 미묘한 문학작품을 감상할 수 있고 더 세련된 농담을 할 수 있는(이해할 수 있는) 것은 놀라운 일이 아니다.

이 시기의 위험은 자기가 부족하다는 느낌에 대한 미성숙한 판단이나 자기 효능감에 대한 비현실적인 평가를 포함한다. 이 나이의 아동은 그들이 수행할 수 없는 어떠한 목표가 있다고 여길 때 학습된 무기력을 가지게 될지도 모른다. 예를 들어, 많은 어린 소녀들은 자기가 수학 문제를 풀 수 없다고 느껴서 기대를 낮추게 되고 성취가 줄어드는 악순환이 이어진다. 아동은 또한 다른 개인들과의 효과적인 친구관계를 구축하지 못하면 상당히 고립된 것으로 느낀다. 처음에 다른 이들과 관계를 맺는 능력을 가지지 못하면 명백한 실패라고 느끼며, 그것이 자기 자신의 이미지를 낮게 만든다고 생각한다. 개인적 감정은 일시적이지 않고, 만약 진정으로 어려움에 봉착하면 그런 느낌이 아동의 자기성찰introspection을 지배하게 될지도 모른다.

청소년기

청소년기의 시작과 함께 지식의 개인적 형태들은 많은 중요한 전환점들을 맞는다. 어릴 때의 (다소 검증되지 않은)부산한 사회적 성향으로부터 다소 벗어나기 위해 개인들은(적어도 우리 사회에서) 훨씬 더 심리적으로 적절하게 대응한다. 청소년들은 타인의 기저에 있는 동기, 그들의 감춰진 욕구와 두려움에 훨씬 더 민감해진다. 타인들과의 관계가 더 이상은 타인들이 제공하는 물리적 보상에 주로 기반을 두는 것이 아니라, 그보다는 민감한, 개인이 제공할 수 있는 이해와 심리적 지원에 기반을 두게 된다. 같은 이유에서 청소년은 그의 힘이나 물질적 소유보다는 그 자신이 가지고 있는 통찰과 지식, 민감성을 통해 그를 가치 있게 생각하는 친구들을 찾는다.

사회적 세계에 대한 이해 또한 훨씬 더 분화된다. 청소년들은 어떤 사회도 적절하게 기능하기 위해서는 법이 있어야 하지만 이 법들이 맹목적으로 준수되어야 하는 것이 아니며 완화되는 상황이 고려되어야 한다고 생각한다. 이와 유사하게, 정의는 여전히 중요한 것이나 특별한 논쟁적 혹은 딜레마 상황에서 개인적 요소들을 고려하지 않고 시행되어서는 안 된다고 본다. 개인들은 계속해서 타인들에게 사랑받고 이해되기를 바라지만 모든 공유는 불가능하며 어떤 문제들은 아마 계속 개인적인 문제로 두어야 한다는 인식이 증가한다.

우리는 청소년의 격동기에 타인들에 대한 지식뿐 아니라 자기 자신에 대한 지식이 성숙하는 것을 본다. 그러나 동시에 많은 문화권에서 훨씬 중대한 사건들이 일어난다. 청소년기는 개인들이 이 두 가지 형태의 개인적 지식을 크고 더 구조화된 감각으로, 즉 정체감 a sense of identity 이나 (앞으로 장려할 용어를 사용하면)자아감 sense of self 으로 합쳐야 하는 인생의 시기로 보인다. 심리학자 에릭슨에 의해 공식화된 정체성의 등장은 프로이트와 제임스를 모두 기쁘게 할 자아에 대한 복잡한 정의를 수반한다. 청소년은 자신의 감정과 열망이라는 면에서 그에 적합한 자기 자신의 역할에 대한 묘사에 도달하고, 아직 모르는 개인에 관한 특정한 기대와 공동체의 전체 욕구에 맞는 표현에 도달한다.

자아감의 형성은 가장 중요한 목표이며 과정이다. 이것을 실행하는 방식은 개인이 살기를 선택했거나 또는 선택해야만 하는 사회적 맥락 안에서 효과적으로 기능할 수 있는지를 결정할 것이다. 그것은 한 개인이 자신의 개인적 감정과 동기, 그리고 사춘기 동안 자주 나타나는 강력한 성적인 욕구를 받아들이는 데 필수적이다. 따라서 생애주기 중 스트레스가 많은 주기 동안 투쟁하는 데 이러한 감정을 가지고 있는 것이 아마 압박으로 작용할 것이다. 새롭게 생겨나는 자아감에 대해 생각하는 것은 상당한 압박과 욕구일 수 있고, 자신에 관한 명제적 지식은 특정 문화적 상황 속에서 아마도 선택 가능한 것으로 여겨질 수 있다. 역설적으로 자아감 형성을 둘러싼 압박은 개인의 선택권이 적은 문화적 환경에서 덜 심각한 것이 될 수 있다. 이런 환경에서는 외부의 사회적 기대가 결정적 요인으로 작용하고 개인이 바라던 기대는 하찮은 것으로 여겨진다.

성숙한 자아감

수많은 연구자들은 성숙한 자아의 최종 단계를 묘사하고 싶어 했다. 때로는 이러한 동기가 삶에서 언제든지 일어날 수 있는 긴장의 순간 또는 결정 등에 관심을 가지게 했다. 예를 들어, 에릭슨에 따르면 정체성 위기 다음에 친밀감의 위기가 오고, 그 후에 중년기의 생식성generativity과 관련된 문제로 고민하게 되고(후세에 가치, 지식과 삶의 의의를 전달하는 시기), 노년기에는 완전한 상태에 관한 문제가 발생한다.[24] 자신의 삶이 이치에 맞고 일관성이 있는가? 사람은 어떻게 죽음을 준비하는가? 어떤 학자들은 중년기의 재개된 스트레스 기간이 있음을 증명했다. 왜냐하면 이 시기는 한 사람이 인생의 계획을 변경하기는 너무 늦은 시기이기 때문이다. 노년기에는 쇠퇴하는 힘과 커져가는 공포와 불확실성을 이해하기 시작한다.[25] 반면 또 다른 학자들은 계속되는 발달의 과정을 강조한다. 개인이 바른 방향으로 성장하고 변경할 수 없는 것을 받아들이는 안정된 수준에 도달하게 된다면 개인은 점차 자율적이고 통합된, 자아실현을 할 수 있는 선택권을 가진다고 했다. 발달 과정의 최종 단계는 고도로 발달되고 다른 사람과는 완전히 구별된 자아가 되는 것이다. 이상적인 모델로는 소크라테스, 예수 그리스도, 마하트마 간디, 엘리너 루스벨트Eleanor Roosevelt 등이 있다. 이들은 자신과 사회에 대해 충분히 이해하고, 인간이 가진 약점을 성공적으로 받아들이며, 동시에 그들 주변의 다른 사람이 보다 생산적인 삶을 살도록 영감을 주었다.

이러한 성숙의 관점은 다른 사람의 방식대로 살도록 강요받을 때조차 상대적으로 자율적인 자아, 개인의 내적인 특성을 강조한다. 그러나 자아감 형성에서 다른 사람의 발달적 역할을 훨씬 더 강조하는 또 다른 관점도 있는데, 이런 관점은 자율적 자아의 개념을 덜 신뢰한다. 이 관점에 따르면, 개인은 자신이 살게 된 특별한 기간의 맥락을 끊임없이 반영하는 특정 그룹의 사람들의 자아가 모인 집합체다. 개인의 사고, 행동, 목적을 결정하는 '자아의 핵심'은 존재의 우선순위도 없고 필요할 때는 언제나 쓰이며 상황이 그것을 요구하지 않거나 '장면'이 변하면 사라지는, 일반적으로 다양한 가면들의 집합이라고 본다. 여기에서 '자아감'은 대인관계에 관한 지식 또는 방법에 더 비중을 둔다.

(심층심리학과 달리) 사회심리학과 사회학에서 상대적으로 중요한 이 관점은 행동이 발견되는 상황과 맥락, 그에 따라 요구되는 역할을 행동의 궁극적인 결정 요인으로 보았다.[26] 이 관점에서 자신의 목적에 따라 상황을 조작하는 능력은 중요하다. 통합된 인격을 완성하고 한 개인의 가장 심오한 가치와 기준에 충실한 것은 뒷전의 문제다. 다른 문화에서 개발된 다른 관점에서는 사람은 개인주의적인 방식으로 발달하거나 자율적인 자아감으로 발전될 가능성을 지니고 있다고 인정하지만, 이러한 발달을 공동체 의식과

이타주의에 적대적인 것으로 보고 이를 분명하게 반대한다. 서구의 보편적인 이상을 고려해볼 때, 이것은 인간 본성에 관한 덜 매력적이거나 덜 완전한 관점처럼 보인다. 그러나 이러한 것들이 타당성이 없거나 틀린 것은 아니다. 결국 사회과학의 목적은 사람의 편견이 당연한지를 증명하는 것이 아니라, 문화적 상황과 시간을 초월해 문제의 실제적 형태에 가장 근사한 인간 행동에 관한 모델을 만드는 데 있다.

개인에 관한 지식의 교육

지금까지 나는 개인적 지식의 발달이 상대적으로 자연 발생적 과정임을 증명했다. 그 과정에서 자신의 감정을 식별하거나 다른 사람에 대한 인식을 정교화하려는 우리의 뿌리 깊은 성향은 사회에 팽배한 해석에 의해 어떻게든 자극을 받는다. 사실상 많은 경우 개인적 지식의 발달은 분명한 지도 없이 일어날 수 있다. 사람들은 자신이 어떻게 차이를 구별하는지 공공연하게 보여줄 필요 없이, 단지 이런 일이 생기도록 허용할 뿐이다.

그러나 개인적 영역에서 보다 분명한 지도가 필수적이고 바람직한 것으로 보이는 경우도 있다. 가끔은 이러한 교육이 사회적 명령이 되기도 한다. 형식적인 교육을 통하거나 문학, 의식, 다른 상징적인 형태를 통해, 문화는 성장하는 개인이 자신의 감정을 식별하고 자기 환경 속의 사람들을 식별하도록 돕는다. T. S. 엘리엇이 한때 지적했듯이, "언어를 발달시키거나 단어의 의미를 풍부하게 할 때, 시인은 표현할 수 있는 언어를 사람들에게 제공하면서 가능한 다른 사람에 관해 폭 넓은 범위의 감정과 인식을 가능하게 한다."[27] 때로는 개인적 영역에서 더 많은 기술을 원하는 사람들은 적절한 식별에 영향을 줄 수 있는 도움을 찾기도 한다. 서구 사회에서 상담에 의지하는 것은 다른 사람의 신호를 읽는 데 있어 개인의 감정 안에서 정확하고 세련된 구분을 하는 능력을 기르기 위한 방법이다.[28] 같은 이유로, 《카네기의 인간관계론How to Win Friends and Influence People by Dale Carnegie》을 포함한 자기계발서의 지속적인 인기는 사람이 타인 지향의 사회 속에서 사회적 상황을 정확하게 해석하고 그 후 그것에 대한 적절한 조치를 취하도록 하는 기술들이 얼마나 광범위하게 필요한지를 보여준다.

개인적 영역을 지도하는 이상적인 방법은 알 수 없다. 또한 개인적 지능에 관한 어떤 훈련이 성공적인지 판단할 수 있는 신뢰할 만한 척도도 없다. 그러나 이러한 감정과 식별에 관한 교육이 분명하게 인지 과정을 포함한다는 점은 강조할 만한 가치가 있다. 피해망상, 질투심, 기쁨 같은 감정을 느끼는 것은 어떤 방식으로 상황을 이해하고 자신과 다른 사람에게 가능한 영향을 주는 것이다. 어떤 사람은 적절한 평가, 잘 다듬어진 식별, 정확한 범주화, 상황의 분류 등을 개발한다. 또는 불행히도 어떤 사람은 과도하게 대략적인 식별, 부적절한 명명, 정확하지 않은 추론 등으로 결국 근본적으로 상황을 잘못 해석할 수 있다. 사람이 자신의 과정을 이해하지 못할수록 그는 사람들에게 희생물이 될 것이다. 한 사람이 자신의 감정과 다른 사람의 반응이나 행동을 잘 이해하지 못할수록, 그는 다른 사람과 부적절하게 상호작용하게 되고 결국 더 넓은 공동체에서 자신의 영역을 확보하는 데 실패할 수 있다.

분명 모든 사회는 인간 성장의 다양한 관점과 궁극적인 목표의 정도가 다르다. 개인적 지능의 외형적인 훈련 형태가 어떻게 나타나며, 개인과 사회적 자아를 상대적으로 얼마나 강조하는지 또한 사회마다 다르다. 나는 개인적 지식이 문화적 경계를 넘어 고려될 때 생기는 변화에 대해 보다 자세하게 조사했다. 여기서 알아두어야 할 것이 있다. 즉, 다른 사람과 사회적 역할의 완성을 강조하는 것뿐만 아니라 개인과 개인적인 삶의 완성을 강조하는 것, 정상적인 개인은 발달의 이 두 가지 측면의 주요 특징을 구별할 수 있어야 한다는 것이다. 강조점은 다를 수 있으나 사람은 여전히 사회적 맥락에서 살아야 하는 독특한 개인이라는 사실은 인간 조건의 피할 수 없는 면모이며, 또한 이것은 그들을 종족 구성원에 속하게 하는 것이다. 이들은 자신의 업적을 판단하고 과제를 수행하기 위해 다른 사람에게 의존해야 하는 감정의 인간, 투쟁하는 인간이다.

인간성의 생물학적 기원

진화의 관점

비교심리학자들은 인간 본성의 가장 소중한 형태가 어떤 간소화된 형태로 다른 동물들에게서 발견될 수 있다는 가능성에 공감한다. 침팬지의 언어적 능력에 관한 주장 이외에 우리는 침팬지가 자신의 코에 발린 립스틱 자국을 인지할 수 있다는 사실을 알고 있다(원숭이는 인지할 수 없다). 그리고 비록 자기인식은 아니지만 적어도 원시적 수준의 의식이 고등 영장류에서 발견될 수 있다는 믿음이 커지고 있다.[28] 그러나 열정적인 동물 애호가를 제외한 대부분의 사람들은 여기에서 논의 중인 개인적 지식의 형태가 여전히 인간에게 국한되어 있다고 인정한다. 어떤 경우에서든지 다음과 같은 질문이 제기된다. 우리 종의 진화의 어떤 측면이 호모 사피엔스를 특징짓는 자신과 타인에게 초점을 맞추도록 했을까?

인간의 독특성에 기여하는 많은 요인 중 두 가지는 개인의 다양성과 사회의 다양성인데, 그것은 특히 개인적 지식의 대두와 관련된다. 첫 번째 요인은 엄마와 가까운 유대관계를 보이는 영장류의 긴 어린 시절이다. 우리는 침팬지가 그들의 첫 5년을 어미 침팬지와 가까이서 지내며, 광범위한 학습이 이 시기에 이루어진다는 것을 알고 있다. 어미 침팬지는 어린 자녀들이 관찰하고 모방하고 차후의 상황을 위해 기억 속에 저장할 수 있게 하는 모델을 제공한다. 어미 침팬지가 자신의 행동을 통해 자녀들이 기억해야 할 것과 사건을 지시하는 것 또한 중요하다.[30]

이로 인해 중요한 활동과 개인의 영역이 정의된다. 엄마는 중요하게 기억되는 최초의 교사다. 엄마는 자녀들에게 일군의 종에게서만 특별하게 나타난 (예를 들어 감자를 찾는 것 같은) 새로운 행동방식을 가르친다. 인생의 초기에 이러한 '의미 있는 타인'은 중요하기에, 엄마가 다치거나 그 환경에서 사라졌을 때 개인의 정상적인 발달은 위험해진다. 단 한 사람에게 오랫동안 집중하는 것은, 즉 사람이 많은 것을 한 개인에게서 배울 수 있고 궁극적으로 배운 지식을 다음 세대에 전달한다는 사실을 통해 인간에게서 발견되는 이 '의미 있는 타인'이 얼마나 중요한지를 알 수 있다.

종족 진화에서 볼 수 있는 두 번째 요인은 사냥을 중요시하는 문화가 수백만 년 전에 나타났다는 것이다. 먹이를 찾아다니고 모으고 작은 동물을 죽이는 것은 홀로 또는 한두 명의 사람들과 함께 비공식적으로 이루어진 반면, 덩치가 큰 동물을 사냥하고 추적하고 죽이고 분배하는 것은 많은 사람들의 참여와 협동이 불가피하게 요구되는 활동이었다. 인간들 또는 인류 전 사람들prehumans(특히 남성)은 사냥하고 사냥한 고기를 나누기 위해 함께 일하고 계획하고 대화하고 협동하는 것을 배워야 했다. 젊은 남성은 사냥에 참여하기 위해 훈련받아야 했다. 예를 들면 소년들은 동물을 추적하는 것과 냄새와 울음을 구별하는 것, 그들의 몸짓을 컨트롤하고 그들의 동료와 몸짓을 맞추는 것, 특정 근육을 만드는 것, 정확한 목표를 정하는 것, 낯선 곳에서 길을 찾는 것, 정해진 시간에 목적지까지 돌아오는 것을 배워야 했다. 더 일반적으로, 인간 집단의 존재는 음식, 거주지, 의복, 심지어 종교적 활동에 의존하게 되면서 주변 동물들의 삶과 긴밀하게 연계되어 있었다.

효율적인 사냥을 위한 이러한 필요조건을 고려하여 집단 응집성, 리더십, 조직, 연대 등은 쉽게 이해할 수 있다. 앞서 언급한 엄마와 아이 간의 강한 결속 및 아빠와 아이 간의 다른 결속과 함께 핵가족이 등장한 이유는 덜 분명한 것 같다. 물론 부모와 자녀 사이의 강한 결속과는 완전히 다른 사회적 합의가 사냥이 중심적 활동인 사회에서 진화한 것이라고 생각할 수 있다. 극도로 사변적인 영역에서, 핵가족이 많은 논제에 관해 가장 적절한 하나의 답을 제공한다고 해도 충분할 것이다. 광범위한 공동체의 결속력을 강화하기 위해 강한 사람 사이의 결속을 만드는 것, 젊은 남성을 사냥꾼으로 키우는 것, 여성을 세대주 또는 미래의 엄마로 키우는 것, 짝짓기 방식에 관한 한 약간의 안정성을 보장하는 것, 가능한 해로운 근친상간의 금지, 다양한 형태의 지식과 지혜의 보존 및 전달 등 논제의 예들은 많다.[31]

자기성찰 지능의 기원에 관한 진화적 단서는 부분적으로 이러한 지식의 형태가 과학적 관찰자들에게 쉽게 확인되지 않고 기록되지 않았기 때문에 더 찾기가 어렵다. 자신을 독립된 객체로 인식하는 것을 강화하기 위한 요인은 본능적인 욕망으로 만족하는 것을 초월할 수 있는 능력이다. 이러한 선택은 지속적으로 생존투쟁이 필요하지 않는 동물, 상대적으로 오래 사는 동물, 정기적으로 탐구적인 활동에 참여하는 동물들에게 가능하다. 언어와 같이 탁월한 상징체계와 다른 어떤 종류의 상징체계를 사용하는 것은 이러한 개인적 지능의 다양성을 증가시킨다. 개인적 특성을 생각해보면, 최초의 상징적 능력을 지닌 동물들에게 이런 능력이 있었을 가능성이 높다.

자기성찰 지능의 진화적 기원은 선사시대를 연구하는 몇몇 연구자들을 사로잡았다. 고생물학자 해리 제리슨Harry Jerison은 다른 사람들의 인식과 자신의 인식을 뚜렷하게 구별한다. 이 관점에 의하면 사회적 역할 속에서 다른 사람들에 대한 인식은 정해진 행동양식의 조직화 수준으로 다루어질 수 있다.[32] 즉, 높은 수준의 반성적 작용은 유기체의 행동 목록에 내재되어 있는 것으로 생각할 수 있다. 특정 친척을 포함한 동종에 대한 인식은 많은 동물 집단에서 쉽게 일어난다. 반대로, 제리슨은 자기에 관한 인식을 '실제 세상에서 대상을 창조할 수 있는 고유한 인간 발달 능력'으로 여긴다. 제리슨은 자신에 관한 지식이 우리 자신에 관한 모델을 만들게 하는 우리의 상상력에 기반한다는 생각을 가지고 있다.

영국 심리학자 니컬러스 험프리Nicholas Humphrey는 창의성이 사회적 세계의 지식과 관련된다고 주장한다.[33] 그는 인간 지성이 가장 창의적으로 사용되는 곳은 예술과 과학의 전통적 영역이 아닌, 함께 사회를 구성하는 데 있다는 대담한 주장을 한다. 다시 말해 사회적 영장류는 자기 행동의 결과로 변하게 되는, 즉 관련 증거가 일시적이고 변화기 쉬우며 그들 자신의 행동의 결과가 달라질 수도 있는 상황에서도 계산적인 존재가 되어야 하며, 자기 행동의 결과를 고려해야 하며, 다른 사람의 행동도 계산해야 하며, 이익과 손해를 계산해야 한다는 것이다. 매우 발달한 인지적 기술을 가진 유기체만이 유일하게 그러한 환경에서 견딜 수 있다. 필수 능력들은 인간에 의해 수천 년에 걸쳐 발휘되고 있으며 세심한 주의와 기술들이 노인들에게서 젊은이들에게로 전달되었다.

성과outcome는 사회적 선견지명과 이해력의 뛰어난 능력을 지닌 인간 구성원들의 재능이 되었다. 개인 간 관계의 지엽적인 문제를 초기에 해결하고자 개발된 이러한 사회적 지능은, 원시시대를 특징짓는 친족, 토테미즘*, 신화, 종교의 매우 합리적인 구조로서 '야생의 사고'라

는 집단적인 창조적 표현으로 발견되었다.[34]

동물들의 감정

개인적 지능의 지각적 기초가 애매한 것처럼 동물들이 다양한 감정을 경험하고 구별할 수 있는가도 미스터리로 남아 있다. 내 생각에는, 감정을 구별하는 것이 신경적으로 경계화되어 있다는 인상적인 증거는 존 플린John Flynn의 연구를 통해 드러났다. 이 연구자는 고양이의 뇌에 직접적인 전기 자극을 가함으로써 감정적으로 괴로운 행동의 복잡한 형태를 유발해낼 수 있음을 보여준다. 예를 들면, 평상시에 쥐를 공격하지 않는 고양이라도 특정 뇌 영역을 자극해 심한 공격 행동과 관련된 얼굴 표정을 만들 수 있다고 했다.[35] 이것은 '공격체계'가 하나의 단위로서 기능하며 완전하고 적절한 공격을 위해 경험, 훈련, 학습이 필요하지 않다는 것을 의미한다. 우리는 여기에서 완전한 형태의 행동 패턴이 전통적인 환경적 자극뿐만 아니라 특정한 정서적 상태로부터 동반되는 것 같은 내부적 자극을 통해 유발될 수 있다는 증거를 본다. 쥐의 뇌에 화학약품을 주입해 심한 우울증을 유도하거나 그 이후에 억제하는 연구는 또 다른 증거를 제공한다.[36] 아마도 이렇게 '사전 포장된prepackaged' 반응 프로그램은 매우 다양하고 융통적인 환경에

* 토테미즘은 원시공동사회 종교의 한 형태다. 혈연적, 지연적 집단이 동·식물이나 자연물과 공통의 기원을 갖는다고 믿거나 결합 관계에 있다고 믿으며 그것을 집단의 상징으로 삼고 숭배하는 것이 특징이다(문학비평용어사전, 국학자료원)._옮긴이

서 고등동물들에게 활용될 것이다.

사람들은 인간과 유사한 종에게서 특정한 감정의 기원을 발견할 수 있다. 도널드 헵Donald Hebb은 침팬지에게 특별한 사전 경험 또는 훈련 없이 단순히 이전에 지각한 다양한 형태의 의미 있는 것을 보여줌으로써 심각한 공포감을 일으킬 수 있다고 했다. 이 경우 침팬지는, 다른 침팬지의 무기력한 모습을 보았을 때, 그리고 훼손된 다른 침팬지의 시체를 보았을 때 극도로 무서워하고 흥분하고 불안해할 것이다. 이 자극적인 물체에 집중하도록 하기 위해 이것은 다른 정상적인 침팬지와 충분히 구분되어야 하며, 같은 종(침팬지)으로 지각되기 위해서 속성을 충분히 보여주어야 한다. 헵의 설명에 따르면 공포감은 인식과 관련된 뇌 활동의 혼란으로 나타난다. 이것은 위협적인 대상으로부터의 도피처럼 뇌의 균형을 회복하려는 과정뿐 아니라 그에 동반된 생리적인 반응이 있다는 점에서 다른 감정들과는 차이가 있다. 따라서 유아들이 어떤 자극적인 사건에 감정적인 반응을 하는 것처럼, 유사한 종들에서도 자신이 속한 범주에 대한 초기 인식을 알리는 일련의 사건과 관련된 반응을 발견할 수 있다. 그 범주는 다른 '사람'이고 그 반응은 상당히 '심각'하여 개인적 지능의 기원이 우리보다 다른 종에게 쉽게 구별된다고 생각할 수 있다.

이렇게 조직화된 반응 프로그램이 어떤 환경적 조작으로 약화될 수 있다는 것은 강조할 만하다. 예를 들면, 원숭이는 엄마와 아기의 애착관계 발달을 둘러싼 복잡한 형태의 감정체계를 가지고 있다. 정상적인 양육 환경에서 이러한 체계는 문제없이 발달한다.

그러나 할로의 어미 없는 원숭이에 대한 선구적인 연구 덕분에, 우리는 어떤 자극 환경의 부재가 '개인' 영역에서 아주 비정상적인 원숭이를 만든다는 사실을 알게 되었다. 이러한 원숭이들은 다른 원숭이들에게 적절하게 반응하지 못하고, 지배적인 위계질서에서 적절한 역할을 수행하지 못한다. 즉, 그들은 부적절한 상황에서 공포로 위축되거나 심하게 공격한다. 가장 뚜렷하게는, 그들이 자녀를 가질 수 있다 해도 그 자녀들을 기를 수는 없다.[37] 어미 없는 양육의 결과는 어린 유기체에게 놀이와 다른 모성 형상에 대한 대체물을 줄 때 어느 정도까지 회복될 수 있다. 그러나 이러한 대체는 동종과 연결지을 수 있는 원숭이의 지식이 영구히 파괴되는 시점에서 '한계 상태'에 이른다. 어미의 부재는 원숭이의 개인적 지능에 돌이킬 수 없는 결과를 가져오지만, 일상적인 문제 해결 과제에서 측정되는 다른 인지적 능력에는 이와 같은 영향을 주지 않는다는 사실은 강조할 만하다. 명백히 유인원의 지적 능력도 어느 정도 자율성을 지니고 있다.

원숭이들에게 비정상적인 사회적 반응은 외과적인 수술에 의해서도 야기될 수 있다. 국립보건원의 로널드 마이어스Ronald Myers와 그의 동료의 연구를 볼 때, 우리는 영장류 신경체계의 많은 부분이 인간친화 지능의 일부일 수 있는 적절한 사회적 행동 형태에 중요한 역할을 한다는 사실을 알게 된다. 특히 어린 영장류의 전전두엽 피질을 제거하는 것은 의사소통을 위한 표정과 목소리의 사용을 감소시키고, 공격성과 몸단장의 패턴을 변화시키며, 놀이 활동에 참여하는 것을 감소시키고, 목적 없는 다양한 과잉 행동을 자주 보이게 한다.[38] 전두엽 절제술의 역효과가 느껴지기 위해서는 중요한 사회적 성숙이 이루어져야 한다. 이러한 발견은 필수적인 조절 구조가 할로와 그의 동료들이 설명했던 사회적 성숙 기간 동안 점차적으로 발달한다는 것을 보여준다.

전전두엽 피질의 손상으로 초래되는 많은 결과는 뇌 측두엽 앞쪽 피질의 손상 결과와 흡사하다. 이 부분에 손상을 입고 수술을 받은 동물들은 그들의 가족과 다시 합류하지 못하고 수술 전 지배 구조상의 위치를 재정립하지 못한다. 그들은 얼굴 표정, 몸짓, 발성 패턴의 감소를 보여준다. 전두엽이 손상된 원숭이와 달리 측두엽에 손상이 있는 원숭이는 부적절하게 공격적인 행동을 보여주는 경향이 있다. 일반적으로 마이어스는 전전두엽 또는 측두엽 앞쪽이 손상된 동물들이 보이는 행동으로서 가장 즉각적으로 나타나는 변화는 사회적 관계를 유지하는 활동이 감소하는 것이라고 했다.

마이어스는 원숭이들이 '실제적인 내적 감정'을 나타내는 것과 그들이 실제적으로 느끼는 감정을 얼굴로 표현하는 것에 개별적으로 기능하는 두 개의 신경적 메커니즘이 있다는 자극적인 제안을 했다. 그에 따르면, 뇌의 하반부 손상은 감정적 본성으로 나타나는 자연스러운 얼굴 표정에 문제를 가져오지는 않지만, 얼굴 표정을 의지대로 사용하는 데 있어서는 마비가 올 수 있다고 한다. 이러한 결과를 통해 우리는 유인원에게서 감정에 대한 개인 내적 접근(개인 내적 상태)과 다른 사람들에게 스스로를 자발적으로 표현하는 능력(대인관계적 의사소통) 간 차이에 대한 예비적이고 생물학적 기반을 발견할 수 있다. 로스 벅Ross Buck은 그가 진행한 인간에 대한 연구에서 인간은 감정을 자연스럽게 표현하는 것과 다르게 의지적으로 감정을 다루기 위한 구별된 신경체계를 지니고 있음을 확인시켜주었다.[39] 분명히 다른 영장류들과 같이 우리의 감정을 타인에게 정교하게 전달하는 능력은 감정 표현과 경험의 자율적이고 무의식적인 경로를 통해 이루어진다.

인간의 병리학

우리는 타인과 자신에 관한 지식만큼이나 인간만의 특징을 영장류 조상들에게서 발견한다. 인간의 인간친화 지능과 다른 동물들이 보이는 것 간의 유사점은 의심할 여지가 없다. 자신에 관한 지식의 발달은 인간에게 보다 더 특별할 수 있지만, 침팬지 연구에서도 인간 능력의 기원에 관해 도움이 되는 관점을 발견할 수 있다. 개인적 형태의 지식 발달이 다른 것과 비교할 수 없을 정도로 인간에게 크다는 사실하에, 많은 연구가들은 인간 두뇌가 다양하게 손상되었을 때 나타나게 될 내적, 사회적, 개인적 지식의 결과에 자연적으로 관심을 가지게 되었다.

모든 조직 중 전두엽이 다양한 개인적 지식의 형태에서 가장 중요한 부분임은 분명하다.[40] 전두엽의 결함은 개인적 지능 형태의 발달을 방해하고, 인간친화 지능 그리고 자기성찰 지능의 다양한 병리적인 형태를 야기할 수 있다. 성인의 전두엽 손상이 문제 해결(표준화된 지능검사의 문제)에 관한 능력에는 상대적으로 미미한 결과를 가져오지만 그의 성격에는 심각한 손상을 초래한다는 사실은 한 세기에 걸쳐 잘 알려져 있다. 간단히 말해서, 특히 양쪽 전두엽에 손상이 많은 사람은 전에 알고 지내던 사람들이 그를 더 이상 '똑같은 사람'으로 인식할 수 없게 한다.

전두엽 손상으로 인한 개인적 변화의 증상은 그 이상일 것이다. 프랭크 벤슨Frank Benson과 디트리히 블루머Dietrich Blumer는 전두엽 궤도 부분(하단의) 손상은 과잉 행동hyperactivity, 짜증irritability, 무관심insouciance, 도취감euphoria 같은 증상을 나타내며, 전두엽의 볼록한 부분(상단의)의 손상은 무관심, 느림, 냉담, 무반응 같은 일종의 우울증(정신병적인psychopathic 것과는 다른)을 유발하기 쉽다고 주장했다.[41] 사실은 다른 개인들 사이에서 정확하게 관련된 두뇌 부위에 손상을 입었다고 해도 그 증상은 다양하게 혼합된 형태로 나타난다. 그러나 주목해야 할 점은 다른 인지적 행동이나 지능들은 상대적으로 정상으로 유지되는 반면, '동일한 개인'으로서의 특정한 감각은 사라져버린 것처럼 느껴진다는 점이다. 그는 더 이상 그 전의 목적, 동기, 목표, 다른 사람과 접촉하려는 욕망을 표현하지 않으며, 다른 사람에 대한 반응도 다양하게 변화하고, 자신에 대한 감각도 멈춰버린 것처럼 보이기도 한다.

그러나 이 증상은 손상의 정확한 부위와는 독립적으로 두뇌의 많은 손상에 의해 나타난 것이기 때문에 다른 많은 부위에 손상을 입은 경우 여전히 지속적인 자아감과 이전의 성격을 나타낼지 아는 것이 중요하다. 이 문제와 관련해 러시아의 신경심리학자 루리야는 수년 전 〈부서진 세계의 사나이The Man with the Shattered World〉라는 흥미 있는 보고서를 발간했다. 2차 세계대전에서 한 젊은 군인인 레프 자세츠키Lev Zasetsky는 그의 뇌 좌후두부를 심하게 다쳤는

데, 이는 비참하게도 그의 개념적, 상징적 능력 전반에 심각한 손상을 가져왔다. 그의 말은 기초적인 표현 형태로 줄어들었고, 단어 하나 혹은 글자 하나조차 쓸 수 없었으며, 그의 오른쪽 시각은 감지를 할 수 없었고, 못질이나 단순한 집안일이나 게임도 할 수 없었으며, 밖으로 나가는 길을 찾을 수도 없었다. 그는 계절의 순서를 혼동했고, 두 수의 덧셈을 할 줄도 몰랐으며, 심지어 그림을 설명할 줄도 몰랐다.

하지만 루리야에 의하면 그는 전두엽과 관련된 인간관계 기능에서는 이러한 표준의 지적 능력보다 훨씬 정확성을 유지했다고 한다. 그는 계속해서 의지, 욕망, 경험에 대한 예민함을 유지했고, 그의 조건이 허락하는 한 효율적으로 계획을 세우고 지키며 행동을 수행할 수 있었다. 25년에 걸쳐 그는 지속적으로 이런 행동들을 향상해나갔고, 루리야의 지도하에 다시 읽고 쓸 수 있게 되었다.[42] 그는 매일 향상되는 그의 실력을 기록했고, 나중에는 그의 상태에 대해 성찰을 해보일 수도 있었다.

> 단어는 나에게 큰 의미가 없었고, 혹은 불완전하며 무형태의 의미를 가져다주었다. 내가 듣는 단어들은 희미하게 익숙한 것 같았고, 내 기억으로는 특정한 단어가 존재하는 것 같은데 그 의미를 잃어버렸다. 따라서 나에게 분명하게 의미가 있거나 친숙하게 느껴지는 단어로만 제한시켜야 했다.[43]

벤슨과 블루머에 의해 진술된 전두엽 환자와는 반대로, 자세츠키는 정상적인 방식으로 다른 사람들과 계속해서 관계를 맺을 수 있었던 과거와 기본적으로 동일한 사람으로 느낀다.

왜 전두엽이 정상인 사람은 자신에 대한 관점을 그대로 지닐 수 있는 반면, 이 부분에 약간의 손상을 입은 사람들은 마음의 존재를 완전히 잃어버리는가? 오랜 동안 전두엽을 연구한 선구적 신경해부학자 발레 노타Walle Nauta에 따르면, 전두엽은 두뇌의 두 가지 기능적 영역으로부터 정보가 만나는 탁월한 장소로 여겨진다.[44] 그 두 가지 영역이란 타인 인지를 포함한 모든 감각 정보 처리와 관련된 후두부, 그리고 개인의 동기적, 감정적 기능이 할당되고 개인의 내적 상태를 유발하는 변연계다. 전두엽 피질은 개인의 감정, 동기, 주관적 지식 같은 개인 내적 환경을 나타내는 신경 네트워크와, 다양한 감각 양식을 통해 전달되는 시각, 소리, 맛, 더 많은 외부 자극 같은 개인 외적 환경을 나타내는 체계가 만나는 영역임이 밝혀졌다. 따라서 그들의 전략적인 해부학적 위치와 연결 때문에 전두엽은 주요한 통합 장소로서의 잠재성을 가지며 실제로 그러한 역할을 한다.

개인적 지능의 핵심으로, 뇌와 특히 전두엽에서 나타나는 두 가지 종류의 정보가 있는 것처럼 보인다. 하나는 다른 사람의 능력을 아는 것으로, 사람들의 얼굴, 음성, 누군지를 인식하는 것, 다른 사람에게 적절하게 반응하는 것, 그들과 함께 활동에 참여하는 것이다. 다른 하나는 우리 자신의 감정이나 욕구, 두려움, 우리의 개인사에 대한 민감성이다. 우리가 살펴보았듯, 이러한 능력의 암시는 동물의 왕국과 영장류에서 확실히 찾아볼 수 있다. 얼굴과 목소리를 인식하고, 타 유기체에 더 가까이 연결되고, 다양한 감정에(감정의 영역에) 대한 경험들을 갖는 것은 인간만 가지고 있는 게 절대 아니다. 더욱이 이러한 각각의 형태는 실험적인 수술에 의해 절충될 수 있다. 그러나 이러한 지식의 형태를 상징의 형태로 연결시켜 자신에 대한 직관적인 지식과 타인에 대한 공적인 지식을 개념화할 수 있는 것은 인간의 독특한 능력이다. 그것은 다른 이들에 대한 이론과 신념을 형성시킬 수 있게 하고, 내가 다른 곳에서 '자아에 대한 은유'라고 명칭을 붙인 우리 자신에 대한 명제적 설명을 발전시키도록 한다. 모든 가능성에 있어서, 뇌의 많은 영역들(피질뿐 아니라 하부 피질)은 개인적 지능의 이러한 발달과 정교화에 관여한다. 하지만 전두엽은 통합적인 연결이 이루어지는 그것만의 독특한 역할과 진화론적으로 보아 상대적으로 늦게 발달했다는 점에서, 여기서 논의하고 있는 지능의 형태에 있어 특별하면서도 대체 불가능한 역할을 한다.

개인적 지능의 형태에 대한 연구는 다른 병리학적 연구자들도 하고 있다. 어떤 병리들은 자신과 타인에 관한 지식의 발달을 가로막기도 한다. 어린 사람의 경우에는 자폐 성향이 있는 특별한 경우가 발견되기도 한다. 어떤 아동은 계산 능력은 우수하고 특히 음악이나 수학에는 특출나지만 다른 사람들과의 소통에 어려움이 있는 병리학적 조건을 가진 것으로 규정되고, 자아감에 손상을 입어 '나-주체와 나-객체(I and me)'* 라는 단어를 표현하는 데 어려

* 주체는 문장에서 주어 역할을 하며, 객체는 목적어 역할을 한다._옮긴이

움을 겪는다. 자폐 아동에게 심각한 문제가 무엇이건, 그것은 분명히 다른 사람들을 아는 데, 그리고 자기 자신을 알기 위해 이러한 지식을 사용하는 데 어려움을 수반한다.[45] 다른 사람들의 시선을 피하는 것은 이 장애에 있어 특별히 가슴 아픈 증상이다.

내가 아는 한, 매우 고도로 발달된 자아감을 가진 개인들에게서 반대적 형태의 서번트 증후군을 찾아보기란 어렵다. 자신에 대한 지식과 성숙은 매우 확장된 다른 능력의 통합을 요구하는데, 이는 보통사람이라면 당연히 가지고 있는 것들이다. 그러나 여기서 특정한 형태의 지체, 예를 들어 다운증후군을 다시 언급해보는 건 의미 있는 일이다. 다운증후군을 가진 사람이 타인과 효과적인 사회적 관계를 형성하는 능력은 적어도 언어나 논리처럼 '명백한' 인지적인 능력과 비교해 볼 때 상대적으로 더 잘 보존되어 있는 것처럼 보인다. 이러한 대인관계적 '실제적 지식 savvy'이 자기 상황에 대한 통찰로 바뀌는지 자기성찰 지능으로 바뀌는지는 매우 불확실하다. 더욱이 정신병리학적인 성격에서 발견되는 것 같은 특정한 장애의 경우, 자신의 감정이나 동기를 드러내 보이지 않고 극단적으로 예민하게 다른 사람의 의도나 동기에 맞추기도 한다. 마지막으로, 어떤 이들은 다른 사람들 앞에서는 보여주지 않지만 그들 자신의 감정에 대해 극도로 조숙하거나 예민한 지식을 가지고 있을 가능성도 있다. 이러한 조건은 관찰자가 확인하기에 가장 어려운 문제가 되기도 한다!

우리는 다양한 뇌 손상을 지속적으로 가지고 있는 한 사람의 개인적 지능에 대한 운명을 연구해볼 수 있을 것이다. 예를 들어 한

때는 정상이었으나 주요한 대뇌 손상으로 실어증이 된 경우를 생각해볼 수 있다. 언어는 자기 지식self-knowledge에 대한 주요 역할을 하는 것처럼 보일 수 있고, 이러한 상징체계 없이는 자신을 인식하거나 다른 사람과 협동하는 능력이 치명적이지는 않더라도 심각하게 손상될 수 있다. 그러나 사실 심각한 실어증은 개인적 지능에 대한 동일한 정도의 치명적인 손상 없이도 지속될 수 있다. 실어증에 걸린 사람들 중 자신의 경험을 표현할 정도로 회복된 사람들의 경험을 통해 지속성 있는 증거들을 확인할 수 있다. 자신의 상황에 대해 상당한 우울감을 느끼고 일반적인 반응 민감성이 떨어지기는 하지만, 그들은 자신을 전혀 다른 사람이라고 느끼지 않는다. 그들은 자신의 필요, 요구, 욕망을 인식하고 그것을 성취하기 위해 최선을 다한다. 가족이나 의사들은 손상의 심각성에도 불구하고 실어증 환자들이 다른 이들과 관계를 맺고 그들 자신의 상황을 반성해보는 능력이 놀랍게도 유지되고 있다는 점에 일반적으로 동의한다.

이러한 점을 뒷받침하기라도 하듯, 우뇌(우세하지 않은 혹은 미세한) 피질에 손상을 입은 사람에게도 다른 유용한 증상이 나타났다. 이런 환자들의 경우 언어는 외형적으로 완전하기 때문에, 자신과 타인을 구별하는 능력은 손상되지 않았으리라 기대한다. 사실 순전한 농담을 주고받는 능력에서는 그러한 환자들이 표면적으로는 이전과 동일인으로 보인다. 그러나 다른 이들을 대하는 능력이 전적으로는 아니더라도 언어적 능력에서 주요하게 유지되긴 하지만, 그 전의 성격과 다른 사람과 관련을 짓는 현재의 방법에는 계산할 수 없이 큰 차이가 있다는 것을 쉽게 확인할 수 있다.[46] 타인과 관계를 맺는 것은 매우 피상적이며, 두뇌 손상이 있기 전과 같은 발언은 보이지 않는다. 더욱이 충동에 대한 감각이 적고 얼마나 회복되었는지 식별이 잘 안 되며, 인간관계를 형성하거나 재정립하려는 열망이 감소한다. 환자는(자신의 상황과 관련된 지병에 대해 부정하기도 하면서) 괜찮다고 이야기하며 다음날 직장으로 돌아가겠다고도 하지만, 실제 그는 출입구에서 몇 시간 동안 움직이지 않고 앉아 있다. 아마 그들이 실제 상황을 제대로 인식하지 못하는 것은 우뇌 손상 환자들에게 전형적으로 나타나는 좋지 않은 회복의 주요 요소이다. 자아감이 보존된 실어증 환자는 자신의 증세를 알 뿐 아니라 놀라운 정도의 회복력을 보일 수 있다.

다른 환자 집단으로부터 개인적 지능의 다른 측면들을 발견할 수 있다. 초로기 치매인 알츠하이머병을 가진 환자들은 계산 능력의 손상(특별히 공간적, 논리적, 언어적 영역에서의)이 종종 심각하다. 하지만 이들은 동시에 단정하고 사회적으로 적절하며 그리고 지속적으로 자신의 실수를 깨끗이 인정하고 해결하려고 할 수 있다. 그것은 환자가 자신의 힘이 약해졌다는 것을 느끼고, 나빠졌음을 인식하고 있으며, 자신이 겪는 어려움으로 당황할 수도 있지만 자신의 좌절을 공공연하게 표출하지 않는 것과 같다.[47] 이처럼 이상하고 불안한 행동에 대한 나의 해석은, 환자의 전두엽은 일종의 초로기 치매 초기에는 비교적 보존이 잘 되는 편이라는 것이다. 알츠하이머병은 특별히 급격한 두뇌 후두부 손상으로 인해 일어난다고 본다. 반대로 피크병Pick's disease*의 경우 전두엽이 크게 관련되어 있으며, 사회적 적응에 큰 문제를 보이고, 전두엽 병리학의 난해한 형태를 더욱 연상하게 하는 질병이다.

개인적 지능의 변형

지금까지는 개인적 지능이 어떤 면에서든 감소하는 병리적 현상에 대해서 살펴보았다. 여기서 개인적 지능이 신경학적인 장애에 의해서 변화되는 것도 생각해볼 수 있다. 측두엽의 간질로 고통받는 환자들은 이러한 사항에서 특히 도움이 된다. 이런 환자들은 다소 다른 성격을 보이는데, 그들의 세계관이 때로는 심오하게 변화하기도 한다. 그전에 그들의 성향이 어떠했던지 간에 그들은 매우 내성적으로 변하고, 광범위한 주제에 대한 글을 쓰는 데 열중하며, 철학이나 종교에 큰 관심을 가지게 되고, 심각하게 고민해야 하는 심오한 질문을 던지기도 한다. 언제든지 표출될 수 있는 상당한 분노를 가지고 있지만, 이들에게는 지나치게 관대하고 신중하며 신을 두려워하는 강하게 윤리적이고 종교적인 감정이 존재하기도 한다. 덧붙여 이러한 환자들은 타인에게 과도한 친밀감을 형성하려 하고, 개인 간 만남에 있어서 '편한' 관계를 맺지 못하여 집착하는 모습을 보이기도 한다. 뇌 손상과 달리 간질의 경우 신경세포의 대대적인 손상보다는 신경조직의 비정상적인 작용 때

* 1868년 체코의 정신의학자 아널드 피크Arnold Pick(1851~1924)가 발견해 그의 이름을 붙인 병으로 치매의 일종이다. 알츠하이머, 루이소체병, 혈관성 치매에 이어 네 번째로 많이 발견되고 있다._옮긴이

문에 생기므로 간질을 두뇌 조직의 손상에 직접 비교하는 것은 위험할 수 있다. 하지만 언어나 다른 인지적 측정과 관련한 수행은 이전과 같을지라도 개인의 성격의 집합과 그의 타인에 대한 관계 방식이 이러한 조건에 영향을 많이 받는다는 사실은 개인적 지능이 독립된 영역이라는 추가적인 증거를 제공한다.

아마도 두 영역이 분리되어 있을 것이다. 측두엽 간질 환자에 대한 광범위한 연구에 근거하여, 데이비드 베어David Bear는 최근에 행동 손상과 그것의 신경해부학적인 구조에 대한 두 가지 흥미로운 내용을 제시했다.[48] 대뇌피질 영역의 한 부분 가운데, 등 부분의 (두정의) 경우에는 감독, 주의집중, 그리고 흥분을 담당하는 것처럼 보이며, 이 부분이 손상될 경우 자신에 대한 주의 깊은 감각이 손상되며 무관심을 초래할 수 있다. 대뇌피질의 반대쪽 부분 즉, 배에 위치한(측두) 피질 영역의 경우에는 자극을 구별하는 중요한 기능을 담당하며, 새로운 학습, 적절한 감정 반응에 대한 기능을 담당한다. 이러한 부분의 손상은 외부 자극에 대한 감각을 무디게 하고, 이에 따라 부적절한 성격 혹은 공격적인 반응을 타인에게 표출하게 되며, 이전에 학습한 명백한 결과들을 고려하지 않게 된다. 베어의 도식은 여기에서 소개된 개인적 지능의 다양성에 대해서는 구체적으로 발전시키고 있지 않지만, 혹자는 이러한 손상의 형태와 개인적 지능을 대응시켜 쉽게 비교할 수 있을 것이다.

아마도 과거 신경과학에서의 놀랄 만한 발견은 나의 주제와 연관이 있을 것이다. 일요판 신문을 살펴보면(그리고 이 책 3장을 읽어

보면) 알 수 있듯이, 현재 외과 수술을 통해 두뇌를 양쪽으로 분리해 따로따로 수술을 할 수 있다. 좌뇌는 언어적 기능이 우세하고 우뇌는 공간적 기능에 우세하다는 확실한 연구 이외에 더 확실한 증거를 추가하자면 '두뇌가 분리된 환자'는 적어도 잠재적으로 하나 이상의 의식을 소유하고 있다는 증거가 있다.[49] 결국 개개인은 둘 혹은 그 이상의 자아를 품고 있으며, 외과적 수술에 의해 각각 분리되기도 한다.

이러한 의식의 형태를 특성화하는 연구가 현재 상당히 진행 중이며, 둘 다 똑같이 주관적인지 객관적인지에 대해, 그리고 어느 하나가 존재론적 혹은 인식론적으로 우위에 있는지에 대해 알고자 하는 노력을 기울이고 있다. 좌뇌 피질은 다소 도취감, 행복, 낙천주의에 관련이 있고 우뇌 피질의 경우 비관, 반발, 적대감에 관련이 있는데(이러한 이유로 한쪽 뇌의 손상은 반대 피질의 '여분'의 성향을 나타낸다), 둘 다 감정 처리와 관련이 있는 것으로 보인다. 좌뇌의 의식은 단순히 단어와 분리된 상징, 분석적인 분류를 더 우선시하고 우뇌는 감정적, 공간적, 그리고 대인관계 영역에 상대적으로 더 중점을 둔다. 우리는 이러한 보통사람들의 두 인지 유형에서 시사점을 찾을 수 있는데, 우뇌를 주로 쓰는 사람은 다소 인본주의적인 경향이 있고 좌뇌를 주로 쓰는 사람은 냉철하고 과학적이며 혹은 '직접적으로' 처리하기를 좋아한다. 비록 이러한 설명들이 아주 정확하지는 않겠지만, 그리고 뇌라는 것은 두 개의 '작은 자아들little selves' 이상의 것이겠지만, 분리된 두뇌 연구로 얻을 수 있는 인간 지능에 대한 내용을 과소평가해서는 안 된다.

내가 다른 곳에서 각 두뇌 반구를 단순한 형용사로 명명하는 사람들을 비판한 적이 있듯이, 다른 환자 집단에서 개인적 지능에 대해 수박 겉 핥기 식 주장을 펴는 사람들에게 그것이 얼마나 위험한 일인지 강조하고 싶다. 솔직히 이야기하자면 개인적 지능의 경우 다른 지능, 즉 문화적 수로화의 영향을 적게 받으며 더 관습적으로 계산할 수 있는 지능보다 구할 수 있는 정보의 양이 적고, 분명히 덜 흥미롭다. 다른 뇌 손상을 입은 집단으로부터 얻는 증거는 여러 가지 해석이 가능하고, 좌뇌와 우뇌 손상, 피질과 피질하 손상, 두정 쪽과 측두 쪽 손상 사이를 대비하는 것이 그들의 적절한 연결 부분에서 개인적 지능을 다른 지능과 딱 분리해낼 수 있는지도 결코 확신할 수 없다. 그러나 다른 인지 영역을 상대적으로 별개로 본다면, 우리의 논의는 분명히 개인적 지능의 형태가 회복 불능의 상태에 빠질 수도, 그렇지 않을 수도 있음을 제안한다. 진화론적, 병리학적 문헌의 자료들 모두 인간친화 지능과 자기성찰 지능은 서로 구별이 될 수 있다는 명확한 시사점을 보인다. 더욱 확실한 결과를 위해서는 더 민감한 측정 도구가 고안되고 개인적 지능의 각 형태에 대한 더 만족스러운 설명이 나오기를 기다려야 할 것이다.

타문화 속 사람들

개인적 지능은 생물학에 근원을 두고 있지만, 지능의 구성에 있어 문화들 사이에 방대하고 유용한 차이점들이 보인다. 인류학적 연구들은 다양한 '자아들selves' 내에서 인간친화 지식과 자기성찰 지식이 어떤 방식으로 균형이 맞춰지는가 하는 측면에서, 그리고 이에 대한 몇 가지 대안을 제시한다는 측면에서 기본적으로 중요하다. 다양성의 초기 특성을 다루기 위해, 클리퍼드 거츠Clifford Geertz가 25년간 현장에서 연구한, 세 가지 대비되는 인간 개념의 초기 작업을 살펴보고자 한다.

클리퍼드 거츠가 활동했던 1950년대, 자바Java에서 그는 유럽의 지성인 집단 가운데서 만날 수 있는 활기차고 완고한 자아의 개념에 관심을 갖게 되었다. 심지어 부자가 아닌 자바인들조차도 철학적 주제에 있어 일반적인 문제의 한 부분으로서 인간이 무엇으로 구성되어 있는지에 관심을 보였다. 그들의 관점에 따르면 인간 안에는 대칭적인 두 종류의 영역이 있다. 그 첫 번째 구분은 '내적인' 것과 '외적인' 것이다. 서양인들과 유사한 방식으로, 자바인들은 직접적으로 지각되는 주관적 감정의 흐름으로서 인간 경험의 '느껴지는 영역'을 내적인 것으로 여긴다. 반대로 엄격한 행동주의자들의 분석적 핵심인 외적인 행동, 움직임, 몸짓, 말 등을 현상적인 '외적인' 것으로 받아들인다. 이 두 가지 영역은 서로에 의존해 기능하기보다 독립적으로 움직인다.[50]

두 번째 측면은 '순수한' 혹은 '문명화된' 것, 그리고 '거친', '문명화되지 않은' 혹은 '통속적인' 것의 대조다. 자바인들은 순수하거나 문명화된 형태를 종교적인 규율을 통한 내적 영역, 그리고 적절한 에티켓을 통한 외적 영역 모두에서 구하고자 노력한다. 그 결과는 '절반의 표현되지 않은 감정과 절반의 느껴지지 않는 표현'으로 자아의 개념이 분리되는 것이다. 조용한 감정의 내적 세계와 형태화된 행동의 외적 세계는 자바인들이 반드시 하나의 몸과 한 번의 삶에서 성공적으로 협상해야 하는 두 개의 영역으로 부딪히게 된다. 분명히 인간 지식의 이러한 두 개 '얼굴' 사이의 긴장은 자바인들의 맥락에서 직접적으로 나타난다.[51]

자바에서 철학적인 색채를 갖는 것이 발리에서는 연극적인 표현으로 나타난다. 이 오랫동안 지속되는 힌두 문화에서는 (어떤 특이한 것도 발리인의 삶의 드라마의 정해진 위치에서 돌출되지 않도록) 개인적 존재의 모든 면들을 양식화하려는 끝없는 시도를 한다. 개인들은 이 지속적인 의식에서 그들이 수행하는 역할과 그들이 쓴 가면의 용어로 인식된다. 현재의 사적인 요인들은 영구적인 지위 관계를 강조하기 위해 묻히고, 개인 존재는 영구적인 신분제도의 성격을 통해 알려진다. 그런 '자아 표현'의 큰 위험과 두려움은 개인의 공적인 업적 대신 그의 개성을 드러내 보일 수 있다는 것이다. 거츠가 기술하듯이, 간혹 이런 일이 일어나면 순간의 긴박감은 고문과 같이 강하게 느껴지며 인간은 갑자기 달갑지 않게 태초의 피조물과 같은 존재가 된다. 그리고 긴박함, 자발성, 야수성의 위협으로부터 자신을 지키기 위해 모든 노력을 한다. 이러한 문화에서는 대인관계적인 자아 형태를 강조하고 개인 내적인 자아 형태는 약화하도록 확실한 결정이 내려진다.[52]

거츠는 1960년대 중반 페스^Fés^에서 남쪽으로 20마일 떨어진 세프루^Séfrou^에서 지낼 때 모로코 사람들을 만났다. 이 마을에는 다양한 배경(아랍인, 베르베르인, 유대인)과 다양한 직업(재단사, 마부, 군인)의 사람들이 살고 있었고, 재산, 현대성, 지위에서 놀랍도록 다양한 차이가 나타나 중세의 인본주의를 연상시킬 정도였다. 이 집단에서는 위험에 대비해 서로를 확인하기 위한 상징적인 수단으로 '니스바nisba'라는 것을 사용했다. 니스바는 사람 이름의 한 부분으로, 특정한 지역 출신이나 집단을 나타내고자 이름에 붙이는 짧은 표식이었다. 이러한 유형의 식별은 '부가두 종족 출신인 우마르Umar of the Bugadu tribe' 혹은 '수스 지역의 무함메드Muhammed from the Souss region'라는 이름을 통해 서로를 알아보는 것이다. 정교한 이름표에는 한 번이라도 사용된 이름이 포함되어 있었으며, 그가 현재 속한 집단이 작을수록 그 이름은 더 간결했다. 이렇게 개인을 구별하는 방식은 세프루 지역에서 보편적이다.

니스바는 총체적인 삶의 한 부분임에 틀림없다. 모로코 사회의 가장 중요한 특징 중 하나는 공적인 사람과 사적인 사람을 분명하게 구분하는 것이다. 활발하고 유동적으로 짜인 공적인 삶은 개인의 인간적 관심이나 비밀과 구분된다. 모로코 사람들은 사회를 다양한 계급으로 나누기보다, 그들이 다른 사람들과 다양하게 연결되어 있는 더 공적인 맥락(직장, 우정, 거래)과 철저하게 사적인 맥락(결혼, 숭배, 행동 규범, 교육)을 엄격하게 구별하고 있다. 사람들은 지리적 장소로 의미되는 공적인 범주에서는 상호작용을 하고, 개인적으로 경험하는 형태의 삶은 그들의 주거나 성전에 남겨둔다. 그러므로 니스바 체계는 사람들이 내적인 특성(말, 혈연, 종교)에 의해 구별된다는 틀을 생성했지만, 공적 장소에서는 실제적인 관계에 있어 상당한 자유 재량을 허용한다. 공적인 관계에서 일종의 초개인주의가 허용되며, 구체적인 모든 것들이 대부분 상호작용의 과정에서 알려지게 된다. 동시에 개인들은 의식 제전이나 기도 같은 격리된 활동으로, 자신을 잃어버릴 위험에서 벗어난다. 모로코에서는 개인적 지능과 인간친화 지능의 계발에 둘 다 여지가 있지만, 둘이 하나의 통합된 자아로 합쳐지지는 않는다.

거츠의 주의 깊고 자세한 설명은 인류학자들이 상징적 형태를 통해 다른 민족을 어떻게 이해하는가를 밝히려는 목적에서 시작되었지만, 이러한 설명은 이 장에서 내가 설명하고자 하는 구분에 타당성을 제공한다. 우리는 여기서 지구의 절반에 해당하는 이질적인 세 가지 문화를 볼 수 있으며, 수 세기에 이르는 이들의 역사적 진화를 볼 수 있다. 세 문화는 공통적으로 한쪽으로 개인의 감정, 위기, 독특한 특성을 처리하면서 다른 쪽으로는 공동체의 구성원들과 함께 원만하고 생산적인 기능을 유지하는 문제를 마주하는데, 각 문화는 이러한 긴장을 각각 특성 있는 방법으로 처리한다. 자바인들은 각 개인이 어느 정도 균형을 맞춰야 하는 두 가지 뚜렷한 존재의 영역을 분명히 받아들인다. 발리인들은 드러나는 성격의 '원초적인' 면을 되도록 막고 공적인 쪽으로 바뀌어 드러나도록 하며(예외적으로 수탉의 싸움같이 의식적인 경우를 제외하면), 모로코 사람들은 생활의 어떤 특정한 부분은 사적인 표현으로 두고 공적인 장소에서 나머지 상호작용에는 상당한 자유를 허용하고 있다.

이러한 다양한 통로를 통해, 각 문화는 한 개인의 자아감이라는 독특하지만 적응력이 있는 혼합물을 만들어낸다. 이것은 순전히 개인적이고 내적인 경험의 측면이며, 동시에 외부 공동체와의 관계를 통제하고 지배하는 경험의 측면이기도 하다. 어떻게 자아가 표현되며 두 측면이 균형을 맞추느냐 하는 것은 역사와 문화 가치, 그리고 생태와 경제의 본성을 포함한 많은 요소에 의해 결정된다. 개인과 자아의 개념이 세상 곳곳에서 어떤 형태로 나타날지를 예측하기란 거의 불가능하다. 그러나 모든 문화가 어떤 식으로든 이러한 의식의 총체와 직면하게 되고, 대인관계적인 문제와 개인 내적인 문제 사이의 어떤 고리가 항상 구축된다는 점은 누구나 예상할 수 있다. 주어진 문화적 기반 안에서 발달한 자아감에는 존재의 대인관계적 측면과 개인 내적 측면이 종합적으로 반영된다.

세상의 문화를 관찰해보면, 인간친화 지능과 자기성찰 지능 둘 다 곳곳에서 흥미로운 차이를 보임을 알게 된다. 또한 개인적 지능이 강조되는 데도 많은 문화적 차이가 있다. 예를 들어 서구에서 논리수학 지능과 언어 지능이 매우 강조되는 반면, 개인적 지능의 형태는 상대적으로 전통적인 사회에서 강조되었고 심지어 오늘날에도 서구 문화권이 아닌 일본 같은 선진국들에서 강조된다. 세계 곳곳을 직접 여행하지 않는 한, 개인적 지능의 형태와 자아감의 모든 영역을 묘사하기는 불가능하다. 그러나 몇 가지 차원에 따라 다양한 해결안을 분류하고 특징짓는 것은 가능할 것이다.

나의 동료 해리 래스커Harry Lasker의 구별을 빌려, 나는 두 개의 이상적 사회 유형을 구분할 수 있다. 서구와 같은 아주 작은 '입자 사회particle society'에서 내재된 자아의 중심은 주로 특정한 개인에게 있다.[53] 개인은 온전한 승리에서 처참한 패배에 이르기까지 자신의 운명을 본질적으로 통제하는 상당한 자율성을 가진 것처럼 보인다. 외부 환경이 단지 배경적 지원이나 개입을 하는 때에 입자 사회는 고립된 개인에 매우 강한 관심을 보인다. 거친 환경과 적대적인 상대에 대항해 투쟁하는 고독한 영웅에 관한 서구의 묘사는 입자 수준의 존재를 상징화하는데, 다음과 같은 프랑스의 문학 전통에서 생생하게 살펴볼 수 있다.

> 국가의 위대한 문학적 과제는 …… 전체적인 이 사업은 자아를 모든 가능성의 중심에 두며 열렬하고 모순을 두려워하지 않는(잃을 것이 없고 모든 것을 얻을 수 있는) 존재로 만든다. 그리고 오로지 완전히 의식이 깨어 있을 때만 인간이 자유로울 수 있기에 인생 최고의 목표를 의식의 훈련에 둔다.[54]

물리학에 비유하자면, 우리는 장 사회field society를 입자 사회와 대조할 수 있다. 장 사회에서는 개인의 관심, 힘, 통제의 중심이 다른 사람의 손에 혹은 심지어 전체로서의 사회에 있다. 장, 즉 영역 사회는 그 자신의 목표, 바람, 그리고 두려움을 가진 개인을 강조하는 것이 아니라, 거의 전적으로 개인이 그 자신을 발견하는 환경을 강조한다. 이러한 배경적 환경은 개인의 삶이나 결정이 실제로 어디서 만들어지는가에 대한 결정적인 요소이고, 개인이 드러나야 하는 경우에도 그는 자신의 독특한 운명에 관해 특정한 결정권(혹은 결정권을 갖고자 하는 욕망) 없이 그 활동 범위로 '선택되었거나' 혹은 '옮겨진' 존재로 여겨진다. 프랑스 문학의 사도였던 사르트르는 '타인은 나의 지옥'이라고 했다.[55] 그러나 장 사회에서의 개인에게 '타인은 나의 자아'이다. 장 사회에서 개인의 주변 동료들이 없어질 때 환원될 수 있는 '자신'은 거의 남아 있지 않은 것이다.

거의 모든 전통사회들과 심지어 현대 비서구 사회도 '장field' 요소에 더 많은 무게를 두고 있으며, 의미 있는 결정이나 자유 의지가 개인 '입자particle'에 달려 있다고 보는 경향은 훨씬 덜하다. 예를 들어 뉴질랜드의 마오리Maori족* 사이에서 남자의 신분은 그가 이어받은 지위와 집단의 혈연관계에 의해 결정된다. 집단을 벗어난 마오리족 사람은 아무도 없다. 고통이나 기쁨은 내부에서 오는 것이 아니라 외부의 힘에 의한 결과처럼 보인다.[56] 이와 비슷하게 남수단의 딩카Dinka족** 사이에서는 자신만의 경험을 쌓아두는 마음의 개념이 없다. 개인은 항상 장소 같은 다른 주체의 영향을 받는 객체일 뿐이다. 세상은 연구 대상이라기보다 이 수동적 개인에 의해 느껴지는 활동적인 주체라고 본다.[57] 이러한 견해는 서구 입자 사회에서 관습적으로 인정되는 견해와 아주 다르다. 단 하나의 세분화된 입자로서 자아를 강조하는 것은 아마도 그리스 시대로 거슬러 올라가며, 서구의 정치적, 철학적, 문화적 전통의 독특한 유산이다. 개인에 대한 서구의 감각과 다른 문화의 감각을 혼동하

* 뉴질랜드 원주민_옮긴이

** 수단의 남부와 남수단, 나일강 유역의 초원에서 소를 방목하고 사는 목우민牧牛民_옮긴이

지 않도록 주의해야 한다. 그리고 서구 사회에서조차 '장 독립성field independence'과 '통제소재loci of control'에 큰 개인차가 있다는 걸 알아야 한다.

비서구 문화에서의 '개인'의 영역을 고려할 경우 다른 차원에서도 세상의 문화를 살펴볼 수 있다. 첫 번째 고려 사항은 문화가 갈고 닦은 개인에 대한 분명한 이론의 범위다. 뉴질랜드 마오리족 등의 사회는 일상생활 언어 수준으로만 개인을 구별한다. 한편 인도의 요가학파와 같은 다른 집단에서는 서구에서 수용된 것보다 훨씬 더 복잡하고 차별화된 자아 발달 이론을 받아들인다.[58] 개인의 영역이 구성되는 방식은 비교하기에 유용한 또 다른 점을 제공해준다. 전통적으로 중국에서는 마음과 신체적 객체를 따로 떼어낼 수 없다고 여겼다.[59] 반면 슈피리어Superior 호 지역의 오지브와Ojibwa 족에게 개인의 영역은 동물, 바위, 그들의 할머니를 포함해 더 넓게 확장된다. 또한 각각의 문화는 그들이 가치 있게 여기는 개인의 측면들을 교육하는 방식이 다르다.[60] 일본인들의 경우 '최소 의미의 대화' 방식을 기른다. 구두 언어의 '최대 의미'를 버리고 그들은 개인의 진실된 감정, 동기, 의미에 대한 중요한 요소로서 비언어적인 암시를 사용한다. 일본인들 역시 실제의 직접적인 감정인 '실감jikkan'을 소중하고 위엄 있게 여기며, 자신의 실감에 익숙한 개인을 존중한다.[61] 다소 다른 이야기이지만 계속해보자면 나바호Navajo 족은 훌륭한 경청자가 될 수 있는 능력에 특별한 가치를 두었다. 예리한 경청은 적절한 의사결정을 내리는 열쇠라고 보았고, 잘 듣는 사람은 특별한 재능을 가지고 있다고 여겼다.

문화마다 자기성찰 지능과 인간친화 지능의 상대적인 강조점이 확연히 다르다고 해도, 이 두 가지가 모두 최대로 발달할 것을 요구하는 사회적 역할이 있다. 이 점에 있어서 특히 눈에 띄는 예로는 샤먼shaman(주술사), 즉 '수호자'에게 충고나 상담을 구하는 과테말라의 익실Ixil 족을 들 수 있다. 벤저민과 로레 콜비Benjamin N. and Lore M. Colby가 묘사한 수호자의 역할은 두 가지 개인적 지식의 광범위한 발달을 다루고 있다.

그는 그의 환자들의 상태, 그들의 행동과 관심사를 평가해야 한다. 또한 모범적인 삶을 살거나 적어도 그렇게 하려고 노력해야 한다. 이렇게 하는 데는 자기 분석뿐 아니라 남을 이해하는 데 있어 공감적 관점을 필요로 하며, 자신의 이미지를 가장 새롭게 하고 교정하고 수정할 것을 요구한다. 다른 사람에 대해 첨가되거나 수정된 개념화, 그리고 피상담자와 그의 가족, 친구들의 관계와 속성을 포함하는 개념화, 그것은 사람을 자극하는 가치와 목적을 이해하고 이러한 의도와 목적을 수정할 수 있는 환경과 문맥을 이해할 것을 요구한다.[62]

다양한 사회에서 소중히 여겨지는 여러 역할들에 대한 충분한 이해, 이것은 인간친화 지능과 자기성찰 지능의 차별화된 형태에 대한 강조점을 틀림없이 명확하게 할 것이다. 서구 문화의 치료사, 종교적 지도자, 예술가가 개인적 이해의 다양한 형태를 활용하는 것처럼, 비서구 문화의 주술사, 무당, 마법사, 점쟁이, 그리고 이와 비슷한 다른 사람들도 개인의 영역에 대한 고도로 차별화된 지식을 가지고 있을 가능성이 높다. 서구 사회에는 자아에 대한 지식을 만들어온 루소와 프루스트 같은 이들도 있고, 또한 타인에 대한 지식이 모범적이고 다른 사람에게 깊숙이 영감을 불어넣어 준 셰익스피어, 발자크, 키츠 같은 예술가들도 있다.[63] 비슷한 범주의 기술과 역할이 서구가 아닌 다른 곳곳에서도 드러날 수 있다. 아무튼 서구보다 사회적 연결이 더욱 중요하게 여겨지는 사회에서 다른 사람을 이해하고 그들의 동기를 찾는 능력이 드물다고 가정하는 것은 매우 인색한 태도로 느껴진다.

결론

타인에게 집중하는 지식의 형태들을 생각해보면서, 우리는 문화의 역할과 역사적 힘이 특히 중요하고 영향력이 있는 영역에 접어들었다. 지능의 몇 가지 형태들—예를 들어 공간적 처리와 관련한 지능들—이 다양한 문화들에서 본질적으로 유사하게 작동하고 상대적으로 문화적 주형cultural molding에 영향을 덜 받는다는 생각에는 일리가 있다. 하지만 개인적 지식에 관해서는 문화가 결정적인 역할을 하는 게 분명하다. 사실 개인적 지식이 특징적인 형태를 갖는 것은 문화의 상징체계에 관한 학습과 활용을 통해서다.

우리는 여기서 긴 진화의 역사를 갖는 요소들과 마주하게 된다. 하나의 종으로서 우리는 개별화의 독특한 단계에 도달함으로써 개인적 정체감을 형성하게 되었다. 사회학자 토머스 루크만Thomas

Luckmann이 지적한 것처럼, 개인의 정체감은 환경적 요소로부터 그리고 즉각적 경험에서의 완전한 몰입으로부터 분리되면서 형성될 수 있다.[64] 이러한 정체감으로 우리는 주위 환경을 여러 대상과 사건의 풍부하고 상당히 안정적인 구조로서 경험할 수 있고, 연속된 상황들을 일반적인 사건의 역사 속으로 통합할 수 있다. 그리고 다른 사람들을 돌보고 그들의 행위와 행동에 우리 자신을 비춰볼 수도 있다. 결국 개인적 정체성에 대한 감각이 나타나는 것은 인간 생존의 계통발생론적phylogenetic 결정 요인과 인간의 초기 세대에 의해 만들어진 역사의 특정한 형태 사이에서 이뤄진다. 각각의 문화가 자신만의 역사를 갖고 있기 때문에, 자아와 다른 사람들에 대한 감각 그 자체는 분명 독특한 것이 된다.

이러한 특별한 상황에 비추어볼 때, 개인적 지능이(자아와 다른 사람에 대한 지식으로서) 이전의 장에서 고려했던 다른 지능과 같은 수준의 특수성(그리고 일반성)을 지닌다고 인식되어야 하는지를 묻는 것은 적절하다. 아마도 자아와 다른 사람들에 관한 개인적 지식은 다른 지능보다 더 높은 수준으로, 지능의 더욱 통합된 형태로, 더 많은 문화적 역사적 요인의 명령으로 더욱 진실되게 나타나며, 궁극적으로 지능의 주된 질서를 조절하고 통제하는 것으로 보인다.

개인적 지능의 '특수성'에 대한 질문이 예리하고 결정적인 반응을 이끌어낼지는 의문이다. 어떤 점에서 개인적 지능은 여기서 다루는 다른 지능들만큼 기본적이고 생물학적이다. 즉, 그것의 기원은 인간 내적인 형태에 있어서는 개인이 직접 경험하는 감정을 통해서, 인간관계적 다양성의 경우에 있어서는 의미 있는 다른 사람들을 지각함으로써 파악된다. 이런 면에서 개인적 지능은 기본적인 지능에 대해 우리가 생각하고 있는 개념과 일치한다. 그러나 개인적 지능이 최종적으로 나타나는 다양한 형태들이 개인의 가장 뛰어난 특성들 사이에 있음은 분명한 사실이다. 그리고 특히 서구에서는 자아감을 개인의 다른 능력들을 이해하고 조절할 수 있는 2차적 조정자로 보는 것이 타당하다. 이러한 면에서 개인적 지능은 앞서 언급한 다른 지능들처럼 직접적으로 측정할 수 없다.

하지만 이러한 '자아에 대한 찬양'이 현대 서구 사회에서 나타나는 문화적 선택일 뿐 결코 필연적인 것이 아님을 강조할 필요가 있다. 문화는 분석의 기본 단위로서 개인적 자아, 핵가족, 혹은 더 큰 독립체(사회 혹은 국가)를 선택할 상황에 직면하게 된다. 이러한 선택을 통해 문화는 개인이 그 자신의 내부를 자세히 들여다보거나 다른 사람들을 밖에서 응시하는 정도를 결정한다. 아니, 지시한다. 서구 사회가 '개인적' 자아에 집중하고 심지어 중시하는 것은, 역사적인 이유로 이 실재의 측면이 서구 사회에서 점차 두드러져 왔기 때문이다. 다른 개인이나 인간 상호간의 관계, 집단 혹은 초자연적인 것을 강조하는 문화권에서는 특수성으로서의 자아의 난관에 봉착하지 않을 수도 있을 것이다. 우리가 이미 보았듯이 '자아의 특수성'은 특정한 사회의 해석적 틀과 가치의 분석으로부터 분리된 채 고려될 수는 없다.

그럼에도 불구하고 자아에 관한 '횡문화적인transcultural' 진술을 해야 한다면 다음과 같이 말하고 싶다. 나는 자아감을 부상하는 능력으로 본다. 좋게 말해서 그것은 개인 내적 지식이 진화한 자연스러운 결과다. 하지만 이러한 진화는 필연적으로 문화의 해석적 맥락 안에서 발생하고, 심지어 인간 지능의 전반을 끌어내는 표상 능력에 의한 필연적 결과로 전달된다. 다시 말해서 내 관점에서는, 모든 사회는 적어도 개인적 지식과 감정에 기반한 암묵적인 자아감을 제공한다. 하지만 이런 감각은 타인과의 관계와 타인에 대한 지식, 그리고 더 일반적으로는 주위 문화에 의해 제공되는 제도적 해석에 의해 필연적으로 설명되고 다시 만들어진다. 모든 문화는 인간 내적 그리고 인간 상호간 요소들의 균형을 포함하는 성숙한 자아감을 만들어낸다. 서구와 같은 문화에서 개인적 자아를 강조하는 것은 다른 형태의 지능을 중재하고 이끄는 2차적 능력의 형태로 나타날 수 있다. 이것은 문화적 진화의 가능한 소산이며, 그와 동시에 최소한 부분적으로는 인간의 힘과 자율성의 정도에 대한 환상적 관점에 기반한 결과이기도 하다.

일곱 가지 지능을 상당히 길게 돌아봄으로써 우리는 다음과 같은 넓은 의미에서 그것들을 개념화할 수 있다. 공간적, 논리수학적, 신체운동 지능과 같이 '대상과 연관된' 지능들은 인간이 접촉할 수 있는 특정 대상들의 구조와 기능에 의해 실제적으로 작동된다. 만약 우리의 물리적 세계가 지금과 다르게 짜였다면 이러한 지능들은 아마도 다른 형태로 나타났으리라고 본다. 언어와 음악 같은, '대상과 관련이 없는' 형태의 지능들은 물리적 세계에 의해 짜이거나 유도되지는 않으나, 특정한 언어나 음악의 구조를 나타낸다. 비록 청각과 구강 감각의 체계 없이도 언어와 음악이 어느 정도 발달한다 하더라도, 그 지능들은 두 감각 체계의 특성을 반영한다. 마지막으로 개인적 지능은 자신의 존재, 타인의 존재, 자아의 문화적 표현과 해석 같은 영향력 있고 필적할 만한 제약 조건을 반영한다. 인간에 대한 감각이나 자아감은 보편적인 특성도 보이나, 역사적 요소와 개인적 요소를 반영하는 문화적 산물이기도 하다.

여러 지능들 사이에서 개인적 지능의 위치를 돌아볼 때, 나는 과학적 계획으로서의 다중지능 이론의 지위에 관한 문제를 제기하고자 한다. 특정한 지능에 관한 것뿐만 아니라 전체적 기획에 대한 실행 가능성에 관련한 의문점들이 있다. 최종적인 비평은 다른 사람들을 위해 남겨둬야 하겠지만, 이 시점에서 다중지능 이론의 가장 중요한 난점과 어떻게 이를 가장 잘 다룰 수 있는지를 분명히 서술하는 게 적절해 보인다.

11장

다중지능 이론에 대한 비평

서론

제2부에서 인간의 다양한 지적 능력에 대한 긍정적인 모델을 보여주기 위해 새로운 지능 이론에 대해 설명했다. 대부분은 예시를 통해 각각의 지능을 소개하고, 이러한 지능이 다양한 문화적 환경에서 어떻게 나타나는지를 살펴봄으로써 그 유용성을 찾는 데 힘썼다. 그러나 이러한 지능들에 관한 상세한 부분과 그 작용 방식은 여전히 미지수로 남아 있다. 더구나 이론이 갖는 한계의 많은 부분이 대체로 간과되거나 무시되었다.

이 장에서 나는 이 새로운 이론을 좀 더 비판적인 관점으로 검토해보려 한다. 이 이론을 다른 인지 이론과 비교해보는게 중요하다. 즉, 이 이론이 너무 극단적이거나 혹은 절충적인가? 이 이론이 달성한 것은 무엇이고, 빠뜨린 것은 무엇인가? 이 이론은 인간에 대해 우리가 갖고 있는 지식의 다른 측면과 결합되어 더 넓은 분야로 확장될 수 있는가? 그리고 실천가들과 정책 입안자들이 이 이론을 어떻게 더 유용하게 사용할 수 있는가? 다중지능에 대한 이론을 더 넓은 맥락에서 다루기 위해 이러한 의문들을 이 책의 남은 부분에서 다루고자 한다. 12장에서는 이 책 마지막 장의 주된 내용인 다중지능 이론의 주요 흐름을 교육 및 실제적인 측면과 연결하고자 했으나, 11장과 12장의 주요 요점은 다중지능 이론에 대한 비평이라고 할 수 있다. 따라서 이론을 적용하는 데 관심이 있는 사람들이라면 바로 13장으로 넘어가도 좋을 것이다.

다중지능 이론은 명확한 틀 안에서 모든 사람들이 인간으로서 가질 수 있는 일곱 가지 인간 지능의 가능성을 가정한다. 유전인자, 조기교육 혹은 다른 모든 종류의 가능성 등 다양한 요소들 간의 끊임없는 상호작용으로 어떤 사람들은 특정한 지능이 다른 사람들보다 월등하게 발달할 수 있으나, 대부분의 사람들은 적합한 기회가 주어진다면 각 지능을 어느 정도는 발달시킬 수 있다.

정상적인 경우, 각 지능은 인간이 태어나는 순간부터 상호작용하면서 발달한다. 12장에서 상세히 서술하겠지만 지능들은 결국 사회 속에서 다양한 역할과 기능을 하기 위해 사용된다. 그럼에도 불구하고 나는 각 지능의 핵심에 그 지능만의 독특한 계산 능력a computational capacity이나 정보 처리 장치가 존재하며, 이것이 그 지능이 더 복잡한 기능을 실현하는 기반이 된다고 생각한다. 언어의 경우에는 음운론적이고 문법적인 과정을 통해, 음악의 경우에는 음색과 리듬의 과정을 통해 무엇이 이러한 지능의 핵심 요인이 될 수 있을지 제시하고자 했다. 하지만 현재의 목적을 위해서는 그 핵심에 대한 정확한 기술보다 각 지능에 하나 혹은 그 이상의 근본적인 핵심적 계산 능력raw computational cores이 있다는 생각 자체가 더 중요하다.

나는 이 책을 읽는 이들이 계산 장치, 혹은 컴퓨터라는 비유를 너무 심각하게 받아들이지 않기를 바란다. 분명히 나는 뇌의 신경 체제가 컴퓨터의 전기기계적 요소와 똑같이 작동하리라고 믿지 않는다. 마찬가지로 나는 특정 신호가 음악적인지, 문법적인지, 혹은 개인적인지(아니면 그 반대인지)를 판단하는 복잡한 과정에 내가 말한 계산적 장치가 관여한다고 말하려는 것은 아니다. 오히려 내가 말하고자 하는 것은 일반적인 인간이 특정한 정보 내용에 더 민감하게 반응하도록 구성되어 있다는 것이다. 특정한 유형의 정보를 받아들일 때 신경계의 다양한 메커니즘이 그 정보에 반응하여 구체적으로 작동하기 시작한다. 이러한 다양한 계산 장치들이 상호작용을 거쳐 정교화되고 반복되어 사용되면서 우리가 손쉽게 '지능'이라고 일컫는 지식의 흐름이 형성된다.

우리가 신뢰해 마지않는 개념인 지능이 바보 같은dumb 메커니즘(다시 말해, 어떤 내용이나 자극이 주어졌을 때, 준반사적으로quasi-reflexive 단순하게 반응하는, 더 넓은 의미에서 예민하지 않은 메커니즘)으로 구성되어 있다는 주장은 이상해 보인다. 철학자 로버트 노직Robert Nozick은 이러한 점에 대해 다음과 같은 조언을 한다.

> 사람의 특성이 그 안에 자기 자신과 똑같은 특성을 행사하는 작은 사람, 즉 심리학적 소인homonculus 때문에 나타난다고 설명하는 것은 전혀 설득력이 없다. 만약에 우리의 지능이 어떻게 기능하는지에 관한

설명이 있어야 한다면 지능의 작동 방식은 각각의 단계마다 바보 같이 보이는 요인들이 연결되어 이루어지며, 이는 마치 기계에서 단순한 조작이 연속되어 진행되며 작동하는 것과 같다고 할 수 있다. 심리학적으로 봤을 때, 창의성도 그 자체로는 창의적이지 않은 요소나 과정과 관련되어 있을지도 모른다……. 자아가 가지고 있는 소중한 특성이나 특징 혹은 기능도 어쩌면 전혀 중요하지도 않고 중요하게 여겨지지도 않는 다른 특색으로 설명될 수 있다……. 따라서 이는 인간에게 가치를 덜 부여하는 환원주의적reductionistic인 설명이다.

그럼에도 불구하고 이 '바보 같은' 계산 능력을 바탕으로 어떻게 더 지능적이며 심지어 더 창의적인 행위를 할 수 있는지는 다음 장에서 설명할 것이다.

따라서 앞에서 소개된 여러 가지 지적 능력은 여러 가지 요소로 구성된 한 세트의 자연종natural kinds이며, 여기서 사고 및 행동 방식이 나오게 된다고 생각하는 것이 최선이다. 비유하자면, 지능은 화학적 체계의 한 요소, 다시 말해 다양한 종류의 화합물에 섞여서 수많은 화학공정과 생성물을 조절할 수 있는 기본적인 구성 요소라 할 수 있다.

중재되지 않은 원초적 상태 그대로의 지능은 문화적 과제를 수행하면서 점차 문화에 적응되어 상징체계를 포함할 가능성을 가지고 있다(이 점에서 인간의 지능은 다른 동물들의 것과 분명히 다르다). 어떤 특정한 집단과 이례적인 상황에서 지능이 독립적인 방식으로 작용하는 것을 볼 수 있고, 이는 각각의 지능 영역의 핵심 작용을 확인할 수 있는 특별한 환경을 체계적으로 살펴볼 수 있는 기회다. 하지만 인간의 일반적인 상호작용 과정에서는 정교한 인간 활동을 수행하기 위해서 여러 가지의 지능이 복합되어 부드럽고 완벽하게 작동하는 것이 보통이다.

관련된 이론들

서론에서 이야기했듯이, 다중지능 이론의 아이디어는 오래된 것이다. 그리스 시대에도 사람들은 마음에 서로 다른 측면들이 있음을 인식하고 있었다. 능력(요인)심리학faculty psychology*은 과학적 심리학이 시작되기 한참 전이었던 19세기 초에 전성기를 맞이했다. 이후 능력심리학이 거의 사라질 무렵, 능력심리학은 심리학 이론이 아닌 호기심의 한 현상으로 역사에 기록되었다. 그러나 최근 많은 이론가들이 이전의 능력심리학과 가족유사성family resemblance이 가진 현시대적 관점을 제시하고 있다. 새롭게 주목받는 능력심리학을 살펴보기 전에, 지적 능력이 '모듈식modular'으로 구성되어 있다는 생각에 대해 다시 한 번 고려해보는 것은 의미가 있다.

능력심리학은 (어떤 내용의 형식에도 적용할 수 있고, 정말 근본적이라 할 수 있는) 자연과학의 법칙을 따르기를 열망하며 가장 일반적

* 정신활동의 과정을 몇 가지의 능력으로 상정하고 분석기술分析記述함으로써, 이것을 정신현상의 실체 · 원인 · 설명 원리로 삼으려고 하는 심리학의 일종(두산백과)._옮긴이

인 법칙과 과정을 탐색해왔다. 심리학에서 가장 존경받는 거장인 클라크 훌Clark Hull, 케네스 스펜스Kenneth Spence, 버러스 프레더릭 스키너B. F. Skinner는 이러한 연구 경향을 전형적으로 드러낸다. 그들은 대체로 감각, 인식, 기억, 주의attention, 학습에 관한 기본 법칙들을 발견해서 언어나 음악, 시청각 자극, 기본적이거나 복합적인 패턴 문제 등에 동등하게 적용하고자 했다. 상당히 '획일주의적uniformist'인 경우에 이들의 연구는 앞에서 언급한 여러 지능의 기반이라 할 수 있는 일련의 법칙을 찾고자 했고, 연상 법칙이 그 후보로 거론되었다. 이 분석에 의하면 기억은 가짜 지각faint perception이고, 학습은 강화되었거나 분화된 지각이다.

이 심리학 프로그램은 의욕적으로 시작되었으나 그다지 성공적이지는 못했다. 오늘날 모든 능력을 망라하는 심리학의 기본 법칙을 찾는 연구는 찾아보기 어렵다. 그럼에도 다목적 직렬식 컴퓨터* 모델에 많이 의존하는 인지심리학파에서 이 접근 방법의 흔적을 찾아볼 수 있다. 이 접근법에서는 다음과 같은 개념들을 상정한다. 명확하게 진술될 수 있는 어떠한 문제에도 적용 가능한 '일반적 문제 해결 능력general problem-solving skill', 유사한 사건들에 대한 '각본'이 있는 것처럼 다양하게 보이는 요소들을 구조화된 맥락 내에서 이해할 수 있게 하는 '틀frame', '각본script', '스키마schema' 분석법, 의도한 과제가 실제로 수행되었는지를 판단하기 위해 피드

* 연산 논리 장치를 하나만 가지며 데이터를 순차적으로 처리하는 컴퓨터._옮긴이

백을 이용하는 전반적 계획 혹은 TOTE 단위*, 어떠한 내용에도 사용될 수 있는 '단기 기억 능력short-term memory capacity', 모든 입력을 최초로 받아들이는 '중앙 처리 과정central processor', 유기체가 목표 추구를 위해 다양한 능력을 어떻게 펼쳐나가야 하는지 결정하는 실행executive 등. 이러한 접근이 지난 세대의 학습 이론보다는 성공적이었으나 주요 심리학적 과정에 있어서는 부적합하고 시대에 뒤떨어지며 잘못된 방향으로 진전되고 있음이 증명되었다.

몇 가지 우려들이 불거지면서, 최근 많은 학자들은 마음에 일반적인 만능 메커니즘이 있음을 가정하는 모델이 심리학계에서 중심적 역할을 하거나 헤게모니를 차지하는 것에 대해 문제를 제기하기 시작했다. 영국의 실험심리학자 앨런 올포트D. Alan Allport는 (인간의 뇌와 마찬가지로) 인간의 마음은 수많은 독립적인 생산체계로 이루어져 있다고 여기는 것이 최선이라고 제안했다. 그리고 각각의 체계 안에 있는 계산 단위computational unit는 (수직적이 아닌) 수평적으로 작동하며, 특정한 종류의 정보에 의해서 활성화되고 조정된다는 것이다. 그는 "특정한 (종종 꽤 추상적인) 속성을 가진 감각 자극이 동일하게 주어졌을 때 이에 선택적으로 반응하는 특수한 신경세포들이 존재한다는 증거가 상당히 축적되었으며, 이는 중앙신경체계의 주요한 특징 중 하나다"라고 주장한다. 올포트의 핵심 주장은 모든 생산체계는 내용 의존적이라는 것이다. 즉 우리의

* 1960년 조지 밀러가 목표 지향적 행동 모델로 제안한 것으로 TOTE(Test, Operate, Test, Exit)라고 이름 붙였다(위키백과)._옮긴이

인지 활동은 처리되는 정보의 양이 아니라 특수한 신경 구조가 반응을 일으키는 특정한 패턴의 존재에 의존한다고 한다.

올포트는 이러한 단위를 책임지는 중앙 처리 장치가 필요하지 않다고 했다. 그가 주장한 것처럼, 이 생산체계들은 가장 잘 처리할 수 있는 것들에 반응하여 각각 독립적으로 작용한다. 그는 이 과정을 전문가들 사이의 토론을 통해 결론을 도출하듯, (다양하고 상당히 민감한) 생산체계들 사이에 단순히 통제가 이루어지는 것이라고 설명했다. 그는 심리학적 소인homonculus처럼 무엇을 할 것인가를 결정하는 중앙 장치는 필요하지 않으며 심지어 비합리적인 설명이라고 하면서 "중앙 처리 장치가 무엇을 하는가"라고 묻는다.

대부분의 영역에서 올포트가 주장하는 특수화된 생산체계(그리고 그들과 연관된 신경세포들)는 내가 제시하는 특정한 지능보다 훨씬 더 세부적인 단위를 의미한다. 그러나 올포트도 나처럼 기능적으로 분리될 수 있는 하부구조의 미시적 규칙이 언어나 시지각과 같은 더 거시적인 수준까지 적용될 수 있다는 점을 지적한다. 사실 그는 내가 말한 지적인 단위의 존재에 대한 강력한 근거로서 두뇌 손상으로 정신적 능력의 결함이 나타나는 사례를 들고 있다. 그러므로 이 이론이 상당히 다른 이유로 제시되었다 할지라도 올포트의 모델은 나의 의견과 주요 사항에서 일치한다.

이에 대한 더 폭넓은 논의로 MIT의 철학자이자 심리학자인 제리 포더Jerry Fodor는 마음의 단위modularity에 대하여 자신 있게 주장하고 있다. 그의 동료 노엄 촘스키 등이 시작한 언어적 능력과 시각 처리 과정에 대한 최근의 임상적 연구를 이용하여, 포더는 정신적 과정이 자체적인 규칙을 따르는 독립적인 여러 단위에 의해 이루어진다고 간주한다. (2장에서 설명한) 프란츠 요제프 갈의 능력 심리학에 가세해 (더 많은 최근 학자들에 대항하여) 포더는 일반적 지각, 기억, 판단과 같이 '수평적 과정horizontal process'을 반대하고, 각각 특정적인 작용 방식을 가지고 있는 언어, 시각적 분석, 음악적 과정과 같은 '수직적 단위vertical module'를 더 지지한다. 그는 실제적 문제인 각각의 단위에 대한 정확한 실체보다는, 언어가 자체적으로 독립된 단위를 구성하는 것처럼 이 단위들이 각각 서로 다른 감각체계를 반영한다는 것에 더 관심을 가졌다.

지금까지 나는 우리가 다루고 있는 분석 수준과 가장 가까운 단위를 제시하는 포더와 근본적인 차이점을 발견하지 못했다. 그러나 포더는 더 나아가 특정한 인지 영역만을 상대적으로 독립적인 단위로 볼 수 있다고 주장했다. 그는 '신념의 고착화fixing of beliefs'에 중요하게 관여하는 독립적인 마음의 영역이 있다고 보았다. 이 중앙 처리 장치는 다른 단위들의 정보에 접근할 수 있고, 입력된 것을 서로 비교할 수 있으며, 결정을 내리고 문제를 해결하고, 또 인간이 숙련된 다양한 일들을 수행할 때 필요한 자료를 융통성 있게 추출할 수 있다. 이 중앙 처리 장치에서 이루어지는 비교를 통해 인간은 세상에 대한 최상의 가정을 만들어낼 수 있다.

이러한 관점을 취하는 동시에 포더는 순수한 단위적 관점에서 약간 벗어난다. 단위적 관점이 신경체계의 국지적 관점과 일치한다고 하지만, 중앙 처리 과정이 존재한다는 관점은 다양한 행동과 신경체제 간의 끊임없는 소통에 관여하는 광범위한 신경체계가 있다는, 두뇌의 등전위적인 관점equipotential view을 반영한다는 것이 그의 주장이다. 그는 과학적인 관점에는 조금 비관적이지만 궁극적으로 나의 입장과 다소 가까운 결론에 다다른다. 포더는 과학적 연구가 상대적으로 분명하고 통제된 실험을 조건으로 하기 때문에 특정 단위들을 조명할 수 있어야 하지만, 중앙 처리 장치는 정보가 무제한적이고 완전히 상호 연결되어 있어 과학적 연구가 불가능하다는 결론을 내린다. 실제로 인지과학은 개인으로 그 연구범위가 한정되기 때문에, 포더의 주장처럼 중앙 처리적 관점이 타당할지라도 우리는 그것을 인지과학에 의미 있게 연결시킬 수 없을 것이다.

중앙 처리 과정이라는 메커니즘을 상정하는 것이 필요함에도 불구하고 이것은 매우 복잡한 문제기 때문에 아직은 적절한 해결책이 없다는 것에 모두 동의한다. 제논 필리신Zenon Pylyshyn처럼 단위적 관점에 동조하는 일부 학자들은 불가입성의 과정을 목표, 신념, 추론과 같이 다른 형태의 지식과 정보에 영향을 받는 가입성의 과정과 뚜렷하게 구별해야 한다고 생각한다. 신경체계의 '평행적parallel' 작용 모델에 영향을 받은 제프리 힌턴Geoffrey Hinton과 제임스 앤더슨James Anderson은 가정적 중앙 처리 장치의 필요성이나 목적을 이해하지 못한다. 다른 많은 학자들은 여전히 애매모호한 입장을 취하고 있다. 마이클 가자니가Michael Gazzaniga와 그의 동료들은 "뇌에는 다중의 정신체계가 있으며, 각각은 행동을 만들어내는 능력과 행동에 대한 충동을 가지고 있지만 이러한 체계들이 내적으로 관련되어 있지는 않다"고 주장하면서 자연적 언어체계는 결국에 다른 모듈에 대한 일종의 통제력을 발휘하게 된다고 제안했다. 나의 견해에 대해서는 앞으로 상세하게 논의하겠지만, 나는 일부 개별 지능의 발달과 이들의 다양한 상호작용의 결과라고 할 수 있는 모든 인간 활동으로 범위를 한정하는 것은 바람직한 연구 계획이라고 본다. 결국 지능들의 정교한 조합 혹은 초단위적인 능력을 (그 기원이나 역사와 함께) 제시함으로써 상위 수준의 정보 처리 과정을 설명할 수는 있으나 전반적인 해결책은 아직 미숙해 보인다.

다중지능 이론과 유사한 이론들이 많이 연구되고 있다는 점은 나에게 큰 격려이자 동시에 이 이론이 타당하다는 근거가 된다 (지능과 관련한 경쟁 이론 또한 많이 존재하며, 이들 중 일부는 이론에 대한 나의 분석과 함께 12장에서 논의될 것이다). 예를 들어, 후보 단위들 candidate modules의 크기가 음소를 인식하거나 선을 찾아내는 것처럼 매우 제한된 체계부터 언어나 공간의 지각같이 훨씬 더 일반적인 단위까지 매우 다양할 수 있다는 것은 분명하다. 내 생각에 최소한의 단위 혹은 최대한의 단위를 상정하는 모든 주장은 타당하며, 각 단위가 동등하게 각각 다른 목적에 적절하게 사용되고 있는 듯하다.

신경조직의 작용에 충실한 모델을 만들고자 하면 특정한 행동과 관련된 작은 단위에 초점을 두는 것이 바람직하다. 여기에서는 올포트(또는 힌턴과 앤더슨)가 선호하는 과정이 가장 적당한 것 같다. 반면에 인간 발달 영역을 다루는 교육자나 정책 입안자와 관련된 틀을 만들고자 한다면, 일상적인 토론에서 사용되는 분석 수준의 단위를 상정하는 것이 중요하다. 후자의 경우에는 포더나 가자니가의 입장이 더 타당해 보인다.

그러나 이러한 상식적인 분류는 연구 과정에 있어 세분화된 단위가 자연스럽게 결합된 집단, 즉 '자연종natural kinds'으로 실제 나타날 경우에만 적용될 수 있다. 그렇지 않고 극소 단위를 묶어서 극대 단위로 인위적으로 결합시키는 것은 정당화될 수 없다. 따라서 올포트나 힌턴과 같은 연구자들에 의해 조사된 다양한 극소 단위들을 더 넓은 영역의 관점에서 연결시키는 것은 매우 중요하다. 즉, 다양한 특수 언어 분석 능력을 일반적인 언어체계의 일부라고 말할 수 있는 것처럼, 다양한 특수 지각 능력들은 더 넓은 범위의 공간체계의 일부인 듯 보인다. 수백만 년의 진화 과정 동안, 개별적 생산체계들이 더 넓은 범주와 고도로 혼합된 단위의 일부가 되도록 진화되어온 것은 타당해 보인다. 정신에 여러 영역이 있음을 주장하는 나와 같은 연구자들은 이런 행복한 상황을 좀 더 연구해볼 수 있을 것이며, 이는 교육 관련 실천가들에게 매우 유용할 것이다.

그렇다면 지능이란 용어는 어떻게 사용될 수 있을까? 앞에서 암시했듯이 내가 이 용어를 사용하는 이유 중에는 실용적인 지능 모델을 제시하고자 하는 욕심도 있다. 나는 지능이 한 시간의 면접이나 지필 시험으로 쉽게 분석된다는 단순한 유전적 형질(또는 일련의 형질들)이라는 관점을 바꿔놓고자 했다. 그러나 사실 용어가 가지고 있는 특수한 의미는 중요하지 않으며, '지적 능력', '사고 과정', '인지 능력', '인지 기술', '지식의 형태' 혹은 인지나 정신에 관한 다른 용어로 대체한다고 해도 상관없다.

중요한 것은 어떤 단어를 사용하느냐가 아니라, 정상적이며 합당한 자극이 주어진다면 충분히 발달할 수 있는 많은 지적 능력을 모든 개인이 가지고 있다는 개념이다. 일반인으로서 우리는 많은 물질과 대상을 다루는 데 이러한 능력을 사용하며, 그것들이 사용되는 환경 속에서 의미를 찾는다. 나의 동료 이즈리얼 셰플러의 주장에 따르면, 방해되는 환경이 없고, 경험의 합당한 결과가 나타나고, 이러한 성장을 추구하고자 하는 결단이 있으면 지적 잠재력은 실현될 수 있다고 한다.

앞에서 나는 지적 잠재력의 최상의 표현 형태에 대한 사례를 제시했다. 즉, 작곡가나 시인처럼 고도의 생산 형태에 대해 깊이 생각하거나, 새로운 영역을 '생산'해내는 사람들에게 초점을 맞춰왔다. 그러나 이와 같은 분석은 전통적이거나 개혁적인 것, 민속 문화나 고도의 문화권에서의 생산, 그리고 다양한 형태의 예술, 과학, 감각의 창조뿐 아니라 쉬운 지각이나 이해까지로도 쉽게 확대할 수 있다. 사실 이러한 지능은 일반 사람들의 평범한 일상생활에서 반복적으로 나타나지만, 예술적이거나 과학적인 창조에 재능이 있는 이들에게서 가장 뚜렷하게 실현된다.

설명되지 않은 심리학적 구조

다중지능 이론에 대한 의문을 제기하기 전에 마지막으로 짚고

가야 할 점이 있다. 지금까지 이 이론에 대한 연구가 활발히 진행되어 왔지만, 이 이론들에 포함될 수 없는 많은 인간 심리학의 영역이 존재한다. 많은 교재들은 사회심리학, 성격심리학, 기질심리학, 감정이나 느낌의 심리학, 특성심리학 등을 다루고 있다. 다중지능 이론으로 이러한 연구들을 대신하거나 폐지할 의도는 조금도 없다.

그러나 다중지능 이론이 이러한 전통적인 관심들과 완전히 동떨어져 있다고 생각하는 것도 잘못이다. 사실 적어도 두 가지 방법에서 다중지능 이론은 전통적인 이론보다 앞서 있다. 첫째, 다중지능 이론은 인간 존재의 모든 영역에 나타나는 지식의 형태, 앎의 방법의 범위에 중점을 두고 있다. 따라서 다른 사람들과 상호작용을 하고 예술 활동을 즐기며 운동이나 무용에 참여하는 인간의 능력은 인지 활동과 동떨어진 것이 아니라 고도로 발달된 인지 형태를 내포한다. 다중지능 이론은 지금까지 종종 외면되었던 영역에서 지적 활동의 근거를 정립하고자 한다.

또한 다중지능 이론은 전통 심리학의 어떤 측면이 특정 지능에 적합하게 적용되는지를 증명하는 데 기여할 것이다. 나의 분석에 의하면, 사회 발달과 사회 행동의 많은 측면들은 인간친화 지능 범위에 속하고, 성격의 발달, 특성, 감정적인 면은 자기성찰 지능의 범위에 포함된다. 이러한 분야들 간의 경계를 어떻게 규정하고, 전통적인 분야의 어떤 부분이 다중지능 이론의 범위 밖에 있는지를 결정하는 것은 우리의 또 다른 과제다.

심리학에서 지속적으로 연구되는 동기motivation와 주의attention 역시 내 연구에서 제외되었다. 이 두 가지는 인간에게 극히 중요한 면이고, 모든 종류의 지능을 훈련시키기 위해서는 적당한 동기와 충분한 주의가 필요하다. 더구나 내 생각에 동기부여와 주의집중의 과정은 다소 일반적인 것이다. 즉, 동기와 주의를 제대로 다루는 이론들은 여러 지적 능력에도 적용될 수 있을 것이다. 하지만 다른 영역들에서는 쉽게 관찰되지 않지만, 한두 가지 특정 영역에서는 높은 수준의 동기나 주의가 명백하게 드러난다. 음악가가 되고 싶은 청년이 다른 영역에는 동기나 집중을 나타내지 않으나 악기 연습에는 놀라운 의욕을 보일 수 있다. 따라서 동기나 주의에 관한 일반적인 이론을 설명할 때, 각각의 영역에서 동기나 주의가 다른 형태로 나타난다는 사실을 알아야 한다.

'상위 수준'의 인지적 작용

지금까지 나는 심리학의 다른 분야를 연구하면서 지능의 영역에 끼어들지만 일반적으로 인지라고 여겨지지 않았던 개념과 이 개념을 어떻게 설명할지에 대해 고민해왔다. 다중지능 이론을 심각하게 위협하지 않는 수준에서 이것들에 대해 간략히 논의하는 것은 가능해 보였다. 그러나 우리가 인간 행위의 어떤 다른 면, 다시 말해 언뜻 보기에 본래 인지적인 것들을 다룰 때, 나의 분석적인 틀을 애매하게 만들지도 모를 곤란한 문제들이 나타난다.

상식, 독창성, 비유적 능력 등과 같은 상위 수준의 인지적 능력들은 분명 정신적 기술을 사용하지만, 이들이 가지고 있는 광범위하고 일반적인 특성 때문에 개별적인 지능의 용어들로 이들을 설명할 수 없다. 사실, 다중지능 이론 안에서 이 용어들을 어떻게 설명할 수 있을지는 결코 명확하지 않다. 그리고 만약 설명이 불가능하다면, 적절한 설명이 가능하도록 이론을 어떻게 수정해야 하는지도 분명하지 않다. 이러한 주제를 다룸에 있어, 이 핵심적인 지적 기능들에 대한 통찰력을 드러내는 것은 전적으로 저자의 몫이라고 생각한다. 나 역시 이에 동의하며, 이러한 이해가 향후 분석을 전혀 다른 방향으로 이끌 수도 있을 것이다.

상식

다중지능 이론에서 봤을 때 가장 문제가 되지 않는 '일반적인' 인지 용어는 아마도 상식일 것이다. 나는 상식을 예상 외의 정확한 방법으로 신속하고 직관적으로 문제를 다루는 능력이라고 정의한다. 상식이라는 용어의 분석에서 놀라운 점은 이것이 관습적으로 두 종류의 사람들, 다시 말해 대인관계 영역에서 능숙한 사람과 기술적인 분야에 재능을 가진 사람(나의 용어를 사용하면 신체운동 지능과 공간 지능)을 지칭한다는 점이다.

이와 대조적으로, 상식이라는 용어는 음악, 수학 혹은 순수한 공간 문제에 재능이 있는 개인에게는 거의 적용되지 않는 것처럼 보인다. 상식의 핵심적인 내용은 이 단어가 의미하는, '경계를 넘나드는across-the-board' 종류의 지능이 아니라 한두 가지 지능이 고도로 발달된 개인에게 적용된다는 점이다. 다시 말해 상식이란 지능의 작은 부분을 실제로 적용하는 것과 같다고 할 수 있다.

그럼에도 불구하고, 상식이라는 용어는 미리 계획을 세우고 기회를 포착하며 운명을 찾아가는 사람뿐만 아니라 특정 집단의 말이나 이념 혹은 정교하지만 관련 없는 이론에 오염되지 않고 신중하게 사고하는 사람들에게도 적용된다. 이러한 능력은 고도로 발달된 기술적 혹은 사회적 능력만큼 쉽게 설명되지는 않는다. 이러한 개인들은 많은 양의 정보를 통합하여 일반적이고 효과적인 행동 계획을 세우는 능력이 있다는 점에서 다른 이들과 구별되는 것처럼 보인다.

이렇게 상당한 가치가 있는 능력의 형태를 설명하기 위해서 고려해야 할 다른 점들을 알아보자. 우선, 많은 행동 중에 적합한 순서를 정하는 능력과 종합적인 계산 능력에는 논리수학 지능이 요구된다. 그런 다음, 만약 자신의 인생(또는 다른 사람들의 인생)에 대해 숙고하여 계획을 세울 때는 고도로 발달된 자기성찰 지능, 간단히 말해 성숙한 자아 인식이 필요하다. 마지막으로, 어떤 행동을 계획하고 실제로 행동으로 옮기기 위해서는 엄격한 의미에서 인지적 영역으로부터 실천의 영역 혹은 효과적인 행동으로의 변화가 필요하다. 여기서 우리의 삶을 실제로 이끌어갈 때 반드시 필요하지만 여기에서 다루는 인간 지능의 영역에는 빠져 있는 의지의 영역을 다루도록 하겠다.

독창성

다중지능 이론을 모호하게 하는 두 번째 인지적 능력은 독창성

originality, 혹은 신기성novelty*이다. 이는 창의적인 이야기나 춤, 개인적인 갈등의 해결 혹은 논리수학적 모순과 같은 특정한 영역에서 익숙하지 않지만 가치 있는 결과를 만들어내는 능력이다. 내 생각에는, 레오나르도 다빈치와 같이 개인이 여러 지능 영역에 걸쳐 독창성과 신기성을 나타내는 경우도 있지만, 독창성이나 신기성은 특별한 경우를 제외하고는 주로 한 가지 영역에서 나타난다. 그러므로 이 능력을 설명하기 위해서는 특정 영역 중 어디에서 실제로 신기성이 발견되는지, 그리고 왜 소수의 개인이 하나 이상의 영역에서 성공하는지에 대해서만 설명하면 된다.

이를 다른 관점, 즉 발달적인 관점에서 생각해보는 것도 유용할 것이다. 생애 초기에, 대부분의 아이들은 독창적이고 신기한 행동에 몰두한다. 아동들의 이러한 행동에는 두 가지 원인이 있는 것으로 보인다. 우선, 어린아이들은 영역 간의 경계를 잘 인식하지 못해 쉽게 영역을 넘나든다. 그로 인해 종종 이 영역들을 특이하고 매력 있게 배치하거나 독특한 연상 작용을 나타내기도 한다. 둘째, 어린아이들은 상황이나 문제에서 하나의 문자적 해석을 고수하지 않으며 불일치, 관습으로부터의 일탈, 비의미성에 신경 쓰지 않는다. 이러한 태도는 다른 이들에 의해 적절하게 해석되거나 칭찬받지 못하더라도 종종 고도로 발달된 독창적인 작품을 만들

* 창의성의 주요한 한 특성으로, 예상했던 것이 아닌 독특함을 의미한다. 신기성은 새로운 결과물을 산출해내는 과정에서 나타나는데, 이때 새로운 결과물이란 다른 사람들이 이미 생산해낸 것과는 다른 것으로서, 참신함 혹은 참신성으로도 이해할 수 있다(교육심리학용어사전, 학지사)._옮긴이

어내는 데 기여한다.

초기의 독창성이나 신기함은 부모나 분석가들의 흥미를 끌지만, 이 분야에 능숙한 전문가들이나 나와 같은 연구자들이 기대하는 만큼의 결과물과는 거리가 있다. 현대 서구 사회에서는 그러한 독창성이나 신기성이 순수한 것으로 받아들여지기도 하지만, 초기에 확립된 전통을 따르는 것을 분명한 목표로 삼고 있는 많은 문화에서 이런 능력은 바람직한 것으로 받아들여지지 않는다. 그렇지만 나의 분석에 따르면, 순수하게 독창적이거나 신기한 활동은 그들이 일하는 분야를 완벽하게 숙달했을 때 나타날 수 있다. 이러한 사람만이 어떤 부분에서 순수한 혁신이 이루어질 수 있고 이 혁신이 어떻게 성취될 수 있는지를 알 만큼 그 분야의 구조를 충분히 이해하고 있을 뿐만 아니라 필수적인 기술들을 가지고 있기 때문이다.

그러나 우리는 발달의 어느 시점에 그러한 독창성이나 신기성이 나타나며, 사실 최고 수준의 지적 영역에 도달한 모든 개인들에게 이런 특성이 나타나는지 아닌지조차 잘 알지 못한다. 누군가가 창조적인 작품을 만들어낼지 혹은 과거의 전통을 깨닫는 데 만족할지는 바로 그 사람에게 달려 있다. 하지만 아마도 독창성의 근원은 기본적인 성향, 성격, 인지적 방식에 있으며, 이것을 분석함으로써 그들이 독창적인 창조자로서의 가능성이 있는지 조기에 알 수 있다. 이런 과정을 통해 특별하다고 규정된 사람들은 그 분야에서 최고에 도달하지 못한다 할지라도 창의적인 생산을 할 수 있는 특별한 후보자가 될 수 있다. 반대로 이러한 개인적 특질을 가지지 못한 사람들은 뛰어난 기술적 능력을 획득한다 해도 창의적일 수 없을 것이다.

나와 동료들이 몇 년 전에 비공식적으로 실행했던 실험은 이러한 주장을 뒷받침한다. 우리는 매우 창의적인 작곡가로 성장한 사람들을 인터뷰했다. 이들은 이미 10~11세 정도의 어린 나이에 자신에게 주어진 음악을 단순히 표현하는 데 만족하지 않고 더 매력적인 변주를 위해 다양한 연주 방식을 시도했다는 사실을 알게 되었다. 다시 말해, 더 어린 나이였던 이고리 스트라빈스키의 사례에서 볼 수 있듯이, 특정 영재 음악가들은 이미 작곡을 하거나 곡을 분해하기도 했다. 지금까지 내가 관찰한 바에 따르면, 훌륭한 연주자이지만 정기적으로 작곡을 하지 않는 사람들에게는 어린 시절의 이러한 시도가 일반적이지 않다. 예후디 메뉴인Yehudi Menuhin 같은 연주자라고 해도 모차르트와 같은 창조자가 되지는 않는다.

'창의적' 성격에 관한 수많은 연구들이 이러한 관점을 지지한다. 이러한 연구들은 강한 자아나 전통을 기꺼이 거부하는 것과 같은 어떤 개인의 특질이 특정 영역 내의 창의적인 사람들의 특징이 된다고 주장한다. 또한 이는 특정 IQ 수준을 넘어 창의력을 측정하는 점수와 더 전통적인 지능검사 점수의 상관관계가 부족하다는 것을 설명하는 데 도움이 될 것이다.

비유 능력

다중지능 이론의 관점에서 무엇보다 설명하기 어려운 것은 비유하고 유사한 점을 찾고 분명한 연관성을 구축하는 과정에서 다양한 지적 영역들을 넘나드는 능력이다. 사실, 이러한 능력들은 독립적인 지능에 대한 개념과 일치하지 않는 것으로 보이는데, (만약 우리가 잠정적으로 이 능력을 명명한다면) 비유 지능metaphoric intelligence은 바로 그 다양한 지능을 통합하는 능력으로 정의되기 때문이다. 제리 포더가 독립적인 단위에서 입력된 자극을 통합할 수 있는 중앙 처리 장치를 가정한 것도 바로 이러한 종류의 현상 때문이었다. 아리스토텔레스가 천재의 특징으로 비유를 할 수 있는 능력을 꼽았다는 사실을 믿는 다중지능 이론 지지자는 없으며, 그것은 사실 천재를 제대로 파악하지 못하는 부적절한 인지 이론일 것이다.

그러나 다중지능 이론은 비유 능력에 대한 문제들에 접근하는 몇 가지 방법을 제공한다. 우선, 패턴이 어디에 있든지 그것을 지각하는 것은 논리수학 지능의 특별한 특징일 수도 있다. 따라서 강한 논리수학 능력을 가진 개인은 그 가치를 판단하지 않더라도 비유를 인식할 수 있는 유리한 위치에 있다. 이러한 설명에 대한 적절한 근거로는, 널리 사용되는 밀러 유추 검사(MAT) 점수* 가 논리력을 측정하는 다른 검사와 높은 상관관계가 있다는 사실을 들 수 있다.

사실, 비유와 유사성을 인식하는 능력은 특정한 지능 영역 내에 존재할 수도 있을 것이다. 이전에 언급했듯이, 공간적 심상이나 비

* 미국에서 대학원 입학을 위해 사용되는 표준화된 시험. 다른 시험과 달리 유사성을 묻는 문제로만 구성되어 있다._옮긴이

유를 만들어내는 능력은 새로운 관계를 발견하려고 하거나 발견한 관계를 더 폭넓은 독자에게 전달하기 위해 노력하는 과학자들에게 상당히 유용하다. 게다가 전문가들은 그들이 선택한 영역 내에서 유사성을 발견할 가능성이 높다. 즉, 시인은 언어 영역에서 의미 범주들 사이의 많은 유사성과 비유를 인식할 것이다. 심지어 화가, 건축가 또는 공학자가 관련된 분야에서 선호하는 특정한 상징체계 내에서 수많은 비유와 유사성을 발견하는 것처럼, 적어도 특정한 영역에서 잘 훈련된 기술을 가진 개인은 훌륭한 비유가 metaphorizer가 될 가능성을 가지고 있다.

그러나 이러한 주장은 천재적 인물, 다양한 영역에 걸쳐 능력을 발휘하는 사람, 그리고 사실 언어와 음악, 춤과 사회적 의사소통, 공간 영역과 개인 영역 사이의 연관성을 찾는 능력이 뛰어난 사람에 대해 충분히 설명해주지 못한다. 어떤 이들은 이러한 사람들도 (논리수학적 혹은 공간적 영역이라는) 한 영역에만 상당한 비유 능력이 있으며, 단지 그것을 다른 영역에 잠시 빌려줄 수 있을 뿐이라고 말한다. 그러나 나는 이러한 설명이 충분히 설득력 있다고 보지 않는다. 내가 생각하기에 어떤 영역이 (기술적인 의미에서) 비유를 만들어내기 위한 주요 수단이 될 수는 있을 것 같지만, 뛰어난 수준의 비유 능력을 이런 방식으로 완벽하게 설명할 수는 없다.

다행스럽게도 우리 실험실인 하버드 프로젝트 제로Harvard Project Zero에서 비유 능력의 일반적인 발달에 관한 증거를 찾을 수 있다. 우리는 모든 일반적인 아이들에게 적어도 세 가지 형태의 유추 또는 비유 능력이 있음을 알아냈다. 우선, 가장 놀라운 것은 유아들이 청각과 시각 영역에서 인지할 수 있는 강도나 리듬에서의 유사성을 알아차리는 능력을 가지고 태어나는 것처럼 보인다. 따라서 태어난 지 6개월이 된 아이는 어떤 리듬을 듣고 그와 같은 리듬을 나타내는 여러 개의 점이나 무성 영화를 연결시킬 수 있다. 어린 유아에게는 내가 이전 장에서 기술했듯이 구체적 지능의 발달과는 관계가 없는 것처럼 보이지만 영역들 사이의 연관성에 영향을 미치는 원초적이고도 정확한 능력이 있다.

학령 전기가 되면 아이들은 상징을 사용하기 시작하면서 두 번째 비유 능력을 나타낸다. 앞서 언급한 것처럼 이 단계에서 아이들은 여러 가지 영역 사이에 연관성을 찾고, 서로 다른 감각 양식 사이에서 유사성을 발견하고, 또한 단어, 색, 혹은 춤 동작의 독특한 조합을 만드는 것이 흥미롭고 쉽다는 것을 발견한다. 따라서 서너 살짜리 아이는 사이다 유리잔과 저린 발, 피아노로 연주한 악절과 여러 가지 색들, 또는 춤과 비행기의 움직임 사이의 유사성을 알아차리고 묘사할 수 있다. 신기성에 대한 논의에서 얘기했듯이, 이러한 비유적 성향은 초기 형태의 독창성의 바탕이 된다. 그것은 아이가 전적으로 의식하지 않은 결과일 수도 있지만, 나의 동료들이 보여준 것처럼 완전히 우연에 의한 것도 결코 아니다.

초기 학령기는 명확한 비유가 덜 나타나는 시기다. 이 시기에 아이들은 각 영역의 구조를 이해하고 영역과 관련된 기술을 습득하려고 노력하기 때문에, 비유나 유추를 하는 데는 덜 익숙하게 된다. 그러나 일단 이러한 영역들이 충분히 발달하고 아이가 원했던 영역 내에서 필수적인 기술을 습득한 이후에는 비유적인 연결에 대한 가능성은 다시 한 번 중요한 역할을 한다. 그러나 이 단계에서 어떤 아이들은 영역들 간의 새로운 (또는 일상적인) 관련성에 거의 관심이 없기도 하고 또 다른 아이들은 어디에서든지 이러한 연관성을 찾아내는 경향을 나타내기도 하는 등 개인차가 나타나기 시작한다.

나는 아이들에게서 다양한 초기 형태의 비유 능력이 나타나는 것은 보편적인 현상이며, 이는 특정 지능의 발달과 다소 거리가 있지만 자연적인 발달 과정의 일부라고 믿는다. 어린아이들은 어른들의 행동 패턴을 모방하는 것처럼 양식 간의 연관성cross-modal connection을 만들어낼 수 있게 된다.

이와 비슷하게 학령 전기 아동들은 세상을 이해하기 위한 노력의 일부로 유사점과 차이점을 구분할 수 있게 된다. 이 과정은 그저 발달의 한 현상이며, 인간 발달에 대해 전반적으로 설명하기 위해서는 이 과정을 고려해야 한다. 그러나 이후에 그것들이 상위 수준의 지능에 직접적으로 관련되는지, 그리고 관련된다면 다양한 '아동에게서 나타나는' 형태가 모두 관련되는지는 확실하지 않다. 따라서 단기적으로 나타나는 비유 능력이나 생후 1년 동안만 나타나는 능력은 지능으로 가정하지 않아도 무방하리라 생각한다.

그러나 발전된 형태의 비유 능력에 관해 중요한 질문이 제기된다. 몇몇 사람들이 높은 수준으로 발달시켜왔던 독립적인 지능과는 다른, 어른에게서 나타나는 비유 능력이 있는가? 이러한 능력이 특정한 지능 영역과 관련되어 있는가? 그리고 만약 그렇다면 이 대단히 중요한, 어른에게서 보이는 비유적인 인지적 활동의 발달적 근원은 무엇인가? 현재로서 나는 이러한 능력을 독립적인 형태의 지능으로 분류할 수 있는 충분한 증거를 찾지 못했다.

반론의 여지가 없는 발달된 최종 상태의 존재를 제외하고, 비유 지능에서는 다른 지능들처럼 확실하게 구별될 수 있는 핵심적 특징을 발견하지 못했다. 비유에 뛰어난 사람들은 일반적인 학습 과정의 일부로서 하나 혹은 그 이상의 영역에서 이 능력을 발달시켜 왔다는 것이지만, 지금은 우연히 관련된 분야에서 이러한 능력을 적용할 수 있을 정도로 자신감을 갖게 되었으리라는 것이 비유 능력에 대한 나의 '한 발 물러선' 입장이다.

최고의 비유가는 사실상 모든 곳에서 연관성을 파악할 수 있을 뿐만 아니라 비생산적이거나 의미 없어 보이는 연관성들을 제거할 수 있다. 그러나 탁월한 비유 능력을 가진 이들에게도 자신이 가장 잘 알고 있고 비유 능력을 가장 효과적으로 사용할 수 있는 특정한 분야가 있을 것이다. 따라서 과학적인 수필가 루이스 토머스Lewis Thomas 같은 노련한 비유가는 음악이나 무용의 영역들에서 유사성을 파악하고 탐색할 수 있겠지만, 그가 자신의 능력을 가장 잘 사용할 수 있는 분야는 여전히 논리수학적 영역일 것이다. 이와 마찬가지로, 통찰력이 있으며 집념이 강한 또 다른 비유가이자 존경할 만한 시인인 W. H. 오든은 그의 시를 통해 세상을 다듬지만 그의 주요 비유의 시작점은 언어 영역에 있을 것이다. 다시 말해, 비유는 많은 분야로 확장될 수 있지만, 주로 작용하는 '원초 지능'은 그대로 유지된다.

지혜

비유와 다소 유사하지만 보다 광범위하고 보편적 형태의 지능은 '일반적인 통합 능력' 또는 '지혜wisdom' 등의 다양한 이름으로 불린다. 이 지능은 인생 초기에 다양하고 중요한 경험을 했으며 현재 그것들을 적절한 상황에서 유용하고 분별력 있게 적용할 수 있는 나이 든 사람에게 기대하게 되는 것이다.

얼핏 보기에 모든 능력은 한두 가지 지능의 조합으로 설명할 수 있다. 그런 의미에서 가장 넓은 분야를 포괄하는 능력은 지혜 또는 통합 능력이다. 즉, 지엽적이거나 특수한 영역에 한정된 것이라면 '지혜'라 부르는 것은 적절하지 않다. 내 생각에 이 용어는 앞에서 검토했던 한 가지 이상의 영역에서의 노련한 비유나 유추 능력을 자신이 가지고 있는 상당한 상식이나 독창성과 연결시킬 수 있는 사람들에게 적용될 수 있다. 그 사람은 적어도 주어진 상황에서 현명한 발언을 하고, 충분히 동기화된 일련의 행동들을 계획하기 위해 이러한 능력들을 이용할 수 있다. 나의 이런 생각이 맞다면, 상식, 독창성, 비유 능력 등이 궁극적으로는 지혜의 구성 요소라고 할 수 있다. 불행하게도, 이에 대한 설득력 있는 공식을 찾기 위해서는 매우 지혜로운 사람이 필요하다!

이상의 논의에서 볼 때, 적어도 '상위 수준'의 조작은 다중지능 이론에서 설명할 수 있다. 이러한 조작들은 때때로 (대인관계와 관련된 상식 또는 조형물에서의 독창성과 같이) 한 영역에 국한된 능력으로 축소되기도 하고, (독창적인 소설가의 경우와 같이) 개인의 성격적 특성과 주어진 지능 영역에서의 뛰어난 능력이 조합되어 나타나기도 하며, (특정 분야에서의 비유 능력처럼) 한 영역에서 시작되지만 다른 영역으로 확산되기도 할 뿐만 아니라, (지혜의 경우처럼) 다른 지적 강점들의 결합으로 드러나기도 한다.

이러한 모든 접근 방식은 솔직히 환원주의적이다. 다중지능 이론을 유지하기 위해 이러한 접근 방식을 모두 이해하고 수용할 수도 있겠지만 반드시 그럴 필요는 없으며, 그런 태도가 현명하다고 할 수도 없을 것이다. 다중지능 이론이 모든 것을 설명할 수 없다고 해서 이 이론이 모두 틀렸다고 할 수는 없다. 미래의 어느 시점에 (포더가 그랬듯이) 이 이론에 더 일반적인 능력과 가능성을 추가하여 개인의 가능성에서 나타나는 능력을 설명하는 데 이용할 수 있을 것이다.

자아감의 재고

이 시점에서 이미 다중지능 이론에 큰 압박을 가하고 있는 인지적 능력에 대해 약간의 보충 설명을 하는 것이 적절하다고 본다. 나는 여기서 독립적인 지능들을 통솔하는 '이차적 능력'의 주요 후보로서 자아감을 언급하고자 한다. 앞 장에서 개인적 지능의 관점에서 자아의 발달을 살펴보았다. 거기서 제시한 나의 분석에 따르면, 자아감의 뿌리는 자신의 느낌을 분석하고, 그 느낌과 경험을 자신이 속한 문화의 해석적인 스키마와 상징체계를 통해 살펴보는 능력에 있다.

어떤 문화에서는 자아의 중요성을 축소하는 경향이 있다. 그러한 문화에 속한 사람은 자신만의 활동에 집중하기보다 타인의 행동이나 타인이 자신에게 요구하는 바에 더 중점을 둔다. 그러나 서구 문화권에서는, 미래의 삶에 대해 중요한 결정을 하는 능력을 포함해 상당한 자율성을 가진 적극적인 의사결정 행위자로서 자아가 훨씬 더 강조된다. 물론 모든 문화에서는 대인관계적인 면과 개인 내적인 면 사이의 균형을 맞추어야 하며, 궁극적으로 자아감은 이 두 가지 측면이 어떻게 구성되느냐에 달려 있다.

하지만 개인 내적인 측면 즉, 독단적인 자아감에 치우친 사회는 지능을 동등한 요소들 간의 단순한 소통으로 생각하는 관점에 심각한 위협이 된다.

이미 이전 장에서 언급한 것처럼, 자아감에 대해 몇 가지 다른 전략적 선택을 할 수도 있다. 첫 번째는 자아감을 독립적인 지능 영역으로 선언하는 것이다. 즉, 개인 지능에 대한 논의에서 보았듯이 자아감을 자신을 인식하는 핵심적 능력에서 발달하기 시작하지만 동시에 다른 지능과는 구별되는 새로운 종류의 지능으로 취급하는 것이다. 이러한 분석에서 자아감은 새로운 (여덟 번째) 지능이 되거나 성숙한 형태의 자기성찰 지능이 될 것이다.

두 번째, 더 급진적인 접근은 자아에 대한 지능을 유전적으로 타고난 독립적인 영역으로 보는 시각으로, 그 근거는 자아감이 다른 능력들에 대한 중앙 처리 장치 혹은 일종의 반영물처럼 기능한다는 데 있다. 이는 자아의 성장을 연구한 많은 발달심리학자들이 주장하는 이론이다.

최근에 내가 선호하는 세 번째 접근은 개인의 자아감을 신생 능력으로 보는 것이다. 자아감은 초기에 자기성찰 지능과 인간친화 지능에서 발달하지만, 특정한 사회적 환경에서 새로운 목표를 이루기 위한 수단으로서 다른 지능들을 이용할 수 있는 선택권을 가진 능력이다. 여기서 말하는 새로운 목표란 개인의 존재와 행동에 대한 모든 것을 아우르는 특별한 종류의 설명적인 모델을 만들어내는 것이다.

내가 생각하는 것을 좀 더 자세하게 살펴보자. 인간은 언어, 몸짓, 수학 등과 같은 다양한 상징체계를 자유롭게 사용하기 때문에, 자기성찰 지능의 중심에 있는 초기 수준의 이해를 자신과 관심 있는 다른 사람들에게 알리고 접근이 가능하도록 한다. 이러한 표상체계는 궁극적으로 그 사람이 어떠하고, 무엇을 했으며, 그의 강점과 약점이 무엇이고, 그가 스스로를 어떻게 느끼는지에 대한 모델인 언어적 허구의 인물, 즉 마음 속 허구적 실체를 개인이 만들도록 한다. 그리고 개인은 이 모델을 작동시킬 수 있는 것처럼 다른 상징체계에서 제시된 다른 모델들을 작동시킬 수 있다.

이 모델이 그의 삶에서 가장 중요한 개체로 느껴지고 또한 가장 중요한 효과를 주는 것 같지만, 그 모델에 포함된 지적 조작은 근본적으로 태양계, 생물학적 유기체 혹은 다른 사회적 피조물에 있는 조작과 다르지 않다. 단지 다르게 느껴지는 것일 뿐이며, 더 중요하게 느껴질 뿐이다.

나는 자아감을 독립된 영역이나 계통발생학적으로 다른 것보다 우위에 있는 이차적 영역으로 보기보다는 현존하는 다중지능의 관점에서 설명하려고 한다. 자아감이란 해석적인 문화적 맥락 안에서 자기성찰 지능이 자연스럽게 진화한 결과이며, 그 과정에서 다른 형태의 지능에서 나타나는 표상 능력의 도움을 받았으리라는 것이 나의 생각이다.

결국, 개인은 주목할 가치가 있어 보이는 모든 특징과 경험을 논리적으로 수긍할 수 있는 언어라는 방식(또는 더 드물게 다른 상징체계)으로 표현함으로써 자신을 설명한다. 그리고 오랜 기간 동안 다양한 사건을 경험하고 자아 개념이 변함에 따라 자신에 대한 설명은 계속 수정된다. 그 설명이 타당한지 그렇지 않은지는 중요하지 않다. 더 중요한 것은 자신의 지적 능력을 통해, 그리고 자신의 문화가 제공하는 해석적 틀을 통해 자기 존재의 나머지 부분을 요약하고 정리하여 설명하는 것이다. 지능들은 함께 작용하면서 그들 전체보다 더 커 보이는 하나의 존재를 만들 수도 있다.

이론의 반증

다중지능 이론에 대한 비판적 논의를 끝내기 전에, 이 이론이 틀렸을 수도 있는 조건을 제시하는 것이 시기적절할 것 같다. 결국, 다중지능 이론이 잠재적으로 반증하는 모든 증거를 설명(혹은 해명)할 수 있다면 과학적인 의미에서 이는 타당한 이론이 아니다.

이 이론에 대한 두 가지 수정 방법이 있다. 좀 더 긍정적인 방법은 이론의 일반적인 체계는 계속 인정하지만, 특정한 주장과 관련해 약간의 혹은 많은 수정을 가하는 것이다. 예를 들어, 특정 후보 지능이 주요 기준을 충족시키지 못해 고려 대상에서 제외될 수도 있고, 무시되거나 거부된 것들이 선택되어 지능의 종류에 들어갈 수도 있다. 또 좀 더 본질적으로 수정을 한다면, 다중지능 이론이 인간의 지적 활동의 상당 부분을 설명할 수 있지만 현재 포함되지 않은 몇 가지 다른 요소들을 추가하는 것 또한 타당하다고 밝혀질 수도 있다. 만약 지각, 기억과 같은 몇몇 수평적 요소들이 바람직하다고 설득력 있게 증명되거나 비유, 지혜, 자아감 등 몇 가지 다른 능력들이 다중지능 이론의 지능들과 별개로 존재하는 것이 증명될 수 있다면 그러한 요소들은 추가될 것이다.

나는 그러한 수정을 기꺼이 받아들일 수 있다. 그러나 더 근본적인 부분에서 부적절한 측면이 발견될 수도 있을 것이다. 만약 가장 중요한 인간의 지적 활동이 다중지능 이론의 관점에서 설명될 수 없다거나 몇몇 경쟁 이론으로 더 잘 설명될 수 있다는 것이 밝혀진다면, 이 이론은 버려지는 것이 마땅하다. 만약 여기에서 상당히 강조된 신경심리학적 그리고 교차 문화적 발견과 같은 증거들이 기본적으로 결함이 있는 것으로 밝혀진다면 여기에서 만들어진 모든 연구들은 재평가되어야 할 것이다. 신경체계 또는 다른 문화들에 대한 추후 연구에서 인간의 인지적 처리 과정에 대해 완전히 다른 이론이 제시된다면 다중지능 이론은 근본적으로 개정되어야 할 수도 있다.

마지막으로, 지능을 '타고난 것'으로 여기는 서구 사회의 경향이 인간의 정신이나 인간의 행동을 구분하는 최선의 혹은 적절한 방법이 아닐 수도 있음이 밝혀질 수도 있다. 그리고 그러한 경우, 현재의 이론은 대체할 수 있는 다른 이론들과 마찬가지로 플로지스

톤phlogiston*과 같은 길을 걷게 될 것이다. 이 이론이 폐기되는 것은 전혀 유쾌하지 않겠지만 내가 본질적으로 논박의 여지가 없는 이론을 제시한 것보다 훨씬 덜 실망스러울 것이다.

결론

내가 제안한 지능의 목록이 인정된다 하더라도 지능을 근본적 계산 능력들의 단순한 집합으로 보아서는 안 된다. 세상은 의미들로 둘러싸여 있고, 이러한 의미를 수용하는 만큼 지능은 활용될 수 있으며, 이를 통해 개인은 상징을 사용하는 공동체 구성원으로 직분을 다할 수 있도록 발달해나간다. 앞서 언급한 로버트 노직의 인용구가 우리에게 상기시켜주는 것처럼, 지능의 중심에 '우둔한dumb' 능력이 있을 수도 있지만 만약 그가 주변의 사회와 성공적으로 상호작용한다면 이러한 능력들이 '더 똑똑하게' 될 수 있다는 것 또한 사실이다.

다음 장에서는 자연 상태 그대로의 지적 능력들을 복잡하고 의미로 가득 찬 세상에서 기능할 수 있는 지능으로 만들어가기 위한 과제에 대해 설명할 것이다. 아동의 초기 인식과 행동은 의미로

* 17세기 말에서 18세기 초 연소를 설명하기 위해 독일의 베허Becher, J. J와 슈탈Georg Ernst Stahl 등이 제안한 물질로서, 그들은 가연성이 있는 물질이나 금속에 플로지스톤이라는 성분이 포함되어 있다고 주장했으며, 플로지스톤은 산소를 발견하기 전까지 가연물 속에 존재한다고 믿어졌다(동아 프라임 영한사전)._옮긴이

가득하기 때문에 이러한 의미는 이야기의 초반에 중요하게 여겨진다. 처음부터 기쁨과 고통은 의미와 관련되며 그에 대한 해석이 이루어진다. 다른 종들과 비교해 인간 지능이 특별한 이유는 상징의 인식, 상징의 창조, 모든 종류의 의미 있는 상징체계에 참여하는 것 등 상징 활동의 모든 측면과 관련된 지능의 잠재력 때문이다. 이것은 의미로 가득한 세상에서의 인간 발달의 또 다른, 아마도 가장 핵심적인 부분일 것이다.

마지막으로, 나이가 들고 경험이 많아지면서, 사람들은 자신의 행동과 상징으로부터 도출된 특정한 결과를 습득할 뿐만 아니라 자신이 속한 특정한 문화에서 인간과 물질, 물리적인 힘과 사람이 만들어낸 산물들을 해석하는 가장 일반적인 스키마를 배운다. 문화의 세계관Weltanschauung에 대한 몰두는 인간 삶의 최종적인 중대한 부분을 구성하고 그의 여러 성숙한 지능이 결합되어 효율적으로 활용되는 장을 정의한다.

더 깊은 수준까지 분석하려면 분석가, 컴퓨터, 생산체제, 또는 모듈에 대한 이야기로는 더 이상 충분하지 않다. 우리는 더 포괄적인 범주인 개인의 경험, 참조체계, 이해 수단, 전체적인 세계관에 대해 생각해야 한다. 이 모든 것은 특정한 계산 능력이 없다면 가능하지 않겠지만, 그것들은 결코 인간의 상징 활동이 없다면 존재하지도 않을 것이다. 따라서 만약 우리가 지능과 교육적 실천을 연결시키고자 한다면, 인간의 상징체계의 발달과 상징화된 능력이 핵심적인 부분이 될 것이다.

12장

상징과 인간 지능

상징의 중심 역할

생물학과 인류학에서 발견된 사실들은 인간 지능에 대한 이론의 양극단에 위치한다. 신경체계의 구조와 기능에 관한 연구를 통해 우리는 궁극적으로 인간의 모든 인지 활동에 대한 한계를 밝힐 수 있다. 또한 잘 알려진 모든 인간의 문화에 관한 연구에서 우리는 결국 사고 과정을 포함하여 인간 역사에서 진화되어온 다양한 능력들에 대해 완전한 개념을 얻을 수 있다. 이러한 영역에서 얻은 통찰을 통해 인간의 지적 능력의 본질, 범위 그리고 한계에 대한 종합적인 그림을 얻게 될 것이다.

그러나 학제간의 통합적 관점에서 볼 때, 생물학과 인류학은 서로 너무 다르다. 다시 말해, 이 책에서 우리의 두 가지 주요 관점은 서로 다른 언어를 사용한다. 생물학은 세포, 시냅스의 연결, 그리고 두뇌의 미시적 수준의 비교적 작은 영역의 구조에 대한 설명뿐만 아니라 인간의 유전적 잠재력에 대해 설명한다. 반면 인류학은 다양한 사회에 존재하는 서로 다른 역할, 개인들이 수행하는 다양한 기능, 이러한 기능이 수행되는 상황, 개인이 설정하는 목표, 그리고 그들이 제기하고 해결하려고 노력하는 문제를 담색한다. 내가 아는 한, 그들의 어휘와 참조체계는 너무나 독립적이기 때문에 이러한 두 지식을 직접적으로 연결할 수 있는 손쉬운 방법은 없다. 그것은 마치 하프시코드의 구조와 바흐의 음악 소리 사이에 연결 고리를 만들려 하는 것과 같다. 즉, 이들은 서로 어울리지 않는다.

상징들, 상징적 결과물, 상징체계들을 살펴보자. 학자들에 의해 구성된 상징 영역은 다양한 구조와 기능을 지닌 신경계와 여러 역할 및 활동을 수행하는 문화 사이의 간격을 메우는 데 이상적이다. 단어나 그림과 같은 상징들, 수학이나 언어와 같은 상징체계, 과학 이론이나 문학적 담론 같은 상징적 결과물들을 처리하는 과정에서 우리는 생물학과 인류학 모두를 다룰 수 있는 분석의 수준과 독립체들을 연결시켜 생각한다. 특히 신경체계를 통해 특정한 종류의 경험을 하게 된 유기체는 단어, 문장, 이야기 같은 상징적 독립체들을 이해하고 처리하는 법을 학습할 수 있다. 신경체계는 문화에 관해 아무것도 알지 못하지만 신경체계의 여러 영역은 언어에 관해 많은 것을 알 수 있도록 구성되어 있다. 반면에 사람들의 집합체라 할 수 있는 문화는 그 구성원들이 사용하는 단어, 이야기, 이론 등을 알 수 있다. 요컨대 문화는 이러한 결과물을 평가하고, 그것이 적절한지를 판단하며, 변화를 관찰하거나 그 변화에 대해 조언하고, 전통 혹은 혁신을 선택할 수 있게 한다. 문화적인 지식과 전통을 유지하는 일에 가장 직접적으로 관련 있는 사람들은 뇌세포나 두뇌가 인지 과정에서 어떤 역할을 하는지 전혀 알지 못할 테지만, 사람들 사이에 유행하는 디자인, 드라마, 춤을 알고, 평가할 준비가 충분히 되어 있다. 상징의 영역은 생물학의 한계와 문화의 범위 사이 또는 생물학의 범위와 문화의 한계 사이의 '중간물tertium quid'로서 반드시 필요한 분석의 수준을 제시한다.

지능심리학을 근간으로 하는 현재 지능의 구조와 아이들을 양육하고 책임과 능력에 맞춰 적소에 배치하는 것 등 문화적 고민거리를 긴밀하게 연결시킬 수 있는 것은 상징과 상징체계다. 상징은 원초 지능에서부터 완성된 문화에 이르는 지름길을 열었다. 따라서 이런 영역을 어떻게 볼 것인가에 대해 반드시 언급할 필요가 있다.

나는 상징에 대해 보편적인 시각을 가지고 있다. 나의 멘토인 넬슨 굿맨Nelson Goodman과 다른 권위자들이 그렇듯이, 나는 상징이란 (물질적이거나 추상적인) 어떤 다른 실체를 표시하거나 지칭할 수 있는 실체라고 생각한다.[1] 이 정의에 따르면, 단어, 그림, 다이어그램, 수, 기타 수많은 실체들을 상징이라 할 수 있다. 따라서 어떤 요소라도 그것이 정보를 나타낸다면 상징이다.

기호로 나타내거나 직접적으로 표현하는 것 외에도 상징은 중요하지만 잘 인식되지 않는 방식으로 의미를 전달한다. 어떤 공동체가 특수한 상징을 특정한 방법으로 해석하기로 정했다면, 그 상징을 통해 기분, 감정, 분위기 등을 전달할 수 있다. 추상적이든 표상적이든, (그림 자체가 빨갛다고 하더라도) 그림은 슬픔, 흐뭇함, 분노나 우울한 기분을 전달할 수 있다. 이처럼 중요한 표현적 기능을 상징이라는 무기 안에 포함시킴으로써 우리는 교향곡부터 사교댄스square dance*까지, 조각부터 추상적으로 구불구불하게 그려진 선에 이르는 예술적 상징 전체 범위까지 이야기할 수 있으며, 이것들 모두 함축적 의미를 표현할 수 있는 잠재력을 지니고 있다.

상징은 그 자체로서 독립적인 기능을 할 수 있지만, 정교한 체계의 일부로 포함되는 경우 또한 매우 흔하다. 요컨대 단어들은 구술되거나 서술된 언어에 등장한다. 수와 기타 추상적 상징들은 수학 언어에 등장하며, 손짓과 기타 동작 패턴은 무용 체계 안에 등장한다. 전체 상징체계를 이용할 때 상당한 범위의 의미를 효과적으로 전달할 수 있다. 이와 같은 상징체계의 전개와 해석('읽기'와 '쓰기')을 숙달하는 일은 성장하는 모든 아이에게 주요 과제다.

마지막으로 상징과 상징체계들은 이야기, 소네트sonnet**, 연극과 시, 수학적 증명, 문제 해결, 의식, 논평 등과 같이 일련의 의미를 전달할 때, 그리고 그 문화에 젖어 있는 다른 사람들을 이해하고, 해석하고, 배우고, 비판하고, 변형할 수 있는 상징적 산물에 사용될 때 최대한 유용하게 쓰였다고 할 수 있다. 이런 상징적 산물들은 상징체계의 궁극의 존재 이유raison d'être, 다시 말해 상징체계가 진화하는 이유이자, 사람들이 다양한 상징체계를 숙달하려고 애쓰는 이유다.

---

* 남녀 네 쌍이 한 조를 이루어 사각형으로 마주보고 서서 시작하는, 미국의 전통 춤._옮긴이

** 열 개의 음절로 구성되는 시행 열네 개가 일정한 운율로 이어지는 14행시._옮긴이

상징체계에 한계가 있을까? 혹은 어떤 요소가 결합해 체계적으로 조직화되어 해석 가능한 상징적 결과물을 만들어낼 수 있을까? 이는 어려운 문제다. 변경할 수 없는, 선험적으로 고정된 수의 상징체계가 있다고 가정하는 것은 거의 자멸적인 일이다. 즉, 이러한 엄격함 때문에 똑똑한 사람들이(혹은 진취적 문화에서) 새로운 효과적 상징체계를 발명하지 못할 수도 있다. 반면에 누군가는 상반된 주장 즉, 무한한 수의 상징체계가 존재할 수 있다는 주장을 하면서 판도라의 상자를 여는 위험을 감수한다. 그 다음은 어째서 전 세계의 문화들이 동일한 종류의 상징체계를 고안하는 경향이 있으며 그것을 선호하는지, 그리고 효과적인 새로운 상징체계가 발견되었을 때 인류학적 공동체 내에서 그것이 왜 헤드라인 뉴스가 되는지 설명해야 한다.

한편으로 (인지의 기본 요소인) 인간 지능의 특성을 구체화하고 다른 한편으로는 인간의 문화적 역할과 기능의 범위를 구분한다면, 인간이 지적으로 참여할 수 있는 모든 영역의 가능한 상징체계의 목록을 만들 수 있다. 문화의 역할은 광범위하고 새로운 기술의 발달로 계속해서 확대될 수 있기 때문에 이 목록은 상당히 길어질 것이다. 하지만 적어도 원칙적으로는 간략한 상징체계의 목록을 내놓을 수 있어야 한다. 이 목록은 어떤 문화 안에서 자란 사람들이 숙달할 것으로 예측할 수 있는 유력한 의미체계들이 어떤 것인지를 알 수 있다는 점에서 교육자들에게 시사하는 바가 있다.

물론 상징체계들의 도입과 숙달은 단지 이론적인 문제는 아니다. 그것은 아동기에 짊어지게 되는 짐이 되며, 심지어 현대 교육계의 주요 목표로 간주되기도 한다. 이에 따라, 인간이 상징적 영역 안에서 무언가를 성취해내는 방식에 관해 알려진 점을 고려하는 것이 중요하다. 따라서 다른 연구원들의 연구 결과와 하버드 프로젝트 제로 팀의 대니 울프Dannie Wolf 그리고 다른 동료들의 10년간 연구 결과를 토대로,[2] 나의 관점에서 상징적 발달의 이야기를 요약해볼 것이다. 이런 조사는 두 가지 역할을 할 것이다. 우선 이론적인 면에서, 생물학에 기반한 지능의 관점을 가지고 다양한 문화인류학적 발견을 통합할 수 있는 방법을 제시하고자 한다. 그리고 좀 더 현실적인 문제로 주의를 돌려, 상징적 발달의 정상적인 경로에 관한 논의를 통해 교육가들이 직면한 도전 중 일부를 소개할 것이다. 이 과정은 이 장의 결론 부분에서 제시하는 다양한 교육학적 제안에 도움이 될 것이다.

상징적 능력의 등장

서론

내 분석에 따르면, 상징체계의 발달을 특징적인 양상에 따라 네 단계로 구분하여 설명하는 것이 유용하다. 유아기의 아이는 기본적 이해력을 습득하고, 이후 상징을 활용할 수 있는 능력이 아이에게 더해지면서 특정한 세속적 활동을 위한 역량이 나타난다. 놀라울 정도로 빨리 발달하는 시기인 2~5세까지의 초기 아동기 동안, 아동은 상징체계 범위 안에 있는 기본 능력을 습득한다. 이 시기는 두 가지 병렬적인 상징적 측면들이 발달하는 때이기도 한데, 나와 동료들은 그 측면들을 각각 발달의 '파동waves'과 '흐름streams'이라고 불러왔다. 취학 연령기에 상징화 면에서 몇 가지 기본 능력을 성취한 아이는 문화적으로 가치 있는 특정 영역이나 상징화의 '통로들channels' 안에서 더 높은 수준의 기술을 습득하게 된다. 이 시기는 복잡한 문화적 과제를 이행하는 데 매우 유용한 것으로 입증된 다양한 기호법이나 '2차' 상징체계들을 숙달하는 때이기도 하다. 마지막으로 청소년기와 성인기 동안, 개인은 상징을 완벽할 정도로 능숙하게 사용할 수 있게 되어 상징적 지식을 자기보다 어린 사람에게 전수하기도 하고 최소한 독특한 상징적 결과물들을 만들 수 있는 가능성을 가진다.

유아기 내 연구의 사례를 토대로 이러한 상징의 발달 단계를 면밀히 살펴보고, 그것들이 이 책의 주요 주제들과 어떻게 연관되는지를 알아보고자 한다. 신생아들은 빨기나 보기와 같은 한정된 기술과 능력을 통해 세상을 알게 된다. 맨 먼저, 아이들은 이런 능력이나 기술을 가능한 모든 대상에 적용해본다. 하지만 곧이어 젖꼭지 빨기와 딸랑이 흔들기처럼 특정 대상과 특정 활동을 연결하는 법을 배우는 반면 덜 생산적인 활동은 피한다. 여기에서 처음으로 행위에 '의미'가 부여되는 사례를 볼 수 있다. 아이는 자기 입장에서 만족스런 경험과 연결되는 활동은 물론 자신이 원하는 결과를 가져다줄 수 있는 활동을 추구한다. 이 과정에서 아이는 성인들이 자신의 행동에 부과하는 해석과 자신에게 유도하는 상황 혹은 경고하여 멀리하는 상황들에 자주 도움을 받는다.

아이는 생후 1년 동안 특정한 기본적인 행동들은 이해할 수 있게 된다. 사람들이 쇼핑을 하거나 아이들에게 음식을 먹이는 등의 행동으로 특정 역할을 수행하며, 병을 던지는 행동의 결과로 병이 바닥으로 떨어지며, 인형이나 꽃과 같이 서로 혼동하지 말아야 하는 사물들의 범주가 존재한다는 것 등을 인식한다. 이런 이해들은 사람들과 사물들로 이뤄진 세계에서 자신의 길을 개척해나가는 데 중요하다. 또한 궁극적으로 다양한 상징적 수단을 통해 표현될 많은 경험들을 최초로 소개해주기도 한다.

생후 1년 동안 아이들의 행동은 특정 지능의 초기 작용이라는 측면에서 서술할 수 있다. 이미 확인했듯, 아동은 각 지능 영역에서 수많은 종류의 특수한 조작을 할 수 있다. 즉, 음높이와 음조의 배열 면에서의 차이와 동일한 음운 유형 사이에서 나타나는 공통성, 소규모 사물 집합의 다수성을 인식할 수 있고, 자기 주변의 공간의 구조를 파악하며 원하는 것을 얻기 위해 자신의 신체를 어떻게 움직여야 하는지를 알고, 다른 사람의 특징적인 행동 패턴과 자기 자신의 관습적 반응과 감정을 인식한다. 실제로 생후 1년 동안 이런 각각의 개별적 지능 영역 안에 상당한 발달이 진행된다.

이런 지능이 또 다른 지능과 상호작용하는 방식도 중요하다. 원활한 상호작용을 위해 신체 활동에 공간 능력이 더해져야 한다. 즉, 감춰진 사물을 찾으려면 논리수학, 공간, 신체 능력이 연결되어야 한다. 어머니가 떠나거나 낯선 사람이 등장할 때 느끼는 불안감은 지능의 대인관계적 형태 및 개인 내적 형태들과 관련이 있다.

마지막으로, 우리는 생후 1년 마지막 단계에서 나타나는 최초의 상징적 행동의 첫 번째 형태인 지능의 조합, 즉 단일 단어의 의미를 인식하는 능력, 현실 세계에서 사물에 대한 그림 묘사를 '해독'하는 능력 등을 보게 된다. 아이가 엄마, 과자, 강아지 같은 단어에 적절히 반응할 수 있는 이유는 언어적 구별을 하고, 소리의 영역을 이 세계에서 인지한 사물과 연결시키고, 그 사물의 특징을 관련된 행위 및 감정과 결부시킬 수 있기 때문이다. 그 증거로서 아이는 묘사된(검출된) 형태와 실제 세계의 사물, 즉 지각, 운동, 정서적 연관성의 전 범위에서 다시 출현하는 사물 간의 연계성을 인식할 수 있다. 이런 능력을 통해 아이는 최초로 공공적인 의미의 세계로 진입하며, 앞으로 마주하게 될 여러 추가적인 상징을 이용하는 과제들을 수행하게 된다.

2~5세 아동 생후 몇 년 동안, 아동의 상징적 발달에서 획기적 사건들이 발생한다. 2~5세에는 기본적 상징화가 발달하는 시기이며, 이 시기에 아이는 언어의 예(문장과 이야기), 2차원 상징화(그림), 3차원 상징화(점토와 블록), 몸짓 상징화(춤), 음악(노래), 희곡(가장된 연극)을 인식하고 창조할 수 있으며, 기본적 산술 연산, 간단한 인과적 설명을 포함해 특정 종류의 수학적, 논리적 이해를 할 수 있다. 이 시기가 마무리되고 학교에 입학하는 시점이 되면 상징화에 대한 최초의, 혹은 '밑그림'과 같은 지식을 갖게 되며,

이후 몇 년 안에 더 완벽하게 상징을 숙달하게 된다. 블록을 가지고 노는 아이들을 보면 이와 같은 상징화의 기초적인 지식의 습득과 관련 있는 몇 단계에 대한 통찰을 얻을 수 있다. 1세 아동은 단순히 블록을 입에 넣거나 바닥에 대고 두들기거나 던져버리는데, 이 과정에서는 어떤 상징적 활동도 발생하지 않는다. 실제로 아동이 블록 집짓기를 그림과 연결시킬 수 있거나, 그것을 달라는 요청("엄마한테 블록 줘"라는 말)에 응할 수 있을 때 다양한 상징적 활동이 지각의 영역에서 일어난다. 블록 이용에서 중요한 다음 단계는 대략 2세에 발생하는데, 그 나이가 되면 아이는 두 개의 블록을 집어서 한 블록은 '엄마'로 다른 블록은 '아기'로 이름을 붙여 부를 수 있으며, 두 블록을 '산책하게' 할 수 있다. 3세가 되면 아이는 여러 개의 블록을 집어서 큰 것 위에 작은 것을 올려놓고, "이건 눈사람이다" 혹은 "이건 피라미드"다라고 말할 수 있다. 4세가 되면 아이는 수적으로 정확하게 블록들을 이용할 수 있다. 가령, 인접하는 기둥보다 블록을 하나 더 많게(혹은 더 적게) 쌓아 계단을 만들어낼 수 있다. 마지막으로 5세나 6세가 되면 아이는 2+4=6처럼 간단한 수적 사실들을 확인하거나 C A T와 같은 간단한 글자들을 구성하기 위해 처음으로 블록의 옆면에 다양한 글자를 휘갈겨 쓸 수 있다.

상징화의 흐름

초기 아동기에 나타나리라 예측되는 사건들을 분석하여 실제로 작동하는 몇 가지 요소들을 밝혀냈다. 그 요소들은 바로 상징화의 흐름streams, 파동waves, 통로channels다. 이러한 상징화의 작동 방식은 취학 전 시기의 상징 발달에 핵심적인 내용이다.

무엇보다 각각의 상징체계에는 독특한 발달 과정이 있다. 예를 들어 언어의 경우 (18개월 시점에) 두 단어를 연결하는 능력부터 시작해, (4~5세에) 복잡한 문장을 말하고 '왜'라는 말로 의문문을 사용하며 수동 구문을 구사하는 능력까지, 문법적 능력에 많은 발달이 일어난다. 이런 발달은 언어 내에서만 발생하며, 다른 상징체계에서 직접적인 영향을 거의 주지 않는다. 따라서 이와 같은 발달은 일군의 능력 안에서 독립적으로 진행되는 흐름이라고 생각할 수 있다. 음악의 경우, 대부분의 활동은 음계 내에서 음높이 사이에 기본적인 관계를 적용하는 것이다. 블록 쌓기에서는 쌓아올린 블록의 구조를 구성하고 조절할 수 있는 한도, 외형, 연속성의 차원을 이해하게 된다. 수적인 면에서의 핵심은 +1과 -1에 대한 연산을 이해하고 그 연산 과정에서 기본적인 수의 집합에 대한 지식과 조율하는 능력을 얻게 된다. 그 밖에 나머지 각각의 상징체계들이 있다.

이와 같은 발달은 일련의 흐름처럼 진행되며 지적 능력이 일단 문화의 적절한 상징체계에 관여하거나 그런 상징체계에 의해 이용될 경우, 특정 지능이 정교화되는 과정으로 보는 것이 합당하다. 요컨대 음악적 지능의 핵심 측면(음높이와 장단)은 (이 부분은 행복한 마디라는) 표현과 (이 부분은 그 전 노래의 일부라는) 참조 같은 음악의 상징적 측면에 의해 나타난다. 언어의 경우 핵심이 되는 통사론적, 음운론적 측면들은 (가령, 일련의 단어들은 행동을 나타내는 등) 특정 부류의 의미와 (예를 들어 어떤 구성은 무시무시한 분위기를 전달하는 등) 특정한 효과를 만들어내기도 한다. 그림의 경우 2, 3차원석 공간 관계에 대한 이해는 물체를 묘사하는 것에서 시작하여 또 다른 물체보다 대상 물체가 멀리 있거나, 중첩되어 있거나, 작다는 점을 표현하는 것을 포함하게 된다. 여기서, 각 사례에서, 어떠한 과정도 이루어지지 않은 '원초적raw' 지적 능력은 특정한 능력의 상징적 잠재력을 실현시키기 위해서 가능한 상징체계에 의하여 조절된다. 생후 1년 뒤 지능이 적절하게 발달하면 반드시 다양한 상징 기능 및 체계들과 서로 맞물린다. 실제로 뇌 손상을 입거나 자폐증을 가진 사람들만이 상징 발달에 영향을 받지 않은 '순수한' 혹은 원래 형태의 지능을 유지한다.

상징화의 파동

하지만 상징 발달의 또 다른 흥미로운 측면은 상징화의 흐름과 동시에 혹은 독립되어 작동하는 양상이 존재한다는 것이다. 이것은 상징화의 '파동wave'이라 불리는 특정한 심리적 과정이다. 불규칙하게 확대되는 파동의 과정은 일반적으로 특정 상징 영역에서 시작하지만, 그 특성상 곧바로 신속하게 확대되며 때때로 부적절하게 다른 상징 영역으로 확산된다.

첫 번째 예로, 파동의 역할 혹은 사건 구조화event structuring를 들 수 있다. 이는 행위를 하거나 대역을 할 수 있는 2세 아동의 능력이다. 이 시기에 의미를 표현하기 위한 일반적인 상징적 수단은 ('엄마가 잔다Mommy sleep', '피도가 제자리 뛰기를 한다Fido jump'와 같은) 말 혹은 (아이가 인형을 재우고, 자기 목에 장난감 청진기를 두르는 등의) '역할놀이'를 통해 나타난다. 즉, 언어와 역할놀이는 사건 구조화 지식을 표현하는 적절한 방식이다. 하지만 우리는 이러한 심리적 과정이 단순히 적절한 상징적 영역에 머물지 않는다는 사실을 발견하게 된다. 오히려 주어진 과제의 상징적 영역이 무엇이든, 그 연령대의 아이는 사건 구조화 수단들을 쉽게 받아들인다. 가령 펜을 주고 트럭을 그리라고 하면, 아이는 펜을 쥔 다음 종이 위에 펜을 문지르면서 "부릉 부릉" 하고 말한다. 이는 펜을 트럭으로 변형한 것이며, 아이의 행위는 움직이는 차량의 느낌과 소리를 재창조하는 역할을 한다. 혹은 아이에게 칫솔과 닮은 블록을 고르라는 과제를 주어보자. 그러면 아이는 긴 원통형 블록에 별로 주의를 기울이지 않고 모양이 어떻든 그 다음으로 이용 가능한 블록을 잡은 다음 그것을 자기 입에 대고 마치 블록이 칫솔인 것처럼 행동한다. 다시 한 번 역할과 사건의 구조를 받아들인 것이다.

두 번째 파동은 유추적 도식화analogical mapping 혹은 위상기하학적 도식화topological mapping라 부르는 과정으로, 1년 뒤인 약 3세가량에 나타난다. 유추적 도식화에서 아이들이 실제 사용하는 상징은 자신이 상징화하고 있는 대상, 즉 참조의 장field of reference에서 원래 관찰되는 것과 관계가 있다. 처음 그림을 그리는 과정에서, 아이는 기본적인 원에 두 개의 부속을 첨가하여 그 결과로 나오는 형태를 '사람'이라 부른다. 아니면 아이는 몇 개의 블록을 다른 블록의 위에 놓고는 그 결과로 만들어진 형태를 '눈사람'이라고 할 수 있다. 이런 상징물들은 그것들의 참조물과 유추적 유사성을 지니고 있다. 음악 분야에서도 아이가 '대상target' 노래가 고조되는지 침잠하는지, 빨라지는지 느려지는지와 같은 유추적 관계를 포착할 수 있지만, 이 단계에서 아직 음높이나 운율의 관계를 포착하지는 못하는 것은 발달 과정과 관련이 있을 것이다. 상징화의 파동이 불규칙하게 확대되는 특성을 감안하면, 아동은 상징화를 사용하기 적절치 않은 상황에서도 상징화의 형태를 이용할 수 있다. 일정하게 배열되어 있는 요소들의 숫자를 맞혀보라고 하면, 아이는 정확한 수치가 아니라 단지 많고 적음만을 이야기할 것이다. 몇 명의 인물들이 나오는 이야기를 다시 말해보라고 하면 아이들은 (선한 세력을 대표하는 한 명과 악한 세력을 대표하는 다른 한 명으로) 주인공들을 두 사람으로 줄일 것이다. 이런 점에서 상대적 크기, 모양, 유의성을 포착하기 위한 성향은 이 시기에 나타나는 포괄적인 파동 현상임을 알 수 있다.

대략 4세에 시작되는 다음 단계에서는 지금까지 이야기한 것과 대조되는 측면이 나타난다. 디지털 도식화digital mapping 혹은 양적 도식화quantitative mapping라는 파동의 발달 단계에 따라 아동은 이제 하나의 배열 내 요소들의 수를 정확히 맞히려 한다. 아동은 더 이상 발가락, 이야기 속 인물들, 노래의 음높이의 수를 대략적으로 세어보는 것에 만족하지 않고 정확한 양과 수를 파악한다. 하지만 이처럼 겉으로 보기에 유익한 진전도 그 대가를 치러야 한다. 아이는 특정 행동 형태의 느낌과 분위기(춤을 추거나 그림을 그리면서 갖게 되는 느낌)를 포착하는 대신, 동작을 정확하고 올바르게 묘사하려 함으로써 음조와 뉘앙스의 결정적 측면은 놓칠 수 있다. 이 과정을 볼 때, 때로는 어떤 한 대상의 질이 양을 포착하는 것보다 더 중요한 것을 알 수 있다. 특히 미학적 목표를 둔 경우에 그렇다.

파동과 같은 능력이 나타나고 발달하는 것과 관련해 주목해야 할 부분들이 있다. 일단 이런 각각의 파동, 즉 사건 구조화, 유추적 도식화, 디지털 도식화는 이후의 삶에서 중요한 역할을 한다. 우리는 소설가, 조각가, 수학자를 방금 설명한 세 가지 파동 능력을 '숙달한 사람master'이라고 생각할 수 있다. 하지만 나의 목표에 보다 더 적합한 사실이 있는데, 파동의 영향이 광범위하다는 것은 그 기원이 무엇이든 특정한 상징 과정이 반드시 특정 영역의 상징과 연결될 필요가 없음을 의미한다는 것이다. 대신 상징 과정은 더 광범위한 상징체계에서 적절하게(혹은 부적절하게) 이용되는, 좀 더 일반적인 기능을 하게 된다.

여기에서 나는 인간 지능의 힘의 결정적 측면을 언급하려 한다. 대부분의 동물들은 고도로 발달한 몇 가지 계산 능력을 지니고 있지만(새의 노래나 벌의 춤을 생각해 보라) 이런 능력은 거의 획일적으로 정해져 있다. 즉, 이러한 능력은 특정 표현 방식에 엄격히 국한되어 있다. 이와 반대로, 인간의 지능은 훨씬 더 유연하다. 새롭고 귀중한 능력이 주어지면 인간은 그 능력을 넓은 범위에 걸쳐 적절하게 사용하고, 거리가 먼 상징 영역에서 그 능력을 실험하며, 제대로 작동하는지를 확인하는 훌륭한 성향을 지니고 있다. 실제로 인간들은 새롭게 진화 중인 어떤 능력이 있다면 전혀 적절치 않은 상황에서도 그 능력에 대한 실험을 멈추지 않을 것이다. 결과적으로, 인간은 하나의 상징 영역에만 특정된 능력을 다른 상징 영역에도 나타나도록 빌려주는 것과 같이 유연하게 조작하기 때문에 무궁무진한 상징의 사용자라 할 수 있다.

사율적 지능과 상징화 파동의 관계는 어려운 문제점을 내포하고 있다. 상징화의 흐름들이 우리의 초기 지능 안에서 자연스럽게 지도화될 때, 파동들은 근본적으로 지능 영역의 경계에 구애받지 않는다. 나는 각각의 상징화의 파동은 하나의 지능에서 유래했다고 생각한다. 요컨대 사건의 구조화는 주로 언어적 지능과 밀접한 관계를 가지고 있고, 유추적 도식화는 공간적 지능과 긴밀히 연관되며, 디지털 도식화는 논리수학 지능과 긴밀히 연결된다. 하지만 아직은 분명하지 않은 몇 가지 이유에서, 상징적 파동을 그와 거리가 먼 지능 영역으로 이끄는 강력한 힘이 작동한다.

개별적인 발달의 흐름이 몇몇 상징 영역에서 지속적으로 진행되는 동안 세 가지 파동들을 서로 중재하면서, 5세 아이는 실제로 여러 상징적 결과물들에 대한 기초적인 지식을 습득한다. 아이는 이야기가 무엇이며, 짧지만 적절한 이야기를 어떻게 전개해야 할지 알고 있으며, 노래, 연극, 춤, 디자인, 기타 여러 상징적 결과물에 관해 비슷한 지식을 가지고 있다. 실제로 이 나이의 아이들은 열정적으로 별 어려움 없이 각각의 상징적 영역의 산물을 만들어낼 수 있기 때문에 이 시기를 상징적 활동의 전성기라 할 수 있다. 또한 이런 예들은 주로 (적어도 미학적으로 관대한 우리 시대의) 관찰자에게 새롭고, 매력적이며, 창의적이고, 독특한 충격을 준다. 아이는 비판에 대한 걱정 없이 자신을 자유롭게 표현할 수 있으며, 다른 사람의 방식을 그대로 따라야 한다는 의무감도 없다. 아이는 기꺼이 경계를 초월하고, 여러 영역들을 연결하며, 독특한 병치를 이뤄내는데, 간략히 말해 우리가 원숙한 예술가와 관련이 있다고 생각하는 약간의 실험성이나 취향을 보여준다. 즉, 이 시기를 발달의 전성기라 할 수 있다.

상징화의 통로

이제 새로운 상징 과정은 복합적인 양상으로 나타난다. 이러한 과정들은 (적어도 서구 사회에서는) 어린아이가 게임을 하는 동안 종이 위에 스코어를 표시하기 시작할 때, 또는 상점에 가서 여러 개의 물건을 사고 계산하기 위해 질문할 때, 자기만 아는 자신의 간단한 계산법을 시도할 때 자발적으로 생산된다. 5세, 6세 혹은 7세 즈음에 아동에게는 기호 상징화notational symbolization 능력이 생겨난다. 이는 '2차적' 방식으로서 기본적인 상징체계를 참고하여 다양한 부호체계를 고안해 사용하는 능력이다. 말하는 언어를 지칭하는 문자화된 언어가 있고, 말하는 (혹은 다른 방식으로 상징화된) 수를 지칭하는 문자화된 수체계가 있다. 또한 어떤 상징적 표현의 핵심적인 부분들을 포착하기 위해 갖가지 지도, 도표, 부호, 음악 혹은 무용 등의 기호체계가 고안되었다. 우리는 이 새로운 발달을 최종적이고 가장 결정적인 상징화의 파동이라고 생각할 수 있다.

기호 상징화는 초기 상징화의 파동과는 구분된다. 우선, 기호를 만들어낼 수 있는 능력은 2차적인 능력인데, 이것은 하나의 상징체계 자체가 다른 상징체계를 참고하는 것을 말한다. 때문에 기호화는 가장 행복하지만 예상치 못했던 종류의 가능성을 열어준다.

이제 아동은 이전에 습득된 기호법을 참고하여 더 높고 복잡한 수준의 상징체계를 계속 만들어나갈 수 있다. 3차적 체계가 2차적 체계를 참고하고 2차적 체계는 기본 체계를 참고하는 것처럼, 수학과 과학의 대부분은 이와 같이 반복되는 가능성을 기반으로 만들어졌다.

상징적 발달과 관련하여, 바로 이 부분에서 문화의 영향력이 분명하게 드러난다는 점이 아마 가장 중요할 것이다. 반면 초기의 흐름과 파동은 내생적 성향을 가지고 있기 때문에 세계의 문화를 초월해 대략적으로 비교할 수 있을 정도의 형태로 나타나지만, 기호법은 명백히 해당 문화에서 비롯된다. 따라서 기호들은 주어진 문화 내에서 진화하고 어린 학습자에게 직접적으로 바로 적용되는 기호화된 정보의 수단인 상징화의 경로channels를 만든다.

소수의 기호법을 사용하는 사회에 속한 개인은 기호법을 만들어내려는 경향을 보이는 반면, 다양한 기호법을 가진 사회에 속한 개인은 그때그때 적당한 기호법을 사용하며 살아가는 것을 알 수 있다. 여기에 학교화 사회schooled society와 비학교화 사회non-schooled society의 핵심적인 차이가 존재하며, 각 차이는 특징적으로 생성된다.

기호화 환경에 노출되었을 때, 아동은 새로운 체계를 익히고 정확하고 정해진 방법으로 그들을 활용하려고 한다. 이제 아동은 그가 속한 문화의 상징 기술을 본격적으로 습득하게 되며, 어떤 의미에서 이제 재미있는 시간은 끝났다고 할 수 있다. 특히 아동은 의식에서 사용되는 춤이나 역사책에서 사용하는 언어처럼 그 문화가 선호하는 상징 수단을 이용하며, 그가 속한 문화에서 배제되어 있는 잠재된 상징들은 간과한다. 지금까지 이런 상징화가 비공식적인 환경, 즉 일상에서 습득된 반면, 명백한 기호법은 전통적으로 공식적인 환경, 즉 실제 학교에서 학습된다. 아동들이 주요 문화의 기호 수단을 소개받고 습득하는 과정이 (오늘날의 용어로는) '교육'을 통해 이루어진다는 것은 과언이 아니다.

적어도 우리가 속한 사회에서는 다소 실망스러울 수도 있지만, 기호 상징화의 출현에 대한 아주 흥미로운 인지적 결과가 존재한다. 특정 상징체계를 습득하기 위한 열정으로 인해 아동은 극단적으로 문자에 얽매이게 된다. 그는 그저 상징체계를 적절한 방법으로 사용하기를 원하기 때문에 그 상징체계를 벗어나거나 새로운 시도를 하는 것을 견디지 못한다. 실제로 아이들은 비유적 언어, 독특한 병치, 그리고 관습에서 벗어난 것들을 배제한다. 이 때문에 아동이 하는 작업들은 자유롭고 특이한 이전의 것들에 비해 평범하고 재미없어 보일 수 있다.

그러나 이 '문자 단계literal stage'는 상징적 발달의 본질적 측면이며, 만약 이것을 피하거나 전복시키려는 교사가 있다면 그는 과격한 교육자가 될 것이다. 개인이 상징체계를 유리하게 활용하기 위해서는 이것을 완벽히 습득해야만 한다. 사실, 대부분의 성인들은 단순히 그들이 속한 문화의 주요 상징체계와 관련된 능력을 가졌다는 사실만으로 만족하며, 그들의 후손 또한 비슷한 (혹은 그 이상) 능력을 반드시 함양할 수 있도록 한다. 대개의 집단은 현재의 상태에서 벗어나 혁신적인 상징체계를 만드는 데 거의 관심을 두지 않는다. 소수 특정 개인만이 상징적 능력의 절정에 다다르고, 예상치 못한 방향으로 나아갈 수 있으며, 상징체계를 실험하고, 독특하고 혁신적인 상징적 결과물을 만들어내고, 심지어 새로운 상징체계를 고안하려 할 것이다.

개요

프로젝트 제로 연구에서 나타난 것처럼, 나는 상징적 발달의 핵심에 대한 빠른 조사를 통해 원초 지능이 상징적인 결과물을 고안하고 해석하는 데 사용되고 받아들여진다고 주장했다. 원초 지능은 영아기에 존재할 수 있으나, 어린 아동이 정서적 영향affective consequences은 물론이고 주변의 문화를 통해 풍부한 해석을 접하게 되면서 곧바로 의미 있는 활동들에 둘러싸이게 된다. 그 후 취학 전 기간 동안 각 지능은 점차적으로 다양한 방식으로 상징체계를 배치하고 습득하는 과정에 참여하게 된다. 이 기간 동안, 상징적 능력이 발달하는 과정에서 넓은 파동의 지능 영역들 사이의 경계를 침범하는 경우가 종종 나타나는 반면, 상징적 능력 발달의 또 다른 양상은 지능의 경계를 존중하며 비교적 제한된 흐름을 따라 진행된다. 마지막으로 기호 상징화 기간에는 문화 자체가 개입하는데, 문화가 제공하는 다양한 수단이 아동의 수행 및 성취에 더 큰 영향을 발휘한다. 이때까지 개인 지능의 원동력은 문화적 의제agenda와 어느 정도 들어맞을 필요가 있으며, 자폐 성향을 가지고 있지 않은 이상 아동은 문화의 관점에서 비생산적인 활동에 참여하지 않게 된다. 실제로 대부분의 개인은 문화가 정의한 상징체계를 습득하는 데 몰두하기 때문에 독창적 창의성의 불꽃은 소수 몇몇 사람들에게만 남게 된다.

인간 상징화의 발달 과정에 대한 연구는 이제 막 시작되었으며, 근본적으로 모든 연구들은 행동과학의 관점에서 진행되었다. 그러나 나는 인지의 생물학적 기초에 대한 관심을 바탕으로 몇 가지 위험한 제안을 하고자 한다. 첫째, 상징적 과정에 참여하는 것이 인간 조건의 일부임이 명백해 보인다. 인간은 마치 다람쥐가 도토리를 묻을 준비가 되어 있는 것처럼 (언어부터 꿈까지) 상징적 과정에 참여할 준비가 되어 있다(문화적 환경에서 자라난 유기체가 상징적 존재가 되는 것을 막기 위해서는 엄청난 압력이 필요하다). 둘째, 인간이 참여하는 상징화의 형태와 종류는 생물학적 과정에 의해 유도될 수 있다. 분명 다양한 상징적 경로가 존재하고, 문화를 통해 매력적이고 예기치 못한 상징적 복합체를 떠올릴 수도 있지만, 상징화의 주요 방법들과 주요 상징의 사용 형태, 그리고 흐름, 파동, 수단의 삼중주는 인류의 구성원이라면 누구나 가능한 것으로 보인다.

마지막은 상징적 발달의 리듬에 관한 것이다. 내가 볼 때, 상징적 발달 과정에서 처음 1년은 상대적으로 매우 유연하며 가소성이 남아 있는 기간이다. 이 기간은 특정 상징체계를 탐사하고, 특이한 상징적 조합을 고안하거나 상징적 경계를 실제로 넘어가 볼 수 있는 기회가 많이 남아 있다. 이 기간은 유기체의 생물학적 체계 안에서 발견되는 조기 가소성 단계에 비유될 수 있다. 동시에 이 기간에는 특정 상징체계 '요소'의 개입이 무엇보다 중요하고, 이 개입이 실패할 때 치명적 결과가 나타날 수도 있는 임계기가 존재할 수 있다. 상관적으로 (문화 안 혹은 문화를 초월하여) 특수한 사건이나 명확한 경험들은 개인을 특정한 상징적 경로로 이끌기도 한다. 학동기late childhood*에 상징체계에 대한 실험을 회피하게 되는 것은 생물학적 발달 과정에서 강직성이 커짐과 동시에 유연성과 가소성이 감소하는 것을 의미한다. '왜 선택된 소수의 개인들만이 유아기의 유연성이 유지되거나 회복되는지'는 아직도 생물학적 영역의 모든 딜레마 중 가장 어려운 수수께끼로 남아 있다.

상징화가 표면화되는 시기에 개인 지능이 지속적으로 발달한다는 것이 입증되었지만, 발달의 어떤 측면은 '순수 지능pure intelligence'으로 분석되지 않는다는 사실을 다시 한 번 강조할 필요가 있다. 예를 들어 나는 지능 사이의 경계를 무시할 수도 있는 다양한 통합적(혹은 2감각 통합cross-modal**) 표현 형태에 대해 언급하고자 한다. 영아기의 첫 한 달부터 다양한 감각 양식으로부터 받아들인 정보를 연결할 수 있는 몇 가지 능력이 나타나며, 연속성, 세기, 높이 등과 같이 다양한 지적 영역에 걸쳐 발생하는 추상적 성질 또한 인식할 수 있다. 비슷한 종류들의 무형 감각은 기초 상징화 기간 동안 아동이 다양한 체계를 연결할 수 있게 한다. 그리고 학동기에는 이러한 무형 감각들이 창조적 결과를 증명하기 위해 매우 중요한 일반적 유추나 창조적 힘의 발달에 더 박차를 가한다. 지금까지 나는 이러한 능력들을 분리된 '통합' 혹은 '2감각

* 생후 6년부터 10년까지의 기간._옮긴이

** 두 가지 이상의 감각 통로가 서로 통합되는 현상._옮긴이

통합' 형태의 지능으로 이름 붙이고자 하는 충동을 참아왔지만, 이 부분은 인간 상징적 발달 과정에서 제외되어서는 안 될 중요한 것들이다.

상징적 발달 과정에서 흐름이나 파동 같은 능력을 사용하지 못할 경우에도 우리는 개별 지능의 능력을 항상 염두에 두어야만 한다. 우리가 이전 장에서 살펴본 것과 같이, 선천적 시각장애를 가진 사람들에게서도 공간 지능이 발달하듯이, 언어 지능 또한 의사소통의 수단으로 정상적인 청각-구어 수단을 가지고 있지 않은 개인에게서도 발달할 수 있다. 이러한 발견은 정상적으로 성장할 수 없는 상황에서도 지능은 (생물학적 의미에서) 충분히 유도되어 나타날 수 있다는 강력한 증거가 된다. 지능은 문화에 의해 매우 극단적으로 흐르기도 하지만, 궁극적으로 가장 기본적인 인간 잠재력이 완전히 왜곡되거나 억압될 수 없다는 것은 분명하다.

상징적 발달의 쟁점들

지금까지 나는 상징적 발달을 연구하는 발달 연구자들의 의견에 동의해왔다. 어떤 면에서 이 영역을 연구하는 연구자들이 매우 적고, 초기의 작업 그 자체에 대부분의 에너지를 소비하고 있었기 때문에 이렇게 말할 수 있다고 해야 할 것이다. 또한 대부분의 연구자들이 피아제의 영향을 많이 받아왔기 때문에 단계별로 발달이 진행된다는 관점을 지지하는 것은 자연스럽지만, 여전히 상징적 발달에 대해 학자들 사이에 상당한 의견 차이와 긴장이 존재한다. 다중지능 이론을 주제화하기 위한 프로젝트와 토론 및 비판에서 내가 일관되게 말하는 것처럼, 이러한 긴장이 어디에 놓일 수 있는지를 지적하는 것이 합당하다.

우선 많은 권위자들은 나이가 들면서 학습이 점차적으로 특정한 곳에 집중되고 굳어지기 때문에 연령이 높을수록 유연성이 감소한다고 보는 반면, 일부 연구자들은 이에 대한 대안적 관점을 제시했다. 후자의 관점에서 볼 때, 어린 아동에게는 서로 고립되어 생산적으로 연결될 수 없는 능력과 재능이 놀라운 형태로 존재하지만 이 능력에 속박을 받는 반면, 성숙한 개인은 다양한 조절 능력에 의식적으로 접근할 수 있고 그 능력을 다양한 목적을 위해 사용할 수 있다. 이러한 쟁점에 대해 숙고한 두 심리학자 앤 브라운Ann Brown과 폴 로진Paul Rozin에 따르면, 새로운 능력이 의식 속으로 들어가면 다양한 프로그램과 목적에 적용될 수 있다. 물론 이런 의식적 작용은 2세 아이보다는 20세 어른에게 일어날 가능성이 더 높다. 따라서 이 관점은 적어도 일부 성인들에서 발견된 놀라운 독창성과 유연성을 설명해줄 수 있다.[3]

개인적으로 나는 이 두 입장이 서로 충돌하지는 않는다고 생각한다. 아마 어린 시기에 특정 프로그램을 자연스럽고 쉽게 습득할 수 있지만, 이 능력을 동원하고 사용할 수 있는 능력은 발달된 개인이 가진 특권일 수 있다. 어쨌든 언제 우리의 능력이 유연성 있고 접근 가능한지, 혹은 반대로 수로화되거나 접근이 불가능해지는 시기는 언제인지에 관한 문제는 상징적 영역의 교육적 중재에 관심이 있는 이들에게 중요하리라 생각한다.

두 번째로 논란이 되는 부분은 발달 단계가 존재하며 그 단계가 특정한 나이와 관련이 있다는 것이다. 피아제가 발전시킨 이 견해에 따르면 서로 질적으로 다르며 특정한 세계관을 규정하는 불연속적인 발달 단계가 있다는 것이다. 이러한 관점에는 각각의 발달 단계가 연령과 관련된다는 견해가 포함되는데, 이들은 만약 아동이 연령에 맞는 발달 단계를 적절한 시기에 통과하지 못하면 그 이후의 발달은 영원히 어긋나버린다고 생각한다.

지난 10년 동안 가설 단계에 있는 이 견해에 많은 반발이 있었다. 어린 아동들은 그러한 단계 없이도 많은 조작을 할 수 있으며, 또한 성인들도 어린 아동들에게서 발견되는 것과 동등한 학습 단계를 반드시 거쳐야 한다는 사실이 밝혀지기도 했다. 이러한 발견들을 볼 때, 발달 과정에 단계가 있다는 관점을 고수하기는 어렵다. 그럼에도 불구하고, 나는 (예를 들어, 내가 제시한 상징적 발달의 그림과 같이) 다른 수준의 이해와 관련된 정신적 조직이 있음을 인정할 필요가 있다고 생각한다. 또한 성인들도 특정 상징 기술을 쉽게 습득할 수 있다고 확신하면서 아동들에게서 결정적인 상징을 경험할 기회를 빼앗아버리는 이들은 무모한 낙관주의자라고 생각한다. 확실히 성인들은 많은 분야에서 (심지어 가끔은 아동들보다 더 빨리) 숙달될 수 있지만, 성숙한 개인은 (의식적 접근이 가능한 것들을 포함해) 아동과는 다른 종류의 능력들과 전략들을 사용하며 (언어 분야에서 함축이나 강세와 같이) 성인이 아동만큼 성공적으로 습득할 수 없는 자료들도 분명 존재한다.

잠시 이전 장의 논쟁으로 돌아가면, 각 영역의 지능, 더 나아가 각 상징적 영역들이 자신만의 발달 단계를 가지고 있다는 주장이 가장 설득력 있다. 이러한 지능 혹은 상징체계들이 완벽하게 일치하여 결합되어야 한다는 생각은 타당하지 않으며, 또한 일반적인 단계식 이론도 거의 인정을 받지 못하고 있다. 성인 학습의 가능성과 한계가 여러 상징체계에 동일하게 적용된다는 가정도 마땅치 않다. 오히려 각각의 지능 내에 존재하는 단계와 나이와 관련된 한계를 통해 이들의 체계적인 패턴을 관찰하고 파악하는 것이 이 시점에서는 더 생산적으로 보인다. 예를 들어 미술이나 무용의 발달 절차가 문화적 맥락에 따라 현저히 다른 것처럼, 각기 다른 문화에 따라 발달 단계의 순서를 추정해보고 검토하는 것은 중요하다. 그러나 신중한 경험적 연구를 통해서만 통합적인 발달 개념이나 아동에 의한 학습과 성인에 의한 학습 사이에 관계 등 더 일반적인 쟁점들에 대해 논의해볼 수 있을 것이다.

마지막 논쟁은 집단 내에서 발견될 수 있는 능력이나 잠재력의 범위, 그리고 이것이 환경적 조작에 영향을 받을 수 있는 정도에 관한 것이다. 이것은 고전적인 딜레마다. 유전론자들은 일반적으로 환경적 조작으로 극복할 수 없는 상당한 개인차가 존재한다는 신념을 가지고 있으며, 경험주의자나 환경운동가는 개인 간 차이를 최소화하는 경향이 있으며 어떤 차이든지 간에 그것은 감소(혹은 강화)될 수 있다는 신념을 가지고 있다. 물론 개인 간의 아주 작은 차이를 믿는 유전론자들과 개인 간의 큰 (초기의 혹은 문화적으로 형성된) 차이에 감명을 받는 경험주의자들도 있다.

시간이 흘러 엄청난 양의 정보가 축적되었음에도 불구하고 대부분의 논쟁에서 서로가 원래의 입장을 유지한다는 것은 인상적이다. 일반 대학생이 단기 기억을 10배 증가시킬 수 있고, 학업 성취도 차이가 사실상 개인교습에 의해 없어질 수 있으며, 겉보기에 그럴듯한 일반적인 일본 아동들이 바이올린의 거장이 될 수 있다는 사례에도 불구하고, 열성적인 유전론자들에게 개인차는 적절한 중재에 의해 없어질 수 있다고 설득하기는 쉽지 않다. 솔직히 나 자신조차도 선천적인 차이가, 어떠한 순간에도 없어지지 않는 차이가 존재한다고 생각한다.

최근 한 연구는 초기에 어떤 차이가 나타나든지 조기 중재와 지속적인 훈련이 개인의 최종 수행 수준을 결정하는 데 핵심적인 역할을 한다는, 사실상 반박의 여지가 없는 결과를 제시했다. 만약 특정 행동이 문화에 의해 중요하게 여겨지고, 상당한 자원이 제공되며, 개인이 그 영역에서 성취를 이루고자 한다면, 그리고 만약 결정화crystallizing와 학습을 위한 적절한 수단이 준비되어 있다면, 대부분의 정상적인 아동들은 지적 혹은 상징적 영역에서 대단한 능력을 습득할 수 있다. 반대로 (그리고 아마 더 분명하게) 선천적으로 엄청난 재능을 가진 개인은 긍정적인 환경적 지원 없이도 이러한 발달을 이뤄낼 수 있다.[4] (내가 가능하다고 믿는) 개인의 고유한 지능 프로파일을 발견했다고 해서 이를 가지고 개인을 분류하거나 지적 쓰레기 더미에 빠뜨려서는 안 된다.[5] 오히려 이러한 발견을 통해 모든 개인에게 최대한 많은 선택지를 제공할 뿐만 아니라 사회가 중요하다고 여기는 어떤 능력도 달성할 수 있게 해야 한다.

지적 능력들의 상호작용

사회가 가치 있게 여기는 역할을 언급하면서 나는 지능이 궁극적으로 효율적으로 사용될 수 있는 방식에 대한 문제를 다루고자 한다. 몇 가지 예외가 있지만 우리 사회는 백치천재가 자신의 언어적, 논리적, 혹은 신체적 지능을 가지고 선택할 수 있는 직업이 거의 없을 정도로 '순수' 지적 능력에 관심이 없다. 그러나 오히려 사회적으로 유용한 역할을 하기 위해서는 가치 있는 목표를 달성할 수 있도록 지적 능력과 상징적 능력을 결합하여 원활하게 작동시켜야 한다.

어떤 의미에서 내가 말하는 각각의 지능이나 상징적 발달의 초기 단계에 관한 설명은 주로 과학적인 설명을 위해 사용하는 허구일지도 모른다. 여러 지능들이나 다양한 흐름들은 원래 독립적으로 존재하지 않으며, 오히려 이러한 '이상적인 체계'는 발달 과정을 엄격하게 통제하는 문화적 환경에서나 존재할지도 모른다. 그렇기 때문에 본 연구에서 나는 개념적으로 중대한 결정을 내렸다. 이 시점부터 나는 (몇 가지의 예외를 제외하고는) 인간의 성향과 기술이 협조적인 문화적 맥락에서 어떻게 전개되는지에 대해 고민할 것이다.

특히 복잡한 사회에서 지적 강점과 사회적 역할은 일대일로 분명하게 대응하지 않는다. 우선, 특정한 영역의 지능에서 놀라운 능력을 가진 개인은 이 능력을 다양한 목적으로 사용할 수 있다. 따라서 우리 사회에서 잘 발달된 공간 기술을 가졌다면 엔지니어,

건축가, 예술가, 혹은 조각가가 될 수 있다. 마찬가지로, 대인관계 기술이 잘 발달했다면 교사, 사회복지사, 선교사, 혹은 마법사가 될 수 있다. 하나의 지적 강점은 다양한 가능성을 열어주며, 지적 강점들의 조합은 많은 가능성을 낳는다.[6]

반대의 관점으로 봤을 때, 사회적으로 가치 있는 역할은 뛰어난 지적 능력이 있는 사람들이 차지하게 된다. 우리 사회에서 변호사의 역할을 예로 들어보자. 법조계에는 뛰어난 언어 기술을 가진 개인을 위한 자리가 있다. 이들은 변론의 취지를 작성하는 데 뛰어나고, 설득력 있는 주장을 구사하며, 수많은 사건들과 관련된 사실들을 기억할 수 있는 능력을 가진 사람들이다. 고도로 발달된 대인관계 기술을 가진 개인을 위한 자리도 있다. 거기에는 법정에서 설득력 있게 말할 수 있으며, 능숙하게 증인과 배심원을 심문할 수 있고, 매력적인 성격을 가진, 소위 사교적인 변호사가 있다. 마지막으로 고도로 발달된 논리 기술을 가진 개인을 위한 자리가 있다. 그는 상황을 분석할 수 있고, 근본적인 사실들을 구분하고, 궁극적인 결론을 위한 고통스러운 추론의 과정을 따라갈 수 있는 사람이다.

여전히 법률적 지능과 관련된 형태는 다양하게 세분화될 수 있다. 폴 프로인드Paul Freund와 에드워드 리바이Edward Levi 같은 법조계 분석가들은 변호사들이 사용할 수 있는 다양한 추론 능력들을 지정했다. 유추에 의한 추론이 가능하고, 긴 삼단논법적 연쇄를 추구하며, 변증법적 사고를 하고, 가장 좋은 선례를 찾을 수 있고, 중요하지 않은 사항들은 넘어갈 수 있으며, (과학자의 방식으로) 가설을 검증하는 능력이 이에 해당한다.[7] 변호사들은 기본 원칙, 선례, 혹은 고객이 도달하고자 하는 결론으로부터 시작한다. 그들은 성찰reflection, 권위authority, 혹은 즉각적이고 비성찰적인 해결책인 직관intuition에 의존할 수 있다. 법조계에 종사하는 사람들은 직선적인 논리적 연역에 의존하는지, 우아한 표현에 가치를 두는지, 그리고 윤리적 문제에 몰두하는지, 고객과의 관계에 의해 압도되는지에 따라 많은 차이가 있다.

이 정도만 보아도 '논리수학적 추론'만으로 변호사들이 연마하는 추론 기술들의 조합과 종류를 설명하는 일은 너무 간단하다는 것이 명확하게 드러난다. 이와 유사하지만 차별화된 분석이 분명 공연자에서 의사까지, 또 과학자에서 영업사원에 이르기까지 각각의 역할에 대하여 복잡한 사회에서 이루어질 수 있다. 더구나 일단 지능의 조합을 고려해보면 개인이 능력을 발휘할 수 있는 훨씬 더 많은 종류의 방법이 있음을 알 수 있다. 그러므로 변호사가 고도로 발달된 언어, 논리, 그리고 인간친화 지능을 가지고 있다면, 자신의 임무를 훨씬 더 잘 수행할 수 있는 것은 분명해 보인다(음악 혹은 신체운동 지능이 어떻게 그의 업무와 관련이 있는지는 분명하지 않지만 말이다). 언어, 논리, 그리고 인간친화 지능이 법률 업무에 효과적으로 조합될 수 있는 방법들은 생각만 해도 엄청나다.

이러한 지능의 단위를 생각해볼 때, 우리 문화뿐만 아니라 다른 문화에서도 다양한 조합들을 다른 분야의 전문가들이 사용하는 것을 쉽게 볼 수 있다. 변호사를 논리와 언어, 지적 능력의 조합의 전형적인 예로 볼 때, 혼합된 지능을 여러 가지 다른 조합과 대조해볼 수 있다. 노련한 정치가는 언어와 사회 지능을 고도로 조합하는 반면, 논리적 능력은 상대적으로 적게 사용한다. 신체운동 지능에 포함된 우아함 또한 정치인에게는 자산이 될 수 있다. 법률이 발달하지 못한 사회에 소속된 공인公人들에게는 사회적 요인이 논리적 요인보다 더 중요할 것이다. 예를 들어 스탠리 탐바이아Stanley Tambiah에 의하면, 아프리카의 변호사들은 자신의 주장이 인정을 받을 수 있느냐보다 얼마나 설득력이 있는지에 더 관심을 갖는다. 연극 공연자의 경우에는 언어 지능과 신체 지능이 가장 중요할 것이다. 다른 한편으로 많은 사람들을 관리해야 하는 연출가에게 중요한 인간친화 지능은 배우가 역할을 수행하는 데는 그만큼 중요하다고 여겨지지 않는다.[8]

지능의 조합들은 다른 방향으로 전개될 수 있다. 논리수학 능력과 공간 능력이 강하게 발달한 개인들은 물상과학자가 될 수 있는 재능을 가졌다. 논리 능력은 이론적인 것을 지향하는 개인에게, 공간 능력은 실험 과학자에게 상대적으로 더 중요하다는 것을 입증할 수 있다. 언어적 기술, 사회적 기술과 더불어 이런 능력을 갖춘 개인은 큰 과학 연구소의 행정 책임자로서 적격일 것이다. 역설적으로 말하면 언어 능력, 대인관계 능력, 그리고 논리 능력이 필요하다는 점에서 후자와 같은 능력의 조합은 전통사회의 주술사에게도 유용할 것이다.

이런 특정 지능들을 정신적 화학물의 요소들로 간주하여, 마치 칵테일을 만들 듯 선호하는 지적 특징들의 조합으로 다양한 사회적 역할을 분석해보는 것은 매우 유혹적이다. 나는 결국 이 유혹에 굴복하고 말았다. 하지만 내가 중요한 점을 놓치지 않았기를 바란다. 그것은 문화에서 가치 있게 여기는 기능 및 역할, 그리고 그 문화권 사람들에 의해 습득된 개인의 지적 기술들 사이에 변증법적 관계가 항상 존재한다는 사실이다. 전문적인 인력시장이나 인사 관리자의 목적은 역할에 대한 다양한 요구와 특정한 능력을 가진 개인을 가장 생산적으로 연결시키는 것이다. 순조롭게 기능하는 사회에서는 이러한 교류에 영향을 미치는 적절한 메커니즘이 발견되지만(또는 거의 누구나 할 수 있는 역할들이 있거나), 역기능적 사회에서는 개인의 지적 기능이 중요한 역할을 하는 데 사용되지 않는 경우가 많다. 이러한 부조화는 빠르게 변화하는 시기에 일어나기 쉽다. 이런 시기에는 새로운 주인공들(예를 들어 과학이나 기술에 관련된 사람들)이 주요 임무를 맡아야 하지만, 전통적인 훈련을 받는 사람들이 새롭게 부각되는 역할을 수행하는 데 필요한 지적 능력과 상징적 기술을 가진 이들을 외면하기도 한다(혹은 적극적으로 거부한다).

이 장에서 나는 우리의 순수한 지적 능력이 어떻게 다양한 종류의 상징을 사용하는 역량의 기초를 이루고 사회적 목적을 위해 활용되는지를 보여줌으로써 이 책의 앞부분에서 논의했던 분석을 확장하고자 했다. 공동체의 생산적인 구성원이 되는 방법을 이해하기 위해서는 인간들이 다양한 상징체계 능력을 습득하고 상징적 산물을 만드는 법을 배워야 한다. 이런 나의 입장을 구체화하기 위해 어떻게 상징적 발달이 일어나는가에 대한 이론을 제시하고, 상징적 발달의 형태에 관한 여전히 많은 쟁점들을 다루었다.

인간 지능에 관한 다양한 이론들

이 책의 마지막 장에서는 이론의 교육적 함의를 다룰 것이다. 나는 다중지능 이론이 교육, 보육, 인간 발달을 담당하는 사람들의 정책들을 알리고 바꾸는 데 어떻게 사용될 수 있을지에 관심을 가지고 있다. 먼저 이론의 기본적인 특성을 대략적으로 소개하고, 지능에 대한 주요 이론들을 살펴보고 그것이 나의 접근 방법과 어떻게 다른지를 지적한 후 교육 정책을 다루는 여러 학자들의 입장을 살피고자 한다. 이런 간단한 조사가 나의 이론이 다른 현존하는 이론들과 어떠한 관계가 있는지를 상세하게 설명하지는 못한다. 이는 또 다른 책으로 엮어 설명해야 할 것이다(사실 나는 단순히 예시를 위해 개별 학자들의 이름을 인용했다). 하지만 이런 상세한 설명은 지금 이 시점에서는 중요하지 않은 것 같다.

고슴도치와 여우의 재등장

나의 견해는 보통 심리학에서 이용되는 지능의 개념에 직접적으로 관련된 관점에서 시작한다. 2장에서 언급했듯, 지능의 구조에 관한 두 가지 주요한 견해가 있다. 즉, 찰스 스피어먼이나 아서 젠슨같이 일반 지능(g)을 주장하는 '고슴도치' 집단과, 서스턴과 길퍼드처럼 지능에 대한 다요인적 견해 등 지능의 복수적인 관점에 동조하는 '여우' 집단이 있다. 다중지능 이론의 결론은 매우 분명하게 '여우'의 입장에 훨씬 더 가깝고, 일반 지능에 관심을 갖는 신념과는 양립할 수 없다.

대부분의 지능검사가 지필로 시행되고 있으며 거의 언어, 논리 수학 능력에 의존한다는 사실은 명백하게 '일반 지능'을 지지한다. 따라서 이 두 영역에 능력이 있는 개인은 다른 영역에서 뛰어난 사람들보다 일반적 지능검사에서 더 좋은 점수를 나타낸다. 학교는 '정신적 조작'에 대한 이러한 역량들을 중요하게 여기기 때문에 일반 지능(g)이 정확하게 학교에서의 성공을 예측할 수 있는 이유가 된다.[9] 학교는 이러한 능력을 '정신적 조작', 즉 지능이라 정의하며 이 영역으로 구성된 교육 과정을 통해 학생들을 가르치고 이에 근거한 평가를 내린다.

그렇다면 다중지능 이론은 다면적 요인multifactorial point이라는 관점과는 어떻게 다를까? 우선 후자는 영역을 초월하는 지각이나 기억과 같은 일반적이며 수평적인 능력에 의문을 제기하지 않는다. 사실 다면적 요인의 관점은 이러한 주제에 무관심한데, 그 이유는 몇몇 요인들은 공간 능력과 같이 내용 면에서 그 영역이 분명하게 규정되지만, 몇 가지 요인들은 실제로 기억이나 지각처럼 수평적 형태이기 때문이다. 둘째, 다면적 요인의 관점은 생물학과 아무 관계가 없고, 엄격히 경험적이며, 시험 점수들 간의 상관관계만을 다룰 뿐 그 이상은 아니다. 셋째, 가장 중요한 것은 다면적 요인의 접근은 내가 여기서 고려한 지적 능력의 범위를 사용하지 않는다. 몇 시간이 아닌 몇 분에 걸친 지필 평가 혹은 간단한 면접 방법에 만족하는 한 신체적 표현, 음악적 능력, 개인적 지능의 형태와 같은 영역에서의 개인 능력을 알아낼 수 있는 방법은 없다. 따라서 다면적 요인의 접근 방법은 '일반 지능(g)' 학파들보다는 훨씬 다원적이라는 점에서는 낫지만, 지능에 대해 서구 과학의 정신을 반영하는 매우 편파적인 시각만을 제공한다.

피아제와 정보 처리 과정

피아제 학파와 정보 처리 접근 방식은 과학적인 면에서는 일보 진전이 되었으나 지적인 능력 분석에 있어서는 결코 발전했다고 할 수 없다. 피아제 학파는 아동의 일상 활동과 그들이 사용하는 기술에 더 가까이 접근하므로 지적 능력에 대한 좀 더 전체적이고 사실적인 개념을 제공한다. 전략에 대한 흥미, 숨길 수 없는 실수 혹은 지식의 체계 간의 관계 등은 각광을 받을 것이며, 피아제가 완성한 임상적 면접 방법은 지적 성장을 연구하는 학생들에게 획기적인 것이다.

그러나 지능에 대한 고전적인 구조주의적 관점은 지능검사를 만든 이들의 관점보다 더 좁다고 할 수 있고, 거의 논리수학 사고에만 제한되어 있다. 아마 이러한 이유로 인해 학문적으로 그 내용에 대해서는 알지 못한다. 아마 정신적 조작이 다른 자료에 걸쳐서도 같은 형태로 진행되리라 가정할지도 모른다. 피아제를 따르는 커트 피셔Kurt Fischer는 이렇게 주장했다. 발달은 다양한 영역에서 같은 속도로 일어나지 않고, 사실 피아제의 용어에 해당하는 영역 간의 '다양화'는 예외가 아니라 규칙이라는 것이다.[10] 그러나 발달은 여전히 모든 영역에 걸쳐 연속적 형태로 일어난다는 강한 신념이 있었고, 다양한 영역 사이에서 발달 과정은 결정적으로 다를지도 모른다는 가능성을 미처 생각하지 못했다. 자신이 인지생물학을 연구한다고 믿고 훈련한 피아제는 인지 영역의 다양한 생물학적 성향에 둔감했어야 했다.

정보 처리 심리학은 개인들이 매 순간 문제를 해결하는 실제 과정에 더 관심을 둔다는 점에서는 피아제보다 더 진보적이다. 이 접근 방법의 일부라 할 수 있는 신중한 분석을 통해, 피아제가 말하는 외형적 단계와 연속은 특정한 형태의 가공품이며 어린아이들은 피아제가 실수로 제외한 많은 인지 능력들을 가지고 있다는 사실이 밝혀졌다.[11]

그러나 정보 처리 과정은 이론이라기보다 접근법이기 때문에, 인간의 지적 능력에 대한 집중적인 그림을 구축하는 데 거의 도움이 되지 못한다. 이 접근법은 모든 문제가 근본적으로 같은 방식으로 해결된다는 개념과 각각의 과제가 나름의 능력을 요구한다는 전체적인 과제 특수성이라는 상반되는 개념을 가지고 있으며, 여기서 흥미로운 전이가 일어나지는 않는다. 마찬가지로, 아동은 성인과 같은 방법으로 정보를 해결한다는 개념에 대한 근거와 아동은 더 약한 단기적 기억력, 덜 적합한 부호화 능력, 어른의 정보 과정과 질적 차이가 나는 다른 능력들을 가진다는 개념에 대한 근거는 서로 상반된다.

정보 과정 이론을 통해 그렇게 다양한 결론이 도출되는 것은 단지 그 분야가 충분히 발달하지 않았기 때문일 것이다. 그러나 나는 과제에 대한 생물학적 시각이 부족하고 무엇이 영역을 구성하는가에 대한 엄격한 설명이 부족하다는 점이 이 이론을 약화시켰다고 본다. 대신 다른 모든 모델과 마찬가지로 장점이 있기는 하지만, 단지 부분적인 일종의 계산 도구로서 아동에 관한 모호한 모델을 가지고 있을 뿐이다. 올포트가 제안한 것과 같이, 사람이 선택하는 컴퓨터의 종류와, 선호되는 컴퓨터의 분석 방법에 의존함으로써 정보 처리에 관한 다양한 그림을 그릴 수 있다.[12]

촘스키의 입장

인간에 대한 지금까지의 모든 접근 방식은 데카르트 식이었다. 즉, 인간은 그의 기술, 태도, 궁극적인 업적을 이루는 데 거의 영향을 주지 않는 환경에서 홀로 복잡한 문제 해결에 관여한다고 본다.[13] 이러한 관점은 촘스키의 연구에서 극단적으로 나타난다. 아동은 환경의 영향을 거의 받지 않고 자신에게 미리 주어진 법칙에 따라 행동하는 기계적인 장치로 간주된다. 결국 촘스키는 전통적 사고의 학습과 발달을 거부하는 대신 발생학으로부터 빌려온 지적 성숙의 모델을 제시한다. 촘스키의 관점이 이전 시기에 사용된 지식 획득에 대한 무비판적인 경험론을 수정하는 데 필요하다는 점에서 나는 그의 의견에 동의한다. 또한 영역에 대한 촘스키의 설명도 나의 이론과 맞기는 한다. 그러나 나는 그의 이론에서 영역이 어떻게 정의되고 경계가 정해지는지를 찾지는 못했다.

촘스키의 관점이 약화된 이유는 지능을 의미와 해석이 가득한 환경에서 밝히는 방법을 설명하지 못했기 때문이다. 즉, 어떻게 다양한 상징 능력이 발달하고 상호작용하며, 사회에서 중요하게 여기는 특정한 가치와 기능에 수반되는 많은 다른 목적을 성취하기 위해 어떻게 인간의 생물학적 기질이 개발되는지에 대한 인식이 부족하다. 문화의 역할을 거부했다는 점에서, 즉 문화에 중요한 의미를 부여하지 않았다는 점에서 촘스키는 극단적으로 골격뿐인 이론을 만들었다. 그는 사회가 어떻게 작업을 성취하고, 교육이 어떻게 이루어지며, 다양한 사회에서 왜 어린 아동들은 서로 다르며 성인과는 더욱 차이가 나는가에 대한 설명을 하지 못한다. 다시 말하면, 기초 토대는 직관적으로 뛰어나게 조직화되어 있으나 상부구조에는 완전히 결함이 있는 것이다.

문화에의 초점

문화가 개인의 발달에 미치는 영향에 주목하는 분석가들은 사회를 형성하는 상부구조superstructure에 관심이 많다. 이러한 연구 전통을 대표하는 학자들로는 심리학자인 마이클 콜Michael Cole, 실비아 스크리브너Sylvia Scribner, 진 레이브Jean Lave와 그들의 동료들, 그리고 상징체계에 관심이 있는 인류학자 클리퍼드 거츠가 있다.[14] 이러한 학자들은 적합한 인지 능력을 획득할 수 있는 방법은 다양한 형태와 힘을 가진 문화를 신중하게 분석하는 것이라고 주장하며, 주변의 문화 요소에 깊은 관심을 보였다. 거츠는 길버트 라일Gilbert Ryle의 경고에 동의하면서 다음과 같이 인용한다. "마음은 심지어 비유적인 '장소'도 아니다. 반면에 체스판, 승강장, 학자의 책상, 판사의 의자, 화물차 운전석, 방송국, 축구장 등은 마음의 장소들 중에 있다."[15] 그리고 스스로 다음과 같이 덧붙인다. "문화가 없는 사람은 몇 가지 유용한 본능과 인식 가능한 몇 안 되는 감정을 갖추었으나 지능을 갖추지 못한 흉물스런 존재일 것이다."[16] 인류학적 관점의 학자들은 모든 정신적 능력이 개인에게 직접적으로 주어졌다고 주장하는 전통적인 철학적 접근의 극단적인 멘탈리즘mentalism과 기껏해야 문화를 말로만 인정하는 촘스키 같은 동시대 학자들에게 반발하면서 사람들이 상징, 사고, 사고방식을 그것들을 둘러싸고 있는 것들, 일반적으로 그 문화의 축적된 지혜로부터 얻는다는 사실을 강조한다.

많은 면에서 이러한 인류학적 관점은 인지를 이해하는 데 중요한 새로운 요소를 제시한다. 예를 들어 콜과 그의 동료들은 다양한 문화로부터 선택된 개인들의 지능과 추론 능력을 표준화 검사를 통해 측정한 뒤, 수행에 있어 가장 명백한 차이는 해당 주제에 대한 각기 다른 이전의 경험으로 설명될 수 있다고 결론을 내렸다.[17] 이러한 경험이 고려될 때, 그리고 검사하는 과정에서 적절한 조정이 이루어질 때 가장 명백한 차이는 사라졌다. 실제로 문명화가 덜 진행된 것으로 추정되는 문화에서 선택된 사람들이 우수한 성적을 보일 수도 있다. 분명한 것은 유전적, 인종적 차이점에 대해 설명할 필요는 없다는 것이다.

이러한 학자들이 주장한 일반적인 논의는 다음과 같다. 사고의 결과 그리고 개인에게 민감한 종류의 정보는 문화들 간에 매우 다를 수 있는 반면, 사고의 과정은 어디에서나 같다. 즉, 문화는 이러한 기본적인 정보 처리 능력, 즉 핵심적인 지능들을 동원하여 그 문화만의 목적을 만든다. 이렇게 방향이 전환된 인지적 이론에 대한 심도 깊은 논의에서, 콜과 같은 학자들은 개인의 정신적 힘이 외부로부터 흡수된다는 점, 즉 먼저 다른 사람들의 지식과 행동에 의해 구성되고 점차적으로 개인이 스스로 표현할 수 있는 능력으로 내면화된다는 점을 강조한다. 우리는 수를 세거나 글을 쓰는데, 이는 우리가 특정한 방식으로 스스로를 발달시켰기 때문이 아니라 다른 사람들이 이러한 표기법을 사용하는 것을 보아왔기 때문이다. 이러한 과정은 절대 완성되지 않는다. 어떤 사회에서든 개인은 일상적인 과제를 수행하고, 자신의 생존을 보장하기 위해 타인이 만든 인지적 성과에 의존할 수밖에 없다. 인지적인 면에서조차 자급자족할 수 있는 개인이 얼마나 되는가? 이에 대한 답은 개인의 마음조차 주변 타인의 마음에 영원히 의존적이라는 점을 강조한다.

자연히 이러한 인류학적인 접근 방법을 취하는 사람들은 계통발생학적인 발달 궤적에 동감하지 않는다. 개인은 그가 우연히 속하게 된 문화에서 요구되는 대로 수행할 것이다. 독립적인 정신적 요인에 대한 이론은 적어도 두 가지 측면에서 비판을 받을 것이다. 가장 먼저, 독립적인 이론은 초기의 발달이 유기체 내의 요인에 의해 조절되는 것처럼 진행되지만, 사실은 문화(그리고 문화의 해석적 메커니즘)는 원래부터 존재한다. 다음으로 독립적인 이론은 가능한 발달의 결과가 실제로 미리 정해져 있지 않다면 급격하게 유도된다고 가정하는 경향이 있다. 그보다 문화적인 접근은 아직 발견되지 않은 특정한 문화가 우리가 상상조차 할 수 없는 작업을 수행할지도 모른다는, 혹은 미래에 발달할 문화가 예상치 못한 방향으로 우리의 지적 성향을 만들지도 모른다는 가능성을 강조한다.

결론

이러한 통찰은 모두 인간 인지에 대한 종합적인 설명에 포함될 가치가 있는 것처럼 보인다. 그러나 이러한 인류학적 렌즈를 통한 분석에서 간과하고 있는 것은, 가장 적절하고 동등한 방식으로 다루어진다고 하더라도 한 문화 속의 개인들은 지적 강점, 학습 능력, 재능의 궁극적인 활용, 독창성, 창의성 등에 있어 여전히 상당 부분 차이를 보인다는 것이다. 또한 이러한 환경적인 접근은 개인이 주변 환경으로부터 그리 크지 않은 도움을 받고도 한 분야에서 발전할지 모를 범위가 어느 정도인지, 그리고 어떻게 소수의 고립된 개인들이 실로 위대한 성취를 할 수 있는지를 간과한다. 어떤 면에서 인류학자들의 접근은 평범한 개인이 평범한 상황에서 어떻게 기능하는지를 설명하는 데 가장 적합하지만, 어쩌면 그들의 설명은 우리 모두가 실제로 얼마나 평범한지에 대해서는 오해로 이끌 소지가 있다.

독립적으로 구현되는 정신적 능력을 갖춘 개인을 강조하는 촘스키의 입장, 유기체는 동일한 일련의 단계를 거치며 발달한다는 피아제의 관점, 그리고 문화적 환경이 발달에 미치는 중요한 효과에 대한 인류학자들의 시각 사이에서 생산적인 중간 지점을 찾을 수 있을 것이다. 그리고 그 관점에서는 선천적인 지적 성향의 본질과, 아동 발달 과정에서 나타나는 이질적인 과정, 그리고 이러한 것들이 문화의 독특한 관습과 가치에 의해 다듬어지고 변화되는 방식을 진지하게 다룰 것이다. 이 책을 쓴 것은 바로 이러한 노력에서였다. 따라서 나는 앞서 언급한 저자들과 교육 문제에 관심이 있는 다른 많은 발달심리학자들에게 많이 의존해왔다. 앞에서 나는 상징체계의 중요성과 문화적 영역에 관한 분석의 필요성에 대한 나만의 관점이 가브리엘 살로몬, 데이비드 올슨, 그리고 특히 데이비드 펠드먼과의 공동 노력을 통해 발전했다고 밝혔다. 나는 이러한 동시대의 발달심리학자들과 교육심리학자들에게 신세를 졌음을 다시 한 번 강조하고 싶다. 그리고 이 명단에 제롬 브루너를 더하고 싶다. 그는 동시대의 다른 어떤 발달심리학자보다 교육에 관심을 가지고 있고, 아동의 생물학적 유산, 발달에 있어 그가 선호하는 방안, 그리고 도구의 역할, 상징체계, 대중매체, 그리고 지식을 고안하고 전달하는 다른 인공적인 것들을 포함한 문화가 발달에 미치는 중요한 효과 등 이 책의 뒷부분에 논의된 수많은 문제에 세심한 연구를 해주었다. 나는 다른 많은 사람들과 마찬가지로 이러한 일련의 문제를 조율하는 데 있어 제롬 브루너에게 큰 빚을 졌다.

지금 나는 다중지능 이론의 주요 원칙들을 정리하고, 내가 생각하는 이론의 몇 가지 주요 약점들을 제시하고, 현재의 이론을 지능에 대한 다른 대립되는 관점들과 연관시켰다. 이러한 이론적 틀이 과거에 시행된, 그리고 미래에 시행될 수 있는 교육 과정을 더 잘 이해하는 데 도움을 주는지 확인할 때가 왔다. 이 과제는 먼저 지식이 실제로 인류의 역사를 통해 전달되는 다양한 방법을 고려하도록 요구할 것이다. 그리고 이것이 내가 다음에 연구할, 매력적이지만 잘 이해되지 않은 문제다.

3

다중지능 이론의 활용

13장

지능의 교육

서론

이 책의 시작 부분에서 언급했던 세 인물들을 다시 만나볼 때가 되었다. 공간 지능을 다룰 때 소개한 항해의 기술을 배워나가는 플루왓의 청년이 있다. 언어 지능을 다룰 때 예로 든 기억력이 뛰어난 젊은 이슬람 학자가 있다. 또한 몇 해 전에는 상상도 못했던 방식으로 논리수학 지능과 음악 지능을 조화시키며 컴퓨터 앞에 앉아 음악을 작곡하려는 파리의 청소년이 있다.

처음 이 연구를 시작한 것은 인간이 가지고 있는 이와 같은 독특한 기술들을 좀 더 잘 이해하고, 그러한 능력을 발달시키기 위한 교육 과정을 설명하며, 적합한 방법으로 그 능력들을 분석하기 위해서였다. 이전 장에서 각 후보 지능들을 자세히 검토했고, 다중지능 이론에 대한 비판도 살펴보았다. 그리고 12장에서는 상대적으로 자율적인, 개발되기 이전의 지적 능력이 더 넓은 사회적 관심사 및 관습과 연결되는 과정과 일반 사람들이 상징을 사용하는 과정에 대해서도 설명했다. 또한 인간의 지능이 어떻게 상징체계, 부호, 더 넓은 문화적 해석의 틀을 통해 특별한 역할을 할 수 있도록 훈련되는지도 알아보았다.

매우 타당하기는 하지만, 이러한 설명은 단지 개인의 발달에만 초점을 맞추고 있다. 또한 문화를 그 생산물과 체계를 가지고 개인을 발달시키는 수단, 즉 배경으로만 여긴다는 점에서 심리학자들의 경향과 일치하는 면이 있다. 그러나 같은 장면 혹은 같은 상황의 결과물도 사회라는 아주 다른 관점에서 살펴볼 수 있다. 결국에는 문화의 관점에서 보면 수많은 개인들이 끊임없이 태어나고, 그 개인들은 각각 현존하는 규범, 가치 실천에 따라 사회화될 필요가 있다. 이 글에서 지능의 교육에 관해 설명하면서 나는 사회가 개인을 사회화하기 위한 수단으로서의 교육, 특히 다양한 종류의 교육과 훈련으로서의 교육이라는 관점에서 접근해보고자 한다.

인류학자 줄스 헨리Jules Henry는 아주 이른 시기부터 모든 사회에서 행해진 교육의 주요한 역할을 다음과 같이 설명한다.

> 역사적으로 호모 사피엔스Homo sapiens는 '지위를 추구하는 자'였으며, 강압적으로 그가 따라야만 했던 방법이 바로 그 사회의 교육이 되었다. 더욱이 더 높은 지위를 얻기 위해 언제나 자신보다 지식이 더 많고 사회적 신분이 더 높은 대상에게 의존해야만 했다……. 종족의 방식 내에서 젊은이를 가르치는 것은 숨 쉬는 것과 같이 자연스러웠고, 어른들은 그들이 가르치는 아동에게 대단한 관심을 가졌으며, 종족의 실존에 대해 더욱 폭넓은 관심을 보였다.[1]

교육 과정을 다룰 때는 분명 지능이 작동하는 과정을 가장 잘 볼 수 있는 영역은 무엇이며, 모든 문화에서 가장 중요하게 여기는 영역은 무엇인지를 고려해야 한다. 그럼에도 불구하고 개인에게서 전체적인 교육적 상황으로 시각을 옮기면 큰 미지의 영역으로 들어가게 된다. 교육적 체제를 설명하는 변수는 너무 많아서 통제된 실험이나 과학적 모형으로 이를 설명하기는 충분치 않았다.

그런 점에서 나의 설명 방식도 아주 기술적이며 암시적이라고 할 수 있다. 더욱이 이 책의 마지막 부분에서 교육 실천가들이 선택할 수 있는 방법이나 그들이 직면한 문제점에 대한 실제적인 제안을 하려고 했을 때 나는 더욱 추측에 의존하게 되었다. 이 지점에서 논의의 범위와 어조가 달라진다는 점을 먼저 독자들에게 알려야 할 것 같다. 그 이유는 전 세계가 직면한 교육 문제가 얼마나 시급한지를 알리고, 개인적인 시각이 아닌 좀 더 넓은 관점에서 이러한 문제를 다루기 위해서다.

오늘날 세계에서 발견된 학습의 특별한 형태를 설명하기 위해 나는 다음과 같은 과정을 따를 것이다. 첫째, 나는 특정한 교육 환경에서 주요하게 여겨지는 구성 요소들, 다시 말해 관련된 지능, 지식이 전달되는 주요 전달체계와 일반적인 맥락 혹은 상황 등을 간단히 점검할 것이다. 이러한 요소들은 어떤 교육 환경에도 적용될 수 있고 동시에 다양한 교육적 환경 간의 유사점과 차이점을 찾아낼 수 있는 틀을 구성한다.

이 틀을 소개한 다음, 나는 젊은 항해사, 이슬람 학자, 젊은 프로그래머 등 세 명의 전형적인prototypical 학습자에 의해 구현할 수 있는 세 가지 교육적 환경에 대해 논의할 것이다. 물론 교육 환경을 이렇게 세 가지로 구분하는 것은 오늘날 세계에서 이루어지고 있는 다양한 교육의 범위를 과감하게 축소하는 것이다. 이러한 예들은 단지 설명을 위한 것일 뿐이다. 나는 다음 세 종류의 전형적인 학습의 형태를 일반화함으로써 비교 가능한 수많은 교육 환경에 관한 정보를 도출해낼 것이다. 1) 비문명사회에서 특성화된 기술의 습득(항해사의 예), 2) 전통적인 종교학교에서의 문자 학습(이슬람 학자의 예), 3) 현대의 세속적인 학교에서 과학적인 교과과정의 전수(프로그래머의 예).

분석적인 틀을 개발하는 주요한 이유는 왜 특정한 현대의 교육적 노력은 성공을 거둔 반면 다른 것은 만족스러운 결과를 얻지 못했는지를 설명하기 위해서다. 이 책의 결론 부분에서는 이러한 내용에 대해 쓰려고 한다. 이를 위해, 나는 현대의 세속적인 교육에서 전형적으로 동시에 나타나는 세 가지 요소인 학교교육, 다양한 문자의 습득, 그리고 과학적인 방법의 전개에 대해 본 장에서 논의할 것이다. 결국 현대 서구 교육적 배경이 나름대로의 독특한 분위기를 가지고 있는 것은 이런 독립적 요소들이 우연히 동시에 발생한 결과다. 이러한 요소(그리고 그 결과)에 대한 분석을 통해 현재 우리가 가지고 있는 교육 과정의 작동 원리와 우리의 교육 형태를 다른 문화권에 도입할 때 생기는 어려움을 더 잘 이해할 수 있다.

교육 과정 분석을 위한 틀

우선 교육적 상황을 분석할 때 고려해야 할 다양한 요소들을 생각해보자. 한 명 혹은 그 이상의 사람이 지식의 전수를 책임지는 특정한 상황의 복잡성을 생각할 때, 결국 각각의 요소를 요약하는 것에 국한된다 하더라도 요소들의 큰 집합을 고려할 필요가 있다. 결론 부분에서 나는 세 가지 학습 상황에 적용할 수 있는 틀을 도표로 제시했다. 도표의 상세한 내용은 각각의 교육 문제를 충분히 소화한 후에야 이해할 수 있다. 그럼에도 불구하고, 이어지는 단락에서 상세한 요소에 대한 소개나 뒷부분의 교육적 문제에 대한 세부적인 설명을 읽은 독자들에게는 이 도표가 도움이 될 것이다.

이러한 간단한 설명이 혼란을 가져올 수도 있겠지만, 이 책에서는 특별한 주제라 할 수 있는 구성 요소, 즉 교육적 상황에서 사용된 특수한 지능에 대해 먼저 설명하려고 한다. 무엇보다 이 요소는 다면적으로 나타난다. 가령 지능으로 분류할 수 있는 능력은 정보 습득의 수단으로 사용될 수 있다. 즉, 사람들은 언어 기호, 신체적 혹은 공간적 표현, 인간관계 등을 통해 학습할 수 있다. 심지어 다양한 지능들은 지식 전수의 도구로 이용될 수 있기 때문에 습득되는 실제 자료 자체가 특정한 지능의 영역에 포함될 수 있다. 만약 악기 연주를 배우고자 할 때, 습득해야 하는 지식은 음악이다. 계산법을 배우고자 한다면, (전달 수단은 언어지만) 논리수학 지식을 얻어야 한다. 이는 사람들의 다양한 지적 능력이 수단이자 의미이며, 형식이자 내용의 역할을 동시에 한다는 것을 의미한다.

서로 영향을 주고받지만 분리된 지능들은 여러 환경에서 사용되는 실제 학습 방법이다. 아마 가장 기본적인 것은 직접 또는 '중재되지 않은' 학습이다. 플루왓 섬의 어린아이가 연장자가 카누를 만들거나 항해를 준비하는 모습을 보면서 성장하는 것처럼 학습자는 성인이 실제 생활에서 하는 활동을 관찰한다. 직접적인 관찰과 밀접한 관계가 있지만 학습자의 더 많은 참여가 요구되는 다양한 형태의 모방이 있는데, 이 경우 아이들은 모델의 행동을 관찰하여 (즉각적으로 혹은 나중에) 모방한다.

관찰적 학습에서 공간적, 신체적, 대인관계적 지식은 종종 도움이 된다. 언어적 지식도 관련이 있긴 하지만, 일반적으로는 부수적인 것에 불과하다. 예를 들어 과제의 특성에 대한 주의를 일으키는 정도로 사용된다. 종종 격언이나 일반적 전제가 설명되기도 하는데, 이때 어떤 것을 아는 것know-that이 방법을 아는 것know-how과 접목된다.

그러나 특정 기술의 전수는 관례적으로 연습이 필요한 상황의 맥락 밖에서 전수되기도 한다. 가령 어린 플루왓 항해사가 선실의 바닥에 자갈을 놓으면서 별의 위치를 배우는 것처럼, 학습자가 연습할 수 있는 작은 모형이 지어지기도 한다. 때로는 학습자가 나중에 '실제 상황'에 사용할 수 있는 비밀이나 특수한 연습 상황에 노출되는 특정한 제례나 의식을 통하기도 한다. 그리고 사회가 점점 다양해지고 과제들이 다원화되고 복잡해지면서, 소위 학교라는 특정한 건물 안에서 주어지는 학습 과제들은 실제 현장의 맥락에 점점 벗어나게 된다. 학교에 대해 이야기하면서 나는 비형식적 부족학교bush school에서 전통적인 종교학교, 대부분의 사람들에게 친숙한 현대의 세속화된 학교까지, 학습의 정교한 형태에 대해서 살펴볼 것이다.

다양한 학습 환경과 방법을 조사하면서 우리는 특정한 학습 방정식 내에 존재하는 세 개의 추가적인 변수들을 찾았다. 우선 지식을 전달하기 위해 사용하는 다양한 방법이나 매개체를 들 수 있다. 기껏해야 간단한 언어나 모래 위에 그리는 선 모양의 도표처럼 직접적인 형태의 학습에서는 중재의 과정이 거의 일어나지 않지만, 좀 더 공식적인 형태의 학습은 각각의 매개체에 상당히 의존한다. 여기에는 언어나 수학과 같은 분명한 상징체계뿐 아니라 책, 소책자, 도표, 지도, TV, 컴퓨터 등 끊임없이 늘어가는 일군의 매체와 이 매체들의 다양한 조합, 혹은 또 다른 종류의 전달 매체가 포함된다. 당연히 각각의 매체마다 적당하게 사용할 수 있는 지능도 다를 뿐 아니라 가장 잘 나타낼 수 있는 정보 또한 서로 다르다.

다음으로 학습이 일어나는 특정 장소나 위치가 있다. 특히 전통적인 사회에서 대부분의 교육은 현장에서 일어난다. 학습자는 당시 그가 맡은 일을 하고 있는 모델 가까이에 배치된다(혹은 그쪽으로 이끌리게 된다). 음식을 어떻게 준비하는지를 배우거나 부모들이 교육을 담당하는 경우, 관례적으로 활동이 일어나는 가정이 현장 학습의 장소가 된다. 앞에서 언급했듯이, 사회가 점차 복잡해지면서 특성화된 기관이 세워지기도 한다. 학교가 가장 적절한 예지만, 견습에는 작업실, 공장, 실험실이 적절한 예가 될 수 있다. 의식이나 제전의 집행에 사용되는 특수한 배경을 통해서도 중심 지식(종종 강한 영향력)이 빠르고 효과적으로 전수된다. 대부분의 정보는 어떠한 장소에서나 전수될 수 있겠지만, 내가 지적했듯 지식의 전수를 위해 특별히 고안된 (주로 사용되는) 환경 속에서는 언어 지식과 논리수학 지식이 가장 많이 전수된다.

지식 방정식의 세 번째 변인은 과제가 맡겨진 특정 대리인에 관한 것이다.[2] 전통사회에서 선생님들은 일반적으로 학습자와 성性이 같은 부모나 조부모이며, 그 종족의 구성원이나 다른 친척들 혹은 특수한 지혜를 가진 사람들도 포함된다. 형제나 동료들도 종종 지식의 전수자가 될 수 있으며, 어떤 과제는 관련 없는 선생님들보다 형제로부터 더 쉽게 배울 수도 있다. 흔하지는 않지만 문화 안에서 짝이 지어지는 경우도 있다. 젊은이들은 그들이 습득해야 하는 가장 중요한 기술을 가진 어른들에게서 훈련을 받는다. 이러한 종류의 조합은 혈연관계, 가까운 관계, 혹은 덜 전형적이긴 하지만 기술을 가진 모델과 젊은이의 적성 사이에 공동체가 요구하는 적절한 관계가 있는 경우에 이루어진다(이러한 조합은 비형식적 학교가 있는 사회에서 더욱 흔하다). 마지막으로 어떤 사회에서는 공동체 내의 아동에게 지식을 가르치는 임무를 가진, 종교인으로 구성된 완전히 독립적 계층인 선생님이나 지도자들이 있다. 세속적인 환경에서는 전문적인 기술을 갖는 것이 교사의 자격 조건이지만, 때로는 모범이 될 만한 도덕성을 갖기를 기대하기도 한다. 더 이상 어른과 아동의 혈연관계는 교육을 위한 필요조건이 아니며, 그 대신 지정학적으로 거주지가 같거나 동일한 종교 단체의 구성원이라는 사실이 교육적 관계에 편입될 수 있는 조건이 되기도 한다.

마지막으로 학습이 일어나는 일반적 맥락을 들 수 있다. 각각의 전형적인 학습의 사례는 특정한 문화적 맥락에서 일어난다. 문자가 없는 전통사회에서 학습은 생존에 필수적인 것이었다. 대부분의 거주민들은 필요한 지식을 가지고 있다. 분명하게 부호화된 지식은 비교적 적지만 대부분의 필수적인 지식은 일상생활에서 실제로 다른 사람들을 관찰하면서 쉽게 얻을 수 있다. 이러한 지식의 형태는 비교적 직선적이므로 더 이상 이 책에서 다루지는 않을 것이다. 대신 젊은 플루왓 항해사나 유고슬라비아의 문맹 집단에서 방랑시인이 된 젊은이가 배우는 것과 같은, 전통적인 사회에서 오랜 기간 학습이 필요한 지식의 형태를 다루고자 한다.

전통적인 종교적 환경에서 문자가 전수되는 사회에서는 다소 다른 문제를 찾을 수 있다. 이 사회에서는 어떤 기술을 가지고 있느냐 없느냐에 따라 소속 집단이 달라진다. 대개의 박식한 사람들은 공동체의 종교 지도자 혹은 사회 지도자가 되는 반면, 어떤 사람들은 전문화된 지식의 극히 일부만 아는 것에서 그치는 점진적인 차별화 과정이 일어난다. 학교 밖에서는 더 큰 노동의 분화가 일어난다. 하지만 사회의 기술적, 경제적 구조가 비교적 단순하기 때문에 대부분의 사람들이 동일한 일반적 종류의 기술과 지식을 습득하는 경우가 종종 있다.

극과 극의 넓은 범위의 역할과 기술을 특징으로 하는 현대적, 기술적 사회가 있다. 이런 사회에서는 어떤 사람도 모든 것을 완전히 습득할 수 없기 때문에 상당한 노동의 분화가 이루어져 있고, 지식이 전수되는 제도적 형태와 성공에 이를 수 있는 분명한 표준을 가지고 있다. 거의 모든 기술은 화실이나 기술 학교, 혹은 공장에서부터 기업체에 이르는 특성화된 환경 속에서 습득된다. 전통사회에서는 거의 모든 사람들이 남들이 가지고 있는 지식의 대부분을 가지고 있었지만, 기술 사회에서 특수한 종류의 지식을 가지고 있는 전문가들은 마치 문맹인이 비문맹인을 보는 것처럼 일반인들에게 신비스럽게 여겨지게 되었다.

어떤 종류의 지능이 가치 있는 것으로 평가되는지는 학습의 맥락에 따라 완전히 달라진다. 전통적인 문맹사회에서는 인간친화 지능을 높게 평가한다. 공간적, 신체적 형태의 지능이 많이 이용되고, 언어적, 음악적 형태의 지능도 특정한 환경에서는 크게 인정을 받는다. 전통적인 종교학교가 있는 사회에서는 언어 지식이 각광을 받는다. 논리수학 지식의 특정한 형태를 고도로 훈련함으로써 수반되는 인간 상호간의 지식을 지속적으로 고양하는 사회도 있다. 끝으로 현대의 세속적 학교에서 논리수학 지능은 중요시되고 언어적 능력의 특정한 형태도 가치 있게 평가된다. 이해에 대한 개인 내적 형태가 중요하게 여겨지지만 이에 반해 대인관계 지식의 역할은 일반적으로 축소된다.

나는 교육적 환경과 경험의 범주에 적용시킬 수 있는 분석적 틀과 몇 가지 분류를 간단히 알아보았다. 자연스럽게 이러한 틀을 적용하기 위해 사회의 특수한 면을 잘 관찰하여 분명하고 정확한 수단을 적용할 필요가 있다. 626쪽의 표를 보면 그러한 분석적 틀을 세 가지 주요 배경과 그와 비슷한 다른 범주에 어떻게 적용할 수 있는지를 알게 될 것이다. 물론 이 표는 세 개의 문화적 배경에 대한 샘플이며, 다른 많은 종류의 교육적 배경은 또 다른 특징과 주요 대행자, 장소, 전수의 매개체, 여기서 고려되지 않은 지능 형태의 여러 가지 조합이 나타날 것이다. 결국 이러한 틀은 시각화할 수 없는 교육적 상황을 인식하는 데 도움이 된다.

문맹사회에서의 기술

수천 년 전까지만 해도, 거의 모든 사람들은 사냥, 채취, 농사, 음식 장만 등의 활동을 통해 기본적 욕구를 해결하는 데 전력을 다했다. 이와 같은 사회(혹은 적어도 같은 성性을 가진 사람들 사이)에서는 자신들이 책임질 다른 사람들 혹은 자기 자신에게 지식을 제공하는 것을 중요하게 여겼기 때문에 대부분의 지식은 널리 공유되었다. 이런 종류의 지식은 가정에서 어른들을 관찰하거나 모방함으로써 익힐 수 있었다. 명시적 부호나 특수한 훈련, 기술의 분명한 단계나 수준 따위는 필요 없었다.

그러나 문맹사회에서도 특별한 전문가들에게만 제한된 복합적이고 아주 정교한 기술이 있었으며, 우리의 연구도 바로 이런 기술과 관련되어 있다. 미크로네시아 캐롤라인 제도의 플루왓 섬에서 항해하는 것이 그 대표적인 예다. 극소수의 남성(아마 6명 정도)만이 될 수 있는 '대가 항해사'는 매우 이루기 힘든 지위다. 실제로 많은 남성들은 항해의 기본적인 지식 이상을 습득하려고 하지 않으며, 이 지식을 배우려 시도하는 사람 중 절반도 안 되는 사람만

세 가지 문화 배경에 적용할 수 있는 교육 과정 분석의 틀

	학습의 종류		
교육의 요소	미개사회 – 특수한 기술	전통적 종교학교 – 문장	현대의 세속적인 학교 – 과학적인 대화
13장에서 언급한 예	플루왓 항해술 유고슬라비아의 방랑시인	코란 학교 힌두의 구루쿨라 히브리의 체더 중세의 천주교 학교	유럽, 북미, 일본의 초등학교, 중학교, 고등학교 소형 컴퓨터에 의한 프로그래밍
지능	언어적, 음악적 지능(방랑시) 공간적 지능(항해) 신체적, 기능적 지능 대인관계적 지능	언어적 지능 대인관계적 지능 논리수학 지능(뛰어난 학생에 한해)	논리수학 지능 개인 내적 지능 언어적 지능(덜 강조됨)
전수의 매개체	대개는 매개체 없이 직접적인 관찰에 의하고, 약간의 구두적인 강의	구두적인 운문이나 책	책, 도표, 컴퓨터, 사진 등 다양한 매개체
학습 장소	현장 학습	독립적인 건물이나 종교 건물 내부	독립적인 건물, 어떤 경우에는 개인 가정이나 사적 학습 장소에서 이루어짐
지식을 전수하는 대행자	숙달된 연장자, 대개 친척들이 가르침	문자나 토론으로 훈련받은 이, 도덕적으로 높은 수준이 요구되고 높은 신분으로 여겨짐	도덕적인 면은 고려되지 않고, 저학년은 일반적 교육 훈련을 받은 사람이, 고학년은 전문적 교육 훈련을 받은 사람이 맡음
학습의 일반적인 맥락	대부분은 기초적인 기술을 가지고(항해를 포함), 소수만이 전문가가 됨	대부분의 남자들이 종교학교에 다니고, 점진적인 선별 과정을 거쳐 성공한 학생들은 성직자나 공동체의 대표가 됨	보편적인 초등학교와 중·고등학교, 많은 이들이 대학교육을 받고 평생교육의 가능성도 많음

이 이 과정을 마치고 능숙한 항해사가 된다. 같은 맥락에서 배를 만드는 기술도 상당한 훈련을 요하는, 집단 내 극소수의 사람만이 습득할 수 있는 정교한 기술이다.

8장에서 언급한 토머스 글래드윈의 연구를 통해 플루왓의 항해사가 되는 과정에 대해 이해할 수 있다. 글래드윈은 항해에서 궁극적인 성공을 이루는 데 필요한 두 개의 뛰어난 학습 과정을 설명했다.[3] 그중 하나는 '현장 밖'에서 구두로 진행하는 학습으로, 항해사들이 알아야 하는 모든 별의 특성과 운행 과정, 모든 섬들의 위치와 특성 같은 방대한 양의 사실적 정보를 암기하는 것이다. 글래드윈은 이러한 지식을 비밀에 부칠 필요가 없는 이유를 다음과 같이 설명한다.

> 아무도 많은 노력과 긴 훈련을 거치지 않고는 그것을 배울 수 없다……. 그것은 끊임없는 반복과 시험을 통해 학습되고 기억된다. 이 과정은 훈련자의 지시에 따라 학생들이 이미 알려준 바다 위의 어떤 섬에서 출발해 그곳에서 바로 닿을 수 있는 다른 모든 섬들 사이를 오가며 별들을 줄줄 외워야만 끝이 난다.[4]

언어 지능에 의존하는 플루왓 섬에서 항해 기술의 이러한 면은 유명한 항해사가 되기 위해 반드시 필요하지만 그것만으로는 충분하지 않다. 이 훈련의 더 중요한 부분은 실제 항해를 통해서 이루어진다. 그는 바다의 조류, 다양한 종류의 섬들을 항해하면서 얻는 특수한 조건, 항해한 거리를 기록하는 체계, 파도를 보고 알 수 있는 정보, 비바람 속에서 항해하는 과정, 어두운 곳에서 길을 알아내는 능력, 날씨를 예측하고 바다 생활을 하며 항해 과정을 지노하는 데 별을 사용하는 등의 실세적 경험을 필요로 한다. 이러한 과정의 많은 부분은 항해자가 머리 위의 별들을 제외하고는 스쳐가는 모든 과정을 자신이 고찰할 수 있는 '정신 모형'*으로 축적해야 함을 의미한다.[5] 항해의 핵심적 부분에서 언어적 지식은 거의 도움이 되지 않으며, 예민한 감각과 공간적, 신체 기능적 지식을 어떻게 활용하느냐가 더 유용하다.

플루왓의 항해사와는 달리 운율을 읊는 가수가 되는 유고슬라비아의 시골 청년들이 있다. 밀먼 패리Millman Parry와 앨버트 로드Albert Lord에 의하면, 무슬림 사회에서 라마단의 40일 동안 계속해서 다른 노래를 부르는 이들과 같은 서정시인이 되기 위해 정식 훈련이 필요하지는 않다. 미래의 방랑시인이 되고자 하는 사람들은 새로운 연주의 밑바탕이 되는 다양하고 중요한 언어적, 음악적 형식을 배우기 위해 밤마다 연주를 듣는다. 수년에 걸쳐 많은 음악을 경청하고 소화시킨 후, 그들은 자신의 형식을 연습하기 시작하며 자신이 듣는 노래를 연장하거나 꾸밀 수 있게 되고 새로운 노래를 창조하기도 한다.[6] 로드는 "그것은 모방과 경청, 그리고 연습을 통한 동화의 과정이다"[7]라고 말한다. 마지막으로 그는 자신의 음악에 공감하면서도 비판적으로 듣는 관중 앞에서 노래할 기

* 세상에서 일어날 수 있는 사건이나 상황을 묘사하는 마음의 표상(실험심리학 용어사전, 시그마프레스)._옮긴이

회를 갖는다. 그는 관찰과 혼자만의 연습을 통해 얻은 기술이 그 공동체의 구성원들에게 기대하는 효과를 줄 수 있는지 알 기회를 갖는다.

플루왓의 항해사나, 유고슬라비아의 방랑시인은 그들의 사회에서 다른 사람들과 구별되는 고도의 기술을 습득한 이들이다. 양쪽 모두의 경우, 전문가가 되기 위해서는 집중적인 연습이 필요한 언어적 기억력이 중요한 역할을 한다. 그러나 항해사가 공간적, 신체적 지능에 의존하는 반면, 가수는 음악적 능력과 청중과 소통하는 대인관계 기술에도 의존한다. 유고슬라비아의 시인들은 형식적인 교육 없이 '현장'에 의존하는 자아 학습의 형태를 거친다. 반대로 플루왓의 항해사들은 뚜렷한 학습의 순서에 따라 배우는 것이 유용한데, 이 과정 중 일부는 선착장처럼 현장에서 벗어난 곳에서 별 대신 자갈을 사용하는 식으로 이루어진다. 배를 만드는 과정을 배우는 경우 자식들은 거의 항상 그의 아버지와 같이 작업하면서 일을 배우지만, 항해법과 구전으로 배우는 운문의 경우는 종족적인 결속만으로는 충분하지 않다. 가족의 대부분이 유능한 기술자가 되기에는 능력이 모자라고 따라서 기술을 배우는 데 참여하지 않는 경우, 다른 재능 있는 사람이 계승하는 것도 가능하다. 하지만 전통적인 사회에서 한 가족이 여러 해에 걸쳐 특정한 기술을 추구해왔다면, 그 가족 구성원이 그 활동에 참여하여 전문 기술자가 되는 경우가 많다.

내가 말했듯이, 전통적인 사회에서 소수의 계급만이 전문 기술을 획득하는 것은 일반적이지 않다. 왜냐하면 그 사회의 대부분의 활동은 모든 정상적인 성인들의 지식 범위 안에 있기 때문이다. 실제로 플루왓의 모든 성인들은 기본적인 항해 능력을 약간은 가지고 있고, 유고슬라비아의 모든 성인들도 구두적인 운율에 대한 지식을 가지고 있다. 학교화된 사회에 대한 이야기로 넘어가면 우리는 전문화된 지능을 더 일반적인 것으로 여기는 환경과 마주하게 된다. 만약 일반적인 관찰 학습의 과정과는 다르며 따라서 그 사회와 관련된 좀 더 형식적인 학습 과정을 기대할 수 있는, 전통적인 사회 안의 세 가지 제도를 간략하게 살펴본다면 그 사회를 좀 더 잘 이해할 수 있을 것이다.

교육의 세 가지 형태

통과의례 성년식 같은 좀 더 조직화된 공식적 학습의 사례를 들어보자. 많이 알려져 있듯이, 이런 의례는 수년 혹은 몇 시간 동안 지속되기도 한다. 전통적으로 한 문화의 젊은이들은 아동기에서 성인기로 넘어가는 과정에서 도전적인 경험을 하거나, 특정한 행동 혹은 정보를 익힌다. 이런 의식 중에는 아프리카 총가Tsonga족의 잔혹한 육체적 고통이나[8] 아메리카 인디언처럼 오랜 시간 들판에 혼자 있는 것 같은 잔인한 경우도 있고,[9] 폴리네시아의 티코피아Tikopia족처럼 친척들에게 많은 축하를 받으며 음식과 선물을 교환하는 매우 다정다감한 것들도 있다.

이렇게 인상적인 전환 의식에서 과연 무엇을 배울 수 있으며,

이것을 학습의 한 부분이라 할 수 있는가 하는 의문을 가질 수도 있다. 많은 정보를 통해서 보면 대답은 요점을 빗나갈 수 있다. 일반적으로 통과의례는 세네감비아Senegambia의 3개월에 걸친 할례에서처럼 많은 학습이 일어나기도 하지만, 기술이나 특기를 익히는 기회라기보다는 신분의 변화를 이루는 기회로 여겨진다.[10] 그러나 자신이 성인사회의 구성원이며 그에 맞는 역할을 할 수 있고 특권을 갖게 된다는 사실을 아는 것 자체가, 자신에 대한 믿음을 가지고 정해진 양식에 맞게 행동할 수 있는가를 진단하는 중요 요소가 되는 지식의 한 형태다. 이것은 자아감이나 인간친화 지능의 발달에 중요한 요소가 된다. 더구나 통과의례는 자신의 감정이나 집단 내 다른 사람과의 관계를 배우는 정서적인 학습에 집중하는 시간을 의미한다. 이러한 경험에 동반되는 긴장, 공포, 위험 등은 젊은이에게 사냥, 결혼, 출산, 죽음 같은 인생의 중요 경험과 관련한 모델의 기능을 하고, 이런 의식을 통해 공동체 내에서의 관계가 확립된다. 어떤 이유에 의해 의식이 적당하게 시작되지 않으면 중단되기도 한다. 누군가는 이 통과의례를 개인적인 영역에서의 결정적 경험 중 하나, 다시 말해 아동이 어른이 되는 순간, 큰 사회 구성원으로서의 권리를 가진 사람으로서 느끼는 감정을 포착해야 하는 중요한 순간으로 여기기도 한다.

부족학교 정서적이고 개인적인 형태의 학습에는 오랜 시간이 걸리지 않는 반면, 전통사회의 다른 기술들은 습득하기까지 많은 시간이 걸린다. 이러한 학습 형태는 두 개의 다른 기관을 만들어냈다. 이들은 제도적인 면에서 완전한 학교라고 할 수 없지만, 두 기관은 모두 오랜 역사와 형식적인 교육 기관의 특성을 가지고 있다. 첫 번째 기관은 소위 부족학교라고 불리는 곳으로, 이곳에서 아이들은 조각과 예술을 포함해 공동체 생활에 중요한 기술을 배운다. 서아프리카의 전통 부족학교에서 아이들은 몇 년 동안 비밀스러운 사회의 일원으로 훈련을 받는다.[11] 이 학교의 선생은 가장 높은 신분을 가진 사람이다. 아동들은 연령과 적성에 따라 몇 가지 그룹으로 나뉘어 토착적인 삶에서 요구되는 다양한 특성에 대해 지도를 받는다. 거기에는 개인의 적성을 결정하는 시험도 포함된다. 전쟁 수행 능력을 시험하는 전초전skirmish이나 모의 전투mock battle도 있다. 부족학교에서 거쳐야 하는 과정에는 새로운 이름을 얻어야 하는 통과의례도 포함되는데, 여기서 충분한 인내력을 보여주지 못하면 죽음을 맞기도 한다. 이와 같은 유형의 몇몇 학교들은 집단의식, 정치적 성숙, 그리고 용기를 강조하는 수단으로 역사적 배경을 강조하기도 한다.

도제제도 단순한 모방이나 통과의례만으로 쉽게 습득되지 않는 기술들을 훈련하기 위한 추가적인 방법은 도제제도다. 가장 전형적인 사례로 후기 중세시대의 길드를 살펴보면, 청소년 전기 또는 청소년기에 집을 떠나 몇 해 동안 특정 기술을 지닌 장인의 집에서 머문다. 처음에는 그 가족의 구성원이 되어 집안일을 돕고, 장인의 작업을 보고, 견습을 마친 이들과 유대관계를 형성한다. 도제가 될 준비가 되었다고 판단되면 작업의 기술을 천천히 배우기 시작하고, 더 어려운 과제를 시도하고, 장인에게 끊임없이 평가받으며, 효과적인 기술에 대한 비밀을 공유한다. 만약 과제를 잘 배우고 대인관계를 적절히 유지하면 특정한 분야에서 자신만의 고도의 기술을 발휘할 수 있는 기회를 갖는다. 장인의 사회에서 인정받는 것은 특정한 길드에 적합하며 완성도 있는 과제를 얼마나 잘 해내냐에 달려 있다. 이 '대작masterpiece'은 마지막 시험이다. 궁극적으로, 견습을 마친 학생들은 장인의 서열에 참여할 수 있으며, 모든 비밀을 공유할 수 있고, 자신의 작업실에 나름의 학생들을 고용할 수 있다.[12]

도제제도는 학교나 문자가 없는 많은 장소들을 포함, 세계의 다양한 지역에서 효과적인 형태로 진화된 것으로 보인다. 예를 들어 나이지리아의 아낭족에는 조각술 습득을 위한 도제제도가 있다.[13] 아동은 주로 그들의 아버지로부터 조각술을 배우지만, 청년부터는 장인에게 값비싼 비용을 지불하고 1년 정도의 도제 기간를 통해 기술을 배운다. 이 기술을 가르치고 수행하는 전문적인 사람들이 여럿 모여 사는 조각 마을도 있다. 고대 인도에서는 자티Jati*나 카스트 형성에 영향을 미친 기교적 혹은 다른 예술적 기술들이 길드로 조직화되었다.[14] 이집트의 아라베스크 목공들은 가장 촉망받는 이들에게 비밀을 서서히 전수해주는 길고 복잡한 도제제도를 가지고 있었다.[15] 도제제도라고 명명되지는 않지만, 플루왓의 청소년들이 항해 기술을 익히는 것 또한 도제제도의 한 종류로 간

* 혈족집단의 지역 길드._옮긴이

주될 수 있다.[16] 부진한 학생들은 초기에 바다에서 진행되는 '시운전'이나 구두 기억을 학습하는 기간에 중도에서 탈락하지만, 성공적인 학생들은 항해사의 작은 장인 사회에 소속될 수 있다.

여기서 진전을 강조할 필요가 있다. 직접적이고 조정되지 않은 형태의 학습은 비교적 덜 복잡한 활동에는 적합하나, 과정이 길거나 교육을 받지 않은 사람의 관점에서 쉽게 관찰되지 않고 이해되지 않는 요소가 있는 경우에는 적합하지 않을 수 있다. 일단 특정 영역에서 기술이 어느 정도 복잡한 수준에 도달하면, 피상적인 관찰이나 지도자와의 비형식적인 상호작용을 통해서만은 만족할 만한 수준의 기술을 습득할 수 없다. 따라서 사회는 청소년들을 고도로 능숙한 수준으로 훈련시키는 데 필요한 효과적이면서도 형식적인 방안을 마련하는 것이 바람직해 보인다. 부족학교와 기술길드는 사회의 재능 있는 남성들이 더 높은 수준을 성취할 수 있는 가능성을 높이는 메커니즘이다. 이러한 진전이 일어나기 위해서는 사회 내에서 노동의 분화가 필수적이다.

이런 형태로 지능을 전수하는 사회에서 신체, 음악, 공간과 관련된 기술적인 지능은 그 문화 내에서 대인관계 측면과 거의 분리될 수 없다. 부족학교는 그 자체로 통과의례이며, 길드는 비밀을 유지하고 또는 가끔 불필요하게 계약 기간을 연장하는 그 자체를 정교한 통과의례로 생각했다. 필요한 대인관계 기술을 습득하지 못한 개인은 이러한 장애물을 성공적으로 넘지 못한다. 결국 대인관계를 얼마나 잘 유지하느냐가 개인적 용기나 손재주 같은 능력만큼이나 중요하다. 그리고 그 과정의 참여는 가정 간 또는 가족 내에 이미 존재하는 대인관계인 유대에 달려 있다.

부족학교와 기술 길드의 출현은 많은 전통사회에서 선호한 직접적인 학습 방법으로부터 지난 수천 년 동안 전 세계 곳곳에서 시작된 형식적인 학교 형태로의 전환을 나타낸다. 형식적 학교가 출현한 데는 많은 이유가 있고, 그중 주된 목적은 사회의 젊은이들에게 읽고 쓰는 것을 효과적이고 능률적인 방법으로 가르치는 것이다. 학교의 부상과 함께, 암묵적인 지식에서 분명한 형태의 지식으로, 의식적인 절차에서 기술적 조건으로, 구두로 지식을 전달하는 것에서 소통 과정을 문자로 전달하는 것으로, 종교적인 접근에서 세속적인 입장으로의 전환이 있었고, 그것은 궁극적으로 지식에 대한 과학적인 접근을 가능케 했다. 이러한 모든 과정은 상당히 복합적이며 다른 어떤 것과도 같지 않은 독창적인 것이다. 그리고 이 과정 중 어떤 것도 충분히 이해되지 못하고 있다. 만약 세계의 많은 인구가 오늘날 직면하는 교육적인 도전을 탐구하고자 한다면, 다양한 형태로 진행되는 학교화의 본질과, 학교화가 인간의 다른 지적 가능성을 사용하는 (또는 발달시키는) 방법을 이해하려고 노력하는 것이 중요하다.

다양한 종류의 학교들

코란의 교육

이슬람 사람들은 지구의 절반과 세계 인구의 1/5을 차지하며,

북아프리카에서 인도네시아에 이르기까지 대부분의 젊은 이슬람 청년들은 비슷한 형태의 교육을 받는다. 4~8세에 어린이들은 코란 학교에 입학한다. 코란이라는 단어는 '암송recitation'이며, 이 학교의 주요 목적은 (여러 세기 동안 그랬듯이) 전체 코란을 외우는 것이다. 입학 초기에는 기도와 성찬 같은 매우 중요하고 즐거운 활동을 하지만, 곧 당장 해야 할 일이 주어진다. 첫째로, 어린이들은 몇 구절의 코란을 듣고 배운다. 아라비아 문자와 문자의 이름을 배우고, 각각의 문자가 어떻게 생겼으며 이것이 어떻게 쓰이는가를 배운다.

이후의 학습 과정은 두 가지로 나뉘어 나란히 진행된다. 교과 과정 중 하나는 정규적인 코란의 암송이다. 아동은 교사를 모방하면서 적절한 리듬과 억양을 구사하여 코란을 암송한다. 올바른 소리를 내는 것이 의미를 이해하는 것보다 더 중요하고, 많은 아이들이 자신이 말하는 단어를 이해하지 못하지만 6~8년에 걸쳐 전체 코란을 암기한다. 코란의 전체를 암기하는 것은 단어의 이해 여부를 떠나 그 자체가 미덕으로 간주된다.[17]

나머지 교과 과정은 아라비아 문자를 읽고 쓰는 것을 배우는 것으로, 코란의 숙달을 통해 익힐 수 있는 과정이다. 우선 학생은 문자를 따라 쓰거나 쓰는 방법을 배운다. 그리고 코란의 전부를 필사하는 것을 배운다. 다음에는 단어를 불러준 다음 쓰게 하는데, 이 과정을 통해 다른 많은 아동들에게는 외국어처럼 여겨지는 단어의 의미를 이해하게 된다. 대부분의 학생들은 이러한 기본적인 문자적 기술 이상을 배우지 못하지만, 가장 근면하고 성공적인 학생들은 다른 교재를 읽고, 교재의 의미에 관한 토론을 하며, 논쟁, 분석, 해석의 과정에 참여하기도 한다.[18]

물론 코란식 교육의 상세한 부분들은 이슬람 세계의 다양한 지역과 학교에 따라 다르다. 대수, 천문학, 시, 논리학과 같은 과목을 어느 정도 수준으로 배우는지, 다른 외국어를 배우는지, 세속적인 교과서를 배우는지도 국가나 사회적 환경에 따라 매우 다르다. 그러나 모든 이슬람 교육의 핵심은 교리를 언어적으로 습득하는 것이다. 여기서 말하는 습득은 코란을 구두로 암송하는 동시에 아랍 언어의 문해를 습득하는 것을 포함하며, 이는 오늘날까지도 같은 방식으로 진행된다.

전통적인 학교의 전통적인 형태

학생들에게 익숙하지 않은 단어로 된 교재를 단순하게 암송하는 데 중점을 두는 코란 학교는 우리에게는 생소하고, 어쩌면 이상하게 느껴질 수 있다. 때문에 히브리의 체더cheder*와 예시바yeshiva**, 이슬람의 코란 학교와 마드라사Madrasa***, 일본의 데라코야terakoya****, 힌두의 구루쿨라gurukula*****와 같이 지난 수천 년간 중세 기독교 유럽 및 문자를 가지고 있는 다른 세계에서 존재해온

* 유대교와 히브리어를 가르치는 전통적 초등학교._옮긴이
** 전통파 유대교도를 위한 대학 또는 학교._옮긴이
*** 이슬람교 고등교육 시설._옮긴이
**** 일본 에도시대의 아동을 위한 서당._옮긴이
***** 고대 인도에서 교육과 관련된 중요한 개념 중 하나. 선생과 구루가 자신의 가족과 함께 살면서 학생들을 가르침._옮긴이

학교 역시 유사한 절차와 과정이 있다는 점을 강조할 필요가 있다. 나는 마이클 피셔Michael Fischer와 나의 동료인 로버트 레빈Robert LeVine, 수전 폴락Susan Pollak의 뒤를 이어 전통적인 학교들의 몇 가지 특징을 제시할 것이다.[19] 이러한 전통적인 학교들은 분명 교수법의 측면에서 차이가 있지만, 대개는 지리적으로 동떨어진 곳에 위치하고 있어 서로 거의 교류가 없었음에도 대체로 매우 유사한 특성이 있다는 점은 놀라운 일이다.

앞서 언급했듯이 전통적인 학교들은 거의 종교적인 목표를 위해 종교인들에 의해 운영되어왔다(물론, 전통적인 학교를 지향하는 사회에서 종교에 허용되지 않는 극소수의 영역이 있기는 하다). 교사들은 종교적인 사람들일 뿐 아니라 필요에 따라 학생들을 질책할 수 있는 높은 도덕적인 성격을 지니며, 공동체의 모범으로서 봉사해야 한다. 비도덕적인 교사란 그 자체로 모순적인 표현으로 받아들여진다.

학교의 핵심 교육 과정은 (특히 첫 해는) 매우 단순하다. 학생들은 교리를 읽고 쓰는 방법을 배워야 한다. 학생들이 학습해야 하는 글은 대개 모국어가 아니기 때문에 외국어를 습득하는 데 수년을 보낸다. 또한 학생은 언어에 친숙해지고 '우호적'으로 되는 데는 거의 노력을 기울이지 않고, 반복적인 암기와 연습을 통해 언어를 배우는 데 중점을 둔다. 전형적인 학습 과정은 글자를 따라 쓰고 암기하는 것으로 시작해, 단어와 문장을 따라 쓰고 얼마 후 더 긴 문장을 소리와 글의 형태로 만들어내고 기억하는 것을 배운다. 문법적인 요소와 언어의 소리 구조를 깨우치는 것은 대개 개인의 노력에 달려 있다(여기서 언어 지능은 아주 중요하며, 이란의 신화에 나오는 청소년같이 재능 있는 아동은 '해독'에 성공할 가능성이 높다). 일반적으로 이와 같은 과정은 문자 습득, 언어 해독, 그리고 텍스트 이해의 순서로 진행된다. 최상위 수준에 도달한 개인은 종교적인 글 외에 다른 글을 읽을 수 있고, 특정한 글의 의미에 대해 해석과 논쟁을 할 수 있다. 그러나 이 목표를 달성하기까지는 수년이 소모되며, 대부분의 학생들은 익숙한 종교적인 글을 암기하는 수준에 그친다.

대개 전통적인 학교의 학생들은 젊은 남성으로 구성되어 있다. 특정 공동체에서는 조기교육이 의무적으로 시행되지만, 또 다른 공동체에서는 엘리트 그룹에게만 제한되어 있다. 학교의 첫날은 특별한 날로 기념되고, 아동은 경전을 읽는 것이 훌륭하고 축하받을 일이라고 교육받는다. 그러나 이 즐거움은 매일 반복되는 훈련과 암기로 인해 금세 사라지고 만다. 글을 읽고 쓰는 과제에 재능이 있는 아동은 그렇지 못한 아동과 빠르게 구분된다. 아마도 영민한 언어적 기억력은 진급에서 가장 중요한 요소이고, 암기와 관련된 재능이나 기술 역시 중요하다. 암기가 교육의 주요하고 분명한 목표는 아니지만 중요한 단계로 보인다. 요컨대 인생의 주요 딜레마에 관한 해답을 담고 있을 뿐만 아니라 그 자체가 바로 학교의 존재 이유인 글을 해석하고 그 내용에 대해 논쟁을 하는 것은 우선 그 글을 빠르고 충실하게 기억할 수 있음을 전제로 한다. 아마 학교에서는 중요한 단계를 통과할 때마다 이를 축하하는 주기적인 행사가 열릴 것이다. 학업에서 성공하거나 공동체에서 인정받는 이란의 청년과 같은 사람들은 예시바, 중세 대학, 또는 종교적인 이슬람 도시에 있는 마드라사에 진학해 최고의 교육을 받을 수 있다. 이들은 학업을 지속할지를 선택할 수 있으며, 이들 중 일부는 그들의 동료만큼은 아니더라도 공동체의 존경을 받는다.

언어 및 논리 능력은 이러한 형태의 훈련에서 분명 중요한 역할을 하지만, 수 세기 동안 이루어진 전통 교육의 대인관계적인 측면이 무시되어서는 안 된다. 매우 어린 아동을 가르치는 이들을 제외하고, 대부분의 교사들은 많은 존경을 받는다. 과거 교육 절차의 많은 부분은 유망한 학생들을 자기 지도하에 두고 가르칠 수 있는 구루, 물라mullah*, 랍비, 유교儒教 학자와 같은 매력적인 인물을 중심으로 이루어졌다. 더불어 학교의 주된 목적은 학교를 지지하고 성공하는 학생들을 배출하는 데 자부심을 갖고 있는 공동체의 사회적 응집력을 유지하는 데 있었다. 특별한 재능은 보통 인정되고 보상받으나 개인적인 선호, 접촉, 유대가 없는 환경에서는 나타나지 않았다. 교육의 세속화 및 비개인화는 아직 이루어지지 않았다(아마 앞으로도 완전히 이루어지지 않을지도 모른다).

이러한 학교들은 진공 상태에서 생겨나지 않았음을 주목해야 한다. 중세시대에 중동 지역 부근의 종교 집단 간에는 상당한 교류가 있었으며, 이러한 전통적인 학교 사이에서는 어떤 특성을 서로 공유하기도 했다. 경쟁 관계에 있는 종교들의 교리는 어느 종교가 '고등교육' 순위에 들어가는지에 관한 논의에서 핵심적인 역

* 시아파 이슬람의 성직자._옮긴이

할을 했다. 지금까지 나의 논제를 위해 외면해왔지만, 이 제도들 사이에 분명한 차이가 있었다는 점은 전통적인 학교에 대한 논의에서 반드시 고려할 필요가 있다. 종교학교는 고대 이집트와 메소포타미아의 서기관들이 받았던 훈련, 3천여 년 전의 인도와 중국의 학자 양성 기관의 전통, 그리고 《일리아드The Iliad》와 《오디세이아The Odyssey》가 학습의 중심이었지만 음악, 신체적 발달, 대수, 기하, 천문학, 철학, 정치적 지도력 등도 연마시켰던 고대 아테네의 고전적 아카데미와 같은 이전 시대의 전통에 기초를 두고 이루어졌다. 결국 고대 세계의 붕괴로 인해 다양한 교육 과정은 실패했다. 즉, 고대의 많은 지식이 없어졌고 중세 초기에 생겨난 학교의 형태는 눈에 띄게 좁아졌다.

중세 유럽에서는 습득해야 하는 정보의 양이 한정되어야 한다는 것이 일반적 분위기였다. 리처드 매키언Richard McKeon은 "12세기의 문화가 어떠한지를 알려면 모든 지성인들이 알아야 하는 3천 개 정도의 인용구를 나열할 수 있으며 그것을 표로 정리할 수 있어야 한다"[20]고 말했다. 높은 수준의 학습에 있어서도 지도 방법은 질문과 대답의 형식, 공식화된 정의, 혹은 전체 강의를 암기하는 것이었다. 극소수 특권자들만 자유로운 논쟁에 참여할 수 있었다. 대학에서도 학생들은 책을 살 수 있는 여유가 없어서 많은 강의를 기억해야만 했다. 활판이 널리 보급되기 전 이탈리아 르네상스 대학에 관한 설명에서 볼 수 있듯이 이러한 상태는 르네상스 전까지 계속되었다.

> 학생들에게는 고문학이나 신화학에 관한 기록, 문법책, 어휘집 또는 사전이 없었다. 따라서 교사가 불러주는 인용을 받아 적고, 긴 문장을 반복하고, 지정학적이고 역사적인 비유에 대해 설명하고, 문장의 구조를 자세히 분석해야 했다. 너무 어리거나 나이 든 학생들은 앞에 앉아서 그저 펜과 종이를 가지고 강의자가 말하는 것을 인내심을 가지고 기록했다. 강의 후에 학생들에게 남는 것은 비판적, 설명적, 윤리적, 심미적, 역사적인 내용을 담은 요약문이었다. 다른 말로 하면 책이 구술되었고, 집중력이 있는 학생들은 많은 복사를 만들어냈다.[21]

마이클 피셔가 전통적인 학교에 대한 유익한 논의에서 지적했듯이, 이러한 묘사는 훗날 19세기 이란의 학교에도 적용할 수 있다.

다양한 전통적인 학교들을 만들어낸 요인들은 다양하며, 역사적, 문화적, 종교적인 조건들과 분리된 채 생각될 수는 없다.[22] 그럼에도 불구하고 세계의 곳곳에서 오랜 기간에 걸쳐 놀랄 만한 유사점이 나타난다는 사실은, 우리가 많은 사람들이 지식을 얻는 데 이용하고 적용할 수 있는 교육의 다양성을 다루고 있음을 의미한다. 비문맹사회에서 중요한 역할을 하는 암기를 교육의 기반으로 삼은 이들 학교는 학생들이 알지 못하는 교재를 읽고 결국 쓰는 능력인 언어 회상 기술verbal recall skill을 기르면서 지속적으로 기억술을 연마하게 했다. 지식을 전달하는 것이 학교의 핵심적인 특징이지만, 학생들이 유대감을 느끼며 다음 단계를 성취할 수 있는지를 평가하는 존경스럽고 카리스마 있는 '스승'으로서의 역할도 한다. 학습 기관은 공동체의 경제적인 활동과는 동떨어진 곳이었지만, 공동체로부터 멀어진 적은 거의 없었다. 종종 사원이나 모스크mosque 내부에 설립되어 종교적 실천에 뿌리를 두고 있던 학교는 공동체의 삶에 중요한 것으로 여겨졌으며, 이곳의 교육은 어떤 면에서는 '현장' 또는 '맥락 안에서' 이루어지는 것으로 간주되었다. 책 이외에는 전달의 매개체가 없었으며, 논쟁에 참여할 때 논리적 기술을 드러내는 가장 뛰어난 학생들을 제외하고는 전통적인 사회에서 항상 사용되는 언어적, 대인관계적 형태의 지능이 중점적으로 교육되었다. 전통적인 비문자적인 교육 형태와 다른 점은 공간적, 신체적 지능에 비교적 중점을 두지 않는다는 점이다. 따라서 전통적인 종교학교가 유고슬라비아의 시인이나 플루왓의 항해사의 직접적인 현장 학습과 동일시될 수는 없으나, 그렇게 덜 형식적인 학습제도들과의 연관성도 분명히 드러낸다.

중세의 전통적인 학교의 전성기가 지나고 몇백 년쯤 지난 후, 프랑스의 작가 프랑수아 라블레Francois Rabelais는 이러한 형태의 교육이 가진 제한적인 요소를 비웃었다. 그는 자기 소설의 등장인물인 위대한 신학자 튀발 홀로페른Thubal Holoferne에 대해 이렇게 썼다.

> 그는 학생들이 거꾸로 알파벳을 암송하기까지 문자를 배우는 데 5년을 보내게 하고, 또한 중세의 가장 엉망인 교과서를 거꾸로 암송하게 하는 데 13년 6개월 2주일을 보내게 하고, 초기 미개인들도 할 수 있었던 후기 로마의 서투른 편집자들이 만든 작품에 16년을 보내게 함으로써 학생들을 점점 더 바보로 만들었다.[23]

17세기 초 프랜시스 베이컨은 "가장 일반적인 규칙들을 정립하고, 중간 수준의 공리를 시도하고 입증해낸, 증명과 발견이라는 방법은 과학의 저주이자 실수의 아버지다"[24]라고 주장했다. 그러나 이러한 비판은 편파적이다. 중세의 학교들은 여러 면에서 그 당시 사회의 목적과 구조에 적합하고, 효과적인 방식으로 가장 중요한 지식과 기술의 전수를 가능케 했다.

전통적인 학교의 쇠퇴와 현대적, 세속적 학교의 대두는 특히 영국과 독일을 중심으로 서양에서 시작되었다. 유럽과 북미에 걸쳐 현대적 과학이 발달하고 점진적으로 인정을 받은 것은 물론 중요한 계기가 되었다. 종교, 정치, 경제, 사회 면에서 혁명적인 변화가 발생한 1400~1800년대는 잘 알려지고 자주 인용되었기에 여기서 다시 이야기할 필요가 없다고 생각한다. 그러나 그 무렵 자신의 자녀가 종교적인 교과서나 고전문학보다는 과학이나 기술을 더 배울 수 있는 형식적 교육의 필요성을 주장하는 시민들이 등장했다. 18세기의 섬유와 증장비 기계 혁명, 19세기의 화학, 전기, 공학, 제철 혁명, 20세기의 정보기술과 컴퓨터 혁명 등 많은 산업혁명은 교육 제도에도 큰 변화를 불러일으켰다. 현재의 유럽, 미국, 러시아, 이스라엘, 이집트, 인도, 일본 등의 현대 교육도 내가 묘사한 교육의 전형과 유사점이 거의 없다.

현대의 세속적인 학교

전형적인 특징(원형의 특징) 이 책의 독자에게 가장 친숙할 수 있는 지식 전달 양식인 세속적인 학교의 특징은 무엇일까? 첫째로, 세속적 학교는 종교적인 내용에 더 이상 중점을 두지 않고 다룰 수 있는 모든 지식들을 동등하게 취급하기 시작했다. 둘째로, 성직자들만이 교직원으로 배치되지 않았으며, 도덕적인 기준이 아니라 지적 능력을 평가받아 선발되는 교사가 정부가 고용한 공무원의 형태로 등장했다. 교육은 인생의 초반에 시작되는데, 에라스뮈스Erasmus는 3세에 시작하기를 권했고, 다른 권위자들은 그것보다 더 빠른 시기에 교육이 시작되어야 한다고 주장하기도 했다.[25] 가족들은 모국어 사용, 단순하고 직접적인 표현 형태, 게임, 수수께끼, 믿을 만하고 널리 보급된 아동도서 읽기 등, 모든 면에서 아이의 교육을 위해 힘썼다. 여성이 공부하는 것이 허용되고 결국 가르치는 것도 허용되었다. 결국 교육의 일반적 목적이 변했다. 교육은 올바른 시민으로서의 자질과 생산적인 노동을 지향하도록 설계되었고, 그것은 개인적인 발달을 자극하고 개인이 원하는 대로 사용할 수 있는 기술을 제공했다.

물론 개인적인 목적은 사회마다 다르며 어떠한 정도가 완전한 실현인지에 대하여는 논란의 여지가 많다. 더구나 전통적인 학교와 세속적인 학교 사이의 경계를 너무 뚜렷하게 구분해서는 안 되는데, 엄격히 말해 모든 전통적인 학교가 종교적이지는 않았고 많은 세속적인 학교도 약간의 종교적인 연결고리를 유지하고 있었다. 그러나 산업화된 세계에 존재하는 대부분의 학교가 세속적인 형태가 되었음은 부정할 수 없다.

학교 교육의 형태가 변화하면서 지능의 조합에 관한 내용에도 변화가 필요했다. 각각의 지능이 어떤 특징을 가지고 있는지를 분명하게 구별하는 것은 앞으로 연구를 통해 밝혀내야 할 부분이며, 그 연구에서 고려해야 할 점은 교육 형태가 변화한다고 해서 특정 지능이 사라지거나 생겨나는 것이 아니라 강조되는 지능이 달라진다는 사실이다. 그럼에도 불구하고 이러한 주의사항들을 명심한다면 여러 세기에 걸쳐 일어난 것으로 보이는 몇 가지 변화들을 이해하는 데 도움이 될 것이다.

먼저 인간친화 지능의 상대적 중요성은 현대 교육현장에서 감소되었다. 개인으로서의 다른 개인에 대한 민감성, 한 명의 멘토에 대한 밀접한 유대감 형성 능력, 다른 사람들과 잘 지내고 그들의 신호를 읽고 적절히 반응하는 능력들은 과거보다 현재 덜 중요해진 것으로 보인다. 반대로 개인이 자신의 반응을 통제하고 공부와 미래의 삶을 계획하게 되면서 자기성찰 지능은 오히려 더 중요해졌다.[26] 책을 손쉽게 활용하게 되면서 순수한 언어적 기술은 덜 중요하게 되었다. 책을 빨리 읽고 노트 필기를 잘 하는 것이 중요하지만 단순한 기억력이라든지 무비판적으로 '앵무새처럼 흉내를 내는 것'은 거의 필요치 않게 되었고, 그런 게 오히려 의심의 눈초리를 받게 할 수도 있다. 그보다는 읽은 텍스트를 요약하고 종합하고 비판하며 현대의 지혜를 대체할 수 있는 새로운 주장과 입장을 고안해내는 것이 요구됨에 따라 언어 지능과 논리 지능의 복합적인 기능이 중시되었다. 컴퓨터와 다른 현대적 기술들의 등장으로 심지어 말 자체가 그 중요성을 잃었다. 사람들은 오직 논리적인 상징들과 수적인 상징들의 조작만으로 많은 일을 수행할 수 있다. 전통적 학교들은 공간 지능과 신체 지능을 이용하는 '직접적 방법들'을 대체하기 위해 언어적 능력을 강조하고 대인관계 요소들을 많이 보유한 반면, 현대 학교는 자기성찰 지능을 새롭게 강조함과 동시에 언어 지능의 특정 양상과 논리수학 능력에 더 중점을 두게 되었다. 대부분의 나머지 지적 능력들은 방과 후 학교나 레크리에이션 활동으로 떠넘겨졌다. 전통적 학교만 존재했던 사회에서 살던 사람이 갑자기 컴퓨터 중심의 교육체계로 오게 되었을 때 심각한 압박감을 느끼는 것은 당연한 일이다.

청소년 프로그래머 잠깐 멈춰서 가정용 소형 컴퓨터로 프로그래밍하여 음악을 만드는 가상의 파리 여학생을 생각해보자. 이러한 활동에는 한두 세대 전에 공상 과학 소설의 소재였던 장비를 구입할 수 있는 풍족함뿐 아니라 고도로 산업화, 기술화된 사회적 진보라는 전제가 필요하다. 결국 그 누구도 아무런 준비 없이 컴퓨터 사회(혹은 컴퓨터)를 만들 수 없다.

그러나 놀라운 것은 이 학생이 다른 구성원과 상호작용이 거의 없이 자기 마음대로 작업을 할 수 있다는 사실이다. 매뉴얼이나 간단한 교육으로 배울 수 있는 기본적인 프로그래밍 능력만 갖추면, 자신의 단말기에서 필요한 소프트웨어를 구입해 상세한 기준에 맞춰 자신이 원하는 작업을 해낼 수 있다. 그녀는 자유롭게 곡을 고치고, 지우고, 변형하여 다른 사람들과 그것을 공유하거나 혼자 간직할 수도 있다. 모든 것이 그녀가 어떻게 계획을 세우고, 자신이 원하는 분야에서 최고의 성취를 이루기 위해 어느 정도의 지식을 가지고 있느냐에 달려 있으므로, 개인 내적 지식이 자신이 선택한 활동과 자신의 평가 방법에서 중요한 역할을 한다(마찬가지 이유에서 그녀는 자신의 역할, 배우자, 거주 장소와 같은 중요한 삶의 결정을 내리는 데 있어 전통적 종교 문화권에 있는 또래들보다 더 강한 영향력을 행사할 수 있다). 컴퓨터로 작업하기 때문에 그녀는 필수적으로 다른 대부분의 사회에 속한 사람들보다 더 넓은 범위의 논리수학 능력들을 사용할 것이다. 컴퓨터화된 사회에서의 삶은 논리수학 지능과 다른 지능, 일반적으로는 언어 지능과의 결합도 수반한다. 그러나 파리 학생의 예에서 보듯이 논리수학 지능은 또한 음악적 사고와 결합할 수 있다. 누군가는 다른 지적 능력들, 즉 공간적, 운동적 혹은 대인관계 형태의 지능을 훈련시킬지도 모른다. 그러나 어떤 지능을 개발할지는 사회적 필요보다는 개인적 선택에 달려 있다.

개인 컴퓨터로 작업하는 청소년은 사냥하고, 작물을 심고, 간단한 도구를 만드는 것을 배우는 전통사회의 청소년과는 교육이라는 연속선의 정반대편에 존재하며, 종교적 텍스트를 숙달하는 학교인 체더나 마드라사의 학생들과도 거리가 멀다. 그러나 다른 학교 환경에서 선호하는 지능 종류의 차이를 과장하지는 말아야 한다. 확실히 대인관계는 현대 교육적 맥락에서 여전히 중요하다. 예를 들어 과학이나 예술 분야에서 대학원 교육을 받을 때도 교수와 제자가 밀접한 관계를 맺을 필요가 있다. 비록 개인적이지 않은 지적 능력이 두 사람의 관계가 시작되는 출발점일지 모르지만, 오랜 기간에 걸쳐 지속된 관계가 그 분야의 젊은 동료들이 성공을 이루는 데 중요한 요소가 된다. 현대 세속적 학교가 있는 거의 모든 사회는 몇 가지 방법으로 전통적 학교 교육의 양상을 유지하려 했다. 어떤 사회는 방과 후 종교 교육이나 주말에 '주일학교'를 운영했을지도 모른다. 히브리인이나 이슬람인에 관한 연구를 보면 세속적 학교 외에 추가적으로 특별한 학교를 다녔다는 기록이 자주 등장한다. 일본에서 교사들은 정규 수업에서 종종 특정한 전통 가치들을 가르치지만, 학생들은 대학 입학을 위해 반드시 통과해야 할 엄격한 시험을 준비하기 위해 세속적 방식으로 설계된 방과 후 학교 주쿠juku에 다닌다. 인도에는 구루쿨라처럼 더 이른 시기부터 존재했던 학교도 있지만, 많은 규율에 대한 세속적인 지침을 주는 파타샬라스patashalas*도 있다. 그리고 심지어 현대 서양에서도 이전의 전통적 학교의 고전적인 특징과 현대 세속적 학교의 과학적인 성향을 동시에 유지하려 한다. 따라서 고등학교 중에 예술과 라틴어를 가르치는 인문학교Humanistiche Gymnasium가 있는가 하면 기술학교Technische Gymnasium도 있다. 또한 노동자나 농부와 같은 직업을 갖기 전 읽고 쓸 수 있는 기본적인 소양을 기르도록 고안된 '최종적' 초등학교가 있는 반면, 이와 대조적으로 과학적 방법과 지식을 깨우치게 하는 전통적인 교육 방법이 여전히 강조되는 엘

* 카스트 힌두교 교육._옮긴이

리트 사립학교도 있다. 마지막으로, 선진국에서 이루어지는 다양한 선택적 활동이나 과외 활동은 흥미가 있고 시간과 경제적 여유가 허락하는 범위 안에서 전체 지능이 배양될 수 있도록 보장한다.

학교 교육에 대한 비판 현대의 세속화된 학교들이 오랜 동안 서구 사회에 존재해왔기 때문에, 학교의 강점뿐 아니라 약점을 찾아내 학교라는 기관에 대해 깊이 생각할 수 있는 기회가 있었다.[27] 지난 세기 동안 학교 교육을 일반적으로 도입하고 무비판적으로 수용하는 과정에서, 오랜 기간 공동체에서 지켜오던 영적이고 도덕적인 삶과 상대적으로 괴리된 채 특정한 정신 활동에만 집중하는 세속화된 학교 교육을 받으면서 잃어버렸을지 모르는 무언가에 대해 생각해볼 수 있었다. 이러한 자기 분석으로 학교 교육은 최근 10년 동안 많은 교육계 학자들로부터 맹렬한 공격을 받았다. 이반 일리치Ivan Illich는 '탈학교사회de-school society'를 주장했으며, 파울루 프레이리Paolo Freire는 억압된 민중을 조정하는 엘리트 도구로서 학교를 활용하는 것에 반대했다.[28] 로널드 도Ronald Dore는 졸업장을 얻는 데 중점을 두지만 정작 그 졸업장을 가지고 직업을 얻을 수 없는, 학교의 증명서 수여 기능에 대해 비판했다. 울릭 나이서Ulric Neisser는 교실에 국한된 협소한 학문적 기술들을 비난했으며, 크리스토퍼 젱크스Christopher Jencks는 미국 여러 논평가들과 함께 학교는 전체적으로 볼 때 각 개인이 출세의 계단을 오르는 데 도움을 주는 공인된 목적조차 이루지 못했다고 주장했다. 그리고 향수를 불러일으키는 마이클 매코비Michael Maccoby와 낸시 모디아노Nancy Modiano와 같은 논평가들은 다음과 같이 공언했다.

> 만약 농부의 아이가 시골 생활에 염증을 느끼지 않는다면 그는 사건들, 사물들과 사람들에 대한 특별함을 경험할 것이다. 그러나 도시 아이는 나이가 들어감에 따라 자연스러우면서도 세상에서 덜 소외된 관계를 소비와 교환과 분류에 집중하는 더 복잡한 시각과 바꾸어버릴지도 모른다. 산업화된 도시 사람은 복잡한 정보를 더 많이 생산해내고 추론하고 암호화하는 능력을 더 많이 갖지만, 사람들과 사건들에 대한 민감성은 떨어질지 모른다.[29]

이러한 비판이 반드시 옳은 것은 아니다. 최근 런던에서 진행된 마이클 루터Michael Rutter와 그의 동료들의 연구에 따르면, 학교가 아동의 삶에서 긍정적 차이를 만들 수 있다고 한다.[30] 만약 학교가 충분한 자원과 능력 있는 교장을 가지고 있고, 정확하고 책임감 있는 교사가 하는 수업에 중점을 두며, 명확하고 공정한 상벌 체계를 가지고 있다면, 아동은 더 많이 배우고 학교를 더 좋아하며 일탈 행동도 하지 않을 것이다. 이와 유사한 내용이 뉴욕 시의 도전적인 환경에서 보고되었다. 교장 선생님과 규칙들이 중요하다는 것이다! 그리고 불리한 환경에 있는 아이들이 생후 1년 동안 지적 기술을 발달시킬 수 있도록 풍부한 경험을 제공하는 조기 강화 프로그램은 학생의 태도와 성취에 장기적으로 매우 중요한 영향을 미칠 수 있다는 것이다.

그러나 학교를 옹호하거나 비판을 함으로써 어느 편을 드는 것이 나의 목적은 아니다. 그보다 내가 제시한 틀은 예상치 못한 학교 교육의 부작용으로 나타나는 몇몇 결과들뿐 아니라 명백한 프로그램의 일부로서 현대 교육의 특징을 정의하는 데 도움이 될지 모른다. 삶의 대인관계적 면을 중요시하는 이들이나 공간적, 신체적, 음악적 형태의 지식을 특히 좋아하는 사람들이 현대 학교 교육을 비난하는 성향은 이해할 수 있다. 현대 세속적 학교는 그저 (그럴 필요가 없음에도) 이러한 지능의 양상들을 거부해왔다. 반대로 질적인 면에 대한 주관적인 평가보다 논리수학 지능과 자기성찰 지능의 함양, 성과주의를 활용하는 데 호의적인 논평가들은 현대 학교를 더욱 칭찬한다. 그러나 학교의 효율성에 기여하는 요소 중 교장과 교사 개개인의 질적 측면이 포함된다는 사실은 주목할 만하다. 모든 책상 옆에 (또는 그것을 대신해) 소형 컴퓨터가 있는 현대 교육 환경에서도 교장과 교사는 적어도 아직까지는 대체 불가능하다.

현대 학교가 실제로 어떤 결과와 효과를 가져오는지는 논란이 될 수 있지만(그리고 계속되겠지만), (형식적 교육이 없는 사회와 비교하여) 학교화된 사회의 전반적 영향은 논쟁거리가 아니다. 몇 해 이상 학교를 다닌 사람(그리고 집단 전체)은 형식적 학교 교육이 부족한 사회의 구성원들과 (말로는 표현하기 어려운) 다른 중요한 면에서 차이가 있다는 것은 거의 모든 전문가들이 인정하는 사실이다. 물론 전통적 학교와 현대 세속적 학교들 사이에도 차이가 있다. 우리가 살펴본 전반적 틀에서 보면, 전통적 학교를 특징으로 하는 사회는 형식적 학교 교육이 없는 사회와 현대 세속적 학교에 지배되는 사회 사이의 중간 지점에 있다고 생각될지 모른다.

현대 교육의 세 가지 특징

지식을 전달하는 데 가장 선호되는 매체가 무엇이든, 현대 모든 사회는 '산업화' 또는 '발전된' 세계의 성과물을 접해야 한다. 유럽, 미국, 일본의 사례에 대해 어떤 견해를 가지고 있든 간에 이러한 사회의 교육적 체계를 외면하고 전통적인 지식 전달 체계에 만족하거나 안주하는 사회는 거의 없다.

어떤 길을 선택하고 어떤 길을 포기할지를 신중하게 결정하기 위해, 교육 기획자들은 문명화된 세계에서 세속적 학교에 입학하고, 문해력을 습득하고, 과학적 방법을 숙달하는 것과 같은 교육의 주된 특징이 어떤 효과를 갖고 어떤 영향을 미치는지 이해할 필요가 있다. 이 각각의 영역들은 그 범위가 방대하여 아직 아무것도 제대로 이해된 것이 없다. 게다가 각 영역은 서로 연관된 경향이 있다. 문명 세계의 현대적인 학교들은 대부분 과학적 사고뿐 아니라 몇 가지 문해력을 특징으로 하는데, 각각의 효과를 구분하고 어떤 방법으로 서로 상호작용하는지를 파악하는 것은 간단한 문제가 아니다. 그럼에도 불구하고 모든 현대 교육의 상황에서 이와 같은 요소의 중요성을 인정하고 있으므로, 분리할 수 있는 한 분리시켜 각 형태에 대해 알아보고 각각의 특성이 이 장의 앞 부분에 소개한 틀로 어떻게 해석될 수 있는지를 생각해보는 것도 적절할 것이다.

학교 교육

이러한 주의사항을 염두에 두고, 일반적으로 이 세 요소들에 수반되는 것으로 여겨지는 특성에 대해 생각해보자. 학교 교육의 효과는 대부분 자주 조사되었다. 학교라는 환경 밖에서 아동들은 관습적으로 기술이 사용되는 맥락 속에서 관찰과 참여를 통해 기술을 획득한다는 데 전문가들은 동의한다. 반대로 전형적인 교실에서는 교사가 자주 추상적인 상징 형태의 자료들을 제시하며, 정보를 전달하기 위해 책과 도표 같은 활기 없는 매체에 의존해서 이야기한다. 학교 교육은 일반적으로 쉽게 보거나 만질 수 없는 주제를 다루며, 정보를 받아들이는 감각 양식들은 (읽기의 시각적 행위를 제외하고) 대부분의 학교 과제에 적합하지 않아 보인다. 학교의 방식에 숙달된 아동들은 종종 맥락과 상관없는 문제와 과제가 제시되는 데 익숙해지며, 단지 이런 문제들이 주어졌다는 이유만으로 그 해결 방법을 배우는 데 익숙해진다. 아이들은 단서를 찾는 것과 단계와 전략들을 고안하는 것, 그리고 알려지지 않은 답을 집요하게 찾는 것을 배운다. 학교에서 배운 기술 중 몇 가지는 일반적인 것이어서 일단 읽을 수 있게 되면 어떤 주제의 책도 읽을 수 있고, 일단 쓸 수 있게 되면 다양한 주제에 대하여 쓸 수 있다. 이와 마찬가지로 계산 기술, 도표 읽기와 같은 능력도 다방면으로 활용될 수 있다. 실제로 표기법을 완전하게 배우는 것은 학교에서 배울 수 있는 중요한 생존 기술일지도 모른다.

광범위한 분야에 걸쳐 연구해온 마이클 콜Michael Cole과 로이 단드라데Roy D'Andrade는 수년 동안 학교 교육을 받았을 때 기대되는 결과를 제시한다.[31] 정기적으로 학교를 다닌 사람은 언어 자체에 집중해야 하는 과제, (단위화와 같은) 특정화된 정보 처리 전략들이 요구되는 과제, 또는 자연스럽게 (같은 층위에 속하는 대상들을 함께 연결시키는 것과 같은) 특정 분류적 범주를 사용하는 과제에서 학교 교육을 받지 않은 사람들보다 뛰어나다. 반대로 다루는 자료들이 익숙하거나, 추구하는 관계가 기능적이거나, 원하는 분류 방식이 위협적이지 않고 익숙한 상황에서 이루어지는 과제라면 학교 교육을 받은 아동이나 받지 않은 아동 사이에 차이가 거의 없다. 이러한 결과에 따르면, 언어적 기억력과 특정한 형태에 따라 분류하는 능력, 그리고 특정한 정보적 접근 방법을 사용하는 능력에는 학교 교육이 효과가 있음을 알 수 있다. 이 밖의 기술은 학교 교육을 받지 않은 아이들에게도 훈련시킬 수는 있으나, 전형적으로 주어진 과제와 씨름하는 과정에서 자발적으로 이런 기술을 습득하지는 못한다는 점을 주목할 필요가 있다.[32]

앞서 제시한 틀의 관점에서 볼 때, 학교 교육에는 (효율적이고 생산적으로 기술이 사용되는 일반적 맥락에서 벗어나 있는) 새로운 학습 장소, 그리고 학교가 없는 환경에서는 찾아볼 수 없는 지식 전달의 대리인과 전달 매체가 포함된다. 결국 이런 요소의 조합을 통해 현장에서 직접적인 지식의 전수가 일어나는 경우, 습득하기 어려운 정신적인 기술들을 함양하게 된다.[33] 더 세련되고 자의식이 강한 언어를 사용하는 것이 학교 교육의 부산물이며, 새로운 문해력을 익히고 논리적 사고에 몰두하는 과정 역시 학교 교육을 통해 일어난다. 개인 지능의 형태는 학교의 종류에 따라 달라지는데, 일반적으로 공간 지능, 신체운동 지능, 음악 지능의 형태는 우연적이거나 선택적이다. 학교 간의 차이는 주로 언어 지능과 인간친화 지능이 우선시되는 전통적 종교 모델을 지향하는지 혹은 제도의 목표에 가장 적절한 것으로 보이는 논리수학 지능과 자기성찰 지능 형태가 우선시되는 현대의 세속적 모델을 지향하는지에 달려 있다. 일본 등 몇몇 사회에서는 형식적 교육 환경 내에서 인간친화 지능을 육성하려는 강한 노력을 엿볼 수 있다. 더욱이 단지 읽기와 쓰기에만 초점을 맞추는 코란 학교처럼 엄격한 전통 학교들에서는 세속적 학교 교육과 연관된 인지적 혁신이 일어나지 않을지도 모른다.

문해력

문해력으로 넘어가서, 서로 분명 관련되어 있으나 다소 분리되어 있는 일련의 기술에 대한 논의를 접하게 된다. 학교 교육과 마찬가지로 문해력도 언어에 대해 새로우면서도 여러 가지 면에서 더 깊이 있는 시각을 요구한다. 문자가 없는 사회에서 언어는 비시각적으로 나타나며, 모든 것들은 말을 통해 인지된다. 문자가 있는 사회에서 개인은 단어와 같은 요소들이 있음을 인지하고, 용인되는 특정한 방법으로 단어를 조합하며(문법), 언어적 요소들 그 자체가 참조될 수 있다는 것(메타언어)을 알게 된다. 사람들은 누군가 의미하는 바를 말로 정확하고 분명하게 표현할 수 있다는 것, 말로 표현된 것을 정확하게 기록할 수 있다는 것, 의미하는 바('소금을 달라')와 실제 말로 표현된 것("소금을 주실 수 있겠습니까?") 사이에 구별이 가능하다는 것을 배운다. 문자를 배운 사람은 직접적인 대면 이외에 좀 더 손쉬운 방법으로 다른 사람과 연결될 수 있다. 심지어 얼굴 한 번 본 적 없는 사람을 알게 되고, 편지를 주고받을 수 있다면 그 사람과 지속적인 관계를 맺을 수도 있다. 이때 대인관계는 지금까지 상상도 할 수 없었던 새로운 특징을 갖게 된다.[34]

적어도 특정한 맥락에서 읽고 쓰는 능력을 통해 용어를 정확하게 정의定義하고, 이전에 제시되었던 정의와 사실을 인용하며, 주장의 논리적이고 설득적인 요소를 검토하는 등 훨씬 추상적인 사고 형태가 발달한다는 사실은 당연할지도 모른다. 다양한 상징적 기호를 사용하는 능력은 기억을 보완하고, 미래 활동을 조직하고, 동시에 수많은 사람들(모든 잠재적 독자들)과 동시에 의사소통을 하게 한다.

예를 들어 악보, 수학적 증명, 도표 등 다른 형태의 문자를 습득함으로써 한때는 알지 못했던 지식을 접하고 이런 전통 안에서 새로운 지식의 형성에 기여하게 된다. 그리고 문해력은 또한 심오한 사회적 결과들을 가져온다. 글자를 깨우친 사람은 그렇지 못한 동료들에 비해 높은 위치를 차지한다. 만약 글을 배운 사람이 공적인 거래에 관한 충실한 기록을 가지고 있고 그것들을 사려 깊게 사용한다면, 다른 사람들의 행동을 판단하여 '정직한 중개인'의 역할을 할 수 있을 것이다. 문자가 없는 사회에서 고위층에 속하는 사람들이 문자의 존재를 인식하자마자 마치 문자를 알고 있는 척 하는 모습을 보이는 것은 놀라운 일이 아니다![35]

문해력 습득에 수반되는 다양한 결과들이 있다. 마이클 콜과 그의 동료들의 연구를 통해 학교에서 몇 년 동안 배우는 것이 어떤 결과를 가져오는지 이해할 수 있었던 것처럼, 최근 그들의 연구는 문자 습득이 어떤 효과를 가져오는지 이해하는 데 도움을 주고 있다. 문화권 안에서의 특별한 실험을 이용해 콜, 실비아 스크리브너, 그리고 그들 동료들은 라이베리아의 바이Vai족을 연구하는 데 몇 년간을 보냈다. 이 부족이 특이한 이유는 몇몇 주민들은 단지 영어만을 읽고 쓸 수 있으며, 몇몇 사람들은 (코란을 공부하면서 습득한) 아랍어만을 읽고 쓸 수 있기 때문이다. 그리고 바이족 성인 남성들의 약 20퍼센트는 특정한 지역에서만 제한적으로 사용되는 문자를 배우는데, 이 문자는 편지나 개인적인 기록을 위해 19세기에 고안된 문자다. 이렇게 소중한 목적을 위해 사용되지만, 바이족 문자는 새로운 지식과의 접촉이 거의 없고 과학적, 철학적 또는 문해적 정보를 기록하는 데 사용되지도 않는다.[36]

콜의 연구 팀은 이 부족에서는 고도의 문해력을 가지고 있어도 그것이 광범위한 인지적 결과들을 만들어내지는 않는다는 사실을 발견하고 놀랐다. 사실 앞에서 언급했듯이 문제 해결, 분류와 분석적 기술, 언어에 대한 민감성의 차이는 문해력 그 자체가 아니라 학교에 다니는지 여부로 결정된다. 그러나 글을 익힘으로써 성취하고자 하는 바는 문해력에 필요한 특정 기술을 향상시키는 것이다. 그러므로 글을 익힌 바이족 사람들은 다른 사람들보다 음절을 의미 있는 언어적 단위로 통합시키는 데 더 능숙하다. 반대로 아랍어를 배운 사람들은 (코란을 공부하면서 기억해야 하므로) 일련의 단어들을 기억할 수 있는 특별한 능력을 가지지만, 그렇지 않은 경우에는 그다지 뛰어난 부분이 없다. 이러한 분석에 의하면 문해력은 다양한 인지적 결함을 치료할 수 있는 만병통치약이라기보다는 세계관에 변화를 가져오지는 않지만 일반적인 특성을 가진 일군의 인지적 기술이라고 해야 할 것이다. 학교 교육의 맥락에서 문해력을 습득하는 것은 일군의 언어적, 인지적 조작에 커다란 변화를 가져온다.

특정한 언어 기술이 학교화된 상황에 혁명적 효과를 가져올 필요는 없다. 이 책에서 내가 주장한 이론들과 일치하지만, 특별하게 사용된 언어 지능이 반드시 다른 인지적 요소들과 관련되지는 않는다. 사실 문해력과 표기법을 가르치는 이유는 이런 능력이 정보를 기록하고 (새로운 컴퓨터 프로그래밍 언어와 같은) 추가적인 문해력을 획득할 가능성이 있는 사람을 양성해낸다는 점에 있다. 게다가 사람들은 문해력을 획득함으로써 학교화된 환경뿐 아니라 맥락을 잘 모르는 환경에서도 더 많은 추가적인 정보를 숙달할 수 있다. 어떤 면에서 읽기는 세상을 열어주는 기능을 한다. 그러나 스크리브너와 콜의 연구는 교육이 광범위한 분야에서 새로운 결과를 가져온다고 가정하기 전에 신중해야 할 필요가 있음을 상기시킨다. 그리고 사실 부족학교와 전통적 종교학교 간, 전통적 종교학교와 현대 세속적 학교 간 큰 차이들을 고려할 때, 학교의 종류가 학교 교육 그 자체만큼이나 큰 지적 차이를 만든다는 것은 분명한 것으로 보인다.

과학

우리 시대에 세계관을 바꾸는 데 주요 역할을 한 것은 바로 과학이다. 절차와 결론이 모인 본체로서의 과학은 르네상스와 그 여파로 부상하기 시작했으며, 그 결과로 우리 시대에 중요한 혁명적 변화가 일어났다. 과학적이며 기술적인 측정을 수용함으로써 (예상치 못했던 수많은 물리적, 사회적 격동뿐 아니라) 전례 없는 풍요로움이 가능해졌고, 그 효과나 영향력이 닿지 않은 곳이 없다.

과학적 방법에서 적어도 두 가지 양상이 서로 밀접히 연관되어 작동한다. 첫 번째로, 어떤 주제에 관한 경험적 사실을 되도록 많이 모아 객관적으로 평가한 후, 이 결과에 근거해서 의사 결정을 하고자 하는 욕구가 있다. 이와 같은 과학의 기술적記述的인 부분을 보완하려면 설명적 상위 구조를 만들어야 한다. 즉, 어떻게 과학적 설명이 나오게 되었는지, 그것들이 무엇을 변화시킬 수 있는지, 그러한 변화가 일어날 수 있는 환경은 어떤 것인지에 대한 본질을 설명하는 이론적 틀을 만들어야 한다. 이론적 구조는 추론에 의존하며, 추론에는 일반적 가정으로부터 적용 사례를 도출하는 연역적 추론과 개별 사례들을 조사하여 일반적 원리에 도달하는 귀납적 추론이 있다. 이러한 요소들은 (아리스토텔레스에 근접한) 고전 시대와 세계 여러 곳에서 오랫동안 존재했으나, 이 요소를 과학적으로 종합하여 놀라운 결과와 측량할 수 없는 궁극적 효과를 가져온 것은 중세시대 이후 유럽 문화에 나타난 천재들이었다.

현대적인 마음과 '전통적', '문자 사용 이전', '원시적' 마음 사이의 차이에 대한 많은 논의들은 과학적 사고의 역할에 중점을 둔다. 클로드 레비스트로스 같은 권위자들은 전통적 마음은 근본적으로 현대적 마음과 다르지 않다고 주장해왔다.[37] 말하자면 두 마음에서 같은 작용이 일어나지만 각각의 마음이 다른 재료에 적용된다는 것이다. 사실 원시적 과학은 대상을 분류하거나 미신 같은 것을 설명할 때 현장에서 볼 수 있는 구체적인 사실에 근거를 둔 과학이다. 전前현대적인 사고방식에 공감하는 사람들은 서양 과학이 우리의 현 세계에 대한 이해 방식에 자민족 중심주의를 낳게 했다고 비판했다.

반면에 로빈 호턴Robin Horton 같은 권위자는 다음과 같이 반박하는데, 내가 생각하기에 그의 주장이 좀 더 설득력 있다. 그는 과학적이거나 비과학적 혹은 전前과학적인 사고방식이 모두 세계를 설명하려고 하지만 그들 사이엔 근본적인 차이가 있다고 말한다.[38] 구체적으로 세계를 설명하려는 과학적인 마음에는 가설을 세우고, 가설이 부정되는 조건을 명기하며, 최초의 가설이 부정되면 그 가설을 기꺼이 버리고 새로운 것을 채택하는 신념까지 포함된다. 따라서 과학체계는 본질적으로 변화 가능하다. 반면에 전현대적 혹은 비과학적인 마음은 과학적인 마음과 완전히 동일한 사고 과정이지만 그 체계는 본질적으로 닫혀 있다.[39] 모든 전제들이 미리 진술되며, 모든 추론이 그 전제에서 나오고, 새롭게 획득된 정보를 반영하여 설명을 변경하지 않는다. 그보다 전통적인 종교 교육에 대한 논의에서 설명한 대로, 사람의 수사적인 능력은 보다 예술적인 결론의 정당성, 즉 이미 알려진 세계관을 더 잘 전달하기 위해 이용될 뿐이다.

만일 누군가 (그러는 사람이 많지는 않지만) 과학적인 사고와 비과학적인 사고의 차이점을 인정한다 해도, 그런 차이점이 어느 경우에나 확고하다고 과장하지 않는 것이 중요하다. 비과학적인 사회의 사람들은 광대한 문제에 대해서는 폐쇄적인 방법으로 추론을 하지만 일상적인 문제에 대해서는 그런 경향이 덜하다. 예를 들면 사람을 아프게 하는 음식을 거부하는 것처럼 일상생활에서 근본적으로 실험적인 방법을 사용하지 않는다면 그들은 생존하기 어렵다. 같은 맥락에서 만약 서양 과학자들이 항상 변하는 과학의 구조를 추론하고자 할 경우, 폐쇄적인 사고로부터 전혀 영향을 받지 않는다고 할 수는 없다. 우리가 확고하게 믿는 어떤 미신적인, 신비한, 종교적인 믿음에 더하여, 과학에서의 전반적인 믿음은 비과학적인 신도들이 그들 자신의 신화적이며 시적인 체계를 버리지 않으려는 것과 마찬가지로 과학자들이 포기하기를 꺼려하는 미신의 일종으로 보일 수 있다.[40]

과학적인 사고가 근본적으로 비과학적인 세계관과는 어울리지 않는 다른 세계관을 만들지만, 그것이 새로운 형태의 지능을 수반하지는 않는다. 그보다 과학자는 언어적 그리고 논리수학적 사고 형태를 이전에는 관례적으로 사용하지 않던 분야(예를 들어 새로운 부호적인 체계를 고안하거나 시험할 만한 이론을 제시하는 것)에서 사용하고, 일반적으로 사용되지 않는 방식으로 주의 깊게 관찰하여 두 사고 형태를 조합한다고 생각된다. 달리 표현하면, 과학적인 방법의 요소는 고대 중국에서부터 고대 그리스나 중세 이슬람 사회에 이르기까지 많은 사회에서 수천 년 동안 존재했다. 이러한 감각적, 논리적, 언어적 접근을 새로운 방식으로 통합하고 이것을 지금까지 뿌리박혀 있는 지식의 개인적이고 종교적인 형태로부터 분리하는 것이 현대 과학의 특수한 재능이다.

학교의 영향 없이도 읽고 쓰는 것을 학습할 수 있듯이, 과학의 영향 없이 학교 교육을 받는 것은 가능하다. 문맹사회의 비공식적인 학교와 비문맹사회의 전통적인 학교 둘 다 과학적인 세계와의 관련 없이 오랫동안 존재했다. 전통적인 학교 환경에서도 논리수학적 사고의 특징이 있었다. 예를 들면, 세련된 언어적, 논리수학적 능력은 어떤 선결정적인 결론을 정당화하기 위해서 이용되었다. 학교 환경에서 적용되는지에 관계없이, 현대 과학의 특징은 체계적으로 새로운 가능성을 조사하거나 새로운 설명적 틀을 발달시키기 위해, 또한 이러한 틀을 시험하여 그 결과에 따라 기존의 틀을 수정하거나 버리기 위해 논리수학적 사고를 사용한다는 것이다. 다른 사람과 협력하려는 사람에게 대인관계의 결속은 과학적 방법을 숙달하는 데 중요할지도 모른다. 그러나 많은 과학적 작업은 특별한 컴퓨터 프로그램의 개발에서부터 완전히 새로운 과학적 설명에 이르기까지 조화를 이루어야 한다. 이러한 활동에는 대인관계적 이해의 형태보다 개인 내적인 이해의 형태가 더 활발하게 이용된다. 결론적으로, 과학적인 사고는 그것 자체가 지능의 새로운 형태를 수반하지 않지만 지금까지 특정한 방법으로 사용되지 않았던 지능의 조합을 보여준다. 갈릴레이가 전체주의가 팽배했던 사회에서 동시대의 과학자들, 그리고 교회와 투쟁을 하며 보여주었듯이, 이러한 사고 형태는 단지 어떤 특정한 목표와 가치를 가진 환경에서만 가능하다. 학교나 문자와 같이, 과학도 사회가 기꺼이 그 결과를 인정할 때만 인간 지능을 안내하는 사회적 발명이 될 수 있다.

세 명의 청년에 대한 재고

나는 이 장에서 많은 경향을 도식적으로 검토했다. '직접적' 형태의 지식에서 비형식적인 학교화로, 비형식적인 것에서 전통적인 학교로, 거기서 다시 현대적인 학교로 전환될 때, 지속적으로 신체적, 공간적, 개인 간 형태의 지식은 줄어든다. 그 대신 처음에는 언어적 사고 형태, 그리고 그 후에는 논리수학적이며 개인 내적인 사고 형태가 증가한다는 것을 알게 되었다.

이처럼 강조되는 지식이 변화하는 것은 앞에서 언급한 세 명의 학생들이 사용하는 기술을 볼 때 보다 명확해진다. 플루왓 선원은 처음에 그의 신체적, 공간적 능력에 의존했다. 언어적 능력은 학습 과정에서만 중요하게 고려되었고 논리수학적 능력은 거의 필요치 않았다. 플루왓 청년과 이란 청소년은 대인관계의 상황에 처해 있었다. 각 청년은 그들을 지도하는 연장자와의 관계를 교육적 만남의 성공에 아주 중요한 것으로 여겼다. 그러나 플루왓 청년은 '자연적인' 항해의 상황에서 주로 배우는 반면, 이란 청소년은 중요한 일상생활과는 거리가 먼 환경에서 덜 명료한 형태의 지식을 배운다. 따라서 그는 그의 언어적 지능에 보다 정면으로 맞닥뜨려야 했다. 그것은 반복적인 언어 기억뿐만 아니라 궁극적으로 아랍어라는 '부호를 해독하는' 능력을 포함한다.

이란 청소년은 컴퓨터 단말기를 가지고 작업하는 파리 작곡가와 분명히 구별되는 차이를 보인다. 음악과 컴퓨터를 숙달하는 데 필수적인 기술은 대인관계적인 환경에서 획득될 수 있지만 이 소녀는 주로 혼자 일했다. 그녀는 무엇을 하고 어떻게 그것을 수행할지에 관해 혼자서 계획했다. 따라서 이 경우에는 자기성찰 지능과 자율적인 자아감이 더 많이 강조된다. 그리고 그녀는 지구 반대편에 있는 이란 청년보다 논리수학 기술에 더 많이 의존해야 한다. 성공적인 프로그래밍은 수와 추론 영역에서 정교한 능력을 요구한다. 물론 작곡가로서 그녀는 음악적 요소 역시 다루어야 하고, 이것이 바로 그녀가 하는 작업의 중심이다. 비디오그래픽 작업이나 공간적인 추론을 할 때는 여전히 지능의 다른 형태에 의존해야 한다. 그녀는 컴퓨터를 사용하므로 불가피하게 언어적 코드를 잘 다루어야 하지만, 다양한 소책자를 사용할 수 있기 때문에 이란 청소년이나 플루왓 청년처럼 광범위한 기억 능력에 의존할 필요는 없다. 일단 읽는 기술을 배우면 이 기술은 논리수학 지식을 습득하는 데 도움이 된다.

물론 이러한 사람들은 그들의 특수한 학습 환경 밖에서 더 많은 형태의 지능을 선택할 수 있다. 그들이 그렇게 하지 않는다고 생각할 이유가 없다. 인생은 특별한 교육적 목적을 위해 특정한 지능을 조합하여 전개시키는 그 이상의 것이다. 나는 이러한 지능이 상호 배타적이지 않다는 사실을 강조하고 싶다. 한 지능을 습득했다고 다른 지능을 습득하지 못하는 것은 아니다. 어떤 사람들은(어떤 문화들은) 여러 종류의 지능을 상당한 수준까지 발달시키지만 다른 사람들은 단지 하나 또는 두 개의 지능만 강조한다. 지능을 제로섬* 상황과 같은 것으로 생각해서는 안 되며, 다중지능 이론을 한 가지 지능이 증가하면 반드시 다른 지능은 감소한다는 수리학적 모델로 취급해서는 안 된다. 통계적으로 볼 때, 다른 문화에 속한 사람들은 여전히 지능을 전개하는 데 있어 다른 방식으로 주사위를 던진다.

서양의 시각으로는 컴퓨터로 예술 작품을 창조하는 개인의 능력을 최고의 성취로 본다는 점에서, 항해사에서 코란 학자, 또 컴퓨터 프로그래머로의 전환은 진보의 과정으로 해석할 수 있다. 그러나 이 과정은 또한 인간 상호간의 공간적, 신체적 지능과 특정 형태의 지능의 가치가 점차 하락하는 과정으로 볼 수 있으며, 중요한 언어적 능력의 파괴로도 볼 수 있다. 쓰기의 출현과 관련하여 소크라테스는 다음과 같이 권위 있게 선언했다.

> 이 발명으로 사람들이 자신의 기억을 무시하게 되었고, 이것을 배우는 사람들의 마음에 망각이 생겼다. 쓸writing 수 있다는 확신을 가진 그

* 어떤 시스템이나 사회 전체의 이익이 일정하여 한쪽이 득을 보면 반드시 다른 한쪽이 손해를 보는 상태._옮긴이

들은 자신의 내부적인 능력이 아닌 외부적인 상징을 통해 기억을 할 것이다.[41]

역설적으로 다양한 기술적 기기의 발명은 인간이 더 이상 그들 자신의 능력에 의존하지 않게 만든다. 서양 세계에서 목도된 일련의 사건들은 유일하게 가능했던 일도 아니고 최선도 아니다.

전前과학적인 사고에서 과학적인 사고로, 관찰적인 학습에서 학교로, 그리고 문맹에서 비문맹으로의 전환은 서양과 세계의 다른 지역에서 원활히 이루어져왔다. 그러나 서양의 이야기는 보편적인 무용담이 아니며 그렇게 생각하는 것은 큰 실수다. 내 관점에서 현대화가 갖는 가장 큰 문제점은 다른 역사와 교육적 전통과 선호하는 지능의 조합에 서양의 모델과 역사를 무비판적으로 적용하려 한다는 점이다. 효과적인 교육체계를 만들기 위해 이러한 다양한 요소들의 균형을 맞추는 법은 나 역시 대답할 수 없는 가장 성가신 문제다. 그러나 나는 마지막 장에서 얼마나 내 이론적 틀이 이러한 노력에 부합하는지에 대한 추측을 제안하고자 한다.

14장

지능의 적용

세계 속의 지능

1980년 4월 나는 일본의 마쓰모토Matsumoto에 있는 스즈키 재능 교육센터를 방문했다. 거기서 나는 그 프로그램을 운영하는 사람을 만났고 센터의 다양한 클래스에 등록된 아동들이 하는 연주회에 참석했다. 연주는 정말 놀랄 정도였다. 7~8세의 아이들이 바이올린 협주곡을 연주했고 사춘기 이전의 학생들은 낭만시대 대가의 작품을 연주했다. 바이올린을 잡기도 어려울 법한 어린아이들이 서양의 학령기 아동이 연주를 해내도 자랑스럽다고 생각할 만한 수많은 곡들을 놀랄 만큼 조화롭게 연주했다. 아동들은 우아하게, 열정적으로 그리고 정확하게 연주했고 분명히 스스로도 연주를 즐겼을 뿐만 아니라 객석에 있는 엄마들까지 만족시켰다. 청중들은 하나의 연주법이라도 놓칠세라 몸을 한껏 앞으로 기울인 채 연주에 집중했다. 당황한 것처럼 보이는 아이가 단 한 명 있었는데, 그 아이는 유럽에서 온 첼로 대가에게서 친절하면서도 혹독한

비판을 받고 있던 11세 정도의 재능 있는 첼로 연주자였다.[1]

만약 내가 스즈키 프로그램으로 배운 아동의 연주를 커튼 뒤에 숨어서 들었다면, 나는 분명 훨씬 더 나이든 아이가 연주하는 거라고 생각했을 것이다. 연주를 한 아이가 3~4세라는 말을 들었다면, 나는 그 아이가 영재(또는 속임수)라고 생각했을 것이다. '영재'라는 단어를 사용한 것에서도 알 수 있듯이, 나는 빈틈없는 교육적 조정을 통해 길러진 재능을 실제로 운 좋게 타고난 유전자 덕분이라고 생각했을 것이다. 그러나 다른 한편으로 나는 유전적 속성이 초기 음악적 조숙함에서 언제나 나타나지 않는다고 추론하는 것 또한 잘못이라고 생각한다. 만약 젊은 모차르트나 수백 개의 멜로디를 부를 수 있는 자폐아동의 음악을 들었다면, 나는 거의 틀림없이 강한 유전적 성향이 맺은 결실을 목격했을 것이다.

나는 이 책에서 문화적 요소와 유전적 요소의 대립을 피하기 위해 노력했다. 사회과학자들은 유전적 성향과 신경생물학적 요인을 고려하면서도 환경이 발달에 역할을 한다는 사실을 인정하는 틀을 필요로 한다. 비록 스즈키 반에 등록한 아동들이 음악적 재능이 있는 선택받은 집단의 자손일 수도 있지만, 그들은 부모의 헌신과 프로그램의 탁월성 때문에 어린 시절에 높은 수준의 연주를 하게 된다. 이에 대해서는 나중에 더 이야기하고, 이 장에서 나는 개인의 잠재력을 드러내게 하는 다양한 프로그램이 효과적인지 아닌지의 판단 근거를 더 잘 이해하는 데 다중지능 이론이 도움이 될 수 있는 방법에 대해 논의하려 한다. 그리고 결론에서는 13장에 소개된 틀을 근거로 행정가와 정책 입안자들이 다양한 조정 수단과 목적을 효과적으로 세우는 데 도움이 될 만한 지침을 제시할 것이다.

100년 전 혹은 30년 전과 비교하면 지능의 발달, 인간 능력의 실현, 교육의 역할에 관해 이야기하는 것은 매우 국제적인 현상이다. 이런 주제에 대해 보통의 로비 단체뿐만 아니라 경제 발전을 위한 세계은행, 정부 등 예상 밖의(예상할 수 없이 엄청난) 기관에서 탐구한다. 옳게든 그르게든 국제적 발전이나 국가 통치라는 이름하의 권력자들은 인간의 진보, 성공, 행복을 위한 요소들이 시민들, 특히 젊은이들에게 더 나은 교육적 기회를 주는 것과 밀접히 관련되어 있다고 믿고 있다.[2] 나는 이것이 심리학과 교육학이 유용하다는 것을 보여주는 보기 드문 기회라고 생각한다. 이 기회를 놓친다면 언제 이런 분위기가 다시 나타날지 알 수 없다.

세계은행 같은 기구는 농업과 기술 산업에 대한 배타적인 자금 지원에 의문을 제기하고 대신 인간 발달과 교육에 투자할 것을 분명하게 요구하고 있다. 1980년 당시 세계은행 총재였던 로버트 맥나마라Robert S. McNamara는 연설에서 말했다. "발달은 국민총생산으로 측정할 수 있는 경제적 진보가 아니다. 그것은 본질적으로 개인이 타고난 가능성을 실현시키는 인간 발달을 의미한다." 그는 계속해서 "인간의 발달은 (지역적인 수준에서 더 나은 교육, 건강, 영양, 가족 계획 같은) 물리적 계획에 대한 국가적 투자만큼 효과적인 경제 성장을 가져온다"라고 주장했다.[3] 1972년 유명한 유네스코 보고서 〈존재를 위한 배움〉에서, 프랑스의 전 총리인 에드가 포르Edgar Faure와 그의 동료들은 "인간의 두뇌는 한 번도 사용하지 않은 부분이 상당한 비율을 차지하며, 몇몇 관계자의 자의적 해석이기는 하지만 그 부분이 뇌의 90퍼센트 정도가 된다고 했다"[4]라는 도발적인 진술을 했다. 교육의 역할은 이렇게 사용하지 않은 부분을 개발하는 것이다.

이런 의견과 일치를 보이는 국제 연구 조직 로마클럽Club of Rome은 어떻게 교육과 학습이 오늘과 미래 세계에서 적절한 역할을 수행할 것인가에 대해 보고했다.[5] 로마클럽 회장 아우렐리오 페체이Aurelio Peccei는 이렇게 선언했다.

> 인간의 미래에 대한 보장뿐만 아니라 인간 간 차이에 대한 해결책은 우리 자신 안에서만 가능하다. 우리 모두에게 필요한 것은 우리의 잠자고 있는 가능성을 깨워서 지금부터 지능적이고 의도적으로 사용하는 것이다.[6]

뒤이어 출간된《한계 없는 배움No Limits to Learning》이라는 책의 저자들은 "모든 실현 가능한 목적에 있어 사실상 배움에는 한계가 없는 것 같다"[7]라는 의견에 동의했다. 다양한 차이를 완화하고 현대사회의 병폐를 해결하기 위한 방법으로 그들은 혁신적인 배움을 추천했다. 이것은 더욱 발전할 미래 사회에 적응하기 위해 계획을 세우고 기회를 이용하며 재난을 피하기 위해 협력하는 2차 학습을 의미한다. 그들은 다음과 같이 설명한다.

> 혁신적인 학습은 문제 형성과 분류화다. 그 주요 특성은 통합, 종합,

그리고 시야의 확장이다. 그것은 개방적인 체계와 사회에서 작용하며, 그 의미는 맥락 간의 부조화에서 발생한다. 그것은 필수적인 변화를 강조하면서 전통적인 사고와 행동 속에 있는 관습적인 가정에 비판적인 의문을 제기한다. 그것의 가치는 일정하지 않고 변화한다. 혁신적인 학습은 현실을 해체하지 않고 전체를 재구성함으로써 우리의 사고를 진보시킨다.[8]

이 단락의 어조는 정확하게 전체 학습의 특성을 반영하고 있다. 훌륭한 열정과 분명한 대안을 담고 있는 로마클럽의 보고서는 개인과 집단 모두를 발달시키는 데 사용할 수 있는 가능성을 환기시킨다. 그러나 이 보고서의 문제점은 어떻게 바람직한 학습이 개발될 수 있는가에 대한 구체적인 제안이 없고, 특정한 문제에 대해 계몽적이고, 이타적이며, 진취적인 접근 방법을 취하는 과정에서 발생할 수 있는 생물학적, 문화적 제약에 대한 상세한 의견을 담고 있지 않다. 이 보고서는 슬로건 수준에 머물러 있다.

세계에서 최초이자 지금까지 확인된 바로는 유일하게 '인간 지능 개발 장관'이라는 지위를 얻은 베네수엘라의 정치가 루이스 알베르토 마차도Luis Alberto Machado의 놀라운 연설은 보다 덜 신중하다. 세계의 철학적 사상가들과 인간과학의 범주를 연구하면서, 마차도 장관은 모든 인간이 지적인 존재가 될 가능성을 지니고 있다는 결론에 도달했다. 그는 말했다.

우리 모두는 각자 일생에 걸쳐 다른 방식으로 구현될 수 있는 동일한 가능성을 지니고 있다.
인간은 교수와 학습을 통해 실현될 수 있는 끝없는 가능성을 부여받았다.
아인슈타인은 '귀로' 피아노 치는 것을 배우는 것과 같은 방식으로 지능을 배웠다.
그렇기 때문에 정부는 지능을 개발시켜야 한다.
인간 지능의 발달로 인해 인간 종은 진화의 전 과정에서 기회와 욕구를 근절하면서 생물학적 진화를 합리적으로 이루었다.
모든 인간의 자유로운 지능 역시 신의 지능과 꼭 닮아 있다.[9]

(마차도의 표현에 따르면) 천재가 된 인간의 가능성에 대한 이러한 낙관적인 분석에 기반해, 그와 그의 동료들은 베네수엘라 대중의 지능을 높이기 위한 야심적인 프로그램에 착수했다.

우리[베네수엘라인들]는 우리의 교육적 체계를 완전히 바꾸려고 한다. 우리는 유치원부터 대학에 이르기까지 지능을 매일 발달시키는 법을 가르칠 것이고, 부모 특히 엄마들에게 아기가 태어나는 순간이나 심지어 그 전부터 자녀를 가르치는 법과 자녀들의 가능성을 개발시키는 법을 지도할 것이다. 이러한 방식으로 우리는 우리 국민들과 전 세계 사람들에게 새로운 미래를 제공할 것이다.[10]

전 세계(그러나 주로 서양) 과학자들의 협력을 받은 마차도 프로젝트는 14개의 개별 프로그램을 포함한다. 프로그램들은 처음에 다른 곳에서 개발되었지만, 지금은 베네수엘라의 탁아소와 초등학교, 작업장 및 군대에까지 적용되고 있다.

마차도 프로젝트가 과장이 심하다는 것은 명백하며, 세계적으로 냉소와 비난의 대상이 될 수도 있다. 너무나 야심차고 다소 잘못 착상된 작업에 일침을 가하고 그 공언이 성공하지 못할 것 같은 이유를 설명하는 것은 쉬운 일이다. 결국 우리는 지능이 무엇이고 어떻게 해야 그러한 능력을 더 잘 개발할 수 있는지, 한 역사적 문화적 환경에서 발달한 기술을 어떻게 다른 환경에 적용할지에 대해 전혀 아는 바가 없다. 필라델피아에 있는 인간 잠재력 성취 연구소Institutes for the Achievement of Human Potential가 만든 또 다른 거대한 프로그램에 대해서도 같은 종류의 비판을 할 수 있다. 이 이상한 조직은 유아와 두뇌 손상을 경험한 아이들에게도 학교에서 배우는 모든 영역의 기술을 가르칠 수 있다고 말하며, "우리의 유전적 가능성은 레오나르도 다빈치, 셰익스피어, 모차르트, 미켈란젤로, 에디슨, 아인슈타인과 같다"[11]라는 주장을 '주요 사실cardinal fact'로 워크북에 싣고 있다. 하지만 불행하게도 내가 아는 한 이 조직은 자기들 방법의 성공 여부에 대한 객관적인 평가를 외부에 맡긴 적이 없다.

그러나 이런 악의에 찬 비평은 급격하게 증가하는 인간의 기술과 지식의 기반을 향상시키고자 열심히 노력하는 실천가들에게 순수한 도움이 되기보다 그저 비난하고자 하는 이들에게 순간적인 즐거움을 주는 것 같다. 실용성을 지향하는 사회과학자의 의무는 더 나은 도구를 제공하고, 이 도구를 언제 어떻게 도입할지를 제시하며, 이것이 긍정적인 결과를 가져오고 또 다른 충동적인 결과를 일으키지 않게 하는 것이다. 다음에서 나는 이러한 면에 있는 작은 노력들을 소개하려고 한다.

다중지능 이론의 적용

서론

인간의 지능에 대해 생각하면 인간은 과연 어떤 종이며, 인간이라는 종이 충분한 자원과 시기적절한 조정이 주어졌을 때 어떤 영역에서 효과적으로 작업을 수행할 수 있는지에 대한 문제에 직면한다. 이러한 관점에서 보면 '학습의 무한한 가능성'이라는 것은 크게 유용하지 않다. 인간이 모든 것을 할 수 있다고 생각하는 것도 틀리고, 모든 것이 가능하더라도 어떤 것이 시도되고 어떤 것이 시도되지 않아야 하는지에 대한 지침은 없다. 내가 제시한 일곱 가지 지능은 대개의 인간이 가지고 있는, 향상 가능성이 있는 일곱 개의 지적 영역을 나열한 것이며, 천재적인 아동이나 정상적이기는 하지만 주어진 영역에서 특별한 지능을 갖지 못한 사람들에게 이런 지적 능력이 실현되면서 거치는 이정표를 제안하고자 하는 것이다.

하지만 몇 가지 예외적인 경우를 제외하면, 앞에서 살펴보았듯 이러한 지적인 능력들은 공백 상태에서는 절대 발달하지 않는다. 오히려 이런 능력은 실제적인 의미와 명백한 결과를 가지고 있는 현재 문화의 상징 활동에 의해 활성화된다. 따라서 특정한 방법으로 (언어적) 소리를 내는 선천적인 능력은 말하는 것과 많은 경우 쓰기를 통한 인간의 의사소통에 사용된다. 궁극적으로 이렇게 길러진 능력은 현대적 서구 문화의 법률가나 시인에서부터 전통적 사회의 구술 이야기꾼, 주술사 혹은 정치가에 이르는 사회적 역할에 있어 중요한 역할을 한다.

이러한 언어적, 음악적, 혹은 논리수학적인 원초의 지적 잠재력이 성숙한 문화적 역할의 형태로 구현되기 위해서는 긴 교육 과정이 필요하다. 이 교육 과정에는 능력이 성숙하고 분화되면서 예측 가능한 몇 가지 단계를 거치는 자연적 발달 과정이 포함된다. 나는 언어 영역에서 일어나는 몇 가지 발달 특성에 대해 언급한 바 있으며, 다른 지적 영역에서도 이와 유사하게 자연스러운 흐름처럼 발달이 진행된다는 예시를 제공했다.

하지만 특수한 기술과 지식이 전수되는 경우에는 더 복잡하고 자연적이지 않은 과정이 발생한다. 나는 지난 장에서 전수되는 지식의 종류, 전수의 담당자, 전수의 방식이나 매개체, 전수되는 장소 등 지식이 전수되는 과정에 대해 설명했다. 내 생각에, 교육 행정가들이 교육 과정을 변경하려고 할 때마다 이와 유사한 분석을 적용할 수 있을 것으로 본다.

이러한 분석으로 봤을 때, 인간의 지적인 능력이 다양한 방법으로 활성화될 수 있음은 명백한 사실이다. 이전에 언급한 것처럼 인간의 언어적 능력은 다른 비언어적 기술이 습득될 때도 수단이 될 수 있다. 언어는 종종 춤 같은 신체의 움직임을 가르치거나 여러 증명 같은 수학적 과정을 가르칠 때 도움이 된다. 언어는 그 자체가 주요 과제가 될 수 있다. 예를 들어 자신의 언어, 혹은 외국어, 역사나 정치에 대한 매우 언어적인 주제를 배울 때가 이에 해당한다. 마지막으로, 언어 능력에 대한 발달적인 요소와 관련한 문제가 있다. 가령 아이들이 10년 동안은 언어 학습에 높은 능력을 나타내고 다음 10년은 이런 능력이 쇠퇴한다면, 그리고 아이들이 단순한 학습의 연상을 통해서 자료를 익힐 수 있다면, 이런 사실들은 지식의 전수를 설명할 때 반드시 제시되어야 할 것이다.

이런 간략한 설명을 통해, 다중지능 이론의 관점을 수용함으로써 다양한 교육적 목적을 바라보는 시각과 추구하는 방법에 대한 분화되고 정확한 분석이 가능해진다는 점을 알게 되었기를 바란다. 다시 강조하지만 사람의 인지적 메커니즘이 잘 작동한다고 해서 반드시 교육적 성장이 이루어지는 것은 아니다. 대부분의 현대 심리분석가들은 인간이 배우고자 하는 욕망을 가지고 있다고 가정한다. 하지만 사실 적절한 동기, 학습에 대한 감정적인 상태, 배움에 대한 가치관, 보조적인 문화적 맥락과 같은 요소들은 교육 과정에서 필수불가결한 요소들이다. 결국, 베네수엘라의 연구 프로젝트를 통해서 밝혀진 것은 배우고자 하는 적절한 동기가 교육 프로그램의 성패를 가르는 가장 큰 요인이라는 것이다. 교육적 실험에 대한 분석은 동기, 성격, 가치관 같은 요소에 관심을 두어야 하나, 나의 연구가 주로 '순수 인지 구성요소'에만 중점을 둔 것은 현재 연구의 한계가 될 것이다.

스즈키의 재능 교육 방법

처음에 소개한 예로 돌아가서, 인간 지능의 틀을 통해 스즈키 음악 프로그램의 성공에 대해 설명하고자 한다. 그에 앞서, 독특하면서도 효과적인 이 실험을 먼저 소개하는 것이 도움이 될 것이다. 앞으로 설명할 자세한 내용은 마쓰모토 지역에서 내가 관찰한 것과, 스즈키 과정에 부모로서 참여한 나의 경험과, 하버드의 로이스 타니우치Lois Taniuchi가 실행한 스즈키 프로그램의 귀중한 연구를 바탕으로 한 것이다.

스즈키 재능 교육은 감각적인 바이올린 연주자 스즈키 신이치Suzuki Shin'ichi가 2차 세계대전 직전에 고안했으며, 어린아이가 태어나는 순간부터 음악적 재능을 훈련시키는 것을 주된 목적으로 하는 잘 구조화된 음악 교육 기술이다. 이 프로그램의 성공에는 아이들의 엄마들이 중요한데, 그들은 처음부터 프로그램의 중심이 되어 전 과정에 걸쳐 아이들이 프로그램에 참여하고 실력을 향상시키는 데 결정적 역할을 한다.

일본에서 완성되고 최근에 여러 나라에 도입된 이 대표적인 프로그램에서, 아동은 교육 초기에 위대한 연주의 녹음을 매일 계속 접한다. 약 1년이 지나면서부터 아이들은 자신이 악기로 공부하는, 20개의 짧은 노래로 구성된 교육 과정을 정기적으로 듣기 시작한다.

개인 레슨을 시작하기 6개월 전쯤, 2세 정도의 아이들은 단체 수업에 참여하기 시작한다. 대략 한 시간 반 정도 지속되는 이 수업에는 2~3세가량의 다양한 수준의 아이들이 참여한다. 아이들은 엄마와 선생님과 함께 게임과 연습에 참여한다. 이 수업은 모든 학생들이 스스로 참여하여 모두에게 이득이 되는 일반적인 연습과, 각자가 연습해야 하는 짧은 연주로 구성된다. 미래의 학생은 그가 할 수 있는 한 집중해서 음악을 듣고 수업에 참여한다. 이 수업에서 학생들은 앞으로 자신이 받을 수업이 어떠할 것인지 살펴볼 기회를 갖는다. 중요한 것은 다른 아이들과의 경쟁이 아닌, 매주 자신이 얼마나 향상되었는지를 살펴보는 것이다.

한편, 이 프로그램은 집에서도 연주에 대한 아이들의 흥미를 교묘하게 불러일으킨다. 엄마는 자녀가 언젠가 연주하게 될 똑같은 크기의 바이올린을 받아 집에서 매일 연주를 하는데, 만약 엄마가 바이올린을 연주할 줄 모르면 엄마도 자녀와 곧 받게 될 수업과 유사한 수업을 받는다. 아이는 이것을 보고 매우 고무되어 어느 날 스스로 악기를 만지려 하고, 엄마는 마침내 이를 허락하게 된다. 이것은 놀라운 순간이다. 그 후에 엄마와 교사가 아이의 흥미가 충분히 높아졌다고 판단하면, 아이는 그동안 관찰만 했던 집단에 들어가며, 자신의 악기를 가지고 개인 수업을 받는다. 이렇게 중요한 단계가 또 하나 지나간다. 그다음에 엄마와 아이는 집으로 돌아가서 교사를 놀라게 할 정도로 열심히 연습을 한다. 수개월이 지난 후 엄마와 아이의 수업과 연습은 함께 진행되며, 아이가 점차 적극적으로 수업에 참여하게 되면서 엄마가 관여하는 부분은 줄어들고 전적으로 아이에게 관심이 집중된다.

몇 년 동안 아이는 스즈키와 동료들이 만든 교육 과정을 충실히 따른다. 전수하는 사람, 전수의 장소와 매개체 모든 것이 그 안에 지정되어 있다. 교육 과정의 각 단계는 아이가 좌절감이나 부당한 어려움을 겪지 않고 발전하도록 신중하게 구성되어 있다. 엄마나 교사의 연주 혹은 기존 연주의 녹음이 아이의 정확한 연주를 위한 지속적인 본보기가 된다. 아이는 한 작품을 완전히 습득하기 전에는 다음 작품으로 넘어가지 않고, 완벽해질 때까지 반복적으로 연습하는 방식으로 수업이 계속된다. 많은 반복과 연습을 통해 아이들은 녹음에서 들었던 것과 똑같이 연주하기 위해서 노력한다. 이것은 비록 연주의 다양성을 만들지는 못하지만 인상적인 집단 연주는 가능하다(이것이 첼로를 연주하는 학생이 스즈키 프로그램의 교사가 아닌 다른 사람들의 비판을 쉽게 받아들이지 못하는 이유이기도 하다). 이 프로그램이 지향하는 목적은 매력적인 소리를 만들어내는 것이고, 아이들에게 정확하고 아름다운 연주를 하게 하는 것이다. 스즈키 수업의 상급 학생들에게 가장 어려운 과제 중의 하나는 단순한 악보를 완벽하게 숙련하는 것이다. 젠 양식Zen fashion* 처럼, 학생들은 음조를 완벽하게 연주하는 것이 어떤 기분인지 이해할 때까지 음표 하나를 한 주에 천 번까지 연습한다.

그다음 몇 년 동안 아이는 매일 연습을 지속하며 매주 개인 수업과 집단 수업도 받는다. 자연스럽게 아이들은 각자 다른 속도로 습득을 하지만, 아주 뛰어난 학생이 아니어도 서양 관객들이 놀랄 수준의 연주를 한다. 2~3세에 시작한 학생들 중 30명에 한 명

* 동양의 선 사상의 신비로운 영향을 받은 것으로 현대 패션에 나타나는 젠은 화려함, 사치스러움과는 정반대의 개념이며 내용적으로 다분히 철학적이다._옮긴이

꼴로 6세에 비발디 협주곡을 연주하고 9~10세에 모차르트 곡을 연주하는데, 보통의 학생들도 몇 년 후에는 이러한 수준에 도달한다. 서양의 맥락과는 대조적으로 아이들은 연습하도록 강요받지 않으며 스스로 연습하려고 한다(만약 아동이 연습을 하지 않으려고 하면, 엄마는 잘못되었다고 생각하여 아동에게 동기를 불어넣을 수 있는 방법에 대해 상담을 받는다).

외부의 관찰자들이 보기에 모든 면을 아우르는 탁월한 연주를 하는 것은 사실 스즈키 교육 기관에서 추구하는 목적이 아니라는 점을 주목할 필요가 있다. 이 프로그램의 목적은 오히려 강하고, 적극적이고, 매력적인 성격을 가진 인간을 길러내는 것이며, 뛰어난 음악 연주는 다른 집중적인 예술적 경험과 마찬가지로 그런 목적에 도달하기 위한 수단일 뿐이다. 프로그램의 이러한 특징은 많은 스즈키 학생들이 청소년이 된 후에 연주를 그만둔다는 사실과 별 관련이 없다. 그러나 스즈키 교육 기관을 졸업한 학생들의 5퍼센트 정도가 전문 음악인이 되고자 연주를 계속하며 줄리아드 음악학교 등 음악 전문학교에 입학한다는 점은 언급할 가치가 있다.

스즈키 접근법에 대한 비판

지적 능력의 관점에서 이러한 놀라운 실험을 어떻게 이해할 것인가? 이러한 관점의 요점은, 스즈키가 지능의 한 영역인 음악에 중점을 두고 광범위한 능력을 타고난 가진 아이들에게 그 영역에서 빨리 향상하도록 돕는 데 주력했다는 것이다. 실제로 스즈키의 천재적인 프로그램으로 영재 아동에게서만 나타났던 탁월한 영역들이 더 많은 집단에게 가능하게 되었다는 데이비드 펠드먼의 견해도 지나친 과장은 아니다.[12] 나의 판단으로는 이 프로그램의 성공 요인은 어린아이에게 있는 자연스러운 이정표와 같은 음악적 발달에 대한 직관적인 이해와, 적절한 어려움이 있는 곳을 지속적으로 제시하는 과정이 가장 효율적이고 부드럽게 중재되는 데 있다.

그러나 이 프로그램의 효율성은 어떻게 음악적 능력이 표출되는가에 대한 날카로운 이해에만 달려 있지 않다. 스즈키는 기술적인 연주를 성취하는 데 적합한, 전수하는 사람부터 지능의 종류에 이르는 광범위한 요소들에 대해 놀라운 분석을 해냈다. 그는 생애 초기의 중요성을 깨닫고 그 시기에 나타나는 높은 감각을 인식했다. 정규 교육은 3세 정도에 시작되고, 궁극적으로 배우게 될 자료에 충분하게 노출시킴으로써 아이가 초기부터 기초를 닦게 한다. 그리고 마치 모국어를 배우듯 자연스럽게 음악의 많은 곡들을 받아들이게 한다.

음악 능력을 습득하는 데 있어서 결정적인 시기가 있고 어린아이들의 뇌가 특히 이러한 유형의 학습에 유연한 시기가 존재하는데, 스즈키는 분명하게 신경생물학적 요인의 장점을 잘 활용했다. 둘째, 아마 더 중요한 점은 스즈키는 바이올린 연주에 있어 최초로 동기와 능력의 습득에 중심이 되는 엄마와 자녀의 관계를 영리하게 잘 활용했다는 사실이다. 엄마와 아이가 지닌 서로에 대한 지식, 그리고 엄마와 아이의 관계를 정의하는 강한 감정적 유대를 이해함으로써, 스즈키는 아이의 바이올린 습득을 위해 엄마와 아이 모두의 놀랄 만한 참여를 이끌어냈다. 악기는 아이와 부모의 친밀성을 유지하는 특별한 방법이 되었다. 또한 다른 아이들의 역할도 과소평가할 수는 없다. 스즈키 교수법과 연주의 대부분은 친구들의 연주를 모방하는 아이들의 성향을 이용하고 다른 많은 아이들이 있는 '학습 맥락'에서 일어난다. 스즈키의 복잡한 방법을 한 마디로 정리한다면, 복합적인 음악적 경로를 중재하는 수단으로서의 강한 대인관계 지식이라고 할 수 있다. 엄마의 모든 참여와 다른 사람들의 도움을 잘 이용하는 이러한 프로그램의 지원이 일본에서 시작된 것은 우연이 아니다.

모든 제도에 대가가 있듯, 스즈키 방법의 애매한 측면에도 주목해야 한다. 이 방법은 귀를 통한 학습이며, 이는 아마도 참여하는 아동의 나이를 고려했을 때 상당히 효과적인 결정이라 할 수 있다. 만약 유아들에게 악상기호를 읽게 하거나 여러 학기 동안 악보를 읽도록 강요한다면 음악적인 성향이 있는 아이들도 음악 레슨에 적대감을 갖게 되고 많은 시간을 낭비하는 결과를 초래했을 것이다. 반면에 악상기호를 학습하는 것은 스즈키 방법에서 중요하지 않기 때문에, 아이들은 종종 즉석 연주에 실패하기도 한다. 만약 귀와 손에 의해 습득하는 습관이 6~7세에 너무 고착화되지 않았다면, 이 시기에 기호 중심 전략으로 옮겨보는 것도 바람직하다. 처음에 빠른 학습이 가능했던 유연성이 연주의 형태를 변화시키기에 너무 어렵도록 고착되어버리기 때문이다.

스즈키 방법의 더 심각한 단점은 음악적 기술과 지식에서 제한된 부분만을 다룬다는 점이다. 그 한 가지로, 아이들이 연주하는 음악은 오로지 세계적인 명곡으로 이루어진, 바로크 시대에서 낭만주의 시대에 이르는 서양 음악이다. 아동들이 음악적 학습에서 가장 '중요한' 시기에 이러한 곡에만 깊이 몰입하므로, 스즈키 방법은 불필요하게 편파적인 취향을 심어준다.

또한 스즈키의 많은 교수법들은 음악의 해석에서 무조건적이고 무비판적인 모방에 치우치게 만든다. 프리츠 크라이슬러Fritz Kreisler의 고전 소나타 녹음이 그 예다. 아이들은 또 다른 해석들이 가능하다고 생각하기보다 하나의 음악에 대한 하나의 옳은 해석만 있다고 믿게 된다. 더 문제가 되는 것은 아동들이 음악을 여러 면으로 변화시키려는 시도를 하기보다 들은 음악을 정확하게 따라하는 게 중요하다고 믿는다는 것이다. 스즈키 방법으로 교육을 받은 아이들이 작곡에 대한 성향을 잘 보이지 않는 것도 이상한 일은 아니다. 또한 아이가 선호하는 변주 방법으로 곡을 분해하는 것은 고도의 모방 형태의 학습에서 간과된다. 이러한 경우 한 가지 방식의 전수는 심각한 대가를 치를 수 있다.

마지막으로 이러한 노력에 있어 분명한 개인적인 희생이 있다. 아이는 매주 많은 시간을 단 하나의 목적과 한 가지 지능의 계발을 위해 사용하면서 다른 지적 능력을 자극시키거나 발달시키지 못하고 있다. 더욱 놀라운 점은 이 방법이 엄마에게 큰 부담을 주어 아이의 특정한 능력을 발달시키기 위해 헌신적으로 자기 희생을 하게 만든다는 것이다. 만약 성공을 해도 칭찬을 받는 것은 그 아이고, 실패한다면 모든 책임은 엄마에게로 돌아간다(한 엄마가 스즈키에게 아동을 가르치는 데 너무 많은 시간을 할애했다고 불만을 토로했다. 그러자 스즈키는 즉시 "그렇다면 아이를 왜 가졌나요?"라고 반문했다). 음악적 재능 개발에 성공했는지와는 상관없이 아이는 언제가 집을 떠날 것이고, 엄마의 개인적 능력과 자질은 의미 있게 개발되지 못할 것이다. 그리고 그 결과는 (적어도 서양인의 눈에는) 비참하게 보일 것이다.

이러한 단점들은 스즈키 방법이 (엄마를 포함한!) 많은 사람들에게 주는 기술적인 연주의 즐거움과 비교한다면 아마도 아주 작은 부분일지도 모른다. 그러나 이러한 결함들을 줄일 수 있는 방법을 찾아보는 것은 의미가 있을 것이다. 내가 분석하건대, 아이들이 더 많은 곡들과 음악의 영역에서 더 높은 수준에 도달하지 못할 이유가 없다. 아동에게 가능한 매체는 분명히 확장될 수 있다. 다른 사람을 모델로 삼아 이상적인 연주를 하는 것과 나름의 방법으로 자신만의 곡을 만들어내는 것 사이의 긴장 관계가 더 큰 문제가 된다. 기술적인 연주에서 시작해 독창적인 곡을 만들어내는 것은 어떤 경우에나 어렵지만, 추측컨대 스즈키 방법은 그것을 거의 불가능하게 만든다. 엄마들이 자신을 완전히 투자할 수 없는 사회에서는 스즈키 내용이 성공적이지 못하며, 사실 '보통 수준'의 음악 훈련에 머무르게 된다.

세상에 대한 다른 지식의 도움 없이 그 지적 영역에서 훨씬 많은 진보를 할 수 있다는 점에서 스즈키가 음악을 강조한 것은 합당해 보인다. 그러나 내가 지적했듯이, 음악적 영역의 선택은 스즈키 자신이 생각하는 만큼 정확하지 않고, 만약 같은 정도의 열정, 충성, 노력을 기울인다면 꽃꽂이부터 그림에 이르는 다른 예술도 유사한 특성을 보일 수 있을 것이다. 일본의 마쓰모토 지역에는 더 광범위한 교과 자료를 사용하고 뚜렷한 성공을 거둔 유치원과 초등학교가 있으며, 오늘날 일본에서는 (아이에게 관심이 많은 미국 중산층과 비교해도) 유치원 아이가 읽기, 수학, 쓰기 능력을 포함한 광범위한 능력을 숙달할 잠재력을 상당히 높게 잡고 있다. 소니의 설립자 이부카 마사루Ibuka Masaru는 인생 처음 5년간의 중요성에 대한 일본인들의 깊은 믿음을 명백하게 보여주는《유치원은 너무 늦다Kindergarden Is Too Late》라는 베스트셀러를 썼다.[13]

일본의 사례

성공의 아버지로 불리는 사람들은 많다. 그리고 제2차 세계대전 이후 일본이 보여준 놀라운 성공의 '주된 이유'라고 할 수 있는 수많은 성공의 아버지들이 있었다.[14] 일본인이 외국의 사례를 연구하고 다른 개인이나 집단으로부터 가장 좋은 것을 흡수하는 데 재능이 있다는 것은 의심의 여지가 없다.[15] 일본인들은 또한 규율, 교육, 기술적 전문성에 주력하며, 그런 목적들을 지난 30년 동안 고도로 추구해왔다. 확실히 이러한 성공 사례들은 거의 모든 영역에서 발견된다. 일본의 젊은이들은 30년 전과 비교해 키가 더 크며 IQ도 높아졌는데, 이것은 조기에 아이들의 교육과 식단에 투자하는 것이 큰 차이를 만들어낼 수 있다는[16] 강력한 증거(증거가 필요하다면)다. 완전한 모방이라고 할 수는 없지만, 개발도상국에서 서양을 모방하려는 노력에서 일본보다 더 성공적인 사례는 없다. 종합적으로 봤을 때, 다른 문화로부터 배우는 능력과 일본의 문화

적 전통에 적합하고 독특한 것을 유지하려는 능력이 조화를 이룬다고 볼 수 있다.[17]

인간의 잠재성에 대한 연구를 진행한 후 나와 내 동료들이 분석한 바에 따르면, 일본인들은 집단 감성과 연대감을 유지하는 것, 그리고 기술과 숙련에 있어 개인적인 성과를 이루는 것 사이에서 효과적인 균형을 이루는 데 놀라운 성공을 보였다. 개인 지능의 두 가지 형태가 여기에서 사용된 것이다. 이러한 균형은 여러 성취 수준에서 살펴볼 수 있다. 예를 들어 초등학교에서 연산을 배운다고 하자. 세계의 많은 곳에서 초등 연산은 기본적으로 종종 학생들뿐 아니라 교사들도 혼동하는 기본적인 개념에는 거의 신경쓰지 않은 채 암기식 학습으로 지도된다. 그러나 잭과 엘리자베스 이즐리Jack and Elizabeth Easley의 연구에 따르면, 일본에서는 전체 학급 아이들에게 도전적인 문제가 주어지고 아이들은 며칠 동안 이 문제들을 풀기 위해 함께 연구하는 기회를 갖는다. 아이들은 서로 자유롭게 이야기하고, 협력하고, 실수도 하고, 때때로 상급반 학생들이 하급반 학생을 방문해 도움을 주기도 한다. 따라서 충분히 긴장과 좌절을 느낄 수 있는 상황은 아이들이 참여하고 그 상황을 이해하려고 공동으로 노력함으로써 완화된다. 그리고 꾸준히 문제를 해결하려는 한 지금 당장 정답을 떠올리지 않아도 괜찮다는 감정과 함께, 협력적 노력에 대한 지원을 받는다.[18] 역설적으로 서구 사회와 같이 더 명백히 경쟁적인 사회에서는 수업 후에 답을 모를 확률도 높으며, 학생이나 교사들 모두 쉽게 긴장을 다루지 못해서 소중한 학습의 기회가 사라진다.

일본의 큰 기업에서조차도 이와 같은 정교한 균형을 찾아볼 수 있다. 경쟁 욕구의 많은 부분은 일본이 엄청난 성공을 해온 다른 국가로, 그리고 일본이 주요 경쟁자들보다 더 앞선 시각을 가지고 미래의 트랜드를 예측하는 시장으로 향한다. 더구나 일본의 회사 내부에서는 문제 형성과 해결에 있어서 사람마다 각각 다른 독자적인 기여를 하는 것이 적절하다고 여겨진다. 개인은 그의 회사와 강하게 동일시되고 동료들과 직접적인 경쟁 관계라는 의식이 상대적으로 적으며, 그들은 평생 관계를 맺는다. 마찬가지로, 개인(특히 미혼의 젊은 사람)이 필수적인 모든 능력을 가지고 있다고 해도 어떠한 혜택도 제공되지 않는다. 그런 조숙한 다재다능함은 오히려 부적합하고 시대착오적인 것으로 여겨진다. 따라서 일본의 회사들은 직관적으로 인간 지능의 어떤 측면이 있고, 서로 다른 측면들을 가진 개인들이 회사의 성공에 나름의 훌륭한 공헌을 할 수 있다고 본다.

스즈키 재능 교육 프로그램과 같이 일본의 기업 시스템에서도 그 성공이 점차 알려질수록 그 대가 또한 분명해진다. 기업에서 일할 수 있는 기회는 학문적 체계에서의 성공에 달려 있고, 학문적 체계에서의 성공은 아이의 양육과 교육체제의 특성에 달려 있다. 또 아이의 궁극적인 성공에 대한 중요 열쇠는 아이(특히 남자아이)와 엄마의 관계에 있다고 여겨진다. 엄마와 아이의 강력한 관계는 조기에 성공을 가져올 수 있지만, 성공 때문에 엄마와의 협상에 꼼짝없이 걸려들었다는 느낌을 아이가 갖는다면 부정적인 효과를 가져올 수도 있다. 만약 아이가 실패를 하면 엄마에 대해 강력한 좌절감, 긴장, 그리고 공격성을 가지게 된다. 공립학교 체제는 학생들 간의 우호적이며 협동적인 분위기를 조성하려고 하지만, 대학 정원은 학생의 수보다 적기 때문에 경생을 피할 수 없다. 따라서 다른 대안 기관이나 대학 시험을 준비하는 주쿠juku와 같은 곳이 성행하고 있다. 모든 보고서에 따르면, 주쿠는 경쟁이 매우 치열하며 시험 결과에 만족하지 않은 학생들은 심각한 정신적 피해(종종 자살)를 경험하기도 한다. 마지막으로, 다른 환경으로부터 적절한 모델을 그대로 흡수하는 일본인들의 기술이 한계에 도달하여 수입한 모형을 적절하게 발전시키지 못하고 있어 지금은 좀 더 자기 혁신적인 능력에 많은 노력을 기울이고 있다. 일본의 많은 평론가들은 대인관계 중심의 일본 사회에 독창적 과학자가 없음을 비판했고, 서양에서 공부한 과학자(그리고 예술가)들의 독창성이 가장 높이 평가받는다고 매우 슬프게 언급했다.

다양한 교육 실험들

나는 오늘날의 세계에서 일본의 예가 특히 놀라웠고, 서구에서 발전된 틀을 성공적인 교육적 실험에 처음 적용해보고자 일본에서 오랜 기간 머물렀던 적이 있다. 하지만 재능 교육 프로그램 같은 일본의 성공이 단지 전문적 설계에 기인하지 않는다는 점은 매우 중요하게 언급할 필요가 있다. 만약 스즈키 프로그램이 전문적 설계를 반영했다면, 모든 곳에서(그리고 모든 학습 영역에서) 똑같이 성공적인 결과를 얻었을 것이다. 현실은 이와 전혀 다르지만 말이다. 일본 스즈키 프로그램 성공의 가장 중요한 열쇠는 아동들이 자라는 환경에서 능력, 표적 집단(어린 아동)의 성향, 특정 가치, 기회, 사회 기관들이 자연스럽게 잘 어우러지는 데 있다. 이러한 프로그램은 유사한 지원체계가 존재하거나 혹은 그 국가의 지배적인 가치, 절차, 지적 성향과 잘 어울리는 다른 대안이 있는 국가에서만 성공적으로 도입될 수 있을 것이다.

사실 여기에 다른 교육적 조정들의 성공에 대한 몇 가지 단서도 있다. 예를 들어 기본적인 글자를 가르치는 경우, 대상 국가의 환경을 잘 이용함으로써 성공을 거둔 두 가지 사례가 있다. 그중 하나는 문맹인 브라질 농민에게 읽는 방법을 가르치려고 노력한 파울루 프레이리Paulo Freire의 사례다. 프레이리는 개인적 가치를 선명히 드러내고 훗날의 단어 학습과 관계된 음성학적, 형태론적 구조를 드러내는 특징을 갖는 주요 단어를 가르치는 방법을 개발했다. 이것은 아주 기술적인 언어 교수법이다. 그러나 프레이리 프로그램은 훨씬 더 큰 정책적 프로그램에 속해 있으며, 이것은 학습자들에게 큰 의미가 있었고 그들의 용감무쌍한 노력에 박차를 가하는 데 도움이 되었다.[19] 이러한 학습 맥락이 중요한 차이를 야기하는 것이다. 이와 완전히 다르지만 읽기 교수에서 매우 성공적인 접근은 미국 학령기 아동의 읽기 기초를 가르친 텔레비전 프로그램 〈세서미 스트리트Sesame Street〉* 와 〈일렉트릭 컴퍼니The Electric

* 미국에서 1969년에 처음 방영된 3, 4, 5세 유아를 위한 텔레비전 프로그램._옮긴이

Company〉*에서 찾아볼 수 있다.[20] 이 프로그램들은 이전 사례와 마찬가지로 읽기 훈련에서 이미 유효성이 증명된 방법을 기반으로 했다. 하지만 이 프로그램들은 상업적 형식과 텔레비전 매체의 적절한 속도를 활용하여 시청자의 관심을 끄는 데 성공했다. 브라질과 미국 사람들의 사례는 모두 매우 다양한 집단에 읽는 능력을 가르치려는 시도였다. 이러한 노력들은 프로그램이 처음 시도된 나라에서 얻어진 특정한 상황들이 새로운 문화적 환경 안에서 잘 접목되고 구성되는 정도만큼 성공할 것이라고 예상된다. 나는 어떠한 교육적 조정이 고려되기 전에 그 사회에서 가치 있게 여겨지고 습득되어야 하는 지적 기술에 대한 분석이 선행되어야 한다고 생각한다.

현대 세계 곳곳에서 교육 실험이 성공하지 못하는 경우는 많다. 지난 30년간 교육 시스템을 서구화하고자 한 이란이나 기술 중심 교육을 위해 다양한 노력을 한 중국을 생각해볼 필요가 있다.[21] 이들은 이전 장에서 논의된 전통적 방식의 학교를 선호하는 사회에 (과학적 사고를 중심으로 정리된) 서구 스타일의 교육 과정을 도입하고자 했다. 주로 한 형태로만 문해를 가르치던 학교에 '열린 사고'를 전달하고, 상충하는 이론들에 대해 생각해보고, 논리수학 추론을 우선시하라는 요구는 엄청난 스트레스를 야기했다. 사회적 관계를 상대적으로 경시하게 되고, 언어 사용의 극적인 변화가 생기고, 존재하는 다양한 영역에 논리수학 사고를 적용하는 것은 이미

* 유아의 문해력과 문법 교육을 위한 프로그램._옮긴이

확립된 문화적 맥락에 맞지 않다고 증명되었다.

당연하게도, 이란과 중국의 경우는 엄청난 반작용이 일어났다. 모든 서구적, 현대적, 그리고 기술적인 것들에 대한 반성적 저항은 중국의 문화혁명과 이란의 이슬람 부활을 가져왔다.[22] 분명한 것은 과거와의 연속성 없이 교육적 혁신은 이루어질 수 없다는 사실이다.

정책 입안자들을 위한 조언

일반적인 고려 사항

(성공 여부를 떠나) 교육적 실험들을 검토하기 위해서는 문화 안에서 전통적으로 존재해온 교육적 절차에 대해 자세하게 분석할 필요가 있다. 뿐만 아니라, 변화하는 세계의 새로운 요구를 충족시키기 위해 이들을 어떻게 사용할 수 있는지를 주의 깊게 생각하게 된다. 솔직히 정책에 대해 잘 알지 못하는 내가 상당히 복잡하고 유동적인 상황에서 요구되는 특정 행동을 제안한다는 것이 다소 불편하다. 그럼에도 불구하고, 정책 입안자들이 그들이 책임지고 있는 개인들을 위해 교육적 결정을 내릴 때 유념할 수 있는 사항들을 언급하기에는 지금이 가장 적절한 시기라고 생각된다.

특정한 교육적 조정이나 전체 교육 프로그램의 목표는 항상 가장 먼저 검토되어야 한다. 목표들이 좀 더 구체적으로 표현될수록 미사여구나 보편성을 피할 수 있기 때문에 '개인의 잠재력을 발현시키기 위한 교육' 혹은 '교양 있는 시민 되기'와 같은 목표는 도움이 되지 않는다. 하지만 '신문을 읽기 위해 요구되는, 혹은 현재 정치적 문제와 관련된 토론을 위해 요구되는 충분한 문해력 습득'은 교육적으로 정확하다고 할 수 있다. 후자와 같은 구체적인 목표는 이를 구성하는 지적 기술들을 분석하고 성공을 위한 다양한 방법(또는 성공 혹은 실패의 정도)을 고안할 수 있게 한다. 하지만 전자의 거창한 목표는 평가 도구를 끌어낼 수 없다. 분명하게 목적을 진술하는 것은 잠재적 충돌이나 모순을 야기할 수 있다. 예를 들어, 특정 수준의 문해력, 과학적 사고를 할 수 있는 기술, 그리고 정치적 쟁점에 대해 토론할 수 있는 능력의 습득 같은 목표는 전통적 종교 가치, 정치적 태도, 집단의 동질적 세계관의 목표와 충돌할 수 있다. 이러한 충돌은 불행하지만, 그들이 문제를 무시하거나 거부하지 않고 직면할 수 있다는 점에서 더 나아 보인다.

목표를 검토한 후에는 목표를 달성하기 위해 현재 동원할 수 있는 수단에 대한 냉철한 평가가 이루어져야 한다. 이 분석의 일부는 현재 존재하는 관찰 학습, 비공식 상호작용, 도제제도, 퍼져 있는 매개체, 다양한 학교, 그리고 (명시적 또는 암시적) 교육 과정과 같은 사용 가능한 전통적 방법들에 초점을 맞춰야 한다. 하지만 가치, 역할, 그리고 절차들이 세대를 넘어 전수되는 방법들뿐만 아니라 그물을 더 넓게 던져 전수자들과 전수가 일어나는 환경까지 고려하는 것이 바람직할 것이다.

현재 추구하는 모든 목표를 실현하기 위해, 쉽게 사용할 수 있는 지능이 있는 반면 더 큰 도전이 필요한 지능도 있다. 더불어 문화마다 수년에 걸쳐 선호되어온 혼합된 지능의 특성 또한 존재할 수 있다. 정확하게 어떤 지능이 어느 정도로 혼합되어 있는지를 찾아내는 것은 쉬운 문제가 아니지만, 다양한 문화적 환경에서 비교적 드러나는 형태로 대략적인 윤곽을 볼 수 있다. 전통적인 농경사회에서는 상당한 관찰과 모방이 가능한 대인관계, 신체운동, 그리고 언어적 형태의 지능이 비공식적 교육 환경에서 강조되었다는 것을 예상할 수 있다. 산업화 초기 단계 사회에서는, 기계적 언어 학습에 초점을 두고 있지만 논리수학 형태의 지능이 사용되기 시작한 전통적 형태의 학교를 예상할 수 있을 것이다. 고도로 산업화된 사회와 후기 산업사회에서는 언어, 논리수학, 그리고 대인관계 형태의 지능이 중시되며, 현대 세속 학교에서는 개인화된 컴퓨터 교육도 시행된다. 하나의 단계에서 다음 단계로 변화할 때는 희생이 뒤따르는데, 앞서 언급한 이란의 사례와 같이 농업사회에서 후기 산업사회로 바로 전환되는 경우에 특히 심각한 충격이 예상된다.

제한된 자원을 가진 사회에서는 목표와 이를 위한 수단을 결정한 후 전체 인구를 위한 최적의 방법을 결정하는 단계로 바로 이동할 필요가 있다. 그러나 개개인의 인지적 잠재력과 지능의 방식은 유사하지 않기 때문에 교육은 특정 개인의 능력과 요구에 맞게 조정되어 한다는 것이 본 연구의 주요 가정이다. 사실 모든 개인을 동등하게 대하려는 시도 혹은 개인이 선호하는 학습 수단에 적합하지 않은 방법으로 지식을 전달하려고 하는 것이 매우 큰 비용을 야기할 수 있으므로, 가능하다면 개인의 지적 프로파일에 대한 평가 방법을 고안하는 것이 좋다.

개인의 지적 프로파일 검사를 위해 명시적으로 설계된 기술은 아직 존재하지 않는다. 검사 프로그램들이 표준화되고 상업화되는 경향이 있기 때문에 나는 이런 프로그램을 명확하게 구축하려는 시도가 현명한 것인지 확신할 수 없다. 하지만 나의 분석은 개인 프로파일을 평가하는 몇몇 방법이 다른 평가 방법보다 더 우월하다는 것을 명백하게 보여주고 있다. 이제 나는 충분한 자료들을 바탕으로 개인의 지능 프로파일이 어떻게 평가될 수 있는지에 대해 설명하고자 한다.

지능 프로파일 평가

첫째로 지능은 모든 연령대에서 동일한 방법으로 평가돼서는 안 된다. 영·유아를 대상으로 사용되는 방법은 이들이 가지고 있는 특징적인 지식의 형태에 맞게 수정되어야 하며, 더 큰 아이들에게 적용하는 방법과는 달라야 한다. 나는 개인의 지적 잠재력을 조기에, 심지어 영·유아기에도 평가할 수 있다고 믿는다. 이 시기에 아이에게 특정한 패턴을 인지하는 학습 기회가 주어지고 매일 이것을 기억하는 능력이 검사된다면 지적 강점과 약점이 아주 쉽게 드러날 것이다. 그러므로 공간 영역에서 강점을 지닌 아이는 목표 패턴을 접할 때 빨리 인식하는 것, 공간에서 패턴의 배열이 바뀌었을 때도 그 정체를 인식하는 것, 그리고 이 두 패턴이 다음 실험에 혹은 다른 날에 제시됐을 때도 약간의 변화를 알아차리는 것을 학습해야 한다. 마찬가지로 운동 패턴을 배우고 이를 조정된 방향으로 수정하고 변형하는 능력뿐만 아니라 언어 혹은 수 같은 다른 지적 영역에서의 패턴 인식 능력도 평가할 수 있다. 강한 지적 능력에 대해 내가 직감하는 것은, 축복받은 개인은 새로운 패턴을 쉽게 학습하며 실제로 너무 쉽게 학습해서 사실상 잊는 것이 불가능하다는 것이다. 오랫동안 이용하지 않았더라도 마음에서 단순한 멜로디가 계속해서 연주되고, 문장이 머물고, 공간적 혹은 동작적인 배열이 쉽게 떠오른다.

이러한 지능 프로파일이 생후 1년 혹은 2년 내에 만들어질 수 있지만, 이렇게 이른 시기의 프로파일은 쉽게 변할 수 있다고 생각한다. 사실 이것은 초기 신경적, 기능적 가소성에 관한 것이다. 조기 평가의 주된 이유는 재능이 있는 지적 영역을 확실하게 빨리 발전시키고, 상대적으로 평범해 보이는 지적 능력을 강화할 수 있는 기회를 얻을 수 있기 때문이다.

유치원생 정도의 다소 늦은 나이에도 개인 지능 프로파일에 대한 풍부하고 신뢰할 만한 평가가 가능하다고 본다. 이 연령대에서 선호되는 전형적인 평가 방법은 아동이 스스로 동기를 느낄 만한 활동에 참여시키는 것이다. 그러면 아동은 특정한 문제나 과제를 숙달하는 단계를 거치면서 직접적인 지도 없이도 향상될 수 있다. 퍼즐, 게임과 같이 단일한 혹은 한 쌍의 지능의 상징체계와 관련된 활동은 지능을 평가하는 데 특히 좋은 수단이다.

본능적으로 마음을 사로잡는 재료에 몰두하는 모습은 어떤 지능을 사용하는지, 그리고 일정한 기간 동안 어느 정도의 발달이 진행되는지를 관찰할 수 있는 기회가 된다. 블록을 사용해 다양한 구조물을 만드는 법을 배우는 아동을 관찰한다면, 공간 및 신체운동 지능 영역에서 나타나는 능력에 대한 통찰력을 얻을 수 있을 것이다. 마찬가지로, 간단한 기계를 조작하는 능력은 신체운동 및 논리수학 기술을 드러내며, 일련의 이야기를 관련지을 수 있는 능력은 언어적 가능성을 나타낼 것이다. 풍부하고 자극적인 환경에 몰입하는 것은 영재성의 조짐, 즉 '표시'를 이끌어낼 가능성이 높으며, 이런 특성은 특정한 지적 영역의 전문가에 의해 쉽게 감지된다. 아마도 미래의 음악가는 절대음감으로, 인간적인 문제에 영재성이 있는 아동은 다른 사람의 동기에 대한 직관으로, 신예 과학자는 자극적인 질문을 제기하는 능력으로 드러날 것이다.[23]

이러한 접근이 전통적인 지능검사를 사용하는 접근과 어떻게 다른지에 주목해야 한다. 전통적인 검사에서 아동은 빠르게 일련의 질문을 던지는 성인과 마주하고 특정한 답을 말해야 한다(조금 더 나이가 많은 아동의 경우 답을 적거나 선택지에서 답을 고르기도 한다). 언어적 재능, 특정한 논리수학 능력, 그리고 연장자와 상황을 협상할 수 있는 사회적 기술이 중요하게 여겨진다. 이러한 요인들은 모두 음악, 신체운동, 혹은 공간과 같은 서로 다른 지능의 평가를 방해할 수 있다. 평가 상황에서 실험자와 실험 도구를 제거하거나 적어도 그것을 완전히 부차적인 것으로 치부해버린 후 측정하고자 하는 특정 영역의 실제 요인이나 상징으로 대체한다면, 아동의 현재 지적 능력과 가능성에 대한 좀 더 꾸밈없는 그림을 얻을 수 있다. 러시아의 심리학자 비고츠키가 밝힌 방법을 보면, 질문의 특정 자료 혹은 상징적 요소들에 대한 사전 경험이 적거나 아예 없는 개인에게 적합한 검사를 고안하고, 그들이 주어진 영역에서 제한된 시간 내에 어떻게 급속도로 발전할 수 있었는지 확인할 수 있다.[24] 이러한 임무는 측정하려는 영역과 본질적으로 관련된 문제를 찾고, 어리고 순진하지만 재능이 있을지도 모르는 개인에게 결정적 경험을 하게 한다는 점에서 검사자에게 큰 부담을 준다.[25] 지능에 대한 본 연구에서 나는 미래의 무용수는 민속 공연을 보고, 젊은 수학자는 반복해서 변하는 시각 패턴을 보고, 미래의 시인은 길고 복잡한 운을 배우는 것과 같이 특정 영역에 속한 특정 개인에게 촉매로 작용하는 몇 가지 경험을 언급했다.

개인의 나이, 교양, 그리고 문화적인 배경에 따라 지적 잠재력 평가를 위해 선호되는 특정한 경험은 당연히 달라질 것이다. 그러므로 공간 지능 영역을 관찰할 때 1세 아동에게는 물건을 숨기고, 6세 아동에게는 조각 그림 퍼즐을 제시하고, 사춘기 이전의 아동에게는 루빅 큐브Rubik's cube*를 제공할 수 있다. 마찬가지로 음악 영역에서 2세 아동에게는 자장가를 변형시켜 들려주고, 8세 아동에게는 단순한 멜로디를 작곡할 수 있는 컴퓨터를 제공하고, 청소년에게는 푸가를 분석하게 할 수 있다. 이 경우들처럼 아이들에게 흥미를 유발하는 퍼즐을 제공하여 풀게 하는 것과 같은 아이디어가 현재 세계적으로 선호되는, 즉 30분의 시간과 연필과 종이를 주는 표준화된 측정 방법보다 개인의 프로파일을 평가하는 데 훨

* 여러 가지 색이 칠해진 사각형들로 구성된 정육면체의 각 변을 같은 색깔로 맞추는 퍼즐 장난감._옮긴이

씬 더 타당한 방법으로 여겨진다.

개인이 일반 교실 활동에 참여하는 동안, 3세든 13세든 약 한 달 이내에 개인의 지능 프로파일에 대한 어느 정도 정확한 그림을 얻을 수 있다고 예상된다. 현재의 표준화된 검사보다는 긴 시간이지만 학생의 인생에서는 매우 짧은 시간인 5~10시간은 관찰 소요 시간으로 충분하다. 이러한 관찰을 통해 어떤 능력이 이미 사용되고 있으며, 어떤 능력이 발달 가능성이 있고, 어떤 능력이 조금 뒤떨어지며 장애가 되는지 알 수 있다.

지능 교육

이제 교육 계획 수립 과정에서 결정적이면서도 까다로운 단계에 도달했다. 교육 과정이 개인과 개인의 지능 프로파일을 염두에 둔다는 것을 감안할 때, 어떤 방식에 따라 교육이 이루어져야 하는지에 대한 결정을 해야만 한다. 우선, 개인의 강점을 주로 이용할지, 개인의 약점을 강화하는 데에 주력할지, 아니면 양쪽 모두를 목표로 할지 등에 관한 일반적인 전략의 결정이 필요하다. 물론 이러한 결정은 가능한 자원과 개인이 가장 직접적으로 속한 사회의 전반적인 목표를 고려해 이루어져야 한다.

단일한 전략을 따르더라도 여러 능력을 개발할 수 있다고 가정한다면, 훨씬 더 구체적인 결정들이 필요하다. 교육 계획을 수립하는 책임자는 개인이 목표하는 능력, 기술, 그리고 역할을 습득하기 위해 가장 적절하게 동원할 수 있는 방법들을 결정해야 한다. 아주 재능 있는 학생들의 경우, 전문가와의 도제 관계에서 직접 학습할 수 있게 하는 것이 필요(그리고 적절)할 것이다. 또한 학생이 직접 탐험해볼 수 있는(그리고 발전할 수 있도록 돕는) 자료들을 제공할 수 있어야 한다. 능력이 부족한 개인 혹은 장애를 가진 개인을 위해서는 특별한 인공 기관, 즉 그의 지적인 약점을 (가능한 한 최대한으로) 보완하면서 그가 가진 지적 능력을 활용할 수 있는 방향으로 제시되는 정보나 기술을 이용한 기계, 기구, 혹은 다른 수단들을 고안할 필요가 있다. 정규분포의 양극단에 속하지 않는 일반인들의 경우, 학생과 교사의 시간이 허락될 때 제한된 자원 내에서 활용할 수 있는 더 많은 방법과 교육 과정이 있을 것이다.

놀랍게도 지능 발달 과정을 통제하는 일반적 원리를 정리하려는 교육심리학자들의 연구는 소수에 불과하다(이것은 한편으로 일반적인 학습과 반대되는 특정 영역에 대한 관심이 부족하고, 다른 한편으로는 특정한 과제가 어떻게 습득되는지에 대해서만 관심이 지나치기 때문일 것이다). 이와 관련한 다양한 노력들 중, 레프 비고츠키를 추종하는 바실리 다비도프Vasily Davydov, 다닐 엘코닌Daniil Elkonin 등 러시아 심리학파에 의해 이뤄진 연구가 가장 시사하는 바가 크다고 본다. 이들은 각 연령대의 아동이 다른 연령과 구별되는 일련의 흥미를 보인다고 믿었다. 유아기의 지배적인 활동에는 정서적 접촉이 포함된다. 2세 아동은 물체 조작에 빠져들고, 3~7세의 아동은 역할놀이와 상징적 활동을 주로 한다. 7~11세의 아동은 학교에서 학습한 활동을 하고, 청소년기 아동은 친밀한 대인관계 및 직업 중심적 활동을 추구한다. 물론 관심의 특정한 형태는 문화에 따라 다르지만, 모든 교육 프로그램은 이러한 성향들에 유념해야 한다.

다양한 변수를 고려해야 하는 교육자들은 유전학적 주요 표상들을 찾으려 한다.[26] 이는 초보자들에 의해서 해결될 수도 있는 문제나 과제이기도 하지만, 그것은 동시에 지능 영역 안의 가장 적절한 상징을 내포하는 것일 수도 있다. 유전학적 주요 표상들을 숙달하는 것은 개인이 특정 분야의 일련의 과정들을 성공적으로 달성하는 데 하나의 지표로서 역할을 한다. 교육자들에게는, 아이가 다음 단계와 다음의 유전학적 주요 표상들에 도달할 때까지 만족스럽게 진전하기 위해 극복해야만 하는 장애물들을 단계적으로 계획하는 것이 어려운 일이다. 러시아 심리학자들이 제시한 이러한 종류의 분석이 여기서 개발된 접근과 통합될 수 있다면, 내가 고민해온 것처럼 각 지능 영역에서 교육 발달을 위한 최적의 경로를 목록화하는 것이 가능할 수도 있다. 이런 분석을 통해 일반 아동뿐만 아니라 영재나 장애 아동들에게도 적합한 일련의 경로들을 밝혀낼 수 있다.

넓은 범위의 문화적 목표와 지능 프로파일의 다양성을 고려한다면, 학생에게 적합한 방법을 찾는 것은 너무 벅찬 일일 수 있다. 하지만 사실 학생들은 자신들에게 적합하지 않은 교수 방법을 통해서도 학습해왔는데, 이것은 아마도 대부분의 교육 과정이 불필요하고 학생들 스스로가 사용할 수 있는 다수의 지적 능력 및 전략을 가지고 있기 때문일 것이다. 학생에게 맞는 교수 방법은 학생이 빠르고 원활하게 필요한 것을 숙달하고 발달의 선택적 경로와 최적의 경로들을 따라 더 많이 발전할 수 있게 한다.

개인에게 적합한 특정 주제와 교수 방법을 찾는다는 것은 우리에게 익숙할 뿐 아니라 고전시대부터 암시적으로 강조되어오던 것이다. 그렇기 때문에 학생들에게 적절한 교수법을 적용하는 데 대한 유의미한 성과를 문서화하려는 시도가 성공적이지 못했다는 것은 매우 실망스럽다.

그럼에도 불구하고 교육학자들은 학생과 자료의 최적 조합을 찾아야 한다는 비전을 고수하는데, 나는 이런 고집이 타당하다고 생각한다. 교육심리학 분야의 과학은 아직 젊다. 그리고 더 우수한 개념화가 등장하고 측정 방법이 계속 발달하고 있기 때문에 개별 학습자의 프로파일에 맞는 자료 및 교수 방법을 찾는 것은 여전히 유효하다고 본다. 게다가 다중지능을 적용한다면 조합할 수 있는 방법은 늘어나게 된다. 이미 언급한 바와 같이, 지능은 그 자체가 주제이자 다양한 주제를 습득하기 위해 선호되는 수단으로도 기능할 수 있다.[27]

관련 연구를 수행하는 것은 미래를 위한 과제다. 여기서 내가 할 수 있는 최선은 몇 가지 기대를 간략하게 설명하는 것뿐이다. 예를 들어, 컴퓨터 프로그래밍을 배우는 경우에는 많은 지능들이 관련될 수 있다. 프로그래밍에서는 문제를 해결하고 목적에 이르기 위한 엄격한 절차를 유한한 단계로 배치해야 하므로 논리수학 지능이 가장 중요하다고 할 수 있다.[28] 프로그램을 작성하기 위해서는 단계가 명확하고, 정확하고, 엄격하게 논리적인 순서로 구성되어야 한다. 매뉴얼과 컴퓨터 언어를 만드는 데 일반 언어를 사용하기 때문에 언어 지능 또한 필요하다. 서브 플롯을 갖춘 이야기로서 프로그램을 비유해 보는 일은 언어적 소질이 있는 신진 프로그래머들에게 도움이 될 수 있다. 개인이 가지고 있는 특정 영역에 대한 직감은 프로그램을 배우는 데 도움이 될 수 있다. 뛰어난 음악적 소질을 가진 개인에게는 간난한 악곡 프로그램을 짜도록 함으로써 (혹은 작곡 프로그램을 숙달하게 하여) 프로그램밍을 소개하는 것이 가장 최선일 것이다. 공간 능력이 장점인 사람은 컴퓨터 그래픽의 형태로 프로그램을 시작할 수 있고 흐름도나 다른 공간적 다이어그램을 통해 프로그래밍 작업에서 도움을 받을 수 있다. 개인 지능은 중요한 역할을 한다. 복잡한 작업을 수행하거나 새로운 컴퓨터 기술을 배우기 위해서는 팀과 협업하는 개인의 능력에 의존할 수 있는 것처럼, 개인 내적 형태의 사고에 의존하는 프로그래밍에 참여함으로써 단계와 목표의 광범위한 계획을 수행할 수 있다. 신체운동 지능은 컴퓨터 자체를 가지고 작업할 때, 단말기 사용을 용이하게 할 때, 그리고 댄스나 풋볼 게임의 순서를 프로그래밍할 때와 같이 신체 사용과 관련된 프로그램 주제에서 중요한 역할을 할 수 있다.

유사한 맥락으로 유추는 읽기 학습 과제를 분석하는 데 적용될 수 있다. 특히 이제 막 글을 읽기 시작해서 읽는 데 어려움을 느끼는 아동들의 경우, 다른 상징체계(예를 들어 기보법*, 지도 만들기 또는 수학)를 도입하여 시작하는 것이 타당할 수도 있다. 게다가 명백한 읽기 장애가 있는 아동들은 때때로 독특한 학습 전략(예를 들어 촉

* 음의 길이, 높이, 마디, 리듬 외에도 소리와 침묵을 표현하는 보표 위의 기호들을 총칭하는 말._옮긴이

각-운동 탐색을 통해 글자를 습득하는 것)을 취해야 한다. 특정 주제는 읽기 이해를 향상시키는 데 중요한 역할을 할 수도 있다. 어느 한 영역에 대해 알고 있거나 그의 지식 기반을 증가시키는 데 관심이 있는 아동은 읽기가 더 쉽다는 것을 알게 될 수도 있고 읽기에 더욱 동기를 가질 수 있다. 실제적인 읽기 과정에 언어 지능 외에 다른 지능이 중요한 전략으로 포함되는지는 논의의 여지가 있다. 그러나 (상형문자 체계처럼) 인간에 의해 이미 고안된 다양한 읽기 체계와 (컴퓨터 사용을 위한 논리 수학 체계와 같이) 미래에 만들어질 수 있는 유형을 고려하면, 읽기 능력이 언어 능력 이상의 능력들에 의존할 것이라는 것은 분명해 보인다.[29]

컴퓨터가 교육 목표를 달성하기 위한 지능의 집합에 대해 생각할 수 있는 유용한 방법을 제공하는 것처럼, 개개인과 그에 적절한 교수 양식을 연결하는 과정에서 컴퓨터가 가진 잠재력은 상당하다. 학생의 지적 프로파일과 교수 목표를 연결짓는 것은 매우 우수한 교사에게조차도 상당히 어려운 과제일 수 있지만, 대안적인 교육 프로그램이나 방법을 순식간에 제시할 수 있는 컴퓨터는 관련된 정보들을 쉽게 다룰 수 있다. 더 중요한 것은 컴퓨터가 다양한 교육적 기술을 사용함으로써 학생들이 선호하는 속도로 진도를 나가도록 돕기 때문에 실제적인 교수 과정에서 핵심적인 촉진제가 될 수 있다는 점이다. 그러나 컴퓨터가 대인관계와 같은 특정한 역할을 맡을 수는 없으며, 다른 영역(논리수학 지능)보다 특정 지적 영역(운동 지능)에 대해 덜 적절해 보인다는 것을 지적할 필요가 있다. 서구적 사고와 기술의 산물인 컴퓨터는 그러한 형태의 지능들이 우선적으로 길러지는 것을 영속시키는 데 가장 유용할 수도 있다는 위험이 있다. 그러나 로봇을 포함한 컴퓨터의 확장이 궁극적으로 전반적인 지적 영역에서 학습과 습득을 촉진할 수 있다는 것 또한 가능하다.

학습 과정의 미시적인 면을 고려하는 것은 바람직한 일이지만 계획자나 정책 입안자들에게는 전체적인 교육 논제를 잊지 않는 것이 중요하다. 마침내 추구되는 교육 계획은 사회의 다양한 이익집단들이 함께하여 사회의 더 큰 목표를 이룰 수 있도록 이들 전반에 걸쳐 조정될 필요가 있다. 개인 프로파일들은 더 넓은 사회가 추구하는 목적들에 비추어 고려되어야 한다. 그리고 사실 때때로 특정 방향에서 재능이 있는 이들도 덜 선호하는 방향임에도 불구하고 단순히 문화적인 요구가 일부 시기와 영역에서 특히 시급하기 때문에 다른 재능도 함께 길러지도록 지도받아야 한다. 의사결정의 이러한 형태에 수반되는 종합적 능력에는 만약 지능의 특별한 형태가 아니라면 지능들의 혼합 그 자체가 포함된다. 사회가 넓고 복잡한 전체의 시각을 허용하는 능력을 훈련하고 사용하는 방법을 찾는 것은 중요하다.

결론

이 흩어진 언급들은 내가 이 책에서 소개한 틀로부터 교육적, 정책적 함의들을 이끌어내는 데 준비가 되었다고 느끼는 한계다.

틀은 주로 생물학과 인지과학의 결과들로부터 가져왔다. 그리고 그 틀은 먼저 실천가를 위해 안내서, 참고서, 백서로 제공하기 전에 충분히 논의되고 두 분야에서 검증되어야 할 필요가 있다. 좋은 아이디어들조차 그 실행에 있어 조급한 시도들로 망쳐져왔고, 우리는 아직 다중지능에 대한 아이디어의 우수성을 확신하지 않고 있다.

세계의 병폐를 쉽게 개선할 수 있으리라고 느꼈던 1960년대와 1970년대 초기 교육기획자들의 도취감 이후, 우리는 그 병폐가 신중하게 행동할 수 있는 우리의 능력과 지식, 이해를 작아 보이게 한다는 뼈아픈 깨달음에 이르게 되었다. 우리는 우리의 야심찬 계획들을 예상할 수 없었던 길로 인도하고 제한하거나 방해하는 역사, 정치, 문화의 역할을 훨씬 더 잘 이해하게 되었다. 우리는 특별한 역사적 사건과 기술적 발전이 심지어 10년 전에 상상하기 어려웠던 방식으로 미래를 주조할 수 있다는 것을 예리하게 알고 있다. 모든 교육 기획가와 실천가에게, 그리고 모든 세서미 스트리트나 스즈키 방법에 수십 가지, 아마도 수없이 많은 실패한 계획들이 있고, 그래서 드물게 이루어지는 성공들이 기쁜 우연인지 혹은 보기 드문 재능의 결실인지는 사실 알기 어렵다.

그럼에도 불구하고 문제들과 가능성들은 없어지지 않을 것이고, 교육부장관 못지않게 유치원 교사들은 다른 개인들을 발전시키는 데 주요 책임을 계속 유지할 것이다. 이런 신뢰는 현명하게 또는 저조하게, 생산적으로 또는 비생산적으로 작용할 수 있다. 그들에게는 자신이 무엇을 하고 있는지에 대한 인식, 그리고 대안적인 방법과 결과에 대한 지식을 가지고 업무를 수행하는 것이 직관이나 이념만으로 업무를 수행하는 것보다 훨씬 더 바람직할 것이다. (말이 행동보다 쉽긴 하지만) 이 책에서 나는 교육자들이 인간의 생물학적, 심리학적 성향과 그들이 살고 있는 현장의 특정 역사적, 문화적 맥락에 주의를 기울일 것을 종용했다. 그래도 상대적으로 고립되어 있을 때의 인간과 기능하는 문화 독립체의 구성원으로서의 인간이 어떠한지에 대한 지식은 지금도 축적되고 있고, 앞으로도 계속 축적될 것이다. 또한 몇몇 개인은 계속 타인의 삶을 계획해야 하는 책임을 가지기 때문에, 인간의 마음에 대한 우리의 증가하는 지식으로 그들의 노력을 표현하는 것은 적절해 보인다.

옮긴이의 글

전통적으로 지능은 선천적으로 타고나서 크게 변하지 않는 것으로 여겨졌으며, 형식적으로 지능검사의 문항에 정확하게 답하는 능력으로 정의되었고, 현재 지능검사도 주로 언어 능력, 논리수학 능력과 어느 정도의 공간 능력을 다루어왔습니다. 이 책의 초판(1983)부터 지속적으로 가드너는 인간의 두뇌, 진화, 문화에 대한 깊은 통찰력을 바탕으로 인간의 능력은 과연 무엇인가라는 새로운 질문을 하고, 이에 대하여 적어도 8½가지 이상의 다양한 지능(계속 추가하기를 기대함!)의 가치를 주장했습니다. 새로운 틀에서 지능이란 다가오는 현실적인 문제를 해결하거나 최소한 하나의 문화에서 가치 있는 것을 구성해내는 역량이며, 각각의 지능을 지니고 있는 정도와 각각의 지능을 혼합하여 이용하는 측면에서 개인차가 있다고 봅니다. 또한 각각의 지능과 관련된 두뇌의 위치와 문화 요소는 차이가 있지만, 여러 갈래의 지능은 각각 다르고 또한 향상될 수 있다는 가능성을 기대합니다.

지금까지 학술적으로나 경험적으로 여러 비판에 직면했지만, 다중지능 이론은 무엇보다도 능력과 교육에 대한 새로운 틀을 지속적으로 제안하며, 목표, 교육 과정, 수업, 평가에 의미 있는 시사점을 제시했습니다. 지금까지 소홀히 여겨져온 여러 영역에서 발달을 촉진할 수 있음을 보여주고 있습니다. 예를 들면, 다른 사람과의 상호작용 능력, 운동과 무용 능력, 예술 활동 등은 지적 능력을 향상시키는 교육의 영역이 될 수 있습니다. 교육자는 어떤 학문 분야의 주제도 다양한 지능을 자극하는 방법으로 가르칠 수 있다는 자신감을 가지게 되었습니다. 교사가 학생의 다중지능과 교육 과정의 이해를 함께 고려하며 창의적으로 수업할 때, 학생들에게 학교 밖에서도 적용할 수 있는 '참' 학습이 이루어질 수 있습니다. 또한 지적 성향을 파악함으로써, 학생이 자신을 이해하는 가운데 학습을 보다 용이하게 할 수 있고, 다른 분야에서의 성공을 기대할 수도 있습니다.

특히 다중지능의 틀로 보면, 우리 사회에서 지금까지 비교적 소외되었던 특수아동이나 다문화 학습자에 대해 보다 전향적이고 따듯한 관심을 가질 수 있습니다. 문화적 다양성을 품은 영재아를 위한 교육현장 사례와, 언어 능력과 논리수학 능력은 상대적으로 뒤떨어지나 공간 능력 등은 오히려 강점으로 나타나는 학습장애 교육 연구 결과를 접하게 됩니다.

모든 사람은 특정 분야나 영역에 대해 변별적으로 약점이나 강점을 드러내게 되어 있습니다. 그러므로 약점을 강조하면 어느 누구도 '특수 학습장애specific learning disability'라는 명칭으로부터 자유로

울 수 없습니다. 모든 학습자의 강점을 찾아서 이를 북돋아주는 교육이야말로 우리의 지향점일 것입니다. 흥미, 장점, 재능에 초점을 맞춘 '특수 능력specific learning ability' 교육으로의 과감한 의식 전환과 실제적인 적용을 위해, 이 책이 우리들에게 그 어느 때보다도 요청되고 있습니다.

개인적으로 저는 이 책이 처음 출판된 해에 대학에 입학해 거의 30년 동안 다중지능의 세례를 받았던 한 사람의 독자로서, 다중지능이 우리 세대의 역량 아이콘으로 자리매김하는 것을 목격했습니다. 저와 마찬가지로 이 책을 읽는 독자들은 가드너와 함께 한 세대를 거슬러 지적 여정을 해보는 흥미로운 경험을 나누게 될 것입니다.

이 책을 새로 번역하여 내놓기까지 많은 분들의 도움이 있었습니다. 지금까지 다중지능 이론 연구와 검사 개발을 같이 진행한 서울대 대학원 연구실의 연구원들, 그리고 정성 어린 손길로 책을 만들어준 사회평론 임직원 여러분께 진심으로 고마운 마음을 전합니다. 특히, 우리에게 귀한 배움의 기회를 제공해준 교육현장의 학생, 부모, 교사, 상담사들을 기억하고자 합니다. 마지막으로 지속적으로 지지해주고 귀한 의견을 나눈 독자 여러분들께 깊은 감사를 드립니다.

2016년 4월

오름 김동일

◈

주

발간 30주년 기념 서문

1 N. Geschwind, selected papers on language and the brain (New York : Springer, 1974).

2 New York : Knopf, 1975.

3 H. Gardner and D. Wolf, "Waves and Streams of Symbolization", in D. R. Rogers and J. A. Sloboda (eds.), *The Acquisition of Symbolic Skills* (London : Plenum Press, 1983).

4 D. Feldman, "The Creation of Multiple Intelligences Theory : A Study in High-Level Thinking", in K. Sawyer (ed.), *Creativity and Development* (New York : Oxford University Press, 2003).

5 H. Gardner, D. H. Feldman, and M. Krechevsky (general eds.), *Project Spectrum Frameworks for Early Childhood Education* (New York : Teachers College Press, 1998).

6 J. Chen and H. Gardner, "Assessment of Intellectual Profiles : A Perspective from Multiple Intelligences Theory", in D. Flanagan (ed.), *Contemporary Intellectual Assessment*, 3rd ed. (New York : The Guilford Press, 2011) and references contained therein.

7 C. B. Shearer, *The MIDAS™ : A Professional Manual*, rev. ed. (Kent, Ohio : 2007).

8 W. Williams, T. Blythe, N. White, J. Li, R. J. Sternberg, and H. Gardner, *Practical Intelligence for Children* (New York : Harper Collins, 1996).

9 E. Winner (ed.), *Arts PROPEL Handbooks* (Cambridge, Mass. : Harvard

Project Zero, 1992).

10 New York : Basic Books, 1993.

11 New York : Basic Books, 1995.

12 New York : Basic Books, 1997.

13 H. Gardner, *Intelligence Reframed* (New York : Basic Books, 1999), ch. 4.

14 H. Gardner, "Three Distinct Meanings of Intelligence", in R. J. Sternberg, J. Lautrey, and T. Lubart (eds.), *Models of Intelligence for the New Millennium* (Washington, D. C. : American Psychological Association, 2003), pp. 43~54.

15 H. Gardner, "Reflections on Multiple Intelligences", *Phi Delta Kappan* 77, 3 (1995), pp. 200~209.

16 H. Gardner, M. Csikszentmihalyi, and W. Damon, *Good Work : When Excellence and Ethics Meet* (New York : Basic Books, 2002). For an update on the project, see the websites goodworkproject.org and goodworktoolkit.org and the references cited therein.

17 http://pzweb.harvard.edu.

18 H. Gardner, *The Disciplined Mind* (New York : Penguin Putnam, 2000).

19 J. Chen, S. Moran, and H. Gardner (eds.), *Multiple Intelligences around the World* (San Francisco : Jossey Bass, 2009).

20 J. Schaler (ed.), *Howard Gardner under Fire* (La Salle, Ill. : Open Court Publishing, 2006).

21 B. Shearer (ed.), *MI at 25* (New York : Teachers College Press, 2009).

22 H. Gardner and S. Moran, "The science in multiple intelligences theory : A response to Lynn Waterhouse", *Educational Psychologist* (2006) ; H. Gardner and M. Connell, "Response to Nicholas Allix", *Australian Journal of Education* (2000), pp. 288~293 ; and H. Gardner, "On failing to grasp the core of MI theory : A response to Visser et al.", *Intelligence* 34, 5 (2006), pp. 503~505.

23 M. Komhaber, E. Fierros, and S. Veenema, *Multiple Intelligences : Best Ideas from Research and Practice* (Boston : Allyn & Bacon, 2003).

24 K. Davis, S. Seider, J. Christodoulou, and H. Gardner, "Multiple Intelligences Theory", in R. Sternberg and S. Kaufman (eds.), *Cambridge Handbook of Intelligence* (Cambridge, UK : Cambridge University Press, 2011).

25 M. H. Clark and A. Battro, *Digital Intelligence : La Educación Digital* (Emec Publishers : Buenos Aires, 1997).

26 Paper presented at the American Educational Research Association,

April 21, 2003, Chicago, Ill.
27 R. Case, *The Mind's Staircase* (Hillsdale, N. J. : Lawrence Erlbaum, 1991).
28 J. A. Fodor, *The Mind Doesn't Work That Way* (Cambridge, Mass. : MIT Press, 2000).
29 M. Hauser, N. Chomsky, and T. Fitch, "The Faculty of Language : What Is It, Who Has It, and How Did It Evolve?", *Science* 298 (2002), pp. 1569~1579.

1장

다중지능이라는 아이디어

1 S. Suzuki, *Nurtured by Love* (New York : Exposition Press, 1969) ; B. Holland, "Among Pros, More Go Suzuki", *New York Times*, 11 July 1982, p. E9 ; and L. Taniuchi, "The Creation of Prodigies through Special Early Education : Three Case Studies", unpublished paper, Harvard Project on Human Potential, Cambridge, Mass., 1980.
2 S. Papert, *Mindstorms* (New York : Basic Books, 1980).
3 World Bank, *World Development Report* (New York : Oxford University Press, 1980) ; H. Singer, "Put the People First : Review of World Development Report, 1980", *The Economist*, 23 August 1980 ; J. W. Botkin, M. Elmandjra, and M. Malitza, *No Limits to Learning : Bridging the Human Gap—A Report to the Club of Rome* (Oxford : Pergamon Press, 1979) ; and W. J. Skrzyniarz, "A Review of Projects to Develop Intelligence in Venezuela : Developmental, Philosophical, Policy, and Cultural Perspectives on Intellectual Potential", unpublished paper, Harvard Project on Human Potential, Cambridge, Mass., November 1981.
4 J. H. Randall, *The Making of the Modern Mind : A Survey of the Intellectual Background of the Present Age* (New York : Columbia University Press, 1926, 1940).
5 J. H. Randall, *The Making of the Modern Mind : A Survey of the Intellectual Background of the Present Age* (New York : Columbia University Press, 1926, 1940), p. 94.
6 J. H. Randall, *The Making of the Modern Mind : A Survey of the Intellectual Background of the Present Age* (New York : Columbia University Press, 1926, 1940), p. 105.

7 J. H. Randall, *The Making of the Modern Mind : A Survey of the Intellectual Background of the Present Age* (New York : Columbia University Press, 1926, 1940), p. 204.
8 I. Berlin, *The Hedgehog and the Fox : An Essay on Tolstoy's View of History* (London : Weidenfeld & Nicolson, 1953 ; New York : Simon & Schuster, 1966).
9 J. A. Fodor, *The Modularity of Mind* (Cambridge, Mass. : MIT Press, 1983).
10 E. G. Boring, *A History of Experimental Psychology* (New York : Appleton-Century-Crofts, 1950).
11 J. P. Guilford, "Creativity", *American Psychologist* 5 (1950), pp. 444~454 ; and J. P. Guilford and R. Hoepfner, *The Analysis of Intelligence* (New York : McGraw-Hill, 1971).
12 C. Spearman, *The Abilities of Man : Their Nature and Measurement* (New York : Macmillan, 1927) ; and C. Spearman, "'General Intelligence' Objectively Determined and Measured", American Journal of Psychology 15 (1904), pp. 201~293.
13 L. L. Thurstone, "Primary Mental Abilities", *Psychometric Monographs*, no. 1 (1938) ; and L. L. Thurstone, *Multiple-Factor Analysis : A Development and Expansion of "The Vectors of the Mind"* (Chicago : University of Chicago Press, 1947).
14 H. Gardner, *Developmental Psychology*, 2nd ed. (Boston : Little, Brown, 1982).

2장

지능의 역사

1 E. G. Boring, *A History of Experimental Psychology* (New York : Appleton-Century-Crofts, 1950).
2 On phrenology, see H. Gardner's *The Shattered Mind : The Person after Brain Damage* (New York : Alfred A. Knopf, 1975), pp. 20~21.
3 M. J. P. Flourens's critique in *Examen de Phrénologie* (Paris : Hachette, 1842).
4 H. Gardner, *The Shattered Mind* [13], p. 21 ; P. Broca, "Remarques sur le siége de la faculté de langage articulé", *Bulletin de la Société d'Anthropologie* 6 (Paris, 1861) ; and Boring, *A History of Experimental Psychology* [13], pp. 28~29.

5 H. Gardner, *The Shattered Mind* [13], ch. 2.

6 F. Galton, *Inquiries into Human Faculty and Its Development* (London : J. M. Dent, 1907 ; New York : E. P. Dutton, 1907) ; and Boring, *A History of Experimental Psychology* [13], pp. 482~488.

7 Boring, *A History of Experimental Psychology* [13], pp. 573~575.

8 A. Jensen, *Bias in Mental Testing* (New York : Free Press, 1980) ; and N. Block and G. Dworkin (eds.), *The IQ Controversy* (New York : Pantheon, 1976).

9 M. P. Friedman, J. P. Das, and N. O'Connor, *Intelligence and Learning* (New York : Plenum Press, 1979), p. 84.

10 T. Kuhn, *The Structure of Scientific Revolutions* (Chicago : University of Chicago Press, 1970).

11 C. Spearman, *The Abilities of Man : Their Nature and Measurement* (New York : Macmillan, 1927) ; and "'General Intelligence' Objectively Determined and Measured", *American Journal of Psychology* 15 (1904) : pp. 201~293.

12 L. L. Thurstone, "Primary Mental Abilities", *Psychometric Monographs*, no. 1 (1938) ; and *Multiple-Factor Analysis: A Development and Expansion of "The Vectors of the Mind"* (Chicago : University of Chicago Press, 1947).

13 G. H. Thomson, *The Factorial Analysis of Human Ability* (London : University of London Press, 1951).

14 S. J. Gould, *The Mismeasure of Man* (New York : W. W. Norton, 1981).

15 H. Gardner, *The Quest for Mind : Piaget, Lévi-Strauss, and the Structuralist Movement* (Chicago : University of Chicago Press, 1981) ; J. P. Flavell, *The Developmental Psychology of Jean Piaget* (Princeton, N. J. : Van Nostrand, 1963) ; and H. Gruber and J. Voneche (eds.), *The Essential Piaget* (New York : Basic Books, 1977).

16 D. O. Hebb, *The Organization of Behavior* (New York : John Wiley, 1949).

17 L. Vygotsky, *Mind in Society*, in M. Cole (ed.) (Cambridge, Mass. : Harvard University Press, 1978) ; and A. L. Brown and R. A. Ferrara, "Diagnosing Zones of Proximal Development : An Alternative to Standardized Testing?", paper presented at the Conference on Culture, Communication, and Cognition : Psychosocial Studies, Chicago, October 1980.

18 I. Kant, *The Critique of Pure Reason*, in N. K. Smith (trans.) (New York : Modern Library, 1958 ; originally published 1781).

19 K. Fischer, "A Theory of Cognitive Development : The Control of Hierarchies of Skill", *Psychological Review* 87 (1980), pp. 477~531.
20 H. Gardner, *Developmental Psychology*, 2nd ed. (Boston : Little, Brown, 1982), ch. 10 ; P. Bryant, *Perception and Understanding in Young Children* (New York : Basic Books, 1974).
21 R. Lachman, J. Lachman, and E. C. Butterfield, *Cognitive Psychology and Information Processing : An Introduction* (Hillsdale, N. J. : Lawrence Erlbaum, 1979) ; and G. R. Claxton (ed.), *Cognitive Psychology : New Directions* (London : Routledge & Kegan Paul, 1980).
22 R. Sternberg, "The Nature of Mental Abilities", *American Psychologist* 34 (1979), pp. 214~230.
23 G. A. Miller, "The Magical Number Seven, Plus or Minus Two : Some Limits on Our Capacity for Processing Information", *Psychological Research* 63 (1956), pp. 81~97.
24 E. Cassirer, *The Philosophy of Symbolic Forms*, vols. 1~3 (New Haven, Conn. : Yale University Press, 1953~1957) ; S. Langer, *Philosophy in a New Key : A Study in the Symbolism of Reason, Rite, and Art* (Cambridge, Mass. : Harvard University Press, 1942) ; and A. N. Whitehead, *Modes of Thought* (New York : Capricorn Books, Macmillan, 1938).
25 G. Salomon discusses the media of transmission of symbols in his *Interaction of Media, Cognition, and Learning* (San Francisco : Jossey-Bass, 1979).
26 D. Feldman, *Beyond Universals in Cognitive Development* (Norwood, N. J. : Ablex Publishers, 1980).
27 D. Olson, *Cognitive Development* (New York : Academic Press, 1970).
28 D. Olson, "From Utterance to Text : The Bias of Language in Speech and Writing", *Harvard Educational Review* 47 (1977), pp. 257~282.
29 D. P. Wolf and H. Gardner, *Early Symbolizations*, in preparation.
30 W. Wapner and H. Gardner, "Profiles of Symbol-Reading Skills in Organic Patients", *Brain and Language* 12 (1981), pp. 303~312.
31 N. Goodman, *Languages of Art : An Approach to a Theory of Symbols* (Indianapolis : Hackett Publishing, 1976).
32 H. Gardner, *Art, Mind, and Brain : A Cognitive Approach to Creativity* (New York : Basic Books, 1982), part 4.

3장

지능에 대한 생물학적 이해

1 J. D. Watson, *The Double Helix : A Personal Account of the Discovery of the Structure of DNA* (New York : Signet Books, 1968).

2 L. Brooks, "Genetics and Human Populations", a technical report for the Harvard Project on Human Potential, June 1980.

3 S. Scarr-Salapatek, "Genetics and the Development of Intelligence", in F. Horowitz (ed.), *Review of Child Development Research*, vol. 4 (Chicago : University of Chicago Press, 1975) ; S. Gould, *The Mismeasure of Man* (New York : W. W. Norton, 1981) ; and N. Block and G. Dworkin (eds.), *The IQ Controversy* (New York : Pantheon, 1976).

4 S. Suzuki, *Nurtured by Love* (New York : Exposition Press, 1969) ; B. Holland, "Among Pros, More Go Suzuki", *New York Times*, 11 July 1982, p. E9 ; and L. Taniuchi, "The Creation of Prodigies through Special Early Education : Three Case Studies", unpublished paper, Harvard Project on Human Potential, Cambridge, Mass., 1980.

5 C. Gajdusek, "The Composition of Musics for Man : Or Decoding from Primitive Cultures—The Scores for Human Behavior", *Pediatrics* 34 (1964), pp. 1, 84~91.

6 H. B. Barlow, "David Hubel and Torsten Wiesel : Their Contributions toward Understanding the Visual Cortex", *Trends in Neuroscience* (May 1982), pp. 145~152.

7 F. Nottebohm, "Brain Pathways for Vocal Learning in Birds : A Review of the First 10 Years", *Progress in Psychobiological and Physiological Psychology* 9 (1980), pp. 85~124 ; M. Konishi, *Bird Vocalization*, in R. A. Hinde (ed.) (Cambridge : Cambridge University Press, 1969) ; and P. Marler and S. Peters, "Selective Vocal Learning in a Sparrow", *Science* 198 (1977), pp. 519~521.

8 C. H. Waddington, *The Evolution of an Evolutionist* (Ithaca, N. Y. : Cornell University Press, 1975) ; J. Piaget, *Behavior and Evolution* (New York : Pantheon, 1978).

9 E. S. Gollin, *Developmental Plasticity: Behavioral and Biological Aspects of Variations in Development* (New York : Academic Press, 1981), pp. 46~47.

10 E. S. Gollin, *Developmental Plasticity : Behavioral and Biological Aspects of Variations in Development* (New York : Academic Press, 1981), p. 236.

11 M. Dennis, "Language Acquisition in a Single Hemisphere : Semantic

Organization", in D. Caplan (ed.), *Biological Studies of Mental Processes* (Cambridge, Mass. : MIT Press, 1980).

12 J. Lettvin, "'Filling out the Forms' : An Appreciation of Hubel and Wiesel", *Science* 214 (1981), pp. 518~520 ; and Barlow, "Hubel and Wiesel : Their Contributions" [39].

13 J. Garcia and M. S. Levine, "Learning Paradigms and the Structure of the Organism", in M. R. Rosenzweig and E. L. Bennett (eds.), *Neural Mechanisms of Learning and Memory* (Cambridge, Mass. : MIT Press, 1976) ; M. E. P. Seligman, "On the Generality of the Laws of Learning", *Psychological Review* 77 (1970), pp. 406~418 ; and P. Rozin, "The Evolution of Intelligence : An Access to the Cognitive Unconscious", *Progress in Psychology and Physiological Psychology* 6 (1976), pp. 245~280.

14 M. Baker, "Early Experience Determines Song Dialect Responsiveness of Female Sparrows", *Science* 214 (1981), pp. 819~820.

15 W. M. Cowan's studies are reviewed in his article "The Development of the Brain", *Scientific American* 241 (1979), pp. 112~133.

16 P. S. Goldman and T. W. Galkin, "Prenatal Removal of Frontal Association Cortex in the Fetal Rhesus Monkey : Anatomical and Functional Consequences in Postnatal Life", *Brain Research* 152 (1978), pp. 451~485.

17 E. S. Gollin, *Developmental Plasticity : Behavioral and Biological Aspects of Variations in Development* (New York : Academic Press, 1981).

18 G. M. Innocent, "The Development of Interhemispheric Connections", *Trends in Neuroscience* 4 (January 1981), pp. 142~144.

19 M. Dennis, "Language Acquisition in a Single Hemisphere : Semantic Organization", in D. Caplan (ed.), *Biological Studies of Mental Processes* (Cambridge, Mass. : MIT Press, 1980).

20 D. H. Hubel and T. N. Wiesel, "Brain Mechanisms of Vision", *Scientific American* 241, 3 (1979), pp. 150~162 ; and Barlow, "Hubel and Wiesel : Their Contributions" [39].

21 P. S. Goldman-Rakic, A. Isseroff, M. L. Schwartz, and N. M. Bugbee, "Neurobiology of Cognitive Development in Non-Human Primates", unpublished paper, Yale University, 1981.

22 M. R. Rosenzweig, K. Mollgaard, M. C. Diamond, and E. L. Bennett, "Negative as Well as Positive Synaptic Changes May Store Memory", *Psychological Review* 79, 1 (1972), pp. 93~96. See also E. L. Bennett, "Cerebral Effects of Differential Experiences and Training", in

Rosenzweig and Bennett (eds.), *Neural Mechanisms* [00].

23 W. Greenough, "Experience-Induced Changes in Brain Fine Structure : Their Behavioral Implications", in M. E. Hahn, C. Jensen, and B. C. Dudek (eds.), *Development and Evolution of Brain Size : Behavioral Implications* (New York : Academic Press, 1979).

24 F. Nottebohm, "Ontogeny of Bird Song", *Science* 167 (1970), pp. 950~956.

25 R. A. Yeo et al., "Volumetric Parameters of the Normal Human Brain : Intellectual Correlates", unpublished paper, University of Texas at Austin, 1982.

26 J. P. Changeux and A. Danchin, "Selective Stabilization of Developing Synapses as a Mechanism for the Specification of Neuronal Networks", *Nature* 264 (1976), pp. 705~712.

27 W. M. Cowan, "The Development of the Brain", *Scientific American* 241 (1979), pp. 112~133 ; M. Pines, "Baby, You're Incredible", *Psychology Today* (February 1982), pp. 48~53.

28 G. Lynch, paper presented at the International Neuropsychological Society, Pittsburgh, Penn., February 1982.

29 D. R. Sengelaub and B. L. Finlay, "Early Removal of One Eye Reduces Normally Occurring Cell Death in the Remaining Eye", *Science* 213 (1981), pp. 573~574.

30 S. Strauss (ed.), *U-Shaped Behavioral Growth* (New York : Academic Press, 1982).

31 Peter Huttenlocher discusses changes in the density of synapses with age, in "Synaptic Density in Human Frontal Cortex : Developmental Changes and the Effects of Aging", *Brain Research* 163 (1979), pp. 195~205.

32 M. C. Diamond, "Aging and Cell Loss : Calling for an Honest Count", *Psychology Today* (September 1978) ; S. McConnell, "Summary of Research on the Effects of Aging on the Brain", unpublished technical report, the Harvard Project on Human Potential, Cambridge, Mass., 1981 ; R. D. Terry, "Physical Changes of the Aging Brain", in J. A. Behnke, C. E. Finch, and G. B. Moment (eds.), *The Biology of Aging* (New York : Plenum Press, 1979) ; M. E. Scheibel and A. B. Scheibel, "Structural Changes in the Aging Brain", in H. Brody, D. Harman, and J. M. Ordy (eds.), *Aging*, vol. 1 (New York : Raven Press, 1975) ; and J. M. Ordy, B. Kaack, and K. R. Brizzee, "Life-Span Neurochemical Changes in the Human and Nonhuman Primate Brain", in Brody,

Harman, and Ordy, *Aging*, previously cited in this note.
33 P. Marler and S. Peters, "Selective Vocal Learning in a Sparrow", *Science* 198 (1977) ; F. Nottebohm, "Brain Pathways for Vocal Learning in Birds : A Review of the First 10 Years", *Progress in Psychobiological and Physiological Psychology* 9 (1980) ; F. Nottebohm, "Ontogeny of Bird Song", *Science* 167 (1970).
34 E. R. Kandel, "Steps Toward a Molecular Grammar for Learning : Explorations into the Nature of Memory", paper presented at the Bicentennial Symposium of the Harvard Medical School, 11 October 1982, p. 9.
35 E. R. Kandel, "Steps Toward a Molecular Grammar for Learning : Explorations into the Nature of Memory", paper presented at the Bicentennial Symposium of the Harvard Medical School, 11 October 1982, p. 35.
36 J. Cravioto and E. R. Delicardie, "Environmental and Nutritional Deprivation in Children with Learning Disabilities", in W. Cruickshank and D. Hallahan (eds.), *Perceptual and Learning Disabilities in Children*, vol. 2 (Syracuse, N. Y. : Syracuse University Press, 1975).
37 V. B. Mountcastle, "An Organizing Principle for Cerebral Function : The Unit Module and the Distributed System", in G. M. Edelman and V. B. Mountcastle (eds.), *The Mindful Brain* (Cambridge, Mass. : MIT Press, 1978).
38 D. H. Hubel and T. N. Wiesel, "Brain Mechanisms of Vision", *Scientific American* 241, 3 (1979), p. 161.
39 W. Nauta, "The Problem of the Frontal Lobe : A Reinterpretation", *Journal of Psychiatric Research* 8 (1971), pp. 167~187 ; P. S. Goldman-Rakic, A. Isseroff, M. L. Schwartz, and N. M. Bugbee, "Neurobiology of Cognitive Development in Non-Human Primates", unpublished paper, Yale University, 1981.
40 D. H. Hubel and T. N. Wiesel, "Brain Mechanisms of Vision", *Scientific American* 241, 3 (1979), p. 162.
41 J. Lettvin, "'Filling out the Forms' : An Appreciation of Hubel and Wiesel", *Science* 214 (1981).
42 F. H. C. Crick, "Thinking about the Brain", *Scientific American* 241, 3 (1979), p. 228.
43 F. H. C. Crick, "Thinking about the Brain", *Scientific American* 241, 3 (1979), p. 228.
44 B. Milner, "Hemispheric Specializations : Scope and Limits", in F. O.

Schmitt and F. G. Worden (eds.), *The Neurosciences : Third Study Program* (Cambridge, Mass. : MIT Press, 1974), pp. 75~89 ; and M. Kinsboume, "Hemisphere Specialization and the Growth of Human Understanding", *American Psychologist* 37, 4 (1982), pp. 411~420.
45 H Gardner, *The Shattered Mind : The Person after Brain Damage* (New York : Alfred A. Knopf, 1975).
46 D. Hubel, "Vision and the Brain", *Bulletin of the American Academy of Arts and Sciences* 31, 7 (1978), pp. 7, 17~28.
47 H. J. Neville and U. Bellugi, "Patterns of Cerebral Specialization in Congenitally Deaf Adults : A Preliminary Report", in P. Siple (ed.), *Understanding Language through Sign Language Research* (New York : Academic Press, 1978).
48 S. Goldin-Meadow, "Language Development without a Language Model", paper presented at the Biennial Meeting of the Society for Research in Child Development, Boston, April 1981 ; to appear in K. Nelson (ed.), *Children's Language*, vol. 5 (New York : Gardner Press, forthcoming).
49 S. Curtiss, *Genie : A Linguistic Study of a Modern-Day Wild Child* (New York : Academic Press, 1977).
50 K. S. Lashley, "In Search of the Engram", *Symposia of the Society for Experimental Biology* 4 (1950), pp. 454~482.
51 R. B. Loucks, "Methods of Isolating Stimulation Effects with Implanted Barriers", in D. E. Sheer (ed.), *Electrical Stimulation of the Brain* (Austin : University of Texas Press, 1981).
52 J. Garcia and M. S. Levine, "Learning Paradigms and the Structure of the Organism", in M. R. Rosenzweig and E. L. Bennett (eds.), *Neural Mechanisms of Learning and Memory* (Cambridge, Mass. : MIT Press, 1976).
53 E. Zaidel, D. W. Zaidel, and R. W. Sperry, "Left and Right Intelligence : Case Studies of Raven's Progressive Matrices Following Brain Bisection and Hemidecortication", *Cortex* 17 (1981), pp. 167~186.
54 H. Gardner, *The Shattered Mind : The Person after Brain Damage* (New York : Alfred A. Knopf, 1975) ; see also references cited therein.
55 J. A. Fodor, *The Modularity of Mind* (Cambridge, Mass. : MIT Press, 1983).
56 M. Gazzaniga and J. Ledoux, *The Integrated Mind* (New York : Plenum Press, 1978) ; and P. Rozin, "The Evolution of Intelligence and Access to the Cognitive Unconscious", *Progress in Psychobiology and*

Physiological Psychology 6 (1976), pp. 245~280.
57 D. A. Allport, "Patterns and Actions : Cognitive Mechanisms Are Content-Specific", in G. L. Claxton (ed.), *Cognitive Psychology : New Directions* (London : Routledge & Kegan Paul, 1980).
58 P. Rozin, "The Evolution of Intelligence : An Access to the Cognitive Unconscious", *Progress in Psychology and Physiological Psychology* 6 (1976).
59 B. T. Woods, "Observations on the Neurological Basis for Initial Language", and N. Geschwind, "Some Comments on the Neurology of Language", in D. Caplan (ed.), *Biological Studies of Mental Processes* (Cambridge, Mass. : MIT Press, 1980).

4장

지능이란 무엇인가?

1 S. Carey, R. Diamond, and B. Woods, "Development of Face Recognition : A Maturational Component?", *Developmental Psychology* 16 (1980), pp. 257~269.
2 L. Gross, "Modes of Communication and the Acquisition of Symbolic Capacities", in D. Olson (ed.), *Media and Symbols* (Chicago : University of Chicago Press, 1974).
3 P. Hirst, *Knowledge and the Curriculum* (London : Routledge & Kegan Paul, 1974).
4 O. G. Selfridge, "Pandemonium : A Paradigm for Learning", in *Symposium on the Mechanization of Thought Processes*, vol. 1 (London : H. M. Stationery Office, 1959).
5 H. Gardner, *The Shattered Mind : The Person after Brain Damage* (New York : Alfred A. Knopf, 1975).
6 I. Scheffler, *Of Human Potential : An Essay in the Philosophy of Education* (London : Routledge & Kegan Paul, 1990).
7 G. Ryle, *The Concept of Mind* (London : Hutchinson, 1949).

5장

언어 지능

1 R. Finnegan, "Literacy versus Non-Literacy : The Great Divide?", in R.

Horton and R. Finnegan (eds.), *Modes of Thought : Essays on Thinking in Western and Non-Western Societies* (London : Faber & Faber, 1973).

2 L. Hellman, *An Unfinished Woman* (New York : Bantam, 1970).

3 A. Coleman, "T. S. Eliot and Keith Douglas", *London Times Literary Supplement*, 7 February 1970, p. 731.

4 C. Ricks, "Intense Transparencies", review of *The Composition of "Four Quartets"* by H. Gardner, *London Times Literary Supplement*, 15 September 1978, pp. 1006~1008.

5 R. Graves, *On Poetry : Selected Talks and Essays* (Garden City, N. Y. : Doubleday, 1969), pp. 417~419.

6 S. Spender, *The Creative Process*, in B. Ghiselin (ed.), (New York : Mentor, 1952), p. 112.

7 St. J. Perse, *Anabasis* (New York : Harcourt, Brace, Jovanovich, 1970).

8 C. D. Abbott (ed.), *Poets at Work* (New York : Harcourt, Brace, 1948), p. 171.

9 H. Reads, *The Philosophy of Modern Art* (London : Faber & Faber, 1964), p. 147.

10 H. Vendler, "Listening to Lowell", *New York Times Book Review*, 3 February 1980.

11 N. Frye, "Polemical Introduction", *The Well-Tempered Critic* (Bloomington : Indiana University Press, 1963), p. 5.

12 J. L. Austin, *Philosophical Papers*, 3rd ed., in J. O. Urmson and G. J. Wamock (eds.) (Oxford : Oxford University Press, 1979), p. 274.

13 N. Chomsky, *Language and Mind* (New York : Harcourt, Brace, Jovanovich, 1968).

14 On the functions of language, see R. Jakobson, "Closing Statement : Linguistics and Poetics", in T. A. Sebeok (ed.), *Style in Language* (Cambridge, Mass. : MIT Press, 1960).

15 H. Gardner, *Developmental Psychology*, 2nd ed. (Boston : Little, Brown, 1982), ch. 4 ; and P. Dale, *Language Development : Structure and Function* (Hillsdale, Ill. : Dryden, 1972).

16 K. Wexler and P. Culicover, *Formal Principles of Language Acquisition* (Cambridge, Mass. : MIT Press, 1980). See also D. Osherson, "Thoughts on Learning Functions", unpublished paper, University of Pennsylvania, 1978 ; and N. Chomsky, *Rules and Representations* (New York : Columbia University Press, 1980).

17 J. P. Sartre, "By writing I was existing", *The Words : The Autobiography of Jean-Paul Sartre* (New York : George Braziller, 1964), p. 153.

18 J. P. Sartre, "By writing I was existing", *The Words : The Autobiography of Jean-Paul Sartre* (New York : George Braziller, 1964), p. 181.

19 W. H. Auden, *Forewords and Afterwords* (New York : Vintage, 1973), p. 73.

20 B. Ghiselin (ed.), *The Creative Process* (New York : Mentor, 1952), p. 120~121.

21 W. H. Auden, *Forewords and Afterwords* (New York : Vintage, 1973), p. 73.

22 M. Cowley (ed.), *Writers at Work : The Paris Review Interviews* (New York : Viking Press, 1959), p. 117.

23 W. J. Bate, *John Keats* (New York : Oxford University Press, 1966), p. 438.

24 I. Stravinsky, *Stravinsky in Conversation with Robert Craft* (Harmondsworth, UK : Pelican Pooks, 1962), p. 280.

25 Abbott, *Poets at Work* [80], p. 94.

26 B. Hoffman, *Einstein* (Frogmore, St Albans, Herts, UK : Paladin, 1975).

27 H. Sinclair-de-Zwart in a lecture at Harvard University in May 1976 ; H. Sinclair-de-Zwart, "Language Acquisition and Cognitive Development", in T. E. Koore (ed.), *Cognitive Development and the Acquisition of Language* (New York : Academic Press, 1973) ; and A. Sinclair et al., *The Child's Conception of Language, Springer Series in Language and Communication*, vol. 2 (New York : Springer-Verlag, 1979).

28 C. C. Mehegan and F. E. Dreifuss, "Exceptional Reading Ability in Brain-Damaged Children", *Neurology* 22 (1972), pp. 1105~1111 ; and D. E. Elliot and R. M. Needleman, "The Syndrome of Hyperlexia", *Brain and Language* 3 (1976), pp. 339~349.

29 J. M. Ranklin, D M. Aram, and S. J. Horwitz, "Language Ability in Right and Left Hemiplegic Children", *Brain and Language* 14 (1981) : pp. 292~306 ; M. Dennis, "Language Acquisition in a Single Hemisphere : Semantic Organization", in D. Caplan (ed.), *Biological Studies of Mental Processes* (Cambridge, Mass. : MIT Press, 1980).

30 S. Curtiss, *Genie : A Linguistic Study of a Modern Day Wild Child* (New York : Academic Press, 1977).

31 S. Goldin-Meadow, "Language Development Without a Language Model", paper presented at the biennial meeting of the Society for Research in Child Development, Boston, April 1981 ; K. Nelson (ed.), *Children's Language*, vol. 5 (New York : Gardner Press, forthcoming).

32 M. H. Wittig and A. C. Peterson (eds.), *Sex-Related Differences in*

Cognitive Functioning (New York : Academic Press, 1979) ; K. Heilman and E. Valenstein (eds.), *Clinical Neuropsychology* (New York : Oxford University Press, 1979) ; J. Levy, "Cerebral Asymmetry and the Psychology of Man", in Wittig and Peterson, *Sex-Related Differences*.

33 H. Gardner, *The Shattered Mind : The Person after Brain Damage* (New York : Alfred A. Knopf, 1975), ch. 3.

34 S. Sasanuma, "Kana and Kanji Processing in Japanese Aphasics", *Brain and Language* 2 (1975), pp. 369~382.

35 On the ability of certain grossly aphasic individuals to perform well on other cognitive tasks, see H. Gardner, "Artistry Following Damage to the Human Brain", in A. Ellis (ed.), *Normality and Pathology in Cognitive Functions* (London : Academic Press, 1982).

36 On idioglossia, anomic aphasia, and the different writing styles produced by different lesions, see Gardner, *The Shattered Mind* [92], chs. 2 and 3.

37 M. LeMay, "Morphological Cerebral Asymmetries of Modern Man, Fossil Man, and Nonhuman Primate", in S. R. Harnad, H. D. Steklis, and J. Lancaster (eds.), *Origins and Evolution of Language and Speech*, vol. 280 (New York : New York Academy of Sciences, 1976).

38 N. Chomsky, *Reflections on Language* (New York : Pantheon, 1975). I learned of C. Lévi-Strauss's view that language evolved in a single moment in time from a personal communication, June 1981.

39 G. W. Hewes, "The Current Status of the Gestural Theory of Language Origin", in Harnad, Steklis, and Lancaster, *Origins and Evolution* [95].

40 T. A. Sebeok and J. Umiker-Sebeok (eds.), *Speaking of Apes : A Critical Anthology of Two-Way Communication with Man* (New York : Plenum Press, 1980).

41 P. Lieberman, "On the Evolution of Language : A Unified View", *Cognition* 2 (1974), pp. 59~95.

42 A. B. Lord, *The Singer of Tales* (New York : Atheneum, 1965).

43 W. Chase and H. Simon, "The Mind's Eye in Chess", in W. G. Chase (ed.), *Visual Information Processing* (New York : Academic Press, 1973).

44 E. F. Dubes, "A Cross-Cultural Study of the Relationship Between 'Intelligence' Level and Story Recall", unpublished PhD dissertation, Cornell University, 1977 ; W. W. Lambert's *Introduction to Perspectives*, vol. 1 of the *Handbook of Cross-Cultural Psychology*, in H. C. Triandis and W. W. Lambert (eds.), (Boston: Allyn & Bacon, 1980), p. 29.

45 G. Bateson, *Naven* (Stanford, Calif. : Stanford University Press, 1958), p. 222 ; F. Yates, *The Art of Memory* (London : Routledge & Kegan Paul, 1966).

46 K. A. Ericson, W. G. Chase, and S. Faloon, "Acquisition of a Memory Skill", *Science* 208 (1980), pp. 1181~1182.

47 S. Langer, "A Lady Seeking Answers", *New York Times Book Review*, 26 May 1968.

48 A. R. Luria, *The Mind of a Mnemonist* (New York : Basic Books, 1968).

49 G. Gossen, "To Speak with a Heated Heart : Chamula Canons of Style and Good Performance", in R. Bauman and J. Sherzer (eds.), *Explorations in the Ethnography of Speaking* (Cambridge : Cambridge University Press, 1974).

50 B. Stress, "Speaking of Speaking : Tenejapa Tzeltal Metalinguisics", *Explorations in the Ethnography of Speaking* (Cambridge : Cambridge University Press, 1974).

51 M. Cole, J. Gay, J. A. Glick, and D. W. Sharp, *The Cultural Context of Learning and Thinking* (New York : Basic Books, 1971).

52 J. Comaroff, "Talking Politics : Oratory and Authority in a Tswana Chiefdom", in M. Bloch (ed.), *Political Language and Oratory in Traditional Society* (London : Academic Press, 1975).

53 E. Havelock, *Preface to Plato* (Cambridge, Mass. : Harvard University Press, 1963), p. 126.

54 H. James, *The Art of the Novel*, in R. Blackmur (ed.), (New York : Charles Scribner, 1950 ; originally published 1934), p. 122.

55 I. A. Richards, "Jakobson on the Subliminal Structures of a Sonnet", *London Times Literary Supplement*, 28 May 1980.

6장
음악 지능

1 D. H. Cope, *New Directions in Music* (Dubuque, Iowa : Wm. C. Brown, 1978), p. 87.

2 R. Sessions, *Questions about Music* (New York : W. W. Norton, 1970), p. 89.

3 R. Sessions, *Questions about Music* (New York : W. W. Norton, 1970), p. 110.

4 A. Copland, *What to Listen for in Music* (New York : McGraw-Hill,

1939), p. 20.

5 C. Rosen, "The Possibilities of Disquiet", review of *Berliner Tagebuch* by Arnold Schoenberg, in J. Rufer (ed.), *London Times Literary Supplement*, 7 November 1975, p. 1336.

6 B. Ghiselin, *The Creative Process* (New York : New American Library, 1952), p. 49.

7 B. Ghiselin, *The Creative Process* (New York : New American Library, 1952), p. 50.

8 R. Sessions, *Questions about Music* (New York : W. W. Norton, 1970), pp. 29~30.

9 I. Stravinsky, *Conversations with Robert Craft* (London : Pelican Books, 1971), p. 29.

10 C. Rosen, "The Possibilities of Disquiet", review of *Berliner Tagebuch* by Arnold Schoenberg, in J. Rufer (ed.), *London Times Literary Supplement*, 7 November 1975, p. 1335.

11 C. Lévi-Strauss, *The Raw and the Cooked : An Introduction to a Science of Mythology* (New York : Harper & Row, 1969), p. 18.

12 A. Copland, *What to Listen for in Music* (New York : McGraw-Hill, 1939), p. 17.

13 E. T. Cone, *Musical Form and Musical Performance* (New York : W. W. Norton, 1968), p. 21.

14 E. T. Cone, *Musical Form and Musical Performance* (New York : W. W. Norton, 1968), p. 31.

15 I. Stravinsky, *Conversations with Robert Craft* (London : Pelican Books, 1971), p. 32.

16 E. May, *Musics of Many Cultures* (Berkeley : University of California Press, 1980).

17 R. Sessions, *Questions about Music* (New York : W. W. Norton, 1970), p. 42.

18 Arnold Schoenberg, *Letters*, in E. Stein (ed.), (New York : St. Martin's Press, 1965), p. 186.

19 S. Langer, *Philosophy in a New Key : A Study in the Symbolism of Reason, Rite, and Art* (Cambridge, Mass. : Harvard University Press, 1942).

20 R. Sessions, *Questions about Music* (New York : W. W. Norton, 1970), p. 14.

21 R. Craft and I. Stravinsky, *Expositions and Developments* (London : Faber & Faber, 1962), pp. 101~102.

22 P. Vitz and T. Todd, "Preference for Tones as a Function of Frequency

(Hz) and Intensity (dB)", *Psychological Review* 78, 3 (1971), pp. 207~228.
23 C. Krumhansl, "The Psychological Representation of Musical Pitch in a Tonal Context", *Cognitive Psychology* 11 (1979), pp. 346~374.
24 E. Winner, *Invented Worlds* (Cambridge, Mass. : Harvard University Press, 1982).
25 M. Papousek, "Musical Elements in Mother-Infant Dialogues", paper presented at the International Conference on Infant Studies, Austin, Texas, March 1982.
26 L. Davidson, P. McKernon, and H. Gardner, "The Acquisition of Song : A Developmental Approach", in *Documentary Report of the Ann Arbor Symposium* (Reston, Va. : Music Educators National Conference, 1981).
27 J. C. Messenger, "Reflections on Esthetic Talent", *Basic College Quarterly* 4, 20~24 (1958), pp. 20~21.
28 A. Merriam, *The Anthropology of Music* (Evanston, Ill. : Northwestern University Press, 1964), p. 148.
29 A. Merriam, *The Anthropology of Music* (Evanston, Ill. : Northwestern University Press, 1964), p. 158 ; E. May, *Musics of Many Cultures* (Berkeley : University of California Press, 1980).
30 E. Winner, *Invented Worlds* (Cambridge, Mass. : Harvard University Press, 1982) ; and J. Bamberger, "Growing up Prodigies : The Mid-Life Crisis", *New Directions for Child Development* 17 (1982), pp. 61~78.
31 S. Suzuki, *Nurtured by Love* (New York : Exposition Press, 1969) ; B. Holland, "Among Pros, More Go Suzuki", *New York Times*, 11 July 1982, p. E9 ; and L. Taniuchi, "The Creation of Prodigies through Special Early Education : Three Case Studies", unpublished paper, Harvard Project on Human Potential, Cambridge, Mass., 1980.
32 L. Vygotsky, *Mind in Society*, in M. Cole (ed.) (Cambridge, Mass. : Harvard University Press, 1978).
33 A. Rubinstein, *My Young Years* (New York : Alfred A. Knopf, 1973), p. 4.
34 A. Rubinstein, *My Young Years* (New York : Alfred A. Knopf, 1973), p. 4.
35 A. Rubinstein, *My Young Years* (New York : Alfred A. Knopf, 1973), p. 7.
36 M. Meyer, "He Turned the Store Upside Down", *New York Times*, 7 December 1969, p. D1.
37 R. Craft and I. Stravinsky, *Expositions and Developments* (London : Faber & Faber, 1962), p. 21.
38 A. Merriam, *The Anthropology of Music* (Evanston, Ill. : Northwestern University Press, 1964) ; and B. Nettl, *Music in Primitive Culture*

(Cambridge, Mass. : Harvard University Press, 1956).
39 B. Miles, "The Lennon View", *Boston Globe*, 11 December 1980, p. 1.
40 J. Pfeiffer, *The Creative Explosion : An Inquiry into the Origins of Art and Religion* (New York : Harper & Row, 1982).
41 F. Nottebohm, "Brain Pathways for Vocal Learning in Birds : A Review of the First 10 Years", *Progress in Psychobiological and Physiological Psychology* 9 (1980), pp. 85~124 ; M. Konishi, *Bird Vocalization*, in R. A. Hinde (ed.) (Cambridge : Cambridge University Press, 1969) ; and P. Marler and S. Peters, "Selective Vocal Learning in a Sparrow", *Science* 198 (1977), pp. 519~521.
42 I. Stravinsky, *The Poetics of Music in the Form of Six Lessons* (New York : Vintage, 1956), p. 24.
43 D. Deutsch, "The Organization of Short-Term Memory for a Single Acoustic Attribute", in D. Deutsch and J. A. Deutsch (eds.), *Short-Term Memory* (New York : Academic Press, 1975), p. 112.
44 M. I. Botez, T. Botez, and M. Aube, "Amusia : Clinical and Computerized Scanning (CT) Correlations", *Neurology* 30 (April 1980), p. 359.
45 H. Gardner, "Artistry Following Damage to the Human Brain", in A. Ellis (ed.), *Normality and Pathology in Cognitive Functions* (London : Academic Press, 1982).
46 H. Gordon, "Degree of Ear Asymmetries for Perception of Dichotic Chords and for Illusory Chord Localization in Musicians of Different Levels of Competence", *Journal of Experimental Psychology : Human Perception and Performance* 6 (1980), pp. 516~527.
47 B. M. Minogue, "A Case of Secondary Mental Deficiency with Musical Talent", *Journal of Applied Psychology* 7 (1923), pp. 349~357 ; W. A. Owens and W. Grim, "A Note Regarding Exceptional Musical Ability in a Low-Grade Imbecile", *Journal of Educational Psychology* 32 (1942), pp. 636~637 ; and D. S. Viscott, "A Musical Idiot Savant", *Psychiatry* 33 (1970), pp. 494~515.
48 P. F. Ostwald, "Musical Behavior in Early Childhood", *Developmental Medicine and Child Neurology* 15 (3 June 1973), p. 368.
49 R. Craft and I. Stravinsky, *Expositions and Developments* (London : Faber & Faber, 1962), pp. 21, 28.
50 R. Craft and I. Stravinsky, *Expositions and Developments* (London : Faber & Faber, 1962), p. 36.
51 W. Malm, "Some of Japan's Musics and Musical Principles", in E. May

(ed.), *Musics of Many Cultures* (Berkeley : University of California Press, 1980), p. 52.
52 G. Bateson, *Naven*, 2nd ed. (Stanford, Calif. : Stanford University Press, 1958).
53 C. Lévi-Strauss, *The Raw and the Cooked : An Introduction to a Science of Mythology* (New York : Harper & Row, 1969), p. 18.
54 I. Stravinsky, *The Poetics of Music in the Form of Six Lessons* (New York : Vintage, 1956).
55 L. J. Harris, "Sex Differences in Spatial Ability", in M. Kinsbourne (ed.), *Asymmetrical Functions of the Brain* (Cambridge : Cambridge University Press, 1978).
56 B. Holland, "A Man Who Sees What Others Hear", *New York Times*, 19 November 1981 ; "Read Any Good Records Lately?", *Time*, 4 January 1982.
57 H. Gardner, "Artistry Following Damage to the Human Brain", in A. Ellis (ed.), *Language Functions and Brain Organization* (London : Academic Press, 1982).
58 K. Popper and J. Eccles, *The Self and Its Brain* (New York : Springer International, 1977), p. 338.
59 F. Lerdahl and R. Jackendoff, "Toward a Formal Theory of Tonal Music", *Journal of Music Theory* (Spring 1977), pp. 111~171 ; and J. Sundberg and B. Lindblom, "Generative Theories in Language and Music Descriptions", *Cognition* 4 (1976), pp. 99~122.
60 E. Rothstein, "Math and Music : The Deeper Links", *New York Times*, 29 August 1982.
61 I. Stravinsky, *Stravinsky in Conversation with Robert Craft* (Harmondsworth, UK : Pelican Pooks, 1962), p. 34.
62 R. Craft and I. Stravinsky, *Expositions and Developments* (London : Faber & Faber, 1962), p. 99.
63 I. Stravinsky, *The Poetics of Music in the Form of Six Lessons* (New York : Vintage, 1956). p. 99.
64 A. Storr, "The Meaning of Music", *London Times Literary Supplement*, 28 November 1970.

7장

논리수학 지능

1 A. N. Whitehead, *Science and the Modern World* (New York : New American Library, 1948), p. 26.

2 J. Piaget, *Genetic Epistemology* (New York : W. W. Norton, 1971).

3 J. Piaget, *The Child's Conception of Number* (New York : W. W. Norton, 1965) ; J. Piaget and B. Inhelder, *The Psychology of the Child* (New York : Basic Books, 1969). Also see H. Gardner, *The Quest for Mind : Piaget, Lévi-Strauss, and the Structuralist Movement* (Chicago and London : University of Chicago Press, 1981) ; J. P. Flavell, The Developmental Psychology of Jean Piaget (Princeton, N. J. : Van Nostrand, 1963) ; H. Gruber and J. Voneche (eds.), *The Essential Piaget* (New York : Basic Books, 1977).

4 R. Gelman and C. R. Gallistel, *The Child's Understanding of Number* (Cambridge, Mass. : Harvard University Press, 1978).

5 C. Brainerd, *Piaget's Theory of Intelligence* (Englewood Cliffs, N. J. : Prentice-Hall, 1978).

6 B. Rotman, *Jean Piaget : Psychologist of the Real* (Ithaca, N. Y. : Cornell University Press, 1977), p. 77.

7 G. Polya, *How to Solve It* (New York : Anchor Books, 1957), p. 3.

8 W. V. Quine, *Methods of Logic* (New York : Holt, Rinehart & Winston, 1950), p. xvii ; "You Cannot Be a Twentieth-Century Man without Maths", *The Economist*, 27 October 1979, p. 107.

9 J. G. Kemeny, *A Philosopher Looks at Science* (New York : D. Van Nostrand, 1959).

10 J. G. Kemeny, *A Philosopher Looks at Science* (New York : D. Van Nostrand, 1959), p. 20.

11 A. N. Whitehead, *Science and the Modern World* (New York : New American Library, 1948), p. 26.

12 W. V. Quine, "The Scope and Language of Science", in *The Ways of Paradox and Other Essays* (Cambridge, Mass. : Harvard University Press, 1966).

13 A. M. Gleason, "The Evolution of Differential Topology", in COSRIMS (eds.), *The Mathematical Sciences : A Collection of Essays* (Cambridge, Mass. : MIT Press, 1969), p. 1.

14 M. Polanyi, *Personal Knowledge : Towards a Post-Critical Philosophy* (Chicago : University of Chicago Press, 1958), p. 118.

15 B. Ghiselin (ed.), *The Creative Process* (Berkeley : University of California Press, 1952), p. 35.

16 B. Ghiselin (ed.), *The Creative Process* (Berkeley : University of California Press, 1952), p. 35.

17 A. Adler, "Mathematics and Creativity", *New Yorker*, 19 February 1972, pp. 39~40.

18 A. Adler, "Mathematics and Creativity", *New Yorker*, 19 February 1972, p. 45.

19 G. H. Hardy, *A Mathematician's Apology* (Cambridge : Cambridge University Press, 1967), p. 70.

20 G. H. Hardy, *A Mathematician's Apology* (Cambridge : Cambridge University Press, 1967), p. 86.

21 A. M. Gleason, "The Evolution of Differential Topology", in COSRIMS (eds.), *The Mathematical Sciences : A Collection of Essays* (Cambridge, Mass. : MIT Press, 1969), p. 177.

22 S. Ulam, *Adventures of a Mathematician* (New York : Charles Scribner, 1976), p. 180.

23 J. Hadamard, *An Essay on the Psychology of Invention in the Mathematical Field* (Princeton, N. J. : Princeton University Press, 1945), p. 106.

24 A. N. Whitehead, *Science and the Modern World* (New York : New American Library, 1948), p. 29.

25 A. Adler, "Mathematics and Creativity", *New Yorker*, 19 February 1972, pp. 43~44.

26 S. Ulam, *Adventures of a Mathematician* (New York : Charles Scribner, 1976), p. 120.

27 S. Ulam, *Adventures of a Mathematician* (New York : Charles Scribner, 1976), p. 26.

28 S. Ulam, *Adventures of a Mathematician* (New York : Charles Scribner, 1976), p. 76.

29 J. Bronowski, *The Ascent of Man* (Boston : Little, Brown, 1973), p. 433.

30 S. J. Heims, *John von Neumann and Norbert Wiener : From Mathematics to the Technologies of Life and Death* (Cambridge, Mass. : MIT Press, 1980), p. 127.

31 S. J. Heims, *John von Neumann and Norbert Wiener : From Mathematics to the Technologies of Life and Death* (Cambridge, Mass. : MIT Press, 1980), p. 129

32 S. Ulam, *Adventures of a Mathematician* (New York : Charles Scribner, 1976), p. 292.

33 S. Ulam, *Adventures of a Mathematician* (New York : Charles Scribner, 1976), p. 292.
34 A. Rubinstein, *My Young Years* (New York : Alfred A. Knopf, 1973).
35 A. Newell and H. Simon, *Human Problem-Solving* (Englewood Cliffs, N. J. : Prentice-Hall, 1972) ; G. Polya, *How to Solve It* (New York : Anchor Books, 1957).
36 W. V. Quine, "You Cannot Be a Twentieth-Century Man without Maths", *The Economist*, 27 October 1979, p. 108.
37 J. Piaget, *Logique et Connaissance Scientifique* (Paris : Encyclopédie de la Pléiade, 1967).
38 H. Butterfield, *The Origins of Modern Science* (New York : Free Press, 1965), p. 117.
39 J. Bronowski, *The Ascent of Man* (Boston : Little, Brown, 1973), p. 237.
40 J. Bronowski, *The Ascent of Man* (Boston : Little, Brown, 1973), p. 223.
41 J. Bernstein, profile of Albert Einstein, *New Yorker*, 5 March 1979, p. 28.
42 B. Hoffman, *Einstein* (Frogmore, St Albans, Herts, UK : Paladin, 1975), p. 8.
43 S. Ulam, *Adventures of a Mathematician* (New York : Charles Scribner, 1976), p. 447.
44 W. Heisenberg, *Physics and Beyond* (New York : Harper & Row, 1962), p. 37.
45 W. Heisenberg, *Physics and Beyond* (New York : Harper & Row, 1962), p. 68.
46 G. Holton, "On the Role of Themata in Scientific Thought", *Science* 188 (April 1975), pp. 328~338.
47 J. G. Kemeny, *A Philosopher Looks at Science* (New York : D. Van Nostrand, 1959), p. 62.
48 G. Holton, "On the Role of Themata in Scientific Thought", *Science* 188 (April 1975), p. 331.
49 F. Manuel, "Isaac Newton as Theologian", *London Times Literary Supplement*, 29 June 1973, p. 744.
50 B. Hoffman, *Einstein* (Frogmore, St Albans, Herts, UK : Paladin, 1975), p. 9.
51 S. Ulam, *Adventures of a Mathematician* (New York : Charles Scribner, 1976), p. 10.
52 D. Wolf and H. Gardner, "Style and Sequence in Symbolic Play", in N. Smith and M. Franklin (eds.), *Symbolic Functioning in Childhood* (Hillsdale, N. J. : Erlbaum Press, 1979).

53 C. M. Cox, "The Early Mental Traits of Three Hundred Geniuses", in L. M. Terman (ed.), *Genetic Studies of Genius*, vol. 2 (Stanford, Calif. : Stanford University Press, 1926), p. 691.
54 R. Dinnage, "Risks and Calculations", review of Ronald W. Clark's "The Life of Bertrand Russell", *London Times Literary Supplement*, 31 October 1975, p. 1282.
55 S. Ulam, *Adventures of a Mathematician* (New York : Charles Scribner, 1976), p. 19.
56 T. Branch, "New Frontiers in American Philosophy", *New York Times Sunday Magazine*, 14 August 1977.
57 G. Polya, *How to Solve It* (New York : Anchor Books, 1957), p. 93.
58 G. H. Hardy, *A Mathematician's Apology* (Cambridge : Cambridge University Press, 1967), p. 63.
59 J. Bernstein, profile of I. I. Rabi, *New Yorker*, 20 October 1975, p. 47.
60 A. Adler, "Mathematics and Creativity", *New Yorker*, 19 February 1972, p. 40.
61 M. W. Miller, "Unusual Promotion Granted in English", *Harvard Crimson*, 29 September 1982, p. 1.
62 K. R. Lewis and H. Plotkin, "Truman Henry Safford, the Remarkable 'Lightning Calculator'", *Harvard Magazine*, September-October 1982, pp. 54~56, 164.
63 W. A. Horwitz et al., "Identical Twin 'Idiot Savants'—Calendar Calculators", *American Journal of Psychiatry* 121 (1965), pp. 1075~1079 ; A. Phillips, "Talented Imbeciles", *Psychological Clinic* 18, (1930), pp. 246~265.
64 M. Scheerer, E. Rothmann, and K. Goldstein, "A Case of 'Idiot Savant' : An Experimental Study of Personality Organization", *Psychology Monographs* 269 (1945), pp. 1~61. Also see B. M. Minogue, "A Case of Secondary Mental Deficiency with Musical Talent", *Journal of Applied Psychology* 7 (1923), pp. 349~357 ; W. A. Owens and W. Grim, "A Note Regarding Exceptional Musical Ability in a Low-Grade Imbecile", *Journal of Educational Psychology* 32 (1942), pp. 636~637 ; D. S. Viscott, "A Musical Idiot Savant", *Psychiatry* 33 (1970), pp. 494~515 ; A. C. Hill, "Idiot Savants : A Categorization of Abilities", *Mental Retardation* 12 (1974), pp. 12~13 ; E. Hoffman and R. Reeves, "An Idiot Savant with Unusual Mechanical Ability", *American Journal of Psychiatry* 136 (1979), pp. 713~714 ; R. M. Restak, "Islands of Genius", *Science* 82 (May 1982), p. 63.

65 H. Gardner, *The Shattered Mind : The Person After Brain Damage* (New York : Vintage, 1974), ch. 6.

66 J. Holt, *How Children Fail* (New York : Delta Books, Dell Publishing, 1964), p. 92.

67 O. Kohler, in the Society for Experimental Biology publication *Physiological Mechanisms in Animal Behavior*, 1950.

68 K. von Frisch, *Dance Language and Orientation of Bees*, in L. E. Chadwick (trans.) (Cambridge, Mass. : Harvard University Press, 1967).

69 D. Premack, *Intelligence in Ape and Man* (Hillsdale, N. J. : Erlbaum, 1976).

70 N. Dahmen, W. Hartje, A. Bussing, and W. Sturm, "Disorders of Calculation in Aphasic Patients—Spatial and Verbal Components", *Neuropsychologia* 20, 2 (1982), pp. 145~153 ; A. Basso, A. Berti, E. Capitani, and E. Fenu, "Aphasia, Acalculia, and Intelligence", paper presented at the International Neuropsychology Society, June 1981, Bergen, Norway ; E. K. Warrington, "The Fractionation of Arithmetic Skills : A Single Case Study", *Quarterly Journal of Experimental Psychology* 34A (1982), pp. 31~51.

71 J. Grafman, D. Passafiume, P. Faglioni, and F. Boller, "Calculation Disturbances in Adults with Focal Hemisphere Damage", *Cortex* 18 (1982), pp. 37~50.

72 A. R. Luria, *Higher Cortical Functions in Man* (New York : Basic Books, 1966).

73 A. Gervais, "Complex Math for a Complex Brain", *Science News* (23 January 1982) ; R. H. Kraft, O. R. Mitchell, M. L. Langvis, and G. H. Wheatley, "Hemispheric Asymmetries During Six-to-Eight-Year-Olds' Performance of Piagetian Conservation and Reading Tasks", *Neuropsychologia* 18 (1980), pp. 637~643.

74 B. N. Colby, "Folk Science Studies", *El Palacio* (Winter 1963) : pp. 5~14.

75 M. Cole, J. Gay, J. A. Glick, and D. W. Sharp, *The Cultural Context of Learning and Thinking* (New York : Basic Books, 1971).

76 M. Quinn, "Do Mfantse Fish Sellers Estimate Probabilities in Their Heads?", *American Ethnologist* 5, 2 (1978), pp. 206~226. Also see H. Gladwin and C. Gladwin, "Estimating Market Conditions and Profit Expectations of Fish Sellers at Cape Coast, Ghana", in G. Dalton (ed.), *Studies in Economic Anthropology*, Anthropological Studies no. 7, in P. J.

Bohannon (ed.) (Washington, D. C. : American Anthropological Association, 1971).

77 N. Blurton-Jones and M. Konner, "!Kung Knowledge of Animal Behavior", in R. B. Lee and I. DeVore (eds.), *Kalahari Hunter-Gatherers* (Cambridge, Mass. : Harvard University Press, 1976), p. 35.

78 J. Gay and M. Cole, *The New Mathematics and an Old Culture* (New York : Holt, Rinehart & Winston, 1967), pp. 43~44.

79 C. Zaslavsky, *Africa Counts : Number and Pattern in African Culture* (Boston : Prindle, Weber & Schmidt, 1973), p. 130.

80 M. Cole, J. Gay, J. A. Glick, and D. W. Sharp, *The Cultural Context of Learning and Thinking* (New York : Basic Books, 1971), pp. 182~184.

81 J. Goody (ed.), *Introduction to Literacy in Traditional Societies* (Cambridge : Cambridge University Press, 1968), p. 18 ; C. Zaslavsky, *Africa Counts : Number and Pattern in African Culture* (Boston : Prindle, Weber & Schmidt, 1973), p. 138.

82 H. W. Smith, *Man and His Gods* (New York : Grosset & Dunlap, 1952), p. 261 ; C. Zaslavsky, *Africa Counts : Number and Pattern in African Culture* (Boston : Prindle, Weber & Schmidt, 1973), p. 274.

83 K. Menninger, *Number Words and Number Symbols : A Cultural History of Numbers*, in P. Broneer (trans.), (Cambridge, Mass. : MIT Press, 1969), p. 12.

84 L. Sanneh in a personal communication, September 1982.

85 R. A. Shweder, "Rationality 'Goes without Saying'", *Culture, Medicine and Psychiatry* 5 (4 December 1981), pp. 348~358 ; D. Sperber, *Rethinking Symbolism (Cambridge Studies in Social Anthropology)*, in J. Goody (general ed.) (Cambridge : Cambridge University Press, 1975).

86 E. Hutchins, *Culture and Inference : A Trobriand Case Study* (Cambridge, Mass. : Harvard University Press, 1980), pp. 117~118.

87 G. N. Seagrim and R. J. Lendon, *Furnishing the Mind—Aboriginal and White : A Report on the Hemannsburg Project (Behavioral Development : A Series of Monographs)* (New York : Academic Press, 1981), p. 297.

88 B. Rotman, *Jean Piaget : The Psychologist of the Real* (Ithaca, N. Y. : Cornell University Press, 1977), p. 73.

89 T. Kuhn, *The Structure of Scientific Revolutions* (Chicago : University of Chicago Press, 1970).

90 P. Feyerabend, *Against Method* (Atlantic Highlands, N. J. ; Humanities Press, 1975).

91 J. R. Newman, *The World of Mathematics*, vol. 1 (New York : Simon &

Schuster, 1956), pp. 366~367.
92 W. V. Quine, *Methods of Logic* (New York : Holt, Rinehart & Winston, 1950), p. xiv.
93 D. Hofstadter, *Gödel, Escher, Bach : An Eternal Golden Braid* (New York : Basic Books, 1979).

8장

공간 지능

1 B. Schechter, "Electronic Masters of Chess", *Discover*, December 1982, p. 110.
2 R. H. McKim, *Experiences in Visual Thinking* (Belmont, Calif. : Brooks Cole, 1972) ; and E. J. Eliot and N. Salkind, *Children's Spatial Development* (Springfield, Ill. : Charles C. Thomas, 1975).
3 M. I. Smith, *Spatial Ability* (London : University of London Press, 1964).
4 E. J. Eliot and N. Salkind, *Children's Spatial Development* (Springfield, Ill. : Charles C. Thomas, 1975).
5 R. N. Shepard and G. W. Cermak, "Perceptual Cognitive Explorations of a Toroidal Set of Free Form Stimuli", *Cognitive Psychology* 4 (1973), pp. 351~357. See also R. N. Shepard and J. Metzler, "Mental Rotation of Three-Dimensional Objects", *Science* 171 (1971), pp. 701~703, from which figure 3 is drawn.
6 L. L. Thurstone, "Primary Mental Abilities", *Psychometric Monographs 1 (1938) ; and Multiple-Factor Analysis : A Development and Expansion of "The Vectors of the Mind"* (Chicago : University of Chicago Press, 1947); M. I. Smith, *Spatial Ability* (London : University of London Press, 1964), p. 85.
7 A. A. H. El-Koussy, *The Directions of Research in the Domain of Spatial Aptitudes* (Paris : Centre National de la Recherche Scientifique, 1955).
8 U. Neisser, and N. Kerr, "Spatial and Mnemonic Properties of Visual Images", *Cognitive Psychology* 5 (1973), pp. 138~150 ; and Z. Pylyshyn, "What the Mind's Eye Tells the Minds Brain : A Critique of Mental Imagery", *Psychological Bulletin* 80 (1973), pp. 1~24.
9 L. Thomas, *The Lives of a Cell* (New York : Bantam Books, 1975) ; H. Gruber, *Darwin on Man* (Chicago : University of Chicago Press, 1981).
10 P. N. Johnson-Laird, *Mental Models* (Cambridge, Mass. : Harvard University Press, 1983).

11 R. Arnheim, *Visual Thinking* (Berkeley : University of California Press, 1969), p. v.

12 Lee R. Brooks, "Spatial and Verbal Components of the Act of Recall", *Canadian Journal of Psychology* 22 (1968), pp. 349~350.

13 Piaget's work on spatial abilities may be found in J. Piaget and B. Inhelder, *The Child's Conception of Space* (London : Routledge & Kegan Paul, 1956). Also see H. Gardner, *The Quest for Mind : Piaget, Lévi-Strauss, and the Structuralist Movement* (Chicago : University of Chicago Press, 1981) ; J. P. Flavell, *The Developmental Psychology of Jean Piaget* (Princeton, N. J. : Van Nostrand, 1963) ; and H. Gruber and J. Voneche (eds.), *The Essential Piaget* (New York : Basic Books, 1977). For a review of other work, see H. Gardner, *Developmental Psychology* (Boston : Little, Brown, 1972), ch. 10.

14 J. Wasserstein, R. Zappulla, J. Rosen, and L. Gerstman, "Evidence for Differentiation of Right Hemisphere Visual-Perceptual Functions", unpublished paper, New School for Social Research, New York, 1982.

15 H. Gardner, *The Shattered Mind : The Person after Brain Damage* (New York : Alfred A. Knopf, 1975), ch. 8.

16 N. Butters, M. Barton, and B. A. Brady, "Role of the Right Parietal Lobe in the Mediation of Cross-Modal Associations and Reversible Operations in Space", *Cortex* 6, 2 (1970), pp. 174~190.

17 D. Kimura, "The Asymmetry of the Human Brain", *Scientific American* 228, 3 (1973), pp. 70~80.

18 E. K. Warrington and A. M. Taylor, "Two Categorical Stages of Object Recognion", *Perception* 7 (1978), pp. 695~705 ; H. Gardner, *The Shattered Mind : The Person after Brain Damage* (New York : Alfred A. Knopf, 1975), ch. 8.

19 L. I. Smith, "Sex Differences in Spatial Ability", in M. Konsbourne (ed.), *Asymmetrical Function of the Brain* (Cambridge : Cambridge University Press, 1978).

20 E. Bisiach, E. Capitani, C. Luzzatti, and D. Perani, "Brain and Conscious Representation of Outside Reality", *Neuropsychologia* 19, 4 (1981), pp. 543~551.

21 D. H. Hubel and T. N. Wiesel, "Brain Mechanisms of Vision", *Scientific American* 241, 3 (1979), pp. 150~162 ; and H. B. Barlow, "David Hubel and Torsten Wiesel : Their Contributions Towards Understanding the Primary Visual Cortex", *Trends in Neurosciences* 5 (1982), pp. 145~152.

22 C. G. Gross, C. E. Rocha-Miranda, and D. Bender, "Visual Properties of Neurons in Inferotemporal Cortex of the Macaque", *Journal of Neurophysiology* 35 (1972), pp. 96~111 ; and M. Mishkin, "Visual Mechanisms Beyond the Striate Cortex", in R. W. Russell (ed.), *Frontiers in Physiological Psychology* (New York : Academic Press, 1967). Other aspects of spatial functioning are discussed in J. E. LeDoux, C. S. Smylie, R. Ruff, and M. S. Gazzaniga, "Left Hemisphere Visual Processes in a Case of Right Hemisphere Symptomatology : Implications for Theories of Cerebral Lateralization", *Archives of Neurology* 37 (1980), pp. 157~159 ; and M. Gazzaniga and J. LeDoux, *The Integrated Mind* (New York : Plenum, 1978).

23 M. Goldberg, International Neuropsychology Symposium, June 1982, Ravello, Italy.

24 J. S. Kleinfeld, "Visual Memory in Village Eskimo and Urban Caucasian Children", *Arctic* 24, 2 (1971), pp. 132~138.

25 R. L. Holloway, "Sexual Dimorphism in the Human Corpus Callosum", *Science* 216 (1982), pp. 1431~1432, and S. G. Vandenberg and A. R. Kuse, "Spatial Ability : A Critical Review of the Sex-Linked Major Gene Hypothesis", in M. A. Wittig and A. C. Peterson (eds.), *Sex-Related Differences in Cognitive Functioning* (New York : Academic Press, 1979).

26 W. Köhler, *The Mentality of Apes*, 2nd ed. (London : Routledge & Kegan Paul, 1973).

27 J. M. Kennedy, *A Psychology of Picture Perception : Images and Information* (San Francisco : Jossey-Bass, 1974).

28 S. Millar, "Visual Experience or Translation Rules? Drawing the Human Figure by Blind and Sighted Children", *Perception* 4 (1975), pp. 363~371 ; and S. Millar, "Effects of Input Conditions on Intramodal and Crossmodal Visual and Kinesthetic Matches by Children", *Journal of Experimental Child Psychology* 19 (1975), pp. 63~78.

29 G. S. Marmor, "Mental Rotation by the Blind : Does Mental Rotation Depend on Visual Imagery?", *Journal of Experimental Psychology : Human Perception and Performance* 2, 4 (1976), pp. 515~521.

30 B. Landau, "Early Map Use by the Congenitally Blind Child", paper presented at the American Psychological Association, Los Angeles, August 1982 ; and B. Landau, H. Gleitman, and E. Spelke, Spatial Knowledge and Geometric Representation in a Child Blind from Birth", *Science* 213 (1981), pp. 1275~1278.

31 L. I. Smith, "Sex Differences in Spatial Ability", in M. Konsbourne (ed.), *Asymmetrical Function of the Brain* (Cambridge : Cambridge University Press, 1978).
32 R. G. Rudel and H. L. Teuber, "Spatial Orientation in Normal Children and in Children with Early Brain Injury", *Neuropsychologia* 9 (1971), pp. 401~407 ; and R. G. Rudel and H. L. Teuber, "Pattern Recognition Within and Across Sensory Modalities in Normal and Brain-Injured Children", *Neuropsychologia* 9 (1971), pp. 389~399.
33 S. Kosslyn, *Image and Mind* (Cambridge, Mass. : Harvard University Press, 1980).
34 F. Galton, *Inquiries into Human Faculty and Its Development* (London : Dent, 1907).
35 R. H. McKim, *Experiences in Visual Thinking* (Belmont, Calif. : Brooks Cole, 1972), p. 107.
36 A. Huxley, *The Doors of Perception* (New York : Harper & Row, 1970), p. 46.
37 R. Arnheim, *Visual Thinking* (Berkeley : University of California Press, 1969), p. 8.
38 H. Read, *The Art of Sculpture* (New York : Pantheon Books, 1961), p. 73.
39 H. Read, *The Art of Sculpture* (New York : Pantheon Books, 1961).
40 D. Doust, "Still Life", *London Sunday Times*, 1977.
41 L. Selfe, *Nadia : A Case of Etxtraordinary Drawing Ability in an Autistic Children* (London : Academic Press, 1977).
42 "The Talk of the Town" section of *New Yorker*, 5 March 1979, p. 28.
43 R. H. McKim, *Experiences in Visual Thinking* (Belmont, Calif. : Brooks Cole, 1972), p. 9.
44 R. H. McKim, *Experiences in Visual Thinking* (Belmont, Calif. : Brooks Cole, 1972), p. 9.
45 E. S. Ferguson, "The Mind's Eye : Nonverbal Thought in Technology", *Science* 197, 4306 (1977), pp. 827~836.
46 M. I. Smith, *Spatial Ability* (London : University of London Press, 1964), pp. 236~237.
47 G. H. Colt, "The Polyhedral Arthur Loeb", *Harvard Magazine*, March-April 1982, p. 31.
48 A. Binet, "Mnemonic Virtuosity : A Study of Chess Players", *Genetic Psychology Monographs* 74 (1966), pp. 127~162.
49 A. Binet, "Mnemonic Virtuosity : A Study of Chess Players", *Genetic*

Psychology Monographs 74 (1966), p. 135.
50 A. Binet, "Mnemonic Virtuosity : A Study of Chess Players", *Genetic Psychology Monographs* 74 (1966), p. 147.
51 A. Binet, "Mnemonic Virtuosity : A Study of Chess Players", *Genetic Psychology Monographs* 74 (1966), p. 147.
52 A. Binet, "Mnemonic Virtuosity : A Study of Chess Players", *Genetic Psychology Monographs* 74 (1966), p. 152.
53 A. Binet, "Mnemonic Virtuosity : A Study of Chess Players", *Genetic Psychology Monographs* 74 (1966), p. 159.
54 A. Binet, "Mnemonic Virtuosity : A Study of Chess Players", *Genetic Psychology Monographs* 74 (1966), p. 160.
55 R. H. McKim, *Experiences in Visual Thinking* (Belmont, Calif. : Brooks Cole, 1972), p. 105.
56 A. D. de Groot, *Thought and Choice in Chess* (The Hague : Mouton, 1965).
57 W. Chase and H. Simon, "The Mind's Eye in Chess", in W. G. Chase (ed.), *Visual Information Processing* (New York : Academic Press, 1973).
58 V. van Gogh, *Dear Theo : The Autobiography of Vincent van Gogh*, I. Stone and J. Stone (eds.), (New York : Grove Press, 1960), p. 176.
59 V. van Gogh, *Dear Theo : The Autobiography of Vincent van Gogh*, I. Stone and J. Stone (eds.), (New York : Grove Press, 1960), p. 55.
60 R. L. Herbert, *Modem Artists on Art* (Englewood Cliffs, N. J. : Prentice-Hall, 1964), p. 64.
61 R. H. McKim, *Experiences in Visual Thinking* (Belmont, Calif. : Brooks Cole, 1972), p. 72.
62 G. Vasari, *Lives of the Artists* (New York : Noonday Press, 1957), p. 148.
63 G. Vasari, *Lives of the Artists* (New York : Noonday Press, 1957), p. 322.
64 H. Gardner, *The Arts and Human Development : A Psychological Study of the Artistic Process* (New York : John Wiley, 1973), p. 260.
65 G. Bachelard, *The Poetics of Space* (New York : Orion Press, 1964), p. 144.
66 R. Arnheim, *Visual Thinking* (Berkeley : University of California Press, 1969), p. 56.
67 R. Arnheim, *Visual Thinking* (Berkeley : University of California Press, 1969), p. 273.
68 B. Shahn, *The Shape of Content* (New York : Vintage, 1960), pp. 58, 88.
69 H. Read, *The Philosophy of Modern Art* (New York : Meridian Books,

1955), p. 11.

70 H. Read, *The Philosophy of Modern Art* (New York : Meridian Books, 1955), p. 30.

71 H. Read, *The Philosophy of Modern Art* (New York : Meridian Books, 1955), p. 17.

72 H. Read, *The Philosophy of Modern Art* (New York : Meridian Books, 1955), p. 17.

73 C. Bell, *Old Friends : Personal Recollections* (London : Chatto & Windus, 1956), p. 95.

74 A. Malraux, "As Picasso Said, 'Why Assume That to Look Is to See?' : A Talk Between Malraux and the Master", *New York Times Magazine*, 2 November 1975.

75 K. Clark, *Another Part of the Wood : A Self Portrait* (New York : Ballantine, 1976), p. 45.

76 K. Clark, *Another Part of the Wood : A Self Portrait* (New York : Ballantine, 1976), p. 45.

77 K. Clark, *Another Part of the Wood : A Self Portrait* (New York : Ballantine, 1976), p. 46.

78 K. Clark, *Another Part of the Wood : A Self Portrait* (New York : Ballantine, 1976), p. 107.

79 K. Clark, *Another Part of the Wood : A Self Portrait* (New York : Ballantine, 1976), p. 153.

80 C. Zaslavsky, *Africa Counts : Number and Pattern in African Culture* (Boston : Prindle, Weber & Schmidt, 1973), p. 225.

81 C. Zaslavsky, *Africa Counts : Number and Pattern in African Culture* (Boston : Prindle, Weber & Schmidt, 1973), pp. 111~112.

82 J. S. Kleinfeld, "Visual Memory in Village Eskimo and Urban Caucasian Children", *Arctic* 24, 2 (1971).

83 J. S. Kleinfeld, "Visual Memory in Village Eskimo and Urban Caucasian Children", *Arctic* 24, 2 (1971).

84 P. R. Dasen, "Piagetian Research in Central Australia", in G. E. Kearney, P. R. de Lacy, and G. R. Davidson (eds.), *The Psychology of Aboriginal Australians* (Sydney : John Wiley, 1973), p. 5.

85 T. Gladwin, *East Is a Big Bird : Navigation and Logic on Puluwat Atoll* (Cambridge, Mass. : Harvard University Press, 1970).

86 T. Gladwin, *East Is a Big Bird : Navigation and Logic on Puluwat Atoll* (Cambridge, Mass. : Harvard University Press, 1970), p. 146.

87 T. Gladwin, *East Is a Big Bird : Navigation and Logic on Puluwat Atoll*

(Cambridge, Mass. : Harvard University Press, 1970), pp. 131, 155.
88 T. Gladwin, *East Is a Big Bird : Navigation and Logic on Puluwat Atoll* (Cambridge, Mass. : Harvard University Press, 1970), p. 186.
89 T. Gladwin, *East Is a Big Bird : Navigation and Logic on Puluwat Atoll* (Cambridge, Mass. : Harvard University Press, 1970), p. 182.
90 T. Gladwin, *East Is a Big Bird : Navigation and Logic on Puluwat Atoll* (Cambridge, Mass. : Harvard University Press, 1970), p. 219.
91 G. Glueck, "Henry Moore", *New York Times*, 11 July 1978, section III, p. 5.

9장

신체운동 지능

1 M. Simmel, "Anatomy of a Mime Performance", *The Justice* (Brandeis University), 6 May 1975 ; "Mime and Reason : Notes on the Creation of the Perceptual Object", *Journal of Aesthetics of Art Criticism* 31, 2 (1972), pp. 193~200.
2 M. N. H'Doubler, *Dance : A Creative Art Experience* (Madison : University of Wisconsin Press, 1940), p. 9.
3 B. Lowe, *The Beauty of Sport : A Cross-Disciplinary Inquiry* (Englewood Cliffs, N. J. : Prentice-Hall, 1977), p. 255.
4 N. Bernstein, *The Coordination and Regulation of Movements* (London : Pergamon Press, 1967).
5 F. Bartlett, *Thinking* (New York : Basic Books, 1958), p. 14.
6 C. Trevarthen, "Manipulative Strategies of Baboons and the Origins of Cerebral Asymmetry", in M. Kinsboume (ed.), *Asymmetrical Function of the Brain* (New York : Cambridge University Press, 1978).
7 L. H. Shaffer, "Performances of Chopin, Bach, and Bartok : Studies in Motor Programming", *Cognitive Psychology* 13 (1981), pp. 370~371.
8 W. Goldner, "The Inimitable Balanchine", *New York Times Magazine*, 30 May 1976, p. 35.
9 E. Ewarts, "Brain Mechanisms in Movement", *Scientific American* 229, 1 (July 1973), p. 103.
10 M. Clynes, *Sentics : The Touch of Emotions* (New York : Anchor Press/ Doubleday, 1978).
11 E. Bizzi in a paper presented at the International Neuropsychology Symposium, Ravello, Italy, June 1982.

12 N. Bernstein, *The Coordination and Regulation of Movements* (London : Pergamon Press, 1967).
13 H. L. Teuber, "Perception", in J. Field (ed.), *Handbook of Physiology (Neurophysiology, vol. 3)* (Washington, D. C. : American Physiological Society, 1960), pp. 1595~1668.
14 M. Clynes, *Sentics : The Touch of Emotions* (New York : Anchor Press/Doubleday, 1978), p. 21.
15 N. Chomsky, *Rules and Representations* (New York : Columbia University Press, 1980), p. 40. Also see G. B. Kolata, "Primate Neurobiology : Neurosurgery with Fetuses", *Science* 199 (March 1978), pp. 960~961.
16 S. R. Hamad, H. D. Steklis, and J. Lancaster (eds.), *Prigins and Evolution of Language and Speech* (New York : New York Academy of Sciences, 1976).
17 E. A. Roy, "Action and Performance", in A. W. Ellis (ed.), *Normality and Pathology in Cognitive Functions* (London : Academic Press, 1982), p. 281.
18 H. Hecaen and M. L. Albert in their *Human Neuropsychology* (New York : John Wiley, 1978).
19 L. Squire, a paper presented at the Conference on Cognition, Education, and the Brain, Warrenton, Va., March 1982.
20 A. C. Hill, "Idiots Savants : A Categorization of Abilities", *Mental Retardation* 12 (1974), pp. 12~13 ; and E. Hoffman and R. Reeves, "An Idiot Savant with Unusual Mechanical Ability", *American Journal of Psychiatry* 136 (1979), pp. 713~714.
21 R. M. Restak, "Islands of Genius", *Science* 82 (May 1982), p. 63. Also see B. M. Minogue, "A Case of Secondary Mental Deficiency with Musical Talent", *Journal of Applied Psychology* 7 (1923), pp. 349~357 ; W. A. Owens and W. Grim, "A Note Regarding Exceptional Musical Ability in a Low-Grade Imbecile", *Journal of Educational Psychology* 32 (1942), pp. 636~637 ; D. W. Viscott, "A Musical Idiot Savant", *Psychiatry* 33 (1970), pp. 494~515 ; W. A. Horwitz et al., "Identical Twin Idiot Savants—Calendar Calculators", *American Journal of Psychiatry* 121 (1965), pp. 1075~1079 ; A. Phillips, "Talented Imbeciles", *Psychological Clinic* 18 (1930), pp. 246~265 ; and M. Scheerer, E. Rothmann, and K. Goldstein, "A Case of 'Idiot Savant' : An Experimental Study of Personality Organization", *Psychology Monographs* 269 (1945), pp. 1~61.

22 B. Bettelheim, *The Empty Fortress : Infantile Autism and the Birth of the Self* (New York : Free Press, 1967), pp. 233~239.

23 D. Preziosi, *Architecture, Language and Meaning* (Bloomington : Indiana University Press, 1979), p. 20.

24 W. C. McGrew, "Socialization and Object Manipulation of Wild Chimpanzees", in S. Chevalier-Skolnikoff and F. E. Poirier (eds.), *Primate Bio-Social Development : Biological, Social, and Ecological Determinants* (New York : Garland Publishing, 1977), p. 269.

25 G. Teleki, "Chimpanzee Subsistence Technology : Materials and Skills", *Journal of Human Evolution* 3 (1974), pp. 575~594.

26 W. C. McGrew, C. E. G. Tutin, and P. J. Baldwin, "Chimpanzees, Tools, and Termites : Cross-Cultural Comparisons of Senegal, Tanzania, and Rio Muni", *Man (N.S.)* 14 (1979), pp. 185~214.

27 B. Beck, *Animal Tool Behavior* (New York : Garland STPM Press, 1980) ; and W. A. Mason, "Social Experience and Primate Cognitive Development", in G. M. Burghardt and M. Bekoff (eds.), *The Development of Behavior : Comparative and Evolutionary Aspects* (New York : Garland STPM Press, 1978).

28 A. Marshack, "The Ecology and Brain of Two-Handed Bipedalism", paper presented at the Harry Frank Guggenheim Conference on Animal Cognition, 2~4 June 1982, Columbia University ; D. Preziosi, *Architecture, Language, and Meaning* (Bloomington : Indiana University Press, 1979) ; and S. L. Washburn, "The Evolution of Man", *Scientific American*, September 1978.

29 J. Pfeiffer, *The Creative Explosion* (New York : Harper & Row, 1982).

30 S. Parker and K. R. Gibson, "A Developmental Model for the Evolution of Language and Intelligence in Early Hominids", *The Behavioral and Brain Sciences* (Cambridge : Cambridge University Press, 1979).

31 H. T. Epstein, "Some Biological Bases of Cognitive Development", *Bulletin of the Orton Society* 30 (1980), pp. 46~62.

32 J. S. Bruner, "The Growth and Structure of Skill", paper presented at the CIBA Conference, London, November 1968 ; and K. Fischer, "A Theory of Cognitive Development : The Control of Hierarchies of Skill, *Psychological Review* 87 (1980), pp. 477~531.

33 A. Royce, *The Anthropology of Dance* (Bloomington : Indiana University Press, 1977).

34 J. Hanna, *To Dance Is Human* (Austin : University of Texas Press, 1979), p. 19.

35 A. Royce, *The Anthropology of Dance* (Bloomington : Indiana University Press, 1977), p. 79.

36 J. Hanna, *To Dance Is Human* (Austin : University of Texas Press, 1979), p. 183.

37 M. Mead, *Coming of Age in Samoa* (New York : William Morrow, 1928).

38 A. Royce, *The Anthropology of Dance* (Bloomington : Indiana University Press, 1977), p. 140.

39 S. J. Cohen (ed.), *The Modern Dance* (Middletown, Conn. : Wesleyan University Press, 1965), p. 91.

40 M. N. H'Doubler, *Dance : A Creative Art Experience* (Madison : University of Wisconsin Press, 1940).

41 S. J. Cohen (ed.), *The Modern Dance* (Middletown, Conn. : Wesleyan University Press, 1965), p. 97.

42 T. Comstock (ed.), *New Directions in Dance Research : Anthropology and Dance-The American Indian* (New York : Committee on Research on Dance, 1974), p. 256.

43 M. Graham, *The Notebooks of Martha Graham* (New York : Harcourt, Brace, Jovanovich, 1973).

44 S. J. Cohen (ed.), *The Modern Dance* (Middletown, Conn. : Wesleyan University Press, 1965), p. 23.

45 J. Russell, "Pas de Deux", a review of *Bronislava Nijinska : Early Memoirs* in I. Nijinska and J. Rawlinson (eds. and trans.), *New York Review of Books*, 3 December 1981.

46 A. Greenfield, Harvard Graduate School of Education Panel on Choreography in the 1980s, 14 April 1982.

47 S. J. Cohen (ed.), *The Modern Dance* (Middletown, Conn. : Wesleyan University Press, 1965), p. 67.

48 S. J. Cohen (ed.), *The Modern Dance* (Middletown, Conn. : Wesleyan University Press, 1965), p. 57.

49 M. Baryshnikov and M. Swope, *Baryshnikov at Work* (New York : Alfred A. Knopf, 1976), p. 10.

50 R. Jenkins, "Becoming a Clown in Bali", *Drama Review* 23, 2 (1979), pp. 49~56.

51 R. Boleslavsky, *Acting : The First Six Lessons* (New York : Theatre Arts, 1970).

52 R. Boleslavsky, *Acting : The First Six Lessons* (New York : Theatre Arts, 1970), p. 36.

53 R Boleslavsky, *Acting : The First Six Lessons* (New York : Theatre Arts,

1970), pp. 93, 101.

54 C. Stanislavski, *An Actor Prepares* (New York : Theatre Arts, 1948), p. 266.

55 C. Stanislavski, *An Actor Prepares* (New York : Theatre Arts, 1948), p. 158.

56 J. Martin, *Introduction to the Dance* (New York : Dance Horizons, 1965).

57 J. Martin, *Introduction to the Dance* (New York : Dance Horizons, 1965), pp. 53~54 and p. 48.

58 R. Benedict, *The Chrysanthemum and the Sword* (New York : Meridian Books, 1946), p. 269.

59 G. Bateson and M. Mead, *Balinese Character : A Photographic Analysis*, vol. 11 (New York : New York Academy of Sciences, 1942), p. 18.

60 S. Allen, *The Funny Men* (New York : Simon & Schuster, 1956).

61 B. Lowe, *The Beauty of Sport : A Cross-Disciplinary Inquiry* (Englewood Cliffs, N. J. : Prentice-Hall, 1977), p. 308.

62 D. Owen, "The Outer Limits of Excellence", *Inside Sports* 3 (November 1981), pp. 62~69.

63 B. Lowe, *The Beauty of Sport* [00], p. 177 ; J. Nicklaus, *Golf My Way* (New York : Simon & Schuster, 1974).

64 P. Gzowski, "The Great Gretzky", *Inside Sports* 3 (November 1981), pp. 90~96 ; the passage quoted is from p. 94.

65 B. Bloom (ed.), *Taxonomy of Educational Objectives* (New York : David McKay, 1956).

66 M. Hunt, *The Universe Within : A New Science Explores the Human Mind* (New York :Simon & Schuster, 1982), p. 309.

67 T. Kidder, "whiz-kids", in *The Soul of a New Machine* (New York : Avon, 1981), pp. 216, 293.

68 E. Hawkins, "Pure Poetry", in S. J. Cohen (ed.), *The Modern Dance* (Middletown, Conn. : Wesleyan University Press, 1965), pp. 40~41 ; J. Hanna, *To Dance Is Human* (Austin : University of Texas Press, 1979), p. 34.

69 J. Messenger, "Reflections on Esthetic Talent", *Basic College Quarterly* 4, pp. 20~24 (1958), p. 23.

70 M. Mead, *Growing Up in New Guinea* (New York : William Morrow, 1975).

71 G. Bateson and M. Mead, *Balinese Character : A Photographic Analysis*, vol. 11 (New York : New York Academy of Sciences, 1942), pp. 15, 17.

72 G. Bateson and M. Mead, *Balinese Character : A Photographic Analysis*, vol. 11 (New York : New York Academy of Sciences, 1942), pp. 15, 17.

10장

개인적 지능들

1 S. Freud, *Origins and Development of Psychoanalysis* (New York : Regnery-Gateway, 1960).

2 H. S. Hughes, *Consciousness and Society* (New York : Alfred A. Knopf, 1963), p. 113.

3 H. A. Murray, *Endeavors in Psychology : Selections from the Personology of Henry A. Murray* (New York : Harper & Row, 1981), p. 340.

4 W. James, *Psychology*, abridged ed. (New York : Fawcett, 1963), p. 169.

5 J. M. Baldwin, *Mental Development in the Child and the Race* (New York : Macmillan, 1897) ; G. H. Mead, *Mind, Self, and Society* (Chicago : University of Chicago Press, 1934).

6 D. Wechsler, *The Measurement of Adult Intelligence*, 3rd ed. (Baltimore : Williams & Wilkins, 1944), pp. 88~89.

7 H. Harlow, "Love in Infant Monkeys", *Scientific American* 200 (June 1959), pp. 68~74 ; H. Harlow, *Learning to Love* (New York : Ballantine Books, 1971) ; H. Harlow and M. K. Harlow, "Social Deprivation in Monkeys", *Scientific American* 207 (1962), pp. 136~144 ; and H. Harlow and M. K. Harlow, "Effects of Various Mother-Infant Relationships on Rhesus Monkey Behaviors", in B. M. Foss (ed.), *Determinants of Infant Behavior*, vol. 4 (New York : Bames & Noble, 1969).

8 J. Bowlby, *Attachment* (New York : Basic Books, 1969), and *Separation : Anxiety and Anger* (New York : Basic Books, 1973), vols. 1 and 2, respectively, of his *Attachment and Loss*.

9 I. Eibl-Eibesfeldt, *Ethology : The Biology of Behavior* (New York : Holt, Rinehart & Winston, 1970) ; C. E. Izard, The Face of Emotion (New York : Appleton-Century-Crofts, 1971) ; and C. Darwin, *The Expression of the Emotions in Man and Animals* (Chicago : University of Chicago Press, 1965).

10 M. Clynes, *Sentics : The Touch of Emotions* (New York : Anchor Press/

Doubleday, 1978).
11 J. M. Baldwin, *Mental Development in the Child and the Race* (New York : Macmillan, 1897).
12 A. N. Meltzoff and M. K. Moore, "Imitation of Facial and Manual Gestures by Human Neonates", *Science* 198 (1977), pp. 75~78.
13 M. L. Simner, "Newborn's Response to the Cry of Another Infant", *Developmental Psychology* 5 (1971), pp. 136~150 ; and H. Borke, "Interpersonal Perception of Young Children : Egocentrism or Empathy?", *Developmental Psychology* 5 (1971), pp. 263~269.
14 R. Davidson, "Asymmetrical Brain Activity Discriminates Between Positive Versus Negative Affective Stimuli in Ten-Month-Old Human Infants", *Science* 218 (1982), pp. 235~237.
15 G. Gallup, "Chimpanzees : Self-Recognition", *Science* 167 (1970), pp. 86~87.
16 J. Kagan, *The Second Year* (Cambridge, Mass. : Harvard University Press, 1981) ; and M. Lewis and L. Rosenblum (eds.), *The Origins of Fear* (New York : John Wiley, 1975).
17 L. Kohlberg, "A Cognitive-Developmental Analysis of Children's Sex-Role Concepts and Attitudes", in E. Maccoby (ed.), *The Development of Sex Differences* (Stanford, Calif. : Stanford University Press, 1966).
18 S. Freud, *New Introductory Lectures on Psychoanalysis* (New York : W. W. Norton, 1965).
19 E. H. Erikson, *Childhood and Society* (New York : W. W. Norton, 1963).
20 J. Piaget and B. Inhelder, *The Psychology of the Child* (New York : Basic Books, 1969).
21 G. H. Mead, *Mind, Self, and Society* (Chicago : University of Chicago Press, 1934) ; and C. H. Cooley, *Social Organization* (New York : Charles Scribner, 1909).
22 L. Vygotsky, *Mind and Society* (Cambridge, Mass. : Harvard University Press, 1978) ; and A. R. Luria, *The Making of Mind* (Cambridge, Mass. : Harvard University Press, 1981).
23 H. Gardner, *Developmental Psychology* (Boston : Little, Brown, 1982), chs. 5, 8, and 12.
24 E. H. Erikson, *Childhood and Society* (New York : W. W. Norton, 1963) ; and *Identity, Youth and Crisis* (New York : W. W. Norton, 1968).
25 E. H. Erikson, "Identity and the Life Cycle", *Psychological Issues* 1 (1959).
26 E. Goffman, *The Presentation of Self in Everyday Life* (New York :

Doubleday, 1959) ; and E. Goffman, *Relations in Public* (New York : Basic Books, 1971).

27 R. F. Deardon, P. Hirst, and R. S. Peters (eds.), *Education and the Development of Reason, part 3 : Education and Reason* (London : Routledge & Kegan Paul, 1975).

28 R. S. Peters, "The Education of the Emotions", in M. B. Arnold (ed.), *Feelings and Emotion* (New York : Academic Press, 1970) ; R. W. Hepburn, "The Arts and the Education of Feeling and Emotion" (New York : Academic Press, 1970) ; and E. T. Gendlin, J. Beebe, J. Cassens, M. Klein, and M. Oberlander, "Focusing Ability in Psychotherapy, Personality, and Creativity", *Research in Psychotherapy* 3 (1968), pp. 217~241.

29 D. Griffin, *The Question of Animal Awareness*, rev. ed. (Los Altos, Calif. : W. Kaufmann, 1981).

30 W. C. McGrew, "Socialization and Object Manipulation of Wild Chimpanzees", in S. Chevalier-Skolnikoff and E. E. Poirier (eds.), *Primate Bio-Social Development : Biological, Social, and Ecological Determinants* (New York : Garland Publishing, 1977).

31 L. L. Cavalli-Sforza, "The Transition to Agriculture and Some of Its Consequences", essay prepared for the Seventh International Smithsonian Symposium, Washington, D. C., November 1981 ; C. O. Lovejoy, "The Origin of Man", *Science* 211, 4480 (23 January 1981), pp. 341~350 ; and S. Moscovici, *Society against Nature* (Sussex, UK : Harvester Press, 1976).

32 H. Jenson, *Evolution of the Brain and Intelligence* (New York : Academic Press, 1973), p. 429.

33 N. K. Humphrey, "The Social Function of Intellect", in P. P. G. Bateson and R. A. Hinde (eds.), *Growing Points in Ethology* (Cambridge : Cambridge University Press, 1976).

34 N. K. Humphrey, "The Social Function of Intellect", in P. P. G. Bateson and R. A. Hinde (eds.), *Growing Points in Ethology* (Cambridge : Cambridge University Press, 1976), p. 312.

35 J. P. Flynn, S. B. Edwards, and R. J. Handler, "Changes in Sensory and Motor Systems During Centrally Elicited Attack", *Behavioral Science* 16 (1971), pp. 1~19 ; and F. Bloom, *The Cellular Basis of Behavior* (San Diego, Calif. : Salk Institute, n.d.).

36 W. Sullivan, "Depletion of Hormone Linked to Depression", *New York Times*, 25 August 1982, p. A15. On evoking fear in chimpanzees, see D.

O. Hebb, *The Organization of Behavior* (New York : John Wiley, 1949).
37 H. Harlow, "Love in Infant Monkeys" and *Learning to Love* ; and H. Harlow and M. K. Harlow, "Social Deprivation" and "Effects of Various Mother-Infant Relationships on Rhesus Monkey Behaviors", in B. M. Foss (ed.), *Determinants of Infant Behavior*, vol. 4 (New York : Bames & Noble, 1969).
38 R. Myers, "Neurology of Social Communication in Primates", *The Second International Congress on Primates* 3 (1968), pp. 1~9 ; E. A. Frazen and R. E. Myers, "Age Effects on Social Behavior Deficits Following Prefrontal Lesions in Monkeys", *Brain Research* 54 (1973), pp. 277~286 ; and R. E. Myers, C. Swett, and M. Miller, "Loss of Group-Affinity Following Prefrontal Lesions in Free-Ranging Macaques", *Brain Research* 64 (1973), pp. 257~269.
39 R. Buck, "A Theory of Spontaneous and Symbolic Expression : Implications for Facial Lateralization", paper presented at the meeting of the International Neuropsychological Society, Pittsburgh, Penn., 4 February 1982.
40 H. Gardner, *The Shattered Mind* (New York : Knopf, 1975), ch. 10.
41 D. Blumer and D. F. Benson, "Personality Changes with Frontal and Temporal Lobe Lesions", in D. F. Benson and D. Blumer (eds.), *Psychiatric Aspects of Neurological Disease* (New York : Grune & Stratton, 1975).
42 A. R. Luria, *The Man with a Shattered World : The History of a Brain Wound*, in Lynn Solotaroff (trans.), (New York : Basic Books, 1972).
43 A. R. Luria, *The Man with a Shattered World : The History of a Brain Wound*, in Lynn Solotaroff (trans.), (New York : Basic Books, 1972), p. 421.
44 W. Nauta, "The Problem of the Frontal Lobe : A Reinterpretation", *Journal of Psychiatric Research* 8 (1971), pp. 167~187.
45 B. Rimland, *Infantile Autism* (New York : Appleton-Century-Crofts, 1964).
46 H. Gardner, *The Shattered Mind* (New York : Knopf, 1975), ch. 9.
47 H. Gardner, *The Shattered Mind* (New York : Knopf, 1975), ch. 7, ch. 10.
48 D. Bear, "Hemispheric Specialization and the Neurology of Emotion", unpublished paper, Harvard Medical School, 1981.
49 M. Gazzaniga, *The Bisected Brain* (New York : Appleton-Century-Crofts, 1970) ; and N. Geschwind, "Disconnexion Syndromes in

Animals and Man", *Brain* 88 (1965), pp. 273~348, 585~644. My critique of the characterizations of the two hemispheres appears in *Art, Mind, and Brain* (New York : Basic Books, 1982), part 4.
50 C. Geertz, "On the Nature of Anthropological Understanding", *American Scientist* 63 (January/February 1975), pp. 1, 47~53.
51 Cl. Geertz, "On the Nature of Anthropological Understanding", *American Scientist* 63 (January/February 1975), pp. 1, 49.
52 C. Geertz, "On the Nature of Anthropological Understanding", *American Scientist* 63 (January/February 1975), pp. 1, 50.
53 H. Lasker, the Harvard Project on Human Potential, March 1980.
54 S. Sontag "Writing Itself : On Roland Barthes", *New Yorker*, 26 April 1982, p. 139.
55 J. P. Sartre, *No Exit* (New York : Alfred A. Knopf, 1947).
56 G. Liennhart, *Divinity and Experience : The Religion of the Dinka* (Oxford : Clarendon Press, 1961).
57 J. Smith, "Self and Experience in Maori Culture", in Heelas and Locke, *Indigenous Psychologies* (see following note).
58 A. Rawlinson, "Yoga Psychology", in P. Heelas and A. J. Locke (eds.), *Indigenous Psychologies : The Anthropology of the Self* (New York : Academic Press, 1981) ; and M. Eliade, *Yoga* (London : Routledge & Kegan Paul, 1958).
59 I. A. Richards, *Mencius on the Mind : Experiments in Multiple Definition* (London : Routledge & Kegan Paul, 1932).
60 A. I. Hallowell, *Culture and Experience* (Philadelphia : University of Pennsylvania Press, 1971).
61 T. S. Lebra, *Japanese Patterns of Behavior* (Honolulu : University Press of Hawaii, 1976).
62 B. N. Colby and L. M. Colby, *The Daykeeper : The Life and Discourse of an Ixil Diviner* (Cambridge, Mass. : Harvard University Press, 1981), p. 156.
63 W. J. Bate, *John Keats* (New York : Oxford University Press, 1963).
64 T. Luckmann, "Personal Identity as an Evolutionary and Historical Problem", in M. Von Cranach and K. Koppo et al. (eds.), *Human Ethology* (Cambridge : Cambridge University Press, 1980).

11장

다중지능 이론에 대한 비평

1 R. Nozick, *Philosophical Explanations* (Cambridge, Mass. : Belknap Press of Harvard University Press, 1981), p. 633

2 M. Hunt, *The Universe Within* (New York : Simon & Schuster, 1982) ; A. Newell and H. A. Simon, *Human Problem Solving* (Englewood Cliffs, N. J. : Prentice-Hall, 1972).

3 D. A. Allport, "Patterns and Actions : Cognitive Mechanisms Are Content-Specific", in G. L. Claxton (ed.), *Cognitive Psychology : New Directions* (London : Routledge & Kegan Paul, 1980).

4 D. A. Allport, "Patterns and Actions : Cognitive Mechanisms Are Content-Specific", in G. L. Claxton (ed.), *Cognitive Psychology : New Directions* (London : Routledge & Kegan Paul, 1980), p. 5.

5 J. Fodor, *The Modularity of Mind* (Cambridge, Mass. : MIT Press, 1983).

6 Z. Pylyshyn, article "Computation and Cognition : Issues in the Foundations of Cognitive Science", *Behavioral and Brain Sciences* 3 (1980), pp. 111~169.

7 G. E. Hinton and J. A. Anderson (ed.), *Parallel Models of Associative Memory* (Hillsdale, N. J. : Lawrence Erlbaum, 1981).

8 J. LeDoux, D. H. Wilson, and M. S. Gazzaniga, "Beyond Commisurotomy : Clues to Consciousness", in M. Gazzaniga (ed.), *Handbook of Neuropsychology* (New York : Plenum, 1977).

9 I. Scheffler, *Of Human Potential*.

10 C. Taylor and F. Barron (eds.), *Scientific Creativity* (New York : John Wiley, 1963).

11 N. E. Wallen and M. A. Campbell, "Vocabulary and Nonverbal Reasoning Components of Verbal Analogy Tests" *Journal of Educational Research* 61 (1967), pp. 87~89 ; O. K. Buros (ed.), *Intelligence Tests and Reviews* (Highland Park, N. J. : Gryphon Press, 1975).

12 E. Winner, M. McCarthy, and H. Gardner, "The Ontogenesis of Metaphor", in R. Honeck and R. Hoffman (eds.), *Cognition and Figurative Language* (Hillsdale, N. J. : Lawrence Erlbaum, 1980) ; and H. Gardner, E. Winner, R. Bechhofer, and D. Wolf, "The Development of Figurative Language", in K. Nelson (ed.), *Children's Lanaguage* (New York : Gardner Press, 1978).

13 L. Thomas, *The Lives of a Cell* (New York : Viking, 1974).

12장

상징과 인간 지능

1 N. Goodman, *Language of Art : An Approach to a Theory of Symbols* (Indianapolis : Hackett Publishing, 1976).

2 H. Gardner and D. P. Wolf, "Waves and Streams of Symbolization", in D. R. Rogers and J. A. Sloboda (eds.), *The Acquisition of Symbolic Skills* (London : Plenum Press, 1983).

3 P. Rozin, "The Evolution of Intelligence and Access to the Cognitive Unconscious", *Progress in Psychobiology and Psychology* 6 (1976), pp. 245~280 ; A. Brown and J. C. Campione, "Inducing Flexible Thinking : The Problem of Access", in M. Friedman, J. P. Das, and N. O'Connor (eds.), *Intelligence and Learning* (New York : Plenum Press, 1980) ; and A. L. Brown, "Learning and Development : The Problems of Compatibility, Access, and Induction", *Human Development* 25, 2 (1982), pp. 89~115.

4 L. S. Vygotsky, *Mind in Society : The Development of Psychological Processes* (Cambridge, Mass. : Harvard University Press, 1978).

5 B. Bloom (ed.), *Taxonomy of Educational Objectives* (New York : David McKay, 1956).

6 K. A. Ericcson, W. G. Chase, and S. Faloon, "Acquisition of a Memory Skill", *Science* 208 (1980), pp. 1181~1182.

7 P. A. Freund, "The Law and the Schools", in A. Berthhoff (ed.), *The Making of Meaning* (New York : Boynton/Cook, 1981) ; and E. H. Levi, *Introduction to Legal Reasoning* (Chicago : University of Chicago Press, 1949).

8 S. Tambiah, "Form and Meaning of Magical Acts : A Point of View", in R. Horton and R. Finnegan (eds.), *Modes of Thought* (London : Faber & Faber, 1973), p. 219 ; and E. Hutchins, *Culture and Inference : A Trobriand Case Study* (Cambridge, Mass. : Harvard University Press, 1980).

9 D. K. Detterman, "Does 'g' Exist?" *Intelligence* 6 (1982), pp. 99~108.

10 K. Fischer, "A Theory of Cognitive Development : The Control of Hierarchies of Skill", *Psychological Review* 87 (1980), pp. 477~531.

11 A. Newell and H. A. Simon, *Human Problem Solving* (Englewood Cliffs, N. J. : Prentice-Hall, 1972).

12 D. A. Allport, "Patterns and Actions : Cognitive Mechanisms Are Content-Specific", in G. L. Claxton (ed.), *Cognitive Psychology : New*

Directions (London : Routledge & Kegan Paul, 1980).

13 N. Chomsky, *Reflections on Language* (New York : Pantheon, 1975) ; J. A. Fodor, *The Modularity of Mind* (Cambridge, Mass. : MIT Press, 1983).

14 J. Lave, "Tailored Learning : Education and Cognitive Skills Among Tribal Craftsmen in West Africa", unpublished paper, University of California at Irvine, 1981 ; M. Cole, J. Gay, J. A. Glick, and D. W. Sharp, *The Cultural Context of Learning and Thinking* (New York : Basic Books, 1971) ; and S. Scribner and M. Cole, *The Psychology of Literacy* (Cambridge, Mass. : Harvard University Press, 1981).

15 C. Geertz, *The Interpretation of Cultures* (New York : Basic Books, 1972), p. 54.

16 L. A. Machado, *The Right to Be Intelligent* (New York : Pergamon Press, 1980), p. 62.

17 M. Cole, "Mind as a Cultural Achievement : Implications for IQ Testing", Annual Report 1979~1980, Research and Clinical Center for Child Development, Faculty of Education, Hokkaido University, Sapporo, Japan, p. 326. The following works are by contemporary scholars of development and education : J. S. Bruner, *Toward a Theory of Instmction* (Cambridge, Mass. : Belknap Press of Harvard University Press, 1966) ; J. S. Bruner, *The Process of Education* (New York : Vintage, 1960) ; J. S. Bruner, J. J. Goodnow, and G. A. Austin, *A Study of Thinking* (New York : Science Editions, 1965) ; J. S. Bruner, A. Jolly, and K. Sylva, *Play : Its Role in Development and Evolution* (New York : Penguin, 1976) ; D. H. Feldman, *Beyond Universals in Cognitive Development* (Norwood, N. J. : Ablex Publishing, 1980) ; D. E. Olson (ed.), *Media and Symbols : The Forms of Expression, Communication, and Education* (Chicago: University of Chicago Press, 1974) ; and G. Salomon, *Interaction of Media, Cognition, and Learning* (San Francisco : Jossey-Bass, 1979).

13장

지능의 교육

1 J. Henry, "A Cross-Cultural Outline of Education", *Current Anthropology* 1, 4 (1960), pp. 267~305 ; the quotation is on p. 287.

2 J. Henry, "A Cross-Cultural Outline of Education", *Current Anthropology* 1, 4 (1960), p. 297.

3 T. Gladwin, *East Is a Big Bird : Navigation and Logic on Puluwat Atoll* (Cambridge, Mass. : Harvard University Press, 1970).
4 T. Gladwin, *East Is a Big Bird : Navigation and Logic on Puluwat Atoll* (Cambridge, Mass. : Harvard University Press, 1970), p. 131.
5 T. Gladwin, *East Is a Big Bird : Navigation and Logic on Puluwat Atoll* (Cambridge, Mass. : Harvard University Press, 1970), p. 182.
6 A. B. Lord, *The Singer of Tales* (New York : Atheneum, 1965).
7 A. B. Lord, *The Singer of Tales* (New York : Atheneum, 1965), p. 24.
8 J. W. M. Whiting, C. Kluckhohn, and A. Anthony, "The Function of Male Initiation Ceremonies at Puberty", in E. E. Maccoby, T. M. Newcomb, and E. L. Hartley (eds.), *Readings in Social Psychology*, 3rd ed. (New York : Henry Holt, 1958), p. 308.
9 M. N. Fried and M. H. Fried, *Transitions : Four Rituals in Eight Cultures* (New York : W. W. Norton, 1980).
10 L. Sanneh, Senegambia, in a personal communication.
11 M. H. Watkins, "The West African 'Bush' School", *American Journal of Sociology* 48 (1943), pp. 666~677 ; and A. F. Caine, "A Study and Comparison of the West African Bush School and the Southern Sotho Circumcision School", MA thesis, Northwestern University, Evanston, Ill., June 1959.
12 J. Bowen, *A History of Western Education*, vol. I (London : Methuen, 1972), p. 33.
13 J. Messenger, "Reflections on Esthetic Talent", *Basic College Quarterly*, Fall 1958.
14 K. V. Chandras, *Four Thousand Years of Indian Education* (Palo Alto, Calif. : R&E Research Associates, 1977).
15 J. Bowen, *A History of Western Education*, vol. I (London : Methuen, 1972), p. 42.
16 A. Nadim, "Testing Cybernetics in Khan-El-Khalili : A Study of Arabesque Carpenters." unpublished doctoral dissertation, University of Indiana, 1975.
17 D. A. Wagner, "Learning to Read by 'Rote' in the Quranic Schools of Yemen and Senegal", paper presented in the symposium Education, Literacy, and Ethnicity : Traditional and Contemporary Interfaces, American Psychological Association, Washington, D. C., December 1980 ; S. Scribner and M. Cole, *The Psychology of Literacy* (Cambridge, Mass. : Harvard University Press, 1981) ; and S. Poliak, "Traditional Islamic Education", unpublished paper, Harvard Project on Human

Potential, March 1982.

18 M. J. Fischer, *Iran : From Religious Dispute to Revolution* (Cambridge, Mass. : Harvard University Press, 1980) ; R. A. LeVine, "Western Schools in Non-Western Societies : Psychosocial Impact and Cultural Responses", *Teachers College Record* 79, 4 (1978), pp. 749~755 ; S. Poliak, "Of Monks and Men : Sacred and Secular Education in the Middle Ages", unpublished paper, Harvard Project on Human Potential, December 1982 ; S. Poliak, "Traditional Jewish Learning : Philosophy and Practice", unpublished paper. Harvard Project on Human Potential, December 1981 ; and S. Poliak, "Traditional Indian Education", unpublished paper, Harvard Project on Human Potential, April 1982.

19 J. Fischer, *Iran : From Religious Dispute to Revolution* (Cambridge, Mass. : Harvard University Press, 1980).

20 J. Fischer, *Iran : From Religious Dispute to Revolution* (Cambridge, Mass. : Harvard University Press, 1980), p. 51.

21 J. Fischer, *Iran : From Religious Dispute to Revolution* (Cambridge, Mass. : Harvard University Press, 1980), pp. 40~41.

22 D. A. Wagner and H. W. Stevenson (eds.), *Cultural Perspectives on Child Development* (San Francisco : W. H. Freeman, 1982).

23 J. Randall, *The Making of the Modern Mind* (New York : Columbia University Press, 1926, 1940, 1976), p. 215.

24 J. Randall, *The Making of the Modern Mind* (New York : Columbia University Press, 1926, 1940, 1976), p. 215.

25 J. Bowen, *A History of Western Education*, vol. 2 (London : Methuen, 1975), p. 340.

26 M. Polanyi, *Personal Knowledge* (Chicago : University of Chicago Press, 1958).

27 M. Oakeshott, "Education : The Engagement and Its Frustration", in R. F. Deardon, P. Hirst, and R. S. Peters (eds.), *Education and the Development of Reason, Part : I : Critique of Current Educational Aims* (New York : Routledge & Kegan Paul, 1975). Also see W. F. Connell, *A History of Education in the Twentieth-Century World* (New York : Teachers College Press, 1980).

28 I. Illich, *Reschooling Society* (New York : Harper & Row, 1971) ; P. Freire, *Pedagogy of the Oppressed* (New York : Seabury, 1971) ; R. Dore, *The Diploma Disease : Education, Qualification, and Development* (Berkeley : University of California Press, 1976) ; U. Neisser, "General, Academic, and Artificial Intelligence", in L. B. Resnick (ed.), *The Nature*

of Intelligence (Hillsdale, N. J. : Erlbaum, 1976) ; C. Jencks, Inequality (New York : Basic Books, 1972) ; and M. Maccoby and N. Modiano, "On Culture and Equivalence", in J. S. Bruner, R. S. Oliver, and P. M. Greenfield (eds.), *Studies in Cognitive Growth* (New York : John Wiley, 1966).

29 M. Maccoby and N. Modiano, "On Culture and Equivalence", in J. S. Bruner, R. S. Oliver, and P. M. Greenfield (eds.), *Studies in Cognitive Growth* (New York : John Wiley, 1966), p. 269.

30 M. Rutter, *Fifteen Thousand Hours* (Cambridge, Mass. : Harvard University Press, 1979) ; and I. Lazer and R. Darlington, "Lasting Effects of Early Education", *Monographs of the Society for Research in Child Development* (1982), p. 175 (whole).

31 M. Cole and R. D'Andrade, "The Influence of Schooling on Concept Formation : Some Preliminary Conclusions", *Quarterly Newsletter of the Laboratory of Comparative Human Cognition* 4, 2 (1982), pp. 19~26.

32 D. A. Wagner, "Rediscovering 'Rote' : Some Cognitive and Pedagogical Preliminaries", S. Irvine and J. W. Berry (eds.), *Human Assessment and Cultural Factors* (New York : Plenum, in press) ; and D. A. Wagner, "Quranic Pedagogy in Modem Morocco", in L. L. Adler (ed.), *Cross-Cultural Research at Issue* (New York : Academic Press, 1982).

33 S. Scribner and M. Cole, *The Psychology of Literacy* (Cambridge, Mass. : Harvard University Press, 1981) ; and D. A. Wagner, "Learning to Read by 'Rote' in the Quranic Schools of Yemen and Senegal", paper presented in the symposium Education, Literacy, and Ethnicity : Traditional and Contemporary Interfaces, American Psychological Association, Washington, D. C., December 1980.

34 J. Goody, M. Cole and S. Scribner, "Writing and Formal Operations : A Case Study Among the Vai", *Africa* 47, 3 (1977), pp. 289~304.

35 C. Lévi-Strauss, *Tristes Tropiques* (New York: Atheneum, 1964).

36 J. Goody, M. Cole, S. Scribner, "Writing and Formal Operations", *The Psychology of Literacy* (Cambridge, Mass. : Harvard University Press, 1981).

37 C. Lévi-Strauss, *The Savage Mind* (Chicago : University of Chicago Press, 1966).

38 R. Horton and R. Finnegan (eds.), *Modes of Thought : Essays on Thinking in Western and Non-Western Societies* (London : Faber & Faber, 1973).

39 On the similarities between scientific and nonscientific thinking, see R. Schweder, "Likeness and Likelihood in Everyday Thought : Magical

Thinking in Judgments and Personality", *Current Anthropology* 18 (1977), pp. 637~658 ; and D. Sperber, *Le Savoir des Anthropologues : Trois Essais* (Paris : Hermann, 1982).

40 J. Jaynes, *The Origin of Consciousness in the Breakdown of the Bicameral Mind* (New York : Houghton, Mifflin, 1976).

41 P. H. Coombs, *The World Educational Crisis : A Systems Analysis* (New York : Oxford University Press, 1968), p. 113.

14장

지능의 적용

1 S. Suzuki, Nurtured by Love (New York : Exposition Press, 1969) ; B. Holland, "Among Pros, More Go Suzuki", *New York Times*, 11 July 1982, p. E9 ; L. Taniuchi, "The Creation of Prodigies Through Special Early Education : Three Case Studies", unpublished paper, Harvard Project on Human Potential, Cambridge, Mass., 1980.

2 World Bank, *World Development Report* (New York : Oxford University Press, 1980) ; and H. Singer, "Put the People First : Review of World Development Report 1980", *The Economist*, 23 August 1980, p. 77.

3 R. S. McNamara, "Attack on Poverty : Will We Do Still Less", *Boston Globe*, 3 October 1980.

4 E. Faure, *Learning to Be : The World of Education Today and Tomorrow*, UNESCO report (New York : Unipub, 1973), p. 106.

5 W. Botkin, M. Elmandjra, and M. Malitza, *No Limits to Learning : Bridging the Human Gap-A Report to the Club of Rome* (Oxford : Pergamon Press, 1979).

6 W. Botkin, M. Elmandjra, and M. Malitza, *No Limits to Learning : Bridging the Human Gap-A Report to the Club of Rome* (Oxford : Pergamon Press, 1979), p. xiii.

7 W. Botkin, M. Elmandjra, and M. Malitza, *No Limits to Learning : Bridging the Human Gap-A Report to the Club of Rome* (Oxford : Pergamon Press, 1979), p. 9.

8 W. Botkin, M. Elmandjra, and M. Malitza, *No Limits to Learning : Bridging the Human Gap-A Report to the Club of Rome* (Oxford : Pergamon Press, 1979), p. 43.

9 L. A. Machado, *The Right to Be Intelligent* (New York : Pergamon Press, 1980), pp. 2, 9, 24, 30, 52, and 59.

10 L. A. Machado, "The Development of Intelligence : A Political Outlook", *Human Intelligence* 4 (September 1980), p. 4. Also see E. de Bono and H. Taiquin, "It Makes You Think", *Guardian*, 16 November 1979, p. 21 ; J. Walsh, "A Plenipotentiary for Human Intelligence", Science 214 (1981), pp. 640~641 ; and W. J. Skrzyniarz, "A Review of Projects to Develop Intelligence in Venezuela : Developmental, Philosophical, Policy, and Cultural Perspectives on Intellectual Potential", unpublished paper, Harvard Project on Human Potential, Cambridge, Mass., November 1981.

11 L. A. Machado, "Bringing Up Superbaby", *Newsweek*, 28 March 1983, p. 63. Also see K. Schmidt, "Bringing Up Baby Bright", *American Way*, May 1982, pp. 37~43.

12 D. Feldman, *Beyond Universals in Cognitive Development* (Norwood, N. J. : Ablex Publishing, 1980).

13 M. Ibuka, *Kindergarten Is Too Late!* (New York : Simon & Schuster, 1980).

14 E. Vogel, *Japan as Number One : Lessons for America* (Cambridge, Mass. : Harvard University Press, 1979).

15 R. A. LeVine, "Western Schools in Non-Western Societies : Psychosocial Impact and Cultural Responses", *Teachers College Record* 79, 4 (1978), pp. 749~755.

16 M. Alper, "All Our Children Can Learn", *University of Chicago Magazine*, Summer 1982 ; D. P. Schiller and H. J. Walberg, "Japan : The Learning Society", *Educational Leadership*, March 1982 ; "IQ in Japan and America", *New York Times*, 25 May 1982 ; D. Seligman, "Japanese Brains : Castroism for Kids", *Fortune*, 31 May 1982 ; and K. Kobayashi, "The Knowledge-Obsessed Japanese", *The Wheel Extended*, January-March 1982, p. 1.

17 L. Taniuchi and M. I. White, "Teaching and Learning in Japan : Premodern and Modem Educational Environments", unpublished paper, Harvard Project on Human Potential, October 1982.

18 J. Easley and E. Easley, *Math Can Be Natural : Kitamaeno Priorities Introduced to American Teachers* (Urbana : University of Illinois Committee on Culture and Cognition, 1982). Also see F. M. Hechinger, "Math Lessons from Japan", *New York Times*, 22 June 1982.

19 P. Freire, *Pedagogy of the Oppressed* (New York : Continuum Publishing, 1980).

20 G. S. Lesser, *Children and Television : Lessons from Sesame Street* (New

York : Random House, 1974).
21 T. Fingar and L. A. Reed, *An Introduction to Education in the People's Republic of China and U.S.-China Educational Exchange* (Washington, D. C. : U.S.-China Education Clearinghouse, 1982) ; S. L. Shirk, *Competitive Comrades : Career Incentives and Student Strategies in China* (Berkeley : University of California Press, 1982) ; and J. Unger, *Education Under Mao : Class and Competition in Canton Schools, 1960~1980* (New York : Columbia University Press, 1982).
22 M. J. Fischer, *Iran : From Religious Dispute to Revolution* (Cambridge, Mass. : Harvard University Press, 1980).
23 B. Bloom, "The Role of Gifts and Markers in the Development of Talent", *Exceptional Children* 48, 6 (1982), pp. 510~522.
24 L. S. Vygotsky, "Zone of proximal development", in his *Mind in Society : The Development of Higher Psychological Processes* (Cambridge, Mass. : Harvard University Press, 1978). Also see L. S. Vygotsky, "Play and the Role of Mental Development in the Child", *Soviet Psychology* 5 (1967), pp. 6~18.
25 V. V Davydov, "Major Problems in Developmental and Educational Psychology at the Present Stage of Developmental Education", *Soviet Psychology* 15 (Summer 1977), p. 4 ; V. V. Davydov and V. P. Zinchenko, "The Principle of Development in Psychology", *Soviet Psychology* 20, 1 (1981), pp. 22~46 ; D. B. Elkonin, "Toward the Problem of Stages in the Mental Development of the Child", *Soviet Psychology* 10 (Spring 1972), p. 3 ; D. Feldman, *Beyond Universals in Cognitive Development* (Norwood, N. J. : Ablex Publishing, 1980), p. 389.
26 A. K. Markova, *The Teaching and Mastery of language* (New York : M. E. Sharp, 1979), pp. 63~65.
27 L. J. Cronbach and R. E. Snow, *Aptitudes and Instructional Methods* (New York : Irvington Publishers, 1977).
28 T. Kidder, *The Soul of a New Machine* (New York : Avon, 1982).
29 J. Isgur, "Letter-Sound Associations Established in Reading-Disabled People by an Object-Imaging-Projection Method", unpublished paper, Pensacola Florida Learning Disabilities Clinic, 1973.

찾아보기

인명

ㄱ

ㅁ

ㅂ

ㅅ

ㅇ

ㅌ

ㅍ

ㅎ

일반

ㄱ

ㄴ

ㄷ

ㄹ

ㅅ

ㅈ

하워드 가드너 심리학 총서 1 지능 편
지능이란 무엇인가

2016년 4월 18일 초판 1쇄 발행
2019년 6월 27일 개정판 1쇄 발행
2025년 2월 5일 개정판 2쇄 발행

지은이 하워드 가드너
옮긴이 김동일

단행본사업본부장 강상훈
편집위원 최연희
편집 엄귀영 윤다혜 이희원 조자양
경영지원본부 나연희 주광근 오민정 정민희 김수아 김승현
마케팅본부 윤영채 정하연 안은지 박찬수

펴낸이 윤철호
펴낸곳 (주)사회평론

등록번호 10-876호(1993년 10월 6일)
전화 02-326-1182(마케팅)
주소 서울시 마포구 월드컵북로6길 56 사평빌딩
이메일 editor@sapyoung.com

ISBN 979-11-6273-046-1 04180
ISBN 979-11-6273-045-4 04180 (세트)